中国藏学年鉴

2018

《中国藏学年鉴》编辑委员会 编

中 国 藏 学 出 版 社

图书在版编目（CIP）数据

中国藏学年鉴. 2018：汉文、藏文 /《中国藏学年鉴》编辑委员会编.
-- 北京：中国藏学出版社，2022.3
ISBN 978-7-5211-0358-8

Ⅰ. ①中… Ⅱ. ①中… Ⅲ. ①藏学－中国－2018－
年鉴－汉、藏 Ⅳ. ①K281.4-54

中国版本图书馆 CIP 数据核字(2021)第 221608 号

责任编辑／杜冰梅
藏文审订／周加克
封面设计／李建雄

ISBN 978-7-5211-0358-8

中国藏学年鉴 2018　　《中国藏学年鉴》编辑委员会／编

出版发行	中国藏学出版社
印　　刷	中国电影出版社印刷厂
开　　本	787 × 1092mm　1/16
印　　张	32
字　　数	574 千字
印　　次	2022 年 3 月第 1 版第 1 次印刷
书　　号	ISBN 978-7-5211-0358-8
定　　价	128.00 元

图书若有质量问题，请与本社联系
E-mail：dfhw64892902@126.com　　电话：010-64892902

1月10日，上海交通大学人文艺术研究院中国西藏人文发展研究中心成立。

1月17日，《青海社会科学》（藏文版）创刊仪式暨“服务藏区经济社会发展论坛”在西宁举行。

1月17日，国家新闻出版广电总局公布“关于第四届中国出版政府奖表彰决定”，中国藏学出版社出版的《西藏通史》荣获第四届中国出版政府图书奖。

3 月 2 日，中国藏学研究中心总干事郑堆接待日本大谷大学真宗综合研究所访问学者。

3 月 7 日，在联合国人权理事会第 37 次会议期间，中国人权研究会在日内瓦万国宫举办“西藏文化的保护与发展”边会。

3 月 7 日，在联合国人权理事会第 37 次会议期间，中国人权研究会在日内瓦万国宫举办“西藏文化的保护与发展”边会。

3 月 23 日，西南民族大学召开 2017 年“五项国家社科基金重大项目集中开题报告会”。

3 月 27 日，中国藏学研究中心举办《西藏通史》出版学术研讨会暨“活佛转世”专题片发布会。

4 月 3 日，国务院新闻办发布《中国保障宗教信仰自由的政策和实践》白皮书。

4 月 10 日，考古队在对札达县象泉河支流桑达河谷台地格布赛鲁遗址、象泉河中游相关遗址开展考古发掘与调查时，发现迄今所知西藏境内最早墓葬。图为西藏阿里地区札达县格布赛鲁遗址远景。

4 月 12 日，“西南边疆民族地区改革开放”学术研讨会暨中国西南民族研究学会 2018 年会长工作会议在瑞丽举行。

4 月 21 日至 23 日，第二十届全国藏文图书出版发行协作会在成都召开。

4 月 24 日至 28 日，中国藏学研究中心代表团赴日交流访问期间，著名旅日藏学家白馆戒云教授向中国藏学研究中心捐赠个人珍藏图书。图为中国藏学研究中心代表团与白馆戒云教授签订捐赠协议并向他颁发捐赠证书。

4 月 27 日至 28 日，第四届全国藏语术语标准化工作委员会换届暨党的十八大以来审定的藏语新词术语发布会在中国藏学研究中心召开。

5 月 18 日，西藏昌都丁青寺唯色金巴活佛向中国藏学研究中心图书馆捐赠《门库经典汇编》丛书一套。

5 月 18 日，西黄寺博物馆举行开馆揭牌仪式，并正式向公众开放。

5 月 19 日，藏传佛教第十四届“拓然巴”高级学衔授予仪式在中国藏语系高级佛学院举行。

5 月 19 日，第四届中国藏学研究珠峰奖颁奖仪式在中国藏学研究中心举行。《西藏通史》获第四届中国藏学研究珠峰奖特别奖。

5 月 19 日，第四届中国藏学研究珠峰奖颁奖仪式在中国藏学研究中心举行。拉巴平措、诺章・吴坚等 6 位藏学专家获珠峰奖荣誉奖。

5 月 19 日至 20 日，第五次全国藏学工作协调会在北京召开。

5月20日，《中华大藏经·藏文对勘本》电子版暨《东噶·洛桑赤列——从活佛到教授》画册首发式在中国藏学研究中心举行。

《东噶·洛桑赤列——从活佛到教授》画册和《中华大藏经·藏文对勘本》电子版

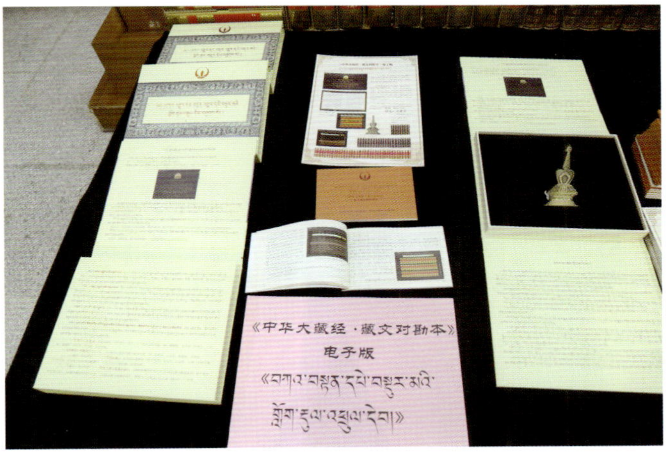

5月20日，新版中国藏学网上线仪式在中国藏学研究中心举行。

5月21日至30日，中国藏学家交流团出访德国、荷兰、拉脱维亚三国。图为交流团与德国汉堡市议会各党派议员合影。

5 月 26 日至 27 日，“青藏高原丝路与艺术论坛——波罗艺术与中国”研讨会在香港举办。

5 月 30 日，在联合国教科文组织世界记忆工程亚太委员会第八次全会上，藏医药学巨著《四部医典》成功入选世界记忆亚太地区名录。

6 月 12 日，四川藏语佛学院举办首届藏传佛教“智然巴”授予仪式，26 位优秀学僧获此殊荣。

6 月 16 日至 18 日，首届中国西藏拉萨・阿里象雄文化国际学术研讨会在拉萨召开。

7月5日，西南民族大学与兰州大学“藏羌彝走廊民族问题与社会治理协同创新中心”挂牌仪式在兰州大学举行。

7月18日，国务院新闻办公室发表《青藏高原生态文明建设状况》白皮书。

7月22日至26日，由西藏日报社承办的“第18届全国藏语文媒体协作会”在拉萨召开。

7月27日，全国政协民族和宗教委员会“藏传佛教人才培养”座谈会在中国藏学研究中心举行。

8月3日至5日，“世界中联藏医药专业委员会第四届学术年会暨2018年北京国际藏医药学术研讨会”在北京召开。

8月7日至16日，全国政协民族和宗教委员会“藏传佛教人才培养”调研组赴西藏、云南进行调研。图为调研组在西藏佛学院调研。

8月15日，西藏乡村振兴战略研究所、西藏高高原经济研究所成立揭牌仪式在西藏民族大学西藏文化传承发展协同创新中心举行。

8月15日至16日，“第二届全国藏文古籍文献整理与研究高层论坛”在辽宁阜新召开。

8月22日，“改革开放四十年西藏文学创作研讨会”在京召开。

8月22日，“四川省藏区深度贫困县就业扶贫暨对口就业帮扶工作会议”在甘孜州召开。

8月23日，中国藏学研究中心接待波罗的海三国议会友好小组代表团一行。

9月2日，第十届康巴艺术节开幕，“册府千华——‘纳格拉洞藏经’修复成果展”在迪庆州图书馆开展。

9月2日至3日，“喜饶嘉措大师爱国思想研讨会”在青海省藏语系佛学院召开。

9月4日，爱国老人喜饶嘉措大师爱国爱教展在青海西宁开展。

9 月 6 日，藏文珍贵古籍文献《"菩日文献"精选本》出版发布会在西藏大学图书馆举行。

9 月 8 日至 11 日，第四届中国国际唐卡艺术节在拉萨八廓街夏扎大院举行。图为丹巴绕旦、嘎玛德勒大师获颁终身成就奖。

9 月 12 日至 20 日，中国藏文化交流团对日本、蒙古及韩国进行访问。图为中国藏文化交流团成员与赛音诺门寺堪布喇嘛奈尔贵（左四）合影。

9 月 15 日，西藏民族大学启动建校 60 周年学术交流月暨校庆系列丛书发行仪式。

9 月 15 日至 16 日，第十四届全国因明学术研讨会在广州召开。

9月20日至21日，以“新时代、新思考、新使命”为主题的首届全国青年藏学研讨会在京召开。

9月21日，“全国古籍重点保护单位”罗布林卡古籍普查工作正式启动。图为古籍普查登记工作现场。

9月24日至27日，“首届丝路藏学学术研讨会”在兰州大学举办。

9月25日至26日，“纪念改革开放40周年暨涉藏学术期刊建设与发展研讨会”在西藏大学召开。

10 月 9 日至 16 日，由中国藏学研究中心副总干事华彦龙任团长的中心书展团一行 6 人赴德国参加第 70 届法兰克福书展。

10 月 11 日，“凉州文化与丝绸之路国际学术研讨会”在甘肃省武威市举行。

10 月 13 日，“第九届中国人类学民族学学科负责人联席会暨二十一世纪人类学讲坛”（第五届）在中国人民大学召开。

10 月 13 日，“边疆发展中国论坛 2018”国际学术会议在中央民族大学开幕。

10 月 13 日，“丝绸之路民族古文字文献与文化学术研讨会”在甘肃召开。

10 月 13 日至 14 日，“第二届藏学与喜马拉雅研究国际学术讨论会”在陕西师范大学召开。

10 月 15 日，习近平致信祝贺西藏民族大学建校 60 周年。图为西藏自治区党委书记吴英杰向西藏民族大学转交习近平总书记的贺信。

10 月 16 日，藏传佛教服务“一带一路”建设研讨会暨“知恩·报恩”教义阐释成果宣讲交流会在青海省藏语系佛学院开幕。

10 月 17 日至 22 日，“第九届全国藏医药高级研修班”在中国藏学研究中心北京藏医院开班。

10 月 19 日至 21 日，“第七届西藏考古与艺术国际学术讨论会”在成都举行。

10 月 19 日至 21 日，“藏区精准脱贫案例研究学术研讨会”在四川省甘孜藏族自治州泸定县召开。

10 月 22 日，第二期全国藏学研究机构联络员培训班在中国藏学研究中心举办。

10 月 22 日，中宣部涉藏知识培训班在中国藏学研究中心举办。

10 月 30 日，“民族遗珍 书香中国——中国少数民族古籍珍品暨保护成果展”全国巡展（西南民族大学站）在西南民族大学开幕。

11月1日，“改革开放40周年国内藏学研究回顾与展望研讨会”在中国藏学研究中心召开。

11月3日至4日，第二届“藏秦·喜马拉雅论坛——边疆治理：西藏发展、稳定与生态建设”在西藏民族大学举办。

11月6日至7日，第四届黄寺论坛在中国藏语系高级佛学院举行。

11 月 8 日至 9 日，以“藏传佛教与诚信思想”为主题的 2018 年藏传佛教教义阐释工作研讨会在中国藏学研究中心召开。

11 月 9 日，“藏医药传承创新产业发展论坛”暨青海藏文化博物院新馆开馆仪式在青海西宁举行。

11 月 14 日，中国藏学研究中心与西南民族大学共建博士点十五周年学术研讨会在京召开。

11 月 16 日至 17 日与 22 日，兰州大学敦煌学研究所举办“丝绸之路民族历史语言研究工作坊”和“草原丝绸之路历史文化研究工作坊”，并与蒙古国立大学历史学系签订“蒙古高原碑文合作研究协议”。

11 月 17 日至 20 日，西南民族大学与中国藏学研究中心博士点共建十五周年暨民族学一流学科建设研讨会等系列学术活动在成都举行。

11 月 23 日，第二届青年学术沙龙活动在中国藏学研究中心举行。

11 月 24 日，“涉藏地区人才培养与藏学学科建设及‘一带一路’视野下的象雄、本教、嘉绒文化学术研讨会”在西南民族大学举办。

11 月 24 日至 25 日，“唐卡艺术高端论坛”在中国藏学研究中心举办。

11 月 28 日，“藏医药浴法——中国藏族有关生命健康和疾病防治的知识与实践”列入联合国教科文组织人类非物质文化遗产代表作名录。

12 月 7 日至 8 日，第六届全国藏学期刊协调会在中国藏学研究中心举行。

12 月 9 日，“藏医药浴法传承发展研讨会”在北京藏医院举行。

12 月 15 日，“甘肃省藏学研究会 2018 年学术年会暨改革开放 40 年与甘肃藏学研讨会”在兰州大学召开。

12 月 22 日，“翰墨光明行十周年”主题展览暨座谈会书画展开幕式在中国西藏文化博物馆举行。

12 月 25 日，中国佛教协会西藏分会第三届藏传佛教教义阐释论坛在拉萨举行。

12 月 28 日，“康藏轺征——国民政府代表刘曼卿史迹特展”暨学术研讨会在中国藏学研究中心西藏文化博物馆举行。

12 月 28 日，爱国老人喜饶嘉措大师爱国爱教展览在北京西黄寺博物馆开幕。

前　言

藏学是以藏族社会的历史、现状和未来发展为研究对象，以哲学社会科学为主体，同时兼及自然科学部分领域的一门理论性和应用性较强的学科。

中国藏学源远流长。据文献记载，至少在1000多年前，藏、汉等民族学者就开始记录、研究藏族地区的社会、历史、文化等现象。反映藏族历史文化发生、发展过程的藏、汉、蒙古、满等文字的文献浩如烟海，构成了传统藏学的巨大宝库，为中国现代藏学奠定了基础。

近代以来，随着西方列强对中国的侵略，有识之士认识到祖国边疆危机四伏。19世纪的边政研究和20世纪抗日战争期间学者对西部边疆的研究促进了藏学的发展，充分体现了中国藏学的爱国主义传统和藏学工作者的拳拳爱国之心。

中国藏学经过漫长的发展历程，到20世纪中叶，以中华人民共和国的成立和西藏的和平解放为时代标志，走上了以马克思主义为指导的发展道路，形成了有别于传统藏学和国外藏学的现代中国藏学。新中国藏学事业大体上可以分为三个阶段。一是奠基、起步阶段，从1949年新中国成立到1965年“文化大革命”前的17年。在和平解放西藏的过程中，藏学工作者对西藏的历史和现实进行了广泛、深入的调查研究，为中央正确决策及时提供了重要参考依据。以后，无论是在执行和维护《十七条协议》的8年，还是在平息叛乱和民主改革的3年，以及在巩固民主改革成果、社会全面发展的5年时间里，藏学研究都为正确认识西藏、建设西藏发挥了作用。在四省涉藏州县的革命和建设过程中，藏学研究也为正确认识这些地区社会实际，为党和政府制定正确的方针政策起到了应有作用。在这个时期，党和国家对传统藏学研究人员进行了马克思主义理论教育，成立了民族院校，开办了各种培训班，培养了大量以马克思主义为指导、掌握现代科学方法的藏学工作专门人才，建立起一支包括各民族人员在内的稳定的藏学工作者队伍，为藏学事业发展打下了良好基础。二是遭受严重挫折阶段，即“文化大革命”的10年。在这一时期，中国藏学事业和全国其他事业一样，受到了严重干扰和破坏。尽管如此，在极其困难的条件下，由于广大藏学工作者的努力，藏学研究还是为西藏及四省涉藏州县的社会主义建设事业作出了一定贡献。三是全面发展、繁荣阶段，从1978年年底改革开放以来。随着党的实事求是思想路线的重新确立，中国社会主义建设事业焕发出勃勃生机，进入了全面发展新时期。藏学事业也进入了全面发展、繁荣时期。专门研究机构相继成立，专业书刊大量出版，研究队伍不断壮大，研究领域得到广泛拓展，对外交流日益频繁，科研成果层出不穷。中国藏学充满生机和活力。

新中国成立70多年来，中国藏学事业的发展和所取得的成就主要表现在以下几个方面：1. 创立了以马克思主义为指导的中国现代藏学；2. 建立了比较系统、完备的藏学研究、出版和人才培养体系；3. 藏学研究队伍不断发展壮大；4. 科研、出版工作硕果累累；5. 国内外学术交流日益频繁。

中国藏学研究中心成立于1986年5月20日，是全国唯一的国家级综合性藏学学术机构。以为维护祖国统一、增强民族团结服务，为西藏与四省涉藏州县的发展稳定和精神文明建设服务为宗旨，肩负着牵头协调全国藏学、开展研究工作、培养藏学人才、掌握研究动态的职责。现有社会经济研究所、历史研究所、宗教研究所、当代研究所和藏医药研究所5个研究所，和图书馆、中国藏学出版社（含中国藏学杂志社）、西藏文化博物馆、北京藏医院等业务部门与单位，形成了集研究、出版、资料、网络、展示、医疗功能于一体的载体和平台。30多年来，中国藏学研究中心围绕探索藏族社会发展的客观规律，围绕探索藏传佛教与社会主义社会相适应的规律，围绕西藏及四省涉藏州县经济社会发展中的重大理论和实践问题，围绕保护和发展藏族优秀传统文化，围绕西藏社会制度的发展变迁，围绕西藏的对外开放，开展工作，取得了喜人成绩。

全面、准确、及时记录和反映藏学研究发展状况，是藏学学科建设的需要，也是藏学专家学者的要求。藏学界一直企盼编撰出版《中国藏学年鉴》。藏学学科的综合性、藏学与其他专门学科的交叉性特点则显示出这是一项颇为艰难的工作。2010年，乘着中央第五次西藏工作座谈会的东风，中国藏学研究中心知难而上，启动这项有利于藏学学科发展的工程，开始编撰2009年《中国藏学年鉴》，并以特稿的形式，把1949年至2008年我国藏学研究的内容陆续收入以后各年度的年鉴之中。在中央统战部和有关部门的关心、支持下，在全国各藏学机构、专家学者的支持、帮助下，经过编委会和编辑部全体同仁的共同努力，于2011年完成《中国藏学年鉴2009》的编撰、出版工作，2012年完成《中国藏学年鉴2010》的编撰、出版工作，并于同年8月召开的第五届北京（国际）藏学研讨会上首发；2013年完成《中国藏学年鉴2011》的编撰、出版工作，2014年先后完成《中国藏学年鉴2012》《中国藏学年鉴2013》的编撰、出版工作。

2015年7月14日，编辑部与《中国学术期刊》电子杂志社签订了《出版协议书》，将《中国藏学年鉴》编入《中国年鉴全文数据库》，现《中国藏学年鉴》可在中国知网年鉴数据库进行全文检索。同年，编辑部完成《中国藏学年鉴2014》的编撰工作，并于2016年5月正式出版。2017年完成《中国藏学年鉴2015》的编撰、出版工作，2018年完成

《中国藏学年鉴2016》的编撰、出版工作，2019年完成《中国藏学年鉴2017》的编撰、出版工作。

2019年，《中国藏学年鉴》编委会启动《中国藏学年鉴2018》的编撰工作，在中心科研办的统一协调和领导下，经过各方的积极努力，克服疫情影响，现在这本《中国藏学年鉴2018》即将正式出版了。

衷心希望越来越多的藏学机构、专家学者参与到《中国藏学年鉴》的编撰出版工作中来，共同推动我国藏学事业的进一步发展繁荣。

《中国藏学年鉴》编辑委员会

2020年11月

目　录

前言 …………………………………………………………………………（1）

◆ 研究综述 ◆

哲学宗教 ……………………………………………………………………（3）
汉文部分 ……………………………………………………………………（3）
一、学术论文……………………………………………………………（3）
（一）义理研究 …………………………………………………………（3）
（二）文献研究 …………………………………………………………（5）
（三）人物研究 …………………………………………………………（8）
（四）寺院研究 …………………………………………………………（11）
（五）教派研究 …………………………………………………………（13）
（六）传播与影响研究 …………………………………………………（13）
（七）艺术 ………………………………………………………………（15）
（八）苯教研究 …………………………………………………………（17）
（九）其他 ………………………………………………………………（18）
藏文部分 ……………………………………………………………………（19）
（一）因明（义理）研究 ………………………………………………（20）
（二）文献研究 …………………………………………………………（22）

（三）历史研究 ……………………………………………………（23）
（四）人物研究 ……………………………………………………（24）
（五）苯教研究 ……………………………………………………（25）
（六）寺院及其他研究 ……………………………………………（26）

梵文研究 ………………………………………………………（27）
一、梵文写本的研究……………………………………………（27）
二、梵文对勘研究………………………………………………（30）
三、梵文文学研究………………………………………………（31）
四、学术会议……………………………………………………（31）
五、其他…………………………………………………………（32）

政治法律 ………………………………………………………（34）
一、政治研究……………………………………………………（34）
（一）习近平总书记关于西藏工作的重要论述研究 ……………（34）
（二）改革开放40年西藏工作历程研究 …………………………（36）
（三）治理体系和治理能力现代化研究 …………………………（38）
（四）治藏政策研究 ………………………………………………（39）
（五）涉藏反分裂和社会稳定研究 ………………………………（41）
（六）涉藏外事研究 ………………………………………………（42）
二、法律研究……………………………………………………（45）
（一）藏族地区传统法制研究 ……………………………………（45）
（二）西藏和涉藏工作重点省现代法治建设研究 ………………（46）
（三）藏族民间法制习俗研究 ……………………………………（47）

经济社会 ………………………………………………………（49）
一、经济研究……………………………………………………（49）
（一）农牧业研究 …………………………………………………（50）

(二) 旅游业研究 …………………………………………………… (51)
(三) 生产要素与企业发展研究 ………………………………………… (53)
(四) 区域经济研究 ………………………………………………… (54)
(五) 金融与财政 …………………………………………………… (55)
(六) 经济转型与跨越式发展 ………………………………………… (56)
(七) 城乡居民生活现状研究 ………………………………………… (57)
(八) 公共产品供给与交通研究 ……………………………………… (58)
(九) 特色产业研究 ………………………………………………… (59)
(十) 经济发展回顾 ………………………………………………… (60)
二、社会研究……………………………………………………………… (60)
(一) 社会变迁与制度转型研究 ……………………………………… (61)
(二) 民族与宗教研究 ……………………………………………… (63)
(三) 人口与健康 …………………………………………………… (65)
(四) 教育与妇女儿童发展研究 ……………………………………… (66)
(五) 社区研究 ……………………………………………………… (67)
(六) 区域发展研究 ………………………………………………… (68)
(七) 社会管理与社会稳定研究 ……………………………………… (70)
(八) 综述与书评 …………………………………………………… (72)

生态环境 ……………………………………………………………… (73)
一、生态环境现状变化及引发的影响………………………………………… (74)
(一) 草地与土壤 …………………………………………………… (74)
(二) 湿地与农田 …………………………………………………… (77)
(三) 植被与森林 …………………………………………………… (78)
(四) 河流与湖泊 …………………………………………………… (79)
(五) 气候与空气 …………………………………………………… (82)
(六) 生物多样性 …………………………………………………… (83)
(七) 生态系统功能 ………………………………………………… (85)

二、影响生态环境的因素及其机制……………………………………（86）
（一）气候变化 ……………………………………………………（86）
（二）放牧围栏 ……………………………………………………（87）
（三）产业开发 ……………………………………………………（87）
（四）文化习俗 ……………………………………………………（90）
三、生态环境评估及其保护政策……………………………………（91）
（一）生态评估 ……………………………………………………（91）
（二）防治技术 ……………………………………………………（94）
（三）政府管理 ……………………………………………………（94）

文化教育 ……………………………………………………………（98）
汉文部分 ……………………………………………………………（98）
一、文化………………………………………………………………（98）
（一）传统文化 ……………………………………………………（98）
（二）民俗文化……………………………………………………（100）
（三）现代文化……………………………………………………（101）
（四）文化传播出版………………………………………………（102）
（五）非物质文化遗产……………………………………………（103）
二、教育 ……………………………………………………………（104）
（一）传统教育与基础教育………………………………………（104）
（二）高等教育……………………………………………………（106）
（三）职业教育与特殊教育………………………………………（107）
（四）体育 …………………………………………………………（108）
藏文部分 …………………………………………………………（110）
一、文化 ……………………………………………………………（110）
（一）民俗文化……………………………………………………（110）
（二）现代文化……………………………………………………（111）
二、教育 ……………………………………………………………（112）

语言文字 …………………………………………………………………… (115)
汉文部分 …………………………………………………………………… (115)
一、藏语文本体研究和汉藏语比较研究 ………………………………… (115)
（一）藏语的本体研究 ……………………………………………… (115)
（二）汉藏语比较研究 ……………………………………………… (117)
二、计算语言学 ………………………………………………………… (118)
（一）分词、标注与识别 …………………………………………… (118)
（二）短语、句法分析 ……………………………………………… (119)
（三）歧义结构处理 ………………………………………………… (120)
（四）藏语文智能信息化专题 ……………………………………… (121)
三、实验语音学 ………………………………………………………… (124)
四、社会语言学 ………………………………………………………… (125)
（一）语言教学及语码转换研究 …………………………………… (125)
（二）语言使用情况及出版情况调查研究 ………………………… (126)
（三）翻译、文化 …………………………………………………… (127)
五、古藏文文献研究 …………………………………………………… (128)
藏文部分 …………………………………………………………………… (129)
一、文法历史研究 ……………………………………………………… (129)
二、字和词研究 ………………………………………………………… (130)
三、语言研究 …………………………………………………………… (133)

文学 ………………………………………………………………………… (135)
汉文部分 …………………………………………………………………… (135)
一、古代文学研究 ……………………………………………………… (135)
二、当代文学批评 ……………………………………………………… (137)
三、民间文学研究 ……………………………………………………… (139)
四、《格萨尔》研究 …………………………………………………… (141)
藏文部分 …………………………………………………………………… (144)

一、古典文学研究 ……………………………………………………（144）
二、当代文学研究 ……………………………………………………（149）
三、民间文学研究 ……………………………………………………（152）
四、《格萨尔》史诗研究 ………………………………………………（152）

艺术 ……………………………………………………………………（155）
汉文部分 ……………………………………………………………（155）
一、艺术理论 …………………………………………………………（155）
二、造像、瓷器 ………………………………………………………（155）
三、绘画 ………………………………………………………………（156）
四、岩画 ………………………………………………………………（158）
五、藏戏 ………………………………………………………………（158）
六、其他 ………………………………………………………………（159）
藏文部分 ……………………………………………………………（160）

历史考古地理文献 ……………………………………………………（161）
汉文部分 ……………………………………………………………（161）
一、历史 ………………………………………………………………（161）
（一）总论 …………………………………………………………（161）
（二）吐蕃、宋 ……………………………………………………（164）
（三）元明 …………………………………………………………（168）
（四）清 ……………………………………………………………（171）
（五）民国及当代 …………………………………………………（175）
二、考古 ………………………………………………………………（179）
三、地理 ………………………………………………………………（181）
四、文献 ………………………………………………………………（182）
（一）历史文献 ……………………………………………………（182）
（二）藏文史籍译注 ………………………………………………（185）

（三）汉文文献整理 ……………………………………………………（186）
（四）汉文文献研究 ……………………………………………………（188）
（五）档案文献 …………………………………………………………（189）
（六）敦煌文献 …………………………………………………………（190）
藏文部分 …………………………………………………………………（193）
一、历史 ……………………………………………………………………（193）
（一）总论 ………………………………………………………………（193）
（二）吐蕃、宋 …………………………………………………………（194）
（三）元明清 ……………………………………………………………（197）
（四）民国及当代 ………………………………………………………（200）
二、考古 ……………………………………………………………………（200）
三、地理 ……………………………………………………………………（201）
四、文献 ……………………………………………………………………（203）
（一）总论 ………………………………………………………………（203）
（二）写本简牍 …………………………………………………………（204）
（三）历史文献 …………………………………………………………（205）
（四）其他文献 …………………………………………………………（206）

藏医药与科技研究 ………………………………………………………（208）
藏医药部分 ………………………………………………………………（208）
一、医学史 …………………………………………………………………（208）
（一）藏医药的起源和历史 ……………………………………………（208）
（二）地区或机构藏医发展史 …………………………………………（209）
（三）古代医家 …………………………………………………………（209）
（四）医学史实 …………………………………………………………（209）
二、文献研究 ………………………………………………………………（209）
三、基础研究 ………………………………………………………………（210）
（一）理论研究 …………………………………………………………（211）

（二）理论探讨 …………………………………………………………（211）
（三）基础知识介绍 ……………………………………………………（211）
四、临床研究 ……………………………………………………………（212）
（一）藏医循证医学研究 ………………………………………………（212）
（二）藏医疗效观察研究 ………………………………………………（213）
（三）疾病的诊疗研究 …………………………………………………（215）
（四）藏医护理 …………………………………………………………（216）
五、方药研究 ……………………………………………………………（217）
（一）方药理论和文献研究 ……………………………………………（217）
（二）药物化学研究 ……………………………………………………（219）
（三）药物鉴定学研究 …………………………………………………（220）
（四）藏药药理学研究 …………………………………………………（221）
（五）藏药炮制学 ………………………………………………………（222）
（六）藏药制剂分析 ……………………………………………………（223）
（七）藏药资源学研究 …………………………………………………（224）
（八）药用植物栽培学研究 ……………………………………………（225）
六、医学教育 ……………………………………………………………（225）
七、现状和对策 …………………………………………………………（227）
（一）藏医药事业 ………………………………………………………（227）
（二）藏药产业 …………………………………………………………（227）
科技部分 …………………………………………………………………（228）
（一）传统数学和天文历算 ……………………………………………（228）
（二）传统手工业 ………………………………………………………（229）
（三）其他 ………………………………………………………………（230）

台湾、香港藏学研究 …………………………………………………… (231)
一、哲学、宗教 …………………………………………………… (231)
二、历史、政治、社会 ……………………………………………… (233)
三、文化、文学 …………………………………………………… (235)
四、医学、自然科学 ……………………………………………… (236)

◆ 学界动态 ◆

学界动态 ……………………………………………………………… (239)

◆ 人物介绍 ◆

人物介绍 ……………………………………………………………… (271)
索朗旺堆 …………………………………………………………… (271)
耿昇 ………………………………………………………………… (272)
赤烈曲扎 …………………………………………………………… (272)

◆ 社会科学基金 ◆

2018 **年度国家社科基金项目** ………………………………………… (277)
国家社科基金重大项目介绍 ………………………………………… (285)
2018 **年度国家社科基金项目西部项目** ……………………………… (287)

◆ 论著索引 ◆

藏学图书要目 …………………………………………………… (293)
汉文部分 …………………………………………………… (293)
一、哲学宗教 …………………………………………………… (293)
二、梵文研究 …………………………………………………… (295)
三、经济社会 …………………………………………………… (296)
四、政治、军事、法律 …………………………………………………… (298)
五、文化教育 …………………………………………………… (300)
六、语言文字 …………………………………………………… (301)
七、文学艺术 …………………………………………………… (301)
八、历史地理 …………………………………………………… (303)
九、科学技术、藏医藏药 …………………………………………………… (308)
十、综合 …………………………………………………… (310)
藏文部分 …………………………………………………… (316)
英文部分 …………………………………………………… (345)

藏学论文资料要目 …………………………………………………… (346)
汉文部分 …………………………………………………… (346)
一、改革开放四十年专题 …………………………………………………… (346)
二、政治、法律 …………………………………………………… (349)
三、经济 …………………………………………………… (352)
四、社会 …………………………………………………… (359)
五、历史、地理 …………………………………………………… (363)
六、生态环保 …………………………………………………… (371)
七、宗教 …………………………………………………… (372)

八、民俗、文化 …… (375)
九、教育、体育 …… (377)
十、文学 …… (382)
十一、艺术 …… (385)
十二、语言文字 …… (388)
十三、科技、藏医 …… (390)
十四、藏学学术史 …… (392)
十五、文献 …… (395)
十六、书评、书讯 …… (396)
十七、综合、动态 …… (398)
藏文部分 …… (401)
英文部分 …… (474)

集刊类涉藏论文目录 …… (476)
汉文部分 …… (476)
藏文部分 …… (484)
英文部分 …… (489)

台湾、香港藏学研究论著要目 …… (491)
一、哲学、宗教 …… (491)
二、历史、政治、社会 …… (491)
三、文化、文学 …… (492)
四、医学、自然科学 …… (492)

后记 …… (493)

研究综述

哲学宗教

汉 文 部 分

一、学术论文

2018年藏学宗教哲学方面学术研究成果可谓丰硕，研究范围也较为广泛，包含宗教义理研究、文献研究、人物研究、寺庙研究、教派研究、艺术研究等诸多领域，其中宗教人物研究和寺庙研究比重较大，而宗教义理、哲学以及文献研究等重要领域仍有待加强。据统计，本年度宗教哲学方面汉文论文有107篇，主要发表在藏学相关期刊、各民族院校学报以及社科类期刊上。除此之外，也有一些专著与集刊类。

（一）义理研究

义理研究始终是藏传佛教研究的重点与难点领域。本年度义理相关论文篇数不多，与往年持平，在宗教哲学类中比重最低。具体情况如下：

中观是佛教理论哲学的核心观念之一。班班多杰的《藏传佛教般若中观论本土化的历史阐释》（《中国社会科学》第10期）尝试运用阐释学方法探讨般若中观思想在藏地的通变与扬弃，较为系统地分析了前弘期藏族学者在理解印度中观思想基础上，创造性地提出经部中观与瑜伽行中观分类，增创般若中观框架概念，初创藏传佛教般若中观理论体系，到分裂割据时期再造名目繁多的般若中观命题、学派传承，再到后弘期纳繁归简，构建藏传佛教般若中观论的基本框架、理论系统、文本体系以及中观论从学派转变到宗派的过程。

藏传佛教显密兼重，其中密宗是藏传佛教的重要特点。李元光的《论藏传佛教实践哲学的“九重”特征》（《宗教学研究》第1期）一文，讨论藏传佛教的实修属性，指出藏传佛教实践哲学具有九种特征：重密宗、重体证、重实修、重上师、重传承、重群众、重大众化、重祈福、重神迹。而“以密为主，显密结合”为主要特征，其他特征均由此派生，这与藏族本土文化、宗教发展历程以及理论哲学“重中观”密切相关。

菩提心是大乘佛教的核心理念，是大乘佛教区别于小乘佛教或其他宗教的根本思想，也是大乘佛教徒终身必修的法门。仁增才郎、达哇的《藏传佛教菩提心思想及其现实意义》（《青海社会科学》第1期）一文，对菩提心的经论依据、菩提心思想在藏地的传播与发展以及菩提心修法作了探讨。指出阿底峡尊者在藏撰写《菩提道灯论》，提出三士道，其中上士道观修次第中，集中阐释菩提心思想。阿底峡尊者传承两种菩提心观修方法，即“七重因果”法与出自寂天大师《菩萨行》的“自他相换”法。宗喀巴大师通过撰写《菩提道次第广论》《菩提道次第略论》进一步充实和完善该思想，后来的宁玛派华智仁波切在《大圆满前行》，在具体细微观修对象方面稍有独特，共同构成完善且独特的藏传佛教菩提心思想。

杨杰的《由智、识之辨看米庞嘉措对“基位心”的阐释》（《中国藏学》第2期）分析与梳理宁玛派学者米庞嘉措（འཇུ་མི་ཕམ་འཇམ་དབྱངས་རྣམ་རྒྱལ་རྒྱ་མཚོ།）与贾巴多阿（འཇང་པ་མདོ་སྔགས།）关于基位心（ཀུན་གཞི།）的辩论：贾巴多阿非难宁玛派，声称其核心理念基位心类似细微识（ཕྲ་ཡིད།），对此，米庞大师专门撰写《基位心部》，驳斥贾巴多阿混淆智与识。基位心乃智，而细微识为识，前者是佛智，后者是俗识。智识之别在印度经论早有明示，两者混淆，不仅对宁玛派，且对大乘教理有损。通过宁玛派大师隆钦巴的论著，可以明确知道宁玛派根道果体系立足于基位心，该理念至关重要，不容误解。

何杰峰的《试论多罗那他大师〈中观他空思想要论〉对唯识学派的判释》（《青藏高原论坛》第2期）指出觉囊多罗那他所著的《中观他空思想要论》以“大中观”思想为指导，对唯识学派的地位、唯识学派的思想内涵、唯识学派的“三性”方法论以及唯识学派的“三转法轮”经典安立阐述了自己的理解，形成了独具一格的唯识学派认识论说，是觉囊派判教思想中的重要内容，在藏传佛教史上占有重要历史地位。

义理方面本年度还有因明相关四篇论文。郑宏颖、阿旺嘉措《识的“他证”与“自证”：康德与萨迦班智达认识论的同与异》（《西藏大学学报》社科版第3期）一文将康德的《纯粹理性批判》与萨班的《正理宝藏论》中的认识论作了对比，认为两者对认识来源的分析具有相同之处，即认识由物自体（境）给予人的印象与人的先验能力（识）使然；而在认识主体的自我认识，即认识主体能否自知这一问题上存在根本分歧，康德否认认识主体对本体进行认知的僭越行为，而萨班承认认识具有自知能力。造成此种差异之因在于康德将认识主体之识规定为他证性，而萨班则承许其具有自证性。

加央平措的《工珠·元丹嘉措〈量学〉与〈量学自释〉之理论框架与思想特点初探》（《西藏大学学报》社科版第1期）一文，以元丹嘉措名著《所知藏》中包含的《量学》与《量学自释》作为研究对象，对其基本框架、主要特点以及工珠因明思想作了探讨。指出工珠把因明纳入世间一般性学科范畴，视其为通晓诸学说之必要思维工具。其《量学》与《量学自释》独具特色，为摄略《摄类学》《心明》《因理学》《量理宝藏论》《因明七论大疏量理海论》等诸论内容之概要性、入门性著作。

方岚的《陈那〈集量论·遣他品〉综论》（《西藏民族大学学报》哲社版第2期）基于最新梵文材料和国内外最新研究成果，介绍《集量论·遣他品》的形式与结构，阐明其思想背景与立论宗旨，并对主要内容作出梳理与归纳。认为《遣他品》是印度佛教哲学家陈那论师系统阐述其语言哲学“遣他论”的专论，核心思想为语言所能直接指称的除了共性之外别无他物，可直接感知的事物根本就不在其直接指称的阈限之内。

夏吾李加的《藏族量理摄类学小因果略观》（《世界宗教研究》第4期）对塞氏·摄类学之小因果进行探讨，参考摄类学名著，追溯其理论来源。认为小因果阐发实在事物与它们之间的一般性因果关系，而思维虚构的概念上无因果可言。因此把因果视为有为法范畴内实在事物前后相继、相互联系、制约、转换、彼此依存的一种特定关系，进而揭示客观物理现象。可见小因果具有鲜明唯物主义理论特征。该理论后来逐渐上升到中观哲学缘起性空的高度，通过破除我执，获证洞悉一切事物本质的清净正见，实现“从小因而生大果”。因此，因果原理是佛教哲学的基石，也是理论研究的重要路径。

（二）文献研究

文献研究是藏学宗教哲学研究的重要途径，也是一项基础性工作。宗教哲学研究深入与否、成果是否显著，很大程度上依赖于文献解读能力与方法。因此文献研究业已成为国内外学术研究的重要方法。本年度宗教哲学文献研究论文有 10 篇，篇数与上述义理研究相近，在宗教哲学类中占比较低。其中密宗文献研究论文数量最多，与往年相比有所增长，共有 4 篇；显宗文献只有 1 篇；教法史文献 3 篇，传记和朝拜文献各 1 篇。

魏文的《〈上乐根本续〉的文本形成及其藏译文的版本源流》（《世界宗教文化》第 3 期）以上乐密法的基本形态为切入点，讨论其核心文献《上乐根本续》在印度出现的年代，继而重点分析了后弘期初上乐密法初传入藏地的情况，认为因传承分野导致出现多种以大译师宝贤（རིན་ཆེན་བཟང་པོ）译本为底本精校而成的版本，这些前宗派时期根据传承体系不同而厘定出的词句不一的版本构成了后世各大宗派所分别尊奉的《上乐根本续》文本，对后世上乐密法在藏地和河西走廊地区的传习产生了深远影响。

杨清凡的《无畏生护与曼荼罗仪轨在西藏的译传：以〈金刚鬘〉与〈究竟瑜伽鬘〉文本为中心》（《故宫博物院院刊》第 3 期）在国外学者研究的基础上，结合相关藏文文献，对无畏生护的生平以及其著作《金刚鬘》和《究竟瑜伽鬘》的基本内容、特点及其在藏地的传播历史进行了简要梳理。指出无畏生护是 11—12 世纪前后印度密教大师，他所编纂的《金刚鬘》和《究竟瑜伽鬘》是关于曼荼罗仪轨的经典文献，有梵文本和藏文译本传世。在藏传佛教历史上有许多学者著有相关注疏，成为曼荼罗图像创作中最重要的文本依据，对当下藏传佛教美术的研究也有重要意义。

大圆满是藏地密宗特有思想，是藏传佛教宁玛派与苯教的核心思想之一。然而大圆满思想起源与成立等重要方面有待学界进一步深入研究。敦煌文献因其年代较早，对于解答这些问题大有裨益。落桑东知的《敦煌大圆满心部藏文手稿 ITJ647 探微》（《西南民族大学学报》人文社科版第 8 期）正是对敦煌大圆满文献的研究：大圆满法心部文献 ITJ647 为 10 世纪作品，在《禅定目炬》等书中曾有引用。这是后弘期大圆满教法的原型，从中亦可追溯大圆满法从大瑜伽等密续中剥离并形成自身特色的痕迹。文献正文只有六句话，注释也很精炼，能够帮助读者直观地认识大圆满法最初的思潮。对比 ITJ647、《一切法大圆满菩提心普作王疏释・普贤密饰》和《大圆满法：自我圆满之状态》三个注疏，可以发现敦煌版注释特征在后续的注疏中有所保留，足以证明这一法脉的连贯性。由于借助现有的大圆满文献尚不足以勾勒大圆满法的发展脉络，敦煌的这类数量庞大的手稿像一扇窗，提供了文本的依据。

同美、益卓、叶静珠穆的《试论密宗大圆满藏文文献〈智慧杜鹃〉及其版本》(《世界宗教研究》第6期)对该文献各版体例、内容等进行探讨。得出密宗大圆满藏文文献《智慧杜鹃》有三种版本，分别为苯教版、敦煌版、宁玛版。苯教版又有《智慧杜鹃》《〈智慧杜鹃〉内容提纲》《〈智慧杜鹃〉阐释》三种，共计71页，其中《智慧杜鹃》原文格律诗共计263句；敦煌版由正文和释文两大部分构成，共计4页。原文句型长短不均共计11句；宁玛版又有毗卢版、密续版两种，共计20页。苯教版自成系统，主题为菩提心智慧杜鹃。通过原文对比发现，敦煌版与毗卢版最大的不同在于毗卢版原文末尾直接提到了菩提心智慧杜鹃。

显宗相关论文有才让项毛的《藏译本〈佛说大乘庄严寳王经〉略述》(《四川民族学院学报》第1期)简述了《佛说大乘庄严寳王经》在藏地的传入和藏译本产生的时间、时代背景，分析与总结其内容和特点，并与观音类经典《妙法莲华经·普门品》进行比较。根据历史文献和观音信仰文化在藏地的演变过程，评价了藏译本《佛说大乘庄严寳王经》对藏族文化产生的影响及其意义。

教法史方面，米玛次仁发表了《一部鲜为人知的藏文历史文献：卫巴洛色〈教法史〉》(《西藏大学学报》社科版第3期)。卫巴洛色所造《教法史》是一部成书于14世纪中叶的藏文史籍，内容涉及吐蕃王统和吐蕃佛教史等。该文对卫巴洛色之《教法史》被学界谬解为《韦协》而长期淹没的原因进行了分析，通过梳理书中以“三段式”划分早期吐蕃佛教史的做法，认为《教法史》作者十分重视搜集相关史料，内容大多言之有据，其中也不乏目前已亡佚的珍贵史料。书中采用多种叙事方法以丰富史书内容，是一部研究吐蕃史及早期吐蕃佛教史的重要史料。

《弟吴宗教源流》是一部约成书于12世纪的重要藏文宗教史籍，藏文原名为《弟吴贤者所著印藏教法源流详本》。阿贵、拉毛东智发表《〈弟吴宗教源流〉(印度佛教史)译注——首礼赞、誓词、导言、上篇前言及正文第一至二章的内容》(《青藏高原论坛》第2期)一文，该译文为《弟吴宗教源流》的书首礼赞与著书立誓、导言、上篇前言、中篇正文第一章《佛之三身》及第二章《两千佛》等内容。该译文以西藏人民出版社2010年12月第2版为蓝本，为藏文版的第1—24页的内容。阿贵相继发表了《〈弟吴宗教源流〉译注——菩提发心至十二如来事业前六个部分的内容》(《青藏高原论坛》第3期)，该译文衔承上文，为《弟吴宗教源流》正文第三章第一节内容。主要讲述了关于菩提发心、于三大阿僧企耶劫中集福资粮的情况、地与道、修成正果、示现三身以及十二如来事业（一）兜率降世，（二）入住母胎，（三）圆满诞生，（四）少年嬉戏，（五）受用妃眷，（六）从家出家等内容。该译文以西藏人民出版社 1987 年 6 月第 1 版（2010 年 12 月第 2 次印刷）为蓝本，为藏文版的第 25—61 页的内容。

传记文献方面，米玛次仁发表了《〈六世班禅洛桑班丹益西传〉的史料价值》（《西藏研究》第 4 期）一文，认为《六世班禅洛桑班丹益西传》是清代藏传佛教高僧传的典范之作。传记作者借鉴大量的相关文献，以及自己曾依止六世班禅授教等之便，所著传记内容丰富、翔实。不仅记载了六世班禅洛桑班丹益西一生的事迹，还详细叙述了他前往京城向乾隆皇帝祝寿时一路上的所见所闻。对研究清代西藏史和西藏与中原地区的文化交流具有重要史料价值。

央珍的译文《藏族朝圣文献的解读与探析》（《青藏高原论坛》第 2 期）是法国学者卡提娅·布菲特里耶（Katia Buffetrille）有关藏族朝圣文献的讲座文稿，该文围绕朝圣文献的分类、朝圣文本在神山佛教化过程中的作用、印度湿婆神被降服的神话模型等内容，详细阐释了朝圣文献的基本类型及其对藏传佛教神山信仰和圣地朝拜的构建作用。

此外，孙伯君、聂鸿音著《西夏文藏传佛教史料——“大手印”法经典研究》（中国藏学出版社）为国家社科基金 2011 年项目“西夏文藏传佛教史料：‘大手印’法经典研究”的终期成果。将黑水城等所出西夏文文献中有关藏传佛教“大手印”法、“拙火”法、那若六法的文本择选、汉译、注释，并与藏传佛教汉译典籍《大乘要道密集》等所收的相应或相关文本予以比较、分析，从文献学的角度对西夏所传藏传佛教中涉及大手印的法本、传承进行了考证，是目前西夏文大手印法研究的第一部学术专著，对研究藏传佛教特别是大手印法在西夏和中原的传播具有重要意义。

（三）人物研究

本年度宗教人物研究成果较为丰富，在宗教哲学类中占很大比例。宗教人物以藏地贤者为主，也有印度佛教大师。论文涵盖人物生平、事迹、思想等多维度研究。

弥底班钦是 11 世纪左右精通显密、声明诸学的印度佛教大师，也是藏传佛教史上重要的历史人物，对藏传佛教后弘期与“新密”的出现作出巨大贡献。江永巴松的《弥底班钦在藏弘法事迹考述》（《西藏大学学报》社科版第

3 期）一文，以藏文历史文献为基础，结合实地调研，通过对不同文种史料的比较研究，较为全面地梳理了弥底班钦在西藏的弘法事迹、著作以及相关圣迹传说、民间故事等。与弥底班钦年代相近的又一位进藏传播佛教的印度大师是迦耶达啰，他是萨迦派道果法的直接来源。柴冰的《迦耶达啰（Gayadhara）在藏活动地域查考》（《中华历史与传统文化论丛》年刊）一文对迦耶达啰三次入藏情况，及其活动地域和相关地名作了探讨。

宗喀巴研究方面，何峰发表了两篇论文，第一篇《宗喀巴在曾期寺活动研究》（《青海民族研究》第 1 期）以宗喀巴成就事业为视角，结合文献和田野调查资料，对 1393—1399 年间宗喀巴在西藏山南今桑日县境内的曾期寺进行的一系列活动的内容、原因、意义等作了初步探讨，指出这期间的活动不论对宗喀巴本人还是对格鲁派的创立，乃至整个藏传佛教的发展都有深刻影响。另一篇为《宗喀巴在色拉曲当系列活动研究》（《青海民族大学学报》社科版第 2 期），色拉曲当在拉萨色拉寺后山的僻静之处，宗喀巴晚年曾住此近两年。该文依据藏文史料，就宗喀巴在色拉曲当期间收克珠杰为徒、彻悟中观之道、会见诏请使臣、策划传昭法会、安排建色拉寺等系列活动作了梳理和研究。此外何峰的《从〈宗喀巴大师传略十七颂〉看道帷格西对宗喀巴精神的弘扬》（《西藏研究》第 6 期）一文指出，道帷格西创作的《宗喀巴大师传略十七颂》，高度概括了宗喀巴生平事迹和辉煌成就。道帷格西的人生经历和事业与此有很多相似之处，他追寻大师足迹，刻苦修学经典，大力弘扬佛法，尤其为促进世界和平、祖国统一、社会稳定、民族团结作出了突出贡献，成为继承弘扬宗喀巴大师精神和藏传佛教爱国爱教传统的表率。

刘俊哲的《论塔波噶举派创立者冈波巴的道德哲学思想》（《民族学刊》第 1 期）一文，认为冈波巴的道德哲学思想是对印度大乘佛教道德哲学思想的继承和进一步发挥，其核心是无私利众。他大力宣说和提倡利众事业，重在凸显利众的实践性，又对如何利众进行了深入的义理阐释，有着较强的说理性。更为难能可贵的是，冈波巴创造性地提出了两条道德因果律，且进行了深度的分析论证，还从中引申出对世人道德实践的启示。

何杰峰的《试论札勒那措朗大师修行实践思想》（《中国佛学》第 2 期）一文，指出藏传佛教竹巴噶举派大成就者札勒那措朗大师在对大手印教法认识的基础上，对藏传佛教噶举派的“大手印”“灌顶”以及“中有”修法进行了系统阐述和梳理，这些阐述与表达丰富了藏传佛教噶举派的修行实践内容，圆融了噶举派的修行实践思想，为藏传佛教噶举派修行实践哲学的发展作出了重要贡献。

吉毛措、完麻加的《古浪吴坚久智曲洋多杰生平事迹考究》(《西藏研究》第6期)对宁玛派活佛古浪吴坚久智曲洋多杰事迹进行讨论。总结其事迹为讲经传法，传播宁玛派教法；引进先进科技，推动地方社会发展；民国初期，古浪吴坚久智曲洋多杰等组成的甘肃代表团前往西藏，为汉藏民族团结和中央与西藏地方间联络感情、解释前嫌、疏通关系，毕生致力于促进汉藏民族团结。

牛宏、傅拉宇的《论清代藏传佛教高僧土观·洛桑确吉尼玛对儒学的判分》(《西藏大学学报》社科版第1期)一文，以清代藏传佛教高僧土观·洛桑确吉尼玛所著《土观宗派源流》中对汉地儒家学说的分析评判为研究对象，探讨了土观·洛桑确吉尼玛对"儒学"源流及其义理所作的分析和判断，展示清代藏传佛教高僧对儒家学说的掌握程度和评判角度，以及藏族人对汉族传统文化精髓的一种认识方式和评议态度。

本年度喜饶嘉措大师爱国思想研究成果较为丰富，共有4篇论文。其中陈庆英的《论喜饶嘉措大师的爱国思想》(《中国藏学》第4期)纵观喜饶嘉措大师的一生，阐述了大师爱国思想的发展历程，从热爱家乡到热爱中国共产党领导的社会主义新中国，其爱国思想不断升华；周炜的《喜饶嘉措大师爱国主义思想的基础及其表现》(《中国藏学》第4期)则从社会和历史两个维度来阐释喜饶嘉措大师爱国主义思想的形成，总结了安多地区藏传佛教界的爱国主义内涵及其在大师爱国爱教的人生经历中的体现；李德成的《喜饶嘉措大师与时俱进思想对当代藏传佛教的启示》(《青海日报》9月4日)主要从爱国爱教、继承与弘扬佛教传统两方面进行论述；公保扎西的《发扬爱国主义传统坚决拥党护国利民——在喜饶嘉措大师爱国思想研讨会上的讲话》(《法音》第9期)一文，同样讲述了喜饶嘉措大师爱国爱教思想；此外尕藏扎西的《民国时期喜饶嘉措大师的僧俗教育实践——以创办青海喇嘛教义国文讲习所为例》(《法音》第10期)论述了喜饶嘉措大师对僧俗教育事业作出的贡献。

卢本扎西、喜饶尼玛的《爱国高僧阿旺嘉措评述》(《西藏研究》第4期)讲述了20世纪上半叶，中国处于内忧外患之境地，在危机重重的背景下，西藏拉萨色拉寺杰扎仓堪布阿旺嘉措以"爱国爱教"的坚定信念维护祖国统一，反对分裂，与亲帝势力进行了不懈斗争。解放后，他与中国共产党合作共事，参与建设甘孜地区社会主义新政权，表现了"肝胆相照、荣辱与共"的崇高情操。

（四）寺院研究

寺院研究在宗教哲学领域研究成果最多。研究内容包括寺院历史与现状、管理、作用、教育等方面。

拉卜楞寺为藏地负有盛名的格鲁派六大寺院之一。华锐·东智的《拉卜楞寺成名原因浅析》（《宗教信仰与民族文化》第1期）一文，认为拉卜楞寺之所以闻名遐迩，乃至成为藏地重要的宗教文化和艺术中心地之一，是因为她有容量宏大、内容丰富、形式多样的建筑艺术、绘画艺术、雕塑艺术，并以珍贵稀有的文物古籍和庞大的活佛转世系统、教区及众多驰名中外、超凡脱俗的高僧大德为依托。郭志合的《壳与核：空间与权力互动视域下的城镇化——以夏河拉卜楞为例》（《宗教信仰与民族文化》第1期）一文，阐述了在夏河城镇化进程中拉卜楞寺所发挥的主力作用以及相互依存关系，进而探讨了权力和资源配置等。

德吉卓玛的《拉卜楞上塔哇尼寺及其觉域教法仪轨建构》（《世界宗教文化》第2期）一文，对塔哇尼寺的历史渊源、教法传统、尼众信仰和法事仪轨等进行考察，着重论述了觉域教法与该寺的关系，以及对寺院尼众僧团、组织制度、仪轨建构、尼众信仰产生的影响。德吉卓玛的另外一篇《敦煌吐蕃佛寺隆福寺及藏经洞之探究》（《西藏研究》第4期）通过对敦煌吐蕃佛寺隆福寺的“达摩库”进行研究，探讨了莫高窟藏经洞的真实历史“身份”以及莫高窟藏经洞与吐蕃政权上层及吐蕃佛教的关系。

羊真卓么的《贵德县藏传佛教寺院尕旦寺的历史与现状考察》（《青藏高原论坛》第2期）一文，在经济社会快速发展、地方民族文化受到外来文化冲击的背景下，以贵德县藏传佛教寺院尕旦寺为研究对象，对其历史、人文环境、经济来源和生存现状等进行了考察。多吉措姆的《格鲁派拉卡寺现状及其改革的几点思考》（《中国藏学》第2期）结合文献记载和实地调研采访，对青海省黄南州河南蒙古族自治县拉卡寺的现状及改革进行了梳理与概括，并就藏传佛教小型寺院、寺院教育、寺院管理、寺院经济等问题提出了几点思考。崔宁的《库伦喇嘛教寺庙文化历史沿革与现状》（《内蒙古民族大学学报》社科版第2期）梳理藏传佛教在库伦地区传播、发展的历史脉络，并着重介绍了库伦旗著名寺庙兴源寺、福缘寺、象教寺、吉祥天女庙和寿因寺。

纳森巴雅尔的《准噶尔汗国时期藏传佛教固尔札庙刍议》（《西部蒙古论坛》第2期）以新疆满文档案为主要依据，阐述其他档案内未曾记载的固尔札庙资料，将固尔札庙曾经的辉煌再现于世。认为公元 17 世纪藏传佛教格鲁派传入准噶尔汗国，18 世纪初叶珲台吉噶尔丹策零在其汗国中心伊犁修建了固尔札庙，该庙为当时新疆最大的藏传佛教格鲁派寺院，隔伊犁河与海努克庙南北相望。有关该庙的历史传奇流传很多，它也是藏传佛教在伊犁地区兴盛的典型代表。虽然该寺存在时间不长，但是它对清代伊犁地区的藏传佛教传播起到了推动作用。另外，固尔札庙也是研究 18 世纪新疆卫拉特蒙古史的重要依据之一。

索南卓玛的《西藏的寺院和城镇关系研究》（《西藏发展论坛》第 4 期）一文对西藏寺院与城镇关系进行了探讨，认为历史上，以拉萨、日喀则为典型例证，宗教直接影响了西藏城镇的兴衰，而寺院则直接参与了西藏城镇的兴起和发展，并一度左右了西藏城镇的发展方向。同时藏地寺院发挥着集市贸易中心的功能。它在地广人稀的西藏以特殊的社会影响和经济作用，为促进藏族地区的经济发展产生了深远影响。而发展起来的镇又对寺院的发展壮大起到了辅助性作用。

仁青龙珠、卓尕措的《支扎上寺传统寺院教育调查报告》（《青藏高原论坛》第 1 期）通过对青海化隆县支扎上寺传统寺院教育模式的调查，结合访谈个案，反映出当代寺院教育发展的现状，并对寺院教育未来的发展进行思考。

林扎西卓玛《论藏传佛教寺院曼巴扎仓传统师承关系对培养现代藏医药学人才的积极作用》（《青藏高原论坛》第 3 期）则以藏传佛教格鲁派著名寺院甘肃拉卜楞寺曼巴扎仓修习体制为例，讨论寺院曼巴扎仓对甘肃藏医药学高等院校的借鉴意义。

寺院管理也是本年度热门话题之一，这方面共有 4 篇论文。参看加发表的《青海藏传佛教寺院经师培养管理研究》（《青海社会科学》第 3 期）对青海藏传佛教寺院经师的培养管理情况进行调研分析，梳理了存在问题，并提出针对性的对策建议。当增吉的《隆务寺传统管理模式及其特点》（《青海民族大学学报》社科版第 2 期）以青海省黄南藏族自治州同仁县的隆务寺为个案，探析隆务寺内部传统管理模式。当增吉《青海热贡隆务寺管理模式研究》（《青藏高原论坛》第 2 期）以青海省黄南藏族自治州同仁县隆务寺为个案，对同仁县落实“省委统战部民宗委关于进一步加强藏传佛教寺院管理工作”的具体实践情况进行考察分析，对藏传佛教寺院的社会化管理作了一些思考。更桑措毛的《略论新时期藏传佛教寺院管理》（《攀登》第 4 期）针对新时期藏传佛教寺院管理中存在的问题作了分析研究，并提出了解决的方法路径。

（五）教派研究

看本加的《藏传佛教宁玛派俄巴的历史渊源及其在安多藏区的传播》（《西北民族大学学报》哲社版第1期）是对宁玛派俄巴即在家修士的研究：藏传佛教宁玛派典籍和敦煌古藏文 P. T. 996 号文献，有力证实藏传佛教宁玛派俄巴是在传承印度佛教的基础上，受苯教影响形成的特殊宗教群体，并于吐蕃末期进入安多地区之今青海贵德、尖扎等地区，这也为藏传佛教初传安多地区的历史提供有力证据。文厚泓、陈庆英的《藏密宁玛派内地居士传承考述》（《法音》第6期）则考述近代藏密东传运动中，藏密高僧诺那活佛、贡噶活佛、安钦呼图克图等开启了内地藏密居士传承的情况。

才项多杰的《藏传佛教萨迦派的历史概况、讲修特点及深远影响》（《青海社会科学》第5期）结合萨迦派的兴衰历史，对萨迦派教法的形成、内部派系、法脉传承、讲修特点、内容、见地等方面进行较为系统的阐释，客观地论述了萨迦派的历史地位、对后世的影响，并简要点明了该教派的弊端和亟待解决的几点问题。尹立的《萨迦派金刚萨埵忏悔法的精神分析初探》（《宗教学研究》第4期）尝试从现代精神分析视角解读金刚萨埵观修方法的神秘外貌下所蕴含的心理机制，阐明其中触及并试图修复的人类深层心理创伤，指出金刚萨埵修行乃是通过直觉性地运用人类童年本具的想象性内化和自我内在对话能力，将人生最主要的创伤及随之而引发的诸多人格障碍，在持续的观想念诵中一一面对、修复，从而为后面的密法正行奠定基础。

觉囊派作为藏传佛教一个重要分支，近几年学界对觉囊派的研究有所升温。罡拉卓玛的《藏传佛教觉囊派学经系统传承研究》（《青海社会科学》第4期）通过藏文文献和实际调研相结合，分析和总结了藏地觉囊派寺院教法传承、学经制度、寺院组织等。此外，李宏坤的《睿哲文殊圣应化为人主——探析格鲁派尊称清朝皇帝为文殊的原因》（《法音》第4期）从历史背景、政治局势、利益关系、宗教文化等因素对格鲁派尊称清朝皇帝为文殊的问题进行了解析。

（六）传播与影响研究

朱丽霞的《藏传密宗与“中华国族”的构建——民国时期汉地僧人的藏密观》（《西南民族大学学报》人文社科版第8期）对民国时期藏密传入汉地

的缘由进行了分析。指出汉地佛教界认为藏密无论是在精深程度、发展规模、戒律以及佛经翻译方式、密典数量、修习次第、律仪等方面有优胜之处，因此成为汉地佛教的“参考”和取法对象。民国密教的兴起与发展是在当时中国民族文化重塑语境中，汉地佛教文化重构的一种努力。除了佛法体系完备性的需求外，民国汉地佛教界认为沟通汉藏佛教对建成“中华国族”、沟通中华五族文化具有重要的意义。另外，杨孝容的《论民国时期作为中国佛教教育中心的汉藏教理院》（《宗教学研究》第1期）依据原汉藏教理院期刊档案文献及民国佛教报刊相关资料，经由考察汉藏教理院的学制、招生及学生毕业情况、学生来源等，揭示其对川渝及相邻地区佛教乃至当代中国佛教特别是佛教教育的影响。

徐东明的《从观音法门在吐蕃的传播看汉藏佛教的交流和互动》（《西藏民族大学学报》哲社版第2期）认为汉、藏两族佛教僧人的译经弘法活动，对吐蕃观音法门的完备和传播及其观音信仰的建立作出了巨大贡献，观音信仰也成为汉藏等多民族佛教文化交流的纽带和寄托，为中华民族多元一体格局的形成发挥了重要作用。祁桂娟的《明代汉藏两地佛教戒律改革探析——以宗喀巴改革与晚明汉地丛林改革为例》（《中国佛学》第1期）回顾两地戒律改革之背景，并对两次改革内容和异同之处进行分析和总结。认为宗喀巴及晚明汉地高僧如袾宏、古心如馨等在矫正佛教流弊、清肃佛门风气、发扬义学方面作出了非常重要的贡献。

刘俊哲的《吐蕃时期佛教哲学传入西藏的价值、特点与影响》（《宗教学研究》第4期）对佛教哲学传入吐蕃的历程及特点作了探讨。指出这是当时吐蕃社会历史发展的必然，是上层统治者和下层民众的自觉抉择，而且又是由佛教哲学本身的价值所决定的。佛教哲学是在吐蕃时期传入吐蕃社会的，这种时空的特殊性决定了它传入的进程、方式、内容和接受等方面的自身特点。虽然没有在当时催生出具有本土特性的藏传佛教哲学，但对后弘期藏传佛教各派哲学的产生发展具有重要作用，提供了重要的思想理论资源。类似的文章有索南才让的《佛教在西藏本土化的思想历程及其特点——以莲花生、阿底峡、宗喀巴为主》（《西藏民族大学学报》哲社版第5期），其主旨为佛教传入西藏后经历了漫长的本土化过程，经过了吐蕃佛教、宗派形成与思想纷争、格鲁派创立和藏传佛教完全形成三个发展阶段，莲花生和寂护师徒、阿底峡、宗喀巴作为三个阶段的代表人物，将主要精力放在解决观与行、空与有、止与观的关系方面，通过程式化的修行方法，最终解决了一对对矛盾，建立了富有西藏特色、藏族特点的藏传佛教思想体系和实践方法。

王洲塔、姜馥蓉的《藏传佛教在河西走廊的社会融入——宗教“在地化”的个案考察》（《青海民族研究》第4期）通过对金塔寺在地方汉族社会的身份建构、信徒获得及信仰维护的动态过程中的观察，认为金塔寺作为文化进入的一方，实现与地方文化价值的互补才是其“在地化”、避免在地方社会被边缘化的最终归向。这不仅是藏传佛教，或许也是所有宗教“在地化”的最终归向。张世均《“一带一路”倡议下青藏高原地区宗教文化对外传播的路径与对策——以西藏自治区藏传佛教与印度佛教交流为例》（《世界宗教文化》第2期）在介绍印度和中国西藏自治区佛教信仰状况的基础上，论述了地处青藏高原核心区域的西藏自治区与印度进行佛教文化交流的基本情况和政策保障，提出了交流路径与对策。

索端智的《青海黄南隆务寺“毛兰姆”法会田野调查》（《青海民族研究》第4期）研究隆务寺祈愿法会“毛兰姆”，指出法会仪式过程反映出社区内部的权利和以寺院为中心的“信仰圈”的内聚结构关系，实现了社区成员间的连接，为社区整合提供了有效的形式；文厚泓的《藏传佛教对西藏现代政治文明建设的作用初探》（《宝鸡文理学院学报》社科版第一期）一文从多维度探讨了藏传佛教对现代政治文明建设的积极作用和消极作用。

朱丽霞所著《藏汉佛教交流史研究》（中国社会科学出版社）以中国历史朝代为时间轴，分别探讨了藏汉佛教之间的人员往来、思想传播、艺术交流、典籍译介等问题，全面揭示了藏汉佛教交流的途径、方法、形式、影响、意义等，系统地阐释了藏汉佛教相互交流、传播、影响的历史进程，对把握藏汉佛教交流的宏观历史视域与具体历史基础有一定帮助。

明·额尔敦巴特尔所著《16—18世纪蒙古佛教史研究》（内蒙古人民出版社）利用蒙古、汉、藏文等基本史料，对藏传佛教格鲁派高僧内齐托音一世（1587—1653）在漠南蒙古地区传教的特点和作用，蒙古大汗和蒙古右翼土默特万户首领等蒙古统治阶层对藏传佛教所采取的态度、政策以及清廷对蒙古佛教政策的内容、作用等重要问题进行了深入细致的探讨。

（七）艺术

本年度也有不少宗教艺术研究成果。内容包括造像艺术、建筑艺术、密宗符号、壁画、岩画等。

德吉卓玛的《桑耶寺的造像艺术》（《中国社会科学报》第3期）借助佛

教经典与历史文献，对桑耶寺建筑、佛教造像、绘画艺术进行了讨论；当增扎西的《夏鲁寺观音造像题材类型、图像特征及宗教传承》（《青藏高原论坛》第4期）通过解读夏鲁寺观音题材造像的图像内容，梳理夏鲁寺造像艺术中观音题材造像题材类型和图像特征；阅读相关观音密宗法门的仪轨文本，分析夏鲁寺观音题材造像与寺院传承观音法门传承之间的关系；试图对夏鲁寺乃至后藏年楚河流域早期的观音信仰形态特征加以判断。

曼荼罗是佛教密宗极为重要的宗教仪式和文化符号。徐小霞、赵毅衡的《佛教密宗曼荼罗符号话语的谱系学考察》（《民族学刊》第1期）详细梳理了古印度各种话语实践的“曼荼罗”含义及指涉物的演变，发现曼荼罗最终被密宗置于整个教义和仪式中心的原因，与密宗关于真如实相的符号话语和符号策略直接相关。

张晓霞、罗延焱的《西藏改则县岩画的田野调查》（《内蒙古艺术学院学报》第1期）是在2017年8月18到24日西藏改则县岩画田野调查的基础上完成的，共记录整理了109组岩画，集中分布在改则县先遣乡日杰山一带。这些岩画图像包括动物、人物、植物、车辆、日、月、雍仲符号等，从其风格、制作方法、造型特征等可分为早中晚三个阶段，创作年代从公元前1200年前一直延续到公元700年前后。认为岩画风格受到北方草原文化的影响，但大部分还是以反映本土人群狩猎生产生活为主，为此期间这个区域人群的狩猎、放牧、宗教文化等社会生活研究提供了生动丰富的材料。

高琦、任云英的《甘南地区藏传佛教寺院经堂建筑空间模式研究——以拉卜楞寺为例》（《西安建筑科技大学学报》自然科学版第1期）一文，旨在揭示以拉卜楞寺为代表的藏传佛教经堂建筑空间模式特征，运用类型学研究方法对寺院经堂建筑空间构成进行分类与归纳，以经堂建筑空间实测数据为基础，运用“空间—视线”分析方法，提出甘南地区藏传佛教经堂建筑空间营造的核心理念是运用建筑空间尺度的对比突出空间之“门”作为通往“极乐世界”之“法门”的象征意义；以空间之“门”作为设计基点，建立以“门—柱—像”视觉感知系统为核心的视线引导控制方法。

周晶、李天的《藏传佛教寺院吉祥主题壁画的溯源研究》（《建筑与文化》第5期）一文，通过分析藏传佛教吉祥主题壁画的源流以及图案化景观表达特征，说明藏传佛教绘画艺术融合各种文化背景，具有加以取舍为本民族所用的巨大创新能力。朱钥霖、韩瑛的《曼荼罗原型与蒙藏地区藏传佛教建筑的创作》（《建筑与文化》第3期）以藏传佛教文化中的曼荼罗图式为切入点，探究曼荼罗原型在蒙古、西藏地区藏传佛教建筑中的转译，旨在为现代召庙设计提供思路。

（八）苯教研究

本年度苯教研究成果比较丰富，包含文献、仪轨、人物、寺院、佛苯关系等方面。

和继全的《纳西东巴文藏语音读苯教文献〈吉祥经〉译释》（《西藏大学学报》社科版第 1 期）首次还原并翻译了东巴文藏语音读苯教文献《吉祥经》。指出纳西东巴文藏语音读苯教《吉祥经》在纳西族民间主要用于超度东巴的仪式中，有多种抄本留存，其内容主要以自天地、苯教圣地、神灵、圣物等处招福为主。东巴文藏语音读苯教《吉祥经》是用东巴文记录藏语苯教文献的特殊语料，对研究东巴教与苯教的历史关系具有较高的资料价值。同时，作为含有特殊语言现象的文献资料，也是研究语言接触、文字运用等问题的重要资料。与此类似的另一篇论文是仇任前的《苯教〈蝙蝠经〉研究》（《宗教学研究》第 2 期），文章指出《蝙蝠经》具有宗教神话故事和仪式文本的双重特点，它以苯教历史文化人物贡孜神变王和蝙蝠帕旺贡布之间的对话形式完成文本叙事，赋予蝙蝠多种动物的集合特性。蝙蝠在苯教中扮演沟通神人之间的使者的角色，苯教经书和东巴教文献对蝙蝠的叙述有异曲同工之妙，对于二者宗教文本的比较研究，可以加深苯教与东巴教等西南少数民族宗教之间关系的认识。

近几年阿旺嘉措在苯教研究领域取得较大成就。他发表的《从敦煌藏文写卷看苯教徒的宗教功能》（《中国藏学》第 2 期）一文依据敦煌藏文苯教文献，探究苯教徒在当时的身份和功能。指出其宗教功能主要是打卦解惑、主持垛术及治疗、招福、主持殡葬仪轨等。一个重要信息是辛饶米吾的名字在敦煌文献中记载了 12 次，他是作为一个重要祭司身份出现的。以此断定，苯教徒在古代藏族社会扮演着宗教仪轨主持者的角色。

永保藏翻译的杰福利·萨缪尔论文《回顾苯教身份问题——喜马拉雅山脉地区的苯教祭祀和祭祀仪式》（《青藏高原论坛》第 3 期）详细研究了通称为苯教的祭祀仪式。尼泊尔、印度和不丹藏族文化开展的人类学研究表明，从许多方面来看，苯教是一个隐含和不明确的术语。通过对比昆波（Khumbo）、特（Te）、塔芒（Tamang）、锡金和不丹的异同，得出苯教这个称号常用于理解不受制于佛教和雍仲苯教结构、实际与空间影响的村庄宗教多样性。

王含章、阿旺嘉措《迭部藏族的民俗宗教“垛”（gto）及其文化内涵分析》（《宗教学研究》第1期）采用人类学田野调查方法，记述了迭部地区垛节的详细过程，并尝试对其宗教文化内涵进行分析与讨论。指出禳解仪轨“垛”是苯教重要的仪轨传承，迭部地区的民俗节日“垛”是此宗教仪轨民俗化、节日化的表现形式，具有丰富的象征意涵和现实功能。

郭萍发表的《松潘地区苯教大鹏鸟形象的多元化背景》（《宗教学研究》第2期）试图从现存岷江上游松潘地区苯教寺庙的踏查资料中，考述大鹏鸟形象特征的多元化生成背景，并探寻变化的根源，认为大鹏鸟在多元信仰中具有重要的调和作用。

刘洁《工布苯日神山崇拜的“新苯派”特点与佛教化演变趋势》（《黑龙江民族丛刊》第2期）针对工布苯日神山崇拜的神祇体系和祭祀仪轨的文献对比研究表明，自公元8世纪开始出现的“新苯派”，可谓苯教与藏传佛教相互融合的产物，工布苯日神山亦在此时期成为佛、苯共同信仰的对象。藏传佛教后弘期，新苯派在藏地逐步发展成为苯教的主流教派。有清一代，以新苯派为主的工布苯日神山崇拜体系，主要朝向佛教化的演变轨迹发展。此外，刘洁出版了专著《工布苯日神山崇拜研究》（青海民族出版社），该书以古藏文文献《工布苯日神山志》为基础，从历史学、文献学、边疆史地、宗教学等多个角度出发，提出象雄文明的东渐传播、西藏历史地理的圣地移植特点、新苯派的佛苯互融趋势、古藏文圣地志类文献的层累式架构等一系列学术观点。

（九）其他

除上述各项论文外，还有宗教历史文化、宗教理论和宗教现实研究相关的论文数篇。

胡垚的《元、清两朝藏传佛教政策管控及其效果》（《深圳大学学报》人文社科版第2期）一文，比对与探讨元、清两朝扶持藏传佛教以羁縻边疆的具体实践，分别从宗教领袖权力、特权礼遇、具体管理制度、皇室宗教信仰虔诚度等方面作了分析。

崔欣的《数据视域下我国藏传佛教研究的现状与趋势——基于CNKI期刊（1984—2014）的文献计量与可视化分析》（《地域文化研究》第4期）以中国知网（CNKI）数据库为主要依据，以“藏传佛教”为篇名进行关键词检索，时间段选择在1984—2014年，从年度发文量、基金论文量、论文基金资助、主要期刊的载文量、高产作者、高频关键词等方面对1984—2014年间的关于藏传佛教研究的论文进行统计分析，为了解我国藏传佛教研究的基本情况、学术研究与学科发展提供了参考。

本年度宗教中国化相关成果不少，共有4篇论文。李德成的《谈我国宗教的中国化——兼谈藏传佛教的中国化方向》（《中国藏学》第2期）从如何正确认识和理解我国宗教的中国化方向问题出发，就区分和厘清关于宗教的本土化、中国化和中国化方向等概念提出看法，在此基础上介绍我国主要宗教的中国化，突出藏传佛教的中国化进程和坚持藏传佛教中国化方向问题。

尕藏加的《新时代藏传佛教中国化的路径和实践》（《世界宗教文化》第3期）主要探讨新时代藏传佛教中国化的路径和实践内容。仁钦扎木苏的《藏传佛教中国化的现代实践——以西安广仁寺为例》（《中国宗教》第8期）则是以西安广仁寺作为具体事例，对藏传佛教中国化的现代实践进行讨论。此外，刘洁的《新时代藏传佛教教规教义阐释工作刍议》（《中央社会主义学院学报》第4期）就人类命运共同体、依法治教、社会主义核心价值观、生态文明体系建设等方面的作用作了阐述。

德昆专著《藏传佛教极简史》（宗教文化出版社）是一部精简的藏传佛教史书，全书共分5章，分别对佛陀证道、三次集结、大乘发展、前弘期佛法入藏、后弘期各派形成等作了简要论述。周炜所著《佛智：藏传佛教的文化语境》（中国藏学出版社）是作者继《佛境》《佛界》之后研究藏传佛教的专著，分“藏传佛教的本体研究”“藏传佛教的跨文化研究”两部分，汇集了作者多年来藏传佛教研究领域的研究成果，具有一定的学术价值和资料价值。王丕君主编的《讲述西藏：宗教的故事》（华文出版社）以通俗易懂的形式，从宗教习俗、活佛转世、学经制度、宗教艺术和宗教与现代文明的结合等几个方面展现了西藏地方独特的宗教文化。

藏文部分

2018年，宗教哲学类藏文研究成果显著，相关论文数量与汉文论文相当。主要方向有因明（义理）研究、文献研究、历史研究、人物研究、苯教研究、寺庙研究等。相比汉文论文，藏文论文中因明和人物研究方面成果卓著，但缺少艺术研究方面的研究成果。此外，寺院研究在汉文论文中占绝对优势，而在藏文中占比较低。藏文论文发表期刊相对集中，主要发表在《中国藏学》《西藏大学学报》《西藏研究》《青海社科研究》等期刊上。

（一）因明（义理）研究

因明与义理方面成果不少，内容以藏传因明摄类学、因类学以及心类学为主，包含印藏学者因明著作和思想研究。本年度因明研究尤其突出对重要术语与概念考究这一特点。

斗本加（ཁ་སྣང་སྟག་འབུམ་རྒྱལ།）的《〈集量论〉与〈释量论〉章节排列之异同》（《ཚད་མ་ཀུན་བཏུས》 དང་ 《ཚད་མ་རྣམ་འགྲེལ》 གཉིས་ཀྱི་ལེའུའི་སྒྲིག་སྟངས་སྐོར་གྱི་དཔྱད་བསྡུར།）分析了这两部著作的章节数及排列次序问题。虽印度和西藏地区学者一致承许后者为前者注疏，但两者在章节数量和排序上存在差异，前者 6 章、后者 4 章，前者现量品置首，后者以自比量开始，作者对这一现象进行了解答。指出虽看似有违，但实际无过。

项智多杰（དོ་རྒྱ་དབང་དྲག་རྡོ་རྗེ།）的《〈摄因明真实义〉对立观点及作者考》（《ཚད་མའི་དེ་ཁོ་ན་ཉིད་བསྡུས་པའི》 ཕྱོགས་སྔའི་འདོད་ཚུལ་དང་དེའི་རྩོམ་པ་པོ་སྐྱོང་ཆེན་རབ་འབྱམས་ཡིན་མིན་སྐོར་གྱི་དོགས་སློང་།《西藏大学学报》第 1 期）一文以因明思想作为切入点，一一探讨和比对《摄因明真实义》中作为对立方的十一二世纪 15 位藏族学者的因明观点。指出该著作本身的观点和命名方式也有许多“早期因明派”即十一二世纪的特点，进而对《摄因明真实义》作者为隆钦巴这一普遍说法提出了质疑。

达娃久美（ཟླ་བ་འགྱུར་མེད།）的《藏传因明自定量与他定量刍议》（རང་ལས་ངེས་དང་གཞན་ལས་ངེས་ཀྱི་ཚད་མའི་སྐོར་རགས་ཙམ་གླེང་བ།《西藏大学学报》第 4 期）一文，简要论述了因明量之自定量与他定量的出处、定义、分类以及藏地学者对其的不同观点。

心类学（བློ་རིག）是藏传因明的重要特点与组成部分。扎西次仁（བཀྲ་ཤིས་ཚེ་རིང་།)）的《藏传因明“四不定”心所解析》（སེམས་བྱུང་གཞན་འགྱུར་བཞིའི་སྐོར་ཆེ་ལོང་ཙམ་དཔྱད་པ།《西藏大学学报》第 2 期）一文，探讨了心类学（བློ་རིག）内容心所五十一中的“四不定”心所定义、功能、分类以及与其他心所具有的差别，分析较为清晰，且具有一定的实用性。

扎西、旦巴次仁（བཀྲ་ཤིས། བསྟན་པ་ཚེ་རིང་།）的《古印度法上大师因明学著作中的相关疑难概念》（ཚད་མའི་གཞུང་གི་གྲུབ་པ་དང་བདེ་བ་ཞེས་པའི་ཚིག་དོན་དང་འབྲེལ་ཏེ་སློབ་དཔོན་ཆོས་མཆོག་གི་འཐད་ལྡན་གྱི་ལུང་ཚིག་འགའ་ལ་ཉུང་ཟད་དཔྱད་པ།《西藏大学学报》第 3 期）一文，对法上大师因明著作中的成立（གྲུབ་པ།）与安乐（བདེ་བ།）两个术语进行了分析，指出其对现量、比量以及再决知（བཅད་ཤེས། paricchinna-jnana）之间的关系和差别理解至关重要。

小次多、尼玛次仁（ནུ་ར་ཚེ་རྡོར། ཉི་མ་ཚེ་རིང་།）的《量论心类学中几种关键术语解读》（བློ་རིག་རྣམ་གཞག་ཁྲོད་ཀྱི་གོལ་ས་ཆེ་བའི་ཐ་སྙད་འགའ་ཞིག་ལ་དཔྱད་པ།《西藏大学学报》第 3 期）一文，对因明术语“意”（ཡིད།）“意识”（ཡིད་ཤེས།）“根识”（དབང་ཤེས།）以及“智慧”（ཤེས་རབ།）“意根”（ཡིད་དབང་།）“意现量”（ཡིད་ཀྱི་མངོན་སུམ།）等作了解析。

小尼玛、次旦卓玛（ཉི་མ་ཆུང་བ། ཚེ་བརྟན་སྒྲོལ་མ།）的《藏传因明学因类论在社会生活中的作用研究》（བོད་ཀྱི་ཚད་མ་རིག་པའི་འབྲས་རྟགས་ཡང་དག་གི་སྐོར་མདོ་ཙམ་གླེང་བ།《西藏大学学报》第 1 期）一文，对因类论的定义、因类论逻辑的培养对创造和谐社会所具有的重要作用作了论述。

康噶·楚陈格桑（ཁང་དཀར་ཚུལ་ཁྲིམས་སྐལ་བཟང་།）是著名佛教学者，在藏传佛教研究领域多有建树。他发表的《经部概说及其种子相关思想研究：世亲意趣庄严》（མདོ་སྡེ་པའི་སྤྱི་བཤད་དང་ས་བོན་འབྲེལ་ཡོད་དང་བཅས་པའི་དཔྱད་ཞིབ་དབྱིག་གཉེན་དགོངས་རྒྱན།《中国藏学》第 3 期）旨在鼓励与引导学者进一步关注与研究经部思想。该论文指出在藏译论典中，佛教四宗派之经部思想虽在世亲《俱舍论》及其注疏等中有相应论述，但没有系统介绍经部学说和理论的著作。经部思想中“种子”（bīja）与“续能变”（saṃtatipariṇāma）是两个特别重要的概念，因果体系以及断除障碍与积累善德的成立都建立在该概念上。论文中对这两个概念相关问题以及印度学者围绕这个概念进行的辩论都进行了探讨。

周拉（འབྲུག་ལྷ།）发表的《〈佛说稻秆经〉的藏译及“缘起”思想在吐蕃的传播研究》（འཕགས་པ་སཱ་ལུའི་ལྗང་པའི་མདོ་བོད་དུ་བསྒྱུར་ཚུལ་ལས་འབྲོས་ཏེ་རྟེན་ཅིང་འབྲེལ་བར་འབྱུང་བའི་ལྟ་བ་བོད་དུ་དར་ཚུལ་སྐོར་ལ་དཔྱད་པ།《西藏大学学报》第 1 期）首先依据文献记载探讨了《佛说稻秆经》藏译过程，并发现敦煌文献中有该经的好几种写本，其中 pt. 0092－3 与现存《甘珠尔》该经版本在术语等方面存在较大差异，对此作了简要比对。而后对该内容即内外缘起作了分析，并对缘起思想在藏地传播的历程作了论述。

（二）文献研究

本年度文献研究以文献版本研究为主，同时宗喀巴传记与著作研究亦是研究热点。

更尕、拉浪才让（ཀུན་དགའ་དབང་ཕྱུག ལྷ་ལུང་ཚེ་རིང་།）发表了《贡日尖参桑布所著〈宗喀巴传〉初探》（རྗེ་ཙོང་ཁ་པའི་རྣམ་ཐར་ཡིག་ཆ་ལས་གུང་རུ་རྒྱལ་མཚན་བཟང་པོས་མཛད་པའི་རྗེའི་རྣམ་ཐར་ལ་གསར་དུ་དཔྱད་པ།《中国藏学》第 3 期）一文，藏文传记文献中，宗喀巴大师传记当属最多，数量逾 60 部。该文比较研究宗喀巴大师传记诸文献，指出贡日尖参桑布因长期拜随宗喀巴大师等故，其所造《宗喀巴传》具有详细、可信、与传主年代接近等其他传记不可比拟之优点，尤其在传主出生时间、学经内容、佛学观点等方面巨细靡遗。并对后来宗喀巴大师传记作者没有充分引用该传记的原因作出了解释。

巴多（དཔལ་རྡོར།）《宗喀巴文集木刻版考释》（རྗེ་ཙོང་ཁ་པའི་གསུང་འབུམ་གྱི་པར་ཤིང་སྐོར་ལ་རགས་ཙམ་དཔྱད་པ།《西藏大学学报》第 2 期）依据传记文献与刻板尾记，对十种宗喀巴文集木刻版本，即甘丹旧版、甘丹彭措林版、北京版、扎什伦布版、拉卜楞版、塔尔寺版、热嘉版、雪旧版、德格版、甘丹新版刻版情况进行了梳理。

冷本才让（སླུ་འབུམ་ཚེ་རིང་།）《〈菩提道次第广论〉五种版本之比较研究》（བྱང་ཆུབ་ལམ་རིམ་ཆེན་མོའི་པར་གཞི་ལྔའི་བསྡུར་དཔྱོད།《青海师范大学学报》第 2 期）利用文献对勘方法，分别从连接词（ཕད།）、上下加字、前后加字、元音、用词、缩略字等方面对《菩提道次第广论》五种版本，即甘丹版、雪版、藏版、塔尔寺版和拉卜楞版进行了对比研究。

白玛扎西（པད་མ་བཀྲ་ཤིས།）发表了《论天竺狮子贤著作〈现观庄严论名义释〉喜噶刻本特点》（《མངོན་རྟོགས་རྒྱན་གྱི་འགྲེལ་པ་དོན་གསལ》ཤེལ་དཀར་སྤར་མའི་ཁྱད་ཆོས་ལ་དཔྱད་པ།《西藏研究》第 3 期），喜噶刻本是在西藏古籍普查时发现的，作者对其刻本来历、施主、刻写目的、过程、时间、回向、字体、圈线等各方面进行了论述。

牛吾塔（སྙིང་པོ་ཐར།）《〈决藏〉初探》（《གདམས་ངག་མཛོད》གྱི་སྐོར་མདོ་ཙམ་གླེང་བ།《青海师范大学学报》第 1 期）探讨了《决藏》的集成过程与影响。认为该书为工珠・云丹嘉措编纂这一普遍说法并不妥当，而是蒋阳钦哲旺布搜集基础上完成，该著作收集各教派几近失传的诸多显密文献，既保留了不少甚深耳传、单传法门，又为研修者提供了便利。

仁青（ཀ་རིང་རིན་ཆེན།）的《藏传佛教印经院寺规研究——以〈翁布唐印经院寺规〉为例》（བོད་བརྒྱུད་ནང་བསྟན་གྱི་པར་གྲྭའི་བཅའ་ཡིག་སྐོར་གྱི་ཐོག་མའི་དཔྱད་གླེང་——《སྡོང་པོ་ཐང་བཤད་སྒྲུབ་དར་རྒྱས་གླིང་གི་པར་གྲྭའི་འགྲིག་ཡིག》དཔྱས་སུ་བཟུང་ནས་དཔྱད་པ།《青海师范大学学报》第1期）一文，在介绍《翁布唐印经院寺规》作者、内容的基础上，对印经院刻校人员、纪律、工序、刻量、工资、收支和特殊情况分别作了论述。

（三）历史研究

宗教历史研究也有一些成果，内容涵盖宗教兴衰、教派成因、教法与戒律来源、特定宗教人物形成以及相关历史问题。

索朗坚参（བསོད་ནམས་རྒྱལ་མཚན།）的《藏传佛教下路律承考证》（སྨད་འདུལ་གྱི་ཁུངས་ལ་དཔྱད་པ།《西藏研究》第3期）一文，探讨了后弘期戒律来源之上路、下路和班禅律承之中下路律承。通过比较与分析佛教与苯教各家说法，认为下路律承为佛教戒律，而非通常所说来自苯教。

多杰才旦（རྡོ་རྗེ་ཚེ་བརྟན།）的《论藏传佛教史上的宗教整顿与噶当派形成的关系》（བསྟན་པའི་དག་ཐེར་དང་བཀའ་གདམས་གྲུབ་མཐའི་བྱུང་འཕེལ་གྱི་འབྲེལ་བ་ལ་དཔྱད་པ།《中国藏学》第2期）一文，指出吐蕃分裂割据时期“伪密教”批判与噶当派出现之间存在前因后果关系。即拉喇嘛·益西沃等人批判当时盛行的“伪密教”诸行为，并迎请阿底峡大师，大师著书、规整佛教、提倡依理学佛，以此为传承，形成了重显宗为特点之噶举派。与此议题相近的另外一篇论文是楞本扎西（ལྷུ་འབུམ་བཀྲ་ཤིས།）的《浅析10到12世纪“伪密”之诤》（དུས་རབས་བཅུ་པ་ནས་བཅུ་གཉིས་པའི་བར་གྱི་སྔགས་ལོག་སུན་འབྱིན་གྱི་སྐོར་རགས་ཙམ་གླེང་བ།《青海师范大学学报》第1期），该文强调了其产生的重大影响：一是促进判教思想、经目编纂的开始；其二是促成藏传佛教显密兼修、先显后密体系的建立。

白伦占堆、白玛（དཔལ་ལྡན་དགྲ་འདུལ། པདྨ།）的《藏传佛教密咒师历史探源》（བོད་ཀྱི་སྔགས་པའི་ཐོག་མའི་འབྱུང་ཁུངས་སྐོར་རགས་ཙམ་གླེང་བ།《西藏大学学报》第1期）一文分析佛苯文献，认为藏地密咒师非佛教传入后才出现，而是由原来苯教祭司“奔塞”（དཔོན་གསས།）演变而来，“奔塞”在吐蕃时期任有要职，后来佛教密宗传入后，仍以居家修行师身份，在农牧区发挥重要作用。

刚拉卓玛（གངས་ལྷ་སྒྲོལ་མ།）的《藏传佛教觉囊派发展现状》（བོད་བརྒྱུད་ནང་བསྟན་གྱི་ཇོ་ནང་པའི་གྲུབ་མཐའི་ད་ལྟའི་གནས་བབ་ལ་དཔྱད་པ།《攀登》第3期）一文，在简要介绍觉囊派源流、思想、寺院组织的基础上，对其现状进行了分析。认为该派经历12世纪创立与发展，到17世纪在卫藏地区衰落，再到后期宗派无偏见背景下在藏东地区复兴，并于现在得到蓬勃发展。

（四）人物研究

人物研究在宗教哲学类中成果最多。人物以藏地前后弘期译者、智者为主，也有印度显密大师，集中对他们的生平、事迹和思想作了研究。

诺章吴坚（ནོར་བྲང་ཨོ་རྒྱན།）的《略谈释迦牟尼六年行苦》（སྟོན་པ་ཤཱཀྱ་ཐུབ་པའི་དཀའ་སྤྱད་མཛད་པར་དཔྱད་པ་བླང་དོར་མིག་འབྱེད།《中国藏学》第3期）对多罗那他所造《佛陀传》之佛陀六年苦行细节进行了解读，并结合寂天《入菩萨行》、圣天《四百论》等经典，指出佛陀六年苦行所具有的隐含意义和生命哲理。

桑杰措（སངས་རྒྱས་མཚོ།）的《藏传佛教前弘期藏地译师考辨》（བསྟན་པ་སྔ་དར་གྱི་དུས་སྐབས་སུ་བྱོན་པའི་བོད་ཀྱི་ལོ་ཙཱ་བའི་སྐོར་གྱི་དཔྱད་གླེང་།《中国藏学》第2期）以大量教法史、史料为依据，比对各种不同说法，对前弘期吐蕃译师数量、名字等作了探讨。

洛绒涛格（བློ་བཟང་ཐབས་མཁས།）发表了《密宗大师桑杰桑瓦》（གསང་སྔགས་ཀྱི་སློབ་དཔོན་སངས་རྒྱས་གསང་བའི་སྐོར་ལ་དཔྱད་པ།《中国藏学》第3期）。桑杰桑瓦是8世纪来蕃弘法的著名印度密教大师，对前弘期密教传入贡献卓越。然而由于资料奇缺，学界目前缺少对其专门研究成果。该文搜集和分析藏文文献中的零散记载，对其闻修佛法生涯、两次到蕃经历，密教四部即事部、行部、瑜伽部、无上瑜伽部相关著作作了详细论述。

志玛泽仁（སྒྲོལ་མ་ཚེ་རིང་།）发表的《译师祥·益西德年代考》（ཞང་ཡེ་ཤེས་སྡེ་ཁྲི་སྲོང་ལྡེ་བཙན་སྐབས་ཀྱི་ལོ་ཙཱ་བ་ཡིན་མིན་དང་འབྲེལ་བའི་དོགས་དཔྱོད།《中国藏学》第3期）主要依据《语合二章》与《翻译名义大集》造成时间，并参照其他历史记载，探讨祥·益西德在世年代。认为其为赞普赤德松赞时期译师，并早于与此并称“噶、觉、祥”的其他两位译师。

桂·库巴拉则是11世纪藏地著名译师，对后弘期批判“伪密教”、整顿佛教贡献卓越。尼旦（ཉི་བསྟན།）的《桂·库巴拉则大译师生平考》（གསང་སྔགས་ཀྱི་སློབ་དཔོན་ཆེན་པོ་དང་སྒྲ་སྒྱུར་ལོ་ཙཱ་བ་འགོས་ཁུག་པ་ལྷས་བཙས་སྐོར་གྱི་དཔྱད་བརྗོད།《西藏大学学报》第4期）一文，对其赴印、尼求学经历、返藏弘传密法事迹作了论述，并从五种不同《甘珠尔》《丹珠尔》目录整理出其译典名目，《甘珠尔》里共有六部、《丹珠尔》里有80部译典，其中绝大部分为密典。

克珠杰是宗喀巴大师主要弟子，以善辩著称。多杰仁青（རྡོ་རྗེ་རིན་ཆེན།）

《浅谈克珠杰对藏传因明学的贡献》（མཁས་གྲུབ་དགེ་ལེགས་དཔལ་བཟང་པོའི་བོད་དར་ཚད་མའི་འཕེལ་རིམ་ཁྲོད་ཀྱི་མཛད་རྗེས་མདོ་ཙམ་གླེང་བ། 《中国藏学》第 3 期）讨论了克珠杰闻习因明、讲经辩论、撰写因明著作的情况。指出自宗喀巴及其弟子克珠杰始，《释量论》成为格鲁派必修法要，并尤为重视，以至视作是否通晓因明之准则，同时摄类学作为学修五部大论前提。在此学修体系下，后来格鲁派出现大师云集之势，这在很大程度上归功于克珠杰。

还克加（དཔའ་མཁར་རྒྱལ།）《论佛苯无偏见掘藏师》（བན་བོན་རིས་མེད་ཀྱི་གཏེར་སྟོན་པའི་སྐོར་གླེང་བ། 《西藏大学学报》第 2 期）对 11 世纪到 13 世纪的九位佛教掘藏师与六位苯教掘藏师的生平事迹进行分析，指出当时佛苯掘藏师相处融洽、无宗派偏见，互相敬重、提携，为传承与促进各宗派教法及藏族文化作出了贡献。

（五）苯教研究

本年度苯教研究仍然保持良好势态。古籍文献、仪轨、经目概要、研究现状都有涉猎，其中古籍文献研究最为突出。

由德康·索南曲杰（བདེ་ཁང་བསོད་ནམས་ཆོས་རྒྱལ།）翻译的卡尔梅·桑丹坚参（མཁར་རྨེའུ་བསམ་གཏན།）论文《从苯教文献 Gnyan vbum 考析藏族的神话传说与宗教仪轨》（གཉན་འབུམ་ཞེས་པའི་གནའ་བོའི་བོན་དཔེར་གཞིགས་ནས་བོད་ཀྱི་གནའ་བོའི་གཏམ་རྒྱུད་དང་ཆོ་གའི་སྐོར་རོབ་ཙམ་གླེང་བ། 《青海社科研究》第 1 期），对 Gnyan 这一信仰和文化进行研究，从其神话和仪轨中解析和分离历史因素。同时也对 Gnyan vbum 文献的部分章节内容作了介绍和注释。

完德加（བན་དེ་སྐྱབས།）《培米“息布”丧葬仪式及苯教远古死亡观初探》（ཕྱོམ་མིའི་ཤིད་བྱེད་དང་འབྲེལ་ཏེ་གནའ་བོའི་བོན་གྱི་འཆི་བའི་ངོས་འཛིན་སྐོར་ལ་ཐོག་མར་དཔྱད་པ། 《中国藏学》第 2 期）结合文献资料与实地调查，研究四川等地区现存的苯教“息布”仪轨，并对“息布”一词、仪轨过程及其表现出来的苯教死亡观作了详细探讨。

索南羊壮（སྟོང་སྐོར་བསོད་ནམས་གཡུང་དྲུང་།）《收藏于德国柏林国家图书馆的〈敦巴辛绕全传〉写本研究》（འཇར་མན་སྦྲོ་ལིན་དཔེ་མཛོད་ཁང་དུ་ཉར་བའི་《མདོ་གཟེར་མིག》བྲིས་མར་རགས་ཙམ་དཔྱད་པ། 《西藏研究》第 2 期）一文对该写本样式、字体和语法特征进行研究，认为该写本在 11 世纪形成于朵布地区，在现存藏文文献中当属年代较早写本，仅晚于吐蕃碑文、敦煌文献和噶当崩齐写本。

南拉才让（ལ་ཁ་གནམ་ལྷ་ཚེ་རིང་།）的《苯教古文献〈司巴史〉的史料价值及作者研究》（བོན་གྱི་ཡིག་ཚང་རྙིང་གྲས《སྲིད་པ་རྒྱུད་ཀྱི་ཁ་བྱང》གི་ལོ་རྒྱུས་དཔྱད་གཞིའི་རིན་ཐང་དང་མཛད

པ་པོའི་ཐད་ཀྱི་དོགས་གནད་འགའ།《西藏研究》第 2 期）一文，对《司巴史》诸版本进行考究，指出该文献原本作为吐蕃苯教师占巴南卡传记撰写，而后 14 世纪开始经由诸多佛苯人物修补，但仍然保留诸多原始信息，具有较高史料价值。

夏吾热杰（ཤ་བོ་རབ་རྒྱས།）《浅析古象雄文明中“གྲུང་”的含义》（ཞང་ཞུང་ཤེས་རིག་ལས་བྱུང་བའི་གྲུང་གི་མིང་བརྡ་སྙིང་བ།《西藏教育》第 2 期）一文简要论述了“གྲུང་”一词来源、寓意、演变以及相关仪轨等，认为其在苯教文明流行地的文化、宗教、习俗相关意识形态中占有重要地位。

（六）寺院及其他研究

才项兰智、周洛太（ཚེ་དབང་ལྷུན་གྲུབ། འབྲུག་མོ་ཐར།）的《浅谈桑耶寺译经院对藏区社会产生的影响》（བསམ་ཡས་སྒྲ་སྒྱུར་གླིང་གིས་བོད་སྐྱི་ཚོགས་ལ་ཐེབས་པའི་ཤུགས་རྐྱེན་སྐོར་ལ་རགས་ཙམ་དཔྱད་པ།《中国藏学》第 2 期）一文，探讨桑耶寺译经院对藏族政治、宗教习俗、语言文化、教育系统所产生的影响。认为该译经院在促进吐蕃政权巩固、宗教传播、文化引入、文字厘定方面发挥了至关重要的作用。

巴桑卓嘎（པ་སངས་སྒྲོལ་དཀར།）的《雪拉纠布山神及其文化现象简述》（སྲིད་སྲིད་ཞོགས་ལྷ་ཕྱུག་པོ་དང་འབྲེལ་བའི་རིག་གནས་ཀྱི་སྣང་ཚུལ་མདོ་ཙམ་སྙིང་བ།《中国藏学》第 2 期）基于学界对“藏地原始九山神”之雪拉纠布研究有所欠缺，以祭祀文献、史料为主，辅以民间说法、口述资料以及个人参与祭祀仪轨的经验，对该山神来历、装束、眷属、年祭月祭等进行了探讨。

“勒孜”（ལབ་ཙེ།）文化在藏地非常普遍，常以山上竖立经幡来表现出来。官却扎西（སེ་ཀུ་དཀོན་མཆོག་བཀྲ་ཤིས།）的《论藏族“勒孜”文化的演变》（བོད་ཀྱི་ལབ་ཙེ་རིག་གནས་ཀྱི་འཕེལ་འགྱུར་སྐོར་ལ་དཔྱད་པ།《中国藏学》第 2 期）利用文化人类学研究方法，对藏族“勒孜”这一文化现象进行了解读，试图厘清其定义、来源及其演变历程。

梵文研究

2018 年度梵文研究总体而言，梵文写本、梵汉对勘、梵文文学、梵文医药文献等领域的研究取得丰硕成果，尤其在梵文写本研究方面非常突出，改变了以往研究面窄、缺乏研究人员的局面，对几部非常重要的梵文典籍进行了整理和研究，出现了不少具有较高学术价值的研究成果。虽然本年度填补了往年梵文文法和梵文哲学思想研究的不足，但仍需进一步加强和提高。

一、梵文写本的研究

李学竹、褚俊杰、Eli Franco 联名发表在《中国藏学》（英文版第 1 期）的《阎摩敌〈释量论庄严疏 · 极善清净释〉摹写本——叶 14b2 – 20a》（A Diplomatic Edition of the Introductory Section of Yamāri's *Pramāṇavāettikālaṅkāraṭīkā Supariśuddhā* Folios 14b2—20a5）是德国莱比锡大学与中国藏学研究中心合作的梵文写本转写与研究的项目，此文本是关于 Prajñākaragupta（ཤེས་རབ་འབྱུང་གནས་སྦས་པ།）对法称《释量论注释》的注疏，其中对一些因明中很重要的问题作了探讨，对晚期佛教逻辑发展的历史重构具有重要意义。四川大学的罗鸿发表在《中国藏学》（英文版第 1 期）的《萨茹儒诃之喜金刚赞》（Saroruha's Hevajrastotra）一文，是对一部篇幅短小的密教写本的研究，是通过中国藏学研究中心所藏的微缩胶卷本转写而进行研究的，文中提到此赞的两个写本源自布达拉宫和萨迦县的俄尔寺，作者对《喜金刚赞》的梵藏本作了详细校勘并附有个人英译本，同时对萨茹儒诃作了相关介绍。罗鸿的另外一篇非常重要的写本研究发表在《中国藏学》（英文版第2期）中，题目为《无畏藏护〈中观花蕾〉开篇与结尾颂偈》（The opening and concluding verses of Abhayākaragupta's Madhyamakamañjarī），无畏藏护（Abhayākaragupta 11—12CE）是与那烂陀寺可媲美的超戒寺（Vikramaśīla）的堪布智作慧（Prajñākaramati 10CE）的继任者，两位大师对印度晚期的中观思想产生了重大的影响，北京版《丹珠尔》中有无畏藏护所造的经典26篇，据文献记载无畏藏护共著有28篇佛教论著，很遗憾的是其中《中观花蕾》与Varṣāpaṇavidhi两部经没有被翻译为藏文。此文利用中国藏学研究中心所藏梵文贝叶经微缩胶卷首次向世人披露《中观花蕾》的梵本情况，以及首尾颂偈的转写和翻译，引起国内外梵文学界很大的关注，此写本的整理与研究对研究印度晚期中观派哲学思想有着重要的文献参考价值和很高的学术价值。

日本创价大学的《国际佛教学高等研究所年报》（第21期）是国际学者发表有关梵文研究最新成果的重要期刊之一，本年度李学竹研究员发表了《阿毗达磨集论校勘本—叶23v4—29r6》（Diplomatic Transcription of the Sanskrit Manuscript of the *Abhidharmasamuccayavyākhyā* Folios 23v4—29r6）的研究成果。《阿毗达磨集论》在瑜伽唯实行派中占有重要地位，20世纪30年代，印度僧人罗睺罗在夏鲁寺发现了该论的17叶，由Gokhale教授校勘发表。李学竹研究员在藏学研究中心所藏西藏贝叶经微缩胶卷中发现另外11叶，对其进行了转写和校勘等研究，此写本的进一步研究对于印度研究早期唯实思想的形成，尤其是解明唯实与阿毗达磨之间的相关联问题不可或缺的重要资料，同时对研究唯实宗以及藏传佛教教义具有重要参考价值。由北京大学范晶晶博士在创价大学《国际佛教学高等研究所年报》（第21期）中发表的《新发现“菩萨集”中的于阗文残卷和中文、巴利文以及梵文的对比》（Newly Identified Khotannese Fragment in the “Bodhisattva Compendium” and Their Chinese, Pāli and Sanskrit Paralles），是一篇关于收藏于大英博物馆的于阗文残卷的研究，在大英博物馆收藏的以“菩萨集”为名的写本卷中包含了许多至今没有确认的残卷，作者在其中新发现相关《本事经》和《菩提资粮论》的内容，对其写本内容进行了英文翻译，并通过中文译本、巴利文和梵文的详细对比，进一步探讨了佛教文本中术语的演变，比如在经文的开头部分将“比丘尼”一词改为“菩萨”，很可能将其改头换面为大乘的一部经典。另外还有北京外国语大学南亚系李灿博士在创价大学《国际佛教研究年报》中发表了《新发现〈贤劫经〉佚失本残片》（A Newly Identified Fragment of a Lost Tranlation of *the Bhadrakalpika-sūtra*）研究论文，根据《出三藏记集》的记载，《贤劫经》在汉地共有两种译本，分别由法护（Dharmarakṣa 2—4 世纪）和鸠摩罗什（Kumārajīva 344—411?）所翻译，早在6 世纪初的《出三藏记集》中记录了鸠摩罗什译本佚失的情况，此研究基于国家图书馆收藏的残片，通过梵藏汉文本的全面比较论证，此残片属于佚失的鸠摩罗什译本。

敦煌写本中有很多梵文写本和残叶值得学者去整理与研究，近两年在这方面通过写本研究者的努力取得可喜的成绩，其代表有叶少勇、彭金章、梁旭澍联名发表在《敦煌研究》第2 期的《敦煌研究院旧藏阿毗达磨梵文残叶》，文中刊出6 件阿毗达磨梵文残叶，这些残叶原属任子宜旧藏，现藏于敦煌研究院。文中提到这些残叶均为麻纸制成，以丝路北道婆罗米字体书写。其中第一件残叶出自中贤的《顺正理论》，涉及第一品中对“触”的讨论。其余5 件残叶未能比定出文献来源，但明显是出自阿毗达磨类文献。范晶晶、彭金章、王海云联名发表在《敦煌研究》第3 期的《敦煌藏3 叶婆罗谜字梵语—回鹘语双语〈法身经〉残片释读》中，通过对目前已经发布的《法身经》的不同写本进行比较归类，进一步判断这3 叶残片属于丝路北道的《法身经》写本系统，与南道的《法身经》写本系统有所区别。文中还对残片进行了换写、转写与释读，并参照《法身经》的五个汉译本，对经文的性质等相关问题进行了探讨。

本年度在写本研究中最突出的亮点莫过于西藏社会科学院贝叶经研究所编的《西藏贝叶经研究》（藏汉），其中首次披露两本非常重要的写本，值得梵文研究者关注。首先梵文语法研究方面的一点进步是社科院贝叶经研究所发表的《梵文贝叶经写本〈迦罗波语法〉推介》（藏文）。在诸多印度古代语法理论典籍中，西藏翻译了其中非常重要的四本，即《妙音吉祥声明论》《旃陀罗声明论》《积分声明论》（又称《迦罗波语法》）以及《波尼尼经》，其中《积分声明论》是由13 世纪雄顿·多吉坚赞（ཤོང་སྟོན་རྡོ་རྗེ་རྒྱལ་མཚན།）翻译并后来由邦译师罗追丹巴（དཔང་ལོ་བློ་གྲོས་བརྟན་པ། 1276—1342）作了修订，全书共有15 章。目前西藏存有五部《积分声明论》写本，此文中介绍的是有27 页的贝叶经写本，扉页上分别用天城体和藏文写有“积分声明论”，写本字体为达利加，长33. 5 厘米，宽45 厘米，重50. 4 克，黑色字体，书写5 行，每一叶都有绳洞。此写本的字迹清晰，贝叶无残缺，其中的缺少部分作者通过其他写本补充而呈现了完整的《积分声明论》，文中同时把藏译本放在尾部以便读者进行比较。此写本的公开为研究印度古典语法理论的学者提供了直接的参考资料。其次是达娃群宗发表的《贝叶经写本〈师事法五十颂〉梵、藏、汉对勘研究》（上），文中提到根据《西藏所藏贝叶经影印大全总目》，此梵文写本收藏于西藏自治区博物馆，写本共5页，尺寸为33.5×4.5厘米，为前孟加拉字体，目前而言此写本是世界上唯一本完整的《师事法五十颂》的梵本。达娃群宗已经完成了15首颂偈的对勘，此研究不仅补充了相关研究资料的不足，而且作者在文中强调此写本与其他Sylvain Lévi和Péter Szántó两位学者所校勘的写本有较大的差异。《师事法五十颂》是藏传佛教中既重要又非常流行的一部密教经典，但是学界对此经的研究和关注不多，文中写本的披露和梵藏汉的对勘填补了这一方面的不足。普仓在《西藏贝叶经研究》上发表的《〈宝鬘论颂〉诸本研究》一文，对龙树中观经典《宝鬘论颂》不同梵本进行了梳理，通过探讨藏译本与其注释本的版本差异，从而认为佛教典籍在上千年的传抄过程中，经历了后人不同程度的增删，使得任何文本都不可能还原到最初的形态。我们通过尼泊尔及西藏发现的《宝鬘论颂》写本，可窥见文本传抄过程中的演变，原本与藏汉译本之间的异同等。另还有欧珠次仁撰写的《略介梵文贝叶经写本〈亲友书〉》、次旺边觉所写的《马鸣的〈金刚针论〉》、平措次旦的《简述因明学在印藏的传播与梵文写本〈因滴论〉》等发表在《西藏贝叶经研究》期刊中。

二、梵文对勘研究

梵汉对勘研究不仅有助于解读梵语佛经原典和古代汉译佛经，而且对中国佛教史研究、中国佛经翻译史研究、佛经的标点和注释以及佛教汉语研究具有重要的学术价值。梵汉佛经对勘丛书是国家社科基金重大项目的成果之一，这套丛书有《梵汉对勘入菩提行论》《梵汉对勘唯识论三种》《梵汉对勘维摩诘所说经》《梵汉对勘入楞伽经》《梵汉对勘佛所行赞》等。2018年黄宝生先生出版了《梵汉对勘妙法莲华经》，《妙法莲华经》是中国佛教的核心经典，在汉传佛教体系中占有重要地位。《梵汉对勘妙法莲华经》有几个特点：一是依据梵语原文作出了准确而流畅的现代汉语译本；二是书中列出古代汉译，依据梵语原文的语意，并照顾到古代汉语的表达方式，重新标点古典译本。三是通过多个梵文版本和汉译本校勘梵文，另外依据梵文本，对古代译本的疑难和特点作出精要的注解。上海交通大学的范慕尤发表在《史林》第4期的《女性地位与〈药师经〉的翻译与传播》一文中，通过《药师经》梵文诸写本和汉、藏译本的仔细对比，找出东晋和唐代义净译本与其他文本在“转女成男”方面的差异，作者结合其历史文化背景指出译者有意对这些内容作了改动，是为了经文传播以及适应当时社会风尚的需要。

三、梵文文学研究

梵文文学方面的研究，中国人民大学国学院博士后萨其仁贵发表的《藏蒙〈云使〉译本比较研究》（《中国藏学》第 1 期），是国内学者首次对蒙古文版的《云使》作的比较详细的介绍，文章在《云使》蒙古译本、藏译本和梵本之间仔细对照的基础上，梳理分析了从藏文转译《云使》蒙古译本的整体面貌以及文本翻译方面的不足。西藏佛学院研究员扎平在《中国藏学》藏文版第 3 期中所发表的《阿阇梨伐致诃利及其梵文论著考述》（སློབ་དཔོན་བདག་པོ་འཕྲོག་བྱེད་དང་ཁོང་གི་ལེགས་སྦྱར་བརྩམས་ཆོས་ཀྱི་དཔྱད་ཞིབ།），通过文献收集和分析，大致还原了印度古代诗人伐致诃利轮廓，并对其生平作了考证，同时梳理了阿阇梨与梵文经典《大注疏》（*Mahabhaṣya*）的关系，进而探讨了其梵文论著，最后介绍了当代学者对伐致诃利 Nītiśataka（ལུགས་བརྒྱ་མ།）的翻译等。中西书局继 2017 年出版了由中国社会科学院黄宝生教授翻译的《十王子传》（*daśakumāracarita*）和《六季杂咏》（*ṛtusaṃhāra*）后，本年度又出版了黄宝生翻译的两本梵文文学经典即《指环印》（*mudrārākśsa*）和《罗摩后传》（*uttararāmacarita*），《指环印》是毗舍佉达多（*Viśākhadatta*）著的印度古典戏剧，作于 7—8 世纪，是古印度宫廷政治斗争为内容的戏剧作品，反映了孔雀王朝时期贵族争权夺利、互相倾轧的情况，具有很高的文学价值。薄婆菩提（Bhavabhūti）约生活于 7—8 世纪，出生于婆罗门世家，曲女城国王耶娑沃尔曼的宫廷诗人，是古典梵语戏剧史上的地位经词语迦梨陀娑。他著有三部戏剧：《大雄传》《茉莉和青春》和《罗摩后传》。其中《大雄传》和《罗摩后传》取材于史诗《罗摩衍那》，但薄婆菩提根据自己的思想观点和戏剧艺术的需求，对史诗作了一些创造性改动。《罗摩后传》是七幕剧，取材于《罗摩衍那》第七篇，描写罗摩休妻的故事。此剧是薄婆菩提在艺术上最成熟的作品。

四、学术会议

高颖在《中国藏学》第 2 期上发表了《第三届中日藏学研讨会综述》。

2017 年 12 月 2 日，由龙谷大学世界佛教文化研究中心与中国藏学研究中心共同举办了中日藏学研讨会，会议围绕“西藏宗教文化与梵文写本”的主题进行探讨，其中李学竹研究员对中国藏学研究中心所藏的《四赞广注》与唯实学说方面新研究的写本进行了较为详细的介绍。京都种智院大学的尼泊尔学者 Shakya Sudan 教授报告了《关于尼泊尔现存用天城体文字音写的藏文写本考察》，报告中讲到目前尼泊尔写本保存与研究的基本现状，并重点讲述了尼泊尔新发现的用天城体文字音写的藏文写本。驹泽大学的加纳和雄博士发表了《无畏藏护现存的梵文著作》的报告，其报告关注无畏藏护（Abhayākaragupt）传存下来的梵文经典的风格。无畏藏护活跃于印度佛教末期的 13 世纪，是超戒寺（Vikramaśīla）精通显密的论师，其对藏传佛教影响深远，不少西藏高僧拜他为师。他之所以大力培养西藏僧人并协助、参与个人著作的翻译可能是希望把即将灭亡的印度佛教完整地传到西藏继续发扬光大。龙谷大学的博士研究生间中充发表了《关于〈大乘庄严经论〉俄尔寺旧藏贝叶》的报告，其报告主要对瑜伽行派的《大乘庄严经论》（*Mahāyānasūtrālaṃkāra/bhāṣya*，简称 MSA/Bh）的写本研究。在国内，2018 年 11 月 22 日，中国藏学研究中心宗教所与北京大学“梵文贝叶经与佛教文献研究所”邀请日本驹泽大学、大谷大学等学者共同举办了“贝叶经与佛教文献研究论坛”，其中六位学者发表了最新的研究成果。内容包括西藏贝叶经写本研究整理、印度贝叶经的题记研究、西安碑林博物馆所藏梵文碑记研究以及佛教哲学思想的研究。本次论坛虽然规模不大，但发表的论文质量较高，得到梵文学界专家的好评。

五、其他

北京大学萨尔吉和 Peter Skilling 在日本创价大学《国际佛教学高等研究所年报》（第 21 期）上继前面的翻译，发表了 How the Buddhas of the Fortunate Aeon Frist Aspired to Awakening: The *pūrva-praṇidhāna* of Buddhas 751 – 994 将未来佛的《本愿经》的 751 – 994 颂翻译为英文。本年度梵文哲学思想研究方面的突破有研究四川大学罗鸿教授发表在施普林格出版集团出版的自然部分中的《宝藏寂是他空见者吗?》（*Is Ratnākaraśānti a gZhan stong pa*?）一文，是关于西方现代学者对印度论师宝藏寂（约 11 世纪）的学说的争论作了一个回应。文中提到此争论的来源在于西藏认为宝藏寂是他空见者，作者认为宝藏寂将自己的见地定义“三自性（Trisvabhāva-mādhyamika རང་བཞིན་གསུམ་གྱི་དབུ་

ས།)”，且体现在他个人的中观核心“三部曲”，即《般若波罗蜜经优婆提舍》（*Prajñāpāramitopadea*）《中观庄严优波提舍》（*Madhyamakālaṅkāropadeś*）《中观庄严注中道成就》（*Madhyamkālaṅkāravṛttimadhyamapratipatsiddhi*）中。文中通过比较宝藏寂与正统觉囊派学者多布西热坚赞（དོལ་པོ་ཤེས་རབ་རྒྱལ་མཚན། 1292—1361）以及多罗那他（ཏཱ་ར་ནཱ་ཐ། 1575—1634）的学说，得出从严格意义上而言宝藏寂是持他空见的观点，进一步探讨了对于Brunnhölzel和Sponberg的争议分别来自印度、西藏、汉地文献中对三自性的不同划分。王启龙在《西藏民族大学学报》第5期发表的关于《东方学家恩莫瑞克生平及其学术研究书略》中，对于国际著名东方学家罗纳德·恩莫瑞克（Ronald Eric Emmerick，1937—2001）和其学术成就作了比较详细全面的介绍，文中罗纳德对于阗文和梵文研究的学术贡献与成果值得现代研究者参考。李炜发表在《法音》第9期中的《世界佛教文献研究的回顾与人才培养的反思》，通过梳理佛教文献研究的现状，回顾了欧美国家梵文研究的发展历史，提到了中国在研究佛教文献方面面临的困境。同时谈到现存佛教语言的文字种类，从而提到梵汉对比人才的需要及梵汉对比方法在原始佛教文献中的重要作用，且详细列举国外梵汉对比研究的成果，呼吁培养梵汉对比研究的人才。

此外，北京中医药大学的博士生仁增关于阿育吠陀梵文医典《妙闻集》研究的博士论文也值得关注，《妙闻集》（Suśruta saṃhitā）是印度阿育吠陀三大梵文医典，主要记载了外科及整形等内容。在藏医发展史上，有很多阿育吠陀梵文医典翻译成藏文，但《妙闻集》至今没有发现藏译本。目前藏医学界中深入学习和研究结合梵文医典与藏医医典的学者屈指可数，梵藏医典方面的研究对于追述藏医的原典和后来的继承与发展等而言，梵文医典的翻译与研究尤为重要。此博士论文采用藏医古籍文献研究对比、梵藏翻译对比的方法，首次把《妙闻集》部分内容翻译为藏文，通过研究阿育吠陀医典与藏医经典之间的关联，对《妙闻集》作了比较全面详细的梳理和研究。为梵文医学典籍的研究奠定了基础并提供新的资料，具有比较重要的文献参考价值。

政治法律

一、政治研究

2018 年涉藏政治研究整体上取得了一定程度的进展。第一，围绕持续贯彻党的十九大精神以及学习运用习近平新时代中国特色社会主义思想，对以习近平同志为核心的党中央在十八大以来提出的一系列涉藏战略思想和治藏方略的内涵、制定背景、对西藏工作的指导意义等研究取得重大进展。第二，围绕纪念改革开放 40 年，对改革开放以来西藏工作各项领域的回顾、梳理和研究集中大量出现。第三，关于西藏和涉藏工作重点省治理体系和治理能力现代化的研究更加全面和多样，其中关于推进藏地治理现代化的顶层设计、长期西藏工作实践中形成的特有治理机制和藏地基层治理是突出重点。第四，治藏政策研究有了全面进步，历史上的中央政府治藏政策、新中国成立以来特别是改革开放以来中央治藏方略的研究均呈现不断深化的局面。第五，涉藏反分裂和社会稳定问题研究有所发展，学理化程度不断提高，对西藏和涉藏工作重点省反分裂与社会稳定深层次规律的认识不断深化。第六，涉藏外事研究持续取得较大发展，研究范围不断拓展，除传统上围绕中西之间政策和认知分歧的研究外，融入“一带一路”扩大西藏对外开放也日渐成为热点。第七，涉藏军事研究有了一定进展，出现一批分析历史上藏族地区重要军事行动的优秀成果。

（一）习近平总书记关于西藏工作的重要论述研究

2018 年是贯彻落实党的十九大精神的开局之年，也是深入学习贯彻习近平新时代中国特色社会主义思想的开局之年。学习研究宣传习近平总书记关于西藏工作的重要论述成为2018年中国藏学界的重要工作内容，相关成果呈现数量多、分析全面等特点。相关研究的重点有两个，一是对以习近平同志为核心的党中央提出的宏观治藏方略的研究，特别是对习近平总书记“治边稳藏”重要战略思想的研究；二是对习近平总书记具体治藏原则和政策，如宗教治理、生态治理思想的研究。

陈玮、鄂崇荣《习近平新时代中国特色社会主义治藏思想研究》（《青海社会科学》第1期）研究了习近平新时代中国特色社会主义思想中的治藏思想部分，分析了这一重要思想的历史背景、科学内涵、实践成果，并对全面贯彻习近平新时代中国特色社会主义思想中的治藏思想提出建议。该文指出，新时代坚持贯彻党的治藏方略，需要全面贯彻落实习近平总书记的治藏重要论述，推进依法治藏，深化思想引导，改进社会治理模式，提高民族、宗教工作水平。

赵君《“治国必治边，治边先稳藏”重要战略思想探析》（《西藏大学学报》社科版第3期）从历史和国际的视野，对习近平总书记“治边稳藏”重要战略思想的渊源、实质和重要意义进行了论述。该文认为，“治边稳藏”思想是党中央对中国历代中央政府治边经验的历史总结，是中国共产党长期以来西藏工作经验的智慧结晶，是在对当前国际局势科学把握基础上形成的战略判断。该文指出，“治边稳藏”重要战略思想构成了新时代国家治理体系和治理能力现代化的重要内容，也体现了新形势下治国、治边、治藏“三位一体”的治国理政新理念。

郑堆《习近平新时代宗教工作重要论述探析》（《中国藏学》第4期）对习近平新时代中国特色社会主义思想中宗教工作思想的历史渊源和政治运用进行了分析，并以藏传佛教工作为例，研究了习近平宗教工作思想在西藏工作领域的具体应用情况。该文认为，习近平总书记关于宗教工作的重要论述与党的宗教工作理论和政策一脉相承，极大丰富发展了党的宗教工作理论政策。该文提出，习近平总书记关于宗教工作的重要论述具有强烈的现实性，对党的宗教工作指导意义非常明确，其中重点在于“宗教工作关键在导”的思想。该文进一步提出，做好西藏宗教工作需要推动藏传佛教与社会主义社会相适应，要坚持藏传佛教的中国化方向，清除藏传佛教中危害国家安全、破坏民族团结的因素，发挥好藏传佛教宗教界上层的引领作用。

陈凡《深入贯彻习近平总书记生态文明思想，大力推进美丽西藏建设》

（《西藏研究》第6期）基于习近平总书记生态文明重要论述，对西藏的生态战略地位以及推进西藏生态文明建设进行了论述。该文认为，西藏的生态战略地位在于其国家生态安全屏障的定位，包括西藏是我国乃至亚洲生态安全的环境基础，是我国经济社会健康发展的物质基础，是维护社会和谐稳定的现实需要。新时代贯彻落实习近平总书记生态文明思想，推进西藏生态文明建设，需要打好污染防治攻坚战，深化生态文明体制改革，大力开展国土绿化行动，着力发展绿色经济，全面推进生态文明法制建设，提高全民生态文明意识。

（二）改革开放40年西藏工作历程研究

2018年我国政治生活中的一件大事是纪念改革开放40周年。围绕纪念改革开放40年，中国藏学界出现了一批回顾总结和分析研究过去40年西藏工作历程、总结西藏工作成就和经验的力作。这些研究成果的内容重点集中在党和国家西藏工作整体经验和民族、宗教、治理等西藏工作具体领域实践与规律两方面。

王春焕《改革开放40年与西藏在国家全局中战略地位的变化》（《西藏研究》第5期）分析了改革开放以来西藏全局战略地位不断提升的历程。该文提出，改革开放以来，全国各族人民正在努力建设富强民主文明和谐美丽的社会主义现代化强国，西藏在国家全局中的战略地位不断提升，这不仅是中央对西藏在国家全局中战略地位的认识，更是国家对西藏在国家全局中地位的战略规划和实施；基于改革开放，中央统筹考虑国家区域平衡发展、民族问题的解决和西藏地区发展状况，把西藏在国家全局中的地位提升到战略高度，极大地促进了西藏经济社会的发展，加强了西藏与全国的交往交流交融。该文进一步提出，改革开放40年的发展基础，为未来西藏与全国一道实现社会主义现代化目标提供了条件，社会主义现代化强国建成之时，西藏必然成为我国牢不可分的一部分。

格桑益西、旦增《改革开放以来西藏民族工作取得的成效》（《西藏研究》第5期）基于历届中央西藏工作座谈会相关文件、领导讲话、西藏工作相关的白皮书，结合亲身体会，回顾和分析了改革开放40年来西藏民族工作的发展历程。该文认为，改革开放40年的西藏经历，可以概括为“建设团结、富裕、文明的新西藏”“发展国民经济，加强安定团结”“加快西藏发展到跨越式发展”“跨越式发展到全面建成小康社会”四个阶段。在这40年中，根据不同时期西藏经济社会发展和各民族人民文化素质的提高，党中央采取了不同的政策措施，在保障西藏各族人民享受经济、文化等基本权益的同时，大力发展了西藏的交通运输、卫生事业等基础设施建设，使西藏各族人民的物质文化生活得到了全面的提高。

边巴拉姆、张静《改革开放40年来西藏宗教事务依法管理实践与经验》（《西藏研究》第5期）对改革开放以来西藏宗教工作法治化进程及其经验进行了总结。该文认为，改革开放以来，西藏宗教事务管理严格依照《宪法》和《宗教事务条例》的规定，强调依法管理，创新管理手段，丰富管理内涵，不断完善配套措施，将依法管理与保护权利并重。在党中央的坚强领导和自治区的依法管理及寺庙僧尼的努力下，西藏在依法管理宗教中积累了丰富经验。这是改革开放以来西藏宗教事务依法管理的成功实践，也是新时代宗教工作保持正确方向的重要保证。

邹贤祥、包金运《改革开放40年来西藏地方立法的成就及新时代立法方向探讨》（《西藏研究》第5期）回顾了改革开放以来西藏立法工作的进程和成就，总结了完善西藏立法工作的经验，并对新时代进一步提升西藏立法工作水平提出思考方向。该文认为，改革开放40年的西藏立法工作体现了民族区域自治精神、维护了少数民族权益、保障了西藏人民基本权利、适应了西藏改革开放的需要。经过改革开放长期实践，西藏形成完善的立法经验，包括坚持党对立法工作的领导、坚持地方立法与国家法制统一、坚持服务经济社会发展、坚持维护社会稳定。该文进一步指出，新时代进一步做好西藏立法工作，应当以习近平新时代中国特色社会主义思想为指导，紧紧围绕依法治藏总体目标，促进西藏民族团结和交往交流交融，助推西藏全面深化改革，突出解决西藏主要矛盾和特殊矛盾，契合社会民生需要，满足社会治理体系建设需要等。

贺新元《改革开放40年来西藏治理的价值取向与具体抓手》（《西藏研究》第5期）研究了改革开放以来西藏工作的宏观目标和价值取向，以及具体工作中的实际抓手。该文提出，西藏发展离不开稳定与安全，稳定、发展与安全构成中央治理西藏的“三位一体”价值取向。在西藏和平解放以来特别是改革开放以来的实践中逐步成熟的中央治藏方略充分体现了稳定、发展与安全“三位一体”化价值取向。为使这一价值取向的治藏方略在西藏实实在在落地，改革开放以来，中央和西藏一直把强基惠民工作当作具体抓手。特别是2011年开始，在总结以往工作经验基础上，西藏自治区党委、政府对这一抓手进行了升级换代，在全区全覆盖全领域地深度开展强基惠民活动。活动成就证明，强基惠民不仅是把中央治藏方略地方化与具体化的一种最好最有效的工作形式，而且是西藏“稳定、发展与安全”的“固本之举”和“长久之策”。

李春梅、师晓娟、李青芮《改革开放四十年我国援藏政策研究》（《西藏大学学报》社科版第3期）回顾了改革开放以来援藏政策的历史发展脉络，从经济、教育、党政干部三个方面分析了我国当下援藏政策的现状，并基于援藏政策的现状、政策实施的效果和面临挑战的分析，为下一步援藏政策的制定提出建议。该文进一步提出，新时代的援藏政策，我们要坚持党的领导，坚定习近平新时代中国特色社会主义思想的指引；加强援藏政策中经济政策的持续性，重视外引和内发相结合；加强援藏政策的文化引导作用，强化维稳思想；加强援藏政策的教育援助，为藏地可持续发展提供保障。

（三）治理体系和治理能力现代化研究

2018年关于西藏和涉藏工作重点省治理体系和治理能力现代化的研究取得稳步进展，更加注重宏观制度体系研究和微观执行层面研究相协调，研究的系统性和时代性更加突出。相关研究重点主要有三个方面：一是西藏和涉藏工作重点省治理现代化的理论探讨，即从顶层设计的角度论述如何推进治理现代化；二是对西藏和涉藏工作重点省治理中各项技术性体制的探讨，如对西藏工作座谈会机制的研究；三是对基层治理的探讨，主要围绕推进基层组织和政权建设、强基固本展开。

吴超《西藏社会治理现代化的发展历程、经验和路径》（《西藏民族大学学报》哲社版第3期）对西藏治理体系和治理能力现代化的历史进程、主要经验和下一步思考进行了研究。该文提出，西藏治理现代化经历了和平解放、奠定基础，民主改革、当家做主，改革开放、和谐稳定和共建共享、治边稳藏等四个发展阶段。经过长期的探索实践，西藏社会治理积累了具有中国特色、西藏特点的治理经验，可以概括为：围绕大局，治边稳藏；凝聚人心，强基惠民；民族团结，共享共建；依法治理，综合施策。新时代推进西藏社会治理现代化应注重统筹规划，科学把握阶段性特征；创新理念，置于全局中提升水平；开放共治，增强社会治理的合力；创新融合，推进治理方式科学化。

郑丽梅《从中央治藏方式的演进看西藏的改革开放》（《西藏研究》第5期）分析了中央治藏方式的演进历程及其对西藏发展稳定的重要意义。该文指出，中央治藏方式经历了民主改革以前与西藏地方政府“共治”到民主改革后的集中治理，再到改革开放以后的分权式治理三个阶段。该文认为，当前的治藏方式一方面是为了站在党和国家事业全局的角度更好地指导西藏工作，另一方面也有利于西藏自治区党委和政府更好地结合当地实际贯彻执行会议指导思想，有利于西藏各族人民积极发挥创造力，通过自力更生、艰苦奋斗，努力建设美好家园，同时全国性支援和建设更加体现西藏工作事关党和国家大局，有利于增强中华民族凝聚力，维护国家统一和民族团结，也有利于提升西藏自我发展能力，实现西藏长足发展和长治久安。

杨亚波《座谈会模式：不断推动西藏的改革开放》（《西藏研究》第5期）以中央六次西藏工作座谈会为样本，分析了中央治藏体系的形成和发展。该文认为，座谈会模式是中国特有的治理边疆民族地区的制度和执行体系，对于西藏的发展稳定具有重要意义。通过六次中央西藏工作座谈会的主题和内容演进，可以折射出西藏改革开放的伟大历程，为新时代进一步做好西藏工作也提供了清晰的借鉴。

刘文珍《西藏乡镇基层政权政府能力调查——以拉萨市娘热乡为例》（《西藏发展论坛》第6期）对西藏乡镇基层政府能力存在的不足、原因和相应对策进行了分析。该文认为，西藏乡镇基层政权在渗入社会能力、资源提取能力、调节社会关系能力和分配资源能力等几个方面都存在不足，其原因在于西藏乡镇基层政权内在的一系列矛盾，包括党员干部红与专的矛盾、党员干部能力与时代需要的矛盾、乡镇基层政权责任与权力的矛盾以及乡镇基层政府公信力与群众期望的矛盾。该文指出，提升西藏乡镇基层政府能力，应加强政治理论学习，加强乡镇政府公共服务能力，加强乡镇干部队伍建设，提升乡镇政府公信力。

（四）治藏政策研究

治藏政策研究一如既往是涉藏政治研究中的重要组成部分。这部分研究主要围绕三方面内容展开，一是历史上历代中央政府的治理政策；二是各个重要历史时期中国共产党的涉藏政策和治理政策，其中和平解放、民主改革等时期的治理政策是探讨重点；三是改革开放特别是党的十八大以来中国共产党的治藏方略。

陈鹏辉《从重西北到重西南：清朝围绕治藏的筹边方略》（《中国藏学》第3期）研究了清朝经营边疆地区的地缘政治战略。该文认为，战略和经济中心的双重变化构成清朝经略西藏从重视西北向重视西南转变的基础。清朝前期统一西北疆域至为重要，西藏对西北边疆具有重要的战略价值，清朝的治藏方略体现出重西北的特点。清中期以后，西南边疆危机日益凸显，西藏对西南边疆的战略价值地位凸显，清朝筹藏思路由此转向了将西藏与西南边疆紧密相连。此外清中叶以后茶马贸易和财政拨付来源的变化也加速西藏与西南地区经济上更紧密的联系。

徐百永《“存教易政”：清末西藏地方政治制度改革研究》（《西北民族论丛》第16辑）论述了清朝末年中央政府在西藏推行政治制度改革，以强化主权管理的历程。该文认为，随着近代帝国主义的入侵，清朝逐渐改变乾隆时期确定的治理西藏原则，将许多原属驻藏大臣的权力下放西藏地方，导致中央政府对西藏的控制越来越弱，边疆危机不断升级。在此背景下，清末开始推行以“收回政权”“存其教而易其政”为主要内容的政治制度改革，试图将内地行省制度逐步移植到西藏，从而达到强化对西藏主权的目的。

谢忠、刘建武《毛泽东统一战线思想在西藏民主改革中的实践》（《湖湘论坛》第2期）论述了西藏民主改革前后毛泽东和党中央运用统一战线理论指导西藏工作的经验和成效。该文认为，毛泽东把统一战线理论运用于西藏民主改革实践，制定了一系列符合西藏区情的民主改革的政策措施：分步实施、分类指导民主改革；制定正确的民主改革的阶级路线，不划富农，扩大团结面；区别对待左、中、右、叛四种人；对未叛农奴主及其代理人实行赎买政策；把组织发动群众和团结爱国进步人士结合起来。这些政策措施的制定和实施，争取团结教育多数上层人士赞成民主改革，减少了改革阻力，推动了民主改革顺利进行，是毛泽东统一战线思想在西藏民主改革中的具体运用和光辉实践。

代维《试论长征时期马克思主义在甘孜藏区的传播》（《西藏研究》第2期）研究了红军长征经过四川甘孜地区时宣传马克思主义的内容、方式和时代意义。该文认为，红军长征时通过文字宣传、艺术宣传、培养少数民族干部等方式，重点宣传了坚持各民族一律平等为核心的马克思主义民族政策、强调尊重少数民族的传统风俗和宗教信仰自由、土地革命宣传等党的政策。该文提出，红军长征经过藏地的经历丰富了马克思主义民族理论的内涵和实践基础，长征精神和马克思主义中国化相结合深化了马克思主义中国化的新境界。

崔海亮《红军长征时期在四川藏区的粮食问题研究》（《中共成都市委党校学报》第5期）研究了红军长征经过四川藏族地区时解决粮食问题的历程及其对日后和平解放西藏的启示。该文提出，红军长征进入四川藏族地区后遇到了非常严峻的粮食问题。为了解决粮食问题，中央军委建立了筹粮的专门组织机构，并采取了收买、借贷、乐捐、赔偿损失等多种有效的措施来解决粮食问题。在党的正确民族政策的指导下，在四川藏族地区广大群众的理解和支持下，最终解决了粮食问题。后来在解放西藏的过程中，党中央汲取了当年筹集粮食的教训，成立了政策研究室，制定了“进军西藏，不吃地方”的政策，得到了西藏群众的认可与支持，取得了西藏和平解放的胜利。

陈玮、张晓军《民族团结进步示范州创建路径探索：以玉树藏族自治州实践为例》（社会科学文献出版社）对青海玉树州创建全国民族团结进步示范州工作开展实践进行了评估，并对继续提升全国民族团结进步示范活动成效进行思考。该书重点就玉树州民族团结进步创建活动的基本情况、主要做法及成效亮点、经验与启示、面临的困难与挑战等进行调研评估，并就进一步深化民族团结进步创建活动提出对策建议。该书还分别对玉树州民族团结进步创建活动进机关、企业、村社、乡镇、学校、寺院、家庭、军营的具体情况进行了调研评估。

孙宏年《新时代西藏治理开启新征程》（《中国边疆史地研究》第2期）对党的十八大以来西藏工作理论和治藏方略进行了研究。该文认为，第六次中央西藏工作座谈会提出的“六个必须”构成党的治藏方略的基础。随着十九大召开，党的西藏工作理论体系不断完善，形成涵盖西藏发展稳定政治基础和制度保障、主要矛盾和特殊矛盾、西藏工作着眼点和着力点、西藏经济社会发展出发点和落脚点、西藏和内地一道全面建成小康社会、推动西藏长足发展和长治久安、积极融入“一带一路”、切实维护国家主权等的完整体系。

（五）涉藏反分裂和社会稳定研究

近年来，随着西藏和涉藏工作重点省反分裂和维护社会稳定工作不断深化，长治久安局面不断得到巩固，对于西藏和涉藏工作重点省社会稳定问题研究中的短期性、应急性研究逐渐减少，对西藏和涉藏工作重点省社会稳定规律特别是对影响社会稳定深层次矛盾和因素的研究逐渐增多。

陈沛杉《历世达赖喇嘛传记中的皇帝观念与政治认同》（《中国藏学》第3期）通过分析历世达赖喇嘛传记中的有关著述，剖析了其中的政治想象、政治意向、政治情感和政治认同，论证了历史上中央政府与西藏地方的主权关系。该文认为，历世达赖喇嘛传记中关于清朝皇帝的记载所呈现出的皇帝观念，充分反映出以达赖喇嘛为代表的西藏地方政教人物在西藏地方归属中央政府过程中所表现出的凝聚力和向心力，也折射出西藏地方政教人物对于清廷在西藏地方推行的一系列制度的理解与认识，以及对上述制度的价值偏好与利益诉求。这些历史事实表明，西藏地方与清中央政府关系的基础并非是宗教意义上的供施关系，而是具备实质内涵的政治隶属关系。

李恒《总体国家安全法治下的我国反分裂斗争思考——以公安机关做好藏区寺庙管控为研究》（《云南警官学院学报》第 1 期）从涉藏反分裂斗争的角度对提升藏地寺庙管理水平进行了分析。该文认为，当前“藏独”分裂势力与党和政府争夺活佛转世认定主导权、寺庙阵地控制权、宗教事务管理权、藏地青少年教育权的企图仍在延续，宗教干预司法、干预行政的现象在少数寺庙还不同程度地存在。该文提出，应从加强藏地寺庙内部、僧尼，寺庙周边区域行业和重点人员的管理，提升公安机关寺庙管控能力等角度入手，切实提高藏地反分裂工作能力。

狄方耀、贾翠霞《“一带一路”视域下西藏边境地带安全稳定问题探索》（《西藏民族大学学报》哲社版第 1 期）从西藏战略地位特别是在“一带一路”倡议中的特殊角色角度出发，分析了维护西藏社会稳定面临的挑战及应对的思路。该文认为，西藏是“中尼印经济走廊”建设的必经之路，是我国面向南亚开放的重要通道，西藏的安全稳定事关大局。当前西藏边境地区面临一系列传统和非传统安全挑战，包括中不、中印边界尚未划定，中缅、中尼关系受到两国国内政局影响，达赖集团分裂破坏活动不断、克什米尔地区存在潜在冲突危险等。该文指出，加强西藏边境地区稳定工作，需扎实开展爱国主义教育，进一步发挥党组织战斗堡垒作用，继续做好“抵边搬迁”“边民补贴”工作，着力发展边境经济和改善边境民生。

（六）涉藏外事研究

党的十九大以来，我国全面对外开放力度不断加强。伴随西藏持续的发展稳定和改革开放，2018 年涉藏外事研究出现较大程度的推进，在各个分支领域都出现不少有深度的研究成果。涉藏外事研究主要围绕五方面开展：一是国外涉藏政策研究，主要是美国、印度等主要涉藏国家的相关政策；二是中国的涉藏周边外交研究，主要是中国与南亚国家关系中的涉藏因素研究；三是国外涉藏舆论斗争态势研究，主要是对国外主流媒体涉藏宣传报道的讨论；四是国外特别是西方人的西藏观研究，主要涉及西方人对西藏的错误知觉及其来源；

五是西藏主动对接“一带一路”相关研究。

温强《肯尼迪政府联印制华与“藏独”活动的嬗变》(《中山大学学报》社科版第4期)分析了20世纪60年代“藏独”活动达到高峰背后的美、印大国政治背景。该文认为，随着新中国成立后在第三世界影响力不断提升，美国从遏制中国的立场出发，逐步开始拉拢印度。伴随西藏武装叛乱和中印边界冲突的发生，这一战略最终成型，并把“藏独”活动当作两国联合制华的共同棋子。该文所使用的材料进一步佐证涉藏问题本质上是大国利用制约中国的工具。

朱昭华、杨三奇《中印洞朗对峙事件的历史考察》(《西藏民族大学学报》哲社版第1期)回顾了中印两国围绕洞朗对峙事件展开的博弈，分析了中印边界问题所蕴含的国际法争端。该文认为，与以往所有的中印边境摩擦不同，此次边境纷争正面冲突点发生在两国边界已大致划定的锡金段上。边界不清不是引发冲突的主要原因。中国对洞朗地区的管辖权一方面源自1890年《中英会议藏印条约》的条约权利，一方面也符合历史上形成的中不传统习惯线。印度政府提出洞朗是中不边界争议地区，以支持不丹边界主张为由出兵洞朗，不仅是对国际条约义务和国际法基本原则的公然违背，也体现出南亚霸权主义外交的历史传统。

胡刚《19世纪末20世纪初英国媒体中的中国西藏形象——以〈泰晤士报〉为中心的视角》(《西藏大学学报》社科版第2期)通过对《泰晤士报》的涉藏报道进行分析，研究了英国在侵略西藏之初的西藏认知及其背后的政治根源。该文提出，英国对中国西藏形象的构建与英俄“大博弈”的历史背景密切相关，英国一方面通过媒体构建西藏“蒙昧”和受到沙俄威胁的形象，抢先侵入中国西藏；另一方面，英国媒体通过构建西藏负面的“他者”形象，企图为英国对中国西藏的政治和军事干预提供堂而皇之的借口。

王孟娟《〈印度时报〉涉藏新闻报道中的中国国家形象》(《西藏民族大学学报》哲社版第1期)通过对《印度时报》2014年5月到2015年5月一年内的涉藏报道进行分析，研究了印度主流媒体的涉藏观和涉华观。该文指出，《印度时报》多从狭隘民族情绪出发，涉藏和涉华报道以负面消息为主。具体包括政治上支持“藏独”势力，军事上渲染“中国威胁论”。该文分析认为，《印度时报》的这种报道心态背后有着复杂的原因，包括1962年边境冲突后遗症、对中国崛起心存戒惧、在“藏独”问题上存在战略短视等。

彭萍、郭彧斌、周江萌《西藏时政外宣翻译存在的问题与对策》(《西藏民族大学学报》哲社版第1期)通过对西藏自治区三个外宣机构进行调查，分析了目前西藏时政外宣翻译存在的问题，并提出了相应对策建议。该文指出，当前西藏时政外宣翻译存在重视程度不足、译者队伍建设滞后、翻译广识度和译文发布手段存在不足、对外语读者重视度不够等问题。为提升西藏时政外宣翻译水平和西藏国际形象，需提高对翻译工作重视程度，培养译者和译审责任感、使命感和职业伦理，加强译文多渠道传播等。

杜永彬《西方人的西藏观研究述评》(《西藏民族大学学报》哲社版第1期)对于国内和国外有关西方人西藏观的研究进行了分别述评和比较研究，分析了国内外相关研究的特点，指出国内研究存在的不足。该文指出，国外关于西方人西藏观的研究追溯了西藏观演变的历程，反思和批判了西方对西藏的想象，也存在相当程度的“藏独”观念；国内相关研究重在整体评价西方人西藏观，澄清国外对西藏的种种误读，剖析西方媒体涉藏歪曲报道。该文还提出，与西方相比，中国学术界对于西方人的西藏观的研究还存在较大的差距，至今还没有出版有分量的学术专著，中国学术界对西方人的西藏观的研究任重道远。

彭文斌、韩腾《西方藏学研究的新趋势：区域化、多学科化与多元化》(《中国藏学》第1期)分析了近年来西方藏学研究的重点方向和发展变化的新特点。该文认为，西方藏学研究不仅主题有所变化，而且研究区域也逐渐扩大。改变了以西藏为中心的传统态势，安多和康区研究不断深化；改变了传统以藏文经典文献为重点的状况，关注现实的研究有所增多。该文指出，近年来海外藏学的研究，在范式的运作上有走向“边缘”、地方化、区域化、多元化、多学科化等特点，具有“范式转换”，以及藏学研究新时代来临的特点。

李玲艳《西藏融入“一带一路”倡议的理论与现实问题》(《西藏大学学报》社科版第4期)从西藏主动融入“一带一路”倡议的现实需要出发，在理论层面对西藏融入“一带一路”进行了解释。该文认为，西藏融入“一带一路”倡议可以从市场经济和规模范围、国际公共产品供给、区域合作、地缘政治等几个理论视角进行综合解释，形成完整的理论架构。该文还指出，西藏融入“一带一路”的目标应设定为寻求经济社会双重安全、支撑国家绿色发展目标、凝聚多元一体民族文化、融入中国版全球化发展潮流等。

陈朴、王婷《西藏融入“一带一路”研究领域的文献综述》(《西藏民族大学学报》哲社版第2期）从历史依据、基础和条件、对策建议三方面对有关西藏融入“一带一路”倡议的研究现状进行了梳理和评论。该文认为，目前大多数研究者认为西藏融入“一带一路”有着明确的历史依据，有其优势和机遇、劣势和挑战，并对此提出建议。该文指出，西藏融入“一带一路”研究具有针对性强、内容多元的特征，但在研究视野、研究内容、研究方法和跨学科方面还有进一步提升的空间。

二、法律研究

2018年涉藏法律研究呈现以下特点。第一，藏族地区传统法制研究有较大发展，随着相关史料的不断挖掘，对历史上藏族传统法制体系和法制文化的理解均有所深化。第二，西藏和涉藏工作重点省现代法治研究成果较多，研究重点为贯彻依法治藏方略的思路和举措。第三，藏族民间法制习俗研究一如既往是涉藏法律研究的重点内容，成果主要集中在民间法制习俗的现代意义以及与国家法律的调适问题。

（一）藏族地区传统法制研究

2018年藏族地区传统法制研究成果数量和质量均有一定提升，研究内容主要是清朝和民国时期藏族地区法律制度和司法实践的分析。

马青连《多元视域下清代西藏地区法律制度的动态考察》（《郑州大学学报》哲社版第1期）从中央政府加强对西藏地方治理的角度分析了清朝西藏法律制度的特点。该文认为，历代中央政府对西藏地区的治理主要是政治与军事手段，而清代则注重通过法律控制实现对西藏地区的政治管控。清代在西藏地区通过国家法的推进加强中央集权，同时也有限地允许保留地方固有法以尊重地方自治的存在。这种多元化的法律控制力量主要表现在法律规则体系、审判机构、审判程序等法律制度体系的建构中，每种具体的法律制度中均存在着中央和地方两股力量的互动与调适。该文进一步提出，透过动态考察法律制度的结构与功能，能从更深层次上揭示出清廷在加强中央集权的同时不断弱化西藏地方自治权，进而逐步实现对西藏地区政治集权控制的法律路径。

罗波《民国时期康区法律实践探析：以瞻化藏族抢劫案件的司法处理为中心》（《西藏研究》第4期）论述了民国时期康区司法实践的特点及对当代

藏地司法建设的启示。该文认为，民国康区国家法律权威并未真正树立，地方精英是司法实践中的重要主体，民间司法习俗是刑事审判重要依据，与国家法具有一定冲突，但在实践中往往被司法机关整合使用。该文指出，和平安定环境是推进司法改革的基本前提，国家法权威必须维护，需要通过广泛宣传教育获得藏族人民的认可，需要解决与民间习惯法存在的冲突。

次仁片多《西藏历代法律制度与环境保护研究》（《西藏大学学报》社科版第2期）分析了西藏历代法律制度中有关环境保护的立法及其对当代环境保护立法的启示。该文认为，当前西藏传统法律文化在水资源保护、林木保护、草场保护和野生动物资源保护方面仍然发挥着作用。该文进一步指出，应在继承和发扬优秀的环境保护传统法律文化的同时，结合目前的环境保护法等相关法律法规采取更有效的方式方法，保护西藏的青山绿水。

（二）西藏和涉藏工作重点省现代法治建设研究

随着依法治藏方略不断深入贯彻，关于西藏和涉藏工作重点省推进现代法治建设的研究也不断得到提升。2018 年相关研究重点内容是在西藏贯彻全面依法治国战略，全面推进依法治藏深入开展。

段毅君《依法治藏论——以藏区应急治理为视角》（中国政法大学出版社）以我国现行的“中央—地方”政治体制为背景，考察中央与地方政府对于藏族地区社会治理目标的差异性追求，并以藏族地区地方政府应急治理为研究对象，全面分析藏族地区地方政府在群体性突发应急事件治理过程中的执法过程及主要考虑因素，在此基础上建立适应藏族地区特征，并能有效预防和处理藏族地区群体性突发应急事件的法律系统和制度。该书提出藏族地区治理的现代化与依法治藏问题，较为客观、准确地描绘了四川藏族地区尤其是康定市社会治理的现代化需求与依法治藏需要。

阴赵丹、张兴堂、熊坤新《贯彻十九大法治精神，加速推进法治西藏建设》（《西藏大学学报》社科版第1期）分析了依法治藏的战略重要性和推进法治西藏建设取得的成就，并对下一步加速提升西藏法治水平提出设想。该文提出，加快法治西藏建设应重视几项重点工作，包括着力增强领导干部这个关键少数群体的法治意识和法制思维，建立法治工作失误责任追究制度，加快各领域立法，加强地方立法力度，依法管理民族宗教事务，开展经常性基层普法教育等。

（三）藏族民间法制习俗研究

2018 年藏族民间法制习俗研究一如既往是涉藏法律研究中的重要内容，相关研究成果内容主要包含刑事和民事法制习俗与现代社会的适应性、民间法制习俗与藏族地区社会文化之间的关系两大类。

王刚、苏静《非诉讼纠纷解决机制嵌入国家社会治理问题探析——以青藏高原民间纠纷解决为例》（《清海民族大学学报》社科版第 1 期）集中讨论了如何将非诉讼纠纷解决机制与国家正式制度相结合，提高社会治理水平。该文认为，总结利用藏族传统法律文化中的非诉讼纠纷解决因素并将其嵌入社会治理体系，能够为提高青藏高原治理体系和治理能力现代化、法治化提供理论指导，对实现社会稳定和长治久安提供制度文化指导，为国家法律和本土法制习俗形成良性互动提供现实指导，为法学研究方法和范式转换提供学术指导。

淡乐蓉《青海藏学“赔命价”习惯法的经济实践逻辑分析》（《甘肃政法学院学报》第 4 期）运用法社会学和经济社会学理论和方法，研究藏族地区“赔命价”民间法制习俗背后的经济实践根源。该文提出，“赔命价”中的赔付行为和较大金额的财产支付背后蕴含复杂的事实渊源和经济实践逻辑，而这种逻辑植根于农业资源匮乏的边缘环境中不稳定自然资源的游牧经济生产方式中的“劫略以济”的经济形态和生态策略。该文认为，当前藏族地区民间法制习俗的选择适用是基于传统文化中纠纷解决知识的重构、运用和行为偏好的经济实践逻辑，在当前藏族社会仍然有其存在合理性。

青措加、多杰措《西藏地区婚约财产纠纷解决实证分析》（《西藏大学学报》社科版第 3 期）对西藏登记婚姻和仪式婚姻中的彩礼、嫁妆纠纷处理实际案例进行研究，分析了西藏婚约财产纠纷中存在的法律供给不足问题，提出西藏地方立法应因地制宜，注重西藏地区婚约财产纠纷的个性问题，结合本土法律文化资源，履行好地方立法职责。该文指出，应加强民间法制习俗和国家之间的相互协调、相互补充。类似婚约彩礼之类民间纠纷问题在国家法中缺乏明确规定，但藏族民间法制习俗对此有约定俗成的规定，体现了公平公正的法理要义。因此应当在地方立法和司法实践中充分纳入民间法制习俗因素。

边巴拉姆、王恒《西藏牧区习惯法与国家法律的关系》（《西藏研究》第 4 期）从西藏牧区司法实践出发，研究了民间法制习俗和国家法律之间的整合问题。该文认为，西藏民主改革以来，政教合一的政治制度被终结，国家制度和法律的统一得到实现。但是由于西藏社会的多层次性，西藏司法实践也存在一定的多元性。在国家正式法律制度体系之外，民间法制习俗在一定程度上仍发挥着作用。民间法制习俗对于调节藏族地区基层社会矛盾具有积极作用，但从长远看破坏了国家法律体系的统一性和权威性。因此应从立法途径、法的适用过程和普法宣传等方面入手，切实加强国家法律与民间法制习俗的整合。

经济社会

一、经济研究

2018 年，中国藏学之经济研究专著 20 余部、论文约 380 篇。

从研究内容来看，2018 年经济部分的研究热点比较集中，紧扣国家宏观政策。其中精准扶贫与脱贫攻坚依旧是最大主题，该主题的热度自 2016 年以来具有一定的延续性，研究重点与往年相比更侧重于减贫成效巩固与减贫满意度分析。特色产业尤其是旅游业研究是第二大主题，该主题研究角度多样，其中旅游扶贫、生态旅游、文旅融合等较为热门。此外，区域经济发展、一带一路与交通建设、乡村振兴、改革开放 40 周年经济发展回顾等也是较为集中的研究热点。

从研究人员来分析，大量的非传统藏学研究机构的学者、学生参与到涉藏经济研究中来，非藏学类期刊上的经济研究成果在数量上已经与藏学类期刊相当，虽然这些研究成果的深度和持续性相对较弱，但有力拓展了中国藏学研究的视野，促进了中国藏学研究的跨学科发展。

来自北京、西藏及涉藏工作重点省藏学研究机构、高校及相关科研院所的学者依然是研究主力，其中青年学者的研究成果比往年有所增多。

从研究对象的区域分布来看，西藏自治区仍是学者关注的最主要区域，四川藏族地区和青海藏族地区的关注度也相对较高，针对甘肃和云南藏族地区的研究成果较少。

从研究理论与方法来分析，大多数成果广泛吸收国内外各个学科相关理论，定性研究和定量研究相结合，理论探索和实际资料分析相结合，宏观分析和微观个案相结合等，跨领域多视角分析问题，为中国藏学研究注入新的血液。

总的来看，经济研究整体呈现良性稳定发展趋势，研究成果质量和论文写作水平有所提升，受国家及地区基金项目资助课题较多，研究视野更加宽广。

（一）农牧业研究

徐伍达的《西藏农牧业供给侧结构性改革研究》（《西藏研究》第5期）一文，认为改革开放以来，受资源禀赋、自然环境、历史文化等因素影响，农牧业是西藏农牧区发展不平衡不充分的主要短板。产业兴旺成为西藏实施以"神圣国土守护者、幸福家园建设者"为主题的乡村振兴战略的重要任务。农牧业供给侧结构性改革是基于乡村产业振兴在生产力和生产关系上的重大变革，应在生产端和需求端上精准发力，构建现代农牧业生产体系、经营体系、产业体系，形成农牧业和农牧区发展的新动能和新业态，以进一步推进高原特色现代农牧业建设。

邢伯伦的《西藏农牧业发展实证研究——以〈西藏统计年鉴〉为例》（《中国藏学》第4期）一文，认为在乡村振兴的背景下实现西藏农牧业发展转型是解决新时代"三农"问题的关键。文章结合《西藏统计年鉴》2000—2016年相关数据和学界相关研究成果，通过多元线性回归分析得出，农业机械总动力、农作物播种面积等因素与西藏农牧业发展呈长期稳定的正相关关系，同时根据西藏各地市资源禀赋结构差异和草牧业发达的特点，有针对性地提出西藏农牧业转型升级的政策建议。

王延中、宁亚芳的《新时代西藏高原牧业县的现代化探索——来自阿里地区改则县"六统一"的实践经验》（《中国藏学》第4期）一文，认为西藏阿里地区改则县是全国生产生活和工作条件最为艰苦的地区之一，带领牧区农牧民全面建成小康社会和实现社会主义现代化一直是改革开放40年以来各级党委、政府开展工作的头等大事。在新时代，改则县在传统游牧生产效率低下、人地资源矛盾突出、牧民市场化意识薄弱等背景中探索出了旨在实现牧业现代化的集体经济合作社"六统一"模式。"六统一"模式健全了畜牧业生产抵御风险的机制，提高了牧民收入水平和市场参与能力，增强了牧区社会治理能力。"六统一"模式不仅是我国深度贫困牧区脱贫攻坚的生动实践，也是新时代决胜全面建成小康社会、进而实现中国特色社会主义现代化的重要组成部分。

李继刚的《西藏高原传统游牧业对新时代西藏新型牧业经营体系构建的启示》（《西藏民族大学学报》哲社版第1期）一文，分析了藏北牧区传统游牧文明的生态耦合性，这种“游而牧之”是对生态环境的适应，“逐水草而居”则满足了牧民的生存需要，草场使用的共同性协调了草与畜的平衡，这些都给构建新时代符合西藏牧区实际的新型牧业体系以重要启示。新型牧业经营体系的功能定位应为发展绿色牧业，行为特征应是遵循自然规律，构建思路应是对传统游牧业的传承与发展。

张华国的《关于推进西藏农牧业综合开发建设的思考》（《西藏农业科技》第3期）一文指出，西藏农牧业综合开发建设是在国家“一带一路”倡议背景之下，基于独特生态环境特点、特色农牧业资源、优越国家政策等多因素的综合考虑，文章就目前西藏特色农牧业发展基本建设、农产品市场培育体系、科研推广普及方式、创新营销发展模式等方面进行综合分析研究与评价，提出未来西藏农牧业综合开发建设应如何促进农产品市场产业化形成，为推进西藏原生态的优质、无污染农产品迈向区外市场提供重要参考。

才吉卓玛的《青海藏区农业资源传统可持续利用方式研究》（《中央民族大学学报》自然科学版第4期）指出，农业资源传统可持续利用方式作为生产生活方式和思想观念的重要内容正发生着显著变化，受到学术界和社会的广泛关注和高度重视。该文以青海省海北藏族自治州、果洛藏族自治州、海南藏族自治州、黄南藏族自治州为研究地点，选取了8个县，采用资料收集、野外调查、统计分析等方法，探讨了青海藏族地区农业资源传统可持续利用方式的特征和历史变化，旨在针对面临的危机提出保护藏族地区农业资源传统可持续利用方式的措施和建议。

（二）旅游业研究

王永强的《基于供给侧改革视角的甘南藏族自治州旅游产品结构性问题改革研究》（《西藏研究》第1期）一文指出，旅游产品结构性改革是旅游业供给侧改革的重要内容之一。基于实证研究发现，甘南藏族自治州旅游产品存在盲目重复建设、强季节性、旅游产学供需错位、文化内涵挖掘层次低等结构性问题。近十年来，甘南藏族自治州旅游产品结构性改革取得了阶段性成果，但在旅游产品核心结构改革中仍未取得实质性突破。甘南州旅游产品的结构性改革应着眼于质的创新、淡化量的增速，尤其是文旅融合、产学融合，以此破解旅游发展的生产力难题。

张飞的《基于能值生态足迹模型的藏东南生态旅游区可持续发展研究》（《西藏大学学报》社科版第1期）一文认为，可持续发展是人类经济社会发展和自然界自然演化同步推进的一条理想路径，为了更好地促进可持续发展战略实施，需要用定量的测算模型为决策提供参考。文章选取藏东南生态旅游区为研究对象，基于能值生态足迹模型，对藏东南生态旅游区2004—2016年间的发展状态进行定量测评，结果显示：藏东南生态旅游区人均生态足迹呈逐年增加的趋势，年增长率为2.97%；2004—2016年，藏东南生态旅游区人均生态盈余逐年递减，年递减率为1.75%；2004—2016年间区域人均生态承载力变化不大。

徐海鑫、项志杰的《旅游对民族杂居地区经济发展与民族交往交流交融的影响研究——以四川省阿坝藏族羌族自治州为例》（《青海社会科学》第3期）一文指出，民族杂居地区拥有丰富的旅游资源，旅游业发展不仅促进了经济发展，而且对民族之间的交往交流交融产生重要的影响。文章以四川省阿坝藏族羌族自治州为研究区域，通过与当地旅游部门座谈、对游客以及旅游从业人员发放调查问卷，在分析该区域旅游资源禀赋的基础上，探讨旅游业发展对当地经济增长、民族三交和民生改善的影响。

杨军的《青海藏区旅游业与文化产业深度融合发展研究——以玉树州文旅产业多元融合为例》（《青海社会科学》第5期）一文认为，玉树藏族自治州的旅游业和文化产业深度融合发展对青海藏族地区有重要意义，且对周边藏族地区文旅产业融合发展有重要连带作用。文章分析了玉树州加快发展文化旅游业过程中的优秀经验，重点探讨了目前阶段玉树州旅游业与文化产业融合发展中出现的问题，通过进一步的跨领域、域跨产业的深度融合，提出对青海藏族地区旅游业与文化产业深度融合发展的启示。

李亚锋的《“三江并流”地区乡村旅游业的发展及思考》（《青海民族大学学报》社科版第1期）一文指出，近年来“三江并流”地区的乡村旅游业发展为当地少数民族群众提供了新的生计来源，群众自身作为发展主体从事各种旅游服务并从中受益，应充分发挥该地区的生态和文化资源优势，将乡村旅游业作为该地区未来经济发展的重要方向。为此，应当大力保护当地的生态环境和民族传统文化，坚持当地民众在发展乡村旅游业中的主体地位，同时处理好旅游业发展过程中的社区利益共享问题。

（三）生产要素与企业发展研究

黄祖宏、高向东的《西藏人口分布变动及人口功能区规划研究》（社会科学文献出版社）一书，广泛吸收国内外地理学、人口学、社会学和经济学等相关学科的理论，运用理论探索和实际资料分析相结合、定性和定量研究相结合、宏观和微观相结合等方法，利用几次人口普查的数据，对西藏的人口分布变动与人口功能区划进行了深入研究。此书关于人口空间结构优化问题的建议颇有新意，有较强的学术价值和现实意义，对促进西藏人口合理分布和经济社会可持续发展有重要借鉴作用。

李波的《青藏高原重点开发区国土空间利用与保护规划研究》（科学出版社）一书，以海东市作为青藏高原重点开发区域国土空间利用的典型案例，通过对资源环境承载力的分析，剖析了国土空间开发与保护的现状特征。作者基于生活、生产、生态空间科学配置的研究，完成了以乡镇为基础单元的全覆盖与重点区域自然单元相结合的国土功能区划方案，进一步细化了海东市的功能定位，提出了生态保护网络和生态红线划分方案、重点产业空间配置引导指向、基础设施建设布局方案。不仅为海东市其他专项规划的编制提供了重要科学依据，也为青藏高原重点开发区域的国土空间利用研究奠定了基础。

刘强、沈宏益、赵莹合著的《西藏非公有制企业健康发展的绿色财务体系研究》（四川大学出版社）一书，共分为8章23节，约21万字，以引导西藏非公有制企业健康发展的绿色财务体系构建为主线，阐述了西藏非公有制企业可持续发展问题，分析总结了西藏非公有制企业在生态资源约束条件下的绿色财务核算、绿色财务审计、绿色财务管理和绿色财务评价等有关内容。全书采用规范研究和实证分析相结合的方法，主要探讨西藏非公有制企业财务运行的一般模式与实现路径，设计了具有西部民族地区特色和西藏地域特点的“本土化”的非公有制企业绿色财务体系。该书立足发展经济学角度揭示西藏绿色经济运行的规律与特点，有效促进了西藏非公有制企业健康成长与绿色经济发展之间的有机融合，对于提升社会生态效益、优化西藏产业结构、丰富和发展现代财务理论等具有参考价值。

王士勇、景芳、何淑英的《西藏藏族民营企业发展现状研究》（《中国藏学》第3期）一文认为，西部大开发战略实施以来，西藏藏族民营总量持续增长，占比逐年上升，产业结构不断调整，行业覆盖领域不断拓展。但由于产业发展、行业分布及区域间发展不平衡的现状，藏族民营企业对地区经济发展的作用有限。促进藏族民营企业发展，须强化教育的基础性地位，提高从业人员的人力资本水平，完善针对藏族民营企业发展的社会化服务。

（四）区域经济研究

王建平著的《走向繁荣：四川藏区经济社会发展若干问题研究》（经济科学出版社）一书，针对四川涉藏州县经济社会发展的重大问题开展研究，在分析四川涉藏州县经济社会发展基本特征的基础上，提出该地区发展的总体战略，并就全面小康背景下四川涉藏州县公共服务体系建设、特色生态产业发展、精准扶贫视野下慢性贫困治理、建立综合生态补偿机制等重大问题进行专题研究。

刘凯的《西藏经济社会发展十三对关系研究》（西藏人民出版社）一书，对国家投资与社会投资关系、西藏产业发展中的优势与短板关系、西藏重大项目与民生项目等“十三对关系”进行研究，分析了深刻认识“十三对关系”的重大意义，提出了准确把握“十三对关系”的推进路径，对做好西藏自治区经济工作、促进西藏社会经济长足发展具有重要的理论意义和现实意义。

齐扎拉所著《共享式发展理论在拉萨的探索与实践》（中国藏学出版社）一书，沿用主流经济学“问题提出—文献综述—理论分析—实证模型—对策建议—研究展望”的经典范式，采用文献阅读与调查访问相结合、理论研究与实证研究相结合、定性研究与定量研究相结合等方法，立足西藏的特殊实际，着眼拉萨的既有实践，构建西藏共享式发展的一般分析框架。对特殊区域共享式发展的理论与实践进行了系统分析，对拉萨市共享式发展的程度进行了度测，为共享式发展理论增添了新的内容，为推进西藏以及类似地方的实践提供了重要参考。

李雅娟的《乡村振兴视域下的藏东城乡融合路径探索——以曲孜卡乡为例》（《西藏发展论坛》第3期）一文认为，党的十九大报告中提出的“实施乡村振兴战略”新发展理念为藏东地区的发展指明了新方向，文章主要研究曲孜卡城乡融合发展，为藏东贫困问题和经济发展不平衡问题探索解决路径，同时为加快区域合作寻找新的方法。以曲孜卡乡打造温泉小城镇建设为契机，采用SWOT方法对曲孜卡城乡融合发展进行分析，探索符合西藏区情的城乡融合发展路径，以期解决区域发展不平衡不充分的问题。

杨莉芸、徐晓宗的《四川藏区城市发展：现状、原因及制度保障》（《四川民族学院学报》第2期）一文认为，在快速的城镇化进程中，四川涉藏州县的城镇化水平虽在持续增长，但仍落后于全国和四川平均水平。自然地理环境、人口结构、经济基础、文化和内生因素制约了四川涉藏州县的城市发展。推动四川涉藏州县的城市发展，要落实该地社会经济跨越发展的重大决策、贯彻四川涉藏州县城乡提升战略、加大各地的对口支援、为城市转型提供制度保障。

郭常民、严小军的《区域经济差异影响因素分析——基于甘南州与阿坝州的比较》（《甘肃金融》第4期）一文，选择甘南州与四川省阿坝州进行对比分析，通过区域经济差异单一指标和产业结构、人均固定资产投资、经济开放程度等多指标体系进行了实证分析，结果表明两区域经济间的绝对差异和相对差异呈现了先扩大后缩小的变化趋势，产业结构调整是促进甘南州经济增长的最主要因素，并就促进甘南州经济发展提出了发挥金融支持经济功能、加快产业转型等政策建议。

（五）金融与财政

韩亮的《西藏基础设施投资与经济增长关系研究》（中国金融出版社）一书，基于西藏经济发展的特殊性，研究了西藏基础设施投资与经济增长的关系，考察了不同类型的基础设施投资对西藏经济增长的影响。作者通过分析西藏基础设施投资与产业发展的相互影响机制，为政府制定基础设施投资、促进产业发展方面的相关政策提供了理论指导和实证依据，对政府合理确定西藏基础设施投资方向和优先顺序方面有一定的指导意义。

刘婷婷、杨斌的《西藏南亚大通道基础设施建设的金融支持研究》（《西藏大学学报》社科版第1期）一文指出，金融支持能够发挥金融支撑、金融优化和金融服务三个功能，助推西藏南亚大通道基础设施建设。由于西藏自治区金融发展水平低、金融功能弱化，金融支持的作用因此受到抑制。文章从实现国内政策性金融与商业性金融的协调互助、充分利用国际金融市场的融资渠道、构建社会资本参与的民间资本支持体系三方面入手，探讨了构建西藏南亚大通道基础设施建设的金融支持体系。

唐亚军、旦增卓玛的《西藏财政政策、金融支持与中小企业融资研究》（《西藏大学学报》社科版第4期）一文，通过对西藏中小企业融资难相关文献的回顾，发现传统的所有制歧视论、规模歧视论等都不能较好地解释融资难的现象，西藏中小企业融资难关键在于金融结构导致的大企业对小企业的挤出效应。西藏金融发展和财政扶持与经济增长之间具有长期稳定的均衡关系，但相对于财政扶持对西藏经济发展的作用，金融业对资源的配置能力还相对较弱，因此应进一步完善金融业资源配置的基本功能。另外，文章基于西藏实际提出了破解中小企业融资难的具体策略。

黎智俊的《金融扶贫效率评估指标体系构建与应用——以青海省果洛藏族自治州为例》（《青海金融》第2期）一文，分析和归纳了当前金融扶贫的现状，通过选择机制建设、存贷款基本情况、扶贫开发各类贷款、金融服务满足情况、扶贫开发其他金融服务、扶贫开发各项贷款风险和效益管理等涵盖8个方面的18个定量指标和15个定性指标，综合构建金融扶贫评估指标体系，提出提升效益及风险管理水平、完善金融扶贫工作机制和营造良好金融生态环境等几个方面的政策建议。

吕翠苹、秦君玲、张洁的《西藏特殊财政事权实证分析》（《西藏大学学报》社科版第2期）一文结合西藏特点，深入分析了西藏财政事权的特殊性，即公共支出成本高，地方内部事权财政负担重；作者认为西藏承担了更多交叉领域的财政事权，基本公共服务供给职责与中央交叉重叠。对西藏特殊财政事权的深入认识和把握有利于进一步明确划分中央与西藏自治区政府间财政事权和支出责任，推进中央与西藏自治区政府间财政关系的改革，改善我国不平衡不充分的经济社会发展现状。

（六）经济转型与跨越式发展

唐剑、张堙的《多重维度视阈下藏族聚居区全面小康社会的实现路径》（经济科学出版社）一书，从思想演化的角度分析了我国小康思想的提出及发展，分析了新形势下发展理念的变革以及全面小康社会实现的新思路。立足宏观、中观、微观三重维度，通过比较分析，将我国藏族地区全面小康社会的实现概括为综合协调发展、精准扶贫、新型城镇化建设三个路径，并系统分析了三者之间相互交融、协同互补的辩证关系，为深入研究藏族地区全面小康社会目标的实现构建了合理的理论分析框架。

潘久艳的《全国援藏背景下增强西藏自我发展能力研究》（经济科学出版社）一书，综合运用实证分析、规范分析、统计分析和案例分析等方法，把西藏自我发展能力的培育和增强放在“全国援藏”背景下，就如何抓住“全国援藏”机遇来增强自我发展能力这个问题进行专门深入研究。结合“全国援藏”面临的机遇和不利因素，对西藏自我发展能力进行评估和调查，建立了西藏自我发展能力的理论分析框架，深入分析如何进一步增强包括政府、农牧民、企业等的自我发展能力，以期探索建立西藏自我发展能力的长效机制。

蔡凌曦的《多民族地区经济转型升级的评价研究——以四川省阿坝藏族羌族自治州为例》（《新疆社会科学》第1期）一文，针对我国多民族地区经济转型升级开展的评价研究提出了效果视角和政策视角评价模型。通过建立经济发展、创新支撑、产业转型三个维度的评价模型，设计出相关评价指标体系，为我国多民族地区经济转型升级工作提供了科学评价体系。作者以四川省阿坝藏族羌族自治州为例，根据经济数据和相关政策，通过模糊综合评价法和灰色关联度评价法得到相关的评价结果。

刘玉、扎西、刘国的《文化资本可持续发展视域下西藏山南民族传统手工业的现代转型研究——以泽帖尔为例》（《西藏大学学报》社科版第4期）一文认为，民族手工业作为一种文化资本，其可持续发展是民族文化充满生命力的表现。西藏山南是藏文化的摇篮，当地有很多具有民族特色的传统手工业，西藏经济社会发展中需要关注其现代转型问题。文章立足文化资本可持续发展，以泽帖尔的成功转型为例，认为传统民族手工业要实现现代转型，必须同时重视手工业的经济文化二重属性，两者不可偏废。

（七）城乡居民生活现状研究

杨阿维、图登克珠、张建伟的《民族地区精准扶贫满意度研究——来自西藏的实地调研》（《西藏大学学报》社科版第4期）一文，对源自西藏5市2地的1013份农牧民调查数据，运用因子分析对精准扶贫各维度进行公因子提取，并对提取的公因子与农牧民精准扶贫总体满意度进行回归分析。结果表明，性别和人口对精准扶贫满意度无显著影响；婚姻和受教育程度对精准扶贫满意度有显著负面影响；年龄对精准扶贫满意度有显著正面影响；脱贫意愿和精准识别与精准扶贫满意度呈显著负相关；精准帮扶对精准扶贫满意度有显著影响，且影响较大。同时，提出了西藏各级政府要创新政府精准识别体制机制、优化扶贫资金分配机制、健全贫困户动态退出机制、优化产业扶持和金融扶持政策等对策建议。

格桑卓玛的《转移就业对西藏乡村巩固减贫成效的作用——以扎囊县羊嘎村为例》（《中国藏学》第4期）一文认为，在西藏全面实施脱贫攻坚战略的几年中，农村居民收入持续提高，乡村面貌焕然一新，新经济业态出现并蓬勃发展。近年来随着西藏一些农村的就业结构不断调整，农村劳动力从传统农业向工商业以及多元化、专业化农业转换，农村贫困家庭的工薪收入和经营所得有所增加，极大地推动了农村贫困人口的减少。扎囊县羊嘎村是当地脱贫较早的村庄，目前该村和西藏其他一些脱贫乡村都面临着巩固减贫成效的问题，而经调查发现，在羊嘎村脱贫和巩固减贫的成效中，转移就业发挥了关键作用。

王嘉薇、万光彩、张超的《西藏连片特困地区精准扶贫综合绩效评价研究》（《西藏大学学报》社科版第4期）一文，首次运用模糊评价方法（熵值法确定指标权重）对西藏自治区精准扶贫效果进行量化分析。研究结果表明，2011—2016年西藏连片特困地区扶贫绩效呈上升趋势，但各区域之间存在差异，大体呈现东南部较好、东北部一般的分布格局。作者据此提出完善“五位一体”大扶贫格局、缩小区域扶贫绩效差距、提升经济社会发展水平等对策建议，以期促进西藏连片特困地区的扶贫模式创新及资源合理配置，啃下脱贫攻坚战的最硬“骨头”。

刘俊波的《应对空间贫困：青藏高原牧区的脱贫策略研究——基于四川省壤塘县的田野调查》（《西南边疆民族研究》第2期）一文，以四川省壤塘县为例，以空间贫困理论为基础，分析自然地域空间和社会空间对青藏高原牧区贫困产生的重要作用，作者认为，在自然形成的地理空间范围内，生态环境脆弱，自然地理禀赋缺失，文化观念滞后，教育、医疗、社会保障等制度调节不均衡是造成贫困的主要因素。改变传统观念、深入了解牧民的贫困观、加大基础设施建设、完善并延长国家的特殊政策制度、转型牧业经济、加强教育和医疗卫生建设等是青藏高原牧区脱离空间贫困的重要策略。

（八）公共产品供给与交通研究

图登克珠、徐宁编著的《“一带一路”倡议与西藏经济社会发展研究》（社会科学文献出版社）一书，内容涵盖了“十三五”时期西藏边境旅游、教育、口岸建设、合作区建设、金融合作、文化建设等领域的发展情况，是一部系统研究西藏融入“一带一路”倡议的意义、建议等的著作。此著作分为“研究报告篇”和“研究专题篇”，既有理论思考，也有对策研究，对于推进西藏更好融入“一带一路”建设，加快建设面向南亚开放重要通道，实现社会经济长足发展、长治久安具有重要参考价值。

《“一带一路”青藏国际陆港建设研究报告》课题组的《“一带一路”背景下青藏国际陆港建设布局及对策研究》（《青海社会科学》第2期）一文认为，青藏国际陆港建设总体布局为“一港两区”，“一港”即青藏国际陆港，

“两区”指以西宁海东为主导的东港区和以格尔木为主导的西港区。东西港区建设要充分发挥西宁、格尔木、海东三个丝绸之路经济带节点城市的产业、资源、区位优势，实现功能互补，资源整合。

王小娟、曾思琪的《“一带一路”背景下西藏与印度、尼泊尔、不丹开展经贸合作的对策研究》（《甘肃科技纵横》第6期）一文指出，“一带一路”倡议为我国西藏与周边国家和地区的经济合作发展指明了方向，在“一带一路”背景下西藏与印度、尼泊尔、不丹三国开展经贸合作，成为促进西藏经济发展的关键。文章采用SWOT分析方法，分析西藏与印度、尼泊尔、不丹开展经贸合作的现状、优势、劣势、机遇和挑战，在此基础上，提出促进西藏与三国开展经贸合作的优势机遇、优势挑战、劣势机遇以及劣势挑战四种不同类型的合作策略，为进一步促进我国西藏与印度、尼泊尔、不丹三国之间进行良好的经贸合作提供重要参考。

（九）特色产业研究

张丽丽、卓玛的《日喀则定结县陈塘镇夏尔巴人特色文化产业发展研究》（《西藏艺术研究》第1期）一文，通过对日喀则市陈塘镇夏尔巴人经济社会发展概况和特色文化产业发展优势的分析，提出了旅游产业带动文化产业、保护与传承并进、借助网络技术发展文化产业的发展措施。

高晓光的《探究西藏特色产业体系构成与发展层次》（《西藏民族大学学报》哲社版第4期）一文，对特色产业的概念进行解析，明确了特色产业的基本内涵，系统地梳理了西藏的优势资源，采取定性分析与定量分析相结合的方法，对西藏特色产业进行界定。研究表明：西藏特色产业体系是由旅游业、绿色饮品业、农畜产品深加工业、矿产业、民族手工业和医药制造业六类特色产业构成；西藏特色产业的发展有三个层次，旅游业是龙头，绿色饮品业、矿产业和医药制造业是主力军，农畜产品深加工业和民族手工业是后备力量。

陈朴的《补齐西藏特色优势产业发展短板的研究报告——兼论正确处理好发挥优势与补齐短板的关系》（《西藏发展论坛》第5期）一文指出，当前西藏资源禀赋丰富，比较优势明显，但资源优势尚未能充分有效地转为经济优势，产业发展不充分仍然是西藏经济建设中的突出短板。因此，要立足资源禀赋条件和比较优势，切实把资源优势转化为经济发展优势，加快构建现代产业体系，补齐短板，促进整个产业发展。

陈青姣的《高原特色农牧业产业集群动力机制分析——以西藏为例》

（《现代农业科技》第2期）一文认为，钻石模型的六要素是产业集群动力机制的主导因素，产业集群动力机制是制定产业集群发展战略的重要理论依据。受区位、政治、经济环境和行业特性的影响，六要素在不同区域、行业中的主导作用、相互间关系存在差异。经分析得出市场需求、要素禀赋、政府是西藏高原特色农牧业产业集群动力机制的关键要素，应着手促进集群进程、提升集群效应。

（十）经济发展回顾

王胡林的《改革开放40年西藏城镇化发展的回顾与展望》（《西藏研究》第5期）一文认为，改革开放40年来，西藏城镇化发展经历了艰难起步、缓慢发展、平稳发展、新型城镇化四个阶段，城镇化水平稳步提高。在下一步新型城镇化中，应立足实际，继续加大政策支持，推动基本公共服务均等化；大力发展中小城镇，构建绿色发展产业体系，推动一二三产业融合发展。

肖怡然、闫紫月的《改革开放40年来西藏旅游业的发展历程、经验及展望》（《西藏研究》第5期）一文总结西藏旅游业40年来的发展历程与经验，认为旅游业的持续健康发展既得益于西藏得天独厚的资源优势，也得益于国家对西藏基础设施建设的大力投入，更得益于改革开放创造的稳定的社会政治环境和良好外部环境。同时西藏旅游业发展也面临诸如基础设施薄弱、旅游专业人才缺乏、旅游产品单一、生态环境问题突出等问题。西藏旅游业如何立足高原资源优势、创新旅游业发展模式、把握发展机遇、构建旅游发展新业态是实现旅游业跨越式发展的关键。

陈朴的《改革开放以来西藏产业结构优化升级研究》（《西藏研究》第5期）一文认为，改革开放以来，西藏产业结构不断优化。作者选取指标分析得出，西藏产业结构合理化和高度化都有一定程度提升，合理化程度要好于高度化程度，但也存在一些问题，其根本原因是“非典型二元经济结构”和“次级非典型二元经济结构”的存在。因此，要保持中央总体供给模式的持续性，促进西藏产业结构升级。

二、社会研究

本年度社会研究有专著约30部、论文约140篇，专著数量较往年略有增加，而论文数量减少明显。

从研究人员分析，北京、西藏及涉藏工作重点省藏学研究机构、智库、高校及相关科研院所依然是中国藏学社会研究的主力，此类机构的学科生态与发展直接影响中国藏学科研成果的整体水平及涉藏工作重点省区域研究的此消彼长。

从研究对象分析，西藏自治区依然是学者关注的热点，其次是青海、四川藏族地区，云南藏族地区受关注度逐渐增加，社会研究成果呈明显递增趋势。

从研究内容分析，紧跟国家宏观政策、社会热点，坚持正面引导是中国藏学社会研究的主要特征，社会变迁与制度转型、区域发展、社会管理与社会稳定等主题持续受关注，依法治藏、民族团结、共享式发展、脱贫是中国藏学社会研究的热词，具有多元文化特征的民族走廊、边缘族群更加吸引学者视线。西藏自治区社科院首次出版《西藏自治区哲学社会科学研究年度报告(2016)》，说明地方藏学机构开始重视学科史的梳理与总结。

从研究理论与方法分析，在多年发展的基础上，中国藏学社会研究已基本形成追求学术化、规范化的发展趋势，研究成果质量稳定提高。

（一）社会变迁与制度转型研究

段毅君的《依法治藏论：以藏区应急治理为视角》（中国政法大学出版社）一书，在我国现行“中央—地方”政治体制下考察中央与地方政府对藏地社会治理目标的差异性追求，并以藏族地区地方政府应急治理为研究对象，分析地方政府在群体性突发应急事件治理过程中的执法过程及主要考量因素，建立适应藏地特征并能有效预防和处理藏地群体性突发应急事件的法律制度。对政府治理与群众自治的有机衔接，该书提出明晰政府管理与群众自治的边界、做好分类放权和群众自治的对接、引导和推动群众做好自主管理、强化政府监管和支持服务等理论思考。全书共5章。

孙向军的《全面推进依法治藏若干重要问题》（西藏人民出版社）一书共7章，主要内容包括全面推进依法治藏与党中央治藏方略、依法治藏与社会治理能力现代化、全面推进依法治藏与全面深化改革、全面推进依法治藏与贯彻宪法精神、培育法律信仰和法治文化、依法治藏与以德治藏相结合、紧紧抓住领导干部这个关键少数。

杨成洲、杨帆的《当代西藏家庭住房变动分析——以人口普查数据为基础》（《中国藏学》第4期）一文，认为近年来西藏家庭住房条件得到了明显改善，西藏住房自有率始终处于较高水平，而租赁率水平较低；市场化程度较低，但城镇地区发展迅速；家庭住房的教育分化和职业分化特征明显；2000年以来，家庭的居住空间和环境大为改善，但城乡存在较大结构性差异和不均衡现象；住房价格不断攀升。文章建议拓宽农牧民、城镇家庭居民收入渠道，推进住房商品化改革和住房保障体系建设，提升完善家庭住房配套设施。

任赟娟的《一个藏族村落“男人节”的多层社会记忆——普兰县科迦村节庆“普堆羌”的传统及其变迁》（《中国藏学》第1期）一文，考察了“普堆羌”演变为“男人节”前后的称谓表述、源流图景和仪节流程；比照节日内容、形式和象征层面所产生的社会记忆，认为仪式庆典作为传递地方历史的重要媒介，其传统和变迁存续了多层的社会记忆。

祁进玉、央金拉姆的《定居牧民的宗教生活与社会适应性调查研究——以青海省果洛藏族自治州大武镇为例》（《青海民族研究》第2期）一文，分析移民搬迁与城镇化游牧定居过程中，个体与群体的信仰体系与宗教生活变迁及其相互影响，认为当传统意义上的世俗生活受到现代性的冲击而发生变迁时，游牧民传统的生计与认知都在因场域的变化而主动或被动地作出全新的适应。

崔冀娜、王健等人的《青海藏区移民生计转型意愿及其代际差异研究》（《西南民族大学学报》社科版第9期）一文，认为城镇融入是增强青海藏族地区移民生计转型意愿的重要因素，新一代移民更注重文化融入和身份认同的影响，老一代移民则更倾向于社会参与的影响；公平感知在城镇融入与生计转型意愿之间具有调节作用，良好的公平感知能够促进两代移民更愿意选择生计转型，且新一代移民更加明显；城镇融入、公平感知对生计转型意愿的影响存在明显的代际差异。

旦正才旦的《“联结”与“断裂”：藏族与撒拉族之间的“许乎”“达尼希”关系及其变迁研究》（《中央民族大学学报》哲社版第2期）一文，认为经济交往是两族群族际交往的主线，通常借助“许乎”“达尼希”（好朋友、熟识者）关系网络来展开，基于经济交往的需要也成为这一特殊跨族群人际关系网络形成的主要机制。社会转型时期此种关系赖以存在的机制和社会条件变化，如今循化地区撒拉族与藏族之间“许乎”“达尼希”关系网络基本上已“断裂”。

杨士宏、杨隆的《改革开放四十年民族地区社会变迁研究——以甘肃省甘南藏族自治州卓逊村为个案》（《西北民族大学学报》哲社版第5期）一文，认为卓逊村社会经济长足发展，农村社会从传统到现代；生产结构从解构到重构；一元经济到多元经济发生了跨越性巨变，具体表现为思想观念现代化、生产设备机械化、生活用具电器化、信息通信网络化、资源利用有序化。在党和政府领导下，脱贫致富的“内生动力”已经形成。

陆双梅的《手机与云南藏区社会空间的再生产》（《新闻大学》第2期）一文，认为手机打破了既往寺院与村落之间的区隔，在二者之间建构了新的宗教空间；手机促进国家力量对寺院和村落社会空间的介入，改变着僧侣、村民与国家公职人员的社会交往，使藏地宗教、政治、经济和社会交往处于一种现代转型的流变过程中；手机推动了跨越族群文化空间的交流与互动，也呈现了族群文化的冲突和不稳定。

（二）民族与宗教研究

陈玮、张晓军等人的《民族团结进步示范州创建路径探索——以玉树藏族自治州实践为例》（社会科学文献出版社）一书共9章，叙述了玉树州创建全国民族团结进步示范州的实践探索，包括民族团结进步创建活动进机关、进企业、进村（社区）、进乡镇（街道）、进学校、进寺院、进家庭、进军营的情况。

铁建设、苏志强主编的《海西蒙古族藏族自治州民族团结史》（青海民族出版社）一书共9章，总结海西州民族团结工作的“五个抓”，分别为抓“本”，抓住民族团结的根本制度是坚持正确的政治方向；抓“命”，抓住民族地区发展的命脉；抓“心”，解决好民生问题；抓“根”，紧紧依靠群众；抓“魂”，抓住文化自觉和文化自信。

彭毛卓玛的《社会记忆与社区建构：一个城市边缘藏族村落社区的人类学研究》（甘肃民族出版社）一书，以宗曲流域藏族社区的发展为背景，通过田野调查，对该村的经济生活、宗教文化、社会结构、民俗婚姻及当下城市化转型过程中的困境等进行了民族志书写。重点研究了玛藏德哇在族群认同、社会记忆及政治参与中显现的行为模式，讨论了在多元文化和现代化背景下，村落社区的构建过程及其在宗曲流域藏族社区发展中的典型意义。

白玛措的《青藏高原牧区信仰礼仪中的“互惠”关系研究》（《西藏大学学报》社科版第2期）一文，分析了信仰礼仪开支的类别及比例，以此反映“礼物”往来在其信仰礼仪中的表达及其社会关系互动。文章认为供奉和布施以一种系列性的赠送仪式构成牧民日常信仰礼仪中的重要内容，这些赠送仪式通过不同的场景获得展现和构建。

马永龙的《西藏世居穆斯林及其文化变迁研究》（《青海民族研究》第1期）一文，认为伊斯兰教随着穆斯林的迁入而植根于西藏，伊斯兰文化与藏文化在长期接触中形成了双向互动、和谐共生的发展模式。伊斯兰文化不断借鉴和吸收藏文化的精髓，通过自身文化的变迁实现了其在西藏的本土化，从而使西藏伊斯兰文化独具特色；同时，伊斯兰文化以特殊方式融入藏文化中，丰富发展了藏文化体系。

石硕的《藏彝走廊多民族交往的特点与启示》（《中华文化论坛》第10期）一文，认为藏彝走廊是一个民族众多、文化多样性十分突出的区域，民族交往有两个突出特点：一是主观上民族观念淡薄、民族界线模糊；二是文化普遍持包容态度，使各民族在文化上往往“你中有我、我中有你”。藏彝走廊多民族交往的特点，对于我国多民族国家正确处理民族关系具有重要借鉴和启示意义。

刘琪的《民族交融视域中的“藏回”——基于云南省德钦县升平镇的实地考察》（《民族研究》第2期）一文，认为升平镇“藏回”被整合进当地各民族彼此交融的社会生活之中，具有“内回外藏”的特点，其文化体系呈现出回族伊斯兰文化与藏文化交织的状态。“藏回”最重要的内涵是回藏之间相互依存、共生共荣的关系，这种关系是在尊重差异、限制差异、寻求融合的基础上形成的，构成了日常生活中相互联结的基础。

葛俊芳的《图像与观看：藏族家庭佛堂图像的人类学考察》（《宗教学研究》第2期）一文，认为佛堂图像作为藏族独特的集体表象，在文化认同和民族认同中起着标识作用。文章阐释藏族普通民众在日常生活中，面对纷繁深奥的佛堂图像，如何以主体的身份建构出一套独特的视觉范式，并在对图像的多样化、差异化的解读中，如何塑造自己的社会行动和宗教经验，从而丰富民族性、视觉性的宗教文化研究。

尕藏杰的《尼泊尔藏裔族群社会文化调查——以保达纳斯藏裔族群社区为例》（《青海民族大学学报》社科版第2期）一文，界定藏裔族群为在语言、文化、宗教及风俗习惯等方面至今与中国藏族有一定关系的族群总称，其中尼泊尔是藏人和藏裔族群主要分布地之一。尼泊尔现有达芒和夏尔巴等几十个藏裔族群，主要居住在喜马拉雅南麓高山地区。文章对保达纳斯藏裔族群的社会组织、教育机制、宗教信仰及婚姻状况等问题进行了初步探讨。

（三）人口与健康

黄祖宏、高向东的《西藏人口分布变动及人口功能区规划研究》（社会科学文献出版社）一书，认为不同历史发展时期西藏主导经济形态的转变对西藏人口规模和分布影响巨大；西藏人口分布呈现东南部人口众多而西北部人口分布稀少的特征，地域间差异明显，人口分布极不平衡；呈现中高海拔人口数量多密度大，分别向高海拔地区和低海拔地区递减规律；呈现明显的空间集聚状态，人口分布的空间集聚区域主要以拉萨为中心；城镇化和坡度是西藏人口分布模式的主要影响因素；西藏城镇体系人口规模和城镇体系空间结构都呈现分形特征；自然环境、国家投资和政策、宗教文化和城镇腹地都对西藏城镇空间结构产生影响；该书将西藏分为人口限制区、人口疏散区、人口稳定区和人口集聚区。全书共9章。

费胜章的《青海藏区农牧民素质与生活水平关系研究》（青海民族出版社）一书，构建了评价指标体系，从自然环境、传统文化、政府投入、农牧民自身和社会环境等方面分析影响因素；构建了提升农牧民素质和提高生活水平的长效机制，从生态移民、教育培训、医疗卫生等10个方面提出政策建议。该书认为关键是大力提高农牧民素质，培养新型农牧民；核心是加快该地区经济建设，持续提高农牧民生活水平；根本出发点和归宿是实现各民族共同繁荣。全书共10章。

杨成洲、杨帆等人的《当代西藏家庭的变动趋势分析——以人口普查数据为基础》（《西藏研究》第6期）一文，认为当代西藏家庭总体呈现数量增加、规模缩减、代际层次简化、结构核心化的变动趋势，表现出有老人家庭增加，单身家庭比例上升且藏汉家庭构成变化存在差异等特征。西藏经济社会转型中的家庭变迁确实有对家庭政策的诉求，有必要及时考虑家庭发展支撑体系的构建。尽管西藏家庭变动表现出一些“现代性”特征，但传统家庭功能变化程度、家庭关系变化等仍需进一步研究。

庞洪伟、巩艳红的《西藏居民主观幸福感的就业效应分析——以日喀则市为例》（《西藏民族大学学报》哲社版第2期）一文，认为幸福感以提高西藏居民生产率、改善居民的社会资本、激励居民搜寻工作的意愿等机制，影响居民的就业概率。因此，以提升西藏居民幸福感为目标的包容性经济发展方式，不会加剧西藏劳动力市场的就业压力，反而可以缓解西藏劳动力市场上出现的招工难和就业难并存的矛盾。

陈东的《川西藏区人口流动对非物质文化遗产保护的积极意义》(《广西民族大学学报》哲社版第6期)一文，实证分析人口流动对民族地区非遗保护与传承产生的积极意义。认为激发非遗传承实践主体形成文化自觉意识，是做好人口流动背景下民族地区非遗保护与发展的关键。对于最具流动性的青年群体，可将其培养成民族文化保护与发展中的“生力军”。积极运用政策杠杆、旅游开发并结合现代科技，是新时代背景下推动民族文化保护与发展的有力举措。

(四)教育与妇女儿童发展研究

陈进、杨亚波等人的《西藏高校毕业生就业形势和应对措施研究》(《西藏研究》第1期)一文，认为西藏高校毕业生就业整体呈现规模不断扩大、就业制度改革向市场方向推进、就业率呈下降趋势、公职岗位就业比例先升后降、就业援藏政策引导毕业生进入内地劳动力市场、西藏制定配套政策、高职毕业生就业值得关注等特点，必须以转变就业观念为核心理念，加强政策供给和创新力度，进一步完善高校毕业生就业服务体系。

王巧的《增进西藏高校藏汉大学生交往交流交融的文化逻辑向度研究》(《西藏研究》第2期)一文，认为促进藏汉大学生交往交流交融首要之事应是破除交往的文化障碍，充分尊重他文化的内容形成对我文化的自觉；正确对待文化差异，形成理性的文化认知；积极寻求藏汉民族间的共识文化，建设新的文化共识，真正实现价值共识是西藏高校藏汉大学生交往交流交融的文化逻辑向度。

陈彬莉、陈进的《家庭的民族特征与藏族大学生的高中学业成就》(《思想战线》第5期)一文，认为藏族家庭孩子高考成绩明显低于来自汉族家庭孩子；相比社会阶层、城乡等结构性因素，家庭的民族身份与藏族大学生高考分数之间有显著关联。家庭民族身份反映了学生家庭的民族(相关的)文化特征，通过显性(比如汉藏语言能力)和隐性(比如对现代学校教育的认知)等多种路径，对子女的学业成就产生影响。应关注民族文化差异的影响，加强藏族学生掌握国家通用语言能力，提高他们数理化学科的成绩，提升少数民族学生的高考成绩和拓展他们的就业空间。

高蕾、高晓雷的《不同熟练程度藏汉双语者言语理解中的语码切换及其代价》(《心理与行为研究》第6期)一文，认为熟练和非熟练藏汉双语者对汉语词的反应时均显著短于对藏语词的反应时，汉语词的错误率也显著低于藏语词；切换条件下的反应速度显著慢于无切换条件，切换条件下的错误率显著高于无切换条件，存在显著的切换代价；熟练藏汉双语者对汉语词的反应时显著短于非熟练藏汉双语者，熟练藏汉双语者对汉语词反应的错误率也显著低于非熟练藏汉双语者。说明藏汉双语语码切换过程中存在切换代价，支持抑制说；熟练藏汉双语者语码切换代价更小。

王亚的《民族地区中小学乡村教师流动与流失的现状及治理机制研究——基于阿坝藏族羌族自治州13县1354位教师的调查》（《桂林师范高等专科学校学报》第6期）一文，调查得出54.73%的教师表示“一直有”或“偶尔有”调离现在学校或离开教师职业的意愿。其中，男教师、中青年教师、研究生学历教师、初中教师的流动与流失意愿最强烈。下一代教育与家庭生活，待遇职称、工作压力与职业发展，学校的住宿、区位和交通条件是影响教师流动与流失的主导因素。构建适度多元的治理主体机制、动态适调的治理模式、师德引领的制度保证环境机制等治理机制能够有效破解这一困境。

王永智、李娜等人的《民族地区青少年宗教信仰与核心价值观认同践行研究——以甘肃GN藏族自治州的调查为例》（《世界宗教文化》第4期）一文调查表明，青少年对于核心价值观的内化践行主流是好的，但也存在一些问题，如何用社会主义核心价值观引领多元的价值理念，如何正确处理宗教价值观与核心价值观的关系等，都应该引起我们的关注。

（五）社区研究

赵君的《拉萨市城镇化进程中的社区治理研究》（西藏人民出版社）一书，从拉萨市城关区街居体制的历史沿革、拉萨市城镇化进程与新型社区的涌现、拉萨市城关区城镇化进程中的社区治理现状及存在的问题、拉萨市城关区城镇化进程中的政府主导型社区治理模式、构建“共驻共建共管”三位一体社区治理模式，对加强拉萨市城镇化进程中的社区治理工作提出建设性意见及建议。全书共5章。

强巴班旦、宋海峰的《西藏城乡体育公共服务现状调查分析》（《西藏大学学报》社科版第4期）一文，认为西藏城乡体育公共服务存在体育行政职能部门机构建设不完善、体育宣传和服务工作不到位、居民获取体育信息途径落后、人均年体育消费偏低、国民体质监测工作不重视后续发展以及城乡体育公共服务发展不均衡等问题。提出了建立城乡统一的体育行政管理体制、建立覆盖城乡的公共体育财政体制、多渠道培养社会体育指导员队伍、加速城乡居民体育健身组织网络建设和建立完善的居民体质健康管理体系等对策建议。

泽玉、沈耀的《西藏山南市勒布沟麻玛门巴民族乡的特色建设与创新治理》（《西藏民族大学学报》哲社版第3期）一文，认为基层政府发挥“善治”智慧，敢于突破创新、敢于大胆管理，充分发挥了引领作用。经济发展带动了边境村民的观念改变，强化了村民的文化认同、国家认同。文章认为麻玛门巴民族乡边境小镇“因地而制”的创新格局，为“四个自信”理论增添了鲜活的案例。

杨明洪、涂开均的《藏区农牧民宗教消费中不同利益主体的博弈行为分析》（《西藏民族大学学报》哲社版第5期）一文，建议地方政府应提高对宗教消费吸纳的监管力度，通过宗教寺庙资产的财税监管，提高宗教消费吸纳过度的成本；加大农牧民群体减少宗教消费的宣传教育和引导，寻找农牧民宗教消费的替代品和参与宗教活动的替代方式；多种形式提高农牧民群体收入，降低农牧民家庭消费结构中的宗教消费比例。

许斌、周智生的《滇西北高原山地型藏传佛教寺院与村落共生关系研究——以德钦县东竹林寺为例》（《世界地理研究》第1期）一文，认为以宗教信仰为纽带的寺院与村落的共生关系有着深厚的历史基础，长期以来形成了神圣空间与世俗空间的互动关系，且至今都没有动摇过。一方面，寺院从村落接受金钱、物质等世俗资源以维持自身的生存与发展，对村落进行宗教信仰的传播。另一方面，村民在宗教生活中对寺院的高度依赖，也使得村落愿意接受来自寺院神圣空间的宗教影响，并且自愿地向寺院输送生活物资等世俗资源，布施和捐赠是主要形式。

（六）区域发展研究

杨丹、杨铮等人的《拉萨市农牧区民生发展调查报告（2017）》（人民出版社）一书，对拉萨市农牧区民生状况、隔离度与生活满意度、健康与饮用水、普惠金融、牦牛与民生等进行了研究。该书认为拉萨市农牧区教育体系已形成，职业教育、高等教育不足，医疗总体发展速度快、水平依然较低，社会保障体系基本建成、服务质量有所提升，社会服务总体发展迅速、局部发展不均衡，交通基础设施不断增加、维护成本高，依然是拉萨市农牧区公共服务存在的主要问题。全书共8章。

田旭的《西藏区域基本公共服务均等化研究》（中国藏学出版社）一书，提出“基本公共服务均等化可视为集合地区经济发展水平、区域成本差异、人口密度等诸多限制条件的目标函数”的概念，实证分析西藏区域基本公共服务均等化水平的区内外差异，并从独特的地域条件、区域经济发展失衡、制度设计缺陷、政府协作治理失效四方面进行解析，提出推进西藏区域基本公共服务均等化的前提、根本、关键、制度保障、合理选择和助推器等政策建议。全书共 8 章。

唐剑、张堙的《多重维度视阈下藏族聚居区全面小康社会的实现路径》（经济科学出版社）一书共 8 章，主要分析了藏族聚居区全面小康社会建设的基本路径、民主政治建设工作分析、经济发展现状分析及问题、文化资源开发利用及文化产业发展现状问题、生态环境及问题、和谐社会建设。就和谐社会建设提出加快经济发展、发展文化教育事业、加强民族团结进步、转变发展理念、坚持和完善民族区域自治制度、改善寺庙管理等对策。

庄天慧等人的《四省藏区多维贫困及其治理对策研究》（科学出版社）一书共 9 章，主要内容包括多维贫困与贫困治理理论动态、多维贫困现状、农牧户多维贫困测度、特殊群体多维贫困分析，分析生态扶贫、电商扶贫、公共服务扶贫、旅游扶贫、对口支援等贫困治理措施，分析多维贫困治理成效，总结出“双轮驱动”“三位一体”“多元化发展”的贫困治理模式以及“协同治理”“相机治理”的贫困治理模式构建，提出从强化机制、组织、资金、服务、产业保障等方面进行多维贫困治理保障体系研究。

李元元的《经堂与市场之间：青海黄南藏族自治州唐卡文化产业与民族社区发展研究》（民族出版社）一书共 7 章，主要包括唐卡的昨天：金色谷地的艺术明珠，唐卡的今天：经堂与市场之间，黄南唐卡文化产业的发展模式，扩大的市场：黄南唐卡文化产业的市场特征，黄南的民族社区：历史、文化与主体，唐卡文化产业化背景下的民族社区发展。该书认为黄南唐卡文化产业的建构和发展是转型期中国社会结构变迁与市场转型背景下的“社会行动”；民族文化产业发展对文化传统具有包容性；民族文化产业市场具有多元结构；黄南社区发展动力开始从外源性向内源性转变。

周蓉、胡洁的《拉萨市智慧城市生态系统的管理研究》（《西藏研究》第 3 期）一文，认为拉萨市作为全国智慧城市的试点城市之一，在全面打造“智慧拉萨”，提升城市综合实力、创新社会管理、促进拉萨市可持续发展方面取得了显著成效，但是面对庞大的智慧城市生态系统，拉萨市仍旧存在管理方面的难题，需要从管理的后期运营、建立综合协调机制、完善规章制度以及因地制宜等方面着力，以期推动拉萨智慧城市又好又快发展。

庄皓、王静的《突出需求导向扩大西藏公共服务有效供给——基于拉萨市城区公共服务满意度的调查分析》（《西藏研究》第4期）一文，认为目前拉萨市城区居民的基本公共服务整体满意度在藏汉民族间不存在显著差异，但在医疗卫生、义务教育等不同领域存在类别差异和结构差异，且存在着明显短板。当前迫切需要建立需求导向的精细化公共服务供给体系，充分发挥市场在公共服务建设中的积极作用，切实强化公共服务人才支撑，不断扩大公共服务有效供给，持续提升公共服务投入效率和发展水平。

苏芳、郑亚萍的《甘南牧区劳动力转移背景下留守农户生计策略选择》（《干旱区地理》第4期）一文，总结典型的劳动力转移农（牧）户家庭主要的生计策略模式，揭示了甘南牧区劳动力转移对留守农（牧）户生计策略选择的作用关系。认为转移劳动力文化水平、劳动力转移的外出时间、务工去向与转移劳动力工种类型在一定程度上影响了留守农（牧）户生计策略的选择。

李军环、蒋悦的《人地关系下藏族传统聚落更新发展探析——以甘肃文县白马河流域为例》（《城市建筑》第17期）一文，分析调查点藏族传统聚落的现状特征和产业发展现状问题，结合传统聚落有机更新，提出产业发展、产业布局、空间更新的策略，使传统聚落中“人”的居住生活环境得到改善，“地”的人文自然环境得到可持续发展。

李雪萍的《转型期藏族农牧民生计适应的复杂样态与内在逻辑》（《江汉论坛》第9期）一文指出，青藏高原上的农牧民对牦牛惜杀惜售，对虫草则过分采集，显现了农牧民生计适应双重逻辑，市场适应未能取代生态适应，二者都是牧民的自适应，显示政府尊重农牧民选择的自适应与他适应的有机结合。意涵着藏民族内部存在着自然—经济—社会关系的复杂样态，需要进一步研究经济如何更适宜地嵌入自然和社会文化之中，即引导和规制“短时段—部分性”的市场适应，并将其合理地契合到“长时期—整体性”的生态适应中。

（七）社会管理与社会稳定研究

马丽萍等人的《社会主义核心价值体系在边疆民族地区的认同及建设研究：以云南为例》（四川大学出版社）一书，通过考察边疆民族地区存在的民族差异和经济社会发展差距，考察少数民族对核心价值体系的认同状况，提出巩固和提升少数民族核心价值体系认同及其建设的对策。该书分为“总论”“认同篇”“建设篇”三大部分。提出充分发挥国民教育基础性作用，推进社会主义核心价值体系和核心价值观大众化，探索宣传教育的有效途径，充分挖掘中华优秀传统文化的思想价值，繁荣发展少数民族文化事业，加强组织领导及强化机制保障等六方面路径。

何建兴的《藏区新型城镇化与社会治理创新协同发展研究》（四川民族出版社）一书共10章，主要内容包括藏族地区城镇化发展概况，藏族地区城镇化建设中社会治理面临的挑战，藏族地区新型城镇化发展动因、模式和途径，创新藏族地区城市流动人口治理机制，推进藏族地区社区治理与新型城镇化发展相适应，构建具有藏族地区特色的社会主义法制体系，积极推进藏传佛教与社会主义社会相适应，推进藏族地区城乡公共服务体系统筹协调发展等。

刘权政的《现阶段西藏农民主流意识形态认同教育面临的困境及应对》（《西藏民族大学学报》哲社版第4期）一文，认为西藏农民对我国主流意识形态高度认同的同时又体现出较强的不平衡性。西藏农村文化资源的匮乏、农民阶层的分化使主流意识形态教育失去载体，加大了教育难度。主流意识形态在西藏传播教育应与提高并保障藏族农民合法权益相结合，主流意识形态传播的内容应与农民的生活世界相融合。

方晓玲、邓亚净的《西藏农村社区协同治理研究》（《西藏研究》第3期）一文，认为协同治理理论在西藏农村社区治理实践中大有作为，是以整体性视角弥补农村社区治理裂痕的有益探索。从西藏农村社区发展现状出发，市场化社会组织的嵌入、社区贫困问题的协同解决以及农村社区居民的主体性意识构建，是西藏农村社区治理现代化发展进程中必须首先要解决的几个问题。

李俊杰、刘易的《基于社会力模型的拉萨大昭寺人群疏散仿真研究》（《高原科学研究》第3期）一文，采用基于社会力模型的仿真软件Any-logic对案例场景拉萨大昭寺的人群疏散进行仿真，将人群疏散情况分为局部区域的人员疏散和全区域的人员疏散，采取相应的疏散措施并利用仿真软件对疏散措施的有效性进行验证。结果表明所采取的疏散措施对人群的疏散有很好的效果，为预防人群拥挤踩踏事故制定疏散方案提供了依据。

张露露的《论西南偏远民族地区乡村社会中的宗族治理——基于四川省阿坝藏族羌族自治州J村的调研分析》（《贵州民族研究》第5期）一文，认为J村是一个“熟人社会”，是一种“宗族治理”的村庄治理模式。村民在宗族慰藉的心理驱动下表现出明显的宗族庇护行为特征，村民运用“本家族成员”“德才兼备”的双项标准来遴选村干部。这对于构建“自治、德治、法治”相结合的现代乡村治理体系并实现宗族由“传统”走向“现代”有一定的启示意义。

熊征的《乡村多元共治视野下的传统社会组织复兴——以甘南藏族自治州夏河县“拉德四部翼部落委员会”为例》（《青海民族研究》第2期）一文，认为“拉德四部翼部落委员会”是藏族传统社会组织在当代的复兴，在解决纷争、伦理教化等方面的独特功能，使之能够通过对乡村秩序的修复与重构有效服务于藏族乡村振兴战略。政府与传统社会组织的简单共治不等于“善治”，在藏族乡村由“总体性社会”向“流动性社会”转变的背景下，实现乡村多元“善治”依然有待各方努力。

曾晓阳、褚远辉等人的《境外涉藏NGO的行为动机分析》（《大理大学学报》第1期）一文，认为境外涉藏非政府组织（简称境外涉藏NGO）是伪西藏流亡政府的一支重要国际支持力量，它们竭尽所能地为伪政府提供物质援助或道义舆论支持。与其他NGO相类似，境外涉藏NGO的行为有其自发自愿性的一面，其行为动机主要包括植根于西方基督文化的宗教原因、西方的香格里拉幻想、捐赠的回馈预期、反共思潮、自由的人道主义价值等。

（八）综述与书评

蓝国华、邓亚净主编的《西藏自治区哲学社会科学研究年度报告(2016)》（西藏藏文古籍出版社）一书，主要介绍了2016年西藏自治区哲学社会科学相关学科领域的研究成果，涵盖马克思主义理论研究、经济研究、政治研究、法学研究、历史研究、宗教研究、民族研究、文学研究、国际研究等。全书共收录14篇论文及附录。

李森、陈烨的《近年来西藏社会稳定问题研究综述（2008～2018年）》（《青藏高原论坛》第3期）一文，认为自2008年西藏社会稳定问题的研究进入了理论“繁盛期”，特别是在藏地社会稳定影响因素分析和提出对策建议方面取得了丰硕成果。由于该问题的跨学科性和对策型研究属性，造成了研究工作的系统性较差、理论性薄弱的弊端。今后研究工作不仅应当着力解决上述问题，更应确立社会发展的研究目标以替代社会稳定。

生态环境

2018 年涉及西藏及涉藏工作重点省生态环境保护领域的研究成果丰富，本年度收集整理了其中较具代表性的论文 73 篇，著作 14 部。生态环境保护研究成果分布于前后相继的三个领域：生态环境现状变化及引发的影响、影响生态环境的因素及其机制、生态环境的评估及保护政策。生态环境现状变化及引发的影响研究主要集中在草地土壤、湿地农田、植被森林、河流湖泊、气候空气、生物多样性和生态系统功能等领域；影响态环境的因素及其机制研究主要集中在气候变化、放牧围栏、道路建设、产业发展和文化习俗等因素；生态环境监测及保护政策研究则主要集中在生态评估、防治技术和政府管理等领域。具体分布如表 1。

表 1　相关研究成果的领域分布及数量

	领域	论文	著作
生态环境现状变化及引发的影响	草地与土壤	9	1
	湿地与农田	4	
	植被与森林	4	1
	河流与湖泊	6	2
	气候与空气	5	
	生物多样性	6	1
	生态系统与功能	2	
	小　计	36	5

续表 1

	领域	论文	著作
影响生态环境的因素及其机制	气候变化	3	
	放牧围栏	1	
	产业开发	11	1
	文化习俗	4	1
	小　计	19	2
生态环境评估及其保护政策	生态评估	6	3
	防治技术	3	
	政府管理	9	4
	小　计	18	7
	总　计	73	14

2018 年西藏及涉藏工作重点省的生态环境保护研究文献显示，除了传统上的草地土壤、流河湖泊、森林等生态类型持续受关注之外，生物多样性、重金属污染、气候变化等议题越来越受到关注。产业发展始终是影响生态环境的重要因素，除此生产活动因素之外，文化习俗因素对生态环境保护的作用也越来越显著。在应对生态环境变化过程中，除了常规防治技术改进外，生态补偿和规划等方面的措施也开始得到加强，并更加注重以量化的生态评估作为政策支撑。

一、生态环境现状变化及引发的影响

2018 年，关于生态环境现状变化及引发影响的研究文献，主要涉及草地土壤、湿地农田、植被森林、河流湖泊、气候空气、生物多样性和生态系统功能等主要领域。

（一）草地与土壤

税燕萍、卢慧婷，在《生态学报》第 24 期发表了《基于土地覆盖和 NDVI 变化的拉萨河流域生境质量评估》一文。此文利用 InVest 模型评估了拉萨河流域 1990—2015 年的生境质量时空变化。结果表明：拉萨河流域土地覆盖变化整体相对较小，其中人工表面和湿地面积增幅相对较大，分别为

82.65%和32.40%。植被变化方面，1990—2000年，除流域中上游的裸岩、裸土地区和念青唐古拉山地区外，流域NDVI整体有较显著上升；2000年以后略有下降。从生境质量的空间分布来看，高质量生境主要分布在流域下游、念青唐古拉山南侧河谷地区以及拉萨河源头等地区，低质量生境主要分布在拉萨市市辖区及周边、林周县县城及周边，以及流域中上游的荒地等地区。从时间变化上来看，1990—2000年，拉萨河流域整体生境质量指数从0.51上升到0.57；2010年和2015年整体生境质量指数分别为0.56和0.55，略有下降。

张卫红、苗彦军等在《草业学报》第1期发表了《高原鼠兔对西藏邦杰塘高寒草甸的影响》一文。此文以林芝市工布江达县松多三村的冬季牧场作为试验地，以高原鼠兔活动为主要影响因素，探索高原鼠兔活动对不同退化程度的高寒草甸的影响。结果表明：高原鼠兔对植被有显著影响，表现为草地生物量减少，地上生物量干湿比增大，植物Gleason丰富度指数增加。在样地植物密度和种类基本一致的情况下，高原鼠兔的活动致使土壤种子库密度减少；地上地下植被Sorensen相似性指数减小，降低了草地根茎型植被更新潜力。

曹巍、刘璐璐等在《草业学报》第6期发表了《三江源区土壤侵蚀变化及驱动因素分析》一文。此文采用修正通用土壤流失方程对三江源区1997—2012年的土壤侵蚀模数和土壤侵蚀量进行定量模拟，分析降雨侵蚀力及植被覆盖度对土壤侵蚀状况的影响，气候变化和生态工程对土壤侵蚀变化的贡献率。结果表明：生态工程实施后，三江源区土壤侵蚀增加的趋势尚未得到遏制，多年平均年土壤侵蚀模数和侵蚀量较工程实施前增加6.5%，但局部地区土壤侵蚀状况有所好转，约占总面积的45%。长江流域在工程实施后的土壤侵蚀量与工程实施前基本持衡；黄河流域土壤侵蚀量增加明显，增幅超过45%；澜沧江流域土壤侵蚀量有所下降，降幅为9.8%。

罗布拉巴等在《中国农学通报》第11期发表了《基于主成分分析的BP神经网络估算藏北高寒草地覆盖度变化》一文。此文利用气象数据、社会统计数据、GIMMS、MODIS两种归一化植被指数数据作为参数，构建BP神经网络模型，估算2010—2014年藏北高寒草地年际变化趋势。结果表明：无论从年际变化趋势拟合程度、植被指数估算值精度还是从计算效率来看，改进的BP神经网络模型对于估算藏北高寒草地覆盖度变化更加行之有效。

聂秀青、熊丰等在《生态学报》第18期发表了《青藏高原高寒灌丛生态系统草本层生物量分配格局》一文。此文分析了青藏高原东北部灌丛生态系统的49个高寒灌丛样地的草本层地上与地下生物量特征。结果表明：草本层地上生物量与地下生物量分别为 121.1g/m^2 和 342.8g/m^2，均大于高寒草地的地上生物量与地下生物量。草本层的根冠比为 3.6，低于高寒草地的根冠比。地上生物量与地下生物量之间呈现幂函数的关系。根冠比与年均温度、年均降雨量之间没有显著的相关关系。

许茜、李奇等在《干旱区研究》第 3 期发表了《近 40 年三江源地区土地利用变化动态分析及预测》一文。此文利用三江源 1980—2015 年 7 期 1:100000 土地利用数据集，运用 Arc GIS 10.0 空间统计分析工具，分析土地利用时空动态变化及未来变化趋势。结果表明：土地利用变化分 3 个时期：前 15a（1980—1995 年）草地退化，中间 5a（1995—2000 年）土地利用变化缓慢，后 15a（2000—2015 年）退化草地恢复。从土地利用结构看，1980—2015 年，低、高覆盖度草地、水域、建设用地波动上升，未利用地明显减少，减少 17.61%，中覆盖度草地和林地基本不变，草地总面积增加 13.45%。从土地利用类型转化看，以低中高覆盖度草地、未利用土地与水域之间的转化为主。人口、经济结构变化及政策的实施是土地利用变化的主要原因，生态资产的供需平衡是驱动因子。

蔡晓布、彭岳林在《环境科学研究》第 2 期发表了《西藏退化高寒草原土壤团聚体有机碳的变化特征》一文。此文利用湿筛法对藏北高原未退化、轻度退化和严重退化高寒草原表层、亚表层不同粒级土壤团聚体有机碳进行研究。结果表明：与未退化草地相比，不同程度退化草地土壤团聚体有机碳均呈下降趋势，但严重退化草地表层、亚表层中土壤团聚体有机碳降幅均显著低于轻度退化草地。不同程度退化草地表层、亚表层中土壤团聚体有机碳总体趋于下降，且亚表层的降幅明显高于表层的降幅，但退化草地亚表层中土壤团聚体有机碳仍高于表层。

马建军、潘美慧在《干旱区地理》第 5 期发表了《1996—2016 年西藏定结地区风沙地貌格局与变化》一文。此文利用 1996—2016 年定结地区 6 期遥感影像，结合野外实地考察，对西藏定结地区风沙地貌特征及近 20a 来风沙地貌格局动态变化进行定量研究。结果表明：1996—2016 年定结地区风沙地貌格局变化分为两个阶段，1996—2004 年呈扩张趋势，年转换率为 0.87，面积增加量为 151.2km^2。2004—2016 年呈逆转趋势，年转换率为 -0.59，面积减少量为 276.6km^2。整体而言，1996—2016 年总面积转化率为 -0.27，风沙地貌面积呈先扩张后缩减趋势，这种变化印证了青藏高原气候暖湿性愈发显著的趋势。

闻剑、杨晓东等在《中国热带医学》第9期发表了《西藏林芝地区野生食用菌重金属污染状况调查及其暴露评估》一文。此文参考2009—2012年广东省居民营养调查的消费量数据和FAO/WHO推荐的暂定每周耐受量，评估食用菌中重金属污染对人群健康暴露影响。结果表明：林芝地区野生食用菌中铅、镉、汞、砷的平均含量均低于国家标准限量值。部分样品的镉、汞和砷含量超标。居民食用野生食用菌中铅、镉、汞、砷的平均暴露量分别占PTWI的51.14%、37.20%、145.30%和123.99%，对人群健康存在一定的风险，应引起重视。

赵志平等的《三江源地区高寒草地退化成因及保护对策研究》（中国环境出版社）一书，基于三江源气候变化和草地实际载畜量变化两个因素，结合气候湿润程度变化、气候生产力模型、遥感植被指数、野外调查，分析近30年来三江源高寒草地退化主要驱动因子，并针对三江源高寒草地生态系统保护与综合治理、资源可持续利用、区域可持续发展的理念，核定三江源高寒草地载畜量格局，为该地区高寒草地保护和以草定畜的实现提供科学指导和依据。

（二）湿地与农田

郭小芳、德吉等在《微生物学通报》第8期发表了《西藏拉鲁湿地水体冬季可培养丝状真菌多样性及其与理化因子的关系》一文。此文运用SPSS和CANOCO软件分析丝状真菌群落结构及其与环境因子的关系。结果表明：环境因子是影响高原湿地生态系统微生物群落结构的主要因素之一。拉鲁湿地总氮与拉鲁湿地水体丝状真菌数量呈显著负相关（$P<0.05$），总氮和总磷对于丝状真菌的分布具有较明显的影响，这两种理化因子与M. racemosus的多度呈正相关性，而与M. hiemalis呈较强的负相关性。

孙明江、李爱农等在《人民黄河》第2期发表了《红原县湿地时空格局变化及其生态效应》一文。此文基于Landsat TM/MSS遥感影像，采用面向对象与决策树相结合的分类方法，分析红原县湿地信息的遥感解译和动态特征。结果表明：红原县湿地以沼泽化草甸为主，近年显示出泥炭沼泽→沼泽化草甸→湿草甸→草甸的演化趋势。1975年以来，62.03%的湿地面积呈现持续减少和波动变化的特点。湿地集中分布在坡度小于6°且排水不畅的区域，湿地面积减小率随坡度增大而增大，在坡度为2°~6°的区域，各湿地类型的转化面积随坡度的增大而减小。

未亚西、贺慧丹等在《中国环境监测》第4期发表了《三江源畜牧业示范区土壤重金属含量特征及评价》一文。此文利用2015年7月在三江源智慧生态畜牧业示范区11个示范村镇采集的土壤样品，采用内梅罗综合污染指数和生态危害指数，对重金属污染进行风险等级评价。结果显示：Pb、Cr、Cu、Zn、Ni主要受土壤母质的影响，Cd受自然和人为因素的双重影响，Hg主要受人为因素影响。内梅罗综合污染指数显示11个点位未出现污染状况。生态危害指数显示总体上示范区内土壤未出现强污染和面源污染状况。

孙全平在《北方园艺》第22期发表了《拉萨市典型区域农田土壤重金属空间分布及生态风险评价》一文。此文采用潜在生态风险指数法对其潜在的生态危害进行评价，分析拉萨市周边不同样本点与功能区农田土壤重金属污染状况。结果表明：通过与西藏重金属背景值的比较，样品中As的富集最为严重，As的污染分担率为62.7%。94.4%的土壤样品符合国家土壤环境质量二级标准。不同研究区生态风险指数大小为郊区农田 > 工业产业区 > 设施园艺栽培区。总体来讲，不同功能区农田土壤重金属含量总体呈下降趋势。

（三）植被与森林

杨志刚、牛晓俊等在《中国农学通报》第7期发表了《西藏一江两河地区植被变化及其与气候因子的相关性分析》一文。此文利用2000—2016年的MODIS标准植被指数，及研究区域内9个有人气象站点监测的平均气温、降水量数据为数据源，采用Slope趋势分析方法和相关性分析方法，分析一江两河地区的植被变化特征及其主要气候驱动因素。结果表明：2000年以来一江两河地区植被变化整体呈波动中减小的变化趋势，其中沿一江两河河谷的植被有增加的趋势。一江两河区域气候趋势表现为暖干化。年最大NDVI与年总降水量呈显著的正相关关系，与年平均气温呈现出显著的负相关关系。降水量是西藏一江两河区域植被生长的主要影响因素。

拉巴、拉巴卓玛、德吉央宗等在《草业科学》第4期发表了《1982—2014年藏北地区植被NDVI变化特征及驱动因素》一文。此文利用1981—2014年GIMMS、MODIS - NDVI及同期气象、社会统计资料，分析那曲地区植被时空变化及气象因子、人类活动对其的影响。结果表明：34年来那曲地区植被整体趋于稳定态势，局部有减少和改善趋势，57.82%的区域植被呈稳定状态，32.84%的区域呈轻微改善趋势，轻微退化区占14.06%，显著退化和改善区约占7%，退化区主要集中在那曲东部和东南部各县，稳定区在中西部和北部各县、部分区域甚至有所改善。降水量、气温及牲畜数量的变化是引起那曲地区植被趋于空间分布不均的主要原因。

赵健赟、张晓华等在《人民黄河》第7期发表了《基于Landsat的三江源区植被覆盖时空变化分析》一文。此文利用2001年、2010年和2015年的Landsat数据，基于像元二分模型反演三江源泽库县植被覆盖度，分析其植被覆盖和景观结构时空变化特征。结果表明：2001—2015年，植被覆盖状况有显著改善，并向高植被覆盖方向变化。中东部植被覆盖呈上升趋势，东南部和西北部呈显著上升趋势，中北部和西南部呈下降和显著下降趋势。人类活动、源区生态工程对研究区植被覆盖的提高有一定影响。

路秋玲、李愿会在《林业资源管理》第4期发表了《三江源自然保护区森林植被层碳储量及碳密度研究》一文。此文利用三江源自然保护区公益林更新调查数据，采用生物量换算因子连续函数法和平均生物量法估算了三江源自然保护区森林和灌丛生态系统植被层的碳储量和碳密度。结果表明：三江源自然保护区森林和灌丛生态系统植被层碳储量约为26.87Tg，平均碳密度22.22t/hm^2。植被层中，以灌木层碳储量最大，占植被层碳储量的66.06%。天然林在植被层碳储量中占绝对优势，分别占乔木层碳储量的98.49%和灌木层的99.71%。林分中碳储量以近、成、过熟林为主，三者合计占林分的57.04%。

刘金山等的《西藏森林碳储量及碳汇研究》（中国林业出版社）一书依托林业资源调查数据及生物量调查数据，系统研究了西藏森林生态系统碳储量、碳汇及其分布格局。建立并报道了西藏灌木林、林下灌木、草本、枯落物碳密度模型，全面计量了植被（乔木、灌木、草本）、土壤、枯落物碳储量、碳汇及空间尺度上的分布格局、时间尺度上的消长规律；将乔木林样木模型与样地模型进行有效衔接，解决了森林资源连续清查目测和遥感样地碳储量的估算问题；分析了各大碳库尤其是乔木林碳库随林分因子（胸径、树高、郁闭度等）及地理因子（经纬度、海拔、坡位、坡向、坡度等）的变化规律；此外，在林分生物量变化的驱动因子探寻及建立适用于西藏高原的林分生物量模型等方面进行了有益探索，为西藏林业制定保护碳库策略、保持碳汇势态提供了数据支撑和依据。

（四）河流与湖泊

张天华、王彤等在《生态学报》第24期发表了《西藏高原拉萨河流域生态风险评估》一文。此文采用相对风险模型计算拉萨河流域的风险等级。结果表明：风险等级以城关区为中心向外围逐渐降低。城关区的生态风险最高，主要风险来源于城镇扩张和旅游娱乐；当雄县生态风险最低，风险来源于畜牧养殖；林周县、曲水县、达孜县、堆龙德庆区以及墨竹工卡县的首要风险源是农业污染。水体和湿地的风险值明显高于其他生态系统。

卢慧婷、黄琼中等在《生态学报》第24期发表了《拉萨河流域生态系统类型和质量变化及其对生态系统服务的影响》一文。此文通过对InVEST模型中与植被相关的各参数进行计算和修正，评估1990—2015年间拉萨河流域土壤保持、水源涵养和固碳三项生态系统服务的变化，分析生态系统类型和质量变化对其的影响。结果表明：1990—2015年拉萨河流域生态系统类型变化整体相对较小，但是人工表面和湿地面积变化速率较快。1990—2000年生态系统质量整体有显著上升，2000年以后略有下降，其中2000—2015年草甸和草原NDVI分别下降了7.48%和5.44%，呈现明显退化趋势。1990—2015年拉萨河流域土壤保持和固碳服务分别增加了3.98%和9.12%，而水源涵养服务降低了23.05%。总体来看，生态系统类型变化引起的生态系统服务变化相对较小，而生态系统质量变化对流域生态系统服务的影响显著。

张强英、布多等在《环境化学》第4期发表了《西藏帕隆藏布江流域天然水的水化学特征》一文。此文利用《地表水环境质量标准》（GB3838－2002）及地质累积指数评价了水质和底泥状况。结果表明：帕隆藏布江流域水体水质良好。水体中Cu、Se、As、Zn、Cd和Pb均达到Ⅱ类及以上标准，仅Hg是潜在污染物质，Hg含量虽略高，但低于《国家生活饮用水卫生标准》限量。底泥中重金属污染程度较轻，Zn、Pb、Ni、Cu和Cd几乎不存在污染，As是底泥中的主要污染物，其次为Cr。

耿婷婷、李颖智等在《地质与资源》第5期发表了《西藏“一江三河”地区地下水环境背景值初步研究》一文。此文利用数理统计方法，对西藏“一江三河”地区地下水水质指标TDS、Ca^{2+}、Mg^{2+}、Na^{+}环境背景值进行研究。结果表明：地形地貌、区域水动力条件等因素对研究区地下水指标的空间分布起主要控制作用。

刘佳丽、周天财等在《长江科学院院报》第2期发表了《西藏近25年湖泊变迁及其驱动力分析》一文。此文基于1990—2015年Landsat遥感影像获取湖泊水域边界信息，分析近25年西藏湖泊的时空分布及变化特征，结合气候因素与人为因素变化特征分析湖泊变化的主要驱动力，及湖泊变迁对气候的响应。结果表明：近25年，西藏新增湖泊261个，总面积从24161.1km^2增加到了 30549.2km^2。时间上流域内湖泊总面积 1990—1995 年严重萎缩，1996—2006 年迅速扩张，2007—2013 年湖泊扩张速度减缓；降雨量、气温、蒸散发的变化趋势较好地反映了湖泊由萎缩到扩张的变化原因。空间上不同地区湖泊变迁存在明显的空间差异，西藏中部地区温度和蒸散发相对较低，降雨量较大，湖泊面积扩张迅速；西藏北部地区温度偏高，降雨量少，蒸散发大，但温度升高加速冰川冻土融化成为湖泊扩张的可能因素；喜马拉雅山脉温度较高，蒸发量远大于降雨量，导致湖泊萎缩。人类活动加剧了当地对湖泊等水资源的需求，湖泊却呈扩张趋势，说明西藏地区的湖泊变迁主要受到气候因素的驱动。

德吉央宗、尼玛吉等在《高原山地气象研究》第 2 期发表了《近 40 年西藏色林错流域湖泊面积变化及影响因素分析》一文。此文根据 1975 年地形图、1976—2016 年 Landsat 卫星遥感数据以及流域周围的气象资料，分析湖面面积和流域周围冰川变化，探讨湖泊面积变化的可能影响气象原因。结果表明：1975—2016 年间色林错、错鄂和班戈错湖面面积变化趋势有所不同。色林错湖面面积一直处于增长态势，面积增长为 757.35km^2，增长幅度为 46.7%，增长速率为 475.2km^2/10a。错鄂湖面面积在这一段时间内有增有减，但面积增量较小，总体保持稳定，面积增长为 3.07km^2，增长幅度为 1.17%。班戈错湖面在这一段时间内面积略有波动，呈增长趋势，增长为 49.75km^2，增长速率为 19.71km^2/10a。色林错流域湖泊面积变化与气温和降水都有关，反映出该区域气温升高使得冰川融水量增加，对湖泊补给有一定的作用。

魏加华的《三江源生态保护研究报告（2017）·水文水资源卷》（社会科学文献出版社）一书，分析了三江源区自然特点和社会经济特征、地理位置、地形地貌、气候特征、生物群落和社会经济发展情况。并评估了水文水资源状况和三江源生态环境保护工作历程及成效。提出了下一步三江源保护面临的挑战与问题，建议建立全社会参与三江源区保护的机制。

李小雁等的《青海湖流域生态水文过程与水分收支研究》（科学出版社）一书，通过野外观测、采样分析和模型模拟，分析了青海湖流域典型陆地生态系统（嵩草草甸、金露梅灌丛、芨芨草草原、具鳞水柏枝灌丛、农田、沙地）的生态水文过程及其水分利用特征和青海湖水体的水热交换过程，研究了整个流域的水文循环和水量转换特征，模拟了流域不同尺度的水分平衡关系，在此基础上评估了整个流域的水分收支状况，并评价了流域水资源承载能力，提出了流域水资源优化配置方案。

（五）气候与空气

张冬健、薛惠文、钟茂宁在《北京大学学报（自然科学版）》第4期发表了《2015年北京、上海和拉萨PM2.5浓度日变化和日际变化分析》一文。此文利用2015年北京、上海和拉萨3个城市PM2.5浓度的时间序列，讨论PM2.5浓度的季节变化以及各城市PM2.5浓度日际变化。结果表明：从长期来看，3个城市冬季PM2.5浓度普遍大于夏季。从短期来看，北京和上海PM2.5浓度主要呈现日际变化，天气系统的影响远大于日变化。北京冬季PM2.5浓度在一定程度上也呈现日变化，但在夏季不明显；上海在冬季和夏季都不呈现日变化；拉萨的情况则相反，当地的天气系统比较稳定，日际变化不明显，PM2.5浓度主要受日变化影响，PM2.5浓度的日变化呈现明显的"双峰"现象。

石松林、靳甜甜等在《生态学报》第24期发表了《气候变暖抑制西藏拉萨河大果圆柏树木生长》一文。此文采用树木年轮学的方法对大果圆柏进行了年轮采样和处理，探讨大果圆柏过去的生长动态特征，分析不同气候因子与树木年轮宽度指数的关系。结果表明：大果圆柏树木年轮宽度指数与前一年6—10月和当年3—7月的降水、相对湿度和帕默尔干旱指数（PDSI）呈显著的正相关关系，而与前一年6—9月和当年3—8月的平均温度和平均最高温度以及当年5—7月的平均最低温度均呈显著的负相关关系，气候变暖引起的干旱胁迫是导致近几十年来大果圆柏树木径向生长下降的主要原因。在未来气候变暖背景下，拉萨河大果圆柏林将可能出现生长下降，甚至死亡的现象。

郭斌、王珊等在《高原山地气象研究》第2期发表了《若尔盖湿地天然牧草生育期变化特征及其对气候变化的响应》一文。此文基于若尔盖地区天然牧草1983—2013年生育期观测资料和近50年地面气象观测资料，分析研究区气候变化特征及其对天然牧草高原早熟禾生育期的影响。结果表明：研究区年降水量有微弱下降趋势，牧草生长关键期5—9月有效降水日数下降趋势最为显著；年均气温、最高气温、最低气温升高趋势显著；牧草生长季4—9月逐月积温有显著增加的趋势；草地干燥指数以0.0256/10a的速率上升。2000s牧草返青期、分蘖期、抽穗期较1980s提前，开花期较1990s延后了4天、黄枯期较1980s提前了12天，较1990s延迟了9天、生长期较1980s减少了20天，较1990s增加了8天。牧草生长期对平均温度、气温日较差、有效降水日数等气象因子敏感。在牧草生长关键期7月不出现干旱或干旱程度较轻的情况下，气候变暖将导致生长期延长。

张丹、楚宝临等在《环境影响评价》第3期发表了《拉萨市大气颗粒物碳组分污染特征及来源分析》一文。此文基于2015年8月至2016年3月拉萨市城区八廓街（BKJ）、区辐射站（FSZ）、区环保厅（HBT）、市环保局（HBJ）4个监测点以及纳木错背景点采集PM2.5和PM10样品，利用热光碳分析仪对样品中的有机碳（OC）和元素碳（EC）组分进行了测定。结果表明：拉萨市PM10中OC和EC的浓度分别为$14.0\pm4.5\mu g/m^3$和$6.3\pm2.8\mu g/m^3$；PM2.5中OC和EC的浓度分别为$10.2\pm3.6\mu g/m^3$和$5.1\pm2.4\mu g/m^3$，夏季碳组分浓度最低。OC3、EC1、OC2、OC4在碳组分的含量超过了80%，EC2在各测点中变化较大。BKJ点位机动车尾气（汽油车和轻型柴油车）和餐饮油烟是碳组分的主要来源，生物质燃烧（煨桑）是该点碳组分第二大来源。FSZ点机动车对碳组分的贡献较大，重型柴油以及施工机械等重型车辆的排放对碳组分也有较大的贡献。HBJ点位碳组分的主要贡献与机动车尾气和餐饮油烟的排放有关。HBT点位除了机动车尾气、餐饮油烟的排放外，生物质燃烧（牛粪燃烧）也是其碳组分的主要来源之一。

白永飞、吕学斌等在《气象科技》第6期发表了《2014—2016年拉萨市大气环境质量分析及评价》一文。此文基于2014—2016年拉萨市6种空气污染物SO_2、NO_2、PM10、PM2.5、CO、O_3的浓度数据，对大气质量进行了评估。结果表明：拉萨市区大气污染物以PM10为主，其次是O3。拉萨市区大气环境中SO_2、CO的含量逐年下降，但是NO_2含量逐年上升。拉萨市大气环境中的PM2.5与PM10比值明显偏低，表明拉萨市大气环境质量主要的影响因素为自然因素。

（六）生物多样性

廖承锐、吕国屏等在《南京林业大学学报（自然科学版）》第2期发表了《西藏河滩流动沙地植被恢复及物种多样性变化》一文。此文基于雅鲁藏布江中游河滩流动沙地的多年植被恢复试验，结合2011年、2016年对试验地植物优势种的抽样调查数据，分析物种丰富度、α多样性的变化特征，不同处理条件下沙地植被恢复情况。结果表明：2008年以来，雅鲁藏布江中游河滩流动沙地植被恢复的存活植物种数可达10种。花棒、籽蒿和藏沙蒿在个体数量与生长状况上均优于其他植物种，可以作为河滩流动沙地植被早期演替阶段的先锋植物。物种多样性则表现为石方格及塑料方格 > 秸秆沙障 > 无处理措施。

荣新山、何敏等在《生态环境学报》第9期发表了《藏北退化高寒草原土壤细菌和真菌多样性分析》一文。此文运用宏基因组学方法，基于高通量测序技术，对藏北退化高寒草原土壤细菌和真菌群落多样性进行分析。结果表明：藏北退化高寒草原土壤化学成分组成以 S_iO_2 为主，占比为63.5%。细菌多样性、丰富度和相对丰度均显著高于真菌。放线菌门、变形菌门和酸杆菌门是藏北退化高寒草原土壤细菌群落的优势门类，占比分别为44.9%、16.4%和14.5%。藏北高寒草原土壤肥力已比较低下，且生态系统呈退化趋势。

马和平、郑维列等在《西北农林科技大学学报（自然科学版）》第12期发表了《西藏慈巴沟自然保护区苔藓植物种类及其生活型的初步研究》一文。此文利用2016年7月慈巴沟国家级自然保护区20个样地数据，分析苔藓植物种类及其生活型和生长基质。结果表明：慈巴沟国家级自然保护区有苔藓植物29科85属166种。优势科以青藓科、曲尾藓科和丛藓科种类最为丰富，分别占慈巴沟苔藓植物总种数的15.06%、9.03%和8.43%。保护区内苔藓植物的生活型以丛集型和平铺型为主，生长基质以土生和土石混生居多。

杨欣兰、巴桑等在《高原科学研究》第1期发表了《利用PFU法研究拉萨河城区段藻类群落时空变化特征及其与水环境的关系》一文。此文采用PFU采集水样、活体观察法鉴定物种、直接计数法计数藻类数量。结果表明：藻类共有56种，隶属于4门6纲11目16科28属。平均多样性指数较高（夏季2.68，秋季2.37），优势度指数不明显，拉萨河城区段夏、秋季藻类物种分布较均匀，群落结构稳定。夏、秋季影响藻类群落结构的主要理化因子分别为pH和水温。

索南措、巴桑在《高原科学研究》第2期发表了《拉萨河下游秋季浮游植物群落多样性与水质评价》一文。此文利用2015年拉萨河下游的9个采样点数据，分析拉萨河下游秋季浮游植物的群落多样性与环境因子间的关系。结果表明：拉萨河下游有浮游植物121种，隶属于4门7纲13目22科39属，其中优势种均为硅藻门，群落结构属典型的硅藻—绿藻—蓝藻型水体。拉萨河下游秋季浮游植物群落Shannon多样性指数均值较高（2.34），Pielou均匀度指数较高（0.67），Simpson优势度指数均值较低（0.18），浮游植物群落多样性丰富，结构稳定。pH和水温是影响拉萨河下游秋季浮游植物群落多样性的主要环境因子。

张明旭、蒽玉琴等在《干旱区资源与环境》第9期发表了《甘肃迭部多儿自然保护区大型真菌初探》一文。此文利用迭部多儿自然保护区大型真菌调查数据，分析大型真菌的种类和分布情况。结果表明：保护区内有 76 种大型真菌，隶属 5 纲，12 目，26 科，45 属，其中毒菌 9 种，药用菌 21 种，食用菌种 36 种。该保护区的大型真菌受到不同海拔和不同植被类型的影响，其生态分布特点具有明显的差异性。

董世魁等的《青藏高原高寒草地植物—土壤系统的生物多样性及其对全球变化的响应》（科学出版社）一书，以青藏高原高寒草地植物—土壤系统的生物多样性保护理论为主要内容，详细介绍了青藏高原高寒草地生物多样性的现状，阐明了高寒草地植物多样性、土壤动物多样性和微生物多样性的分布特征和相互关系，揭示了高寒草地生物多样性对气候变化和草地退化的响应机制。本书综合集成了青藏高原高寒草地植物生态学、土壤生态学和全球变化生态学等方面的最新研究成果，可为青藏高原高寒草地植物—土壤系统的生物多样性保护提供理论依据，同时为世界同类地区高寒草地的生态保护提供科学借鉴。

（七）生态系统功能

土艳丽、刘林山等在《西藏科技》第 4 期发表了《恶性入侵植物紫茎泽兰在西藏的入侵现状及应对建议》一文。此文通过标本考证和实地调研，分析紫茎泽兰在西藏扩散的情况。结果表明：紫茎泽兰在西藏大肆扩散，对当地农林牧业造成了极大的影响和损失。紫茎泽兰在樟木口岸入侵，已侵入吉隆口岸，紫茎泽兰是从尼泊尔无意引入西藏而非从云南传入。

刘璐璐、邵全琴在《草地学报》第 1 期发表了《基于生态服务价值的三江源生态工程成本效益分析》一文。此文通过核算 2004 年和 2012 年三江源区生态系统水源涵养、土壤保持、防风固沙、固碳释氧、净化大气环境、牧草供给和水供给等主要服务物质量和价值量，分析三江源生态保护和建设工程的成本效益。结果表明：2004—2012 年间，三江源区总生态系统服务价值增加 2372. 23 亿元。自然保护区内单位面积生态系统服务价值的增加比例高于非自然保护区。生态工程的实施对防风固沙服务的影响最大，其次为土壤保持服务。三江源生态保护和建设工程的生态效益显著，使生态系统服务价值增加 1035. 32 亿元，占增加总量的 43. 64%，其投入产出比为 1：13. 73。

二、影响生态环境的因素及其机制

2018 关于生态环境影响因素及其机制的研究文献，主要涉及气候变化、放牧围栏、产业发展和文化习俗等因素。

（一）气候变化

耿晓平、铁吉新在《青海气象》第 2 期发表了《三江源区植被覆盖变化的气候效应初探》一文。此文利用三江源区 1981—2013 年年平均气温和降水资料、曲麻莱牧草观测资料以及遥感监测资料，分析三江源区气候和植被多年变化特征。结果表明：1982—2013 年三江源区年平均气温急剧上升，平均每 10a 上升 0.62℃，降水量总体呈增多趋势，平均每 10a 增多 13.33mm。1982 年以来三江源牧草生长状况趋好，草层高度、牧草覆盖度和生物量平均每 10a 分别增加 3.44cm、23.34%、467.23kg/hm^2。植被 NDVI 值平均每 10a 增加 0.005。三江源大部分地区植被与年降水量相关关系较好，但与气温相关性较差。

郭连云在《草业科学》第 1 期发表了《三江源区高寒草原土壤湿度变化特征及与气候因子的关系》一文。此文利用青海省三江源区兴海县牧业气象站 1999—2016 年高寒草原土壤湿度、牧草生育期资料，分析高寒草原土壤湿度的年、季变化特征以及牧草生长季不同生育期土壤湿度的变化特征，及与气候因子的关系。结果表明：高寒草原 0—10cm、10—20cm、20—30cm、30—40cm 和 40—50cm 土壤湿度均随年际延长呈增加趋势，春季除 40—50cm 土层外，其他各层土壤湿度均随年际延长呈显著增加趋势。高寒草原牧草生长季的土壤相对湿度随年际延长呈显著上升趋势，且与生长季降水量之间呈极显著正相关关系。随着气候变化，牧草抽穗、开花、成熟和枯黄期的土壤相对湿度随年际延长呈显著增加趋势。牧草抽穗期、枯黄和全生育期的土壤湿度与气温呈显著负相关关系。高寒草原牧草生长季土壤湿度的增加有利于草地植被生长。

陈沥硕士论文《1990—2016 年西藏阿里地区冰川、湖泊波动对气候变化的响应》（重庆师范大学）中，以西藏阿里地区为研究区，结合遥感数据包括 1990 年 Landsat TM、2000 年的 ETM + 数据、2010 年和 2016 年 Google earth 历史影像，分析西藏阿里地区冰川、湖泊波动对气候变化的响应。研究表明：1990—2000 年气温上升最慢、降水上升最快、冰川退缩最慢、湖泊扩张速度最慢。2000—2010 年气温上升最快、降水上升最慢、冰川退缩最快、湖泊扩张速度较快。2010—2016 年对比 2000—2010 年气温上升速度略慢、降水上升速度较快、冰川退缩速度略慢、湖泊扩张速度略快。气温上升速度越快，降水上升越慢，冰川退缩越快，气温对冰川的影响大于降水。气温上升越快，冰川融化越快，降水上升越快，湖泊扩张越快，湖泊扩张主要受气温变化的间接影响，受冰川变化的直接影响，气温对湖泊的影响程度大于降水。

（二）放牧围栏

旦增塔庆、白玛嘎翁等在《草业科学》第 1 期发表了《围封年限对西藏高寒草甸植被特征与土壤养分的影响》一文。此文通过对比退化高寒草甸自由放牧、围封 5 年、围封 7 年和围封 11 年后植物多样性、生物量和土壤理化性质的变化，分析围封年限对西藏高寒草甸植被特征与土壤养分的影响。结果表明：相比自由放牧草地，不同年限围封显著提高了退化高寒草甸植物物种丰富度、多样性指数、盖度和地上生物量。不同围封年限之间，围封 7 年的物种丰富度和多样性指数最高，但与围封 5 年和围封 11 年无显著差异。围封 5 年的地上生物量最高，且与围封 11 年存在显著差异。围封降低了退化高寒草甸土壤容重，显著增加了土壤有机质含量。相比自由放牧草地，不同年限围封提高了高寒草甸土壤全氮、全磷含量。不同围封年限之间，土壤有机质含量随围封年限的增长而增加，土壤全氮和全磷无显著变化。总体而言，围封有效恢复了退化高寒草甸的植被与土壤。

（三）产业开发

乌仁、秦小静等在《草地学报》第 6 期发表了《放牧对藏北高寒草地优势种和伴生种生物量分配的影响》一文。此文以藏北高寒草地优势种紫花针茅和伴生种小叶棘豆为研究对象，探讨围封和放牧草地中两种植物在叶、茎、根间生物量分配的差异性利用。结果表明：放牧对紫花针茅和小叶棘豆的叶、茎的质量比影响显著，两者叶—茎和叶—根的异速生长指数均升高，根—冠的异速生长指数均降低，植株叶—茎和叶—根的异速生长关系出现趋同化。放牧改变了植物各器官间的权衡策略，紫花针茅在叶—茎权衡关系中更益于茎的生长，小叶棘豆更益于叶的生长；在叶—根和茎—根权衡关系中，小叶棘豆更倾向于叶，紫花针茅则更倾向于茎；相对于根系，两者均在放牧后分配更多资源到地上部分。

杨帆、邵全琴等在《草业学报》第 7 期发表了《玛多县大型野生食草动物种群数量对草畜平衡的影响研究》一文。此文利用降尺度算法生成了 2016 年玛多县 30m 空间分辨率的产草量数据，分析大型野生食草动物对玛多县草畜平衡的影响。结果表明：2017 年冷季藏野驴、藏原羚和岩羊分别为 1.71 万匹（只）、1.60 万匹（只）和 0.93 万匹（只），家牦牛、藏羊和马分别为 7.08 万头（匹、只）、10.22 万头（匹、只）、0.12 万头（匹、只），大型野生食草动物和家畜总计 47.5 万羊单位。大型野生食草动物羊单位数量与家畜羊单位数量之比为 1: 4.5。仅考虑饲养家畜，载畜压力指数为 1.13，草地略微超载；在综合考虑饲养家畜和野生动物的情况下，载畜压力指数为 1.38，草地中度超载。因此，如果没有将大型野生食草动物纳入草畜平衡核算体系内，载畜压力将被低估 22%。

强巴赤列、洛珠、旦增等在《中国资源综合利用》第 7 期发表了《冬虫夏草挖掘对藏北草原土壤破坏程度的影响研究》一文。此文从土壤生物多样性、草原土壤植被、土壤化学性质三个方面对虫夏草挖掘对藏北草原土壤的破坏程度影响进行考察。结果表明：当地牧民出于经济价值考虑对冬虫夏草进行了大面积采挖，这种开采无形中给当地生态环境带来了巨大破坏。

林红在硕士论文《西藏“一江两河”中部流域造林对土壤有机碳和主要养分的影响研究》中，以“两江四河”流域的造林作业区及其重点区域“一江两河”中部流域的人工林和对照地为研究对象，分析西藏重点区域造林后土壤有机碳和土壤养分的变化规律、趋势及其影响因素。研究表明：造林后土壤容重降低，土壤含水量上升，SOC（OM）、TN 含量增加，相应养分丰缺度和分肥力趋好，TP、AP 则变化相反。综合肥力、pH、TK 则基本不变。

史文娇、王宗、吴溪在《农业工程学报》第 7 期发表了《三江源生态畜牧业有机产品产地环境质量评价》一文。此文选择该地区 11 个典型示范村作为研究区，采用单项污染指数评价法和综合污染指数评价法，从土壤、水和大气环境三个方面全面评价典型区有机产品产地的环境质量。结果表明：11 个示范村的土壤、水环境质量和环境空气质量平均综合污染指数分别为 0.356、0.235 和 0.270，各单项平均污染指数均小于 1，均达到清洁等级。土壤肥力等级属于一级水平。水质级别达到一级（除元素 Hg 外）；环境空气质量等级均在二级以上，空气质量优良。总体来讲，三江源智慧生态畜牧业示范区的环境质量达到清洁水平。

徐瑾、王伟在《环境工程学报》第 6 期发表了《拉萨污水处理厂污泥对沙化土壤改良效果》一文。此文以西藏雅鲁藏布江流域沙化土壤为研究对象，测定不同污泥掺混量下土壤基本理化性质变化趋势，比较当地农田、草地生态系统土壤理化性质。结果表明：随着污泥掺混量的增加，沙化土壤的孔隙度逐渐提升，土壤密度及容重逐渐降低，在掺混量大于10%时，改良效果趋于减缓。土壤氮、磷、有机质含量呈增加趋势，在掺混量为10%—15%时与对照土壤氮、磷含量相近。在掺混量为20%—30%时，有机质含量与对照相近；土壤最大持水量呈增加趋势。在掺混量为5%—10%时即与对照土壤相近。总体上，拉萨污水处理厂污泥重金属含量远低于国家农田土壤标准，且含有一定的植物生长必需元素，是理想的沙化土壤改良剂。

王俊华、代晶晶等在《地质与勘探》第4期发表了《西藏多龙矿区生态环境遥感调查研究》一文。此文利用高分二号、资源三号及landsat8等多源遥感数据对西藏多龙矿区生态地质环境进行调查研究。结果表明：砂金矿开采及尾矿堆积物给当地生态环境造成不可逆破坏，同时探槽、钻孔及地表金属污染等也给生态环境带来一定程度的影响。

王海庆、陈玲在《矿业研究与开发》第10期发表了《西藏日喀则矿山环境恢复治理效果分析》一文。此文采用遥感与GIS相结合的技术方法，通过不同期次遥感图像对比，分析矿山环境恢复治理的效果。结果表明：总体上，矿山环境恢复治理取得了良好的效果，但个别区域开展矿山环境恢复治理工作后破坏了更多的草场。日喀则等生态脆弱区域需慎重选择土地平整的方式开展矿山环境恢复治理工作。

张立锋在《四川环境》第2期发表了《西藏藏中地区电网建设生态环境影响及对策研究》一文。此文以藏中联网工程为例，研究电网建设对西藏藏中地区生态环境的影响。结果表明：植被遭破坏，尤其是林地和草地；穿越生态敏感区时，植被及野生动物受扰动；动物生境破碎化；施工开挖引起冻土性状改变；生态景观改变。

李朝霞、黄毅在《西北水电》第4期发表了《西藏水电开发对河流水生态环境影响探讨》一文。此文利用比较变化程度的定量分析方法，分析了雅鲁藏布江二级支流巴河流域上所建设的六〇六水电站、雪卡水电站和老虎嘴水电站对河流水文情势、水温、水质及水生物的影响。结果表明：巴河径流基本不受影响、泥沙减少、水温略有升高、水质基本不变，对鱼类有一定影响。

徐颖凯、阿琼等在《环境保护与循环经济》第5期发表了《西藏某市饮用天然矿泉水水源地水质健康风险评价》一文。此文根据西藏某市饮用天然矿泉水2017年枯、平、丰三期的水质监测数据，采用美国环保署推荐的水环境健康风险评价模型，分别计算水中致癌物质（砷）和非致癌物质（铁、锰、铜、锌、铅）的健康危害风险，对该水源地的水质健康风险进行评价。结果表明：化学致癌物产生的健康风险为5.39×10－6～1.71×10－5a－1，超过瑞典保护局等机构推荐的最大可接受限值1×10－6a－1；非致癌物质产生的健康风险较小，为2.59×10－11～4.86×10－9a－1，远小于推荐的最大可接受限值。人体健康危害总风险以化学致癌物风险为主，化学致癌物仅为砷，砷为水源地首要的健康风险管理控制指标。

吴明先等的《多年冻土区公路环境保护研究与实践》（上海科学技术出版社）一书，针对高寒生态脆弱区的环境特点和冻土区公路建设的特点，在全面分析现有公路环保技术措施和国内外研究成果的基础上，系统介绍了多年冻土区公路环境保护设计、施工新技术，并明确了技术原理、适用范围和技术要点。介绍了多年冻土区公路沿线生态环境评价指标体系以及生态植被空间分布与环境影响因子，阐述了冻土区公路建设生态防护与植被恢复关键技术、水土保持关键技术、环境污染防治技术、动物通道设置技术、冻土区公路环境保护施工技术以及公路全程环境保护管理技术方法体系。

（四）文化习俗

次仁片多在《西藏大学学报》社科版第2期发表了《西藏历代法律制度与环境保护研究》一文。此文提出，西藏是在全国范围内环境遭受破坏相对较小的地区，这与西藏的地理环境、自然因素、经济欠发达有着密切的联系。除此之外，还与西藏地方的历代法律制度及传统文化有着非常密切的关系。吐蕃时期的“十善法”、帕木竹巴时期有关植树造林的“树法”、藏巴第司时期的“封山禁林”、五世达赖喇嘛时期的“封山禁林”等历代法律制度都对环境保护起到了很重要的作用。传统法律中，人们把山、水、地敬为神山圣湖，为山、水、地赋予了神性，使之成为不可侵犯的客体，法律制定保护环境的行为规范，为人类保护环境提供了可靠遵循。

潘文良在《大理大学学报》第1期发表了《洱海保护理念与藏区圣湖观念比较》一文。此文认为，藏地湖泊通常被藏民尊为圣湖，但同样有着自然崇拜、民间信仰、佛教信仰等类似文化背景的洱海流域却没有形成圣湖观念。分异的根本原因在于当地的人类活动是否有必要利用水域。人类活动量远远超过生态环境承载限度的洱海流域所经历的“洱海保护模式”和正在开启的

"抢救模式"在理论和实践上表明，公共治理才是湖泊生态文明的根本出路。但圣湖观念可以提醒我们修正保护者观念，挖掘生命共同体和有机整体等观念资源，超越自然崇拜观念，给人们提供与自然共情的合理依据。

曾仁利的博士论文《西藏中部农村生产与生活的生态文化研究——以西藏自治区扎囊县扎西林村为例》，以西藏中部地区扎囊县扎西林村民生产与生活为研究对象，比较微观、具体和系统地记录扎西林村物质生活资料的生产与利用情况。结果表明：西藏中部地区村民在与土地、作物、草植、牲畜、林木等互动过程中，认识自然，遵从自然，创造了系列与当地自然环境高度适应的生产技术，对生态环境的保护起到了重要作用。

张霞霞的硕士论文《试析安多藏区传统文化对生态保护的作用——以甘南州迭部县尼欠村为例》中，提出安多藏族地区地处藏地东部边缘地带，其得天独厚的生态资源在高原东部形成了一条天然生态屏障，对区域内环境有重要的调节作用，甚至关系到全国乃至全世界的生态利益。传统文化中的戒杀、放生、护生等生态实践对生态保护起着重要作用。

洛桑灵智多杰主编的《青藏高原山水文化导论》（中国藏学出版社）一书，以历史唯物主义为指导，从文化人类学的角度研究藏族山水和信仰。从历史、现实、理论三位一体的角度研究青藏高原的生态环境和具有高原特色、民族特色的山水文化，将青藏高原各族人民千百年来形成的对高原山水的崇敬、保护的理念和习俗介绍给国内外的广大读者。

三、生态环境评估及其保护政策

关于生态环境评估及其保护政策的研究文献，主要涉及生态评估、防治技术和政府管理等领域。

（一）生态评估

马年圣、支晓娟等在《干旱区资源与环境》第11期发表了《基于PSR和GM（11）模型的西藏耕地生态安全评价与预测》一文。此文运用熵值法和灰色预测GM（1，1）模型，对西藏耕地生态安全水平进行评价与预测。结果表明：西藏2000—2015年耕地生态安全指数总体呈现下降趋势，安全等级经历了"临界安全—较不安全"的演变过程。压力指数总体呈现上升趋势，状态指数和响应指数呈现波动下降趋势，耕地粮食生产压力指数、单位耕地化肥施用量，单位面积耕地农膜使用量、土地垦殖率、水土流失治理面积指标对西藏耕地生态安全状况影响较大。

宋福强、李卓卿等在《西南大学学报》自然科学版第9期发表了《藏朋曲河流域淡水生态系统服务价值评估》一文。此文采用市场价值法、影子价格法、影子工程法和当量因子法等方法，对朋曲河流域淡水生态系统服务价值进行评估。结果表明：2014年流域内淡水生态系统服务总价值为792937.95万元。其中调节服务价值远远高于其他服务价值，供给服务价值最小。

马素洁、花蕊等在《草原与草坪》第2期发表了《基于RUE和NDVI的三江源区草地生态评价》一文。此文利用三江源区15年（2001—2015）的生长季最大NDVI数据（NDVImax）及同期65个气象站的年降水量数据为基础数据，计算每个像元的RUENDVI及其变化趋势，综合评价三江源区草地生态退化、改善趋势和空间分布。结果表明：近15年三江源区草地生态呈明显好转态势，草地退化面积仅占三江源区总面积的5.85%。从空间分布上草地退化主要分布在三江源区中东部，呈明显的西北—东南条带状分布。在三江源区东部，草地退化呈点状分布格局。三江源区RUENDVI与年降水量呈显著负相关关系，与NDVImax呈极显著正相关关系。

陈多闻、吴迪在《安徽农业科学》第8期发表了《藏族聚居区牧民生态认知的调查研究——以四川省阿坝州阿坝县神座村为例》一文。此文以四川省阿坝州阿坝县神座村为调查对象，对该村牧民进行了生态知识、生态态度、生态行为以及生态归因等生态认知方面的测量。结果表明：神座村牧民具有生态知识较为匮乏、生态自信较高、生态行为差异较大、倾向把生态问题归于个人原因等朴素特征。

高洁、刘玉洁等在《资源科学》第6期发表了《西藏自治区水土资源承载力监测预警研究》一文。此文选取2005—2014年作为研究时段，利用层次分析法和专家打分法确定指标权重，对构建的西藏自治区水土资源承载力监测预警指标体系进行实证分析。结果表明：水功能区水质达标率、人均粮食产量、人均耕地面积和草地退化程度等指标的变化对区域水土资源承载力影响较为明显，需加强应对和调控措施。区域水土资源综合承载力10年间呈上升趋势，由橙色预警区间降至蓝色预警区间，西藏自治区水土资源承载状况有所好转。

高洁、盖艾鸿在《中国集体经济》第33期发表了《西藏自治区草地承载力监测预警初步研究》一文。此文利用MODIS NDVI遥感数据和GIS技术，结合多种计算方法，从高到低划分红色、橙色、黄色三个预警区间对西藏自治区 2005—2014 年草地承载力开展监测预警研究。结果表明：2005—2014 年西藏自治区草地退化问题严重，2005、2006、2009、2012 和 2014 年草地退化程度处于红色预警区间，其余监测年为橙色预警区间。草畜平衡指数由橙色预警区间降至无预警区间，草地载畜量趋于合理。西藏自治区草地承载力总体呈上升趋势。

胡姗的硕士论文《贫困地区生产—生活—生态时空变化分析——以甘孜藏族自治州为例》（西安科技大学），采用熵权法为各指标赋权重，结合灰色关联方法，计算 2010—2016 年甘孜藏族自治州各县的生产—生活—生态评价指数。结果表明：从 2010 年到 2016 年，甘孜州生产—生活—生态综合状况随时间呈缓慢的上升趋势。生产状况整体呈缓慢的上升趋势，生活状况上升趋势十分明显，而生态状况却有明显的下降趋势。空间上有明显的区域差异，北部地区整体发展状况相比较东部和南部地区较差。北部地区德格县和甘孜县的“三生”综合评价指数处于较低水平，但比全州整体“三生”状况发展更快。

《三江源区生态资源资产核算与生态文明制度设计》课题组的《三江源区生态资源资产价值核算》（科学出版社）一书，以三江源区生态资源资产评估为核心，厘清了生态资源资产的概念框架和内涵，分析了三江源区生态系统格局与质量、气候变化特征及影响，摸清了三江源区生态资源资产家底，包括生态资源资产存量和流量，提出了三江源区生态资源资产标准物质当量；并与资源禀赋相似地区进行类比，估算了三江源区发展机会成本，分析了三江源区对区域和全国生态保护的贡献，测算了三江源区生态保护恢复成本，为建立三江源区生态文明制度提出了具体建议。

邵全琴等的《三江源生态保护和建设工程生态效益监测评估》（科学出版社）一书，以三江源生态建设效益评估为核心目标，以遥感、地理信息系统和生态模型等核心技术为主要手段，结合地面调查，构建了三江源生态保护和建设工程生态效益监测评估指标体系与技术体系，对三江源自然保护区生态保护和建设一期工程生态效益进行了综合评估。主要内容包括：三江源生态保护和建设工程生态效益监测评估指标体系、技术方法体系，三江源生态系统宏观结构，生态系统服务及生物多样性变化分析，生态系统变化的影响因素分析，生态保护和建设工程生态效益评估，基于规划目标的生态效益评估、评估结论与政策建议等。

（二）防治技术

韩小文、陈鹏飞等在《环境化学》第1期发表了《不同处理方法对降水中污染元素来源评估的不确定性讨论——以西藏拉萨和纳木错为例》一文。此文选取青藏高原的典型城市拉萨市和典型的背景区纳木错，对采集的24个降水样品进行处理，并对两组样品中的15种金属元素的含量和富集因子进行对比。结果表明：两个研究点过滤后样品元素含量都显著低于未过滤样品的元素含量，其中拉萨未过滤降水样品中的常量元素Al和Fe的含量分别比过滤后样品中的含量高约50和20倍，表明降水中的Al和Fe主要以颗粒态存在。典型污染元素如Cu、Zn和Cd等在两种样品中的含量变化相对较小，表明这些元素在降水中主要以溶解态存在。纳木错降水样品中元素也存在类似的变化特征。对降水样品过滤会导致一些典型污染元素的富集因子值增高，进而高估人类活动对这些元素的贡献，因此用未过滤的降水样品进行元素富集因子研究得到的结果会更接近实际情形。

仝淑萍、苗彦军等在《草地学报》第5期发表了《不同恢复措施对藏北草地群落生产力和多样性影响的研究》一文。此文以西藏那曲地区高寒退化草地为研究对象，开展了不同处理下的草地恢复试验。结果表明：浇水处理增加了群落中常见种数目和Pielou均匀度指数，提高了群落多样性和稳定性。浇水打孔处理能够有效提高群落植物总密度，其地上生物量、Shannon - Wiener多样性指数、Simpson多样性指数均高于其他处理方式，浇水打孔处理Margalef物种丰富度显著高于其他两种处理方式，浇水打孔措施更有利于过牧退化草地的恢复。

孙磊、格桑拉姆等在《高原农业》第2期发表了《藏北高寒退化草地免耕补播效果研究》一文。此文总结了安多县高寒退化草地采用细茎冰草、垂穗披碱草、无芒雀麦和冷地早熟禾4种牧草的免耕补播效果。结果表明：经过免耕补播后，草地植物在高度、盖度、产量方面均有不同程度的提高，植物多样性有所增加；高寒退化草地进行免耕补播可有效改良天然退化草地。

（三）政府管理

王晶晶、许开鹏等在《环境保护》第16期发表了《西藏自治区生态环境空间管控框架研究》一文。此文基于西藏自治区开展生态环境空间管控的现实需求，构建了西藏生态环境空间管控框架，明确了各管控区内涵与特征，提出了按照自然生态保留区、生态功能保育区、食物环境安全保障区、聚居环境维护区的分区管控对策。

周刊社、张建春等在《生态学报》第8期发表了《西藏高原冬虫夏草资源适宜性区划分析》一文。此文根据西藏高原冬虫夏草产区生态环境条件，以海拔高度、植被类型、土壤类型、年平均降水量、年平均气温为区划主要指标，利用GIS空间分析方法对西藏高原冬虫夏草生长区进行适宜性综合区划。结果表明：那曲地区的比如县、索县，昌都市的边坝县、丁青县、类乌齐县、江达县、洛隆县、察雅县、贡觉县部分产区处在适宜区。那曲地区的那曲县、嘉黎县、巴青县、聂荣县，拉萨市的当雄县及其他产区处在次适宜区。日喀则市的大部分地区、林芝市和山南市的低海拔地区为不适宜区。在出产冬虫夏草的地区（市）中，那曲地区、昌都市分布面积占当地产冬虫夏草县域土地面积的52.1%—59.3%，山南市、日喀则市、拉萨市和林芝市分布面积占当地产冬虫夏草县域土地面积的13.7%—26.1%，整个西藏高原产区的冬虫夏草分布面积平均占当地产冬虫夏草县域面积的34.5%。

郭海青、董国礼在《人文杂志》第12期发表了《多主体草场生态治理的困境及可能——以青海湖流域D村普氏原羚的保护为线索》一文。此文认为在普氏原羚的保护行动中，无论是国家还是地方社会，二者都不能避免增长的引擎和理性的驱动。不同主体内部、主体之间因价值指涉和路径依赖不同，致使不同主体间力量相互消解。多主体治理的格局中，地方社会的合理性是不容忽视的，国家稳定的制度体系依然是生态治理得以可持续的保障机制。

张伟、尼玛顿珠等在《水利水电快报》第11期发表了《雅鲁藏布江山南段水资源保护对策建议》一文。此文以雅鲁藏布江山南段为主要研究对象，介绍了西藏河长制工作推进过程中水资源管理保护现状，分析了存在的问题。作者提出，应当全面落实最严格水资源管理制度，强化水环境质量目标管理理，加强入河排污口监管，加强饮用水水源地保护和标准化建设。

倪源在《科技与法律》第2期发表了《新发展理念下致霾排放分级管理研究——基于拉萨市案例分析》一文。此文认为拉萨市作为中国西藏自治区首府，致霾排放的潜在威胁在不断加大。作者提出，在新发展理念指导下强化对拉萨市致霾排放的分级管理，需要建立动态预警机制、聚焦负外部性内化，在分级管理机制下适时引入“致霾排放权”交易。

旦增、穷达卓玛等在《高原科学研究》第3期发表了《西藏旅游垃圾特性分析及处理处置建议》一文。此文通过文献查阅、实地调研、采样和室内分析方法，对西藏旅游垃圾产量，典型景区旅游垃圾组分特征进行了调查。作者提出，应当创新现有的旅游垃圾处理模式，旅游景区（景点）加强垃圾收集和暂存设施建设，并将旅游景区产生的垃圾集中收集并有效储存在垃圾暂存间内。景区运营单位购置带有烟气净化装置的小型垃圾焚烧炉，由相关部门组织集中培训，旅游景区运营企业或相关部门安排专人接受统一培训。

达瓦次仁、弓进梅、拉巴卓嘎在《西藏研究》第5期发表了《改革开放以来西藏自然保护区建设与成就》一文。此文指出，西藏自治区根据特殊地理环境和脆弱的生态系统以及独特的自然资源，在全区范围内逐步建立自然保护区。西藏建立种类齐全、面积巨大的国家级、省级、地（市）级以及县级自然保护区 47 处，占自治区土地面积的 33.4%，占自然保护区面积的30.8%。

乔慧捷、汪晓意等在《生物多样性》第2期发表了《从自然保护区到国家公园体制试点：三江源国家公园环境覆盖的变化及其对两栖爬行类保护的启示》一文。此文以4种两栖爬行动物即高原林蛙、倭蛙、西藏齿突蟾和青海沙蜥分布点环境条件在国家公园内外的异同为例，探讨分布受环境制约大、扩散能力弱的物种保护在国家公园建设中可能面临的机遇挑战。结果表明：自然保护区内两栖爬行类所偏好的环境条件较多未包含在国家公园内。在国家公园内，应开展两栖爬行动物种群动态和群落结构的长期监测，加强基础生物学研究，掌握环境变化对两栖爬行动物分布、遗传、行为、形态、种群动态及群落可能产生的影响。

乔军在《青海社会科学》第2期发表了《三江源生态保护：立法需求、问题分析与制》一文。此文指出，从生态文明与法治的关系、国际生态文明立法趋势、区域生态保护战略实施视角和行政法学与制度经济学的角度看，三江源区生态立法势在必行。三江源生态立法应遵循生态优先原则，确立尊重自然、顺应自然、保护自然的生态文明理念。遵循先行先试的要求，以生态保护为重点内容；以保障生态安全为立法目的，确立公民的生态权利和义务；立法中应发挥本土文化的积极作用，完善生态补偿法律制度、生态移民法律制度、生态环境影响评价制度、生态环境责任追究制度、生态环境保护管理制度。健全草原休养生息的长效机制、三江源生态环境司法修复机制和新一轮草原生态补助奖励政策。

宗鑫的《青藏高原东部草原生态建设补偿区域的优先级判别研究》（中国经济出版社）一书着眼于效率目标，即生态保护效率和补偿资源与资金的使用效率，充分考虑不同微观补偿区域在自然地理环境、经济社会发展水平、文化习俗等方面存在的空间差异性，以青藏高原东部的玛曲县、若尔盖县、红原县、阿坝县为案例区，展开了草原生态建设补偿区域的优先级判别研究，以期为青藏高原东部的其他区域提供借鉴与指导。

李波等的《青藏高原重点开发区国土空间利用与保护规划研究》（科学出版社）一书以多学科集成研究为手段，在研究框架、分析方法、技术路线方面借鉴了国土空间规划的前沿理念，在指导思想、核心内容、主要结论方面体现了我国现阶段空间规划的特点。针对青藏高原重点开发区加快经济发展、提高区域竞争力的迫切需求，以及生态环境脆弱、开发与保护矛盾突出的客观现实，展开了理论、技术和应用相结合的综合研究，形成了系统的研究成果。不仅是解决青藏高原重点开发区空间开发和保护问题的科学研究与分析成果，也对其他同类区域开展国土空间规划研究具有一定的示范意义。

杨丽雪等的《青藏高原东缘牧区生态保护与经济发展耦合研究》（科学出版社）一书以动态面板模型、生态足迹模型为研究工具，以发现问题—剖析问题—实证分析—解决问题为研究思路，以“生态、经济、社会”相互促进和相互发展为依据和框架，论证了生态保护和经济发展的关系，量化了该地区目前生态经济系统的发展状态，深入剖析了该地区生态建设和经济发展存在的关联性问题和形成的原因，研究并提出了该地区实现生态保护与建设、经济可持续发展、农牧民奔小康的多方共享共赢的新发展模式，为青藏高原东缘牧区的可持续发展提供了一条可供选择的经济发展之路，从而使本书在一定程度上实现理论创新和方法创新。

许开鹏、王夏晖、王金南等的《西藏自治区生态环境空间管控研究》（中国环境出版社）一书在系统分析西藏自治区生态环境状况的基础上，根据生态环境空间管理的具体要求，结合西藏自治区实际情况，构建了区域生态环境功能综合评价指标体系并开展相关评价，按照生态环境资源的空间差异性进行了环境功能分区，划定了生态保护红线，制定了分区差别化环境管理措施，用于引导区域开发布局，确保国土开发布局与生态安全格局相协调。

文化教育

汉文部分

一、文化

本年度，藏族文化方面的研究成果，共发表论文130余篇，比去年减少40余篇；出版图书4部，比去年减少7部。与往年相比，传统文化、非物质文化遗产方面的研究成果减少，民俗文化方面的研究成果与往年持平，现代文化、文化传播与出版、生态文化、公共文化方面的研究成果增多。下面从不同研究视角和领域分别予以介绍。

（一）传统文化

郭双节、柳杨《西藏传统文化及其新时代价值》（《法制与社会》第7期）一文，阐述了西藏传统文化的构成，分析了西藏传统文化的宗教性、世俗性、道德性、封闭性、消极性的区域特征，从弘扬新时代道德规范、坚持人与自然和谐共生、培育理性平和的社会心态、培育新时代集体主义观念、构建新时代公平正义情怀、形成自律自觉的行为准则六个方面探讨了西藏传统文化的新时代价值。文章指出，对待西藏传统文化，要坚持扬弃的态度，继承和发展其中适应新时代要求的积极因素，摒弃其消极成分，从而使西藏传统文化得以科学地传承。

陈映婕、张虎生《藏历特征及“节气”文化管窥——他者的角度》（《西藏大学学报》社科版第4期）一文，从他者的角度，探讨了藏历的地域、文化特征，以及藏历中的“节气”文化与其历书。指出藏历是一部地域性和族群性的历法，族群文化特征，除以藏文书写和藏语交流表达外，主要表现在历法内部名词用语等外在形式的替换使用上，以及地方历史、民族宗教观念的渗透影响等方面。藏历中的“节气”文化，重点承载在季节划分和季节转换“春分”的中分节点上，以及只注重二十四节气中春分、秋分、冬至、夏至四个季节转换的时间节点，都是因地制宜、努力探索天人合一之路的表征。

薛德军、供秋泽仁、范忠雄《四川阿坝藏区传统文化中的数学思想探析》（《高原科学研究》第1期）一文，对阿坝地区传统文化、传统服饰与传统建筑中的数学文化进行了分析探讨，揭示了数学知识和思想方法在藏族传统生活中的应用。文章指出，藏族传统数学文化已经成为藏族传统文化的重要组成部分，在日常生活中学会去发现和探究藏族传统数学文化，对更加全面地认识藏族传统文化的本质具有一定的促进作用。

李加才让《安多热贡地区的主要民族与文化形态研究》（《西藏大学学报》社科版第3期）一文，在介绍安多热贡地区藏族、汉族、土族等主要民族及其相关学说的基础上，指出元明以来伴随着蒙古势力的进入或中央政府在保安设置军屯和郡县，一些新的民族成分进入热贡地区，这些民族与当地主体民族的接触、冲突和融合，使热贡地区的民族格局发生了很大变化。文章还进一步探析了热贡地区的古文化形态、宗教文化、民俗文化等三个方面的特色文化资源，并指出这些文化资源对安多地区族际互动与文化变迁研究具有一定的参考价值。

赵娜娜《西藏高校图书馆参与西藏传统文化保护与传承研究》（《四川图书馆学报》第5期）一文，在介绍西藏文化保护现状和高校图书馆社会职责的基础上，阐述了西藏高校图书馆参与传统文化保护与传承的优势，并从开展传统文化资源的采集与保存、传统文化的数字化建设、传统文献资源共建共享、地方文化资源的相关研究、地方文化资源的宣传教育及推广等五个方面提出了西藏高校图书馆参与西藏传统文化保护与传承的策略。

东·华尔丹、冯雪红《从青海和日村的变迁看藏族石刻文化的传承》（《中国民族报》2月23日）一文，以雪域高原上享有“石雕艺术之乡”和“高原石刻第一村”美誉的青海和日村为个案，阐述分析了藏族石刻的传承主体、传承方式及传承意义。并针对藏族石刻传承中存在的问题，从应当明确石刻文化传承的主体是村民、发挥相关政府职能部门的引导和扶持作用、积极推动其他力量对和日村石刻文化的关注和保护三个方面提出了对策与建议。

（二）民俗文化

拉先《白马藏族家庭祭祀仪式调查研究》（《西藏大学学报》社科版第3期）一文，通过对绵阳市平武县白马藏族聚居区的实地调研，以白马藏族家庭典型祭祀仪式为案例，对祭祀仪式中涉及的如朵玛、灵器的制作及其象征意蕴，净化牺牲及杀牲献供、招魂及驱魔等核心文化元素，通过田野调查及文献释读的方法进行综合考释和解读。指出这种在具体的祭祀仪式中进行杀牲祭神的原始苯教仪轨，在核心地区完全被制度化了的宗教行为中在逐渐消失，而处在边缘地区的白马地区却较完整地保留了下来，这对于研究藏族远古宗教具有重要意义。

刘军君《藏族通婚禁忌与守护神信仰关联性研究——基于安多藏区田野调查的人类学思考》（《西北民族研究》第2期）一文，以对安多地区的田野调查为依据，从安多地区守护神的名称与分类入手，通过“守护神不和禁止通婚”的考察，探讨分析了守护神对藏族择偶通婚的制约及该制约所反映的藏族多元宗教在社会内部分层、群体边界建构中的作用，指出藏族社会“以神之名”构筑的通婚禁忌和客观上实现的“内在结盟、外在排斥”的内婚制准则，不仅有助于学界的婚姻研究，而且对深入认识藏民族的宗教实践，深入思考藏族宗教与社会、观念与现实、婚姻与家庭具有积极作用。

李锦《家屋的意义：嘉绒藏族的房名继承与亲属关系》（《西南民族大学学报》人文社科版第9期）一文，以对四川省雅安市硗碛藏族乡的田野调查资料为依据，分析了嘉绒藏族不同亲属关系类型和房名继承六个方面的特点，探讨了嘉绒藏族房名继承与亲属关系确定的问题。指出嘉绒藏族社会中家屋的名号——房名的继承关系到一个人的经济和社会地位，嘉绒藏族房名的继承具有继嗣与居处两个因素同时发挥作用、在由房名继承建立的亲属关系中以房名为中心的家庭观念比血统观念更重要两个方面的特点，这也正是嘉绒藏族社会家屋的社会特质。

权新宇《回顾与突破：白马藏族面具舞文化面向探微》（《阿坝师范学院学报》第1期）一文，通过梳理“他者”对面具舞文化面向的傩文化、苯教文化与图腾说三种观点的相关探讨，指出在白马藏族先民与藏彝走廊其他族群之间的互动过程中，面具舞文化层呈“蛋型”结构累进图式，白马藏族面具舞是由多元历史文化层累而成。并对面具舞后续研究理路转向问题，从由过去主要依据汉文史料探讨的途径转向主要依据来自田野的“地方性知识”与汉文史料及考古资料结合起来探讨的途径、研究视野由过去在族属框架内探讨面具舞的文化属性向在“藏彝走廊”语境中探讨面具舞的文化属性两个方面进行了探讨。

刘坤梅、旦珍《节日活动与地方民俗文化的保护和展现——基于拉萨雪顿节的调研》（《乐山师范学院学报》第 2 期）一文，以西藏拉萨传统节日雪顿节为研究对象，介绍了西藏民俗文化保护与发展的情况，论述了拉萨雪顿节的历史渊源和发展演变，分析了传统和当今雪顿节节日活动的历史变化，并从弘扬传承形式赋予新的内容、地方政府支持并参与节庆活动、借助媒体宣传节庆活动、发展文化节庆产业和产品与保持传统文化生命力四个方面，提出了如何在节日活动中展现与保护传统民俗文化的建议与措施。文章指出，地方性传统节庆活动可以促进传统文化的保护，应该以开发的方式来促进地方民俗文化的发展，引导公众从正面看待节日变化中的传统民俗文化保护。

（三）现代文化

格勒《关于西藏文化保护与现代化的几点战略思考》（《中国藏学》第 1 期）一文，根据文化发展的客观规律，把西藏文化现代化分为西藏和平解放以前或民主改革以前、西藏和平解放或民主改革运动到改革开放以前（1951 年或 1959 年至 1980 年左右）、改革开放以后至今三个阶段，分析了每个阶段的文化特点，并从人类文化三个历史发展阶段探讨了西藏文化现代化的历史必然性。最后从宏观战略的角度提出了构建西藏文化现代化的十点战略思考。

王桂胜《西藏文化产业发展现状和模式分析》（《中国藏学》第 3 期）一文，在阐述西藏文化产业发展的现状并与有关省区市的文化产业发展进行比较分析之后，探讨分析了西藏文化产业发展在文化资源、市场需求、西藏文化的独占三个方面的优势，以及在文化产业市场化、文化产业技术水平、文化产业供给侧结构改革三个方面的不足，在此基础上结合西藏经济发展特色，总结概括出适合西藏文化产业的“八融合”发展模式，对西藏文化产业发展转型升级具有一定的参考价值。

岗青《光辉的历程丰硕的成果——改革开放 40 年来西藏文化综述》（《西藏艺术研究》第 2 期）一文，从文化事业、公共文化事业、文化艺术、文化遗产保护、特色创意文化产业、文化市场发展、对外文化交流、文化体制改革方面介绍了改革开放40年来西藏在文化发展方面取得的成就，总结了取得这些成就的主要历史经验，对新时代西藏文化的未来发展进行了展望，并从强化措施、不断增强“文化强区”思想引领，补齐短板、不断夯实“文化强区”工作基础，精准发力、不断提升“文化强区”发展水平三个方面进行了规划。

张孝飞《融合虚拟现实技术的布达拉宫文化遗产保护研究》（《西藏发展论坛》第3期）一文，在介绍虚拟现实技术的基础上，分析了融合虚拟现实技术的布达拉宫文化遗产数字化保护的重要意义。并采用数据采集、三维建模、建立布达拉宫场景数据库等虚拟现实技术手段，为布达拉宫虚拟漫游提出了一套设计方案，此方案的实现为建筑类文化遗产的传承与保护提供了新的技术和思路，使濒危文化遗产的还原与再现成为可能。

冯云《民族地区公共图书馆服务效能提升策略探讨——以西藏自治区为例》（《西藏研究》第2期）一文，以西藏自治区为例，分析了民族地区公共图书馆服务对象、服务方式、服务内容、服务价值追求的特殊性，探讨了民族地区公共图书馆服务效能制约因素，并针对当前民族地区公共图书馆服务体系建设中存在的问题，从科学合理的公共图书馆的布局与设置、充分考虑民族地区民众特殊的文化需求、提供符合少数民族民众文化审美的文化产品与服务、广泛调动社会力量参与西藏公共图书馆服务体系的建设当中等六个方面，提出了民族地区公共图书馆服务体系和效能提升的策略。

李静、路宏《变迁、认同与共生：拉卜楞地区藏族教育的文化选择》（《西北师大学报》第6期）一文，选取甘南藏族自治州拉卜楞地区为田野点调查点，以教育人类学为研究视角，以教育变迁和文化认同为研究侧重点，对拉卜楞藏族学校教育的文化决策和文化选择进行阐述，并对其实践进行分析。指出文化选择是民族教育文化变迁的重要机制，文化认同是民族教育文化选择的前提及目的，文化共生则是新时代民族教育文化发展的必然走向。

（四）文化传播出版

王阳、袁爱中《改革开放四十年影响西藏民族文化变迁与转型的传媒机制分析与思考》（《西藏大学学报》社科版第3期）一文，以《西藏日报》大型专题系列报道为研究对象，阐述了西藏社会转型发展是西藏民族文化变迁与转型的基础和根本动力，同时也是构成媒介转型与发展的根源和基本诉求；重点分析了传媒实践是西藏民族文化变迁与转型的动力机制，即文化变迁的媒介反映与再现机制、文化变迁的媒介创新与开放机制、文化价值观的媒介建构与再生产机制、文化变迁的媒介整合与控制机制、文化变迁的媒介遮蔽与消解机制，并对文化变迁与转型背景下的传媒机制进行了评价和思考。

袁爱中、郭锋、李君犀《媒介融合语境下西藏卫视《〈珠峰讲堂〉文化创新路径分析》（《新闻论坛》第1期）一文，介绍了西藏卫视《珠峰讲堂》栏目创办的背景和意义，并对其传播内容与传播特色进行分析，探讨了该栏目传播中在媒体交互、创意、节目更新时间等方面存在的问题，从拓宽选材思路、扩大目标受众群体，加强与新媒体互动、适应网络传播特点两个方面提出了发展建议与策略。

丹增曲珍《我国藏文版儿童读物出版现状分析及思考》（《办公室业务》第23期）一文，介绍了民文儿童读物研究的状况，分析了藏文版儿童读物出版中存在的问题，即藏文版儿童读物出版品种少、藏文版原创图书少、缺乏对藏文版少儿图书的有效扶持、缺乏专业的藏文版少儿图书策划人员等五个方面的问题，并从重视和加强双语教育、加大对少儿图书出版的政策引导力度、通过建设“农家书屋”“寺庙书屋”促进藏文版少儿图书的流通等六个方面提出了藏文版少儿图书出版发展的对策与建议。

江灏锋《大宣传视角下西藏新闻舆论工作面临困境及路径探析》（《新闻传播》第3期）一文，从传播实践、机制、价值三个方面介绍了作为概念工具的大宣传，探讨了大宣传视角下研究西藏新闻舆论工作的必要性及西藏新闻舆论工作面临的任务与挑战，最后从价值层面、机制层面、操作层面提出了大宣传视角下西藏新闻舆论工作的路径与思考。

（五）非物质文化遗产

杨娅、原佳丽《日喀则市藏族非物质文化遗产分类及保护研究》（《西藏民族大学学报》哲社版第4期）一文，对日喀则市藏族非物质文化遗产进行了梳理，并将其分为口头传说与表述、传统表演艺术、岁时节庆习俗、传统手工技艺四大类，总结了日喀则市藏族非物质文化遗产保护取得的成就及面临的主要发展困境，并从加大非物质文化遗产保护和传承的经费投入、全方位发动全民非物质文化遗产保护、构建非物质文化遗产生态保护区、打造日喀则特色旅游四个方面提出了日喀则市藏族非物质文化遗产传承与保护的对策。

王淑琴《新型城镇化背景下“非遗”的传承与重构——以青海省尖扎县藏族“神箭”文化为例》（《青藏高原论坛》第2期）一文，以青海省尖扎县藏族“神箭”文化为例，分析了在新型城镇化背景下“神箭”文化的传承空间问题。尖扎县政府通过重塑地方形象、以射箭比赛和文化节为主要传承载体、申请非物质文化遗产、利用多媒体记录并保存本土的传统射箭文化等方式，对当地传统的“神箭”文化进行了重构。文章指出，政府的规约与牵引力、民族文化精英的“智囊团”与“搭桥”作用、文化主体的文化自觉与自信意识是少数民族非物质文化遗产传承与发展的关键因素。

陈小蓉主编、次旦晋美分卷主编的《中国体育非物质文化遗产·西藏卷》（甘肃教育出版社）一书，为中国体育非物质文化遗产系列丛书之一。全书共11章，精选当吉仁赛马会、江孜达玛节、协荣仲孜、昌都锅庄舞4项国家级体育非物质文化遗产，以及恰青赛马艺术节、林芝工布毕秀竞赛、踔骼、那曲骰子游戏、左贡县尼木棋、昌都县古姆游戏、白朗斗牛节等7项自治区级体育非物质文化遗产，以图文并茂的形式，从项目起源、道具器材、表演形式、发展现状、项目价值、传承人信息等方面一一进行介绍，全面呈现了西藏珍贵的体育文化遗产，对传承和传播西藏自治区体育非物质文化遗产、保护与弘扬我国优秀传统体育文化具有重要意义。

二、教育

本年度，藏族教育方面的研究成果，共发表论文230余篇，与去年持平；出版图书3部，比去年减少7部。与往年相比，传统教育方面的研究成果减少，基础教育研究成果增多，体育方面的研究成果比去年有所增加，多侧重于对传统体育的研究。下面从不同研究视角和领域分别予以介绍。

（一）传统教育与基础教育

祁文寿《论明清时期儒学在卓仓地区的传播及影响》（《青海师范大学学报》哲社版第2期）一文，介绍了儒学在卓仓地区的传播情况，并从地缘、思想等方面阐述了儒学在此地区兴盛的原因，分析了卓仓地区儒学教育的类型，即地方官学、书院和社学、义学、私塾，探讨了卓仓地区儒学教育的特点及其社会影响。文章指出，儒学教育为卓仓地区培养了大量儒学人才，并潜移默化地融入本民族的文化意识深处，加深了卓仓地区藏、汉等民族之间的相互了解，加速了汉藏文化的融合，促进了当地民族经济、文化的快速发展。

喻永庆《南京国民政府初期蒙藏教育的推进考察——以中央政治学校附设蒙藏学校创办为中心》（《西藏大学学报》社科版第2期）一文，以中央政治学校附设蒙藏学校的创办为考察对象，从中央政治学校蒙藏及华侨特别班的创办、中央大学蒙藏班的缓办与中央政治学校附设蒙藏班的设立、中央政治学校附设蒙藏班的扩充、南京蒙藏学校筹而未设与中央政治学校附设蒙藏学校的成立四个方面系统梳理了中央政治学校附设蒙藏学校的创办过程，探讨分析了南京国民政府初期蒙藏教育发展艰难的原因，即经费问题严重制约着蒙藏教育的发展，不同团体、组织对蒙藏教育的认识与态度影响着蒙藏教育的发展。

徐姗姗、羌洲《新时期教育扶贫模式的重大创新："组团式"教育人才援藏》（《中国藏学》第3期）一文，在回顾梳理1956年以来四个阶段教育对口援藏政策的基础上，通过对支援省市及受援学校师生进行访谈，对2016年开始实施的"组团式"援藏政策进行评价，认为该政策具有布局宏观、机制长效、精准扶智、订单援授、科学用人、辐射实效的特点。文章在反思执行不到位、监督实施不足、政策保障不完善、援藏教师作用发挥不充分等现存问题的同时，从国家、省市教育管理部门、学校和教师四个层面提出了相应的对策与建议。

李永斌《西藏小学双语教学的衔接问题及对策——以拉萨市的调查为例》（《中国藏学》第4期）一文，以拉萨市的第一小学、吉崩岗小学、广西友谊小学为调查对象，采用问卷调查的形式，对学前阶段师生的双语基础及小学阶段的校园双语特点、家庭双语特点、生活双语特点、学生的双语水平特点进行分析，在此基础上，从重视学前双语教学尤其是学生普通话基本能力的培养、重视小学一至三年级学生的双语能力的培养、重视不同年级小学生的汉藏双语交流活动、注重寓教于乐与提高学生的语言学习效率、注重丰富学生普通话交流的渠道、注重学生四至六年级双语特别是普通话读写能力的培养等六个方面提出了西藏小学双语教学的衔接问题及相应对策与建议

陈婷、宋乃庆《西藏基础教育教学研究现状、问题及对策——基于西藏自治区首届基础教育教学成果奖的分析》（《西藏大学学报》社科版第1期）一文，为了解西藏基础教育教学研究的现状，采用文献计量学的方法，对西藏自治区首届基础教育教学获奖成果的地区分布、研究领域、完成主体等情况进行分析，并针对西藏基础教育教学研究中存在的问题，从加强基础教育经费投入，促进基础教育教学研究公平；加强薄弱学科研究力度；加强高校、科研院所与中小学的协作交流，提升教师的研究素养；充分发挥优秀教学研究成果的榜样示范作用等四个方面提出了相应对策与建议。

狄文婧、陈振宁《校园欺凌行为的族际比较研究——以青海省藏汉两地

小学生为例》（《民族教育研究》第2期）一文，以青海省Y州藏区S小学和汉族聚居区X市J小学为样本来源地，采用标准化量表分别于2010年和2016年对藏汉小学生校园欺凌现象和应对方式进行调查研究，从文化环境对欺凌敏感性的影响、教师干预对欺凌行为的反向预测作用、家长态度对欺凌行为的双向影响、同伴群体对欺凌行为的双向影响四个方面分析讨论了不同应对方式对欺凌行为的影响路径。针对6年来藏汉两地校园欺凌现象的发展状况及成因分析。文章指出，有效的教师（学校）干预是减少欺凌行为的重要手段，文化适应背景下，家校沟通与心理疏导是降低欺凌行为的有效手段，同伴群体的“直接帮助”或将增加欺凌行为发生的风险。

（二）高等教育

廖治华《改革开放40年西藏高等教育改革的回顾与展望》（《西藏研究》第5期）一文，回顾了改革开放40年来西藏高等教育改革的四个阶段，即恢复与新建阶段（1978—1993年）、改革与发展阶段（1994—2006年）、快速发展与崛起阶段（2007—2018年），总结归纳了改革开放以来西藏高等教育所取得的成就，即高等教育规模稳步扩大，逐步实现高等教育大众化；学科建设与时俱进；教师队伍建设不断加强；人才质量培养持续深化；高等教育投入逐年增加，办学条件明显改善；党建和思想政治工作得到加强。探讨了当前西藏高等教育改革面临的挑战和任务，包括加强顶层设计，创建“一流学科”；优化师资队伍；创新人才培养模式。最后对未来西藏高等教育改革的前景进行了展望。

韩利君、朱华鹏、王珊珊《“双一流”建设背景下西藏高等教育内涵式发展的几点思考》（《西藏教育》第6期）一文，在介绍西藏高等教育现状和成就的基础上，分析了西藏高等教育在学校布局、办学条件、办学规模、办学层次、学科专业结构方面面临的新形势新任务。最后从坚持立德树人为根本、引导高校科学定位与扩大办学规模、调整优化学科专业结构三个方面对“双一流”建设背景下西藏高等教育内涵式发展提出了相应的对策与建议。文章指出，“双一流”建设为西藏高等教育提供了更好的发展机遇，西藏应牢牢抓住“双一流”建设契机，坚持立德树人，通过引领西藏高校科学定位、扩大办学规模、调整优化学科专业结构等关键措施进一步推动西藏高等教育实现内涵式发展。

杨小杰、欧阳秋琼《藏传佛教辩经对高校教学的启示》（《内蒙古师范大学学报》教育科学版第1期）一文，在介绍藏传佛教辩经的概念、目的及作用的基础上，分析探讨了高校教学引入藏传佛教辩经的必要性，并从研习理论、增进思辨、因材施教、人格培养、教学相长五个方面总结了藏传佛教辩经对高校教学的启示。文章指出，将藏传佛教辩经的方法恰当地引入高校教学，对提高教师教学水平和激发学生学习的积极性、提高高校教学效果具有积极影响，但在具体操作中还存在一些问题需要在实践中进一步探寻并有效解决。

刘妤《"供给侧"改革下民族高校大学生"双创"教育模式研究——以西藏民族大学为例》（《民族高等教育研究》第6期）一文，以西藏民族大学为例，阐述了目前该校立体式"三层次、四融合、五平台"的"双创"教育改革模式，从大学生创新创业训练计划项目情况、大学生参加各项技能竞赛情况、大学生参与校内外实践活动情况三个方面总结了该模式所取得的成绩，指出改革意识相对不足、"双创"教育课程体系有待完善、创新创业教育专业师资薄弱是制约立体式"双创"教育改革模式发展的瓶颈。最后从更新教育理念，确立创新创业教育的目标；改革创新创业课程体系，深化创新创业人才培养模式；推进创新创业综合实践平台的建设与应用，促进创新创业教育的加强；加强双师型师资队伍建设，促进产学研相融合四个方面提出了相应的对策与建议。

（三）职业教育与特殊教育

巴果、索朗欧珠、薛书浩《西藏职业教育通向农牧区路径探索》（《西藏教育》第11期）一文，介绍了20世纪50年代以来西藏职业教育发展的现状，指出西藏职业教育已初步形成了以中职为重点、高职高专为龙头，学历教育和职业技能培训相结合，区内外优势互补的现代职业教育体系雏形。分析了西藏职业教育通向农牧区的现实动因和学理依据。最后提出了西藏职业教育通向农牧区的路径抉择，即更新理念是前提、调整结构是抓手、制度创新是关键。指出西藏职业教育通向农牧区的路径探索对于促进西藏职教体系建构、农牧民现代产业意识觉醒以及加快农牧区现代化建设步伐等诸多领域具有重大意义。

王学男、张志新《精准扶贫背景下西藏中职教育发展现状与挑战》（《职业技术教育》第33期）一文，在实地调研与政策研究的基础上，指出西藏自治区中职教育发展具有规模稳定、自治区内外协同发展，师资统筹建设、不断补充中职阶段师资数量，拓展"对口支援"新思路、共享优质教育资源的特征。介绍了西藏自治区中职教育发展所取得的重要成就，即中职教育享受义务教育同等优惠政策、民族特色与本土实践是西藏自治区中职教育发展的优势、逐步构建双轨互动与多级联动的特色职普教育体系。分析了西藏自治区中职教育发展在区域经济环境、硬件建设与师资建设水平、课程设置与培养模式、就业环境及观念意识等方面面临的困难与挑战。据此建议采用普惠型和扶持型两类对策，为推进西藏中职教育的发展提供精准之道。

次仁拉姆、周朝坤《西藏特殊教育师资队伍发展现状与对策》（《西藏教育》第 9 期）一文，介绍了西藏特殊教育教师队伍发展的现状，并指出其中存在的三个方面的问题，即特教教师供求矛盾突出、特教教师的在岗培训体系不完善、特教教师职业倦怠普遍存在。针对以上问题，从强化政府政策引领和资源保障、实施特殊教育教师持续性针对性培训与教育、完善西藏特殊教育教师管理模式、重视并及早启动随班就读教师的培养补充四个方面提出了相应的对策与建议。

（四）体育

罗帅呈、丁玲辉《西藏岩画上的原始体育》（《西藏大学学报》社科版第 3 期）一文，在借鉴有关学者对西藏岩画研究成果的基础上，从民族学、社会学和体育学的视角对西藏岩画中的原始体育存在的基础（环境、经济与宗教因素）、西藏体育岩画的分布（藏西、藏北、昌都八宿）、西藏岩画中的原始体育活动（射箭、演武格斗、杂技、舞蹈）进行了探讨，指出西藏岩画中的原始体育蕴含着极其深厚的历史和文化内涵，对西藏岩画中原始体育进行研究，既有助于增加对藏族传统体育发展史的认识，同时也有助于拓展西藏民族文化的研究领域，更好地传承弘扬民族文化。

耿献伟、陶光华、陈波《藏族传统体育文化的生存危机及传承策略》（《西藏民族大学学报》哲社版第 2 期）一文，运用文献资料、田野调查、问卷调查、访谈等方法，阐述了藏族传统体育文化的本质，即藏族传统体育源自藏族先民的本能活动、是军事斗争的重要工具、与宗教信仰密切相关、是艺术化的民族文化。剖析了由于城镇化建设的加快、现代传媒和西方竞技体育的快速发展而给藏族传统体育带来的生存危机，从加强对藏族传统体育传承重要性的认识、城镇化建设中要创新藏族传统体育保护理念、培育大众对藏族传统体育文化的自觉、善于利用现代传媒、开发以藏族传统体育为主题的休闲旅游项目五个方面提出了藏族传统体育文化的传承策略。

周毓华、周莉蓉等《人类学视野下的藏区群众篮球运动研究——以云南、四川、青海、甘肃四省藏区群众篮球运动为考察对象》(《西藏民族大学学报》哲社版第6期)一文，运用人类学的研究方法，通过对涉藏工作重点省群众篮球运动的组织开展、基层设施以及群众参与性等情况进行调查，介绍了涉藏工作重点省群众篮球运动发展的现状和群众篮球运动组织实施的情况，阐述了群众篮球运动在增强身体素质、促进民生福祉、促进民族团结、促进社会和谐、维护祖国统一等方面的社会功能，分析了开展群众篮球运动实践中的制约因素，并结合当地区域社会的特殊性，提出了加快群众篮球运动普及的对策与建议，即发挥政府和市场作用，建立多元化投入机制；加快篮球场馆全覆盖，提高设施利用水平；营造积极参与的氛围，推动群众篮球普及；加强专业人员培养，补齐群众体育短板；将篮球运动的开展作为当地社会治理的重要契机之一。

张济琛《改革开放40年来西藏体育史研究回顾与展望》(《西藏研究》第5期)一文，回顾了改革开放40年来西藏体育事业发展的光辉历程和在西藏民族体育史、传统体育项目、传统体育文化、民俗体育、当代西藏体育等方面取得的成就。探讨分析了西藏体育史学研究当下面临的光荣使命，即西藏体育史学研究应该更多地关注当代体育改革与实践，西藏体育文化研究应进一步深入，研究方法应不断拓展，要尽快落实《西藏自治区人民政府关于尽快落实体育产业促进体育消费的实施意见》中提出的建设体育博物馆、体育主题公园的任务。

陈婷、陶光华、李瑜《运动类APP对藏族大学生体育锻炼的影响研究》(《南京体育学院学报》第7期)一文，运用文献资料法、问卷调查法、实地考察法等研究方法，对藏族大学生使用运动类App的现状、运动类App对藏族大学生体育锻炼的影响进行了研究分析，文章指出，运动类App作为与运动健身最契合的科技载体对藏族大学生体育锻炼具有积极影响。运动类App种类繁杂、功能多样，藏族大学生使用较为普遍；运动类App对藏族大学生体育锻炼形式和场所选择影响显著；藏族大学生体育锻炼特点鲜明。在日常的体育锻炼过程中可以增加对运动类App的使用，以达到促进身心健康，培养良好生活习惯的目的。

藏文部分

一、文化

（一）民俗文化

米玛拉姆和央西（མིག་དམར་ལྷ་མོ། དབྱངས་བཞི།）的《改革开放40年来西藏民俗文化收集整理与研究事业取得的丰硕成果——以藏文成果为例》（བསྒྱུར་བཅོས་སྒོ་དབྱེ་བྱས་ཚུན་གྱི་རང་སྐྱོངས་ཀྱི་དམངས་སྲོལ་བསྡུ་སྒྲིག་དང་ཞིབ་འཇུག་བྱ་གཞག་ལ་ཐོབ་པའི་གྲུབ་འབྲས་སྐོར་རགས་བཤད།《西藏研究》第4期）一文，以藏文发表的专题和论文等为例，从民风概述、经济民俗、社会及民俗信仰、体育和文娱民俗等五个方面，讲述了改革开放以来西藏自治区民风整理研究事业取得的成就。

松巴东周才让（སུམ་པ་དོན་གྲུབ་ཚེ་རིང་།）的《藏语方言与历史文化的关系研究》（བོད་ཀྱི་ཡུལ་སྐད་དང་རིག་གནས་ལོ་རྒྱུས་ཀྱི་འབྲེལ་བའི་སྐོར་རགས་ཙམ་བརྗོད་པ།《西藏研究》第4期）一文，认为随着一个民族出现不同的亚文化群，语言也会有很多种具体方言的划分，重点论述了方言与文化史的整体或个体关系、文化有关的方言现象，及其辨别方法等问题，并探讨了藏族文化与方言的对应关系。

诺章吴坚（ནོར་བྲང་ཨོ་རྒྱན།）的《藏族传统尊师文化礼仪解读》（དཔལ་མཉམ་མེད་རི་བོ་དགེ་ལུགས་པའི་ལྷ་སྨོམ་སྤྱོད་ལས་བཤེས་གཉེན་བསྟེན་ཚུལ་སྐོར་ལ་དཔྱད་པ་འཇམ་མགོན་དགྱེས་པའི་འཛུམ་མདངས།《西藏大学学报》第2期）一文，通过引用藏族先贤的论著，从恩师的定义、恩师的功德、学生的定义、学生如何拜师以及不拜师的罪责等方面进行了论述。

道吉仁青（རྡོ་རྗེ་རིན་ཆེན།）的《敦煌古藏文文献中的商议文化》（ཏུན་ཧོང་ཡིག་རྙིང་ཁྲོད་ཀྱི་གྲོས་ཀྱི་རྣམ་གཞག་ལ་དཔྱད་པ།《西北民族大学学报》第2期）一文，对敦煌古藏文中商议术语的含义和产生过程进行了详细的论述，发现吐蕃时期的商议学应用广泛，并且形成了完整的体系。得出如果在与现代组织的合作中，能遵守和推广这一商议形式，对提高工作效率有诸多益处。

旦增朗加（མེའུ་ཚེ་བསྟན་འཛིན་རྣམ་རྒྱལ།）的《论西藏民俗文化因素对环境保护的重要作用》（བོད་ཀྱི་དམངས་སྲོལ་དང་འབྲེལ་བའི་ཁོར་ཡུག་བདག་སྐྱོང་སྐོར་ལ་དཔྱད་པ།《西藏大学学报》第1期）一文，论述了藏族人的善恶意识、供奉山神以及对动物的崇拜和敬畏等在自然环境保护中所起的作用。

（二）现代文化

德格本（གདུགས་དཀར་འབུམ།）的《绿水青山就是金山银山的本质内涵》（ཆུ་གཙང་རི་ལྗང་ནི་གསེར་རི་དངུལ་རི་ཡིན་པ་ཞེས་པའི་དགོངས་དོན་དངོས།《攀登》第1期）一文，主要阐明了习近平新时代中国特色社会主义思想体系由八个明确、十四项基本措施两部分组成，指出十四项基本措施中第九项的主要内容是建设生态文明，建设生态文明是中华民族永续发展的千年之策。作者针对社会上存在的对这些思想理解不准确的情况，对这些思想进行阐释，以亮明坚持人与自然和谐共生，必须贯彻绿水青山是金山银山的观点。

土登才让（ཐུབ་བསྟན་ཚེ་རིང་།）的《改革开放以来西藏藏文信息技术取得的发展与新时代的责任——以西藏自治区藏文信息技术取得的成绩为例》（བསྒྱུར་བཅོས་སྒོ་དབྱེ་བྱས་ཚུན་གྱི་བོད་ཡིག་ཆ་འཕྲིན་ལག་རྩལ་གྱི་འདས་སོང་དང་དུས་རབས་གསར་པའི་འགན་འཁྲི་རགས་ཙམ་གླེང་བ།《西藏研究》第3期）一文，主要讲述了改革开放以来西藏自治区藏文信息处理技术的发展历程，分别论述了各阶段藏文信息技术应用取得的丰硕成果，并结合实际得出了为使新时代藏文信息处理技术更加成熟，还有很多难点需要突破，提出了多种解决方案并阐明今后所要担负的责任。

尕藏益西（སྐལ་བཟང་ཡེ་ཤེས།）和巴泽（པ་ཚེ།）的《改革开放以来西藏民族工作取得的成效》（བསྒྱུར་བཅོས་སྒོ་དབྱེ་བྱས་ཚུན་བོད་ལྗོངས་ཀྱི་མི་རིགས་ལས་དོན་ལ་ཐོབ་པའི་གྲུབ་འབྲས་སྐོར་གླེང་བ།《西藏研究》第3期）一文，主要论述了在20世纪80年代、20世纪90年代、21世纪三个时期中，西藏民族工作各方面取得的成就、中央围绕西藏发展出台的一系列政策，这些都与当时西藏经济社会发展步伐完全相适应的。

索朗（བསོད་ནམས།）的《关于新闻人物通讯写作的几点思考》（གསར་འགྱུར་མི་སྣའི་འཕྲིན་ཡོམ་འབྲི་ཕྱོགས་སྐོར་རགས་ཙམ་གླེང་བ།《西藏研究》第3期）一文，指出了新闻文章中该如何写出好的人物通讯的方法，认为当前藏语文发展形势良好，但针对直接用藏语文书写通讯稿少见的实际，需要具有一定的藏文水平的人员，用本民族语言记录西藏各行各业涌现出来的优秀分子的事迹。

泽让扎西（ཚེ་རིང་བཀྲ་ཤིས།）的《论民族地区新闻工作的引导性》（མི་རིགས་ས་ཁུལ་གྱི་གསར་འགྱུར་བྱ་བའི་ཁྲིད་སྟོན་རང་བཞིན་སྐོར་རགས་ཙམ་གླེང་བ།《攀登》第 4 期）一文，指出了民族地区新闻工作的引导性在具体新闻工作中使用的必要性和弊端。从理论出发并结合实践浅析了民族地区新闻工作者在宣传政治、经济形势方面应注重什么和需要突出什么等方面的问题。

二、教育

尕玛达瓦（ཀརྨ་ཟླ་བ།）的《班级管理应注意三个方面的问题》（འཛིན་གྲྭའི་དོ་དམ་ལས་ཀའི་ཁྲོད་གཙོ་གནད་དམ་འཛིན་བྱེད་དགོས་པ་གསུམ་གླེང་བ།《西藏教育》第 3 期）一文，根据自己多年担任班主任的实际经验，提出了班级管理工作中需要抓紧的三个问题，并结合工作实际指出，为使西藏农牧区的少年儿童品德优良、才华横溢、和谐健康地成长，需要付出努力和抓紧抓好上述三个问题。

仁真才旦（རིག་འཛིན་ཚེ་བརྟན།）和勒毛才让（ཀླུ་མོ་ཚེ་རིང་།）的《藏医药专业化学藏汉双语教学过程中培养学生自主能力的思考》（བོད་ལུགས་སྨན་སྦྱོར་ཆེད་ལས་སློབ་མར་བོད་རྒྱ་སྐད་གཉིས་རྗེས་འགྱུར་སློབ་ཁྲིད་ཁྲོད་སློབ་མའི་རང་ཚུགས་སློབ་སྦྱོང་ནུས་པ་གསོ་སྐྱོང་བྱེད་པའི་ཐད་ཀྱི་བསམ་གཞིགས།《藏医药教育与研究》第 1 期）一文，认为培养学生的自主学习能力是课程的基本要求。大学藏医药专业学生在学习化学课程时，不仅实施藏汉双语教学，而且倡导自主学习的模式，可以开阔学生的视野；引导学生在双语教学过程中相互配合、共同发展，充分发挥学生的主动性，提高学生的学习能力。

卓玛加（སྒྲོལ་མ་རྒྱལ།）的《浅谈家庭教育对孩子成长的影响》（ཁྱིམ་ཚང་སློབ་གསོ་དང་འབྲེལ་ཏེ་བྱིས་པའི་ཀུན་སྤྱོད་སྐོར་རགས་ཙམ་གླེང་བ།《西藏教育》第 4 期）一文，对家庭教育与儿童道德的关系及相互影响、儿童道德的重要性以及培养的意义进行了介绍，认为家庭教育是教育的重要组成部分，也是儿童成长中的早期教育，对人的思想、智力、品德都有一定的影响。

才让拉姆（ཚེ་རིང་ལྷ་མོ།）的《浅谈激发初中学生的学习兴趣》（སློབ་འབྲིང་སློབ་མའི་ཤེས་བྱ་སྦྱོང་སེམས་སྐྱེད་སློང་ཇི་ལྟར་བྱེད་ཐབས་ཀྱི་སྐོར་ང་ཐུན་བུ་གླེང་བ།《西藏教育》第 3 期）一文，提出藏语文教学中要想方设法培养学生的学习兴趣，以此来提高学生的学习成绩。

宁华甲（སྙིང་དཔལ་རྒྱལ།）的《略谈少儿教育的重要性》（བྱིས་པའི་དུས་ཀྱི་སློབ་

གསོའི་གལ་ཆེའི་རང་བཞིན་སྐོར་གླེང་བ།《西藏教育》第 3 期）一文，结合儿童的语言与健康、道德、开发能力等方面论述了开展儿童期教育的方法和重要性。

扎西多吉（བཀྲ་ཤིས་རྡོ་རྗེ།）的《高中教学方法中应注意的几点问题》（མཐོ་འབྲིང་དུ་སློབ་ཁྲིད་བྱེད་ཐབས་སྣ་ཚོགས་ལ་དོ་སྣང་བྱ་དགོས་པའི་སྐོར་གླེང་བ།《西藏教育》第 1 期）一文，驳斥了当前很多老师仅仅追求学生成绩而对学生思想行为素质不够重视的现象，强调教学方法应从各方面着手，提出了以教材为重点并提高学生思想道德素质的重要性。

巴桑吉拉（པ་སངས་སྐྱིད་ལགས།）的《谈班主任工作中不可忽视的几个问题》（འཛིན་གྲྭའི་ཀྲུའུ་རེན་གྱི་ལས་དོན་ཁྲོད་སྣང་ཆུང་བྱ་མི་རུང་བའི་གནད་དོན་འགའ་གླེང་བ།《西藏教育》第 1 期）一文，结合自己近 15 年班主任工作的经验，探讨了如要顺利完成各项工作，哪些情况不能忽视的问题。

旦增扎西（བསྟན་འཛིན་བཀྲ་ཤིས།）的《浅谈教师藏语文教学课堂语言艺术》（སློབ་གསོའི་ལག་ལེན་ཁྲོད་དགེ་རྒན་གྱི་སྐད་ཆའི་སྒྱུ་རྩལ་ལས་ཐོན་པའི་ནུས་པའི་སྐོར་གྱི་བསམ་གཞིག《西藏教育》第 3 期）一文，根据自己在教育教学第一线的实践，总结了教师的语言表达或艺术对学生的学习、行为等所起的作用，并结合经验进行了论述。

吾琼（དབུ་ཆུང་།）的《提高西藏内地高中班藏语文水平的几点建议》（ནང་སའི་བོད་ལྗོངས་སློབ་གྲྭའི་མཐོ་འབྲིང་སློབ་མའི་བོད་སྐད་ཡིག་གི་ཚད་གོང་མཐོར་གཏོང་ཐབས་སྐོར་གླེང་བ།《西藏教育》第 3 期）一文，根据西藏内地高中学生的语言水平、学习气氛、学习环境、心理现象等各项实际情况进行调查研究，并根据新课程改革的精神，对提高内地西藏班学生的藏语言水平提出了一些建议。

才卓（ཚེ་སྒྲོན།）的《新媒体视野下藏语播音主持专业的教育教学探讨》（སྤྱན་སྦྱོར་གསར་པའི་དུས་རབས་འོག་བོད་སྐད་སྔན་སྒྲོན་དང་ལེ་ཚན་གཙོ་སྐྱོང་ཆེད་ལས་ཀྱི་སློབ་གསོ་སློབ་ཁྲིད་སྐོར་ཅུང་གླེང་བ།《西藏教育》第 1 期）一文，根据新媒体的现存情况，对西藏大学藏语播音主持专业的学生水平、教师的教学方法，以及学校为改进本专业相关的设备方面谈了一些自己的想法。

拉布杰巴桑（གཙང་པ་རབ་རྒྱས་པ་སངས།）的《如何在民族院校藏汉双语班增设专业之我见——以甘肃民族师范学院为例》（མི་རིགས་སློབ་ཆེན་གྱི་བོད་རྒྱ་སྐད་གཉིས་སློབ་གསོ་དང་ཆེད་ལས་གསར་འཛུགས་ལས་འགྲོས་པའི་གཏམ།《西北民族大学学报》第 2 期）一文，介绍了甘肃民族师范大学从多年办学和专业设置的经验中总结出来的独特的双语教育体系，即双语基础指标化、专业课程汉语化、藏语科目开设连续化、选修课程共享化、翻译课程针对化、讨论科目衔接化、科目考核双语化的主要特征，以期与有识之士共同商榷。

东白（དོན་དྲེ།）的《初中教育管理方法之我见》（སློབ་འབྲིང་སློབ་མར་སློབ་གསོ་གཏོང་ཐབས་སྐོར་གྱི་ལྟ་ཚུལ་རགས་ཙམ་གླེང་བ།《西藏教育》第 1 期）一文，认为学生要发展智力，教师是不可或缺的，而且教师是办好优质学校的核心；要着重改革传统的教学方法，并且对学生进行德育教育。

普华潘多（ཕུར་བུ་ཕན་གྲོགས།）的《对藏语言文学专业语言学教学的几点思考》（སློབ་ཆེན་གྱི་བོད་སྐད་ཡིག་རྩོམ་རིག་ཆེད་ལས་སློབ་མར་སྐད་བརྡ་རིག་པ་སློབ་ཁྲིད་བྱེད་ཐབས་ཀྱི་གནད་འགག་འགའ་གླེང་བ།《西藏教育》第 3 期）一文，提出在进行语言学理论教学时，要认识到学科学习的需要和目的，了解本学科与传统语法之间的区别与联系，借鉴藏语文的特点，并运用现代教学方法等。

语言文字

汉文部分

本年度藏语文本体研究和汉藏语比较研究的成果不多。藏语文应用领域的成果很多，主要包含计算语言学、藏语文信息化和自然语言处理、藏语实验语音学等诸多领域；涉及藏语文教学、翻译等研究领域的成果也有一些。各类研究文章体量不如往年。下面分别从藏语文本体研究与汉藏语比较研究、计算语言学、实验语音学、社会语言学以及藏文文献研究等几个方面分类说明。

一、藏语文本体研究和汉藏语比较研究

（一）藏语的本体研究

藏语文本体研究，主要分为语音、词汇和语法三部分。涉及语音方面的研究成果有：王双成、沈向荣、张梦翰等《藏语的清化鼻音》（《民族语文》第2期）、铃木博之《康巴藏语崩波岗方言群及其语音特征》（《四川民族学院学报》第5期）、昂色拉加的《藏语玉树话（拉布）音系概况》（《西藏研究》第1期）等。

藏语方言土语中存在普通鼻音和清化鼻音的对立，清化鼻音的来源是古藏语带 s－的鼻音组合 sm－、sn－、sn－、sŋ。《藏语的清化鼻音》一文从声学特征、鼻腔气流、语音信号等几个方面对普通鼻音与清化鼻音进行了实验分

析，并对清化鼻音的历史来源及演变特征作了进一步探析。铃木博之《康巴藏语崩波岗方言群及其语音特征》一文，与藏文进行比较，阐释崩波岗方言群中的六个土话的语音概要和内部差异，以及与周边其他方言群不同的特征。昂色拉加《藏语玉树话（拉布）音系概况》一文，分析了玉树州称多县拉布乡的藏语的声韵调系统，认为该藏语方言的语音呈现出过渡性的特征。

词汇方面研究有尹蔚彬的《夏尔巴话词汇构造及特点》（《民族语文》第4期）一文，对我国西藏自治区聂拉木县樟木镇立新村一带的夏尔巴话构词进行分析，认为夏尔巴话构词分为复合、紧缩、附加和重叠法，并将夏尔巴话词汇与拉萨话词汇进行对比研究，发现夏尔巴话词汇系统中有很多借词，这些借词的来源很复杂。

语法研究涉及认知与类型的研究，相关的成果有：瞿霭堂、劲松《藏语多动词谓语句的认知基础和模块化》（《民族语文》第5期）、汪岚《德钦藏语的差比句》（《语言研究》第3期）等。

瞿霭堂、劲松《藏语多动词谓语句的认知基础和模块化》一文结合类型学和认知语言学的方法，研究藏语的多动词谓语句，从形式上探讨它的模块化及其语音变化方式，并探究其历史形成和演变。汪岚的《德钦藏语的差比句》一文，讨论了德钦藏语差比句的构成及差比句标记的来源。

此外，韵律与语法有着密切的关联，与藏语韵律研究相关的有：意西微萨·阿错《藏语的句末语气词与声调、韵律的关系及相关问题》（《韵律语法研究》第1期）和张夏夏、王蓓等《藏语拉萨话中焦点和疑问的韵律编码方式》（《清华大学学报》第4期），前文认为，古今藏语乃至阿尔泰语都有一种音高重音体系，后文通过实验测试分析拉萨话的句子，认为焦点词音高升高、音域扩大且时长延长是其在疑问句和陈述句中的编码方式。与相同焦点条件的陈述句相比，疑问语调整体有升高，焦点后的音高上升更稳定；但焦点词的音高在两种语气间没有明显区别。可见，焦点后音高更多的是为了实现疑问语气而升高，而不是为了突显焦点而压缩；焦点词的音高不具备区别语气的功能。此外还有涉及动词配价研究的，例如达召卡什吉《藏语动词的配价研究》（《中国民族博览》第2期）等。

涉及藏语方言综合描写的成果有：邵明园的《河西走廊濒危藏语东纳话研究》（中山大学出版社），该书全面系统地对甘肃省河西走廊东纳藏族部落的语言进行了调查和描写。主要对东纳藏语的语音、形态和句法进行研究。

（二）汉藏语比较研究

本年度的成果主要涉及汉藏语的语音和词汇研究。利用对音材料推测藏语语音面貌的研究有：施向东《〈同文韵统〉所见清初藏语概貌》（《民族语文》第1期）一文，以藏文为核心关联梵－藏－满－汉四种文字语音，规范了梵汉、藏汉、梵藏之间的对音，为相关研究提供了规则。通过此书提供的资料和线索，对清初藏语的概貌进行了探索。朗杰扎西《〈象鼻高山译语〉藏汉对译音义关系初步考查》（《西藏研究》第6期）一文，对清乾隆年间编纂的丁种本“西番译语”的《象鼻高山译语》进行了研究，经对译语的藏文和汉字初步认读，发现其记录的大多为口语。并对译语的藏文进行了校订和分析，认为《象鼻高山译语》记录的语言是藏语，汉字对音在推导藏语词源方面有重要作用。王宝红《〈御制五体清文鉴·汉藏文鉴专辑〉中的藏语汉借词》（《西藏民族大学学报》哲社版第5期）一文，对《汉藏文鉴专辑》以及《御制五体清文鉴·汉藏文鉴专辑》中所收藏文词目进行了分析，认为研究这一时期藏语书面语吸收汉语的特点，对清代藏语书面语的研究很有帮助。

刘丹青《汉藏语言的音节显赫及其词汇语法表征》（《民族语文》第2期）一文，用库藏类型学显赫范畴的概念分析汉语及其他汉藏语言中音节显赫现象。文章指出，音节显赫度在汉藏语系语言内部存在显著差异，壮侗语族语言、苗瑶语族语言等东南部汉藏语系语言音节显赫度最高，往西往北渐次降低，位置偏东南的彝语支语言则是藏缅语中音节相对显赫的。汉语方言音节显赫度差异的地理态势与之基本相符。这一区域性表现显示语言接触在音节及其相关范畴的显赫中起关键作用。陈荣泽《汉藏语中的清鼻音》（《中央民族大学学报》哲社版第4期）一文认为，藏缅语中的清鼻音来自－＊sN，其音变过程为－＊sN > hN > N。汉藏语中的清鼻音是清擦音在音节内同化浊鼻音的结果。

相关研究还有：周洋《云南水磨房话的格标记及其来源》（《方言》第3期）一文，介绍了云南省香格里拉市三坝乡安南村的水磨房话的格标记，认为水磨房话的语序，较为严格，是SOV型，水磨话是一种词汇系统以汉语为主、语法系统高度藏语化的混合语。水磨房话有套后置词格标记系统，主要标记的是施事—工具—从格、受事—与事格、伴随格、替代格、比较格和处所格等六个大类。

此外，本年度还有一些论著出版：高华年的《高华年汉藏语论稿》（中山大学出版社)，该书共分两部分，其中第一部分为汉藏系语言概要，主要内容包括标点符号及其应用，汉藏系语言的分类及其特点，汉藏系 8 种语言的音素和语法简要、常用词的比较等；第二部分为彝语语法研究，比较全面系统地研究彝语语法，在分析彝语的语法现象和规律方面富有独创性。华侃、桑籍苏奴、贡保杰、贡去乎尖措等人编著的《藏语语言学史稿》（民族出版社）一书，除导论外共分 3 编 22 章，每一章分若干节，将藏语研究划分为不同时期。第一编介绍古代时期的藏语研究，暨吐蕃时期，7 至 9 世纪的藏语；第二编，近古至近代时期的藏语言研究，暨 11—19 世纪的藏语研究；第三编，现代藏语语言学研究，介绍了 20 世纪至今的藏语语言学研究情况。该书是对藏语语言学研究的学术梳理，对于从事藏语语言学及相关学科研究很有帮助。

二、计算语言学

计算语言学是涉及语言学、计算机科学和自然语言处理、语言信息化建设等多门学科的综合性交叉学科，藏语计算语言学主要涉及藏语计算处理理论，词法、句法和语义阶段重要的分析算法及语料库的设计与实践，运用不同算法对语料进行标注，分词是计算语言学关注的重点，也是藏文信息化建设的关键。本文根据研究的不同侧重将相关研究成果作一简单分类，鉴于研究内容有很多属交集，若有分类不合适的还望专家多提宝贵意见。

（一）分词、标注与识别

藏文分词、标注和识别是进行各类藏文自然语言处理的基础，藏文分词的结果直接影响其他自然语言处理任务的性能。桑杰端珠、才让加《神经网络藏文分词方法研究》（《青海科技》第 6 期）一文，通过对 CNN、BiLSTM、和 CRF 三种网络的有效组合，提出一种藏文分词的神经网络构架，使分词模型在测试数据集上的准确率、召回率和 F1 值分别达到了 93.4%、94.2% 和 94.1%，超越了各类基准模型的表现。道吉仁青、安见才让《藏文终结词与离合词的识别算法研究》（《信息通信》第 4 期）一文，用正则表达式识别藏语终结词与离合词，提出了一种计算机识别藏文终结词与离合词的算法，并用 18232 个句子（包含 241272 个藏文字）进行了实验，通过实验得出藏文终结词识别准确率达 99.89%，离合词识别准确率达 90.18%。色差甲、贡保才让、才让加《基于最大和 HMM 的藏文新词识别对比研究》（《青海师范大学学报》

自然科学版第1期）一文，首先使用序列标注方法来识别藏文新词，对多种题材共15万藏文句子进行统计建模，最后对3087句（其中包含12348个新词）开放语料进行测试，实验结果表明将规则嵌入到最大熵模型比嵌入到HMM模型中的正确率、召回率都高。张日培、姜占才《基于特征的藏文音节识别算法》（《电子设计工程》第20期）一文，以音节为基元，选择并提取音节中由字符列投影变换组成的特征向量，以此建立音节特征库；通过查表算法对藏文音节进行识别。通过理论分析和算法测试实验证明：提取的特征向量与藏文音节一一对应，藏文音节识别率达到100%，且特征的提取过程简便易行。该算法已经成功应用于藏文的文语转换系统。

扎西拉旦、安见才让《藏文字结构自动识别与形式化描述研究》（《中国信息化》第3期），一文通过研究藏文的构件规则，结构特征，提出了藏文组合规则和藏文字语法分析相结合的藏文字自动分解算法，进而对藏文字的字母组合进行分段处理，简化藏文字构件复杂度，研究出各分段部分的藏文字的构件规则，并且按照规则进行藏文字数的统计。实验表明，系统能有效地自动识别现代藏文。

洛桑嘎登、仁增多杰《基于知识反馈的藏文词性标注研究》（《计算机时代》第7期）一文指出，提出的基于知识反馈的藏文词性标注方法可以显著提高词性标注效果，准确率达到98.75%，该研究已基本满足日常实际使用。夏吾吉、华却才让《基于有限状态自动机阿拉伯数字与藏文数词自动翻译》（《计算机工程与科学》第3期）一文，分析并规定了阿拉伯数字和藏文数词的结构成分，分析藏文数词的构词规律，采用最大匹配的原则实现了翻译复杂数词自动翻译系统。实验F值达到了98.02%。

（二）短语、句法分析

完么扎西、尼玛扎西《现代藏语名词性短语结构规则研究》（《高原科学研究》第1期）一文在深入研究藏语语法的基础上，通过统计和分析藏语真实语料，归纳了现代藏语名词性短语的典型结构类型及具体组合模式，借鉴现代汉语短语结构规则研究方法，对现代藏语名词性短语的整体性质及对其内部组成成分约束条件进行了描述。仁青卓么的《藏语动词短语结构类型统计研究》（《西北民族大学学报》自然科学版第2期）和《基于语言信息处理的藏语动词短语结构研究》（《高原科学研究》第4期），以藏语动词短语的结构类型、语法规则、语义分析等内容为主，建立了一个以结构和句法特征为主，探讨了藏语动词短语的分类及其句法关系。

藏语句法分析是藏语信息化处理的重点。相关研究有：相毛吉、安见才让《基于自顶向下剖析算法的藏语句法分析系统的研究与实现》（《信息通信》第8期）一文，在Windows平台上使用Visual Studio 2015开发工具及C++语言设计实现了基于自顶向下剖析算法的藏语句法分析系统，该系统通大大提高了句法分析准确率。才华、群诺、欧珠《论藏文格结构体及其语法功能》（《高原科学研究》第1期）一文，采用比较Fillmore格语法与藏语传统语法方法，提出一种新的藏语语法单位即格结构体，并证实格结构体才是藏语句子最直接的组成成分的观点。

尕藏扎西、安见才让《基于CYK的藏语句法分析器研究与实现》（《计算机时代》第6期）一文根据常用的藏文短语，总结出一套基于短语结构语法的藏文单句规则库，在Windows平台上用C++实现基于CYK算法来分析和生成句法树的藏语句法分析器。实验结果表明，在人工标注的测试集上，藏语单句的句法分析准确率达到了81%。柔特、才让加、孙茂松《基于语序变换的藏文复述句生成方法》（《计算机工程》第4期）一文，根据藏文句子中组块数量的不同，通过一个句子可以生成一个或多个，甚至上千个句义相同的复述句并且准确率达到93.4%，可应用于藏汉机器翻译、机器翻译评测和藏文问答系统等领域。

（三）歧义结构处理

信息处理处理过程中对于短语以及短语结构歧义的研究，是机器翻译正确与否的关键。相关研究有：拉巴顿珠、欧珠、祖漪清、裴春宝《藏语同形异音词的消歧方法研究》（《中文信息报》第7期）一文，依据《藏汉大词典》所列出的常用藏语同形异音词，整理收集了465个同形异音词，从372320个句子文本中统计出了同形异音词的使用频率，并分析藏语同形异音词的构词形式、分类以及在具体文本中出现的形式，提出具体消歧方法，其实验结果为今后语音合成系统前端文本分析提供了参照。完么扎西、尼玛扎西《试析现代藏语定中、主谓和述宾等结构歧义》（《西藏研究》第6期）一文，用计算语言学的研究方法对短语结构语法（PSG）对现代藏语短语结构进行分析，发现现代藏语短语结构中的定中结构、主谓结构、述宾结构等存在结构格式导致的结构性歧义问题，为藏语语言教学、藏汉翻译和藏语句法分析系统的研究和实现等提供了参考。

（四）藏语文智能信息化专题

1. 信息的提取

信息的提取，不仅是自然语言处理的重要环节，同时信息提取也为构建知识图谱、问答系统等应用提供重要支撑。相关研究有：夏天赐、孙媛《基于联合模型的藏文实体关系抽取方法研究》（《中文信息学报》第12期）一文，采用端到端的BiLSTM框架，提出了基于联合模型抽取藏文实体关系的方法，实验结果表明，该方法较传统的基于藏文处理方式，如SVM算法和LR算法，准确率提高了30%～40%。

成晨、于洪志、徐涛等《基于卷积神经网络的藏文实体关系抽取模型研究》（《中国新通信》第19期）一文，采用基于卷积神经网络的藏文实体关系抽取方法，在原始词向量的基础上，通过关键词算法获得类别关键词特征，采用分段最大池化策略，减少传统最大池化策略的信息丢失。实验表明，该方法有利于提升藏文实体关系抽取结果。朱利娟、云中华、边巴旺堆等的《基于极坐标变换的脱机手写藏文字符特征提取方法》（《计算机应用与软件》第3期）一文，基于向量特征，将脱机手写藏文字符图像进行预处理，求出二值图像中所有值为1的点对应的极坐标后将其进行投影变换得到投影向量。使用KNN分类器对30000个脱机手写藏文字进行实验，其中80%的样本作为训练数据，20%的样本作为测试数据，识别率达到了96.32%。结果表明该方法的有效性，计算简单并达到了较好的识别效果。

指代消解是文本理解和信息抽取的一项重要任务。夏吾吉、华却才让《基于混合策略的藏文人称代词指代消解研究》（《计算机工程与应用》第7期）一文，通过对藏文人名、人称代词的形态特征和构词规律的研究，采用基于规则、最大熵模型以及规则与最大熵模型相结合的三种方法实现了藏文人称代词的指代消解系统。在包含2306个待消解对的藏文句子集上，经测试分别获得76.02%、86.21%和88.16%的F值。

2. 情感标注

情感因素对于自然语言的标注与处理很重要。相关研究有：闫晓东、黄涛《基于情感词典的藏语文本句子情感分类》（《中文信息学报》第2期）一文提出了一种基于极性词典的藏语文本句子情感分析方法。实验结果表明，利用该文构建的词典进行的倾向性分析效果良好。孙本旺、田芳《藏文情感词典的构建及微博情感计算研究》（《计算机技术与发展》第11期）一文，针对国内尚缺乏系统的藏文情感词典，提出借助中文情感词典资源自动构建藏文情感词典的方法，并基于构建的藏文情感词典对藏文微博进行情感分析研究。实验自动构建了藏文情感词典，包含基础情感词、程度词、否定词、转折词、双重否定词、藏文停用词。基于实验构建的藏文情感词典，与其他藏文情感词典相比，有效地提高了藏文微博情感倾向分类的准确率。实验结果表明，该词典达到了良好的实用性。张瑞《藏文在线评论情感分析研究综述》（《智库时代》第35期）一文，从藏文情感词典的构建、藏文句子情感分析和藏文篇章情感分析三个层面对藏文情感分析进行研究，发现基于机器学习的方法是藏文情感分析研究的主流方法，今后应加强藏文语料和情感词典建设等基础性工作。

3. 算法与文本的分类与识别

运用不同的算法对藏语文进行分类与识别，是藏语文信息处理的重要步骤。相关研究有：群诺、贾宏云《基于 Logistic 回归模型的藏文文本分类研究与实现》（《信息与电脑》理论版第5期）一文，基于 Logistic 回归模型分类器对藏文文本进行分类，并且对 Logistic 算法和 Gaussian NB 算法进行分类性能进行了比较，结果显示 Logistic 算法具有较好的分类效果。贾宏云、群诺等《基于 SVM 藏文文本分类的研究与实现》（《电子技术与软件工程》第9期）一文，利用 SVM（支持向量机）技术藏文文本进行分类，包括文本向量空间模型化，获取 SVM 中核函数的参数并进行常用核函数分类性能对比，最后与 Logistic 回归分类器进行同等条件下的实验对比，验证了支持向量机模型在藏文文本分类中具有良好的分类效果。才藏太、索南才让、才让加《面向语言信息处理的藏语短语及其分类方法研究》（《中文信息学报》第9期）一文，根据藏语信息处理的特点和要求，在藏语短语与句子界线研究的基础上，按照语法功能和便于计算机自动分析和处理的原则对短语进行分类，并规定了信息处理中藏语短语类别单位的标记代码。

拉毛措《基于正则表达式的藏文属格的识别及其检错算法研究》（《电子技术与软件工程》第9期）一文，结合传统的格助词添接规则和正则表达式对属格助词进行了识别和检错的算法研究，提出了藏文属格助词的识别算法，在此基础上提出了基于正则表达式和消歧知识库的属格助词自动检错算法。周雁、西绕多吉《面向藏语声纹识别的语料库建设》（《计算机工程与科学》第11期）一文结合藏语特点设计了一个面向藏语声纹识别的语料库。语料库的文本语料来自新闻报刊、文学类、教育类、科技类、佛学类、历史类和传统文化五明类等文献资料，该研究为藏语的声纹识别研究奠定了一定的基础。王德欣、卓嘎、张瑞《基于 LBG 的藏语字母识别算法研究》（《电子技术与软件工程》第 20 期）一文，使用 MATLABR2014a 进行算法的仿真，采用 VQ 的技术中 LBG 来实现对藏文字母的识别。此算法对藏语 30 个字母的语音进行了语音预处理和端点检测，并提取了 MFCC 特征参数，该研究为今后藏语语音的识别有一定的借鉴作用。

文献的图像处理是近年来藏语文信息化的一个节点。相关研究有：刘芳、张云洋等《基于像素邻域点信息的藏文图像细化算法研究》（《计算机技术与发展》第 4 期）一文，根据首先对藏文数字图像利用局部自适应方法进行二值化处理，再采用滤波处理噪声方法进行去噪处理，通过对某个像素点的八个邻域点的连接情况，在对照矩阵中查找对应矩阵项的值判断该点是否能删除，该算法在藏文字符数字图像细化实验中效果良好，正确率高，实用性强。张西群、马龙龙等《基于卷积降噪自编码器的藏文历史文献版面分析方法》（《中文信息学报》第 7 期）一文，利用卷积降噪自编码器提取超像素块的特征；使用 SVM 分类器对藏文历史文献的超像素块进行分类预测，提取出藏文历史文献版面的各个部分。实验表明，该方法能够对藏文历史文献的不同版面元素进行有效的分离。

珠杰、仁青诺布等《论元角色的藏语语义角色标注研究》（《高原科学研究》第 3 期）一文探讨了藏语语义角色标注问题，一是按照 PropBank 标注规范对藏语简单句进行了语义角色标注；二是依据藏语动词的语义类别，研究了藏文语义角色框架文件建设的可行性；三是结合藏语动词分析理论和格语法理论，在 PropBank 标记基础上研究了藏语特殊语义角色标记规范和标记方式。头旦才让、尼玛扎西、完么扎西《藏语依存树库的构建技术研究》（《高原科学研究》第 3 期）一文，建立了规模为 1 万句、词语总数为 119510 个、平均句长为 12 个词的藏语依存树库，并对建立的藏语依存树库进行了词类分布统计，该研究为藏语依存树库的构建提供了思路。

洛松求培、安见才让《藏文网页主题爬虫系统的实现》（《电子技术与软件工程》第 10 期）一文，将贝叶斯分类算法用于网页文档分类，通过样本集本训练出教育、政治、宗教三类主题分类器，再与爬虫技术结合从互联网上采集与主题相似的网页集合，从而满足了用户的个性化需求，提升了信息检索的效率。

4. 藏语文信息化建设及文献回溯

藏语文信息化研究以及发展历程梳理，对于藏语文信息化建设具有指导意义。相关研究有：头旦才让、尼玛扎西《改革开放以来西藏藏文信息化发展综述》（《西藏研究》第5期）一文，回顾了西藏藏文信息化发展的历程和取得的重要成就，指出并预测今后西藏藏文信息化的发展策略与路径。高定国《藏文信息处理研究进展》（《广西科学院学报》第1期）一文，简要回顾了藏文信息处理中字、词、句、段、篇的特点、处理方法及取得的典型成果，藏语资源建设和应用研究取得的成果，并对藏文信息处理未来的发展方向进行展望。李玖一、于洪志、徐涛《藏文文本聚类及其相关技术综述》（《广西科学院学报》第1期）一文，介绍了藏文文本聚类的应用背景和相关概念、藏文文本特点和藏文文本聚类的相关技术，讨论了藏文文本建模和聚类算法，并对藏文聚类发展和应用进行了总结和展望。尕玛草《论新时代藏文信息技术的应用与发展》（《电脑迷》第9期）一文，主要对目前国内藏文信息技术的应用与发展状况进行了介绍和评价，并在此基础上探讨加强藏文信息技术的应用，进而有效推动藏文信息技术的发展，并对进一步加速制定藏文信息标准化提出了自己的见解。

此外，扎西当知、多拉等《从六百余篇藏文学术论文看藏学研究40年——以词汇计量为视角》（《中国藏学》第4期）一文，梳理了国内25种藏文学术期刊的642篇藏文学术论文，建立语料库，进行分词、词性标记，并通过统计文献信息、音节、词汇等方法，对藏文学术文章的外部信息和词汇、音节等内容信息进行计量研究，从而观察40年来国内藏文学术研究的发展脉络、主要研究领域及其发展趋势。肖维霖《基于文献计量的藏语自然语言处理研究分析》（《青藏高原论坛》第1期）一文，以中国知网为数据源，分析了所有与藏语自然语言处理相关的文章，用文献计量学的方法从论文数量规律、机构发展、主题研等，介绍了我国在藏语自然语言处理方面的研究发展情况。

三、实验语音学

近些年来。实验语音学研究已从过去的音素、音节分析扩展到句子和语音篇章的分析。除音色之外，超音段特征包括音高、音强和音长成为实验语音学的重要研究对象。语音规则的合成和识别、人工智能等，都是实验语音学关注的重点。

基于神经网络理论的研究越来越被学界关注，神经网络技术被应用于语音合成与识别，相关研究有：黄晓辉、李京《基于循环神经网络的藏语语音识别声学模型》（《中文信息学报》第5期）一文，将循环神经网络和连接时序分类算法应用于藏语语音识别声学建模，实现端到端的训练；实验结果显示，与传统基于隐马尔可夫模型的声学建模方法相比，循环神经网络模型在藏语拉萨话音素识别上性能优越。

相关研究还有：梁宁娜、邓彦松《基于DTW的藏语语音识别系统设计》（《电子技术与软件工程》10期）一文指出，语音识别技术是让计算机识别人类的语音，并将人类的语音转换为与之对应的命令或操作。基于藏语的语音系统的识别研究现在还不成熟，文章将语音识别技术和藏语的声学特征结合起来，用DTW算法实现对藏语语音进行了识别设计。赵悦、李要嫱等《临近最优主动学习的藏语语音识别方法研究》（《计算机工程与应用》第22期）一文，基于主动学习的藏语拉萨话语音语料标注及选择，该研究提出了一种临近最优的批量样本选择目标函数，并验证了其具有submodular函数性质。通过实验验证，该方法能够使用较少的训练数据保证语音识别模型的精度，从而减少了人工标注语料的工作量。

语音特征参数是语音信号分析的重要依据，藏语语音特征参数的精确度直接影响藏语语音合成、语音识别及语音压缩、降噪等处理的效果。涉及藏语的相关研究有：卓嘎、姜军、董志诚《藏语语音时域参数提取关键技术研究》（《电脑知识与技术》第8期）一文，介绍了藏语时域语音信号处理过程中的语音特征参数及其提取关键技术和算法，分析了语音的时域特征参数在藏语语音分析中的实际应用。都格草、才让卓玛、南措吉《基于谱减法的藏语语音减噪研究》（《广西科学院学报》第1期）一文指出，谱减法是语音减噪中最常用的方法，文章通过统计分析谱减法的增益补偿因子和过减因子参数，研究基于谱减法的藏语语音减噪处理，并取得较为理想的实验结果。

四、社会语言学

（一）语言教学及语码转换研究

语言教学及教学模式的探讨是社会语言学及应用语言学关注的焦点。相关研究有：

王立《法学藏汉双语教育模式改革及应用》（《法制博览》第7期）一文指出，藏汉双语法学作为法学专业教育的重要组成部分，但就目前西藏对法律藏语人才的迫切需求而言，其专业特色是藏语与法律的紧密结合。藏汉双语法学教育的核心就是法律藏语的学习与运用。陈兵兵《藏汉双语专业学生藏文学习探索研究》（《四川民族学院学报》第4期）一文，概述了甘孜藏区双语教育现状和双语师资情况，根据问卷调查对双语学生藏文学习能力现状进行分析，并结合学校的实际情况制定相应的解决对策。李春梅《民族院校藏文一类模式学生的汉语教学方法探索——以四川民族学院为例》（《产业与科技论坛》第22期）一文，讨论了民族院校藏文一类模式教学的情况。郭蕾《3—6岁藏语夏河话双语幼儿语言发展现状》（《汉字文化》第S2期）一文，以词汇量和句法为切入点，以3—6岁的藏语夏河话双语幼儿为研究对象，分析比较双语幼儿母语藏语和第二语言汉语在词汇量和句法上的差异，探讨他们的语言发展现状。

语码转换是双语或多语语言使用过程中的必然。相关研究有：高蕾、高晓雷等《不同熟练程度藏汉双语者言语理解中的语码切换及其代价》（《心理与行为研究》第6期）一文，讨论了母语为藏语、第二语言为汉语的藏汉双语者语码转换情况。研究表明，藏汉双语语码切换过程中存在切换代价，支持抑制说；熟练藏汉双语者语码切换代价更小。李永斌《藏汉语码混用词类与结构》（《青海民族研究》第2期）一文，对藏汉语码混用以及转换情况进行了介绍。藏汉语码混用在词类上，首先以名词为主，其次是数词和量词，其他词类的混用情况较少。

（二）语言使用情况及出版情况调查研究

语言文字的使用情况能充分反映出语言的活力。相关研究有：王双成、唐建芳《青海同仁地区语言文字使用情况调查》（《青藏高原论坛》第4期）一文，在大量的问卷调查和走访的基础上，详细分析了同仁县语言文字使用情况。李阳、周鸿《关于昆藏族大学生语言使用情况的调查研究》（《辽宁省交通高等专科学校学报》第2期）一文，旨在研究昆藏族大学生的语言使用情况及其影响因素。研究表明母语能力与语言学习能力密切关联。

此外，铃木博之《理塘县及其周边藏族语言现状调查与分析》（《民族学刊》第2期）一文，作者根据田野调查的第一手语言资料，介绍了分布在理塘县内以及其周围的藏族语言。苏晓红、朱广鹏等《浅谈天祝藏区藏语的传承与保护》（《甘肃高师学报》第4期）一文指出，通过实地调查和初步的研究，发现天祝藏族对藏语的使用率明显下降，藏族对藏语的书写和表达能力退化，藏语在交际交流中功能减弱。

民族文字出版物是民族语文的重要阵地。刘新利、蔡秀清《近代中国民族国家构建视域下的〈藏文白话报〉》（《青海民族研究》第3期）一文指出，《藏文白话报》是继《西藏白话报》之后有关西藏的第二份报刊，成立于中华民国初创时期，认为该报对于构建中国现代民族国家是有贡献的。它通过宣传捍卫国家主权、普及国家机构和国家制度有关知识、提倡现代国民教育、增强民族国家认同来完成构建近代中国民族国家。丹增曲珍《我国藏文版儿童读物出版现状分析及思考》（《办公室业务》第23期）一文，通过对我国若干藏文出版社进行调研，阐述并分析藏文版儿童读物出版现状，进而提出适合藏族地区的母语儿童读物出版发展策略。

（三）翻译、文化

相关研究有：仁增、傅利平、桑杰《藏语人名汉译规范化研究》（《青海社会科学》第1期）一文指出，由于缺乏统一的译写规则与管理等原因，藏语人名被汉译时，译名错误较多，这不利于文化交流和藏族文化的健康发展，也不利于汉语文的规范，作者认为对藏语人名汉译及其规范化问题学界应予以重视。胡元惠《颜色符号“所指”在藏英文化中的语义对比及文化映射》（《广西教育学院学报》5期）一文，从颜色词与符号学的关系出发，具体对比分析颜色词符号“所指”分别在藏英文化中各自的语义，并从思维方式、政治文化和地理属性等方面剖析了其语义异同的原因。穆惠峰、朱政贤《基于口头诗学视角的藏语诗歌英译研究》（《海外英语》第9期）一文，立足口头诗学视角探讨具有典型民族特色的藏语诗歌的英文翻译方法与实践。仁增、傅利平、桑杰《藏文藻饰词汉译方法研究》（《中国藏学》第2期）一文，认为藏文藻饰词的翻译方法应有直译、意译、直意结合并行译法、略译或改译等四种，用法上根据具体情况各有侧重。增宝当周《当代藏语文学的汉语译介及其思考》（《西藏大学学报》社科版第3期）一文，认为改革开放40年来当代藏语文学的汉语译介取得了可喜成绩，加强了各民族之间的文化交流。文章介绍了当代藏语文学汉译的基本概况，指出当代藏语文学在自身创作、译本质量、翻译文学的传播、汉译研究等四个方面存在的问题，并给出了相应对策。

五、古藏文文献研究

本年度藏文文献的研究成果水平都很高，成果主要是涉及敦煌吐蕃古藏文文献研究。本文只收录与藏语文研究密切关联的研究成果。

代表性的成果有：陈践的《若干典型古藏文语词疏译之四》(《中国藏学》第 1 期)、《若干典型古藏文语词疏译拾遗》(《民族翻译》第 1 期)、《敦煌古藏文ཞུགས་སོང་དམར་པོ། 疏译》(《民族翻译》第 2 期)、《吐蕃古藏文读译窥见》(《西藏民族大学学报》哲社版第 6 期）上述四篇文章对部分古藏文文献的释译进行了分析。

刘英华、金雷、范习加《法藏敦煌本 P. 3288 3555A V°藏文星占文书研究（其一）——吐蕃藏文堪舆图研究》(《西藏研究》第 1 期）一文，介绍了法藏敦煌文书 P. 3288 3555A V°之藏文部分中包含的堪舆内容。这是迄今所知敦煌文书中唯一关于堪舆的藏文文书。这两幅图页面磨损严重，致使许多文字无法辨识。从已辨识出的词语看，其中有汉语天干、八卦名音译，而且图的形式和内容与敦煌本汉文宅经图相似，说明此藏文堪舆内容源自汉地堪舆文书。

吐送江·依明《P. T. 1292 古藏文音写回鹘语佛教教义简答手册研究》(《中国藏学》第 3 期）一文，在介绍古藏文回鹘语文献整体情况的基础上，对 P. T. 1292 古藏文音写回鹘语佛教教义简答手册进行语文学研究，包括回鹘语转写、注释、汉语翻译，并在部分词条的转写和翻译方面存在的错误予以纠正和补充。

此外，关于藏文文献的研究还有：朱丽双、黄维忠《〈古藏文编年史〉研究综述》(《敦煌学辑刊》第 3 期）一文，介绍了有关 P. t. 1286 + P. t. 1287《古藏文编年史》的研究情况，讨论了 P. t. 1287 的分节及其主要内容，分别就文书的编纂年代、体裁特点和文献来源等方面进行介绍。文章指出，自 20 世纪 40 年代《敦煌本吐蕃历史文书》问世以来，人们习惯于将《古藏文编年史》视作《吐蕃大事纪年》的姊妹篇，以之为建构吐蕃史最基本的素材之一。但从已有研究可以看出，《古藏文编年史》更似“说书”的底本，而非历史事件的真实描述。王培培《〈英国图书馆藏斯坦因所获新疆出土古藏文写本〉读后》(《西夏研究》第 1 期）一文对混杂在古藏文写本中的几件汉文佛教文献残片进行了释读，以期为文献学研究提供基础资料。

总之，2018 年度藏语文本体研究体量上与以往比较略有减少，计算语言学发展态势依然强劲；究其原因一方面是语言本体研究人才队伍的建设和培养需要周期，研究工作自身也有其周期，期待今后藏语文研究进一步发展和繁荣。

藏文部分

2018 年度，语言文字藏文部分成果丰硕，目前在藏学主流藏文学术期刊上统计的相关成果有 30 多篇论文，主要涉及藏文文法理论、文字、语言、方言、词汇、语音、经典文献等研究。归纳起来有四个方面的特点：第一，研究性更突出，如何在大量的语言材料的积累之上，进一步探索出新，把语言研究引向深入，专题研究逐渐成为一个突破口。第二，传统经典著作和梵藏文法的比较研究有了进一步的升华，这对文法研究的传承保护与传播将会大有裨益。第三，重视历史资料的运用，有关文法研究的著作不胜枚举，从丰富的史籍中辑录出大量材料，对语言问题作出了新的解释。第五，理论方法论上呈交叉学科特点，语言研究重视第一手资料，强调“参与观察”与“深度访谈”走访调查语言文化圈，以鲜活的语言案例解除了诸多文献中的疑惑。下面分别予以介绍。

一、文法历史研究

语法理论的渊源从 7 世纪前有无文字之说，至 7 世纪后吞弥・桑布扎创制了符合藏语语言属性的文字，8 世纪末赤松德赞时期从本土和印度请来了诸多有名的译师，通过他们的努力这一时期翻译和创作了诸多佛法经典和语法著作，这一时期最著名的语法理论被称为《八大位》（གནས་བརྒྱད་ཆེན་པོ།），此理论的翻译足以证明，本土学者开始研究梵语和藏语语法问题。后弘时期（10 世纪中叶）大译师仁青桑布掀起了研究梵佛语法问题的热潮，这一时期以语法理论《语门文法概要》为标志，从研究语言细节问题上充实了藏语语法理论。萨迦派时期至甘丹颇章时期也就是从16世纪至20世纪，藏族本土学者对传统经典语法理论进行了再创作与理论升华，出现了大量的语法著作。新中国成立至今藏语语言学研究以科学的理论与方法适应了时代发展的步伐，出现了大批既懂传统理论之精华，又掌握现代学科研究方法的藏族本土学者，通过他们著书立说，藏语语言理论得到了再次升华。

卡岗·扎西才让、海春生（ཁ་སྣང་བཀྲ་ཤིས་ཚེ་རིང་། ཧའི་ཁྲུན་ཧྲིང་།）的《从阿里古格王则德的一份敕令文看藏文阶段性演变过程》（མངའ་རིས་ནས་རྙེད་པའི་མངའ་བདག་རྩེ་ལྡེའི་བཀའ་ཤོག་ལས་མཐོང་བའི་བོད་ཡིག་འཕེལ་འགྱུར་ལ་དཔྱད་པ།《西藏研究》第2期）一文，以阿里古格王则德的一份敕令文为例，首先介绍了该文本所展现的古典藏语面貌，其次从吐蕃时期到后弘期的历史进程中，探讨了书面藏语的语音与手写方式、语法等演变情况，并肯定了该文本的语言学研究价值。

邓戈（བསྟན་གོ།）的《古藏文书法理论发展脉探析》（གནའ་རབས་བོད་ཡིག་གི་བྲིས་གཞུང་དར་འཕེལ་བྱུང་རབས།《西藏大学学报》第2期）一文，对琼氏书法理论进行文本解读，并分析了其书法理论产生的理论基础与发展脉络。

达哇卓玛（ཟླ་བ་སྒྲོན་མ།）的《藏传佛教对藏语发展的影响研究》（ནང་ཆོས་ཀྱིས་བོད་ཀྱི་སྐད་ཡིག་འཕེལ་རྒྱས་ལ་ཐེབས་པའི་ཤུགས་རྐྱེན་སྐོར་ཅུང་ཟད་གླེང་བ།《西藏大学学报》第2期）一文，从宗教与语言间的关系、佛教对于藏语言标准化起到的作用、佛教的发展对藏语名词发展产生的影响、佛教的传播场所寺庙、代表人物、节日、仪轨等几个方面，论述了佛教对藏语使用的影响以及佛教与藏语间的关系。

周瓜克（འབྲུག་པ་མཁར།）的《安多拉卜楞南部半农半牧区话的语法演变研究》（ཨ་མདོའི་བླ་བྲང་སྟོ་རྒྱུད་ཀྱི་རོང་མ་འབྲོག་གི་སྐད་དུ་བརྡ་སྤྲོད་རིམ་འགྱུར་བྱུང་ཚུལ་ལ་རགས་ཙམ་དཔྱད་པ།《西北民族大学学报》第1期）一文，基于世界语言发展变化共通的特点，以拉卜楞南部半农半牧地区方言为例，论述了此种方言语法的发展变化特点，以及由此产生的语法成分的变化。

二、字和词研究

才让南加（ཚེ་རིང་རྣམ་རྒྱལ།）的《浅谈“ས”（sa）字的义项及其功能》（ས་ཡིག་གིས་དོན་སྟོན་པའི་ནུས་པར་རགས་ཙམ་དཔྱད་པ།《青海师范大学学报》第3期）一文，以藏族传统文法学家对sa字的研究为背景，介绍了sa字的上加字、后加字、后后加字三种角色。认为书面藏语中的 sa 字大都会在动词中出现，而且 sa 字当后后加字所表达的内容有一定的摇动性语义。

中普琼（ཀྲུང་ཕུའུ་ཆུང་།）的《藏文缩写字体的现状及继承和创新刍议》（བོད་ཀྱི་ཡི་གེའི་སྐུང་ཡིག་གི་རྣམ་གཞག་ལས་སྐུང་ཡིག་གི་དགེ་སྐྱོན་དང་། རྒྱུན་འཛིན། དེང་དུས་བོད་ཡིག་གི་སྐུང་ཡིག་སྐོར་བཤད་པ།《西藏研究》第 1 期）一文，首先评价了藏文缩略字的使用价值，其次从语用学的角度探讨了藏文缩略字的传承，最后从藏文缩略字的发展史谈到现代书面藏语中缩略字的使用现状及其传承等一系列问题。

梵语文法的主要特征是复杂的动词系统，丰富的名词词尾变化，和广泛使用了合成名词。边巴次仁（སྤེན་པ་ཚེ་རིང་།）的《梵藏语法的格语尾和格助词的用法分析》（སཾ་བོད་བརྡ་སྤྲོད་གཞུང་གི་རྣམ་དབྱེའི་རྐྱེན་དང་སྐད་ཀྱི་འཇུག་ཚུལ་དབར་གྱི་འབྲེལ་བའི་སྐོར་རགས་ཙམ་གླེང་བ།《西藏大学学报》第 1 期）一文，首先对梵文格标记和书面藏语格标记的异同进行比较，进而分析了梵文为格标记在书面藏语中的双重语法功能等问题。

索确（བསོད་ཆོས།）的《藏文下加字有关的若干问题解析》（འདོགས་ཅན་ཝ་ཡིག་དང་འབྲེལ་བའི་གནད་དོན་འགའ་ཞིག་གི་དཔྱད་གླེང་།《西藏研究》第 2 期）一文，从书面藏语下加字的概念及分类出发，进而考察下加字 w 的读音，及其与元音、上加字、下加字的搭配问题等方面对藏族传统语文学家的一些观点提出了质疑。

次旦卓嘎（ཚེ་བརྟན་སྒྲོལ་དཀར།）的《试析藏文传统文法中的字首符和分字点以及句段标点符号的使用方法》（སྲོལ་རྒྱུན་བརྡ་སྤྲོད་གཞུང་གི་སྲོག་དང་རྐྱེན་གྱི་ཡི་གེ་ལས་དབུ་ཚེག་ཤད་གསུམ་གྱི་སྐོར་ལ་རགས་ཙམ་དཔྱད་པ།《西藏大学学报》第 1 期）一文，通过古今藏文文法学家的著作相比较，进而讨论了藏文字首符、分字点与句段标点符号的概念、演变，以及对藏文文本的积极性影响等。

华毛加（དཔལ་མོ་རྒྱལ།）的《藏语 sbugu bugu rugu sugu sbrugu 等的相关方言问题研究》（སྦུ་གུ་བུ་གུ་རུ་གུ་སུ་གུ་སྦྲུ་གུ་སོགས་ཀྱི་ཡུལ་སྐད་དང་འབྲེལ་བའི་དཔྱད་པ།《青海民族大学学报》第 4 期）一文，针对同一名词 sbugu bugu rugu sugu sbrugu 等发音发生的变化，对同一词语如何在藏语不同方言中产生发音变化、各发音间的联系，尤其 sugu 变化成 bzigu 等问题展开论述，由此对巴尔蒂语到部分安多地区的方言进行了对比研究。

藏文传统文法学两大经典之作之一《字形组织法》的主要难点是前加字与后加字同基字的搭配方式及其表示的语法范畴，从中前加字所表达的语法范畴有动词的三时一式、自主与非自主等。土登彭措（ཐུབ་བསྟན་ཕུན་ཚོགས།）的《藏文动词疑难分析》（ལས་ཚིག་གི་དཀའ་གནད་དགྲོལ་བྱེད་རྣོ་རྩེའི་ཐ་ཚིག《西藏大学学报》

第2期）一文，以吞弥·桑布扎的文法纲领与司徒解析为背景，以现代语言学与英语语法为参照点，对书面藏语的主谓宾、动词的自主与非自主等进行了解释。

利格吉（ལེ་གུ་སྐྱིད།）的《藏语手语特点及其构词法分析》（བོད་སྐད་ཀྱི་ལག་བརྡའི་ཁྱད་ཆོས་དང་གྲུབ་ཚུལ་ལ་ཐོག་མར་དཔྱད་པ།《西藏大学学报》第2期）一文，在漫长的历史长河中，藏族人民创造了辉煌的文明，青藏高原的生活环境对藏文明产生了举足轻重的作用。在藏区，失去语言听说能力的群体中，手语的使用极其频繁。本文从手语的民族性出发，对藏语手语的构词法等进行了讨论。

藏语中形容词的位置与词或短语性质有密切关系。书面藏语的单音节名词后置单音节形容词会变为名词，但第二音节的形容词会变为名词词缀。反而双音节名词的第二音节后置形容词会变为名词性短语，同时保留原有的形容词功能。同样形容词以所处环境的变化而对其相应的词性、语法范畴等发生变化。格知合南加（ཀུ་དྲག་རྣམ་རྒྱལ།）的《论藏语形容词的构造类型及功能》（ཁྱད་ཆོས་བརྗོད་པའི་མིང་གི་གྲུབ་སྟངས་དང་བྱེད་ལས་བར་གྱི་འབྲེལ་བར་དཔྱད་པ།《青海师范大学学报》第3期）一文，从现代语言学的角度出发，对藏语形容词构词法、作用等进行了探讨。

完么东智（པདྨ་དོན་གྲུབ།）的《藏文文法中他动词及其特点》（བྱེད་འགྲེལ་ལས་ཚིག་དང་དེའི་ཁྱད་ཆོས་གླེང་བ།《青海师范大学学报》第2期）一文根据相关研究，首先介绍了书面藏语中他动动词的产生与演变，进而与自动动词相比较，阐述了他动动词的特点。

夏吾更藏旦正（ཞ་བོ་ཀུན་བཟང་ཏ་མགྲིན།）的《论吐蕃时期可靠文献中连接词的用法》（བོད་བཙན་པོའི་དུས་ཀྱི་ཡིག་རྙིང་གཤའ་མ་ལས་སྐབས་དེའི་སྐད་ཀྱི་སྦྱོར་སྟངས་ལ་དཔྱད་པ།《青海民族大学学报》第1期）一文，以敦煌文献 P. T1288 所载大事纪年表为依据，通过研究有关赤松德赞、赤祖德赞时期的碑文，梳理了吐蕃时期藏语属格词的发展变化，并对比了古代藏语与现存藏语文法经典间的不同点，分析了产生此现象的背景及原因。

期内藤丘著格日杰布译（གནས་བརྟན་རི་བོས་བརྩམས། ཀུ་རུ་སྐྱབས་ཀྱིས་དབྱིན་ཡིག་ལས་བསྒྱུར།）的《古藏语人称代词研究》（གནའ་བོའི་བོད་སྐད་ཀྱི་ངོས་བཟུང་གི་མིང་ལ་དཔྱད་པ།《青海民族大学学报》第4期）一文，通过参阅敦煌文献中产生的赞普世系史、米拉日巴传等文献，梳理了古代藏语的人称代词，论证了各人称代词的使用方法及其发展变化。

马进武（དཔའ་རིས་སངས་རྒྱས།）的《误读藏语语法理论的实例分析："pa"与

“ba” 的误用》（རྟགས་འཇུག་གི་དགོངས་དོན་ལ་ཁ་གཡར་ནས་ཀ་ཤུང་མཉམ་བསྒྲི་མ་བྱེད།——པ་བ་གཉིས་ཀྱི་འཇུག་ཚུལ་ཟུར་ཙམ་གླེང་བ།《西北民族大学学报》第1期），吞弥·桑布扎所著的《字性组织法》是藏文声明学的根本。《字性组织法》中谈到同性词缀（同音词缀）构词法是用来修饰词和句子的，书面藏语文法中非自由性语法标记与后加字的搭配也符合这一规律。但是，在现在的书面藏语所流行的阴性后加字与词缀 pa、po 的搭配，由于发音部位差异而不符合书面藏语韵律，所以应该取消此类构词法。

才昂闹日（ཚེ་དབང་ནོར་བུ།）的《藏语与景颇语的量词用法比较研究》（བོད་སྐད་དང་ཅིན་པའོ་སྐད་གཉིས་ཀྱི་འཇལ་བྱེད་མིང་གི་སྤྱོད་ཚུལ་ལ་རོབ་ཙམ་དཔྱད་པ།《西北民族大学学报》第1期）一文，通过对比藏缅语族中藏语与景颇语的数量用词、量词分类方法、量词语法的特点等三方面，论述了藏语与景颇语的异同点。

藏语古文献中产生的词格能够反映出相应时代的语言特点，因此，研究词格具有非常重要的意义，尤其运用现代统计学的方法能够较为系统地梳理出词格的特点。南拉才让（རྣམ་རྒྱ་གནམ་ལྷ་ཚེ་རིང་།）的《赤松德赞时期钟铭文中的作、属格助词研究——吐蕃古藏文虚词统计与研究之二》（བཙན་པོ་ཁྲི་སྲོང་ལྡེ་བཙན་སྐབས་ཀྱི་ཅོང་ཡིག་ལས་བྱུང་བའི་ཨི་ལྡན་གྱི་རྣམ་དབྱེའི་དཔྱད་ཞིབ།《西北民族大学学报》第1期）一文，根据赤松德赞执政时期，分别对公元755年、公元797年的两份钟铭文中的作、属格助词进行了研究，较为详细地考证了该时期藏语词格间的关系问题。

三、语言研究

多杰东智（རྡོ་རྗེ་དོན་འགྲུབ།）的《敦煌古藏文与藏语安多方言中疑问词及其历史演变》（ཏུན་ཧོང་གཏེར་ཡིག་དང་ཨ་མདོའི་ཡུལ་སྐད་གཉིས་ལས་འདྲི་ཚིག་གི་སྐོར་ཙུང་ཟད་གླེང་བ།《西藏研究》第1期）一文，从句法学角度出发，介绍了藏语疑问词的概念与分类，并对敦煌古藏文文献与安多藏语方言材料中的几种特殊疑问词进行了解释。

东主才让（སྒྲུམ་རྫ་དོན་གྲུབ་ཚེ་རིང་།）的《简述藏语夏尔巴方言》（བོད་སྐད་ལས་ཤར་པའི་ཡུལ་སྐད་མདོ་ཙམ་བརྗོད་པ།《西藏大学学报》第2期）一文，详细论述了夏尔巴方言的语调、名词以及断句方式与特点，根据这些语言现象得出夏尔巴方言虽为藏语语支，但与其他藏语方言相比具有很大的不同点，并认为应将夏尔巴语归类为南部地区方言。

一种语言内部有书面语、常用口语、混合语，以及变音语等四种。前者是用文字记录的书面语，后三者属口语。语言本身没有高低贵贱之分，每门语言都是一张秀丽的锦绮之花。那么语言间的翻译工作，犹如锦绮的一面看另外一面。那加才旦（རྣམ་རྒྱལ་ཚེ་བརྟན།）的《锦绮之花的另一面：漫谈翻译中的若干问题》（ཟ་འོག་གི་རི་མོར་བརྒྱབ་ནས་ལྟ་བ་སྟེ་སྐད་རིགས་དང་སོ་སྣྭའི་འབེལ་གཏམ།《青海师范大学学报》第 4 期）一文，认为在文本或语言翻译的过程中，原文所表达的内容可以一丝不漏地展现在译文中，但不会有字面上逐字逐句完全相吻合的译文。

东主才让（ཐུམ་རྡོ་དོན་གྲུབ་ཚེ་རིང་།）的《藏语方言语法的性质、成因及特点》（དེང་རབས་བོད་ཀྱི་ཡུལ་སྐད་དག་གི་བརྡ་སྤྲོད་ཀྱི་ངོ་བོ་དང་། འགྲུབ་རྐྱེན། ཁྱད་ཆོས་སྐོར་མདོ་ཙམ་བརྗོད་པ།《青海民族大学学报》第 2 期）一文，根据现代语言学共时比较的研究方法，通过详细论述何为方言的语法、方言语法的成因及其特点等，探讨了藏语口语的语法现象。

普米方言主要指云南省西北部的普米族与四川省西南部的部分藏族村落日常所使用的语言，现代语言学因普米为一独立民族，故将其语言定义为普米语。木里藏族自治县、盐源县等的藏族民众则认为此语言为古藏语东氏方言，但目前藏语方言研究并未在此题上做过多研究。完德加（བན་དེ་སྐྱབས།）的《藏东普米方言初探》（བོད་ཡུལ་ཤར་མཐའི་ཕྲུམ་མིའི་ཡུལ་སྐད་ལ་ཐོག་མར་དཔྱད་པ།《青海民族大学学报》第 2 期）一文，以国内外学术界关于此方言的调查研究为基础，通过分析其语调、名词、语法等，展开了普米方言与藏语间关系的讨论。

语言学习惯将卓尼话归于藏语康方言，尽管如此，相较于康区其他方言，卓尼话受安多方言语音影响较大且古藏语特点明显，而且还夹杂着部分卫藏语特点，由此卓尼话形成了自己独有的一套体系。扎西才让、邓戈（བཀྲ་ཤིས་ཚེ་རིང་། བསྟན་ཀོ།）的《康方言卓尼西北话的音系及其特点》（ཅོ་ནེའི་ནུབ་བྱང་རྒྱུད་ཀྱི་ལུང་སྐད་ཀྱི་སྐད་གདངས།《西北民族大学学报》第 1 期）一文，针对此种情况描绘分类了卓尼话的基字、元音及发音特点。

桑吉杰（ཕོ་ཀོ་སངས་རྒྱས་སྐྱབས།）的《藏语玛曲话的音系系统及其语音的历史演变》（མདོ་སྨད་རྨ་ཆུའི་འབྲོག་སྐད་ཀྱི་སྒྲ་གདངས་ཁྱད་ཆོས་ལ་དཔྱད་པ།《西北民族大学学报》第 2 期）一文，采用语言学方言描绘方法以及历史语言学的研究方法，归类梳理了玛曲方言中的元音与辅音，通过对比玛曲方言由古到今的语音变化以及不同地区语调的区别，较为全面地论证了玛曲方言中的语音的特点及变化。

文　学

汉文部分

本年度藏族文学研究，主要从古代文学研究、当代文学批评、民间文学研究和《格萨尔》史诗研究等几个方面展开叙述。其中古代与当代的划分是以新中国成立的时间作为了二者的区分点，这里“古代文学”的含义更接近“传统文学”的内容。《格萨尔》史诗本应属于民间文学的范畴，由于关注其研究的论文数量较多，另列为一个单元进行介绍。

一、古代文学研究

本年度在藏族古代文学研究方面，从其广度与深度上来看，均有较大程度的推进。首先，岗措的《〈藏族文学史〉汉藏多种版本编写评述》（《中央民族大学学报》第2期）一文，比较了新中国成立以来编写的几部具有影响的汉藏文《藏族文学史》的特点。结合作者的教学实践以及这几部文学史在国内各相关大学的使用情况，作者分析了各自的优劣以及产生的效果，进而提出了改进编写藏族文学史的建议。

在众多的汉藏文《藏族文学史》中，作者着重比较了具有代表性的两种藏族文学史，即马学良主编1994年汉文版和扎布主编2002年藏文版。认为二者的主要区别在于编纂体例不同：一方面，汉文版对藏族历史发展的断代是以中央政权更迭为参照，属于粗线条的划分；藏文版则以地方势力的政权更迭为准，相对划分更细致些，更能反映藏族文学不同时期的特点。另一方面，汉文版藏族文学是以西方文艺理论的分类法进行分类，而藏文版则以藏族传统的分类法和部分西方文艺理论的分类法，兼而有之地进行分类。但二者的共同特点均是没有照顾到象雄—苯教文学、藏族民间文学与当代文学内容。而晚近(2009—2013年）出版的恰嘎·多杰才让等编著藏文《藏族文学史》六卷本则适当地弥补了上述文学史中欠缺的“象雄—苯教时期”与“当代文学”部分。鉴于上述特点，作者认为，今后编著《藏族文学史》应该以藏族文学本身的发展脉络作为分期标准；应重视藏族民间文学和当代文学内容；同时，随着对藏族文学作品的深入研究与分析，应该更加科学地将藏族特有的文学体裁充实到世界文学分类之中。

谢后芳的《试论藏族诗歌“古尔”与“鲁”》（《中国藏学》第1期），比较全面地分析了“古尔”与“鲁”两种诗歌在藏族文学史上的发展历程及其特点。作者认为，从这两种诗歌最初出现的吐蕃时期的文献记录来看，二者均是适合于“歌唱”的诗歌形式。只不过“古尔”多指国王的“歌”，而“鲁”显然是大臣的“歌”，即二者的差别仅仅在于，前者是敬词而后者是普通词汇。但两者随着后期在伏藏文献、“道歌”、《格萨尔》史诗、藏戏乃至于晚期的“古尔玛”中渐次出现，而且其形态逐渐发生分段体或自由体、六言体到九言体等的变化，可以看到“古尔”逐渐演变成了具有宗教内涵的“专门歌”，而后者（鲁）则更加凸显了其“民歌”原有的特色。总之，“古尔”或“鲁”这一诗歌形式，从古至今在整个藏族地区流行不衰并不断发展，成为藏族文学花园中永不凋谢的一朵奇葩。

索南才让的《宗喀巴〈缘起赞〉思想解析》（《法音》第5期），探讨了作为藏族文学史上美文的宗喀巴《缘起赞》的思想内涵。尽管挖掘其思想内涵是宗教哲学探讨的主旨，但通过解读该文的深邃精神，却也有助于我们欣赏《缘起赞》所表达的情怀。正如作者指出，宗喀巴《缘起赞》是中观思想的结晶，它所反映的缘起性空思想既是对前人思想的总结，也具有创新，自圆其说，自成体系，标志着藏传佛教的中观思想经过几百年的激烈讨论后趋于统一，完成了对印度佛教中观思想的革新发展，形成了具有民族地方特色的藏传佛教中观哲学思想。

此外，本年度关于《萨迦格言》与《仓央嘉措情歌》的研究，也取得了引人瞩目的成绩。比如陈一兰的《仓央嘉措“情歌”原作和汉语翻译问题初探》（《中国藏学》第1期）等在深入分析原作多种版本的差异以及比较多个汉译文的特点方面，较之此前研究更加细致入微。

二、当代文学批评

本年度藏族当代文学批评一如既往发表了众多评论文章。其中，值得引起关注的是批评者对以往评论的“反思”和“重读”，这对评论界与作家本人的内省提供了积极的参考。另外，值得欣喜的是开始出现对当代藏文创作的关注，这是一个新现象，表明了“双语评论家”崭露头角。

顾广梅的《圈囿与挣脱——20 世纪 80 至 90 年代扎西达娃小说批评的反顾》（《民族文学研究》第 1 期）是对藏族作家扎西达娃小说批评的批评。作者从三个角度出发解剖了从 20 世纪 80 年代至今，批评家们对扎西达娃在 20 世纪 80—90 年代创作的小说的评论。首先，从扎西达娃自身的辩护以及其小说本身来看，批评家们标签其小说为“魔幻现实主义”，事实上是一种批评的“陷阱”与“误会”。而事实则是，当扎西达娃发现直接借鉴汉族小说庞大的写实主义传统有一定的艺术隔膜后，他明智地转为学习与藏族文化思维方式和审美方式更贴近契合的拉美魔幻式书写，所以从更大意义上看，他通过借鉴与模仿，创造出许多象征化、寓言化和魔幻化的故事与人物，由此复活复现了古老藏民族的一些传统文化质素和传统审美因子。

其次，当批评者们试图从作家的“地缘与族缘”展开解读时，尽管看到了他是中国当代文坛将个人性和民族性水乳交融得最好的作家之一，而且他力图将个人的生命体验熔铸在对民族的文化—历史—现实的体验和感悟之中，其艺术触角无疑是站在一个特殊的历史节点上回溯反思民族之痛和民族之根。但是，对于扎西达娃文学世界的全面理解和准确把握，则应该需要一个整体性的批评视野和完整的阐释框架才能做到不削减其丰富性和复杂性。最后，作者认为跳出上述“魔幻现实主义”“地缘与族缘”等框架限制，不仅能够对扎西达娃小说提供更好的批评，这也是作家本人在创作上走出“模仿”的困境所在。

魏春春的《央珍小说创作心路历程论——以〈无性别的神〉的创作过程为考察中心》（《民族文学研究》第 5 期），从西藏著名女作家央珍的人生履历以及小说创作经历，剖析了其长篇小说《无性别的神》的创作历程。作者认为，2017 年去世的西藏土生土长的女作家央珍，其作品整体上不同于革命时期的作家如益西单增、降边嘉措等创作的西藏的革命现实主义生活，也不同于外来的汉族作家和外地藏族身份的作家，比如马丽华、扎西达娃等所代表的通过陌生的西藏文化来表达自己想象生活的所谓“魔幻现实主义”的团体。相反，她的创作反映了一个土生土长的西藏作家对家乡人民生活与历史的反思。特别是从女性视角出发，探讨了“世俗幸福”的含义。

此外，作者通过追究其创作历程的蛛丝马迹，考察了其长篇小说《无性别的神》的形成过程。从最初以《玫瑰色的法论》为题在1989年《西藏文学》杂志上陆续刊载的几个章节与最后的定稿《无性别的神》中的篇章对照来看，其长篇小说创作经历了几度修改，其中尤其显露出受到评论者深刻影响的痕迹。总之，长篇小说《无性别的神》的生成过程，体现出了小说家央珍一贯探索、理解、表达、营构藏族女性世俗幸福的文学努力，因而关于《无性别的神》的理解不应局限于文本本身，更应该纳入央珍整体的幸福创作序列中加以理解、分析，以彰显央珍的文学成绩，凸显处于20世纪八九十年代之交的央珍苦心经营民族文学的地方性经验和想象的贡献。同时，央珍小说创作的意义还在于，以她为代表，一系列的藏族作家不再单一地关注政治启蒙话语的书写，不再沉湎于魔幻叙述的凌空蹈虚，而是实实在在地扎根在藏族的历史文化土壤中，在现实境遇中反思、建构具有藏式的全新的文学书写，如白玛娜珍、梅卓、次仁罗布、尼玛潘多、雍措等人的文学探索事实上延续和发展了央珍的文学探索道路，即回到了民族生活的扎实土壤。

增宝当周的《现代转型语境下藏族文学中的城市空间与认同表达——以21世纪藏语小说为中心》，评述了21世纪发表的藏文小说所表达的“城市生活以及认同问题”。作者认为，随着藏地社会的城市化，传统的生活秩序开始受到各种文化的挑战，特别是“现代性”理念的冲击，造成了藏族生活的困惑与反思。表现在文学作品中，几位著名作家首先通过小说“探讨”了藏族面对这种变化时的各种“心态”。

与扎西东主《城市生活》中民族知识人的追求与成功相比，其他人物的边缘特征和他们与故土之间血脉相连而形成的传统与现代之间的碰撞，及其人物复杂丰富的心理特征才是众多小说的归旨所在。这些小说家如万玛才旦、扎巴、才加、德本加乃至于年轻的作家拉先加等，所创作的人物在空间上的位移、对民族语言与教育的关注、对家园感的追寻都从一定层面表达了被现代性浸染的藏族知识人如何应对转型期的现代城市空间，又同时维持自我文化的身份认同感。世纪之初这些反映城市生活为主题的小说开启了当代藏语小说中城市书写的风气，而此后随之而来的多部藏语小说同样以知识分子展开城市叙事，并再度强化了主人公与乡土之间的血脉关系以及现代性语境下藏族知识分子内心的漂泊感。

但是，正是这种传统与现代断裂的冲突，反而促使当代藏语文学自20世纪80年代以来由现代转型所形成的主体意识和本土意识，同时也激发了文学书写中的认同问题。它不同于传统文学的观念，而是营造出了一个崭新的审美空间。即其审美与表述话语已经发生了深刻变化，尤其在全球化时代对地方性的诉求更是激发了当代藏语文学中的自我意识和自我觉醒程度，传统社会中的风俗习惯、道德准则、价值构成、生活方式等不断被现代性解构与重组并在相伴而生的差异性的刺激下，21世纪以来的藏语小说中的城市空间书写通过母语表达强化了文学中的认同话语。

此外，本年度阿来、次仁罗布、梅卓、龙仁青等作家的作品，也受到了热评。特别是次仁罗布的长篇小说《祭语风中》思想内涵方面的讨论深入了许多，如刘家民的《历史巨变下人性的丰厚书写——评次仁罗布长篇小说〈祭语风中〉的人性世界》（《河北师范大学学报》第6期）等。

三、民间文学研究

本年度民间文学研究关注了故事、传说、民歌和谚语等方面的体裁。大多研究仍然处于概要性的介绍，深入内部的分析性论文并不多见。这里介绍几篇具有一定新意的论文。

李连荣、高木立子的《藏族民间故事〈斑竹姑娘〉的生成及其与〈竹取物语〉关系谫论》（《民族文学研究》第5期），讨论了被认为藏族民间故事的《斑竹姑娘》的结构特点与传统藏族故事之间的差异性，以及其与日本古典小说《竹取物语》之间的关系问题。作者认为一直引起学界怀疑的藏族民间故事《斑竹姑娘》，尽管从作为"异常诞生""异类婚姻"等故事类型群所具有的一般特点来看，均具备了藏族故事的特点，但从其故事结构（比如藏族故事严格遵循三情节模式）、母题设置（如藏族故事关注人物身份特点）及文化特征（比如藏族故事重视自己熟悉的"宝物"）等等方面来看，它与传统的藏族故事之间存在许多冲突或者说不一致，由此推断这是一篇"新藏族故事"。而且通过对比，推测其可能的来源正是日本古典小说《竹取物语》的改写本。

王丹的《藏族湖泊来历传说"泉水成湖"母题——兼与汉族湖泊来历传说"地陷为湖"母题比较》（《中国藏学》第3期），讨论了包括"羊卓雍错、纳木错和青海湖"等几则藏族关于"泉水变成湖泊"的传说的文化内涵。作者认为，相比于汉族“地陷为湖”传说强调的对人性善良与邪恶的道德评判以及用伦理道德和佛道思想宣扬真善美的人性特点不同，藏族的“泉水成湖”传说，反映了藏族的传统观念、苯教与佛教的思想、生态观念以及自然知识记忆的延续等特征。比如在泉眼上盖上白石以及“鲁”神世界则反映了藏族苯教观念，而莲花生大师等降伏管理青海湖的赤雪女王，则反映了藏传佛教对此传说的影响，等等。作者将藏族的湖泊形成抽绎出母题，进而尝试分析其文化意义，并与汉族湖泊形成传说进行比较，这是本文值得肯定的地方。

扎西平措的《探寻迪庆古典热巴舞》（《民族音乐》第 3 期）介绍了迪庆州古典热巴舞的特点。作者认为，迪庆热巴舞分为古典热巴、表演性热巴、流浪热巴、塔城英都湾热巴、古典热巴舞蹈等几类。其音乐古朴而简约，由引舞者吟唱，带领群体表演起舞。具有独特的艺术魅力、深厚的思想内涵。

古典祭祀热巴是一种宗教祭祀歌舞，是以音乐、舞蹈为重要祭祀手段的礼俗传统。流传于迪庆州维西县塔城镇的热巴舞是典型的古典宗教热巴，它与流传于其他藏族地区的流浪热巴大不相同。其传入塔城的时间大约有 800 年，据说它传自圣者米拉日巴。其道具以鼓与牛尾为主，服饰也有自己特色。音乐方面由山歌《阿拉拉姆》、嘛呢经歌《嘛呢啦》《热巴鼓赞》《扎史珠》等组成，音乐为人声演唱。舞蹈方面，一般热巴舞有 18 段，其间纯舞蹈的场次中有马鹿舞，戴着马鹿面具，年少者模仿鹿起舞。有跳乌鸦舞、有跳钻牛角舞等。这些舞都有一些寓意或由佛教经典故事演变而来。

杜成颖的《探析甘南藏族民歌“拉依”的音乐特征》（《北方音乐》第 19 期）介绍了传唱于甘南州的情歌“拉依”的总体特征。作者认为，总体上来看，拉依曲调高亢、节奏自由、辽阔；演唱方式上多为一人独唱，也有对唱、轮唱等。完整的对歌拉依具有一定的程序，如引歌、问候歌、相恋歌、相爱歌、相思歌、相违歌、相离歌和尾歌等，反映了爱情生活的各个方面。甘南地区的拉依受其牧业文化的影响，形成了自己的特色。

唱词多由演唱者触景生情，即兴编创。表现手法方面善用比兴、比喻、影射、暗示等。从其音乐特征来看，其曲式结构一般为由两个平行乐段构成的单乐段。旋律方面，上句一般比较奔放，音区比较高，音域宽广，跨度比较大，无限宽广的延伸，富于激情。下句往往收拢，旋律曲折舒缓下行，表现出感叹性的特点。具有纯粹、圆满的审美特点。

武慧的《论白马藏族民歌演唱技巧中的“颤”“擞”》（《西南科技大学学报》第 3 期），介绍了白马藏族民歌中的两种演唱技巧“颤”与“擞”的运用特点，并提出了白马藏族民歌的保护建议。作者认为，首先，白马藏族民歌主要分为酒歌、劳动歌曲、叙事歌曲、婚嫁、祭祀歌、儿歌等。其次，从其演唱技巧来看，白马藏族的酒歌或者是劳动歌中，“颤”和“擞”常常连在一起使用，“颤”的使用多于“擞”。“擞”也多是单“擞”，演唱比较快速、轻巧，常在强拍或强位置出现并且马上连接“颤”。同时，“擞”的呼吸很浅，常常像是“颤”的装饰，偶尔带有一点音高。有时以咽腔与口腔共鸣为主的“擞”，常常出现在以腹腔共鸣为特点的“颤”音之前面，等等。总之，白马藏族民歌非常喜欢使用这两种装饰音技巧，并具有自己的显著特色。

白马藏族民歌所具有的这些特征，与本民族的语言关系密切。从中可以感受到白马语言对于歌曲的结构组织和旋法特征有着重要的支配作用，语音音调对歌曲旋律的构成更是白马藏族民歌重要的特征之一。透过白马藏族民歌的旋律还可以感受到白马人深厚、沉重的历史沉积和承载以及民族的心理属性。此外，作者建议，通过民歌进校园、建立民歌传播中心以及数字化等方式，今后应该加强保护和传承其民歌音乐文化。

四、《格萨尔》研究

从发表的汉文论文与论著的数量上来看，本年度《格萨尔》史诗的研究总篇数大约40篇（部），同比过去历年发表数量来看，呈现下降趋势。但从关注的问题与角度来看，具有深入史诗内部以及呈现多角度的特点，这是值得肯定的方面。简言之，这些研究涉及改革开放40年来《格萨尔》史诗取得的成绩，特别艺人创作史诗的特点，具体史诗文本及其中的民俗文化内涵，史诗音乐唱腔曲调内部分类与演变，以及相关史诗的其他问题，比如石刻艺术、戏剧表演艺术、外文翻译、保护传承等。以下择要介绍几篇（部）论文、论著的内容。

降边嘉措的论文《改革开放40年，〈格萨尔〉研究走向世界》（《中国民族报》11月23日11版）认为《格萨尔》史诗的研究工作，自新中国成立以来，特别是改革开放40年来，在党和国家的关心下，从民族地区走向了全国，走向了世界。文章回顾了20世纪50年代开始《格萨尔》史诗在中国文化中引起重视并抢救，到20世纪80年代以来根据作者亲身参与《格萨尔》史诗我国学界的抢救保护的实践，以及至今为止我国政府、学界等各方通力合作、经过40年的努力栽培，最终成为一门名副其实的国际显学的情况。

次仁平措的《40 年西藏〈格萨尔〉工作回顾》（《西藏艺术研究》第 2 期）从回顾具体的西藏自治区的《格萨尔》工作出发，指出 40 年来西藏《格萨尔》工作取得如此辉煌的成绩，与党的英明领导与关怀是分不开的。但同时，作者根据自己近 20 年来主持西藏《格萨尔》工作和项目以及个人研究经验，指出当前西藏《格萨尔》工作面临的机构缩小、人才缺乏、投入不定、传承人热情减退等重重危机与困难，并提出了相应的对策。作者认为，究其原因，主要在于政府职能部门对《格萨尔》保护工作不能贯彻到底；研究机构与研究人员单打独斗，缺乏集体攻关精神；《格萨尔》专业人才青黄不接，后继乏人；《格萨尔》传承人的待遇不高等。鉴于此，当前应重新认识《格萨尔》文化的时代重要性；加强政策支持，加大人、财、物的投入力度，优化整合资源，集体攻关；建立激励机制，积极调动《格萨尔》传承人及相关民间组织的积极性和奉献精神，促进《格萨尔》保护工作持续有效开展。总之，在现有工作的基础上，要以习近平新时代中国特色社会主义思想武装头脑，并以其全面指导《格萨尔》工作实践，进一步加强《格萨尔》史诗的保护力度，使得《格萨尔》事业的研究阐发、教育普及、保护传承、创新发展、传播交流等工作协调推进并取得重要成果。

诺布旺丹的专著《诗性智慧与智态化叙事传统——格萨尔传承类型的再发现》（青海民族出版社）研究了一位名叫丹增扎巴（1968 年生）的来自青海省果洛州的《格萨尔》艺人及其创作史诗的特点。作者认为藏语称作塔囊（dag snang）的佛教术语译为汉语为“净相”，而被用作文学创作者则可称为“智态化艺人”。因此，作者将这类隶属于“掘藏艺人”中的“净相艺人”，称作智态化艺人并对其创作特点进行了深入的剖析。作者主要以对这类艺人的调查研究为主，借助西方文艺理论如“现象学、叙事学、口头程式理论、原型批评”等方法，以及参考藏传佛教尤其是其中的伏藏法宗派，探讨了这位艺人创作《格萨尔》的“叙事模式、叙事特质、结构形态以及它的时空维度”等方面的内涵。

四朗格来的《圆光艺人阿旺加措生平及其作品浅析》（《西藏研究》第 4 期）一文，分析了已故圆光艺人阿旺加措创作的史诗《格萨尔》的艺术特点及其生平。作者指出，圆光艺人阿旺加措具有不同于一般艺人的两个显著特点：其一便是他从小具有圆光能力，其二便是他经过了正规的佛教僧院教育。但同时，他又与一般艺人一样，出生并成长于具有丰厚《格萨尔》文化土壤的藏族游牧地区。正是这些因素造就了艺人阿旺加措《格萨尔》史诗的独特艺术品质。

正如作者所指出的，区别于一般文盲艺人，阿旺加措与康区其他三位识字艺人一样，其作品具有传统文人创作的特点。与康区其他三位自学识字的艺人比较来看，受过正规僧院文化教育的阿旺加措的史诗风格更贴近于经院文化。同时，他的史诗作品也不像这些识字艺人那样生搬硬套片段的藏族历史知识，而是将这些历史与宗教融化于其史诗作品之中。因此，这样一位优秀史诗艺人的作品，值得我们好好品鉴。

李连荣的《试论〈格萨尔·英雄诞生篇〉情节结构的演变特点》（《西藏研究》第1期）一文，分析了《英雄诞生篇》8个文本的情节结构，指出西藏史诗中讲述英雄人物诞生的故事，存在苯教形态、佛教形态以及混合形态的差异。进而认为当下以佛教文化为基盘、融合苯教文化与民间文化构建的《英雄诞生篇》的格萨尔大王的诞生故事，被艺人和民众认为是最完美的“英雄（国王）诞生”模式。

姚慧的《英雄的意义——藏蒙〈格萨（斯）尔〉“霍尔”之篇汉译本的文本比较》（《民间文化论坛》第4期）一文，选取了藏、蒙古《格萨（斯）尔》“霍尔”之篇4个版本的汉译本进行比较，通过对小英雄、格萨（斯）尔哥哥和格萨（斯）尔等英雄人物刻画特点的分析，指出作为英雄史诗，藏、蒙古两个民族的《格萨（斯）尔》汉译文本在英雄形象的塑造与英雄意义的阐释等方面具有各自模式化的话语表达，以及藏、蒙古民族在英雄模式的框架内赋予英雄之死以民族化处理的文化内涵。

郑龙吟的《论〈格萨尔王传〉人物唱段音乐的多样性——以西藏那曲地区艺人的演唱为例》（《西藏大学学报》第3期）一文，以2013年西藏自治区图书馆采集的西藏那曲地区部分艺人演唱的《格萨尔王传》人物唱段音乐（共计360多首音调、节奏、速度、情绪、风格各异的唱段）为研究对象，以乐谱分析为研究方式，从音乐本体的角度探究了《格萨尔》人物唱段音乐的结构多样性、技法多样性和风格多样性特点。作者继承前人研究成果，就其中总结的三种曲式结构即一段曲式、二段曲式与三段曲式，分别举例一一作了详细介绍。同时总结了人物唱段音乐传承、发展过程中形成的旋律发展手法和段落组合技法特点。作者认为，《格萨尔》人物唱段所具有的风格多样的曲调特点，实际上是对藏族传统音乐博采众长汇聚而成的一种表现。《格萨尔》人物唱段音乐的传承与创编并非基于一般意义上的体系化与专业化，而是基于本能的音乐感知与民间的音乐智慧以及储存在艺人记忆中的音乐词汇的一种统筹展示。

童学军、郭晓虹的《玉树佐青寺格萨尔诵经调特点分析》（《青海师范大学学报》第5期）一文，通过分析玉树佐青寺格萨尔诵经调曲式结构、旋律特点及音乐形态等特点，指出寺院中的这种“格萨尔诵经调”与民间艺人的格萨尔唱腔之间存在本质不同。进而认为，民间艺人的格萨尔史诗音乐是“活态”传承的乡土精华，而寺院中的格萨尔诵经是引导人们对待人生的审美态度和音乐精神。

本年度还有不少论文关注了与《格萨尔》史诗相关的其他艺术形式以及保护、传承等方面的理论探讨，限于篇幅，在此不再一一赘述。

总体上来看，本年度的藏族文学研究，尽管从关注的范围与探索的深度上依旧存在诸多不足，但仍然呈现出了逐渐前进的态势。比如“古代文学研究”方面取得了可喜的成绩，尤其是关于藏族文学史编写问题的思考和文学体裁“古尔”与“鲁”的发展演变的分析，具有积极的意义。当代文学批评中出现关注藏文创作，也是一个值得欣喜的开始。《格萨尔》史诗的研究，也表现出了研究范式方面的积极探索与革新的特点，等等。

藏文部分

一、古典文学研究

南色（རྣམ་སྲས།）的《宗喀巴诗歌语言的音乐美》（རྗེ་ཙོང་ཁ་པ་ཆེན་པོའི་སྙན་རྩོམ་གྱི་བརྗོད་བྱེད་ཚིག་གི་དབྱངས་ཀྱི་མཛེས་ཉམས་བརྗོད་པ།《中国藏学》第2期）一文，作者从诗歌中的音乐美、宗喀巴诗歌的音乐美、宗喀巴诗歌语音美三个方面介绍了宗喀巴大师诗歌语言的音乐美。

增宝当周（བརྩོན་པོ་དོན་འགྲུབ།）的《根敦群培的文学观与文学研究》（དགེ་འདུན་ཆོས་འཕེལ་གྱི་རྩོམ་རིག་ལྟ་ཚུལ་དང་རྩོམ་རིག་ཞིབ་འཇུག།《中国藏学》第2期）一文，论述

了根敦群培在20世纪西藏文学的探索上取得了丰硕成果以及他对西藏后来的文学意识和文学研究的影响。就根敦群培文学需要民族性，文学和人文、社会的关系，文学即有教育能力、社会反应、识别能力，印度文学的特征等问题论述了自己的观点，并对部分古籍的翻译方法进行了专业的分析。

更尕和拉浪才让（ཀུན་དགའ་དབང་ཕྱུག ལྷ་ལུང་ཚེ་རིང་།）的《贡日尖参桑布所著〈宗喀巴传〉新探》（རྗེ་ཙོང་ཁ་པའི་རྣམ་ཐར་ཡིག་ཆ་ལས་གུང་རུ་རྒྱལ་མཚན་བཟང་པོས་མཛད་པའི་རྗེའི་རྣམ་ཐར་ལ་གསར་དུ་དཔྱད་པ།《中国藏学》第3期）一文，讲述了贡日尖参桑布所著《宗喀巴传》的特征及其后来的学者把它当作论证依据的主要原因。

仁欠扎西（རིན་ཆེན་བཀྲ་ཤིས།）的《喜饶嘉措大师诗歌的艺术特色》（དགེ་བཤེས་ཤེས་རབ་རྒྱ་མཚོའི་སྙན་ངག་གི་སྒྲ་རྩལ་ཁྱད་ཆོས།《中国藏学》第4期）一文，论述了喜饶嘉措大师诗歌内容、措辞、修辞等方面的特点，指出了诗歌大量引用比喻和拟人等修辞手法，意象丰富使读者喜闻乐见的艺术特点。

东主才让（དོན་གྲུབ་ཚེ་རིང་།）的《谈藏族散文的伤感之美》（རྒྱལ་ཁམས་རིག་པས་བསྐོར་བའི་གཏམ་རྒྱུད་གསེར་གྱི་ཐང་མར་བྱུང་བའི་ཚོམ་པ་པོའི་དད་གདུང་སྐྱོ་ཉམས་དང་དེའི་འབྱུང་རྐྱེན་སྐོར་གླེང་བ།《西藏大学学报》第1期）一文，通过分析跟地点、人物、事物相关的文化情感所引起的伤感及其来源，论述《智游佛国漫记》一书被看作伤感散文的原因。

热萨·旦增曲扎（ར་ས་བསྟན་འཛིན་ཆོས་གྲགས།）的《藏族传统文学审美价值探究》（བོད་ཀྱི་སྲོལ་རྒྱུན་རྩོམ་རིག་མཛེས་རྟོགས་ཀྱི་བསམ་བློའི་འཚོལ་ཞིབ།——《གཏམ་པད་མའི་ཚལ་གྱི་ཟློས་གར》གཞིར་བཟུང་བ།《西藏大学学报》第2期）一文，论述了藏族传统文学中呈现的审美思想价值源于佛教哲学，探讨了佛学哲学中知觉和理性认知的矛盾和相似之处，从而产生对理性认知的考察，以及这种特殊的考察在作品中是如何以谈话方式出现的，文本最后，作者以《莲苑歌舞》为例，对藏族传统文学的审美思想价值作了初步探讨。

丹增顿珠（བསྟན་འཛིན་དོན་གྲུབ།）的《佛学名著〈次第〉与〈修心〉的主要内容及其语言特征分析》（ལམ་རིམ་དང་བློ་སྦྱོང་གི་སློབ་གསོའི་འཕྲིན་ལས་དང་ཚིག་དོན་གྱི་སྒྲ་རྩལ་དཔྱད་གླེང་།《西藏大学学报》第3期）一文，通过举例来论述佛教经典作品《次第》与《修心》的主要内容和两部著作的语言艺术特征。

才公杰（ཚེ་མགོན་སྐྱབས།）的《敦煌文献 P. T. 1287 中王妃赛玛噶吟唱的隐意诗评析》（ཏུན་ཧོང་ཤོག་དྲིལP. T. 1287ལས་བཙན་མོ་སད་མར་ཀར་གྱི་མགུར་གླུའི་གོ་དོན་དཔྱད་པ།《西北民族大学学报》第2期）一文，探析了敦煌文献 P. T. 1287 中王妃赛玛噶吟唱的隐意诗，揭示诗中透露了当时象雄部落的军事力量和财政实力等重要情报，还强调了若要征服象雄部落，需要赞普和大臣们团结一心，并与其他部落联盟，寻机起兵讨伐象雄。此诗在松赞干布统一吐蕃中起到了重要作用。

扎西加错（ཚེས་པ་བཀྲ་ཤིས་རྒྱ་མཚོ།）的《韦萨·堪卓生平及自传〈信德宝树〉研究》（དཔྱད་བཟའ་མཁའ་འགྲོ་མའི་རང་རྣམ་སྐལ་ལྡན་དད་པའི་མཆོད་སྡོང་ལ་དཔྱད་པ།《西北民族大学学报》第2期）一文，从文化人类学、宗教学、历史学、文学等诸多学科视角分析和解读韦萨·堪卓的生平及自传《信德宝树》，指出当时在多康地区风俗习惯、宗教信仰等文化背景下，女性社会地位相对低下，虽然韦萨出身贵族，但重男轻女思想观念使女性社会生活举步维艰，想成就一番事业更是难于上青天，但韦萨·堪卓不畏艰难险阻，以坚忍不拔的精神成就了自己坎坷而传奇的一生。

东主才旦（དོན་གྲུབ་ཚེ་བརྟན།）的《浅谈〈使者勋努顿智〉的艺术特点》（《ཕོ་ཉ་གཞོན་ནུ་དོན་གྲུབ》ཀྱི་སྙན་ངག་ཁྱད་ཆོས་ལ་མདོ་ཙམ་དཔྱད་པ།《攀登》第2期）一文，解析了《使者勋努顿智》的诗歌结构、夸张等修辞手法的运用和浪漫的艺术特点。

扎西拉杰（བཀྲ་ཤིས་ལྷ་རྒྱལ།）的《〈米拉日巴传〉文学特征综述》（མི་ལ་རས་པའི་རྣམ་ཐར་གྱི་རྩོམ་རིག་ཁྱད་ཆོས་ལ་དཔྱད་པ།《攀登》第3期）一文，论述了《米拉日巴传》特有的故事和情节描写、清晰的人物性格和形象塑造等文学特征。

龙文多杰（ལུང་བུན་རྡོ་རྗེ།）的《漫谈赞普时期文学的演变及其影响》（བཙན་པོའི་དུས་ཀྱི་རྩོམ་རིག་བྱུང་འཕེལ་དང་དེའི་ཤུགས་རྐྱེན་སྐོར་རོབ་ཙམ་གླེང་བ།《西藏教育》第1期）一文，论述了赞普时期文学的演变及其不同时期文学作品传承的模式。

谢冉娜嫫（ཤེས་རབ་ལྷ་མོ།）《略谈藏族神话与民间故事的异同》（བོད་ཀྱི་ལྷ་སྒྲུང་དང་དམངས་སྒྲུང་དབར་གྱི་འབྲེལ་བ་དང་ཁྱད་པར་རགས་ཙམ་གླེང་བ།《西藏教育》第1期）一文，通过论述藏族神话与民间故事的文体演变及其两者的主题内容、句子等，分析了神话与民间故事的关联和区别。

贡去乎扎西（དཀོན་མཆོག་བཀྲ་ཤིས།）的《〈诗镜〉之文体探析》（《སྙན་ངག་མེ་ལོང་མ》ལས་ལུས་སྒྲོག་གི་སྐོར་ལ་གསར་དུ་དཔྱད་པ།《西藏教育》第3期）一文，通过解读《诗镜》的注，对先人智者的理解进行赏析并提出自己的观点。

洛桑（བློ་བཟང་།）的《浅谈辞藻学对藏族诗学艺术所产生的作用》（མངོན་བརྗོད་ཀྱིས་སྙན་ངག་གི་སྒྲ་རྒྱན་ལ་ཕན་ཐོགས་པའི་ནུས་པ་ཅུང་ཟད་གླེང་བ།《西藏教育》第4期）一文，论述了辞藻学在藏族传统诗学中的作用及对诗学的韵律、声韵、轻重等产生的影响。

得来多杰、南本加（ཁ་རྒྱའི་བདེ་ལེགས་རྡོ་རྗེ། གནམ་འབུམ་རྒྱལ།）的《藏族传统文化

发展演变探析》（སྲོལ་རྒྱུན་རྫོམ་རིག་གི་འཕེལ་རིམ་ལ་ཆེ་ལོང་ཙམ་དཔྱད་པ།《西藏教育》第4期）一文，论述了藏族传统文化发展演变的几个阶段：原始社会到吐蕃时期形成根，分裂时期未翻译《诗镜》之前形成形，萨、帕、仁时期舒枝展叶，噶丹时期被认为全面成熟。

昂却本（ཚེ་ཀུ་དབང་མཆོག་འབུམ།）的《浅谈藏族〈尸语故事〉类型》（བོད་ཀྱི་རོ་སྒྲུང་དུ་བསྡུས་པའི་སྒྲུང་གི་རིགས་ལ་དཔྱད་པ།《西藏教育》第4期）一文，通过对各种版本的藏族尸语故事进行分类分析，说明藏族尸语故事不是人们通常认为的是藏族故事的一个分支，而是藏族民间故事的一种合集。

洛桑平措（མང་མཁར་བློ་ཕུན།）的《敦煌文献〈兄弟教诲录〉体裁探析》（《སྤུ་བོས་ནུ་བོར་བཏམས་ཤིང་བསྟན་པའི་མདོ》ཡི་རྩོམ་ལུས་དང་གནམ་གྱི་མདོའི་ལུས་ཀྱི་ཁྱད་ཆོས་ལ་དཔྱད་པ།《西藏教育》第5期）一文，将敦煌文献P. T. 1283《兄弟教诲录》和世界经典作品孔子的《论语》、柏拉图的《理想国》、佛陀的语录进行对比分析，论述了这部作品的体裁和特征。

吉多加（ལྕགས་རྡོར་རྒྱལ།）的《试论古代叙述思想构架及叙述分类》（སྔ་རབས་ཀྱི་དོན་རྗོད་པའི་བསམ་བློ་ལས་འགྲོས་ནས་རབས་དང་སྒྲུང་གཞིས་རགས་ཙམ་གླེང་བ།《藏文教育》第1期）一文，通过梳理古籍文献，从叙述学的角度，论述了古代叙述思想及其分类。

完代才让（བན་དེ་ཚེ་རིང་།）的《〈经验老人之言〉浅谈》（ཉམས་མྱོང་རྒན་པོའི་འབེལ་གཏམ་ཡིད་འབྱུང་དམར་ཁྲིད་ལ་ཅུང་ཟད་དཔྱད་པ།）一文，介绍了该书的写作缘起及其作品的源流、独特之处、教育价值等四个方面。

洛桑达杰（ཁྲུང་སྨུག་བློ་བཟང་དར་རྒྱས།）的《宗喀巴〈菩提道次第广论〉与珀东〈菩提道次第〉比较研究》（རྗེའི་ལམ་རིམ་ཆེན་མོ་དང་བོ་དོང་པཎ་ཆེན་གྱི་ལམ་རིམ་གཉིས་ཀྱི་རྩོམ་སྟངས་དང་སྔ་ཕྱིའི་རིམ་པ་ལ་ཅུང་ཟད་བརྟག་པ།《藏文教育》第5期）一文，对两本道次第的章节划分、撰写方法、内容上的异同之处，结合中观和禅宗的观点进行对比，并对两部作品创作时期有谬论之人进行了辩驳。

朋毛才旦（སྣ་ཕུག་ཕག་མོ་ཚེ་བརྟན།）的《浅谈〈阿底峡尊者三十颂〉文学价值》（ཇོ་བོ་རྗེའི་བསྟོད་པ་སུམ་ཅུ་པ་ལ་ཅུང་ཟད་དཔྱད་པ།《藏文教育》第5期）一文，通过介绍阿底峡的生平，论述了拉喇嘛益西沃迎请阿底峡大师的过程、仲敦巴嘉瓦郡乃对上师阿底峡的思念及其弘法伟业，以及此颂的特点及对后世著作的影响等。

冷本才让（གླུ་འབུམ་ཚེ་རིང་།）的《浅谈〈诗学概论〉的特点》（《སྙན་ངག་སྤྱི་དོན》གྱི་ཁྱད་ཆོས་རོབ་ཙམ་གླེང་བ།《青海民族大学学报》第1期）一文，探讨了《诗

学概论》的创作缘由、主要内容和结构形式特点。

多杰才旦（རྡོ་རྗེ་ཚེ་བརྟན།）的《宗喀巴大师名著英译本评述》（རྗེ་ཙོང་ཁ་པའི་གསུང་རྩོམ་གྲགས་ཅན་དབྱིན་འགྱུར་མའི་སྐོར་གླེང་བ།《青海民族大学学报》第 2 期）一文，评析了以美国为主的西方国家藏学研究者对宗喀巴大师名著进行英译的时间和特点。

何峰、更尕（བསོད་ནམས་རྩེ་མོ། ཀུན་དགའ་དབང་ཕྱུག）的《宗喀巴传记文献分类研究》（རྗེ་ཙོང་ཁ་པའི་རྣམ་ཐར་ཡིག་ཆའི་རིགས་དབྱེའི་སྐོར་ལ་གསར་དུ་དཔྱད་པ།《青海民族大学学报》第 2 期）一文，对宗喀巴大师的弟子们所作的宗喀巴传采用的基本分类法进行了分析。

索南卓玛（བསོད་ནམས་སྒྲོལ་མ།）的《和尊法宝译师及其〈大乘百法明门论〉藏译本研究》（ལྷ་བཙུན་ཆོས་ཀྱི་རིན་ཆེན་དང་ཁོང་གི《ཐེག་པ་ཆེན་པོ་ཆོས་བརྒྱ་གསལ་བའི་སྒོའི་བསྟན་བཅོས》བོད་འགྱུར་མར་དཔྱད་པ།《青海民族大学学报》第 4 期）一文，介绍了 13 世纪和尊法宝译师的生平和事迹，重点论述了其藏译本《大乘百法明门论》的特点，评析了汉译本和藏译本在内容和结构方面的异同。

才让加（ཚེ་རིང་སྐྱབས།）的《藏族传记文学之密传体及其特征研究》（བོད་ཀྱི་རྣམ་ཐར་རྩོམ་རིག་ལས་གསང་རྣམ་སྐོར་ཐོག་མར་གླེང་བ།《青海民族大学学报》第 4 期）一文，简析了藏族传记文学中独特的密传体，梳理了密传记体形成、发展、形成独特文体的过程，最后，通过跟其他文体对比阐述了密传记体独有的特征。

桑吉尖措（ཁ་སྣང་སངས་རྒྱས་རྒྱ་མཚོ།）的《试论欧萨格西的创作风格》（ཐུགས་ས་དགེ་བཤེས་ཀྱི་བཀའ་རྩོམ་གྱི་ཁྱད་ཆོས།《青海师范大学学报》第 1 期）一文，从内容与结构两个方面论述了欧萨格西创作风格的特点。

增太吉（བཙུན་ཐར་སྐྱིད།）的《〈米拉日巴赞〉的解析》（རྗེ་བཙུན་མི་ལ་བཞད་པའི་རྡོ་རྗེ་ལ་བསྟོད་པའི་ཚིགས་སུ་བཅད་པ་ཀ་ལ་པིཎྜའི་སྒྲ་དབྱངས་ཀྱི་འགྲེལ་བ།《青海师范大学学报》第 1 期）一文，介绍了米拉日巴的生平经历并对其结构严密的诗歌创作进行了解析。

朋毛才旦（ཀ་ཕྱུག་ཕག་མོ་ཚེ་བརྟན།）的《根敦朱巴大师〈东雪山颂〉的文学价值》（གསུང་མགུར་ཤར་གངས་རི་མ་ལ་དཔྱད་པ།《青海师范大学学报》第 2 期）一文，介绍了根敦朱巴的生平经历，叙述了《东雪山颂》的创作思维和内容，探讨了此作品的风格和特点。

拉加才让（ལྷ་རྒྱལ་ཚེ་རིང་།）的《〈赞宝传略〉等五篇小说读后感》（《རྣམ་ཐར་བཙན་པོ་མ》སོགས་སྒྲུང་གཏམ་ལྔ་བཀླགས་པའི་མྱོང་ཚོར།《章尔恰》第 3 期）一文，概述了《赞宝传略》等五篇小说的结构、思想内容、人物描写、社会生活的真实性等，并对小说的艺术表达手法和思想内容的特征进行了探讨。

完玛才让（པདྨ་ཚེ་རིང་།）的《敦煌藏文文献道歌研究现状及其分析——以藏文版研究为例》（ཏུན་ཧོང་ཡིག་རྙིང་ལས་བྱུང་བའི་བོད་བཙན་པོའི་སྐབས་ཀྱི་མགུར་གླུའི་ཞིབ་འཇུག་གནས་བབ་དང་དེ་དག་གི་དཔྱད་པ།——བོད་ཡིག་གི་ཞིབ་འཇུག་གནས་ཚུལ་གཙོ་བོར་འཛིན་པ།《西藏研究》第2期）一文，首先论述了敦煌藏文文献中道歌的研究现状；其次论述了道歌与历史的关系及文学价值；最后阐述了外译版敦煌藏文文献道歌的研究现状。

夏吾才旦（བསེ་ཚང་ཤ་བོ་ཚེ་བརྟན།）的《长篇小说〈斋苏府秘闻〉修辞策略探析》（སྒྲུང་རིང་《བཀྲས་ཟུར་ཚང་གི་གསང་བའི་གཏམ་རྒྱུད》ཀྱི་ཚིག་རྒྱན་གྱི་ཐབས་ཇུས་ལ་དཔྱད་པ།《西藏研究》第4期）一文，依据传统藏文文学理论、小说修辞学、叙事学等，探析了《斋苏府秘闻》的语言阐述能力、先知能力、表演能力、谈吐能力等。

旦增尼玛（སྐྱིད་ཆུ་བསྟན་འཛིན་ཉི་མ།）的《〈诗镜〉理论中索卡瓦所持སྟོག之含义探微》（ཟུར་མཁར་བས《སྙན་ངག་མེ་ལོང》ནང་སྟོག་གི་རྣམ་བཤད་བཞེད་ཚུལ།《西藏教育》第4期）一文，主要运用现代文学理论中的内容和形式的冲突视觉来论述关于《诗镜》理论中索卡瓦所持སྟོག之含义和为什么这样认为的原因，并讲述这种探微对藏族《诗镜》理论的发展和藏族文学理论向多样化发展具有至关重要的作用。

二、当代文学研究

扎巴（བཀྲ་ཧྲ།）的《藏族当代小说发展阶段及其特征研究》（བོད་ཀྱི་དེང་རབས་སྒྲུང་གཏམ་གྱི་འཕེལ་རིམ་དང་ཁྱད་ཆོས་ལ་དཔྱད་པ།《中国藏学》第4期）一文，论述了藏族小说大致可分为以故事情节为主的小说、塑造人物形象为主的小说、心理描写为主的小说三类；碎裂故事情节（གཏམ་རྒྱུད་སིལ་བུར་གཏོར་བ།）有四个发展阶段，第一阶段以故事情节为主，第二阶段以人物形象和行为为主，第三阶段以人物和作者的心理为主，第四阶段以摆脱故事为主。

德乐（བདེ་ལེགས།）《初论藏族现代小说的叙事时间演变》（བོད་ཀྱི་དེང་རབས་བརྩམས་སྒྲུང་གི་དོན་བརྗོད་དུས་ཚོད་ཀྱི་འཕེལ་འགྱུར་སྐོར་ལ་དཔྱད་པ།《西藏大学学报》第2期）一文，论述了在不同阶段藏族现代小说的叙事时间演变及其演变特点在小说中呈现的价值和意义。

秋桑、塔尔庆（ཆོས་སེང་། ཐར་ཆེན།）的《当代藏族文学作品及其思想简析》（དེང་རབས་བོད་ཀྱི་རྩོམ་རིག་གི་བརྗོད་བྱའི་བསམ་བློའི་སྐོར་རགས་ཙམ་གླེང་བ།《西藏大学学报》第3

期）一文，陈述了当代藏族文学作品主题，反映了藏族人民的传统文化、社会发展、共同的生活方式和意识形态，先进与落后、改革与守旧、智慧与愚昧、责任和夙愿、新思想的力量等思想。

桑杰端智（འགྱུར་སངས།）的《论学术论文写作的规范与技巧》（དཔྱད་རྩོམ་གྱི་རྣམ་གཞག་མཚུངས་མོ་རི་སྟོན།《西藏大学学报》第4期）一文，认为目的、研究方法、观点是论文写作中非常重要的部分，文章主要探讨了在论文写作过程中如何凸显这些内容。

夏吾才旦（བསེ་ཚང་ཤ་བོ་ཚེ་བརྟན།）的《完玛才旦小说〈岗〉的人类学主题和修辞方法分析》（པད་མ་ཚེ་བརྟན་གྱི་སྒྲུང་ཐུང《གངས》ཞེས་བྱ་བའི་དགོངས་དོན་དང་ཚིག་རྒྱན་གྱི་ཐབས་རྩལ་ལ་དཔྱད་པ།《西藏大学学报》第4期）一文，运用文学人类学、小说修辞学、叙事学、藏族时代理论等方法，对完玛才旦小说《岗》的主要内容和修辞方法进行了分析。

羊吉加（བྱ་གཞུང་དབྱངས་སྐྱ།）的《诗歌与感觉——论那若诗作〈吉曲河畔〉》（སྙན་ངག་དང་ཚོར་སྣང་། ན་རོའི་སྙན་ངག《སྐྱིད་ཆུའི་ཁ་ནས》ཞེས་པར་དཔྱད་པ།《西北民族大学学报》第1期）一文，论述了诗歌中的感觉及其相联的隐喻、意象、变形、通感、陌生化等修辞方法。

俄智才让（དངོས་གྲུབ་ཚེ་རིང་།）的《浅谈端智嘉小说思想》（དོན་གྲུབ་རྒྱལ་གྱི་བརྩམས་སྒྲུང་གི་བསམ་བློའི་སྐོར་ལ་ཅུང་ཟད་དཔྱད་པ།《攀登》第1期）一文，通过研究20世纪80年代端智嘉创作的小说作品和当时藏族文学的现状，认为端智嘉那时期的文学可分为伤痕文学、道德文学、觉醒文学。

多杰才旦（རྡོ་རྗེ་ཚེ་བརྟན།）的《藏族文学界定的思考》（བོད་ཀྱི་རྩོམ་རིག་ངོས་འཛིན་སྐོར་གྱི་བསམ་གཞིག《攀登》第2期）一文，分析了藏族文学的界定可归纳为三种：题材决定论、作者族属论、身份和民族题材相统一论。

拉华、洛加（ལྷ་དཔལ། བློ་རྒྱལ།）的《戏剧电影人物智美更登的价值观》（ཟློས་གར་གློག་བརྙན་གྱི་མི་སྣ་དྲི་མེད་ཀུན་ལྡན་གྱི་རིན་ཐང་ལྟ་ཚུལ་སྐོར་གླེང་བ།《攀登》第2期）一文，陈述了戏剧电影人物智美更登以及电影涉及的施度、爱人胜己等主要内容。

增宝当周（བཙུན་པོ་དོན་འགྲུབ།）的《当代藏文小说折射的城市形象探析》（དེང་རབས་བོད་ཡིག་སྒྲུང་གཏམ་ལས་མངོན་པའི་གྲོང་ཁྱེར་གྱི་སྣང་བརྙན་ལ་དཔྱད་པ།《攀登》第3期）一文，通过介绍20世纪80年代后的藏文小说，论述了当代藏文小说中呈现的城市形象及与之相关的藏族社会文化变迁、人物地位等问题。

切蒋（ཨ་བྱ།）的《风、时间、阳光——论拉先加小说创作特点》（རླུང་དང་དུས་ཚོད། ཉ་དུང་ལམ་གྱི་ཉི་འོད།《青海民族大学学报》第1期）一文，依据小说的题目和句子、主题、虚构及结尾等，对拉先加的创作体验和作品风格特点进行探讨。

加杨吉（གཅན་སོ་འཇམ་དབྱངས་སྐྱིད།）的《浅谈万玛才旦小说艺术表现手法》（པདྨ་ཚེ་བརྟན་གྱི་བརྩམས་སྒྲུང་གི་སྒྱུ་རྩལ་མཚོན་ཐབས་གླེང་བ།《青海民族大学学报》第 1 期）一文，阐述了万玛才旦如何在继承传统创作经验的基础上，运用现实主义、魔法现实主义及现代虚构法等艺术表达手法进行小说创作的。

德乐（བདེ་ལེགས།）的《藏文现代小说叙事视角研究》（བོད་ཀྱི་དེང་རབས་བརྩམས་སྒྲུང་ལས་དོན་བརྗོད་ཀྱི་མཐོང་སྣེ་སྐོར་དཔྱད་པ།《青海民族大学学报》第 2 期）一文，从文学价值方面阐述了藏族现代小说叙事视角的特点及其意义。

羊吉加（ཟ་གཞུང་དབྱངས་སྐྱབས།）的《话语和语蕴之间——论文学形象》（སྒྲ་དོན་གཉིས་ཀྱི་སྦྲེལ་མཚམས།《青海民族大学学报》第 3 期）一文，阐述了文学形象总的形成、处境及分类，且依据小说形象和诗歌形象相关理论作了具体分析。

才让扎西（ཚེ་རིང་བཀྲ་ཤིས།）的《新闻报道中人物通讯采写经验浅谈》（གསར་འགྱུར་ལས་མི་སྣའི་རྒྱས་འཕྲིན་ཇི་ལྟར་འབྲི་བའི་སྐོར་གྱི་ཉམས་མྱོང་རགས་གླེང་།《青海师范大学学报》第3 期）一文，以自己的亲身经验，探讨了新闻报道中人物通讯的分类及采写方法。

热萨 · 旦增曲扎（ར་ས་བསྟན་འཛིན་ཆོས་གྲགས།）的《藏族文学批评的现状及其展望》（བོད་ཀྱི་རྩོམ་རིག་མཐའ་དཔྱོད་གནས་བབ་དང་མ་འོངས་འཚོལ་ཞིབ།《章尔恰》第 1 期）一文，引用几个对藏族现代长篇小说《绿松石》典型的批评研究，讲述了现今藏族文学批评的现状是作品千篇一律、千人同面，提出文学批评要跳出窠臼，在本民族的传统文学脉络中探索更多的方法与途径，论述了自己在对《绿松石》的探析和思考中得出的文学批评方法。

切蒋（ཨ་དྲུ།）的《新世纪藏族散文创作概述》（སྙིང་ཞིང་འཇུག་པའི་ལོ་རྒྱུ།《章尔恰》第 2 期）一文，讲述了新世纪藏族散文的现状，对作品形式、数量、质量、内容结构、发展前景等进行了探讨。

完玛措（འཚེ་མེད།）的《那若的诗歌〈母亲与她的生活哲学〉》（ཞིང་ཁ་ན་འཛད་ཀྱིན་པའི་སྙེ་བོ།《章尔恰》第 4 期）一文，探讨了那若的诗歌《母亲与她的生活哲学》，其以平常的表达方式和内容表现出不平凡的母亲及其生活哲学的特征。

索朗（བསོད་ནམས།）的《关于新闻人物通讯写作的几点思考》（གསར་འགྱུར་མི་སྣའི་འཕྲིན་རྩོམ་འབྲི་ཕྱོགས་སྐོར་རགས་ཙམ་གླེང་བ།《西藏研究》第 3 期）一文，阐述了如何写好新闻写作中人物通讯的方法，指出在目前可以通过藏文写近现代各行业内涌现的杰出人才。

德拉加（བདུད་ལྷ་རྒྱལ།）的《简析〈草原日记〉的悲剧意识》（《རྩྭ་ཐང་གི་ཉིན་ཐོ》ལས་མངོན་པའི་བོད་རིགས་བུད་མེད་ཀྱི་སྐྱོ་གར་གླེང་བ།《章尔恰》第4期）一文，论述了小说《草原日记》在表层含义上是对藏族传统婚姻的批判，但深层含义表述了藏族女人的悲剧意识，从而提高了作品的艺术水平。

三、民间文学研究

扎平（འཕྲིངས་དཀར་བཀྲ་ཕུན།）的《初论藏文字符ར་ལ་ས在传统文学作品中的语法特征》（གནའ་རྩོམ་དང་དམངས་རྩོམ་ཁྲོད་གསལ་བྱེད་ར་ལ་ས་གསུམ་དང་འབྲེལ་བའི་རྒྱུན་ཐོན་མང་བའི་རྒྱུ་རྐྱེན་དོགས་སློང་།《西藏大学学报》第3期）一文，从两个方面论述了ར་ལ་ས在藏族古代文学和民俗中出现次数较多的原因及其在藏文中的语法特征。

拉龙才让（ལྷ་ལུང་ཚེ་རིང་།）的《藏族民间文学搜集与研究现状》（བོད་ཀྱི་དམངས་ཁྲོད་རྩོམ་རིག་གི་འཚོལ་སྡུད་དང་ཞིབ་འཇུག་གི་གནས་བབ།《攀登》第2期）一文，浅析了拉伊研究状况，论述了藏族民间文学研究范围还比较狭窄的现状，并提出相应的解决方法。

拉加才让（ལྷ་རྒྱལ་ཚེ་རིང་།）的《藏剧〈桌瓦桑姆〉及艺术特色》（བོད་ཀྱི་ཟློས་གར་རྩོམ་རིག་ལས《འགྲོ་བ་བཟང་མོ》དང་དེའི་སྒྱུ་རྩལ་གྱི་ཁྱད་ཆོས་མདོ་ཙམ་གླེང་བ།《藏文教育》第1期）一文，通过藏剧《桌瓦桑姆》的奇特内容，讲述了该作品的中心思想和独特的艺术特色。

拉浪才让（ལྷ་ལུང་ཚེ་རིང་།）的《藏族民间文学拉伊新探》（བོད་ཀྱི་དམངས་རྩོམ་ལ་གཞས་དང་དེའི་རྗོད་བྱེད་ཚིག་གི་སྒྱུ་རྩལ་མཚོན་ཐབས་སྐོར་གླེང་བ།《青海民族大学学报》第2期）一文，对"拉伊"一词的不同认识进行概述，对"拉伊"的内容进行了探讨，对"拉伊"的词与意两个艺术表达方式进行了探析，对"拉伊"修辞手法特点进行了探讨。

四、《格萨尔》史诗研究

甲央齐珍（འཇམ་དབྱངས་ཆོས་སྒྲོན།）的《〈格萨尔〉谚语的艺术性和教育性》（གླིང་སྒྲུང་གི་གཏམ་དཔེའི་སྒྱུ་རྩལ་རང་བཞིན་དང་སློབ་གསོའི་དོན་སྙིང་སྐོར་རགས་ཙམ་གླེང་བ།《西藏大学学报》第1期）一文，论述了《格萨尔》史诗中的谚语简洁生动、传达着自然与人类生活和谐共处的语言特点，强调了史诗中的谚语是藏族对生活经历的总结，具有艺术性和教育性。

其米多吉（འཚེ་མེད་རྡོ་རྗེ།）的《刍析〈格萨尔〉中的གཉན 一词》（གླིང་སྒྲུང་དང་འབྲེལ་བའི་གཉན་ཞེས་པའི་ཐ་སྙད་ལ་དཔྱད་པ།《西藏大学学报》第 2 期）一文，通过对གཉན 的起源、基本含义、应用，以及གཉན 在《格萨尔》史诗中的文化现象等方面的广泛研究，论证了གཉན 信仰在藏族原始宗教中发展的永久性和广泛性。

万么加（བོན་སྐོར་པད་མ་རྒྱལ།）的《试析〈突厥兵器宗〉》（གེ་སར་སྒྲུང་ལས《གྲུ་གུ་གོ་རྫོང》ལ་ཅུང་ཟད་དཔྱད་པ།《西北民族大学学报》第 2 期）一文，作者从现在查阅到的地名、历史人物、历史事件等多个角度对比分析，进一步清晰地证明《突厥兵器宗》是吐蕃占领西域诸国历史原型的观点。另外，通过对《突厥兵器宗》各种版本的比较研究，匡正当下吐蕃时期历史人物的称谓，以及史诗中产生的地名、城堡名等的误传和误写现象。

勒巴・江永巴桑的（ལི་པ་འཇམ་དབྱངས་དཔལ་བཟང་།）《〈格萨尔王传〉中的治噶第护法别纳》（གླིང་སྒྲུང་ལས་འབྲུ་སྒྲ་སྡེ་ཆོས་སྐྱོང་པེར་ནག་གི་སྐོར་རགས་ཙམ་གླེང་བ།《攀登》第 1 期）一文，作者分析了格萨尔传中主要人物治噶第护法别纳的姓氏和祖源，在格萨尔王传中所呈现的人物现象。从三个方面研究现存蓝本，论述治噶第护法别纳的人物现象及其宫殿遗址情况。

才让多杰（ཚེ་རིང་རྡོ་རྗེ།）的《浅谈〈格萨尔王传〉中有关马的宗教文化》（གླིང་སྒྲུང་ལས་རྟ་དང་འབྲེལ་བའི་ཆོས་ལུགས་རིག་གནས་སྐོར་གྱི་རགས་བཤད།《攀登》第 1 期）一文，详细分析了《格萨尔王传》中祭祀仪式中的马及宗教信仰中的马、有特殊功能的化身马等藏族特殊马文化的特征。

多杰措（རྡོ་རྗེ་མཚོ།）的《〈格萨尔〉史诗中剑术的描述》（གླིང་སྒྲུང་ལས་བྱུང་བའི་གྲི་དང་གྲི་རྩལ་སྐོར་གླེང་བ།《攀登》第 3 期）一文，作者论述了《格萨尔》中剑的来源、起名特点、剑的制造方法和剑术等问题。

娘吾才让（སྙིང་བོ་ཚེ་རིང་།）的《试论〈格萨尔〉史诗所含政治与军事思想》（གླིང་སྒྲུང་ལས་མཚོན་པའི་ཆབ་སྲིད་དང་དམག་དོན་གྱི་གནས་བབ་བཤད་པ།《攀登》第 3 期）一文，从两个方面讲述了《格萨尔》史诗体现藏族政治的复杂性与部落军事体制思想。

仁青吉（རིན་ཆེན་སྐྱིད།）的《浅谈〈地狱救妻〉的地狱描述》（《དམྱལ་གླིང་ལྷུན་པ་རང་གསལ》ལས་དམྱལ་བའི་སྐོར་གླེང་བ།《藏族民俗文化》第 3 期）一文，通过分析与地狱有关的作品来解析《地狱救妻》和地狱情景的描述，论述了《地狱救妻》的艺术性和社会性。

官却扎西（སེ་ཀུ་དཀོན་མཆོག་བཀྲ་ཤིས།）的《论格萨尔戏剧剧本特征》（གེ་སར་ཟློས་

གར་འཁྲབ་གཞུང་གི་ཁྱད་ཆོས་སྐོར་བ།《藏族民俗文化》第4期）一文，通过叙述藏族戏剧的根论述了格萨尔戏剧剧本的发展史、人物形象、故事结构、剧本的顺序等。

才让东智（ཚེ་རིང་དོན་གྲུབ།）的《浅谈〈格萨尔〉史诗传承与弘扬的方法》（འཛམ་གླིང་གེ་སར་རྒྱལ་པོའི་སྒྲུང་རྒྱུད་འཛིན་དང་དར་སྤེལ་བྱེད་པའི་ཐབས་ལམ་སྐོར་གླེང་བ།《青海民族大学学报》第3期）一文，探讨了格萨尔史诗的传承和弘扬问题，指出应加强培养格萨尔史诗的传承者，通过电视和电台、戏剧等方式扩大传播范围。

索加本（བསོད་རྒྱལ་འབུམ།）的《试论〈格萨尔〉史诗中的阿达拉姆信仰与传统遗迹》（ཨ་སྟག་ལྷ་མོ་དང་འབྲེལ་བའི་དད་མོས་དང་ངག་རྒྱུན་ཤུལ་རྗེས་ལ་དཔྱད་པ།《西藏研究》第1期）一文，梳理了《格萨尔》中阿达拉姆的生源地、名字及其信仰与遗迹，同时介绍了与阿达拉姆相关的王史记《阿达鹿宗》和法史记《阿达勒姆》《阿达拉姆密传记》《地狱救妻》等版本及内容。

角巴东主（གཅོད་པ་དོན་གྲུབ།）的《果洛格萨尔文化与民间信仰关系新论》（མགོ་ལོག་གི་གེ་སར་རིག་གནས་དང་དམངས་ཁྲོད་དད་མོས་བར་གྱི་འབྲེལ་བར་ཐོག་མར་དཔྱད་པ།《西藏研究》第2期）一文，阐述了格萨尔王及其相关的信仰和格萨尔的风俗文化，探讨了果洛格萨尔文化与民间信仰之间的关系和历史背景等。

艺 术

汉文部分

一、艺术理论

当增扎西《工巧明经典释读:〈时轮摄略经〉与〈吉祥胜乐根本续〉两部经典关于佛像量度的理论学说及其影响》(《西藏艺术研究》第3期),从分析藏文大藏经《甘珠尔》中《时轮摄略经》和《吉祥胜乐根本续》两部经典的名称、译者与主要内容入手,探讨了《时轮摄略经》关于佛像量度125指学说和《吉祥胜乐根本续》关于佛像量度120指学说的理论观点,比较分析了125指和120指两种不同量度佛像的划分方法,以及在绘画造像艺术实践中的应用。梳理了两派学说发展的历史脉络以及对藏族工巧明理论产生的影响等。

次旺扎西《20世纪90年代西藏美术的发展》(《中国藏学》第3期),主要围绕藏族传统美术的创新、油画、雕塑、版画水彩画连环画在20世纪90年代的发展进行讨论。文章认为,自改革开放以来,西藏的美术家通过学习和探索,创作思路变得逐渐清晰和开阔,创作手法更趋成熟和多样化,在西藏形成了一个生机勃勃、百花齐放的艺术环境。

二、造像、瓷器

黄春和《首都博物馆藏西藏丹萨替风格铜镀金广目天王像研究》(《博物

院》第6期)，对首博馆藏的一尊广目天王造像进行深入探讨，作者主要从造像的面部、躯体、头饰、衣着及装饰、镶嵌、材质、镀金、造像背后的方形孔洞等细节分析入手，论述其艺术特征，并通过阅读相关文献记载，考察造像的历史文化背景，判定这尊造像为典型的西藏丹萨替风格造像。文章指出，这尊造像对于研究丹萨梯寺和帕竹地方政权历史和文化艺术、判断元代藏传佛像艺术特征提供了重要证据。

张婧文《明清入藏瓷器与汉藏文化交流》(《郑州大学学报》社科版第3期)，对西藏寺院和宫殿收藏的明清时期大量瓷器进行考察，作者认为，大量明清瓷器入藏是通过御赐、定制、贸易等渠道，这些瓷器中不少是出自御窑。主要供奉于佛前或作为活佛、上层官吏日常用器，其中一部分特制或定制器物的造型和装饰带有明显的藏传佛教特征，这与明清两代宫廷对藏传佛教的理解和接受程度有关，从影响程度和产品数量看，清代更为突出。文章提出，入藏瓷器为安定边疆、促进统一多民族国家的最终形成和不断巩固作出了贡献，它们也是汉藏文化交流的重要见证。

三、绘画

谢继胜《扎塘寺主殿造像配置及其意蕴——兼论11—13世纪西藏佛教与佛教艺术的构成》(《中国藏学》第3期)，通过胜迹志、12世纪前后重要寺志与教法史文献记载，以及桑耶寺乌孜大殿的布局，对11世纪建造的西藏扎塘寺佛殿净香殿的建筑形制及其三层殿堂的绘塑进行了复原，并进而探讨了佛殿建筑及殿内塑像所表现的宗教哲学意蕴。文章认为，11世纪前后的藏地寺院，与此时河西走廊的敦煌，延伸至中原腹地的宋、辽与西夏，同样处在末法背景下佛教中兴的圆融氛围之中，包含了金刚乘无上瑜伽密的体系化新兴藏传佛教，保留了承袭自敦煌吐蕃传统的圆融佛教特征。

熊文彬《十七世纪西藏绘画艺术的伟大变革：云南丽江博物馆藏十世噶玛巴活佛的〈十六罗汉〉唐卡组画》(《美术研究》第4期)，指出此套《十六罗汉》唐卡组画在继承藏传佛教唐卡艺术传统的基础上，充分吸收汉地艺术的构图、色彩、技法和创作理念，对藏传佛教传统唐卡进行了伟大的创新，因此，也被誉为“汉式唐卡”。文章指出，唐卡中前景、中景、远景的构图丰富了传统唐卡的叙述方式；没骨法等水墨技法与线条结合、兼工带写的造型语言改变了传统绘画单线平涂的造型模式，丰富了唐卡的造型语言和技法。作者认为，这种创新使日益程式化、逐步僵化的藏传佛教传统艺术充满了生气和活力，闪耀出人文主义的光芒。

杨清凡《江孜白居寺吉祥多门塔阿閦佛净土壁画初探》（《西藏大学学报》社科版第1期），通过实地调查，结合藏汉文本与图像比对分析，认为江孜白居寺吉祥多门塔阿閦佛殿壁画所描绘的是阿閦佛东方佛国妙喜净土，其中所绘场景与《阿閦佛国经》藏文译本内容完全相符。探讨这一图像题材、文本及相关思想的传播与影响，对目前较为欠缺的藏传佛教中净土思想的研究具有重要价值。

王瑞雷、任赟娟《托林寺迦萨配殿药师图像重构——兼议13—15世纪西藏阿里地区药师如来信仰与图像配置》（《敦煌研究》第2期），从奥地利维也纳大学艺术史学者黛博拉·克林伯格·塞尔特教授早年论文《斯比蒂河谷中的唐卡绘画传统》中所引用盖尔西于迦萨殿拍摄的两张照片入手，结合西藏西部阿里地区13—14世纪前后的桑达石窟、帕尔噶尔布石窟以及羌衮巴石窟中的药师如来壁画，深入讨论了迦萨殿外围配殿原药师如来殿的图像构成与年代、该题材在13—14世纪阿里地区的图像配置和信仰等问题。

梁云云《阿里普兰细德拉德寺侧殿壁画辨识与分析》（《西藏大学学报》社科版第3期），对细德拉德寺现存旧壁画及题记进行图像识别。作者认为，阿里普兰细德拉德寺侧殿壁画主尊上师属于萨迦道果传承，主尊之上的大成就者传承则是依据萨迦派记述的胜乐金刚坛城仪轨的梵文续部《如意轮总持经》。作者在考证壁画绘制年代及供养人时，发现两位16世纪细德僧曾远赴萨迦都却拉章学法，据此认定该寺侧殿壁画为16世纪萨迦俄尔派在西藏西部传播道果教法的力证。

董晓荣《阿尔寨石窟第31窟十一面千手千眼观音图像研究》（《西藏研究》第6期），通过对阿尔寨石窟第31窟十一面千手千眼观音图、汉传佛教十一面千手千眼观音图像和藏传佛教十一面千手千眼观音图像进行对比分析后指出，阿尔寨石窟第31窟壁画中的十一面千手千眼观音图像呈现出不同的风格特征，进而认为阿尔寨石窟第31窟十一面千手千眼观音图像的头部排列样式应是藏传佛教系统样式。文章认为，从阿尔寨石窟第31窟十一面千手千眼观音的服饰特点、所绘蒙古族供养人服饰特点、所绘幞头等特征来判断，此观音像的绘制年代应是北元时期。

四、岩画

汤隆皓《西藏塔康巴滑雪岩画和扎西岛彩绘岩画的时代问题》（《西藏研究》第6期），对1992年西藏日土县境内发现的塔康巴岩画进行了研究。文章指出，塔康巴岩画上有很多看上去像荷物负重行进的队伍，20世纪初新疆阿尔泰敦德布拉克也发现了类似的岩画，结合阿尔泰其他地区发现的同类岩画以及流传至今的运动传统和风俗。作者认为，这种图像应该是表现滑雪动作的岩画，与世界各地滑雪岩画的资料比较，整个世界范围的滑雪岩画，包括中国新疆阿尔泰和西藏塔康巴的滑雪岩画，其时代应该在距今3000年前左右。

汤隆皓《西藏岩画研究回顾》（《中国藏学》第4期），对西藏整个岩画研究历程进行回顾。指出经过30余年的发展，西藏岩画研究已经取得了长足的进步和令人瞩目的成果。目前从西藏岩画发现的数量和研究成果的统计来看，在全国范围内都位居前列。西藏高原地域辽阔、海拔高、道路险阻，舟车难行，依然有很多地方没有进行岩画调查，很多调查都是以按图索骥式的方式进行，没有经过系统调查，更没有在地理信息系统的方式中进行，西藏地区的岩画调查可以说还有长足的发展空间。岩画断代手段目前还主要依靠综合分析的人文学研究方式。文章指出，今后应更加积极地运用铀系、碳14、微腐蚀观测等手段测年，为岩画学朝着科学方向的发展提供坚实的基础。

John Vincent Bellezza著、永保藏译《纳木错的苯教岩画：藏北原始宗教掠影》（《青海民族大学学报》社科版第1期），研究了一系列纳木错发现的与西藏原始苯教相关的岩画，纳木错苯教岩画属于苯教早期以及受佛教影响后的时期，是解读西藏历史文本来源的重要依据。

五、藏戏

次仁朗杰《藏族传统戏剧历史文化源流考辨（上）》（《西藏艺术研究》第1期）、《藏族传统戏剧历史文化源流考辨（下）》（《西藏艺术研究》第2期），通过档案文献资料和田野调查，梳理了藏族传统戏剧历史文化的发展脉络。把藏戏的历史划分为七个时期，分别是：远古苯教文化时期的戏剧、吐蕃时期的戏剧、分裂割据时期的戏剧、萨迦政权时期的戏剧、帕竹政权时期的戏剧、甘丹颇章时期的戏剧、和平解放后的戏剧化等。

张丽影《21 世纪国内藏戏面具艺术研究述评》（《四川民族学院学报》第 4 期），就 21 世纪国内对藏戏面具艺术的研究成果进行综述。文章从藏戏面具的分类、艺术特点、宗教色彩、藏戏面具与其他民族面具比较等方面进行研究和探讨。

蒋建华《改革开放 40 年国内藏戏研究综述》（《中国藏学》第 3 期），对改革开放 40 年来国内藏戏研究的学术论文、专著进行系统综述。作者把所有研究进行分门别类，对于不同时期、不同主题、不同文种的研究进行系统梳理，试图对新时期藏戏研究趋势有一个总体把握。

六、其他

格桑多吉《藏族传统装饰图案中动物纹样的流变及其文化表现》（《西藏大学学报》社科版第 1 期），就藏族图案中的动物纹样流变就行了梳理，认为藏族图案中的动物纹样流变呈现出四个不同的时代特征。动物纹样造型样式的流变经历了从自然形态向理想化、从生活化向神圣化、再从神圣回归自然的历程，在纹样的文化内涵上经历了从本土到多元、从苯教到佛教的转型、从兼收并蓄向融会吸收直至形成新的本土纹样体系的过程。最后文章认为，藏族纹样在发展演变过程始终表现出“开放性、包容性、多元化、融合力”的特点，这是藏族传统纹样的文化性格，是藏族传统纹样历经千年文脉不断、延续至今的内在动力。

伍金加参《试论阿里普兰妇女传统服饰及其文化特征》（《西藏大学学报》社科版第 1 期），着重探讨了普兰妇女传统服饰产生的历史背景及其文化特征。主要从普兰地名及妇女传统服饰起源和普兰妇女传统服饰的结构及其艺术特征两个方面进行探讨。文章认为，西藏阿里普兰妇女传统服饰形成于象雄阶段，并带有强烈的苯教文化意蕴；普兰妇女传统服饰文化之所以独具特色，在于其反映了一种特殊的藏民族气质、审美习俗以及阿里地区的地域文化特征。

王慧《汉藏文化交流影响下的清代西藏织毯艺术研究》（《中国藏学》第 4 期），通过对清代西藏织毯艺术的考察，分析清代汉藏文化交流的历史。文章认为，从个清代西藏地毯的装饰题材、纹样布局、色彩配置等方面看，清代汉藏文化交流达到前所未有的深度，这对两地物质文化与精神文化的发展产生了重要的影响，并以外化的形式体现在当地民众物质生产与精神生活的方方面面。织毯工艺是清代西藏最主要的工艺美术门类之一，也是当地最主要的手工业种类，其毯面装饰艺术也体现出鲜明的“汉藏艺术风格”，反映了清代内地文化对西藏地区文化的深入影响。

拉旺、石达顿珠《区域文化架构下西藏传统音乐风格区——访著名藏族音乐学家格桑曲杰先生》（《西藏大学学报》社科版第2期），作者通过访谈藏族音乐学家格桑曲杰先生，就区域文化构架下如何形成西藏音乐风格区、五大音乐区域的音乐风格特点类型与分布、各自风格区域内准风格区或亚风格区的关联、如何传承和发展传统民族音乐、如何看待寺院音乐等问题进行了访谈。

藏文部分

吉如·巴桑罗布、凯尔·格旺（དགེ་རུ་པ་སངས་ནོར་བུ། མཁར་བསྐལ་དབང་།）《新发现的勉唐派祖师勉拉顿珠一幅绘画唐卡探微》（གསར་རྙེད་བྱུང་བའི་སྨན་བླ་དོན་གྲུབ་ཀྱི་ཕྱག་བྲིས་བསྟར་མའི་ཞལ་ཐང་ལ་དཔྱད་པ།《西藏研究》第1期），对第一次全国可移动文物普查期间在萨迦寺发现的一幅古代唐卡作了仔细研究。从唐卡题材内容、艺术性、材料以及画面布局四个方面进行了分析，认为此幅作品应由西藏唐卡勉唐派祖师勉拉顿珠亲手绘制。

桑嘎卓玛（བསམ་དཀར་སྒྲོལ་མ།）《藏北“雪热巴”舞蹈艺术》（བྱང་ར་ཐང་ཁུལ་གྱི་ཞོལ་རལ་པའི་སྒྱུ་རྩལ་སྐོར་རགས་ཙམ་གླེང་བ།《西藏大学学报》第3期），对藏北雪热巴舞蹈艺术的表演特点、舞蹈风格及主要技巧等问题进行了讨论，同时对“雪热巴”表演服饰进行了分析。

阿翁卓玛（ངག་དབང་སྒྲོལ་མ།）《试论康区朱倭古舞的渊源与特点》（ཁམས་རྡི་ཧོར་ཡུལ་གྱི་གནའ་བྲོའི་སྐོར་རགས་ཙམ་གླེང་བ།《西藏大学学报》第4期），就康区朱倭古舞的起源、发展过程以及主要特征等问题进行了较为深入的研究。对朱倭古舞的主题、类型、表演程序、旋律及风格逐个进行分析，同时对于朱倭古舞表演服饰也进行了论述。

历史考古地理文献

汉文部分

本年度，中国藏学在历史、考古、地理、文献研究方面一如既往地保持了高水准，但在研究时段、领域和重点方面又体现出了一些新的特点。以下按不同专题一一综述。

一、历史

（一）总论

本年度相对缺少大部头的通史类著作，但以方志为代表的地方史、专题史方面的通论性著作不在少数。另外，围绕多卷本《西藏通史》进行的关于西藏历史发展和藏族史学研究的讨论，以及相关论文集和专题学术论文也涉及对藏族历史的宏观叙述。

首先是一批地方史志的出版，进一步拓展和加深了地方史研究的广度和深度。作为每一年度通史类著作的重要组成部分，本年度出版的地方志也颇具规模，比如中国藏学出版社继续出版了《西藏自治区志·政区建置志》《察隅县志》。青海民族出版社出版了《丝绸之路青海道志》《海北藏族自治州志（1991—2010）》。四川大学出版社出版了由董常保主编的《阿坝州旧志集成》

（全6册），分别为《九寨沟卷·理县卷》《金川卷·小金卷》《茂县卷》《松潘卷》《汶川卷》《综合卷》。

今年3月28日是西藏民主改革和百万农奴解放纪念日。为纪念这段历史，中国藏学研究中心于3月27日举办《西藏通史》出版学术研讨会暨“活佛转世”专题片发布会。中国藏学研究中心、中国社会科学院、中央民族大学、西藏社会科学院等单位的专家学者及参加《西藏通史》研究编撰工作的共70多位学者出席会议。会议上，来自全国各地的专家学者就编撰《西藏通史》的重大意义、学术价值、研究创新、编纂经验等进行全方位的讨论，认为《西藏通史》的付梓面世，既是中国藏学研究事业发展的重要里程碑，也是中国藏学在国际藏学界居于领先地位的现实标志。《西藏通史》的问世，彰显了中国现代藏学研究跨越式发展的现实成就在国际藏学领域具有独一无二的学术地位。以此次研讨会为平台形成的一系列高水平的《西藏通史》研究述评发表于本年度相关学术期刊，比如郝时远的《〈西藏通史〉奠定了中国藏学研究的国际领先地位》（《中国藏学》第2期）、周伟洲的《尊重历史，实事求是：组织撰写〈西藏通史·民国卷〉之体会》（《中国边疆史地研究》第2期）、李大龙的《区域性通史话语体系的经典之作——〈西藏通史〉读后》（《中国藏学》第2期）、方铁的《研究西藏历史的重大成果——读〈西藏通史〉》（《中国藏学》第2期）、赵心愚的《勇于担当敢于创新用心编撰——读多卷本〈西藏通史〉》（《中国藏学》第2期）、张云的《编撰〈西藏通史〉中的几个问题》（《中国藏学》第2期）、喜饶尼玛的《具有里程碑意义的优秀科研成果——简评新近出版的〈西藏通史〉》（《中国藏学》第3期）、苏发祥的《地方志传统与族别史研究的有机结合——〈西藏通史〉的新突破》（《中国藏学》第3期）、李德成的《著书不落窠臼　作史卓尔不群——评〈西藏通史·元代卷〉》（《中央民族大学学报》第3期）、杜玉芳的《整体视野下的〈西藏通史〉写作》（《中国藏学》第3期）、石硕的《书写西藏历史的一部巨著——读〈西藏通史〉的几点认识和体会》（《中国藏学》第4期）、班玛更珠的《万古兴衰一笔书：从开天辟地到走向一统——〈西藏通史·早期卷〉的创举与使命》（《中国藏学》第4期）、梁俊艳的《一部区域史与民族史研究的杰作：一位撰稿者与特邀编辑的心得》（《中国藏学》第4期）、邱熠华的《〈西藏通史〉的编撰与历史研究所青年学者的成长》（《中国藏学》第3期）等。

本年度中国藏学出版社出版的《蒲文成藏学文集》分为4卷6册，共收录文章约200篇，近200万字，其中《文史研究卷》上下两册收录了《松赞干布生卒年考》《关于西藏佛教前后弘期历史年代分歧》《吐蕃王朝历代赞普生卒年考》《噶举派在青海的传播与现状》《青海驻京呼图克图述略》等近40篇研究藏族历史、宗教和文化的论文，集中展现了作者在藏史研究方面取得的突出成就。

古今中外，所有国家的边疆地区可能会存在某种共性特征，但也存在较大的差异性。张云的《中国边疆研究的内涵和特征刍议》（《中国边疆史地研究》第3期）一文，首先从古今不同、中外不同、边疆理论和现实政策实践不同等三个方面辨析了人们对边疆的观念、理论、研究的差异性，在此基础上重点从历史角度、认识角度，理论层面、实践层面讨论了中国边疆研究的自身特点，比如中国的边疆内涵和概念悠久的历史、完整的系统和丰富的内容；秦汉以来形成的独具特色的集权管理体制保证追求大一统的制度不断完善；形成了一套系统的治国理政思想、理论、文化和安边、守边、治边政策与制度；近代中国遭受外国殖民侵略时全国各民族共同保卫边疆，共御外侮的伟大运动以及古代中国优良的史学传统等。作者指出，中国的边疆研究还有许多问题需要厘清思路、考辨是非、确立原则，包括历史上的中国和中国疆域的界定、统一政权时期的疆域观与分治时期疆域观的异同、中原政权的疆域观和边疆地区政权疆域观的异同、农业地区政权和北部草原游牧地区政权疆域观的异同、中国疆域研究的不同层次划分问题、边疆研究的学科属性和方法问题等，不仅是重要的学术判断，更是重大理论问题。因此，中国边疆研究应该学习借鉴国外边疆研究理论、思想和方法，但也不是削足适履，而是要立足中国政治文化传统实际和史料基础，从中国漫长的历史时期和复杂丰富的现象中，梳理和总结出中国边疆研究的一般性、规律性和突出特点，建构中国边疆研究的话语体系。

地方史研究方面，石硕的《康藏历史与文明》（四川人民出版社）一书收录了《西藏新石器时代人群面貌及其与周边文化的联系》《历史上藏人向中原地区的流动及与西藏社会发展的关联》《高原丝路：吐蕃“重汉缯”之俗与丝绸使用》《从藏文史籍中的四个称谓看吐蕃对唐太宗的认知——兼论吐蕃的中原观》等22篇研究康藏历史文化的叙述论文，对康藏地区的历史源流与文明进程进行了较为全面系统的探讨。

近代以来，随着我国国力衰微，英印政府趁机蚕食和占据了我近9万平方公里的门隅地区，甚至建立了所谓的“阿鲁纳恰尔邦”。白玛朗杰主编的《西藏门隅地区的人文历史与现状》（中国藏学出版社）一书利用翔实的资料全面介绍了西藏门隅地区的历史、地理、气候、自然资源、经济、贸易、文化、宗教等。另外，还从相关亲历人物口述史的角度回顾了英印策划侵占我门隅地区的“西姆拉会议”的过程，梳理了之后英印、西藏地方政府、民国中央政府各方对中印边界问题的交涉，雄辩地证明了门隅地区自古以来就是中国领土不可分割的一部分。

拉巴次仁、石达顿珠、拉旺的《雅砻地区历史沿革及其相关问题探析》（《西藏大学学报》第4期）一文，对西藏不同历史时期在雅砻地区建立的部落联盟、地方政权和地方势力等历史沿革作了阐述。雅砻是西藏重要的古历史地名，也是重要的西藏古文明发祥地。悉补野时期，雅砻地区建立了强大的雅砻部落联盟，吐蕃王朝时期为约茹的中心，分裂割据时期赞普后裔在此建立雅砻觉阿王系统，萨迦政权时期设立帕竹万户，帕竹政权时期在此建立西藏地方政权，甘丹颇章政权早期设立乃东宗，甘丹颇章政权晚期设立山南总管。另外，文章还对与雅砻地区相关的颇章地名、丹噶宫和帕竹十三宗豀等历史疑难问题作了探讨。

元以来是西藏及其周边区域开始纳入中央政府行政管辖的关键时期，也是藏族封建地方部落政权形成和发展的重要时刻，康区的政治演变和区域发展走向一直影响着西藏腹地的政治方向。叶拉太《元以来康区部落及其地方政权的形成与分布情况》（《青海民族大学学报》第4期）一文，对囊谦杰波世系、嘉绒十八王国、丹玛万户、木里杰波、巴塘地区部落及政权、德格杰波等元以来康区部落及其地方政权的形成与分布情况进行了梳理，指出康区藏族部落自吐蕃王朝灭亡以来保持了分合离散的基本面貌，地方性封建割据部落政权相继出现，且随着区域性寺院集团的发展而逐渐形成地方政教联盟系统。这些部落政权形成时间不一，分布广泛，演变复杂，有其特殊的政治历史背景和地域发展特色。但总体来讲，部落政权（制）的格局一直持续下来并影响到康区乃至多康藏区与西藏间政治、经济、文化的各个层面。

（二）吐蕃、宋

这一部分关于吐蕃和宋代的研究，包括前吐蕃即史前时期、吐蕃王朝时期和宋代吐蕃时期，从研究现状来看，前吐蕃和宋代吐蕃历史研究相对较少，多数成果集中在吐蕃王朝的研究方面。

首先是早期吐蕃的历史文化研究，内容涉及前吐蕃时期的政治格局和社会文化。比如按照传统藏文史籍的记载，在统一的吐蕃王朝建立之前，西藏高原曾有十二小邦割据，由此也形成了专用名词——“十二小邦”。曾丽容的《藏地史前“十二小邦”续考》（《西藏民族大学学报》第 1 期）一文，通过分析认为，专有名词“十二小邦”始于吐蕃王朝时期，在吐蕃王朝的政府文告中以及其后众多典籍中，这个专有名词被作为众多臣服小邦的代表被沿用至今。其实这个专有名词的出现，是为了强调吐蕃王朝权力的基础和政权的合理性。因为正是在“十二小邦”的“共同拥戴”之下，青藏高原以雅隆悉补野部落的首领——赞普为核心，一个更大更有力的部落联盟——吐蕃王朝得以建立，这也是这一专有名词在后世文献中被反复提及的根本原因。

在传统藏文史籍中，“天赤七王的陵墓建在天上”是对雅隆部落早期王族丧葬文化的共同认识，当前学界还以此为依据形成了对西藏早期丧葬文化产生了各种解释。叶远飘的《再论吐蕃史前贵族阶层的葬俗及其信仰——以“天赤七王”传说为例》（《西南民族大学学报》第 12 期）一文，结合西藏地区藏族民间传说、考古发现的史料与从横断山脉一带收集到的田野资料，指出藏文史籍中的上述记载可能隐喻的是西藏史前贵族阶层实行的一种“肢解尸体，并且不起坟丘的二次乱骨葬”。文章认为，文献中“恰”氏天赤七王与“穆”氏联姻的记载提示我们关注与“穆”氏有关的横断山区，根据文献资料和考古发现，其与横断山区的乱骨葬有一定的联系，而这背后的信仰意义，就是反映了西藏史前母系社会的人们集天神崇拜与祖先（母系）崇拜为一体的原始信仰。

其次是唐蕃关系和吐蕃的军事扩张。比如唐蕃关系中的使者研究，胡晓兵的《唐朝入蕃副使论略》（《西藏民族大学学报》第 6 期）一文，指出唐朝派出入蕃副使始于 641 年（唐贞观十五年），从 710 年至 825 年间，有据可查的唐朝入蕃副使共有 17 人、18 次使蕃，与唐使入蕃 100 余次相较，有副使同行的情况可谓“十有其二”。这些副使大多出现在中唐以后，目的地并非都是逻些，员以文官为主，使命是息兵弥隙，在主使因故不行时有副使代行的情况，可以说为唐蕃结下政治亲谊作出了重要贡献。

崔汉衡曾于唐代宗、德宗朝 4 次出使吐蕃，两度参与唐蕃会盟，是中唐时期唐蕃交往活动中的重要参与者。吴炯炯的《和蕃使崔汉衡考——以新出土〈崔汉衡墓志〉为中心》（《中国藏学》第 2 期）一文，以河南洛阳出土的崔汉衡墓志为基础资料，结合该家族其他成员墓志的记载，大致复原了正史中原本断裂的崔汉衡与其五世祖之间的世系传承。在此基础上，按照时间顺序复原这位中唐时期著名和蕃使的宦海沉浮，对其行年履历进行了详细的考证。

吐蕃军事扩张研究，比如经略西域是吐蕃王朝对外军事扩张的主要战略，朱悦梅《唐代吐蕃用兵西域之相关问题研究》(《西藏民族大学学报》第2期)一文，从历史地理的角度讨论吐蕃进攻西域的军事地理方略与战术部署，指出吐蕃在争夺西域的进程中，随着其初出青藏高原对外界的适应程度的加深，其控制范围也有所拓展。最初吐蕃军事力量从以游牧为主地区进入西域绿洲，不同的生产方式使吐蕃军队的补养方式受到限制，倒逼吐蕃作出一些新调整。因此，吐蕃军队之后直接深入到碎叶一带的广袤草原地区，纵深的过大，使之形成与突厥联合、自西向东攻唐的态势。

吐蕃占领唐朝河陇地区以后，于沙州设置节儿，以吐蕃官员统治唐人，另由唐人出任都督，以辅助节儿处理唐人事务。林冠群的《沙州的节儿与乞利本》(《中国藏学》第3期)一文就针对学界“沙州节儿论”“沙州乞利本”“节儿论及州内权限的万户长”以及“节儿论汉人万户长”均为同一官员之不同官称等问题进行了辨析。文章通过分析认为，蕃占沙州七年发生氾国忠等攻杀沙州节儿等蕃官事件后，吐蕃对沙州官员作了一些调整，在划分数个部落的同时，也设置所谓的汉人乞利本为负责沙州汉人事务的主官。新设沙州汉人乞利本及其僚属虽获有较高位阶的告身，但实际地位仍低于获较低位阶的蕃官，遂有厘清蕃汉官员地位之高下之请。蕃廷最后决定为沙州节儿与汉人乞利本为同级官员，是以，节儿是节儿，乞利本是乞利本，二者并不同一。作者在此基础上还讨论了敦煌汉藏文献中所记职官名及其职权问题，认为敦煌汉文文献所记载的吐蕃官称，似乎不宜作为吐蕃王朝官制研究的主要依据。

唐朝爆发安史之乱后，吐蕃除了趁机在北边占据河陇等地之外，还在南路与南诏联合攻入蜀川。胡岩涛的《唐朝、吐蕃、南诏西南战事与长安战略防御——以代宗、德宗朝为中心》(《西藏民族大学学报》第2期)一文，对唐朝在西南战场上的防御战进行了介绍，指出唐军以蜀川为阵地坚守反击，并拉拢南诏及蛮族诸羌一致攻击吐蕃，最终使唐蕃战争主战场逐渐转向西南，吐蕃两路夹击长安，继而逐鹿中原的梦想破灭。文章认为，唐朝之所以最终守住蜀川，与当地强大的财赋能力为唐军提供充足可持续的后勤保障密不可分。而从其历史意义来讲，蜀川之安危，系中原之大局，代宗、德宗朝时唐朝与吐蕃在西南鏖战39年，最终守住蜀川，实属不易。

再次是吐蕃社会和文化研究。陆离的《吐蕃统治河陇西域与汉藏文化交流研究：以敦煌、新疆出土汉藏文献为中心》(社会科学文献出版社)一书，利用敦煌、新疆等地出土的汉藏文献、金石碑铭汉藏文史籍，对唐前期吐蕃在河陇地区的进出与军政建制，吐蕃统治河陇西域时期的节度使、都督、部落、部落使等问题进行研究，并对其中反映的汉藏文化交流问题作了深入考察和辨析。

8 世纪末，吐蕃曾发生一次佛教论战，学术界称之为“吐蕃僧诤”，即藏文历史文献所载“顿渐之诤”。在这次事关吐蕃统治阶层信仰选择的重大辩论中，以印度莲花戒为首的渐门派最终战胜汉地以摩诃衍那为代表的顿门派，禅宗西传吐蕃遭遇重大挫折。从记载来看，藏文史籍《巴协》和敦煌汉文文献《顿悟大乘正理决叙》是对这次论争记载最为详尽的史料，久迈的《“吐蕃僧诤”汉藏史料比较研究——藏史〈巴协〉与〈顿悟大乘正理决叙〉之比较》（《青海民族大学学报》第 4 期）一文对《巴协》和《顿悟大乘正理决叙》中关于这次辩论事件的记载进行了对比，通过分析认为两者有很多内容可以相互补充，也有很多舞弊可以相互铲除，通过藏汉史料比较、整合，在一定程度上可显其真面目。

在吐蕃社会研究方面，《通典》《旧唐书》《新唐书》等古代汉文史书有关吐蕃时期藏族社会存在着“重壮贱老”“贵少贱老”等记载，在历史上流传很广、影响至深。余仕麟在《吐蕃社会“重壮贱老”辨——以〈通典〉等汉文史书为考察中心》（《西南民族大学学报》第 11 期）一文中认为，这种记载缺乏直接的藏汉史实材料印证，其记叙内容似乎更多地参考了汉唐时期汉文史籍对北方游牧社会习俗的一种普遍记载，比如《史记》《汉书》《后汉书》《晋书》《隋书》等汉文史书对中原地区周边所谓“戎狄蛮夷”地区的记载都留下了类似“贵少贱老”“贵壮贱弱”等内容。而从现存的藏族古文献的记载来看，吐蕃时期的藏族社会并不存在“贱老”的习俗，相反还非常强调“敬老”“崇老”。因此可以认为，以《通典》为代表的汉文史书对吐蕃社会“重壮贱老”习俗的记载，可能是对之前汉文史书中对北方游牧社会习俗类似记载的一个简单“借用”和“移植”的结果，所记内容与当时吐蕃社会的真实情况完全不同。

最后是宋代吐蕃的研究，成果相对较少，比如丁柏峰的《浅析唃厮啰政权基本国策对青唐城的影响》（《青海民族大学学报》第 1 期）一文，重点分析了唃厮啰政权的建立和发展对其都城青唐城，即今西宁城市的发展产生的影响。文章认为，唃厮啰政权时期掀开了西宁城市发展史上重要的一页，位于今西宁地区的青唐城因被其确立为都城。由于地处丝绸之路要道，唃厮啰政权又尊崇佛教，使得青唐城从此具有了自己特殊的城市风貌，唃厮啰政权时期尊崇佛教以及维护丝路两大国策，直接影响了青唐城的城市风貌，使其成为一座广布佛寺的国际都会。

（三）元明

元代研究方面，尕藏加的《萨迦班智达与蒙古阔端王相关文献探析》（《西藏研究》第2期）一文认为，萨迦班智达是萨迦派的代表人物，除在佛学方面有极高造诣之外，其对西藏地区纳入中央政府直接管辖方面也作出了突出贡献，其中萨迦班智达与蒙古阔端王的会见以及他的《致蕃人书》在这一历史事件中起到了至关重要的作用。另外，作者还介绍了萨迦班智达在凉州期间讲经传法、提升藏传佛教地位、扩大藏传佛教影响方面取得的成就。指出自从萨迦班智达·贡噶坚赞以后，萨迦派历辈高僧大德在元朝中央政府和西藏地方政权中多据要津，声势显赫，尤其是他们代表西藏地方同元朝中央政府之间建立的隶属关系，对后世西藏地方政教合一制度的走向和演进发展起到了示范作用。

有元一代，藏传佛教与元宫廷的关联从未间断，元朝末代皇帝顺帝妥懽帖睦尔在位期间也曾多次对一些著名的藏传佛教高僧发出了入大都朝觐传法的邀请，其中就包括衮钦觉囊巴朵波巴·摄啰监灿班藏布。石美在《元顺帝召请觉囊巴上师朵波巴入朝叙事考述》（《中国藏学》第1期）一文中依据朵波巴的相关传记，对元顺帝妥懽帖睦尔邀请觉囊派上师朵波巴入京一事的来龙去脉进行了梳理，指出朵波巴于1344年接到邀请，但最终并未成行。同时就有关文本的叙述模式展开分析，找出了其所利用的故事原型，并就曲扎白所著传记中记载的朵波巴应使者之请所讲教法之内容作简要论述。

在元朝治藏官员中，桑哥是一个非常重要的人物，他官至尚书右丞相，独揽朝政大权。关于桑哥的事迹，主要见于《元史·奸臣传》和藏文史料《汉藏史集》，据说他通晓四种语言，帝师八思巴曾荐其为总制院使，率军平定藏地叛乱。他深得元世祖信任，主持改革财政经济制度，至元二十八年因坐贪赃罪伏诛。李红阳的《元代桑哥的历史形象探析——基于〈元史〉和〈汉藏史集〉相关记载的比较研究》（《西北民族大学学报》第1期）一文，从《元史》和《汉藏史集》对桑哥事迹不同的记载侧重点出发，分析了桑哥的历史形象，认为他的经济制度改革尽管一方面保障了元初财政的稳定，但另一方面又不利于元初经济的全面发展，加上个人生活奢靡腐化，最终给后人留下毁誉参半的历史形象。

明代研究方面，明中央治藏政策研究是重点。比如明朝时期对藏地实行和平羁縻、多封众建政策，明朝中央政府曾先后选派多名汉番僧侣、中官、朝臣作为中央遣藏地使臣前往乌思藏、朵甘、川陕藏地区招抚封赏藏族地方政教上层，积极加强中央政府与西藏及甘、青、川藏地之间的沟通和联系。陈武强、杨洁的《明实录所见洪武时期明朝中央政府与藏族地方交往中的使臣派遣》（《西藏民族大学学报》第1期）一文，以《明实录》为依据，梳理、分析和总结洪武时期汉藏使臣交往，据统计，从洪武二年（1369）五月明朝第一次派出使臣出使藏地，到洪武三十年（1397）正月乌思藏都指挥司灌顶国师遣使入明贡方物，明朝中央政府与藏族地方互派使臣的活动贯穿于整个洪武年间，几乎从未间断。据《明太祖实录》记载，洪武时期明朝官方派遣的出使藏地使臣，有姓名可考者11人，另未载姓名之使臣入藏亦有多起。这些使臣不辞辛劳，跋山涉水，历经艰险，甚至付出生命的代价，为确保朝廷治藏、抚藏等一系列政策在西藏等藏族地方的贯彻落实起到了至关重要的作用。孙玲、陈武强的《明永乐年间的遣藏使》（《西藏大学学报》第4期）一文，对永乐年间奉敕出使藏地的明朝使臣的使命与任务、进藏线路，以及遣藏使的特点和意义等进行了梳理。指出他们历经艰辛，成功完成了诏谕、册封、赏赐、迎请藏地僧俗首领及其他藏地公干之使命。文章认为，他们既是明朝对藏政策的重要执行者，同时也是汉藏民族友好和平关系的传递者。所有这一切，无疑促进了明朝与藏族各地之间的经济文化交流，从而使中央政府与藏族地方之间的关系更加密切。

作为维系西藏地方与中央政府属领关系最重要的桥梁，册封既具有“以通使命”的政治目的，又体现出“闻其道行卓异，至是遣人征之”的浓厚宗教色彩，所以成为明朝治藏的重要政策之一。陈沛杉的《明朝对西藏地方政教首领的册封及其演变》（《西藏研究》第4期）一文，梳理了明朝对西藏地方的册封政策在不同历史时期的演变轨迹，分析了明朝朝野和西藏地方政教首领对于册封的认识，最后探讨了明朝册封政策对后世所产生的影响，认为其对为维系西藏地方与中央政府属领关系、开启中央政府“兴黄教，即所以安众蒙古”的先河、促使朝贡贸易逐渐成为汉藏双方经济交流与文化互动最主要渠道方面起到了重要作用。

在明中央与西藏地方的关系中，藏传佛教和藏传佛教高僧发挥了重要的纽带作用，本年度这一方面的研究也相对可观。自元以来，藏传佛教就在内地广为流传。到了明代，藏传佛教在内地继续盛行，北京作为都城更是众多藏传佛教僧人长期驻锡的地方。杜常顺的《明代藏僧驻京的三大寺院考述——兼论教派色彩与法脉传承》（《青海民族研究》第1期）一文，对大慈恩寺、大能仁寺和大隆善寺等三个明代北京最重要的寺院进行了介绍，并对驻锡这些寺院的僧人所属教派和法脉作了考述。文章指出，明代驻京藏僧主要集中于这三个寺院，这些僧人与宫廷关系最为亲近和密切，驻京藏僧获封法王者，基本上都出自这三个寺院。这三大寺中又各以某个或若干个藏僧显贵为核心，形成具有明显教派色彩的法脉传承。其中，以大慈法王释迦也失为开山，在大慈恩寺形成了格鲁派法脉的僧团；以临洮宝塔寺僧、大敏法王端竹领占为开山，在大能仁寺形成了萨迦派法脉的僧团；以岷州大崇教寺僧、大智法王班丹札释为开山，在大隆善寺形成了噶举派法脉的僧团。在这三大寺中分别形成格鲁派、萨迦派和噶举派的法脉传承，既体现了明朝“多封众建”的藏传佛教政策，也大致反映了明代藏传佛教的教派格局。

作为格鲁派祖师宗喀巴大师的亲传弟子和明朝皇帝册封的西藏三大法王之一，大慈法王释迦也失曾于永乐、宣德年间两次来朝，为沟通明朝中央与西藏地方的关系，推动藏传佛教在汉、蒙古地区的传播，以及促进藏汉文化交流等方面都作出了巨大贡献。关于大慈法王的研究，之前已有拉巴平措和陈楠等学者作过专题研究且有高质量的成果与读者见面，现有安海燕的《大慈法王释迦也失两次进京相关史事新证》（《民族研究》第6期）一文，以拉巴平措公布的藏文手抄本《大慈法王传·如愿呈祥之阳》为主要史料，对大慈法王释迦也失两次进京的一些重要史实进行了新的考证，包括释迦也失第一次入朝的地点是北京而非南京；释迦也失首次来京的驻锡地是元代旧寺海印寺，该寺与其宣德年间入京驻锡的大慈恩寺为同一座寺院；释迦也失第二次进京是在宣德二年应明宣宗的邀请，其最终抵达北京在宣德四年底；释迦也失于宣德十年圆寂于北京大慈恩寺，并非如一些史料所载圆寂于返藏途中等。

安海燕的《明成祖遣使召请宗喀巴史事再考》（《中国藏学》第2期）一文，利用藏汉文献分别对明廷使臣于永乐六年（1408）及十二年（1414）两次迎请宗喀巴的具体过程进行考述和辨析，认为文献所载明成祖多次遣使邀请宗喀巴的说法与史实不符。从明成祖两次遣使召请宗喀巴的过程来看，他对迎请宗喀巴入朝是不遗余力的，但我们不能将迎请宗喀巴只看成是明廷对藏政策的一部分，它更应当是成祖崇敬密教的体现。

茶马互市是元明时期内地与西藏加强经济交往的重要手段，而传统上的汉藏茶马贸易发展到明代，出现了一种实质性的变化，即双方的交易不再是一种自愿互利的经济行为，而是成为官方垄断下的政治策略。阴海燕的《朱元璋治藏茶禁政策考述》（《西藏研究》第4期）一文认为，朱元璋的茶禁政策，包括实施严密的引由制度、茶叶禁榷制度、茶马贸易金牌制和委官巡茶制度，加强对茶户的控制，严格管理茶叶上收、运输和交易，对私茶处以严办，从而达到了“以茶驭番”和“联番制虏”的双重目的。明初这种严禁私贩、以茶治边的策略，虽然含有封建压迫剥削等不公正因素，但茶叶连同茶马古道成为一条纽带，构筑起中原与边疆、藏汉等多民族之间的紧密联系，维系了祖国统一、国防巩固、中华各民族唇齿相依的历史传统。

川边地区以大渡河为界兴起的边茶贸易，成为当时汉、藏民族社会经济文化交流的重要内容。杨江林的《〈万历合约〉：明末川西边茶贸易与汉藏关系的阐释》（《青海民族研究》第3期）一文，以2005年发现于四川省甘孜州泸定县沈村的一份有关明末川西边茶贸易的民间合约（即《万历合约》）为中心，通过合约内容的解读分析了川西汉藏关系和茶叶市场西移的历史过程。文章认为，明末清初川西边茶贸易围绕市场而展开，而汉藏关系则通过茶叶贸易之中各方利益争夺而展现。由于明末清初的战乱和西南特殊的政治制度，在地方的冲突与争斗当中，国家力量的缺失成就了地方势力的表演。汉藏双方的关系也经历了传统秩序下的茶叶贸易阶段、因利益纠纷而进入的冲突阶段（表现为封河禁茶的相持阶段），最后基于多方共同利益和各方压力下而展开的协商立约的基本过程，双方这种博弈关系也预示着边茶贸易市场即将西移。

（四）清

清代研究中的重点，是清代治藏方略的制定和实施。1751年，清中央政府按照《酌定西藏善后章程》规定达赖喇嘛的行政权并成立噶厦，从而使达赖的喇章与政府合二为一，即清文献所称的商上，系指西藏地方政权组织。1757年七世达赖喇嘛圆寂，清朝选定大呼图克图摄政，命名为“掌办商上事务”，俗称摄政。李凤珍的《试析清朝乾隆时期于西藏设僧官摄政制与法治治藏》（《西藏民族大学学报》第6期）一文，通过对乾隆时期在西藏设僧官摄政制度及其在治藏过程中发挥作用的分析，认为乾隆时期中央与西藏地方的关系在政治领域内是中央集权，是历史上治藏政策发展赋予的必然结果。僧官摄政是历史发展的转折点，具体体现由僧官摄政贯彻执行中央的法治章程治藏，促使西藏政教结合的僧俗领主的专政，转化成在中央集权下的地方政权，从而加强多民族国家的统一，安定社会，巩固边疆，促进西藏社会发展。

陈鹏辉在《清末张荫棠藏事改革中的“政教分离”思想及其实践》（《西

藏民族大学学报》第1期）和《试论清末张荫棠藏事改革中的行政体制改革》（《西藏研究》第3期）两文中，对清末张荫棠在藏事改革中提出的达赖、班禅专理宗教事务，不令干预政治的政教分离原则，以及规划裁撤驻藏大臣和驻藏帮办大臣，改设西藏行部大臣；行部大臣之下设左右参赞、左右参议，再分别设立“九局”；地方一级的改革总体目标是逐步建立州县制等行政体制改革的核心内容进行了分析，认为这些改革虽没有完全实施，但在一定程度上冲击了西藏长期存在的政教合一制度，其为建立一体化的中央直接治理体系所作的努力，对后世西藏政治制度的变革具有积极意义。

徐百永的《热振摄政时期西藏的政教合一制度研究》（《青海民族大学学报》第2期）一文认为，十三世达赖喇嘛圆寂之后，西藏的政教合一制度在又一轮僧俗势力博弈之后体现出一些新特征。作者通过对热振的摄政经历和处理重大政教事务的分析，指出其执政特点对于西藏政教制度的稳定构成一定的纷扰。此前曾遭到一定抑制的噶厦再次占据权力的中心，成为西藏宗教和世俗事务的实际操纵者。针对其间发生的引进近代化的改革因素皆因宗教集团的反对而中止。在此过程中，西藏噶厦对于宗教阶层也发生了多次的镇压。因此，可以认为，西藏政教权力格局在十三世达赖喇嘛之后逐渐步上了世俗权力上升、宗教权力相对衰落的局面，这一趋势实际延续到了西藏民主改革之时。

秦和平在《清末川藏地区建设电报通讯之研究》（《中国边疆史地研究》第2期）一文中，较为详细地梳理了清末川藏地区电报通讯的由来及延展状况，并以此为基础探讨了清廷的治藏思想以及面对英帝侵略坚决维护主权的努力。文章认为，川藏地区建设电报通讯的过程，与清政府加强对藏地的统治是同步的，而这场架线通讯，更是与英国“斗”出来的结果，是中国政府在西藏地方行使主权的有力反映。

康欣平在《从第穆案处理看清廷治藏策略之变化》（《西藏大学学报》第1期）一文中认为，清廷对1899年第穆案的处理从之前同意十三世达赖喇嘛及西藏地方政府处置，转为后来推翻之前裁定而平反，由此反映出之前许可西藏地方裁定内部争端的治理模式逐渐转变为后期直接由清廷裁决，应是当时清廷治藏策略的变化。

其次是中国西藏与周边民族、地区的互动，比如有清一代，无论是清廷疆域内部各省省界还是对外的国界都有一个最终确立的过程，尤其是西藏地方边疆涉及中国国界的界址勘分更是在清朝藩属体系影响和英印政府的干涉下曲折发展。张永攀的《1896年中英“藏哲边界”交涉与勘界研究》（《中国边疆史地研究》第4期）一文，针对当时“藏哲边界”（中国西藏地方与哲孟雄即锡金）之间的勘界过程进行了研究，指出“藏哲边界”在清中前期并不清晰，直到1890《中英会议藏印条约》签订才明确划定了“藏哲边界”的走向，但具体勘界其实并未完成。光绪二十二年（1896），中英双方就勘界一事继续商讨，西藏地方坚决维护原有土地，英国不能容忍西藏地方不顾条约而在甲冈一带驻兵、放牧，而清中央意图通过解决界务争端而凸显国家的存在及中央在地方权威，由此一直采取“拖延”策略，致使这次“藏哲勘界”再次被确定为搁置。文章认为，这次联合勘界最终未能成行，但并没有影响中英对于锡金段边界走向的认定原则，也就是说，近年来由于中印“洞朗对峙”事件广为人知的洞朗地区位于当时双方分水岭中方一侧，中国拥有该地的领土主权是无可置疑的，而19世纪末期英国在勘界计划中也承认这一原则。

刘瑞云的《19世纪中叶法国人在川滇藏区的活动研究：以巴黎外方会会士为主体的历史学考察》（四川大学出版社）一书，从早期欧洲修会藏地活动历史回顾，19世纪中叶欧洲修会藏地活动之筹谋，巴黎外方会会士罗勒拿在四川藏族地区的活动，巴黎外方会会士罗勒拿、肖法日在云南藏族地区的活动等方面，展示了19世纪中叶以巴黎外方会会士为主体的法国人在川滇藏族地区的历史活动，并对其中一些问题和事件作了考述，补充了较多法文原始档案史料。

许肖阳的《两次中尼战争（1788—1792）原因探析》（《西藏研究》第6期）一文，对1788—1792年两次廓尔喀侵藏战争的原因进行了分析，认为当时西藏地方与尼泊尔之间在新旧货币兑换比率问题、尼泊尔在藏贸易特权问题及西藏与南亚贸易主导权的争夺等问题是西藏地方与尼泊尔产生矛盾的根源。

达瓦次仁的《大吉岭历史归属问题研究——兼论锡金与中国西藏的关系》（《西藏研究》第3期）一文，对历史上大吉岭归属的变化进行了梳理，指出该地最初为锡金领土，之后被不丹、尼泊尔、英属印度和印度统治，现属印度西孟加拉邦。由于历史和族群构成等因素，今天大吉岭地区呈现出复杂而尖锐的矛盾。

1717年准噶尔部侵藏推翻和硕特拉藏汗政权，占领拉萨将近三年时间是我国民族关系史上具有深远影响的重要事件。从相关记载来看，这次侵藏事件对西藏人民来说无疑是一场浩劫，社会动荡，佛法毁灭，准噶尔人到处烧杀抢掠，生灵涂炭。王希隆、杨代成的《灭法与护法——论康熙末年准噶尔部入藏事件》（《青海民族研究》第1期）一文，通过梳理汉、满、藏及外文史料后认为，准噶尔部入藏虽然在一定程度上给西藏人民带来了灾难，但从其铲除格鲁派集团所强烈憎恶的拉藏汗；通过宗派迫害来清洗一部分格鲁派僧人所不喜的宁玛等旧宗派；采取整顿戒律、任人唯贤等手段积极弘扬格鲁派教法等三个方面来看，将之视为一次维护藏传佛教格鲁派的护法运动，可能更为接近历史真相。

清代土尔扈特蒙古从伏尔加河流域东归祖国是一件震惊世界的史诗事件。闫志伟的《藏传佛教在土尔扈特蒙古东归中的历史作用》（《四川民族学院学报》第 1 期）一文，从沙俄对土尔扈特的宗教压迫、土尔扈特与西藏的宗教联系、清政府采取的民族宗教政策三个方面分析了藏传佛教在促成这一伟大壮举中发挥的巨大作用，认为沙俄的宗教压迫使土尔扈特人感到自己的民族自尊心和民族情感受到严重伤害；土尔扈特汗王为维护自己统治的稳定，积极与蒙古诸部和西藏格鲁派进行联系；通过与西藏和蒙古诸部的联系，又了解到清中央政府的民族宗教政策，从而心生向往，回归祖国。

白佩君的《历辈达赖和班禅与塔尔寺的关系述论》（《青海民族大学学报》第 3 期）一文，梳理了历辈达赖和班禅与塔尔寺的关系，其中包括三世、四世、五世、七世、十三世达赖喇嘛和六世、九世、十世班禅额尔德尼与塔尔寺直接发生的联系或者对塔尔寺的各种关照，指出这些关照对当地宗教、政治、文化等发展带来了深刻影响，另一方面，塔尔寺也成为历辈达赖、班禅开展佛法宣扬、护教护民的基地和平台。

再次是藏传佛教高僧入朝觐见方面，五世达赖与六世班禅先后“入京朝觐”是极具代表性的大事件，对当时西藏地方的政治局势及中央与西藏地方的关系产生了深远的影响。张福强在《和而不同：五世达赖与六世班禅“入京朝觐”之比较研究》（《青海民族大学学报》第 2 期）一文中对这两次活动进行了对比研究，指出两者既有相似之处，又体现出不同的特点。作者认为，这种“和而不同”的特点，“和”的一面体现了清朝对西藏地方政策的一致性与连贯性；“不同”的一面则反映出双方的关系由相互陌生的初级阶段最终走向相互信任、相互理解的成熟阶段，其间西藏地方对中央政府的向心力越来越强，中央政府对西藏地方的控制力亦越来越强。

吕昭义、宫珏的《忒涅关于六世班禅朝觐的记述与乾隆治藏方略的调整和决策》（《中国边疆史地研究》第 1 期）一文，以 1783 年出访札什伦布的英属印度特使忒涅的记述为线索，通过与中文史料的比对，基本厘清了事件演变的脉络，即乾隆在班禅朝觐期间，对治藏方略有两次大的决定。一是在承德期间决定八世达赖亲政，六世班禅辅政，召回掌办事务喇嘛；二是到北京后修改了承德的初步调整决定，最终决策撤销六世班禅辅政，掌办事务喇嘛留任。这一最终决策是经过多方征询、多次修改作出的，对当时稳定西藏具有重要意义。忒涅报告只包含承德初步调整，完全没有涉及北京最终决策。

（五）民国及当代

本年度的民国研究主要集中在中央政府与西藏地方关系研究、西藏社会和制度研究、人物研究等三个方面。

中央政府与西藏地方关系研究方面，民国时期发生的重大涉藏事件，包括两次“驱汉事件”、西姆拉会议、康藏纠纷、藏尼纠纷、黄慕松赴藏致祭十三世达赖、班禅返藏事件、吴忠信入藏主持十四世达赖转世、“西藏革命党”事件、热振事件等，都对中央政府与西藏地方的关系产生了重要的影响。罗绍明和郎维伟的《民国政府处理涉藏事件的经验与教训》（《西藏研究》第 1 期）一文认为，在民国政府处理涉藏事件的过程中，中央政府实施的对藏政策和措施，对于双方维系基本正常的关系产生了重要作用；另一方面，政策上的处置不当也给双方关系造成了负面影响。

喜饶尼玛、冯翔的《“热振事件”与国民政府的因应》（《中国藏学》第 1 期）一文，利用台北“国史馆”所藏档案和英国外交部档案，对“热振事件”前后国民政府对五世热振活佛的态度及治藏政策作了比较详细的考察，指出沈宗濂作为当时处理藏事的高级官员，他选择支持索康·旺钦才旦而非内向态度明确的热振活佛，对于热振被“抛弃”负有重要责任。另外，“热振事件”背后也有国民政府内部权力斗争和对外政策存在纰漏的原因。但文章认为当时国民政府没有形成一个系统的对藏方针才是最重要的原因。

民国时期，蒙藏委员会赴藏特派员谢国梁父子先后卒于赴藏途中，西藏地方政府与中央政府均给予高度重视，分别在藏、汉两地为其举办高规格的丧葬仪式。喜饶尼玛和李威颖在《民国时期中央与西藏地方政府政治互信——以赴藏特派员谢国梁丧葬事宜为例》（《西南民族大学学报》第 11 期）一文中，从谢国梁入藏及中央与西藏地方的关系、西藏地方对谢国梁丧事的处理、国民政府对谢国梁丧事的处理等三个方面，分析了西藏与中央对其丧事的处理及其后事安排均给予重视的原因，认为他没有辜负十三世达赖喇嘛和藏族同胞的殷切期望，更无愧于国民政府的信任与嘱托。他的去世成为国民政府进一步改善与西藏关系的有利时机和重要基础，双方借此“隔空对话”，互表各自的政治态度与立场，这在中央与西藏地方关系极不正常阶段，一定程度上加强了双方的互动交流，试探了彼此的政治意图，最终实现了双方在政治层面的互动与信任，进一步改善和促进了中央与西藏地方的关系。

邹敏的《1949 年噶厦政府“驱逐国民政府驻藏官员事件”再研究》（《中国边疆史地研究》第 2 期）一文，从内外两个因素，即国内中央政权的孱弱与制裁无力、国外力量的鼓动与参与分析了 1949 年西藏噶厦驱逐国民政府驻藏官员事件的原因，指出中央政权的孱弱是催生边疆问题的重要原因。边疆地方政府的“离心”活动与国外力量对边疆问题介入，皆是因中央政府无法“实力”治边、营边而起。

王海燕的《“菩提学会”与民国汉藏佛教文化交流研究》（《中国藏学》第4 期）一文，对20 世纪30 年代成立的“菩提学会”对民国汉藏佛教文化交流所作的贡献进行了梳理。该学会以上海为中心、以地域文化特色分会为架构，不局限僧俗身份、地域国籍征选力行弘扬汉藏佛学文化的学员，以佛教研究为基础，组织佛学人士整理研读、翻译刊行佛典，引介藏传佛教的学理与修习次第，邀请汉藏高僧讲教弘法，融通汉藏佛教差异，建立汉地佛教复兴基础。文章认为，菩提学会作为汉地佛教转型发展的研究机构，在特殊时期构建了汉藏佛教文化交流的平台。

西藏社会和制度研究方面，徐百永在《民国时期政教合一制下的西藏社会研究》（《中国边疆史地研究》第 4 期）一文中，通过对民国时期西藏的政教合一制度特点的分析，认为此时西藏地方的一些重大改革，比如十三世达赖喇嘛新政或者龙厦的改革都是西藏政教合一制度受到挑战的表现，但无法解决政教合一制度本身的结构性矛盾。作者指出，西藏社会独特的发展状态，决定着期待西藏社会内部的制度更新几乎不可能自动实现，因此，在中央政府的主导下开启了民主改革和民族区域自治的崭新时代，彻底打破了数百年来宗教对于西藏政治、文化等方面垄断和深度参与的局面，是历史发展的必然。文厚泓和喜饶尼玛在《西藏近代社会状况刍议》（《西藏大学学报》第 2 期）一文中也对西藏近代社会进行了考察，认为从当时的政治、经济、教育文化、对外交往等方面的状况看，封建农奴制下的西藏社会表面上有了一些近代意义上的变化，但它仍然是一个政治保守、经济落后、思想封闭、民众生活极其贫困、现代文化教育水平极低、政教合一的农奴制社会。虽然新的现代文化已在西藏许多社会生活方面发挥着作用与影响，但离开了中央政府的支持，孱弱无力的近代西藏社会的现代化之路终归于失败。这些也是近代以来西藏社会现代化变革皆归于失败的社会原因。

邹敏的《民国时期拉萨城市生活初论》(《西藏大学学报》第2期)一文,以现代化因素的出现和拉萨城市中不同阶层生活状况为中心,考察了民国时期(1912—1949)拉萨的城市生活,通过对传统生活中的现代性以及上层贵族和下层民众生活的梳理,初步总结出拉萨城市生活的等级性、自主性特点,传统的与现代的、本土的(西藏地方的)与外来的(内地的、西方的)多种生活方式得到了共同呈现。

民国时期十三世达赖喇嘛在西藏推行新政,其中成立了一批新设机构,包括甲擦列空(汉译作盐茶局)、颇康和巴希列空(皆译军粮局)等。王强谢、金勇的《民国时期西藏盐茶局成立时间与官职考》(《西藏大学学报》第2期)一文,对甲擦列空成立时间及官员品级进行了辨析,对当时西藏成立盐茶税收机构的必要性进行了分析,认为其于1913年成立,于1914年开始对盐、茶进行征税,1915年开始对作为进出口货物的羊毛进行征税。甲擦列空的主管僧俗官员在品级上均属四品官员,某些官员获封札萨、台吉等头衔。马睿的《十三世达赖喇嘛"新政"中的两个军粮机构新论》(《青海民族大学学报》第2期)一文,对"颇康"和"巴希列空"两个军粮机构藏语名称和汉语译名以及成立时间进行了梳理,辨析了两个军粮机构方面容易出现的混淆之处。

在清代社会研究方面,除了西藏,还有对其他藏族地区社会的研究,比如曾现江的《清中叶至民国嘉绒地方:社会、文化与族群》(人民出版社)一书在概要梳理嘉绒地区历史地理的基础上,从清初土司制度下的嘉绒社会、雍乾时期嘉绒土司的周边地缘关系网络、雍乾两朝对嘉绒地方政治秩序的强化建构、第二次金川之役结束后金川地区的社会重构、清季民国嘉绒地区的政制演进、近代嘉绒社会的一个持续倾向等几个阶段,梳理和分析了清中叶至民国时期,在国家权力持续强化地方秩序建构之下,嘉绒地区的回应及其在政治制度、族群格局、社会文化等方面所发生的变迁。

人物研究方面,主要是喜饶嘉措和更敦群培研究。喜饶嘉措大师是伟大的爱国主义者,中国佛教界卓越的领导人,是杰出的藏学家。他为维护祖国统一、加强民族团结,增进我国各族人民之间的文化交流和相互了解,为保护和发展民族文化事业作出了不可磨灭的贡献,被毛泽东、周恩来等人誉为"爱国老人",成为藏传佛教界爱国爱教的光辉典范。2018年9月初,中国藏学研究中心、中国佛教协会、中共青海省委统战部在青海西宁和贵德共同主办了"喜饶嘉措大师爱国思想研讨会",49篇专家学者、高僧大德的学术论文从不同的角度对喜饶嘉措大师爱国爱教事迹和思想作出了全面而深刻的评析。本年度亦有多篇论文涉及喜饶嘉措大师。周炜的《喜饶嘉措大师爱国主义思想的基础及其表现》(《中国藏学》第4期)一文从社会和历史两个维度来阐释喜饶嘉措大师爱国主义思想的形成，总结了安多地区藏传佛教界的爱国主义内涵及其在大师爱国爱教的人生经历中的体现。

赵勇的《参政为抗战救国，弘法为团结固疆——喜饶嘉措大师4次重庆之旅及出席国民参政会述略》(《中国藏学》第4期)一文以大师4次重庆之旅为主要线索，以大师参加国民参政会为重点，介绍了大师为宣传抗日、巩固边疆、反对日本帝国主义侵略、西藏反动集团的分裂、抵制列强势力渗透，以及维护祖国统一和领土完整、加强民族团结和汉藏文化的交流传播作出的卓越贡献。

程颐工的《试论喜饶嘉措大师与黎丹先生交往的历史意义》《中国藏学》第4期)一文，通过对新近发现的珍贵文史资料——杨质夫《入藏日记》的深入挖掘，展示了喜饶嘉措大师爱国爱教思想从自发走向成熟的重要成长历程；通过对喜饶嘉措与黎丹两位大师友好交往的探寻，勾勒了大师践行爱国爱教思想的足迹。

杜永彬的《更敦群培与印度学者罗睺罗的关系》(《中国藏学》第S0期)一文以从印度文译成英文的更敦群培与罗睺罗的往来信函和罗睺罗的自传等材料为据，参考国内外关于更敦群培和罗睺罗的初步研究成果，在对罗睺罗的生平和主要学术、政治活动进行梳理的基础上，通过阐述其与更敦群培的关系，重点分析了两人对彼此的学术和政治影响。

在根敦群培短暂的一生中，斯里兰卡之旅是一个较为关键的时间段，对其思想产生了较大影响。增宝当周在《根敦群培的斯里兰卡之旅及其记述》(《四川民族学院学报》第4期)一文中，对根敦群培在斯里兰卡一年四个月的旅居岁月进行了介绍，指出他在这里不仅学习了梵文和巴利文，还翻译和查阅了相关典籍，切身体验感受了斯里兰卡的佛教文化，促使他自身思想观念发生了重要的转变。

其他人物研究，卢本扎西、喜饶尼玛的《爱国高僧阿旺嘉措评述》(《西藏研究》第4期)一文，对西藏拉萨色拉寺杰扎仓堪布阿旺嘉措以“爱国爱教”的坚定信念维护祖国统一，反对分裂，与亲帝势力进行了不懈斗争，解放后与中国共产党合作共事参与建设甘孜地区社会主义新政权的伟大一生进行了评述。

泽仁翁姆的《康区末代女土司——降央伯姆》(《四川民族学院学报》第4期)一文简要阐述了康区末代女土司降央伯姆的一生。降央伯姆是德格土司家族史上由外来妇女任职土司的第一人，在任时间先后经历了民国时期和新中国时期，历经和平解放西藏、民主改革、“文化大革命”和改革开放等一系列重大历史事件。文章主要讨论了降央伯姆的生平、婚姻实质以及与寺庙的关系，认为她在支持解放事业、积极参加民族工作、关注民族教育、保存口述历史等方面发挥了重要作用。

当代研究方面，王贵的《藏学论文及忆文选编》(中国藏学出版社)汇集了王贵先生几十年在藏工作的忆文及研究文章，全书分进藏之前的革命历程、和平解放西藏及在藏工作、人物回忆与评述、藏语文学习与研究等，收录了作者在不同时期写就的各类文章，通过亲身经历再现了西藏发生的翻天覆地的变化。

另外，本年度有几篇学术史研究成果，集中总结了当代藏学研究相关领域取得的重大成就，比如张云在《1978 年以来西藏历史研究的回顾与展望》(《中国藏学》第 S0 期)一文中，较为全面、系统地梳理了改革开放 40 年来国内西藏历史研究走过的光辉历程，分析了其复苏、发展到繁荣的原因及主要标志。文章以西藏通史类著作、断代和专题研究成果为重点，概述了 40 年来藏式研究取得的丰硕成果，并从当前西藏历史研究的良好发展态势及存在的问题出发展望了其未来发展的前景。

王川、马正辉的《“藏族抗战史”研究之回顾与前瞻》(《中国藏学》第1期)一文，在回顾国内学术界几十年对“藏族抗战史”(即中国藏族民众与团队投身抗日战争)研究相关成果的基础上，通过评述、总结这一领域的代表性研究成果，归纳了这一研究的现状，如这一领域的最早呼吁、现有对象的细化、部分史料与研究成果得到结集等。文章认为，尽管藏族民众与团体抗战的研究已取得了一定的成果，却相对滞后于港澳台地区抗战、海外华人抗战等其他抗战史研究的子版块，这是由政治、地理、研究团队和语言文字能力等多种因素造成的。

二、考古

考古方面，本年度由天地出版社出版的全十册《青藏高原考古》(四川大学中国藏学研究所、四川大学历史文化学院编)，囊括了自 20 世纪 50 年代迄今中国考古界关于青藏高原考古的学术成果，由100多位专家精心撰写，是集中展示青藏高原历史文化全貌和丰富文化遗产的学术文集。全书立足青藏高原独特的自然地理环境下的历史人类活动，以及地质、气候、生态等科技史料，从田野考古、考古研究、科技考古、文化与遗产保护等方面收录整理了青藏高原考古研究的成果，具有重要的参考价值。

另外值得关注的考古著作有张建林等著《西藏东部吐蕃佛教造像：芒康、察雅考古调查与研究报告》（社会科学文献出版社），该书分调查报告和综合研究等上下两编，以田野考古调查所获新资料为基础，用考古类型学的方法对芒康（5处）、察雅（2处）两县的吐蕃佛教造像进行了类型排比和分期研究，并结合宗教文献、历史文献和图像资料对各期的年代、特征进行了综合分析，基本廓清了西藏东部吐蕃佛教造像的发展演变脉络及其与同期佛教史的关系。余小洪、席琳主编的《唐蕃古道路网结构及沿线文物遗存考古调查与研究》（中山大学出版社）一书，系统介绍了唐蕃古道沿线分布的具有代表性的古城古堡、石窟壁画、寺院建筑、金石碑刻简牍、墓葬等文物遗存，并对这些文物遗存的分布、性质、特征及保存现状进行了分析。在此基础上，结合考古发现和文献解读，对唐蕃古道的形成、发展及变迁原因，古道与周边交通路线的关系等进行了研究。马小琴、马忠、桑杰加整理的《青海世居少数民族金石录》（青海人民出版社）一书，收录了1949年前青海省世居少数民族的206件金石资料，其中藏族卷收碑42通，印、匾33方；回族卷收碑53通，印、匾31方；撒拉族卷收碑8通，匾4方；蒙古族卷收碑4通，印25方；土族卷收碑17通。

西藏考古涉及的若干重大问题不仅事关西藏文明的产生与发展，也涉及对于西藏历史早期发展阶段的认识，尤其是西藏地方与中原关系的认定。霍巍的《西藏史前考古若干重大问题的思考》（《中国藏学》第2期）一文，通过对西藏史前考古的若干重大问题如人类何时踏上西藏高原、西藏高原农业文明的产生、西藏的细石器传统、西藏早期金属器与“早期金属时代”、如何认识西藏的“游牧文化”、西藏原始宗教与原始艺术的讨论，对西藏考古与西藏文明起源相互关系中的一些重要节点进行了论述。文章认为，西藏考古不是一个局部问题，与其周边国家、地区各区域文明之间有着密切联系，是“一带一路”文化格局中重要的组成部分，其重要的研究成果对于中华文明和世界文明都具有深远的影响。

列山吐蕃古墓群位于西藏自治区林芝市朗县金东乡列村列山南坡，自20

世纪80年代被发现以来引起各方关注，2001年被国务院公布为第五批全国重点文物保护单位。对于列山吐蕃古墓群，先后有多位学者进行了研究，夏吾卡先、徐承炎在《列山墓地性质刍议——兼论吐蕃族葬制》（《西藏大学学报》第1期）一文中，对学界以往以“吐蕃流行族葬制”为前提而提出的“列山墓地为某一显赫家族墓地”的学术观点之相关证据进行了重新梳理、解析，初步认为列山墓地系传统“下塔布、上工布”地域范围内有功于吐蕃王室的将相贵人之专属墓地，深受佛、苯两教影响，并且其墓主身份多元而非单一家族成员，应是吐蕃时期为有功业的将相贵人开辟的一处特定墓地，墓地所葬成员身份各异，整个墓地规模的最终形成经历了一个漫长的历史时期。

杨清凡的《21世纪以来西藏文物考古事业的发展及研究回顾》（《中国藏学》第3期）一文，主要对近20年以来西藏实施的重大文物调查及保护维修项目、考古调查与发掘的重要成果进行了回顾，其中包括文物普查及文物保护维修重大项目、考古调查及发掘工作、研究成果及新动态等。作者对近年来西藏高原考古中新的理论方法的运用、新的研究视角及学术焦点问题等研究新趋势进行了初步总结和探讨，同时也探讨了其中的不足，认为在田野工作、资料搜集与科学研究上都还需要做大量艰苦、细致、扎实的基础工作。

三、地理

古代交通方面，作为宋代影响较大的民族政权之一，辽与唃厮啰政权在当时北宋、西夏、辽、唃厮啰、高昌回鹘等各方力量相互胶着、错综复杂的局面中一度实现和亲，1058年，辽送公主远赴河湟与唃厮啰政权和亲，但对和亲路线的研究尚未引起足够的重视。张钦的《论辽与唃厮啰政权和亲路线的选择》（《青海民族大学学报》第4期）一文通过分析认为，从当时的情况看，可以基本排除辽与唃厮啰和亲向宋或西夏借道的可能性，最有可能的路线是回鹘路。但这个时期的回鹘路与唐代回鹘路不完全相同，部分路段可能有重合。文章大致勾勒出了这次和亲路线的基本走向：由辽上京经镇州沿唐代回鹘路西段到达高昌回鹘，或由辽上京经阴山向西，经额济纳河口再往西到达高昌回鹘；再南下至沙州西南，然后经青海路向东到达青唐。

青藏高原地区在历史上曾是丝绸之路关键经往地带及区域文明中心，为连接西部跨域交通发展、繁荣西部跨域物资流通、沟通西部跨域文化交流、助推各民族的深度融合作出了积极贡献。刘立云的《从“玉石之路”到“茶马古道”：论丝绸之路青海道的演变及其意义》（《西藏研究》第 1 期）及《从“唐蕃古道”到“茶马古道”：论西藏与丝绸之路的关系及其意义》（与保罗合作，《西藏研究》第 6 期）两文，追溯考释了“玉石之路”“唐蕃古道”“茶马古道”的形成，及其与丝绸之路的关系和意义，以此为基础分析了当前“一带一路”背景下的西藏发展问题。

地名研究方面，地理、地名表示地貌或事物间空间关系的特征，是理解事件和人物行为的关键因素。历史上西藏地区的汉语总名称，元明清各朝有各种各样，例如乌思藏、卫藏、西藏等等。李勤璞在《明代乌思藏别称“五藏”考——兼论满文 wargidzang 的由来》（《中国藏学》第 3 期）一文中又补充了一个“五藏”，并对此进行了考证，认为瞿九思《万历武功录》所记“五藏剌麻”是指第三世达赖喇嘛，五藏不是名号，乃是藏语地名“དབུས་གཙང”的记音，而明清《西番译语》里“དབུས”字读音近乎汉字“五”。至于清代西藏地区的满语名称 wargidzang（意为西藏）是汉语地名“西藏”的翻译，并非藏语“དབུས་གཙང”（乌思藏、五藏）的翻译。

四、文献

（一）历史文献

本年度，相关学者继续关注对珍贵史籍的解读，对文献的史学价值作了多方面的梳理。

藏文文献的整理研究方面，2002 年出土于西藏聂拉木县的“菩日文献”已经引起了学术界的高度关注，这批形成年代均在 14 世纪之前，其中部分形成于吐蕃时期的文献，是继“敦煌文献”后在中国境内发现的年代最久远、藏量最多的藏文古籍文献。本年度，由西藏大学藏文古籍研究所编《菩日文献》（精选本）由西藏藏文古籍出版社出版，相信未来基于这批文献的研究必将得到进一步推进。

巴桑旺堆的《吐蕃历史文献研究论集》（上海古籍出版社）一书收录了作者研究吐蕃历史文献的部分重要成果。全书分四编：上编综论部分包括吐蕃石刻文献整体评述、藏文古写本的研究方法探索和关于吐蕃史研究中几个“定论”的质疑；第二编古文献论考中为对于具体出土和石刻文献以及考古材料的释读，并对相关吐蕃史进行分析；第三编和第四编是敦煌古藏文吐蕃兵律残卷解读和古藏文《韦协》译注。

卫巴洛色所造《教法史》是一部成书于14世纪中叶的藏文史籍，内容涉及吐蕃王统和吐蕃佛教史等。米玛次仁的《一部鲜为人知的藏文历史文献：卫巴洛色〈教法史〉》（《西藏大学学报》第3期）一文对这部珍贵的史籍做了介绍，指出卫巴洛色《教法史》的著作年代为藏历第六饶迥铁龙年即公元1340年，作者继承了早期西藏史学的传统，以“分段式”将全书划分章节，同时，按照时间的先后顺序安排结构，具有编年体史书的特点。具体叙述时以“人物”为中心，各章节荟萃了众多历史人物，并按年代先后顺序进行叙述。从史学价值看，《教法史》记载的历史内容、搜集的资料和历史分期法等，对我们研究吐蕃史、早期西藏佛教史和西藏史学史都有一定的帮助。同作者的《〈六世班禅洛桑班丹益西传〉的史料价值》（《西藏研究》第4期）一文，对二世嘉木样官却晋美旺布撰于1786年的《六世班禅洛桑班丹益西传》的史料价值进行了介绍，认为其中详细记载的六世班禅进京之史实及乾隆皇帝与六世班禅之间的关系往来，为研究清朝与西藏地方关系提供了重要参考依据。保存了较为完整的六世班禅在北京等地的活动，对研究藏传佛教在中原地区的传播具有重要参考价值。其他一些重要记载也为我们研究一些历史事件提供了重要线索。

《拔协》是藏族史学史上一部非常重要的史著，成书较早，对后世产生了深远影响。历史上，由于辗转传抄，《拔协》形成了不同的写本，各写本不仅名称不同，在内容上也有较大差异。刘凤强的《〈拔协〉版本及相关问题考述》（《西藏民族大学学报》第6期）一文对《拔协》不同版本的内容及价值进行了梳理，指出不同版本《拔协》书写的过程，也是藏族史学不断进步的过程，反映了从吐蕃到分裂时期藏族史学的发展历程。

普布多吉、其美次仁的《藏文史籍〈亚桑宗派源流明鉴〉解析》（《西藏大学学报》第4期）一文，对藏文史籍《亚桑宗派源流明鉴》作者、成书年代、主要内容和史料价值等进行了介绍，指出这部珍贵史籍的作者芒噶蓝是一名具有相当佛学素养的亚桑噶举教法传承人，成书于藏历第八饶迥之木羊年即公元1475年。全书篇幅简短，除开篇礼赞和跋文外，正文主要内容包括五个部分，主要记述了藏族起源传说、雅拉香波神山、亚桑曲吉门朗生平事迹、亚桑噶举派创教历程、亚桑寺历任堪布、亚桑地方政教势力的形成，以及亚桑千户、万户和吐蕃王室后裔拉博巴金家族与亚桑地方势力之间的关系等，具有重要的史料价值。

仁青卓玛的《第五世达赖喇嘛授予三世察罕诺们汗之铁券文书考》（《西藏大学学报》第 3 期）一文，对第五世达赖喇嘛授予三世察罕诺们汗之铁券文书进行了研究。文章在全文汉译铁券文书内容的基础上对其作了深入分析，发现该铁券文书确是第巴 · 桑杰嘉措以五世达赖喇嘛的名义颁发给三世察罕诺们汗的，通过对铁券文书资料的进一步解读，可以较为详细地了解察罕诺们汗的生平、部落形成，所受文书和名号及其历史、宗教和政治背景，能够发现察罕诺们汗传记和相关历史文献中的诸多错误说法及异议等。同时，还能了解察罕诺们汗在青海蒙藏地区所拥有的特权及其在蒙藏首领中的名望和威信。

《后藏志》，亦译作《娘地教法源流》，全称为《年楚河上中下流域稀有善言 · 学者津梁》，由藏传佛教觉囊派高僧多罗那他所著，大致成书于 1621—1635 年，主要记述了后藏地区藏传佛教的历史变迁。顿拉的《明代藏族史学名著〈后藏志〉思辨三则》（《西藏研究》第 3 期）一文认为，这部史书的编纂目的，除了赞颂后藏佛教的兴盛，更主要的在于宣扬藏巴汗的统治地位，对其统治前藏制造一种正统性。另外在编纂题材上，《后藏志》是一部融集教法源流、寺院布局、高僧传记为一体的关于后藏地区的寺院志书，为清代西藏地区编撰寺院志提供了范例。

乃宁寺是西藏近现代史上一座较有影响的寺院，藏文文献《乃宁寺志》比较全面地介绍了这座寺院的法统传承、堪布世系、兴佛建寺、弘扬佛教的功勋等内容，具有较高的史料价值。羊毛措的《〈后藏乃宁寺志〉及其价值研究》（《西藏民族大学学报》第 2 期）一文在简单介绍乃宁寺概况的基础上，重点对这部珍贵文献的内容及史料价值作了探讨，认为它不仅是一部乃宁寺志，而且还反映了整个后藏的历史、文化和社会经济等，对藏族文化的传承与发展具有一定的意义。

青海广惠寺第四世敏珠尔活佛降白曲吉丹增赤列所撰《世界广说》，成书于 1830 年代，是藏族人以藏文撰写的首部完整的世界地理著作，书中除了描述藏族人业已认知的藏地、汉地、蒙古以及印度、尼泊尔等地，更将欧洲、非洲和美洲等原本陌生的地理空间纳入藏文明之视阈。魏毅的《孰为汉地（རྒྱ་ནག）:〈世界广说〉（འཛམ་གླིང་རྒྱས་བཤད）对于汉地的地理认知》（《中国藏学》第 4 期）一文，结合清代诸部藏文地理文献，对其中涉及汉地部分内容进行解读，梳理清代蒙古族、藏族知识阶层对于汉地的地理认知与观念，认为《世界广说》对于“汉地”存在文化地理、政治地理和宗教地理等三种层面的不同表述：文化地理意义上的汉地，即该书描述的“东至满洲之地、西到阿瓦之地（缅甸）”的半月形地理空间；以北京为都城、以汉地为主体的清朝之政治疆域；与上述文化地理意义上的汉地重合且将“于阗”作为单独地理单元予以表述的宗教意义上的汉地。

（二）藏文史籍译注

《弟吴宗教源流》是一部约成书于12世纪的重要藏文宗教史籍，藏文原名为《弟吴贤者所著印、藏教法源流详本》，是成书时代较早，具有重要史料价值的藏文史籍，一直以来受到藏史研究界的推崇。之前，许德存先生已经将《弟吴宗教源流》译为汉文，本年度《西藏研究》又分3期连载了阿贵的《〈弟吴宗教源流〉(吐蕃史）译注》(第3、4、6期)。译注（一）为《弟吴宗教源流》第五节“吐蕃佛教史”的第一、第二以及第三部分的内容，主要讲述“佛法在吐蕃的传播”，即礼赞、顶礼的定义、立誓、思恩以及一切王的定义等。译注（二）为第五节“吐蕃佛教史”的第三部分的第二“诸封王”、第三“聂赤赞普历史传说”和第四部分的1—4小题的内容，主要讲述诸封王之“旺增”时代的历史传说、十二小邦、四十小邦、聂赤赞普的历史传说、天赤七王、父之庶民所著《桑玛缺尾册》、上部二丁王、六列王、七德王、七赞王、无正法三王或中丁二王等的历史。译注（三）为第五节“吐蕃佛教史”的第四部分有关松赞干布历史的内容，主要讲述了松赞干布、家臣、法律、社会制度、历史功绩、“十参”地方官员、“十德”千户组织、“九扎”木牌、九大臣及六告身及三十六法等内容。

《娘氏教法源流》是12世纪的重要宗教史籍，藏文原名《教法源流·花蜜精粹》。本年度《中国藏学》继续连载了许渊钦的《〈娘氏教法源流〉译注(十)》(娘·尼玛沃色著，第4期)，内容为《娘氏教法源流》第三章“宣说吐蕃”中第十三节“阿阇黎莲花生从吐蕃至罗刹国”、第十四节“顿渐之争”、第十五节“穆尼赞普平均藏民财富”、第十六节“赞普色那勒景元的事迹”等。

《哲孟雄王统史》是有关哲孟雄王国历史的权威史籍，完成于1908年，2003年（甘托克）南杰藏学研究所正式出版了藏文本。该著署名作者为图道南杰（哲孟雄第九代法王）及王后益希卓玛，实际上是由国王及大臣们合作编撰完成的。《哲孟雄王统史》以哲孟雄历代国王为线索，系统记述了哲孟雄王国的历史，特别是大量利用了哲孟雄的官方档案文献，不仅具有很高的权威性，而且提供了其他史著中鲜见的细节和史实。本年度《中国藏学》第1、2、

S0 期继续连载了由扎洛、敖见译注的《法王图道南杰——〈哲孟雄王统史〉译注节选》的（二）（三）（四）部分，讲述了从 1881 年哲孟雄图道南杰按照传统迎娶西藏拉定家族之女益喜卓玛为妻，一直到 1893 年图道南杰被送往卡尔香地方软禁两年半时间的历史。

祁继先、祁文秀译注的六世班禅洛桑贝丹益希的《香巴拉指南》由民族出版社出版。该书撰成于公元 1775 年，全名《大成就圣地香巴拉指南暨圣境天竺揽胜 · 万千稀奇之源》，全书以特殊的宗教身份和宗教体验视角，引经据典，较为翔实地记叙了古印度佛教兴衰史、香巴拉的地理概貌，寻访香巴拉的朝觐路线和步骤，到达香巴拉的殊胜果等，被认为是了解佛教香巴拉圣迹文化的重要文献。

（三）汉文文献整理

史料搜集、整理和研究方面，本年度巴蜀书社出版了任乃强、任新建主编的《清代川边（康藏）史料辑注》（全 5 册），其中辑录了清代后期川边（康藏）所发生的对中国影响重大的历史事件，包括改土归流、赵尔丰平定巴塘变乱、尹昌衡治理康藏等。除辑录《巴塘志略》《巴塘盐井乡土志》《西康建省记》《西康图经》等文献典籍外，还收录了当时的外交往来书札等原始资料，是研究康藏历史地理和文化不可或缺的参考资料。

作为全国政协文史委员会重点项目“中国少数民族百年实录书系”之一，由西藏自治区政协文史委牵头，川、甘、滇、青四省政协文史委共同协作完成的《藏族百年实录》（全国政协文化文史和学习委员会、西藏自治区政协文史和学习委员会编，社会科学文献出版社），共 4 卷，收入文章 267 篇，分晚清纪事、民国藏事、中国共产党领导下藏族地区的发展进步、专题篇等。全书以收录晚清以来，特别是新中国成立后和改革开放以来（1988—2016 年）有关中国藏族的“三亲”（亲历、亲见、亲闻）史料为主，具有较高的学术价值。

另外，本年度相关期刊发表了一系列近代老一辈藏学家以亲身经历记录下的涉藏学术活动，比如欧阳无畏、任乃强、李安宅等先生的调查资料和回忆录等，对我们了解当时藏地的历史与社会提供了鲜活的资料。

西藏达旺地处今中印边境东段，现为印度非法占领。1938 年 7 月 17 日至 8 月 30 日，欧阳无畏自拉萨经错那秘密前往达旺，往返历时 45 天，写下的 7 万余字调查记录以及其绘制的三幅达旺地图，详述西藏达旺地区政治的流年碎影，多层次、多视角地映照出达旺地区跌宕起伏的社会生活，凝结了著者丰富的内涵和复杂的情感，有着极高的史料价值和重要的现实参考。本年度《西藏民族大学学报》分6期连载了这部珍贵的《达旺调查记》（欧阳无畏著，韩敬山校注整理，第1—6期），内容包括《达旺调查报告》《达旺调查游记》《达旺调查日记》，完成于1939年初，对西藏事务有着其深刻而独到的见解。

《筱庄笔记》是任乃强先生晚年写的一本回忆录，写于1968—1969年。全稿分为身世录、学术辑、常识辑、养身辑、谐趣辑、怪异辑6辑。身世录记录了任乃强先生从出生至20世纪40年代（西康省建31后）的人生经历，包括对先辈、家族、家乡，童年时代、求学经历的回忆及其所闻所见的社会变革、接触的重要人物、参与的重大事情的详尽地记录。作为康藏研究的开拓者，任乃强先生的经历，在一定程度上反映了我国老一辈藏学家不畏艰辛，筚路蓝缕，开创我国藏学事业的历史。尤其是他三次入康藏实地考察、亲身参与西康建省的谋划等经历，以及与刘文辉、格桑泽仁、戴传贤、孔庆宗等人的交往，是弥足珍贵的史料，可补过去藏学研究之不足。为此，本年度《中国藏学》连载了由何洁、任新建校注的《筱庄笔记》节录。《从张先生出川考察——任乃强〈筱庄笔记〉录注（三)》（第1期）辑选了1933年4月任乃强、张澜受四川当局委派，率领“四川省教育、实业、地方自治考察团”赴两广等地考察过程中的所见、所闻、所遇之人，尤其侧重教育、农业等方面之考察，对他后来在重庆大学农场部及省三中推行教育改革实践产生了直接的影响。《在重庆、江安的教育生涯及教改意见——任乃强〈筱庄笔记〉录注（四)》（第2期）节录任乃强先生在重庆大学任教、省三中任校长的部分内容；《〈西进集〉与在康定建省委员会的两年——任乃强〈筱庄笔记〉节录（五)》（第S0期）节录了任乃强先生有关《西进集》的部分内容以及在康定建省委员会工作两年的相关情况等。

和任乃强先生一样，李安宅先生也是中国较早运用西方科学知识和方法实地考察和研究藏地的学者之一，可谓开中国现代藏学研究的先河，为中国西南边疆社会研究的开拓和发展发挥了积极作用。《李安宅自传》撰写于1961年，所记年代、事件叙述详细，履历上几无遗漏，真实性高。王川的《〈李安宅自传〉的整理与研究》（中国藏学出版社）通过对《李安宅自传》的整理，对其学术活动、成就、价值、贡献作了细致的梳理、解读和较为深入的研究，呈现了李安宅先生的心路历程和学术人生的轨迹，对20个世纪三四十年代至新中国成立初期中国近现代边疆学研究的历史提供了借鉴和参考。

（四）汉文文献研究

元明时期，西北临洮地区有唃厮啰后人出任土官，比如赵阿哥潘归降元朝后随蒙古军南征四川，屡立战功，由同知临洮府事逐步提升为临洮府元帅，成为临洮地区最大的土官，奠定了唃厮啰家族元明清时期再度辉煌的基础，《元史》中专为其列传。齐德舜的《〈元史·赵阿哥潘传〉笺证》（《西藏研究》第2期）一文对《元史》中的《赵阿哥潘传》作了详细的笺证。

黄沛翘所纂《西藏图考》由于编纂时旁搜博采，探溯源流，故自刊印后即引起国内外注意，其志卷之二首篇《西藏源流考》在《西藏图考》全志中具有“括总”的地位与作用。赵心愚在《光绪〈西藏图考〉的“括总”之篇——读〈西藏图考·西藏源流考〉》（《西南民族大学学报》第7期）一文中认为，黄沛翘对这篇《西藏源流考》的材料、内容及重点有全面的思考。从内容的安排、详略及记述方法等看，《西藏图考·西藏源流考》具有详今略古，重心放在清代；突出康熙末年至乾隆时期几次出兵西藏的军事行动；纵横结合，内容兼及西藏自然、社会诸多方面；既尊重前人的研究，又明确写出自己比较分析后的看法等几个特点。从文献价值来看，本篇系统地记述西藏历史及各方面情况，有助于当时留心边务的人们了解、认识西藏；在前人研究基础上编此志撰此篇，对藏族起源及西藏历史上若干问题提出看法，为后人留下了宝贵的研究资料；从《西藏图考》作为方志著作横排结构来看，《西藏源流考》在志中总摄全志成为一志之经，具有此志其他各篇所没有的重要作用与价值。

《西藏志》成书于乾隆七年之际，乾隆五十三年，和宁得抄本于成都，乾隆五十七年将其付诸刻印，在清代西藏地方志中具有极高的文献价值，对其后成书的内地相关西藏著作也产生了较大影响。杨学东的《乾隆刻本〈西藏志〉校勘举隅》（《西藏民族大学学报》第4期）一文，针对《西藏志》在刊刻过程中出现的文字谬误，利用国家图书馆所藏《西藏志》抄本、较早成书之《西藏志考》及稍后成书之《西藏记》等作了较为详细的勘正工作。

吴会蓉、王庆的《西康地方志纂修源流述略》（《西南民族大学学报》第7期）一文梳理了西康地方志纂修的基本过程，认为西康地方志的编纂起源于东晋时期常璩的《华阳国志》，历唐宋元明时期的不断发展，到清代走向兴盛，清代西康境内的方志流传下来的有30多部，类型齐全，既有府志，也有州志、厅志、县志、屯志以及乡土志。从编纂主体而言，既有官修，也有私纂，其中以官修为主。民国时期出现转型并继续发展，先后经历川边特别行政区时期（1911—1928 年）与西康建省时期（1928—1950 年），方志编纂并未因为时局动荡的影响而中断，相对于其他省区而言有了较大的发展，表现在方志数量突飞猛进（整个民国时期，西康编修的方志达到了 64 部之多）和方志种类繁多、区域分布广泛、质量明显进步等方面。另外，这一时期西康所修的方志还涉及部分西藏地区的地方志内容，为学者们研究康藏历史与社会提供了珍贵的史料。

地方志具有地方性、连续性、资料性、时代性和可靠性等特点，这是地方志的共性。但方志是以记载某一地区事实为职能的著作，由于各地的地理形势、山川气候、物产资料、风土人情以及社会环境等方面不尽相同，所编方志内容必然各具特色。永红的《西藏自治区新方志的特点》（《中国藏学》第 3 期）一文，结合中国藏学出版社所出一系列西藏自治区新方志，认为西藏自治区所编撰的专业志、地区志、市志、县志既具方志共性又各有其特点，主要体现在其地方性、连续性、资料性、时代性、可靠性。作者指出，西藏地方志的编修不仅具有很高的学术价值，而且具有重要的政治意义、社会意义和文化意义。

（五）档案文献

档案整理和研究方面，杨成立主编、阿坝州档案馆编的《兰台珍档：阿坝州馆藏档案集萃》（西南交通大学出版社）一书汇集了阿坝州馆藏中国档案文献遗产、明清档案、民国档案、抗战档案、革命历史档案、藏族档案、书画、照片、印章、古籍等 10 部分档案，从档案的角度体现了阿坝的发展历史和社会变迁。

在一战接近尾声之际，英国向中国政府提出解决西姆拉会议遗留下的条约问题，要求召开中国、英国和中国西藏地方当局参加的所谓“三方会议”。北京政府不得不邀请国内有关专家和外交官员在北京召开藏事会议。1921 年 10 月，常驻印度加尔各答的陆兴祺受邀来到北京参加藏事会议，并向外交总长颜惠庆条陈解决藏事说贴。张双智的《1921 年陆兴祺〈解决藏事说贴〉与藏事会议》（《青海民族研究》2018 年第 4 期）一文通过解读陆兴祺这篇《解决藏事说贴》，在梳理陆兴祺为藏事会议赴京过程的基础上，重点介绍了《说帖》为藏事会议所献对策：一是“早日密派能员入藏，先期与藏员议有具体办法”；二是收复被西藏当局蚕食的川边地区；三是进行国际宣传，公开揭露英国阴谋，英国外交手段阴鸷诡秘；四是挽救西藏危机须群策群力，广揽人才，当务甚急，是组织藏事研究会；五是建议在太平洋会议上提出西藏问题。

在近代中国外交史上，顾维钧多次参与中英、中美之间的西藏问题交涉，为维护国家主权作出了贡献。本年度，由中国社会科学院近代史研究所与美国哥伦比亚大学合作完成的“顾维钧档案数据库”（“顾档”）正式发布，现存于中国近代史档案馆。周新和胡岩在《顾维钧档案资料中的西藏问题》（《西藏民族大学学报》第5期）一文对“顾档”中包含的关于西藏问题的相关档案资料进行了介绍，通过讨论顾维钧档案资料中西藏问题资料的特点以及相应的研究方法，分析了“顾档”对于推进中国近现代史、民国史，特别是西藏近现代史等领域研究的学术价值和意义。

近代以来，西方列强用坚船利炮打开了中国的大门，其中打西藏牌成为帝国主义分裂和遏制中国的主要手段之一，晚清至民国时期英美涉藏档案文献，深刻体现了英美两国在西藏问题上的策略手段，其史学价值和学术价值不言而喻。张皓的《晚清至民国时期英美涉藏档案之史学价值及编选》（《青海民族研究》第4期）一文，从历史与现实的角度阐释了整理与研究英美涉藏档案文献之必要性，认为从历史上吸取经验教训，弄清英美插手西藏的手段与阴谋，具有重要的现实意义。在晚清至民国时期英美涉藏档案文献中，最为重要的是英国涉藏档案文献，主要存于英国国家档案馆和大英图书馆；而相应时期的美国涉藏档案文献，分藏于美国国家档案馆、美国国家安全档案馆和美国国会图书馆等。作者指出，作为珍贵的史料，目前英美涉藏的一些档案得到编选，也有相应的研究成果。中国学术界对于英美涉藏档案文献也作了初步的整理、出版与选译，并以这些资料为基础形成了一定数量的研究成果，形成了涉藏档案文献的编选原则，包括编选体例的认定和对涉藏档案文献结构和源流进行考订。

满文文献的开发和利用，特别是作为第一手资料的满文档案在清史研究的各个领域具有不可替代的史料价值。阿音娜的《〈雍和宫满文档案译编〉评介》（《中国藏学》第1期）一文，对赵令志《雍和宫满文档案译编》作了相对全面的介绍，包括雍和宫研究回顾与满文档案、雍和宫满文档案的整理翻译，《译编》的主要内容、史料价值、存在的问题和建议等。

（六）敦煌文献

在敦煌文献的整理研究方面，作为一项重要的持续项目，本年度上海古籍出版社继续出版了由金雅声、郭恩主编，西北民族大学、上海古籍出版社、法国国家图书馆编纂的《法国国家图书馆藏敦煌藏文文献》第22、23册。另外，由马德主编，甘肃省文物局、敦煌研究院编纂的《甘肃藏敦煌藏文文献》第二、三卷即《敦煌市博物馆卷》，本年度亦由上海古籍出版社出版。与此同时，民族出版社出版了杨铭、索南才让、贡保扎西编著的《英国收藏敦煌古藏文文书选译》。

在敦煌古藏文文书研究方面，本年度中国藏学出版社出版了《陈践藏学文集》（上、下），其中收录了作者研究占卜文书、社会经济文书、吐蕃碑刻钟铭选、敦煌文献研究、吐蕃古藏文语词疏译等方面的学术论文，集中体现了陈践先生在敦煌古藏文文书和吐蕃历史文化方面取得的主要成就。

敦煌所出藏文历史文献 P. t. 1286《小邦邦伯家臣及赞普世系》、P. t. 1287《吐蕃赞普传记》及 P. t. 1288 + IOL Tib J 750&8212. 187 两种《吐蕃大事纪年》，合称《敦煌本吐蕃历史文书》，是研究吐蕃史最重要的文献之一，自1940年由巴考、托玛斯、杜散刊布译注本后，极大地推动了吐蕃史、西域史、唐蕃关系史等领域的研究。

勘措吉的《从哲蚌寺藏〈蜐蚌经〉谈敦煌藏文写经誊抄年代》（《敦煌研究》第4期）一文指出，先后发现于西藏山南隆子县卓卡寺和拉萨哲蚌寺的《蜐蚌经》，是吐蕃时期专供赞普御用的经典，经过学界研究，发现这些经文与敦煌藏经洞所出藏文写经《十万颂般若》无论是经页纸质、书写及装帧格式、经文内容、文法与字体特征，还是部分抄经生和校经师的姓名，都完全一致，可以认定西藏《蜐蚌经》与敦煌《十万颂般若经》是同一时代、同一批人誊抄的作品。作者根据哲蚌寺藏赤德松赞御用《蜐蚌经》首页题记中“赤德松赞御用四函《蜐蚌经》”的记载，认为敦煌藏文《十万颂般若经》开始誊写的年代不是通常认为的赤祖德赞时期，而是赤德松赞时期。

从敦煌出土各类历史和社会经济文书来看，吐蕃王朝统治敦煌西域时期，在农业、建筑业、手工业、家内劳动以及贡赋、军差、劳役等领域里都出现了雇佣现象，并以契约的方式呈现，徐秀玲在《吐蕃统治敦煌西域时期雇佣契约研究》（《敦煌研究》第6期）一文中，对这种雇佣契约进行了专门研究，包括雇佣契约的基本格式，雇佣契约产生的原因、雇价、违约处罚及其他，雇佣双方的身份、地位及其反映的社会生产生活，雇佣契约的历史价值等。文章认为，从雇佣契约发展的历程看，吐蕃统治敦煌西域时期的雇佣现象已经广泛存在于其政权占领区人们社会生产生活中的各个领域，雇佣契约内容完备、条款齐全，双方的责权利清晰明确，已经发展到比较完善的程度。从雇佣双方的利益看，受雇者可通过雇价偿还债务或改善生活条件，而雇主可借此解放自己，从事休闲活动。从统治者的角度来讲，雇人代役契约的出现一方面说明了吐蕃王朝统治时期的差役繁多，另一方面也说明了吐蕃时期雇人代役在一定程度上解决了统治者在人员方面的不足问题，而运转物资人员的增多不但保障了占领地区军事财物上的供应，还加强了吐蕃统治者对外扩张的军事力量，有利于他们在政治上的控制。

一直以来，敦煌所出的藏文 P. T. 986《尚书》因是儒家经典的译文而颇受学者注目。朱丽双的《敦煌藏文本〈尚书〉的研究现状及其文献来源问题》（《中国藏学》第 1 期）一文在梳理 P. T. 986《尚书》研究现状的基础上，对其文献来源问题进行了分析，认为敦煌藏文本《尚书》最有可能的是敦煌文人根据敦煌流行的 13 卷本伪孔传《古文尚书》而翻译的作品。

综上所述，本年度西藏历史、考古、地理、文献方面的研究成绩喜人，研究领域的宽度和讨论的深度都有不同程度的推进。

历史研究方面，早期、吐蕃、宋代研究的规模有所减小，其中吐蕃研究比较明显，相较往年，对吐蕃本土历史事件和制度文化研究的论著数量有减少趋势。宋、元、明三代藏族史研究一直以来都处于相对薄弱的地位，本年度这一方面的状况有显著改观，其中尤以明代研究的变化最为喜人。清代和民国研究保持了一如既往的较高水准，论著数量较多，对一些专题的研究也比较深入。

考古和地理研究方面，本年度出版和发表的论著相对较少，考古方面的多数成果体现的主要还是对迄今为止考古发现和研究成果的梳理和总结，而地理研究的成果集中在古代交通和地名研究方面。

文献研究方面，整体水平较高，收获的领域也较多，无论是对藏文传统史籍、汉文文献史料、敦煌藏汉文写卷以及相关档案文献的整理、翻译和研究都有相应的成果与读者见面。相较往年，本年度金石文献研究的成果相较其他文献较少，希望今后会有相关高质量成果问世。

藏文部分

2018 年，西藏历史、考古、地理和文献类研究的藏文成果相对比较丰富，在一些新的研究领域也出现了一定数量的优秀成果，但与此同时，原有薄弱关节仍没得到明显的改善，以下分专题综述：

一、历史

（一）总论

本年度一些总论性质的文章主要集中在地方史研究方面，比如达哇次仁（ཟླ་བ་ཚེ་རིང་།）的《堆布地区历史与文化研究》（དོལ་པོའི་ལོ་རྒྱུས་དང་རིག་གནས་སྐོར་ལ་ཞིབ་འཇུག་ཞིབ་བཤེར། དཔྱད་པ།《中国藏学》第 2 期）一文，对现属尼泊尔的堆布地区的历史文化进行了探讨，指出该地早在古象雄王国和吐蕃王朝时期就归属于西藏，吐蕃王朝灭亡之后由拉达克王朝、贡塘王朝、雅孜王朝等等西藏地方割据政权依次管理，最终被廓尔喀侵占，变成现尼泊尔的一部分。从当地的历史文化看，当地人皆为西藏阿里和卫藏人的后裔，当前仍然使用藏语、藏文，信仰藏传佛教和苯教。

索南坚参（བསོད་ནམས་རྒྱལ་མཚན།）、玛乃本（མ་ཧེ་འབུམ།）的《化隆十八吾具考》（ཡུལ་དངོས་རྟོག་དཔྱོད་བརྒྱུད་ནས་དཔའ་ལུང་བུ་བརྒྱད་བཅོ་བརྒྱད་ལ་དཔྱད་པ།《青海民族大学学报》第 3 期）一文主要通过实地调研和民间口述材料，对青海化隆地区的十八吾具即十八族系的由来、演变与现在分布情况作了介绍。

根呷翁姆（ཀུན་དགའ་དབང་མོ།）的《试论政教联盟制度——以甘孜藏区为例》（ཆོས་སྲིད་མཐུན་འབྲེལ་གྱི་ལམ་ལུགས་ལ་རགས་ཙམ་དཔྱད་པ།——ཁམས་ཕྱོགས་དཀར་མཛེས་ཁུལ་དཔེར་བླངས་པ།《中国藏学》第 3 期）一文认为，甘孜地区和西藏不同，这里政治上各部分立，互不统属；宗教上教派林立，各传一法，因此不具备某一地方势力和某一教派结合而成政教合一制度的土壤，基于甘孜地区特殊的政治和教派状况，历史上形成了独具地方特色的政教联盟制度，各部各派相互依存，直到清末改土归流，这种制度才逐渐衰亡。

（二）吐蕃、宋

早期历史研究方面，扎西才让（ཁ་སྣང་བཀྲ་ཤིས་ཚེ་རིང་།）的《Asha（退浑）民族的称谓及其族源可以追溯到Aryan（雅利安）民族的几点看法》（འ་ཞ་ནི་ཨཪྻའི་སྒྲ་དོན་དང་མཚུངས་པའི་མིང་ཡིན་པ་ནས་འ་ཞའི་རིགས་རྒྱུད་དེ་ཡང་ཨཪྻ་མི་རིགས་སུ་འབྲེལ་ཡོད་ཚུལ་དཔྱད་པ།《中国藏学》第1期）一文认为，历史上的吐谷浑在又称为“退浑”，藏文为“འ་ཞ”（阿柴），从其族名到发源地看，似乎和雅利安人有一定的关系。作者指出，“འ་ཞ”（阿柴）和“ཨཪྻ”（雅利安）实为一词的不同写法，其意为“贵”。按照藏汉文史料记载，“འ་ཞ”起源于“གུ་ར་ཕཏ”，雅利安起源于“乌拉尔山脉”，两个地名亦指一个地方。在此基础上，文章梳理了雅利安南迁和分化后，一支南下到印度，一支东迁到青海等地，并逐渐被吐蕃兼并的过程。

按照传统的说法，雍布拉康为藏地所建第一个城堡，拉勒达（ལ་ལི་ཏ།）的《远古藏族城堡起源及年代考析》（མཁར་ལ་སྔ་བ་ཡུམ་བུ་བླ་མཁར་ཞེས་པའི་ཚིག་དང་འབྲེལ་ཏེ་བོད་གནའ་རབས་ཀྱི་མཁར་ལ་སྔ་བའི་དུས་ལ་དཔྱད་པ།《西藏大学学报》第3期）一文对此提出了质疑，认为这种说法只是基于以雅隆部落为中心的叙事传统，如果放眼整个藏族地区就很难成立。文章通过文献记载、考古发现以及周边地区古代堡寨建筑的基本特点的梳理，指出早在雍布拉康之前，藏地就有多种样式的堡寨，比如敦煌文献中所记小邦时期的堡寨、苯教文献和考古材料所见象雄穹窿银城、考古发现卡若遗址房基遗存等。与此同时，周边地区如黄河流域、雅鲁藏布江南岸、北方西域等地区也普遍存在早期城堡建筑历史。由此推断，若说藏地建筑城堡的历史起于聂赤赞普时期的雍布拉康是站不住脚的。

多杰（རྡོ་རྗེ།）的《茶叶传入藏区的历史补考》（བོད་དུ་ཇ་དར་བའི་ལོ་རྒྱུས་ཀྱི་སྣོན་དཔྱད།《中国藏学》第1期）一文认为，根据文献记载和相关研究来看，藏区的茶叶似乎是由东方传入，但在对相关史料和考古发现进行分析后，可以认为饮用山茶的习俗在早期西藏社会已经出现，但大规模的茶叶输入，则是后期通过北方丝绸之路和东南茶马古道，从四川、云贵地区和青海、西域等地实现的。

吐蕃研究方面，首先是吐蕃制度研究，比如格桑才让（མདོ་རྗེ་སྐལ་བཟང་ཚེ་རིང་།）的《试论吐蕃时期赋税类型》（བཙན་པོའི་རྒྱལ་རབས་དུས་ཀྱི་ཁྲལ་རིགས་ལ་དཔྱད་པ།

《西藏研究》第 3 期）一文利用敦煌和西域发现古藏文写卷、简牍文书，并结合相关史料记载，对吐蕃王朝时期赋税的类型进行了总结，认为耕地税、畜牧税、金银税、酒税、贸易税、草税以及其他各种杂税构成了吐蕃王朝的赋税系统。文章认为，健全的赋税制度在保障整个王朝平稳发展的同时，又成为王朝对外扩张的重要保障，是吐蕃王朝兴起和走向鼎盛的坚实基础。

群拉（ཁྱུང་ལྷ།）的《浅析吐蕃边疆大臣“德论”一职》（བོད་བཙན་པོའི་སྐབས་ཀྱི་བདེ་བློན་སྐོར་ལ་རགས་ཙམ་དཔྱད་པ།《攀登》第 4 期）一文，对见诸文献的吐蕃官职“德论”进行了探讨，指出作为一个边疆大臣的专属官职，“德论”一职的设立是吐蕃王朝实力达到极盛的主要标志之一，意味着对占领区的经略进入新的阶段。文章认为，“德论”最早应该设于赞普赤松德赞时期，其特点不同于吐蕃本土，更不同于唐节度使制，是一个带有鲜明吐蕃特色的制度文化之一。

才让卓玛（ཚེ་རིང་སྒྲོལ་མ།）的《浅谈吐蕃赞普时期古辛（སྐུ་གཤེན།）的产生与存在形式》（བོད་ཀྱི་སྐུ་གཤེན་བྱུང་འཕེལ་སྐོར་ལ་རགས་ཙམ་དཔྱད་པ།《西北民族大学学报》第 2 期）一文，对吐蕃王朝时期赞普的苯教导师——古辛的产生、职能和消亡等问题进行了讨论，认为古辛作为专为赞普服务的苯教教职人员，不仅担负着为赞普王室主持祭神驱鬼、治病救灾、延寿积福等宗教仪轨，还是赞普的宗教导师、私人医生。因为古辛为神鬼代言且离赞普最近，导致一度干预朝政，危及赞普的统治，也正因为这个原因，赤松德赞时期引进佛教与之抗衡，古辛也就逐渐走向了消亡。

其次是吐蕃政治史研究，比如彭措扎西（ཕུན་ཚོགས་བཀྲ་ཤིས།）的《赞普囊日颂赞时期“臣民造反”现象探析》（བཙན་པོ་གནམ་རི་སྲོང་བཙན་གྱི་དུས་སུ་བློན་འབངས་དག་གིས་ངོ་ལོག་བྱས་ཚུལ།《青海师范大学学报》第 1 期）一文，对吐蕃赞普囊日颂赞时期父母两系臣民造反的原因进行了分析，认为当时部落联盟的政权体制是产生臣民造反的主要原因。囊日颂赞时期雅隆部落的势力范围进一步扩大，诸多部落通过结盟的方式名义上归附雅隆，但赞普缺乏对这些加盟部落的直接管理，正因为这个原因，当抬高了新加盟贵族的地位导致新旧贵族集团发生矛盾时，结果就是赞普自己被毒弑。

岗措（གངས་འཚོ།）的《达扎路恭与吐蕃群臣关系考》（ངམ་སྟག་ར་ཀླུ་གོང་གི་ལོ་རྒྱུས་དང་འབྲེལ་ནས་བློན་ཚོགས་བར་གྱི་འཐབ་རྩོད་ལ་དཔྱད་པ།《青海民族大学学报》第 1 期）一文，通过对吐蕃名臣达扎路恭身份的几度转变，阐述了吐蕃王朝崇佛大臣和崇苯大臣两个政治势力集团的相互斗争过程。文章指出，作为传统政治势力，崇苯集团对已有权利寸步不让，而作为新兴的政治势力，崇佛集团则是借赞普支持步步紧逼，在两个集团激烈的争斗中，每个个体都从自己的利益出发，谨慎地做着有利于自己的选择。

第三是人物研究，比如唐蕃关系研究一直以来是吐蕃史研究的一个重要内容，而文成和金城两位公主先后远嫁吐蕃更是唐蕃友好关系的见证。在传统藏文史籍中，关于金城公主入藏的记载，通常说是吐蕃为王子姜察拉温求婚，只因王子不幸卒于金城公主入蕃之际，所以公主才嫁给父王赞普赤德祖赞之说。彭措扎西（ཕུན་ཚོགས་བཀྲ་ཤིས།）的《关于姜察拉温的几点历史质疑》（རྒྱལ་སྲས་འཇང་ཚ་ལྷ་དབོན་དང་འབྲེལ་བའི་ལོ་རྒྱུས་ཀྱི་དོགས་གནད་འགའ་ལ་དཔྱད་པ།《西藏研究》第 3 期）一文通过研究认为，姜察拉温实际上应为赤都松之子，赤德祖赞之兄，在弟赤德祖赞继位后被贬为唐参。金城公主确为姜察拉温所求，但他却在公主未到之际被害。另外，史籍所见拉温布并不是姜察拉温。

勘措吉（མཁས་འཚོ་སྐྱིད།）的《试述钵阐布勃阑伽 · 贝吉云丹的历史功绩》（བྲན་ཀ་དཔལ་གྱི་ཡོན་ཏན་གྱི་མཛད་རྗེས་རགས་གླེང་།《西藏研究》第 1 期）一文，通过梳理吐蕃金石文献和敦煌古藏文文书中关于钵阐布勃阑伽 · 贝吉云丹的记载，梳理了这位吐蕃末年的著名僧相协助赤德松赞和赤祖德赞两位赞普治理朝政，支持和弘扬吐蕃佛教，建立和维修佛殿，特别是促进吐蕃佛教在敦煌等占领地区的传播，在这些地区广泛开展抄经活动等方面的历史功绩，认为钵阐布不仅是这些方略的推动者，更是以身作则的实践者。

益西桑布（སྣ་ནམ་པ་ཡེ་ཤེས་བཟང་པོ།）的《试论吐蕃历史上被诬陷的四位功臣》（བོད་ཀྱི་ལོ་རྒྱུས་སྟེང་མ་ཉེས་ཁ་གཡོག་ཐེབས་པའི་བློན་ཆེན་བཞི།《西藏研究》第4 期）一文，介绍了吐蕃时期被诬陷的四位功臣：娘芒布结 · 尚囊、噶尔 · 钦陵赞卓、韦 · 达扎廓洛、钵阐布勃阑伽 · 贝吉云丹，通过梳理四位大臣的历史功绩和被害经过，指出治罪忠心耿耿、劳苦功高的四位名臣是吐蕃王朝自身的极大损失，同时也揭示了政治斗争的残酷性。

才让多杰（ཚེ་རིང་རྡོ་རྗེ།）的《浅析白若杂纳大译师的生卒年代历史功绩》（ལོ་ཆེན་བཻ་རོ་ཙ་ནའི་འཁྲུངས་འདས་ལོ་ཚིགས་དང་ཁོང་གི་ཆོས་སྲིད་སྐོར་གྱི་མཛད་རྗེས་ལ་ཡང་བསྐྱར་དཔྱད་པ།《中国藏学》第 1 期）一文，对吐蕃时期著名译师、高僧白若杂纳的生平及作为进行了考证，指出关于白若杂纳的生卒年代、出生地和父母名字等信息，历来众说纷纭，莫衷一是。文章通过对相关史料的对比研究，认为白若杂纳出生于 761 年，圆寂于 818 年，母名占萨嘎吉（བྲན་ཟ་དཀར་སྐྱིད།），父名甘嘉多杰（ཀན་ཧག་རྡོ་རྗེ།）。白若杂纳一生致力于佛经翻译事业，为吐蕃佛教的发展作出了突出贡献。由于卷入政治斗争，白若杂纳曾一度遭到流放，但也因此推动了佛教在多康地区的传播和发展。

宋代研究方面的成果较少，其中拉巴扎西（ལྷག་པ་བཀྲ་ཤིས།）和拉巴普赤（ལྷག་པ་ཕུ་ཁྲིད།）的《拉喇嘛益西沃之敕谕文书解析》（ལྷ་བླ་མ་ཡེ་ཤེས་འོད་ཀྱི་བཀའ་གཤོགས་ལ་ཆུང་ཟད་དཔྱད་པ།《西藏大学学报》第 2 期）一文，在分析拉喇嘛益西沃所处时代、西藏政治局势和社会文化状态的基础上，对拉喇嘛益西沃的历史功绩作了概括。文章从解读拉喇嘛益西沃的相关敕谕文书入手，指出拉喇嘛为古格王朝的稳定和发展，积极推进各项改革，比如对王位继承者的规定、对不尽君王之责者的弹劾、净化佛教风气的措施以及切实推动佛教发展的社会经济制度等，为当时西部阿里地区的发展和日后藏传佛教的全面弘扬作出了重大贡献。

（三）元明清

元代研究主要集中在元代治理西藏，比如洛桑（བློ་བཟང་།）的《简析元朝首位藏族宰相桑哥的治藏方略》（ཡོན་རྒྱལ་རབས་དུས་སུ་བྱུང་བའི་བོད་ཀྱི་སྣོན་ཆེན་ཐོག་མ་སང་གྷས་བོད་སྐྱོང་སྲིད་དོན་བྱ་གཞག་ཇི་ལྟར་གཉེར་ཚུལ་སྐོར་གླེང་བ།《青海师范大学学报》第 3 期）一文，在对元朝宰相桑哥的族属问题进行讨论的基础上，重点对桑哥的治藏方略及其历史影响进行了分析，认为其政治、经济和军事方面的作为为加强元中央与西藏地方的关系、保障西藏地方政权的稳定和运行、维护西藏社会的稳定发展产生了积极影响。

才让吉（ཚེ་རིང་སྐྱིད།）的《止贡林洛事件的历史影响》（འབྲི་གུང་གླིང་ལོག་གི་དོན་རྐྱེན་ལས་བྱུང་བའི་ལོ་རྒྱུས་ཀྱི་བསྣབ་བྱ།《青海师范大学学报》第 3 期）一文，通过对元代止贡之变发生的原因、过程及结果的阐述，指出其实质是西藏各教派及其背后蒙古势力的相互竞争，如果没有元朝廷的强力支持，萨迦派要维持在西藏的统治会存在不小的难度。

明代以来，西藏贵族阶层逐渐形成并登上了历史舞台，其中有“第巴”头衔的属于高级贵族行列，有自己的庄园和承袭系统。拉巴（ལྷག་པ།）的《关于第巴亚加巴与第巴贡嘎瓦历史问题考究》（ཐོན་མིའི་གདུང་རྒྱུད་ལས་བྱུང་བའི་སྡེ་པ་ཡར་ཀོང་གཉིས་དང་འབྲེལ་བའི་དཔྱད་གླེང་།《西藏研究》第 1 期）一文，针对卫藏地区的第巴亚加巴与第巴贡嘎瓦是否同一个第巴问题进行了探讨，通过对史料的考析和研究，认为两者各自独立，并不是有人认为的是一个第巴系统。作者指出，由于两个系统都源自吞弥家族，加上相关史料的误记和属地有重合现象等缘故，造成大家对两者关系的误判，认为亚加巴与贡嘎瓦是同一个第巴的不同称呼，但经过分析可以发现，两者的第巴系统不同、庄园不同、庄园中心不同、存在时间不同，是完全不同的两个第巴系统。

明代研究方面，才旦多杰（ཚེ་བརྟན་རྡོ་རྗེ།）的《论宗喀巴大师呈报明成祖的请辞信》（རྗེ་ཙོང་ཁ་པ་ཆེན་པོས་ཏ་མིང་རྒྱལ་པོར་ཕུལ་བའི་ཆབ་ཤོག་ལ་དཔྱད་པ།《青海民族大学学报》第 2 期）一文，对明成祖召请宗喀巴大师入京及大师请辞的理由及所呈请辞信的内容进行了介绍。关于永乐皇帝召请宗喀巴大师的次数，学界多有争议，文章认为召请了三次，分别为 1408、1410 和 1413 年。永乐皇帝召请宗喀巴大师的圣旨不见于汉文文献，但藏文文献中留下了宗喀巴大师的请辞信。作者对不同文献所录请辞信作了对比研究，并指出这封请辞信是 1408 年第一次召请时所写，不能应召的原因就是格鲁派新建和准备传召大法会。

卓玛措（སྒྲོལ་མ་མཚོ།）的《西藏帕竹地方政权的组织形式研究》（སྡེ་སྲིད་ཕག་མོ་གྲུ་པའི་སྐབས་ཀྱི་རྫོང་དང་རྫོང་དཔོན་ལམ་ལུགས་ལ་ཐོག་མར་དཔྱད་པ།《攀登》第 4 期）一文，主要以帕竹地方政权最重要的基层行政区划和组织机构——乌斯藏十三宗和宗本制度为研究对象，尝试性地探讨了帕竹地方政权替代萨迦政权后对西藏地方行政组织制度的改革，阐明了宗制的特点和宗本流官制的优越性。文章还讨论了“宗”字的基本含义及其演变，指出后期对宗本制的改革也成为帕竹地方政权逐渐衰落的根本原因之一。

清代研究方面，罗布（ནོར་བུ་བསམ་འཕེལ།）重点关注了清初西藏蒙藏联合政权的建立及其东扩到云南等康巴地区后形成的历史影响。1642 年和硕特固始汗入藏推翻西藏藏巴汗政权，从此建立了蒙藏联合的西藏地方政权。关于西藏蒙藏联合政权的性质和特点，《谈谈清初蒙藏地方联合政权的建立》（དུས་རབས་བཅུ་བདུན་པའི་དུས་དཀྱིལ་དུ་བོད་སོག་ས་གནས་མཉམ་འབྲེལ་སྲིད་དབང་བཙུགས་ཚུལ་སྐོར་ལ་དཔྱད་པ།《中国藏学》第 2 期）一文通过梳理清初蒙藏地方联合政权的运行方式，探讨了这个政权的本质属性，指出其不是一个以固始汗为施主的西藏格鲁派政权，也不是纯粹的蒙古和硕特政权，而是以固始汗为政治领袖、五世达赖喇嘛为宗教领袖，统辖卫藏和多康等地的一个蒙藏联合政权，而其中的甘丹颇章政权仅是管理卫藏地区的地方政权，与青海的八台吉相似。因此可以说当时的蒙藏联合政权和西藏甘丹颇章有本质的区别。

关于蒙藏联合政权势力的东扩，涉及清中央与西藏地方、吴三桂的关系，西藏地方政权内部蒙藏两个集团的关系，藏传佛教格鲁派与噶举派的关系，等等。罗布的《“木虎年事件”与蒙藏联合政权内部关系的转折》（ཤིང་སྟག་ལོའི་ནེ་གཟར་དང་བོད་སོག་མཉམ་འབྲེལ་སྲིད་དབང་ནང་ཁུལ་གྱི་འབྲེལ་བའི་འགྱུར་ཕྱོགས་སྐོར་གླེང་བ།《西藏研究》

第2期）一文以“木虎年事件”即1674年西藏蒙藏联军出兵康区事件为中心，讨论了以此为转折形成的蒙藏联合政府内部各种关系的重组和演变。和硕特内部各系的相互掣肘和西藏各教派的竞争，导致逐渐壮大的格鲁派与准噶尔部之间的联系逐渐加强，这也为之后蒙藏联合政权内讧和准噶尔入藏埋下了隐患。罗布的《从五世达赖与吴三桂的关系看清朝权威在青藏地区的确立》（ཏཱ་ལའི་བླ་མ་སྐུ་ཕྲེང་ལྔ་པ་དང་ཝུ་སན་ཀུད་ཀྱི་འབྲེལ་བ་ལས་འགྲོས་ཏེ་ཆིང་རྒྱལ་རབས་ཀྱི་དབང་ཤུགས་བོད་དུ་ཁྱབ་ཚུལ་སྐོར་རགས་ཙམ་གླེང་བ།《西藏大学学报》第3期）一文以康熙年间平三藩的历史为大背景，探讨了当时云贵地区各方势力之间错综复杂的关系，以及清政府如何通过平吴三桂实现其权威在青藏地区的确立。康熙之前，以五世达赖喇嘛和固始汗为首的蒙藏联合西藏地方政权已经与清中央建立了联系，但中央权威在青藏高原的确立也经过了一段历程，其中平定吴三桂之乱成为其中一个重要的转折。吴三桂出镇云南之际，西藏蒙藏联合政府也派军队控制云南藏族地区，吴三桂由此与西藏、格鲁派和蒙古势力取得联系。在之后的吴三桂造反和康熙平定的过程中，各方关系逐渐开始重组，清朝权威随着平乱的进程得到了最终的确立。

清代研究还有一些地方史研究，比如吉毛措（ཀླུགས་མོ་མཚོ།）的《试析金川战役的起因及其影响》（གོང་མ་ཆན་ལུང་དུས་སྐབས་ཀྱི་ཆུ་ཆེན་དམག་འཁྲུག་གི་བྱུང་རྐྱེན་དང་དེའི་ཤུགས་རྐྱེན་ལ་དཔྱད་པ།《青海师范大学学报》第3期）一文，对乾隆朝两次金川战役的起因、过程、结果及其对大小金川地区的政治、经济、文化和宗教方面产生的影响作了分析，认为两次金川战役的性质虽然一样，但其起因和结果都不相同，对社会的影响，特别是打击苯教并迫使其改宗藏传佛教格鲁派等改变了嘉绒地区的宗教文化。扎果（བཀྲ་གོ།）的《多麦昂拉千户行政体制中的“土目”一词探析》（མདོ་སྨད་སྔང་རའི་སྟོང་དཔོན་གྱི་སྲིད་སྐྱོང་སྒྲིག་གཞི་ལས“ཐུའུ་མོ”ཞེས་པར་དཔྱད་པ།《中国藏学》第1期）一文，对青海尖扎昂拉千户行政体制中的“土目”一职进行了考察，认为“土目”一词应为汉语“土司”，其职能是管理地方事务，维持地方治安，一般每村皆设此职，依次由每户成年男子出任。整体而言，土目的职能设置和管理方式是完全符合当地社会实际的，因此也为当地社会的稳定和发展作出了贡献。

格桑达尔基（སྐལ་བཟང་དར་རྒྱས།）的《蒙古格西松巴益西班久之考》（སོག་པོའི་དགེ་བཤེས་སུམ་པ་ཡེ་ཤེས་དཔལ་འབྱོར་གྱི་སྐོར་རགས་ཙམ་གླེང་བ།《西藏研究》第3期）一文，对18世纪青海著名的蒙古族藏传佛教高僧松巴益西班久的生平及历史贡献作了介绍。松巴益西班久是清代著名高僧，以撰写《如意宝树史》而青史留名。

文章对前人关于松巴益西班久生平研究的不同观点进行了辨析，认为松巴堪布出生在青海湖南部海南藏族自治州贵德县和贵南县交界的黄河沿岸一个叫“པ་ཐུད”（巴图）的蒙古族家庭，幼年时即被认定为活佛，从此接受系统的藏传佛教显密教育，曾先后赴西藏、内地和蒙古地区学经传法，成为当时著名的藏传佛教高僧之一。文章还评介了松巴益西班久的主要作品，并对其促进民族文化交流的贡献作出了高度评价。

（四）民国及当代

这一时段关于当代研究的成果较少，民国研究方面，主要是关于爱国老人喜饶嘉措大师的研究。比如扎西才旦（བཀྲ་ཤིས་ཚེ་བརྟན།）的《略论喜饶嘉措大师对青海解放之初所发宏愿及其贡献》（ཧེ་བཙུན་ཤེས་རབ་རྒྱ་མཚོས་མཚོ་སྔོན་བཅིངས་འགྲོལ་སྔ་ཕྱིའི་མཚམས་སུ་བསྟན་འགྲོའི་དོན་དུ་ཐུགས་བསྐྱེད་དང་ཕྱག་ལས་མདོར་ཙམ་གནང་བའི་སྐོར།《青海民族大学学报》第 4 期）一文，以《喜饶嘉措大师传》为基础，选取了喜饶嘉措大师传奇而辉煌一生中的一个重要节点，即青海解放、新中国成立后大师顺应历史潮流，欣然接受新成立的青海省副主席之职，积极推动新青海的社会稳定和发展，在劝服昂拉千户、发展社会文化、加强民族团结等方面所作的贡献作了梳理，认为大师在重要历史时期展现出的担当精神和务实的工作作风，是其一生爱国佑民精神的一个缩影。

尕藏扎西（སྐལ་བཟང་བཀྲ་ཤིས།）的《喜饶嘉措大师 1941 年创立青海喇嘛教教义和国文讲习所考释》（དགེ་བཤེས་ཤེས་རབ་རྒྱ་མཚོས་1941ལོར་མཚོ་སྔོན་ནང་བསྟན་པའི་གཞུང་ལུགས་དང་རྒྱ་ཡིག་ཁྲིད་སྦྱོང་ཁང་བཙུགས་པའི་སྐོར་ལ་དཔྱད་པ།《中国藏学》第 4 期）一文，对喜饶嘉措大师 1941 年创立青海喇嘛教教义和国文讲习所的目的、过程及成就作了介绍，指出大师在家乡循化建立这样一所学校，主要目的是为了让乡亲们摆脱马步芳军阀势力的欺压和苛捐杂税，从讲习所举办的成果来看，基本实现了最初的办学目的，并为后来青海解放以及新中国建设培养了大量的少数民族干部，同时也为新时期佛学院建设和佛学教育的发展作了初步探索。

二、考古

关于考古，专题研究比较少，和考古相关的成果多以考古发现中的文献研究展开。夏吾卡先（ཞ་བོ་མཁའ་འབུམ།）的《贡布朗卡碑文拓片及其相关历史问题考证》（ཀོང་པོ་གླང་མཁར་རྡོ་རིང་གི་གཙོགས་ཡིག་བཀབ་བཤུ་དང་འབྲེལ་ཡོད་གནས་ཚུལ་སྐོར་གླེང་བ།《西藏研究》第4期）一文，对西藏林芝地区的贡布朗卡碑文进行了再研究，通过拓片技术详细录出碑文全文，并对相关问题进行了探讨，认为此碑即第穆萨摩崖石刻所记赞普赤松德赞赐给工布王的诏书。文章简要阐述了吐蕃时期工布小王的历史，并对石碑所刻纹饰的艺术价值作了探讨。

敦煌莫高窟96号洞窟即九层弥勒殿现藏有一个古铜钟，上刻有梵藏两种铭文及莲花、海螺和金刚杵等纹饰。万玛项杰（གཡུ་རྗོག་པདྨ་དབང་རྒྱལ།）的《敦煌新发现的扎叶巴古铜钟考》（བྲག་ཡེར་པའི་ཅོང་རྙིང་ཏུན་ཧོང་དུ་རྙེད་པ།《青海民族大学学报》第4期）一文，通过对铜钟形制、铭文内容和纹饰特点的分析，认为铭文内容与早期黎吉生所录查耶巴铜钟铭文相同，通过对相关内容和纹饰的对比分析，可以认为此钟就是传说中的查耶巴铜钟，铸于吐蕃赞普赤德松赞时期，是当时佛教兴盛的一个标志。文章还介绍了20世纪70年代查耶巴铜钟从西藏搬到敦煌的过程。

丹阔“智河拉姆”摩崖石刻自发现以来受到学界关注，夸加先（ཚོག་ཏ་མཁར་རྒྱལ་བྱམས།）的《丹阔“智河拉姆”摩崖文字及其造像研究》（ལྡན་ཁོག་བྲག་ལྷ་མོའི་བྲག་བརྐོས་ཡི་གེ་དང་སྐུ་བརྙན་ལ་དཔྱད་པ།《青海师范大学学报》第4期）一文，通过实地调研和反复解读，认为这处摩崖石刻应该是赤德松赞时期比丘益西央远赴唐蕃和谈或者当时某个唐蕃联合队伍所立，并不是通常认为的文成公主进藏途中所刻。文章还对石刻文字进行了校对，对之前的相关录文作了必要的订正。

阿贵（ཚ་བར་ཁ་ངག་དཀོན།）的《敦煌吐蕃文书P. T. 1288所载古代历史地名》（ཏུན་ཧོང་ནས་ཐོན་པའི་བོད་ཀྱི་ལོ་རྒྱུས་ཡིག་ཆP. T. 1288ལས་གསེར་ཁུང་ཞེས་པའི་ས་མིང་དང་འབྲེལ་ཡོད་ཀྱི་ལོ་རྒྱུས་གནད་དོན་སྐོར་མདོ་ཙམ་གླེང་བ།《中国藏学》第1期）一文，以1985年西藏文物考察队对西藏扎囊斯孔村墓葬群的发现为基础，在介绍该墓葬群相关情况的同时，结合其见诸于历史文献中的相关记载，探讨了墓葬群的年代、墓葬主人身份以及墓葬群经历的历史变迁。文章认为，斯孔村墓葬群确为吐蕃时期墓葬，按照《弟吾教法史》的记载，当为吐蕃王妃塔黛萨普琼（ཐག་དེ་བཟའ་ཕྲུ་ཆུང་།）之墓，斯孔村之村名“གསེར་ཁུང”，亦见于敦煌吐蕃文书P. T. 1288，是当时的古地名，与当地地方势力在历史上的消长有密切的关系。

三、地理

地理研究主要分地名研究和古代交通研究。地名研究方面，曲旦（ཆོས་ལྡན།）的《山南扎囊地区古村落名称考》（ལྷོ་ཁ་གྲ་ནང་ཁུལ་གྱི་གྲོང་སྡེ་རྙིང་པའི་ས་མིང་ལོ་རྒྱུས

མདོ་ཙམ་གླེང་བ།《青海民族大学学报》第 1 期）一文，对西藏山南扎囊地区的相关地名进行了研究，包括地名的由来、地名的书面表述、与之相关的民间典故，以及历史上行政区划的变迁等。作者在文中先后讨论了ཟླ་ནང་། དཀྱིལ་རྡ། ཟར་ཕུ། གྲོ་ཕུ། ལྕམ་བུ། གསེར་ཞུང་། 等12 个地名，指出每个地名背后都有独特的含义和传承，对地名进行研究应该是地方史研究的一个重要方面。

按照西藏传统地理观，整个藏地从西向东依次可分为上阿里三围、中卫藏四茹和下多康六岗，曼秀・仁青道吉（སྨན་ཤུལ་རིན་ཆེན་རྡོ་རྗེ།）的《“上阿里三围”地名训诂》（སྟོད་མངའ་རིས་སྐོར་གསུམ་ཞེས་པའི་ས་མིང་ཞུངས་འདེད།《中国藏学》第 2 期）一文对其中上阿里三围的认识进行了探讨。文章分词典中的“上阿里三围”、史籍中的“上阿里三围”以及现有行政区划下的“上阿里三围”等三部分，对阿里三围的具体地望，特别是其中一些地名的演变作了较为详细的梳理，并对其作为历史上格萨尔史诗的发源地的史实作了简单的阐述。

旦增伦珠（བསྟན་འཛིན་ལྷུན་གྲུབ།）、格桑色珍（སྐལ་བཟང་གསལ་སྒྲོན།）的《“ཀླུམ་རོ”或“ཀླུང་རོ”之地名考证》（གནའ་ཡིག་ལས་གསལ་བའི་ཡུལ་མིང་ཀླུམ་རོའམ་ཀླུང་རོ་ཞེས་པའི་ཡུལ་གྱི་མགོ་ཟ་ངོས་འཛིན་པ་དང་མཐའ་དཔྱོད།《西藏研究》第 2 期）一文，从见诸敦煌古藏文历史文书中的“ཀླུམ་རོ”或“ཀླུང་རོ”之地名出发，探讨了两个地名之间的关系以及具体地望。“ཀླུམ་རོ”或“ཀླུང་རོ”通常作为吐蕃王朝之前的一小邦所在地，同时也是吐蕃王朝建立后的一个小型行政区域之一，文章通过对文献记载和口述史料的分析，认为“ཀླུམ་རོ”和“ཀླུང་རོ”指河谷农业地带，按照敦煌文献中名词异写的规律，这两个名词应是同一个地名的异写，也是之后见诸史籍并以口传形式流传至今的“ཀླུང་ཤོད”一名，其具体位置当在今拉萨河上游地区。

古代交通和历史地理演变方面，夏吾卡先（ཤ་བོ་མཁའ་བྱམས།）翻译的约翰莫克（ཇོང་མོ་ཁེ།）的《重游赤佛道：关于阿富汗瓦汗藏唐帝国的新信息》（ཐང་བོད་སོ་རྒྱས་ཀྱི་དངོས་དཔང་གསར་པ་སྟེ་ཨ་ཧྥུ་ག་ནི་སི་ཐན་ལ་ཁན་ས་ཆའི་ལྷ་ཁང་དམར་པོའི་ལམ་ཁ་བསྐྱར་དུ་འགྲིམས་པ།,《青海民族大学学报》第 3 期）一文，主要介绍了新发现于阿富汗瓦汗地区的四部藏文金石文献，通过对金石文献和图像内容的解读，认为将这些金石文献和新旧《唐书》中相关记载结合起来，能够梳理出唐蕃双方在当地的竞逐及相关行军路线和历史遗存等问题。

四、文献

（一）总论

藏文文献史方面，有学者关注到藏文印刷术的历史，其中邓德多杰（བདུད་འདུལ་རྡོ་རྗེ།）发表了多篇文章讨论了藏文印刷术在不同时期的发展。比如在《吐蕃分裂时期之藏文印刷史渊源》（བོད་སིལ་བུའི་དུས་སྐབས་སུ་བོད་ཡིག་གི་ཤིང་པར་བྱུང་བའི་ཚུལ་ལ་དཔྱད་པ།《青海民族大学学报》第4期）一文中，作者认为藏文印刷起源于吐蕃时期，指出吐蕃时期雕刻印玺是印刷术的雏形。文章重点探讨了分裂割据时期印刷术的发展情况，认为割据时期出现刊刻陀罗尼经文的现象推动了藏文印刷术的全面发展，西夏印刷术受到了西藏印刷术的深远影响。《萨迦时期安多地区藏文木刻版形成历史考究》（དཔལ་ས་སྐྱའི་དུས་སུ་མདོ་སྨད་དུ་བོད་ཡིག་ཤིང་དཔར་བྱུང་བའི་ཚུལ་ལ་དཔྱད་པ།《西藏研究》第4期）一文在介绍大元・仁钦扎在多麦地区建香根寺（ཤིང་ཀུན་ཆོས་སྡེ།）的过程及该寺相关历史的基础上，以13世纪香根寺有藏文雕版印刷术的记载为线索，指出由此兴起的藏文雕版印刷，依次传到康区宗多乃萨（ཙོམ་མདོ་གནས་གསར）、元大都和江南地区。《帕竹时期汉地藏文木刻本考辩》（ཕག་གྲུའི་དུས་སྐབས་སུ་རྒྱ་ནག་ཏུ་བྱུང་བའི་བོད་ཡིག་གི་ཤིང་པར་ཡིག་ཆ་ཁག་ཅིག་གི་བྱུང་འཕེལ་ལོ་རྒྱུས།《青海师范大学学报》第4期）一文以明朝宫藏藏文显密文献和永乐版大藏经的刻印为例，对明代藏文木刻本在内地的兴起进行了梳理，并对促进藏文印刷内地传播的仲钦班旦嘉措及其传人的历史功绩作了阐述。关于藏文印刷历史的研究，还有才项南杰（སྒོ་མེ་ཚེ་དབང་རྣམ་རྒྱལ།）的《藏文雕版印刷术形成及发展问题的再思考》（བོད་དུ་སྤར་རྐོའི་ལག་རྩལ་བྱུང་འཕེལ་སྐོར་གྱི་སྤྱན་དཔྱད།《青海民族大学学报》第4期）一文，作者通过对西夏黑水城出土文献和其他史料的梳理，认为至晚到吐蕃赞普囊日松赞时期，西藏就形成了印刷术，到了分裂割据时期逐渐普及，日后随着藏传佛教各教派的发展及佛教文献流传的需求，藏文雕版印刷术得到了全面的发展。

文献分类方面，涉及对吐蕃古藏文文书和传记文献的分类，比如索南（མདོ་དགེ་བསོད་ནམས་ལྷུན་གྲུབ།）的《吐蕃藏文文献收藏及分布概述》（བཙན་པོའི་དུས་སྐབས་ཀྱི་ཡིག་ཚང་ཉར་ཚགས་དང་ཁྱབ་ཡུལ་སྐོར་གླེང་བ།《青海民族大学学报》第2期）一文，梳理了吐蕃时期藏文文献的收藏和分布情况，认为从文献的收藏点来看，有宫中王库、宫中佛殿、中心地区佛殿、边区佛殿、边区军库军镇、伏藏、僧侣译师私藏和金石等8处，而当时藏文文献的分布则不限于青藏高原，而是随着吐蕃的军事扩张传播到了周边地区。

在藏文传记文献中，传记数量最多者非宗喀巴大师莫属，据不完全统计，目前已知的宗喀巴传记有60多部，几乎可以作为一个单独的传记文献种类进行研究。何峰、更尕（བསོད་ནམས་རྩེ་མོ། ཀུན་དགའ་དབང་ཕྱུག）的《宗喀巴传记文献分类研究》（རྗེ་ཙོང་ཁ་པའི་རྣམ་ཐར་ཡིག་ཆའི་རིགས་དབྱེའི་སྐོར་ལ་གསར་དུ་དཔྱད་པ།《青海民族大学学报》第2期）一文，对历史上的宗喀巴传记进行了简单的分期和分类，比如早期萌芽时期的自传、密传和亲传弟子所撰的传记，中期发展阶段各种角度、体裁、篇幅的传记，后期繁荣阶段全面、综合传记的大量出现等，可以说较为集中地展示了宗喀巴传记文献的基本概况和史料价值。

（二）写本简牍

2014年，巴桑旺堆公布了一部珍贵的吐蕃兵律文书，自发布以来引起了学界的关注，相关研究也在逐步深入。达琼（པད་གཞུང་ཟླ་བ་ཚུང་བདག）的《论吐蕃兵律之战时禁止损毁庙宇之小律令》（དམག་ཁྲིམས་ཡིག་རྙིང་ཡིག་ཆ་ལས་བུ་དོན་གཙོམ་དུ་མི་གནང་བའི་ཁྲིམས་ཐུན་ལ་དཔྱད་པ།《西藏大学学报》第2期）一文，节选了这部兵律文书中的一小部分，即其中的“战时禁止损毁庙宇之小律令”，分录文、注释、翻译和解读四个部分进行了解读分析。作者指出，该律令是吐蕃军队出征时必须遵守的禁令之一，要求军队无论出征到何处，严禁毁坏当地的庙宇佛堂和佛像壁画，严禁囚禁和杀害僧人，严禁焚毁和买卖佛经，既体现了吐蕃在占领区争取人心的愿望，同时也充分体现了佛教立足吐蕃后的社会影响。彭措扎西（ཕུན་ཚོགས་བཀྲ་ཤིས།）的《论吐蕃时期“勇士”军的军法及其社会效益——以新发现的敦煌古藏文吐蕃兵书残卷为例》（བཙན་པོའི་དུས་ཀྱི་དཔའ་སྟར་གོ་འབྱེད་ཀྱི་དམག་ཁྲིམས་དང་དེའི་སྤྱི་ཚོགས་ཕན་ནུས་སྐོར་གླེང་བ།——གསར་དུ་རྙེད་པའི་ཏུན་ཧོང་བོད་ཀྱི་དམག་ཡིག་དཔེ་མཚོན་དུ་དྲངས་པ།《中国藏学》第3期）一文，以这部兵书中的相关记载为基础，探讨了吐蕃军法中的奖惩制度，比如见诸史册和敦煌壁画的虎皮战袍制度，就是吐蕃史上“若不以虎袍奖励英雄，就没有做英雄的酩酊”，“若不以狐尾羞辱懦夫，就不能分辨英雄懦夫”规定的表现。文章对虎皮奖英雄和狐尾辱懦夫的文化现象进行了分析，认为其中表现了古代西藏的动物崇拜，而这种奖惩制度也为军队战斗力的提高起到了显著作用。

都兰吐蕃墓出土的简牍文书是研究吐蕃历史文化的重要史料文献之一，卓玛加（སྒྲོལ་མ་རྒྱལ།）的《都兰大墓出土木简考辨》（མདོ་སྨད་བདེ་སྙིན་ནས་ཐོན་པའི་ཁྲམ་

ཞིང་ཡི་གེའི་ཕབ་ཤོར་གྱི་སྐོར་བརྟན་པ།《青海师范大学学报》第 3 期）一文，将简牍与王尧先生之前的录文作了细致的对比研究，对录文过程中出现的错录和漏录情况进行了订正和补充。

（三）历史文献

在藏文史籍的研究方面，本年度有多篇文章涉及对相关史籍的整理、介绍和研究，其中对史籍史料价值的挖掘取得了较为大的成果。比如看本加（མཁའ་འབུམ་རྒྱལ།）的《关于〈古扎教法源流〉和〈宁玛教法源流〉是否同属一部史书的质疑》（〈གུ་བཀྲའི་ཆོས་འབྱུང་〉དང་〈རྙིང་མའི་ཆོས་འབྱུང་〉གཉིས་དེབ་ཐེར་གཅིག་ཡིན་མིན་སྐོར་གྱི་དོགས་དཔྱོད།《西藏研究》第 4 期）一文认为，目前由中国藏学出版社出版的阿旺洛哲或古如扎西所撰《古扎教法源流》，与西藏人民出版社出版的土登韦色旦贝尼玛所撰《宁玛教法源流》实际上是一本书。作者认真比对了两部著作的书名全称、目录、作者和基本内容，认为两者完全一致，应是同一本书，之所以以两种书名出现并得到出版，是因为《宁玛教法源流》一书收录了土登韦色旦贝尼玛所撰相关祷文，整理者将其误认为是作者，由此形成了同一本书的两种版本。

多杰平措（རྡོ་རྗེ་ཕུན་ཚོགས།）的《〈卡纳教法史〉及其史学价值初探》(〈མཁར་ནག་ཆོས་འབྱུང་〉ལས་འཕྲོས་པའི་གཏམ།《西藏研究》第 4 期）一文，对新出版的《卡纳教法史》的相关问题及其史学价值进行了探讨，指出发现于布达拉宫的这部关于格鲁派教法史的著作之所以被称为《卡纳教法史》，是因为其作者班觉桑布出生于山南沃卡地区的卡纳地方。卡纳班觉桑布是 16、17 世纪藏传佛教著名高僧，与三世、四世、五世达赖喇嘛和四世班禅有密切交往，因此其《卡纳教法史》所记格鲁派的历史，特别是宗喀巴师徒三尊和历代甘丹寺金座的事迹是极为珍贵的史料，可补其他相关史料之不足。

南拉才让（ལ་ཁ་གནམ་ལྷ་ཚེ་རིང་།）的《苯教古文献〈司巴史〉的史料价值及其作者考析》(བོན་གྱི་ཡིག་ཚང་རྙིང་ཤོས〈སྲིད་པ་རྒྱུད་ཀྱི་ཁ་བྱང་〉གི་ལོ་རྒྱུས་དཔྱད་གཞིའི་རིན་ཐང་དང་མཛད་པ་པོའི་ཐད་ཀྱི་དོགས་གནད་འགའ།《西藏研究》第 2 期）一文，对苯教文献《司巴史》的版本、成书过程及其史料价值作了探讨。《司巴史》全称《司巴世续目录》，当前有 5 种版本，最早是由一个司巴后嗣以喇钦詹巴南喀传记的形式所撰，此后在传承过程中由不同高僧作了不同程度的补充和修改，从而形成了不同的版本。文章认为，从这部文献的修辞方法与内容看，与敦煌文书、喇塘蚌巴文书、《奈巴教法史》《月系王统》《蓝色布谷鸟啼鸣》等古藏文文书所载内容和修辞手法多有相同，可见成书时代较早，其中所记吐蕃时期佛苯相争的历史以及象雄地区历史文化的记载等，具有较高的史料价值。

拉巴（ལྷག་པ།）的《浅谈〈朗氏家族史〉的历史价值》(〈རླངས་ཀྱི་པོ་ཏི་བསེ་རུ་རྒྱས་པ་〉ཡི་ལོ་རྒྱུས་དཔྱད་གཞིའི་རིན་ཐང་སྐོར་གླེང་བ།《青海民族大学学报》第 1 期）一文，对大司徒绛曲坚赞所撰《朗氏家族史》的史料价值做了概要介绍。《朗氏家族史》详细而生动地记载了元末西藏的政治局势和社会发展状况，包括萨迦地方政权的衰落和帕竹万户的兴起，元末西藏地方各万户之间的争斗，帕竹地方政权的建立及其政治、经济、军事文化等，是了解 14 世纪西藏历史、社会和文化的珍贵一手资料，一直以来受到学界的重视。

（四）其他文献

西藏的传统堪舆学或风水学历史悠久、内容丰富，之前已有相关堪舆文献集得到整理出版。多杰太（རྡོ་རྗེ་ཐར།）的《一部从阿底峡传承的古印度风水古籍评介》（སླམ་དུ་ཏ་ར་ནག་པོས་ཇོ་བོ་རྗེ་ལ་གནང་བའི་ས་དཔྱད་སྐོར་གླེང་བ།《青海民族大学学报》第 3 期）一文，介绍了一篇作者新发现的堪舆学文献手抄本，按该文献的题目来看，该书是阿底峡尊者的上师杜哈纳布赐给阿底峡并传到西藏的。作者指出，噶当文集中提到阿底峡尊者曾把两部古印度风水古籍传到藏地，其中一部已经全文收入相关堪舆文集中出版，另一部则只见书名不见文献。文章通过分析认为，新发现的这部堪舆文书就是阿底峡传入藏地的第二部文献，只是由于不同传承的原因导致其书名发生了变化。

更合才让（ཀུན་དཔལ་ཚེ་རིང་།）的《从〈俱舍论〉探析“胛骨形世界”与“胛骨形雅砻”》（ཆོས་མངོན་པ་མཛོད་ལས་འབྱུང་བ་ཏེ་འཛམ་གླིང་སོག་ཁ་དང་ཡར་ལུང་སོག་ཁའི་སྐོར་གླེང་བ།《西藏大学学报》第 4 期）一文，从佛教经典《俱舍论》所记宇宙观出发，探讨了古印度和西藏传统史书中的宇宙观和地理观。以须弥山为中心，四方四大洲，周边铁围山，间隔多重洋的宇宙观是以《俱舍论》为代表的佛教宇宙观的集中体现，在古印度、我国西藏地区乃至周边一些地区都有类似的观念，甚至以一些实际的地理地貌推断出了这种宇宙观的真实原型，比如冈底斯山周边等。印度佛教文献中“胛骨形世界”与藏文传统典籍中“胛骨形雅砻”的记载，也体现了类似地理观背后的文化联系。

综上所述，本年度在历史、考古、地理和文献研究方面取得了明显的成就。历史研究方面，吐蕃史研究仍然是成果最多的领域，内容涉及政治、经济、军事和文化等各方面，其中比较明显的特点是历史人物研究方面的成果相对集中；宋元明清各个时期都有比较有特色的文章，其中涉及明清时期的文章对相关问题的讨论有一定的推进；早期、民国和当代研究仍然非常薄弱。

本年度考古研究方面没有高质量的专题成果出现，相关成果集中在金石文献的研究上，总体上来讲仍属于文献研究类。地理研究方面有相关地名研究和历史地理研究，但整体数量仍然较少。

文献研究的成果较为喜人，无论是数量还是质量都有一定的保证，涉及文献研究的领域也比较广泛，比如文献的发现、校勘、翻译和各种角度的研究。另外对文献史的研究也比较有特色，其中也出现了一些新的研究领域如藏文雕版印刷史的研究等，值得注意。

藏医药与科技研究

藏医药部分

2018年，藏医药研究的学术成果分布于医学史、文献研究、基础理论、临床研究、药物和方剂研究、医学教育、藏医药现状和政策研究等各个领域。本年度出版藏医药学术专著3部，分别由青海民族出版社、中国藏学出版社和中国科学技术出版社出版。

一、医学史

学术论文主要是对藏医药的起源和历史、特定地域或机构藏医药发展历史、古代医家、医学史实等方面的考证和介绍，本年度发表的论文较少。

（一）藏医药的起源和历史

多果的《藏医起源浅析》（《中医临床研究》第25期），根据苯教文化的研究进展，介绍了早期苯教文献中有关藏医资料的记载，并提出相关观点。索南达杰的《早期藏医药学史》（《中国民族医药杂志》第2期）介绍了史前时期和吐蕃时期的藏医药历史。才让、给旦尔的《浅谈朗达玛时代藏医学之盛衰》（《中国藏医药》第3期）介绍了吐蕃朗达玛时代的藏医历史。

（二）地区或机构藏医发展史

泽翁拥忠等的《甘丹颇章时期康巴地区的藏医药发展》（《中华中医药杂志》第7期），总结了清代甘丹颇章时期康巴地区的藏医药发展情况，介绍了以司徒曲杰迥勒、帝玛尔·丹增彭措等为代表的医家在开设藏医药讲授学院、修建德格印经院、著书立说、发展藏药炮制技艺等方面的贡献。桑杰先、银巴的《探究哲蚌寺医学利众洲的发展历程》（《中国藏医药》第4期），介绍了哲蚌寺藏医机构医学利众洲的历史。

（三）古代医家

米久的《浅谈第司·桑杰嘉措为藏医药事业发展立下的丰功伟绩》（《中国藏医药》第3期）和黄全毅的《第悉·桑结嘉措对藏医的贡献》（《中国民族博览》第6期），分别介绍了清代杰出的藏医学家第司·桑杰嘉措为藏医药事业作出的贡献，主要包括创办拉萨药王山利众医学院、撰写《蓝琉璃》《秘诀续补遗》《医学史》等。洛桑塔杰等的《塔尔布名医生平及十五味黑药丸》（《藏医药教育与研究》第1期），介绍了藏医大师塔波拉杰的生卒年代、学术贡献和成就，以及他创制的名方十五味黑药丸的临床应用。

（四）医学史实

甄艳、蔡景峰的《关于藏医学挂图（曼唐）第80幅出处问题的探讨》（《中国中西医结合杂志》第9期），根据作者既往的研究经历以及对国内外所出版曼唐画册的考证，提出了关于第80幅曼唐的若干疑问和探讨。其他还有：刘俊杰等的《藏医脉诊源流考》（《中国民族民间医药》第13期），索南措、桑杰加的《简述象雄时期苯医的病因诊治学》（《中国藏医药》第4期），等等。

二、文献研究

主要是对藏医药古籍文献的考证介绍、内容研究、整理翻译等。

考证或介绍古籍文献起源、流传或学术思想的代表性论文有：索南才让和东周加的《藏医古籍〈毕吉黄卷〉的缘起及传承研究》（《中国藏医药》第1期），介绍了吐蕃时期医著《毕吉黄卷》的传承历史、作者、版本特点、内容等。更桑等的《探讨藏药经典〈度母本草〉的学术思想》（《中国民族医药杂志》第5期）运用文献对比、实物与标本对比、咨询相关专家等方式，考证了《度母本草》的成书年代和背景，介绍了该书的学术价值和思想。平措扎西的《谈近代区内出版的在藏医领域比较有影响力的四本藏药本草比较》（《西藏科技》第11期），介绍并比较了近代以来藏医领域比较有影响力的四部本草著作《甘露本草明镜》《藏药晶镜本草》《藏药材图谱大全》《藏药金穗本草诠释》，在药材分类、药名、单药材味数三个方面的特点异同。其他还有：洛桑塔杰、顿珠的《塔尔布〈吉祥树本草〉古籍传本及佚文引述研究》（《藏医药教育与研究》第4期）、德吉卓玛的《简述"迭部零星集"的发展历程》，等等。

研究古籍文献中某一专题内容的代表性论文有：贡却坚赞的《〈四部医典〉之医者道德》（《中国藏医药》第3期）介绍了藏医经典著作《四部医典》对医生医德的要求。党知卓玛、贡却坚赞的《浅谈传统藏医文献中的牙科学》（《中国民族医药杂志》第8期），介绍了《四部医典》《月王药诊》《千万舍利》等古代藏医文献关于牙齿生理、牙齿疾病病因病理和治疗的相关论述。尕藏措等的《多血症"查培乃"（HAPC）的藏医古籍文献整理研究》（《中医药导报》第19期），挖掘和整理《四部医典》等638种古籍文献中关于多血症病因病机、临床诊断、防治措施等方面的记载。其他还有：周毛措、三智加的《〈后续部〉和〈月王药诊〉中尿液叙述比较研究》（《中国藏医药》第3期），刘艳骄、邢亦夕的《藏医药中有关睡眠药物的文献辑述》（《世界睡眠医学杂志》第1期），羊毛吉、童丽的《藏医〈四部医典〉中常用方剂配伍规律的初探》（《中国民族医药杂志》第12期），等等。

研究古籍文献保护和翻译的有：王燕静等的《西藏药王山口述医药文献保护问题研究》（《传媒论坛》第15期），介绍了对西藏药王山口述藏医药文献的整理与研究思路。达瓦次仁的《浅谈藏医古籍文献翻译概况》（《西藏科技》第11期），介绍了藏医药古籍文献翻译的历史、意义、现状和问题。

三、基础研究

本年度有一部藏医诊断学的科普专著出版，即王智森等编著的《中藏医诊治歌诀》（中国科学技术出版社）。该书尝试将中医、藏医的诊治理论进行结合，对藏医和中医的基本理论、诊断和治疗，都以歌诀的形式加以概括，然后详细论述，对临床工作者有一定参考价值。

论文方面，按照内容可分为藏医药理论研究、探讨和基础知识介绍三类。本年度发表的论文较少，且以基础知识介绍类文献居多。

（一）理论研究

这部分的论文以藏医和其他传统医学体系理论的比较研究较多。代表性论文有：普措拉藏、贡却坚赞的《藏医“隆”型体质与各传统医学体质的类似特性比较研究》（《中国民族民间医药》第21期），介绍了藏医隆型体质的特征，并与中医学、印度医学、古希腊医家希波克拉底等对体质的分类进行了比较。Luo H等的《Correlation between Tibetan and traditional Chinese medicine body constitutions: A cross-sectional study of Tibetan college students in the Tibet Autonomous Region》（《Journal of Traditional Chinese Medical Sciences》第3期），采用量表调查了西藏某高校466名在读大学生的藏医和中医体质特征，并进行了相关性比较研究，证实藏医和中医两种传统医学的体质分类有一定的相关性。其他还有：罗辉等的《中医和藏医对体质分类的比较研究》（《中国中医基础医学杂志》第6期），陈月梅等的《中藏医放血疗法临床应用比较研究》（《世界最新医学信息文摘》第34期），等等。

（二）理论探讨

索南卓玛、扎西东主的《浅谈藏医热病学思想在神志疾病诊治中的应用》（《中国民族医药杂志》第8期），介绍了藏医热病学理论及其在神志疾病的诊断和治疗中的应用，认为藏医热病学思想对于神志疾病的诊治具有独特的优势，值得深入研究和推广应用。刘俊杰等的《藏医尿诊五行观及其研究展望》（《中国民族医药杂志》第10期），阐述了五行学说对藏医尿诊的指导作用和意义，提出将五行学说理论与代谢组学等现代研究手段相结合，以揭示疾病本质、指导临床实践的研究展望。其他还有：桑吉才让、仁青措的《浅析胚胎成因中性别的产生》（《中国藏医药》第3期），董骞、张硕的《三因学说——从藏医看中医》（《中国民族医药杂志》第5期），央金卓玛的《藏西药学结合探析》（《世界最新医学信息文摘》第90期），等等。

（三）基础知识介绍

主要是关于藏医治疗方法、养生等知识的介绍。例如：色转本的《浅谈藏医季节时令与养生保健》（《中国民族医药杂志》第3期），根据《四部医典》对时令季节的划分，分别介绍了不同时节的饮食、起居和外治养生方法。其他还有：白玛泽旦的《探讨藏医对饮用水水质的分辨方法》（《中国藏医药》第1期），多杰扎西等的《浅谈藏医灌肠疗法》（《藏医药教育与研究》第4期），林扎西卓玛的《简述藏医火灸疗法——以艾灸为例》（《宗教信仰与民族文化》第1期），等等。

四、临床研究

临床研究是藏医药学术研究的重要领域，发表的论文较多，按研究内容主要可分为4个专题：藏医循证医学研究、藏医疗效观察研究、疾病的藏医诊疗、藏医临床护理。

（一）藏医循证医学研究

近年来，循证医学研究方法被引入到藏医之中，成为藏医临床科研的亮点。本年度有3篇论文发表。

徐志伟等的《藏药如意珍宝丸治疗神经性疼痛疗效的Meta分析》（《中国民族医药杂志》第1期），采用循证医学系统评价研究的方法，纳入藏药如意珍宝丸治疗神经性疼痛的临床研究文献8项，总样本量1327例，结果发现，如意珍宝丸的疗效优于对照组（OR＝5.07，95% CI：3.56，7.23），差异具有统计学意义，故认为如意珍宝丸在治疗神经性疼痛方面存在一定的优势，但尚需更多高质量、大样本的临床试验进一步验证。

泽碧等的《藏药相关临床随机对照试验的文献评价》（《中国药房》第16期），采用循证医学文献评价方法，收集了藏药随机对照试验235篇，用Cochrane协作网偏倚风险评价工具5.1.0评价文献质量，研究发现，现有的藏医临床随机对照研究存在数量较少、整体质量较差、结局指标设置不科学、安全性报告不足等问题，并提出了改进策略。

罗辉等的《藏医药临床研究指南制定的方法探讨》（《中国中西医结合杂志》第7期），基于2015年《中医药与中西医结合临床研究方法指南》发布的背景，提出在该《指南》的基础上，结合藏医药学自身的特色进行相应的调整或细化，形成特异性的藏医临床研究方法指南，以便更具针对性地指导藏医药临床科研的开展，从而为藏医药的发展和推广应用提供可靠的循证医学证据。

（二）藏医疗效观察研究

主要是藏医医生开展的临床观察性研究，以及对所治疗患者病历资料的回顾性总结，评价藏药或藏医外治疗法的临床疗效，部分研究还设置了对照组，比较藏医和西医常规治疗的疗效差异。代表性的研究如：

1. 藏药与西药或中药的比较

伍筱铭、王思农的《藏药二十五味儿茶凝胶外治手背部慢性湿疹的对照研究》（《成都中医药大学学报》第1期），评价藏药二十五味儿茶凝胶对双手背部慢性湿疹的疗效，纳入42例双手背部慢性湿疹患者，随机分配单手背进行治疗，一只手背采取儿茶凝胶外用，另一只手背应用西药丁酸氢化可的松乳膏治疗序贯治疗15天，结束治疗后随访28天，采用症状、瘙痒度评分法评价皮损改善情况及瘙痒缓解情况，观察复发情况。结果显示，藏药组、西药组的有效率、症状改善、瘙痒度缓解率均无统计学差异，藏药组的复发率低于对照组，对照组还出现了色素沉着、毳毛增多等副反应，提示藏药二十五味儿茶凝胶治疗慢性湿疹疗效与激素相当，且具有复发率低、不良反应低的优势，可遴选为传统药治疗慢性湿疹的外用新剂型。

类似的研究还有：华太本的《慢性萎缩性胃炎的藏医辩证治疗效果研究》（《中西医结合心血管病电子杂志》第18期），米玛次仁的《研究藏药二十五味驴血丸对痛风的治疗效果》（《世界最新医学信息文摘》第10期），丹增卓玛、边巴坚参的《藏药14味羚角丸治疗痛经的临床观察》（《中国民族医药杂志》第2期），等等。

2. 藏药联用西药与单用西药的比较

柴多的《藏药七味地骨胶囊联合阿莫西林克拉维酸钾治疗高原地区糖尿病合并肺炎疗效观察》（《北京中医药》第2期），纳入97例长期居住于高原地区的糖尿病合并肺炎患者，给予藏药七味地骨胶囊联合阿莫西林克拉维酸钾治疗；并以90例接受阿莫西林钠舒巴坦钠及对症常规综合治疗的患者为对照组，比较2组的疗效。结果显示：藏西医结合组的有效率，FBG、2hPG、WBC缓解率，治疗后症状、体征及胸片阳性改善情况，均优于单用西药组，提示藏药七味地骨胶囊联合西医常规治疗，有助于提高对高原地区糖尿病合并肺炎的临床疗效。

类似的研究还有：陈晓培的《藏西医结合治疗消化性溃疡的临床体会》

（《世界最新医学信息文摘》第31期），格日多杰、才旦多杰的《藏医治疗高原地区风湿性心脏病120例临床观察》（《世界最新医学信息文摘》第33期），化毛加、米玛的《藏药西切楚巴联合色朵阿巴治疗腹泻的疗效观察》（《中国民族医药杂志》第5期），等等。

3. 不同藏医药疗法之间的比较

羊壮扎西、德吉措的《七味能消丸治疗慢性便秘的临床研究》（《中西医结合心血管病电子杂志》第18期），比较藏药七味能消丸和传统藏药治疗慢性功能性便秘的临床疗效差异，两组各纳入38例患者。结果显示，七味能消丸组疗效优于对照组。

类似的研究还有：德庆玉珍、达瓦次仁的《藏医治疗隆滞布病（脑梗塞）临床疗效观察研究》（《西藏科技》第10期），玛久措等的《藏药催汤颗粒治疗流行性感冒的54例疗效观察》（《中西医结合心血管病电子杂志》第27期），等等。

4. 藏药联用西药与单用西药比较的卫生经济学研究

邱怀德等的《藏药药浴应用于脑卒中康复的卫生经济学评价》（《中国康复医学杂志》第12期），是目前可见的首个评价藏药卫生经济学的临床研究。此为本年度藏医临床研究的亮点。该研究采用随机对照试验设计，纳入脑卒中患者403例，随机分为常规康复组202例和藏药药浴组201例（常规康复加藏药药浴）。治疗4周。采用Fugl-Meyer评分（FMA）、改良Barthel评分（MBI），分别在治疗前、治疗2周后、治疗4周后评估运动功能和日常生活活动能力，记录全部医疗花费。卫生经济学指标采用成本效果比，以直接医疗费用与FMA和MBI评分变化值的比值评价，同时计算藏药药浴组的增量成本效果比（ICER）进一步衡量其成本效果。结果显示：治疗4周后常规康复组FMA值、MBI值较治疗前分别提高（6.92 ± 8.48）分和（7.78 ± 9.49）分，藏药药浴组FMA值、MBI值较治疗前分别提高（10.26 ± 10.86）分和（11.05 ± 12.00）分。FMA每提高1分，直接医疗费用常规康复组为3064.22元，藏药药浴组为2343.90元，较常规康复组节省720.32元；MBI评分每提高1分，常规康复组直接医疗费用为2725.51元，藏药药浴组为2176.33元，较常规康复组节省549.18元。ICER分析结果也提示藏药药浴组较常规康复组具有更好成本效果。故认为，脑卒中常规康复结合藏药药浴的综合治疗比单纯常规康复治疗具有更好的成本效果。

5. **无对照的病例系列观察**

力毛措、拥巴的《藏药十味胆宁散对高脂血症疗效观察》(《中国民族医药杂志》第 11 期)，观察藏医经验方十味胆宁散对高脂血症的疗效，纳入 32 例高脂血症患者，给予患者十味胆宁散口服，1.5g/次，日两次，疗程 45 天。结果显示：患者治疗前后的血脂变化差异具有统计学意义，表明该方具有较好的降脂效果。

类似的研究还有：白玛、顿珠旦达的《藏医“扎梅”疗法治疗 20 例肝癌临床疗效观察研究》(《中医临床研究》第 11 期)，代青措等的《藏医脉泻疗法治疗类风湿性关节炎 30 例》(《中国民族医药杂志》第 2 期)，胡燕芹、袁发荣的《藏药安儿宁颗粒治疗小儿喉感冒 84 例的临床观察》(《中国民族医药杂志》第 4 期)，等等。

6. **外治疗法的疗效观察研究**

除药物治疗外，外治法也是藏医独具特色的疗法，本年度发表了多篇评价外治法疗效的论文，涉及放血、盐敷、油脂、泻脉、铁烙、灌肠、药浴、针刺、艾灸等。例如：杨毛才让、贡却坚赞让的《藏医放血疗法治疗痛风的临床研究》(《中国中医基础医学杂志》第 6 期)、多果、闹增等的《藏医袋浴疗法治疗风湿性关节炎疾病的临床有效性研究》(《中医临床研究》第 31 期)、仁青卓玛的《藏医贴敷疗法治疗直后乃（痛风性关节炎）的临床观察》(《中国民族医药杂志》第 3 期)，等等。

（三）疾病的诊疗研究

学术论文主要是藏医临床医生和研究者对疾病的病因病机、病型、诊断、治疗等方面的认识、体会或临床研究总结。近年来，数据挖掘技术在藏医临床研究中得到应用。例如：洛桑东智等的《基于数据挖掘技术的藏药胃病方剂用药规律分析》(《中华中医药杂志》)，采用数据挖掘关联规则功能等方法，收集卫生部颁《藏药标准》中有关胃病方剂，分析药物频次、关联规则、核心组合、新方分析，认为利用中医传承辅助平台对藏药方剂规律分析，结合藏医理论原则，可为胃病藏医治疗的规范化提供依据，为新药开发提供思路。仁青东主等的《基于中医辅助传承系统的治疗慢性萎缩性胃炎藏药方剂组方规律分析》(《辽宁中医杂志》第 1 期)，收集 115 名慢性萎缩性患者的藏医处方，应用中医传承辅助平台中集成的数据挖掘方法进行分析，发现以培根增盛引起的“三火”功能失衡所致慢性萎缩性胃炎药频数较高，主要的关联规则为六味木香散和六味寒水石散，共挖掘出新处方共 4 个，明确了藏医治疗该病的用药规律，组方以胃的血气畅通、调节胃“三火”失衡、健胃生火、抗炎消炎为主，为规范藏医治疗萎缩性胃炎和新药研发提供依据和思路。其他还有：贡保东知等的《基于数据挖掘和整合药理学平台的藏医治疗脾胃病用药规律及作用机制》（《中国中药杂志》第 16 期），聂佳等的《基于数据挖掘技术分析含“三果”藏药配伍规律》（《辽宁中医杂志》第 3 期），等等。

常规的藏医疾病诊疗理论探讨或经验总结类论文仍占多数，涉及的病种广泛，覆盖临床各科常见多发疾病。例如：多杰仁青等的《探讨措如·次郎教授治疗乙型肝炎的临床思想》（《藏医药教育与研究》第 4 期），介绍了藏医大师措如·次郎教授治疗乙肝的学术思想和临床经验。任小巧等的《藏医特色技术—白脉病疗法临床应用分析及推广应用思考》（《世界科学技术—中医药现代化》第 3 期），通过对现有文献的分析，认为白脉病疗法是治疗藏医白脉病的重要治疗手段和特色技术，临床适用于中风、骨关节病、神经性疼痛等多种疾病的治疗，今后需要进一步规范其技术标准以便推广应用。刘东武等的《浅述藏医对痛风的认识》（《中国民族民间医药》第 20 期），介绍了藏医对痛风的病名、病因、分型的认识，以及药物、针灸、放血疗法治疗痛风的方法。周先卡的《浅谈藏医防治病毒性肝炎的意义》（《智慧健康》第 19 期），综述了近年来藏医在病毒性肝炎的病因认识、临床研究的进展。其他类似的还有：仁青东智、当增才让的《肺导疗法的临床应用》（《中国藏医药》第 3 期），杨忠辉的《藏医药浴疗法用于养生保健的价值探讨》（《中西医结合心血管病电子杂志》第 21 期），等等。

（四）藏医护理

本年度的成果包括专著和论文两部分。

专著为青海省卫生和计划生育委员会编的《藏医护理规范》（青海民族出版社），该书参考借鉴《四部医典》《中国藏医百科全书》等文献中有关护理的资料，由青海省藏医药学会护理专业委员会及省藏医院组织专家共同编撰完成。全书共四章：第一章基础护理由藏医理论基础、护理基础组成，第二章为 24 种常见病的护理规范，第三章为 14 种藏医特色疗法的护理规范，第四章为各种护理相关制度与文书书写规范。该书对藏医护理临床教学、藏医护理文书书写和技术操作规范等方面具有指导作用。于 2019 年 10 月获第二十七届中国西部地区优秀科技图书二等奖。

论文按照内容可分为藏医护理实践的效果评价研究、常见疾病的藏医护理实践知识介绍两类。前者如：卓玛加等的《藏医霍麦疗法对 14 例中晚期食道癌患者的护理观察》(《中国民族医药杂志》第 2 期)，介绍了采用霍麦疗法缓解晚期食管癌患者呕吐、癌性疼痛的做法及效果。后者如：党措吉、赵慧萍的《浅谈藏医脉泻疗法的护理》(《中国民族医药杂志》第 2 期) 从脉泻疗法的适应症、术前护理准备、术中操作护理要点、术后注意事项等方面，介绍藏医脉泻疗法的护理知识。类似的研究还有：江永求卓、索南周杰的《妄彩（产后风）的藏医护理》(《中国民间疗法》第 7 期)，党措吉的《浅谈宁才的藏医护理》(《中国民族医药杂志》第 6 期)，裴红英的《凯真患者的藏医辨证护理》(《中国民族医药杂志》第 12 期)，等等。

五、方药研究

关于藏医方剂或药物的研究，本年度共有 1 部专著的出版，以及 200 余篇学术期刊论文的发表。关于藏药复方或单味药物的化学成分、药理作用等的研究历来是研究的重点与热点，发表的论文约占本年度全部藏医药论文的半数以上。

专著方面：刘斌、热增才旦所著《藏药甘扎嘎日传统应用与现代研究》由中国藏学出版社出版。该书全面介绍了传统藏药材甘扎嘎日的种属、临床应用、营养成分、化学成分、活性成分、质量对比、提取工艺等方面的研究进展情况。

论文方面：按照文章内容可大致分为八个研究专题：藏药单味药或复方的文献研究、药物化学、药物鉴定学、药理学、药物炮制学、制剂分析学、药物资源学和药用植物栽培学。以下按专题进行综述：

（一）方药理论和文献研究

主要包括对藏药或方剂的知识介绍、文献考证、理论研究和文献研究综述四类：

1. 知识介绍类

本类论文数量较少。多旦姐、行邓东智的《浅析干姜单味汤的功效》(《中国藏医药》第 2 期)，介绍了干姜的分类、功效、性味、主治、诊断价值等。丹珍卓嘎、扎西桑珠的《浅谈传统藏药植物分类法》(《中国民族医药杂志》第3期）比较了现代植物分类学与藏药传统植物分类的异同，并通过查阅藏药植物的古籍文献及咨询藏药植物专家的方法，介绍了传统藏药植物分类的方法。其他还有：尕雪的《浅谈藏医方剂中的卡擦尔》（《中国藏医药》第1期），夏若吉、仁青卓玛的《藏药植物药采摘与配伍要领》（《中国民族医药杂志》第1期），等等。

2. **文献考证类**

主要为关于药物名称、基源、产地、功效、不良反应等的文献考证。代表性论文有：张怡等的《藏药藏锦鸡儿的基原植物与代用品考证》（《中草药》第16期）通过考证相关的文献记载，对藏锦鸡儿的名称、基原植物及其代用品、药用部位等进行了整理和分析，对相关植物的形态、名称、资源分布及传统用药等进行了总结。文成当智、东改措的《藏药理论对“索洛西汤”的功效考证》（《亚太传统医药》第4期），根据藏药理论对索洛西汤（四味高山辣根菜汤）的功效特点进行考证，认为该方功效在不同层面依次为五源之水，六味及三化味之甘和苦，十七效之顿、重、凉、稀等，因而对反复咳嗽、痰中带血、发热气喘等疾病有显著疗效。扎西道知等的《基于藏医药古籍文献对当前藏药说明书不良反应项窥见》（《中国民族医药杂志》第4期），以《临床特效验方集》作为切入点，挖掘几种常用藏药的不良反应及用药注意事项，分析常用藏药的不良反应并提出预防措施。

其他还有：赵梅宇等的《榜那－铁棒锤药材名称与基源考证》（《中国中医药信息杂志》第11期），乌仁图雅等的《蒙藏药材“曹毛兴”本草考证》（《中国民族医药杂志》第1期），等等。

3. **理论研究**

主要为研究方剂中药物配伍规律或治疗机制的论文。例如：文成当智等的《〈四部医典〉用药规律——“味性化味”理论的科学内涵分析》（《中国实验方剂学杂志》第5期），基于3000余函藏医古籍文献，应用历史时间轴方法和Gephi v0.8.2可视化软件等梳理藏药“味性化味”理论的传承历史，阐释藏药六味、三化味、十七效等如何作用于三因和20种特性等疾病属性，对藏药药性研究具有理论参考价值。仁青吉、米玛的《常用藏药配方中治疗真布病的配伍规律分析》（《中国藏医药》第3期），分析了风湿性关节炎（真布病）的9种常用藏药配方的名称、组成、用药频次以及核心药物的比例。其他还有：次仁巴珍等的《探讨藏药二十五味松石丸的配伍特点及其治疗肝病的核心组合成分》（《世界科学技术—中医药现代化》第10期），羊毛吉的《析解隆嚓妇科病的方剂配伍规律》（《中国藏医药》第4期），等等。

4. **文献研究综述**

有关藏药研究的传统文献综述文献数量较多，内容主要是梳理各种藏药或复方的研究文献，介绍研究进展。例如：崔海燕、廉会娟的《藏药七十味珍珠丸的研究进展》（《中国民族医药杂志》第6期），介绍了近年来对七十味珍珠丸的药物成分、临床研究、药理药效及安全性研究的概况。陈静等的《藏药波棱瓜子药理活性及其在藏药方中应用研究进展》（《中国民族医药杂志》第11期），总结了近年来波棱瓜子的研究进展，发现其具有良好的抗氧化、保肝利胆、抗缺氧、致腹泻等药理活性，临床用于治疗赤巴病、肝病、胆病及消化不良等症。其他还有：高燕萍等的《藏药“热衮巴”化学成分及药理活性研究进展》（《江西中医药大学学报》第4期）、巴桑德吉、索朗的《藏药佐木阿汤散制剂的研究进展》（《西藏科技》第6期），张媛媛等的《藏药诃子的化学成分与药理活性研究进展》（《中国药房》第14期），等等。

（二）药物化学研究

中药化学的研究方法普遍地被用于藏药单味药或复方的成分定性和定量分析，通过提取、分离和鉴定，研究各药物的化合物组成及其含量。这一领域历来是藏药学研究的重点。代表性的研究如：肖远灿等的《HPLC法测定藏药烈香杜鹃不同部位7个黄酮类成分的含量》（《药物分析杂志》第8期），采用高效液相色谱法（HPLC）同时测定藏药烈香杜鹃中金丝桃苷、芦丁、槲皮苷、槲皮素、木犀草素、山柰酚和异鼠李素7个成分的含量，比较不同部位中该7个成分含量的差异，报告了不同部位中金丝桃苷、芦丁、槲皮苷、槲皮素、木犀草素、山柰酚和异鼠李素的含量范围，以及不同部位中7个黄酮类成分的总含量，发现金丝桃苷、芦丁、槲皮素和木犀草素是烈香杜鹃中含量较高的黄酮类成分，且主要集中分布于嫩枝、叶和花中；作者认为HPLC法简便准确，可用于烈香杜鹃中黄酮类成分的含量测定和质量评价，不同部位中黄酮类成分的分布特征可为烈香杜鹃资源的合理利用提供依据。付林等的《藏药大花龙胆正丁醇部位的化学成分研究》（《中草药》第5期），通过制备高效液相色谱法分离纯化，利用各种谱学技术鉴定藏药大花龙胆Gentiana szechenyii花枝乙醇提取物的正丁醇部位的化学成分，分离得到6个化合物，其中大花龙胆酯苷A为首次发现的新的环烯醚萜苷类化合物。曹赟等的《藏药“渣驯”物质组成研究》（《腐植酸》第2期），通过鉴别藏药材“渣驯”（岩精）的性状，测定

26 种矿物元素，分析结晶物相，测定钙的含量、有机质含量、腐植酸含量、黄腐酸含量、水分、灰分、酸不溶性灰分、水溶性浸出物，该研究为建立“渣驯”的质量标准提供了参考。其他还有：张炜等的《HPLC－DAD 同时测定藏药洁白丸中 4 种成分的含量》（《中国药房》第 17 期），李杰加等的《藏药甘扎嘎日果总酚含量测定方法研究》（《青海师范大学学报》自然科学版第 3 期），艾悦言等的《HPLC 法同时测定三味龙胆花片中马钱苷酸和异金雀花素的含量》（《中国药房》第 20 期），等等。

（三）药物鉴定学研究

传统的文献考证、基源鉴定、性状鉴定、显微鉴定、理化鉴定方法以及现代中药鉴定技术如 DNA 分子遗传标记、指纹图谱鉴定等，被广泛地应用于研究藏药单药或藏药复方的来源、品种、质量、质量变化规律等，为藏药生药品种和真伪的鉴别、藏药产品的开发利用等提供科学依据。代表性研究如：

1. 传统鉴定和考证方法

主要包括经验鉴定、古代文献研究、基源鉴定等。本年度发表的文章很少。例如，贡保东知、仁真旺杰的《对藏药“溪中碎云母”识别研究》（《中国藏医药》第 1 期）介绍了藏药“溪中碎云母”的不同用药来源碎金精石、卤虫卵和海金沙的来源、特征及其鉴别方法。付林等的《藏药蓝、黑、杂色 3 类榜间品种考证研究》（《中国中药杂志》第 16 期），采用文献整理与医院、药厂、市场调研相结合考证其基原植物的方法，阐明常用藏药“榜间”（龙胆花）的品种及来源，最终确定文献记载其来源共有 14 个种、3 个变种，市场主流品种则来源于多枝组华丽系龙胆，以蓝玉簪龙胆 Gentiana veitchiorum 为主，以同组同系的华丽龙胆 G. sino-omata、线叶龙胆 G. lawrencei var. farreri 为辅；提出制定质量标准的建议，对“榜间”的合理利用、科学研究和开发具有参考价值。赵梅宇等的《榜那—铁棒锤药材名称与基源考证》（《中国中医药信息杂志》第 11 期），采用文献考证法、药材名称解读法及植物分类方法，分析藏药材榜那－铁棒锤的名称与基源，认为榜那是榜阿那保中最具毒性的一种，现亦名铁棒锤，为汉、藏、蒙民族均应用较广的抗炎、镇痛、局麻药物，其基源为毛茛科植物铁棒锤 Aconitum pendulum Busch、伏毛铁棒锤 Aconitum. flavum Hand. -Mazz 的干燥块根。其他还有：张怡等的《藏药藏锦鸡儿的基原植物与代用品考证》（《中草药》第 16 期），马晓辉等的《甘肃省甘南地区龙胆科藏药种类与品种整理》（《中兽医医药杂志》第 2 期），等等。

2. **现代鉴定技术**

马超等的《蓝花龙胆 HPLC 指纹图谱分析及藏药道地药材标准建立必要性探讨》(《西藏科技》第4期),采用 HPLC 分析藏药材蓝花龙胆不同样品和样品花与茎部位的指纹图谱,研究发现:以龙胆苦苷含量评价藏药蓝花龙胆,不同蓝花龙胆含量存在较大差异,花部位的质量优于茎叶部位;提出用药应尊重藏医用药传统使用花部位入药,对藏医药中一药多源的药材应进行道地药材筛选,以提升藏药品质。魏似婕等的《藏药"巴莴色保"基源鉴定及其叶绿体全基因组序列分析》(《药学学报》第6期),通过基源鉴定,确定其基原植物的系统学位置,通过全基因组序列分析,首次得到其叶绿体全基因组序列,该工作可为"巴莴色保"品种鉴定、活性物质基础研究、质量标准制订及原植物就地保护等工作提供基础资料。其他还有:昝珂等的《藏药独一味中30种化学成分的 UPLC - ESI - TOFMS 分析鉴定》(《中国药事》第6期),屈燕等的《绿绒蒿属藏药植物 ndhF 和 rbcL 序列片段特征分析》(《中南林业科技大学学报》第6期),任瑶瑶等的《基于 ITS2 条形码的乌头属藏药植物鉴别》(《中草药》第19期),等等。

(四)藏药药理学研究

运用现代科学方法,尝试阐明藏药单药或复方对机体的作用及其作用的规律,主要包括对药效学和毒理学的研究。

1. **药效学研究**

代表性研究如中国藏学研究中心藏医药研究所学者发表的系列论文:对单味药的研究,例如冯欣等的《Hepatoprotective effect of Herpetospermum caudigerum Wall. on carbon tetrachloride-induced hepatic fibrosis in rats》(《Journal of Cellular and Molecular Medicine》第7期),研究藏药波棱瓜子对大鼠肝纤维化的保护作用及其可能的机制,以3ml/kg 四氯化碳灌胃,建立肝纤维化模型。对藏药复方的研究,如冯欣等的《Tibetan Medical Formula Shi-Wei-Gan-Ning-Pill Protects Against Carbon Tetrachloride-Induced Liver Fibrosis-An NMR-Based Metabolic Profiling》(《Frontiers in Pharmacology》第9期),研究治疗肝损伤的传统藏药组方十味肝宁片的保肝作用机制,采用组织学染色、生化分析和元素测定等方法,评价十味肝宁片对四氯化碳(CCl_4)诱导的大鼠肝纤维化模型的抗纤维化作用,对十味肝宁片肝保护活性相关的潜在生物标志物和代谢途径进行了研究,该研究为十味肝宁片在肝纤维化疾病中的保肝作用机制提供了新的见解。同类研究有：周园里等的《藏药灰兜巴对 STZ 诱导的Ⅱ型糖尿病肾病小鼠的肾脏保护作用》（《中成药》第3期），属于对单味药的研究，发现藏药灰兜巴3种提取物均可改善2型糖尿病肾病小鼠肾脏损伤状态。崔海燕等的《藏药七十味珍珠丸对帕金森病模型大鼠行为学的影响》（《中医杂志》第3期），属于对藏药复方的研究，发现该方可明显改善帕金森病大鼠的运动功能。其他还有：王艺红等的《藏药镰形棘豆抗深Ⅱ度烧伤活性部位筛选》（《解放军药学学报》第1期），范芳芳等的《基于网络药理学的藏药大花红景天抗氧化应激分子机制研究》（《中国中药杂志》第9期），张海燕等的《藏药雪灵芝粗多糖对 S180 荷瘤小鼠肿瘤生长的影响》（《中国高原医学与生物学杂志》第1期），等等。

2. **毒理学研究**

藏药矿物药的安全性一直为公众所关注，也是藏药学术界的主要研究内容之一。开展毒理学研究，获得藏药的安全性证据，有助于解答公众疑虑，为临床安全合理用药提供依据。本年度发表的论文较少。谭善财等的《传统藏药纤毛婆婆纳乙醇提取物急性毒性试验》（《亚太传统医药》第9期），研究传统藏药纤毛婆婆纳乙醇提取物对小鼠的急性毒性。张明等的《藏药佐太在模拟胃液、肠液中的汞溶出差异》（《中成药》第10期），比较佐太在模拟胃液、肠液中的汞溶出差异，收集16批佐太，测定其总汞含有量，以及在模拟胃液、肠液中溶出的汞质量浓度和溶出量，发现佐太在模拟胃液中的汞溶出量和差异均显著高于在模拟肠液中。

（五）藏药炮制学

论文以藏药炮制学理论探讨或知识介绍为主，炮制研究论文仅有1篇：马应风、多杰才让的《寒水石的炮制方法对藏药洁白丸质量的影响研究》（《中国民族医药杂志》第6期），按照《中国药典》2015年版中洁白丸的质量标准，检验洁白丸中加入不同炮制方法的寒水石发现，猛制的寒水石对没食子酸鉴别反应呈阴性，认为猛制的寒水石对没食子酸有抵消作用，不宜与诃子同方使用，以免造成成药不合格现象，造成经济损失。

理论探讨或知识介绍类文章有：多杰才让、牛秀得等的《国医大师尼玛与藏药“佐太”的炮制》（《中国民族医药杂志》第11期），介绍了国医大师尼玛在藏药炮制应用方面的丰富经验和学术思想，包括在炮制“佐太”中注重传统工艺与现代工业的结合，提高效率，降低临床不良反应的风险，强调

"辅料决定炮制质量"学说等。勒考的《藏药寒水石的炮制方法研究》（《名医》第4期）和恰斗多杰的《藏药寒水石的传统炮制方法探讨》（《世界最新医学信息文摘》第69期）分别介绍了寒水石的炮制方法。其他还有：加老的《能缚八铁中的铅灰锻制工艺略谈》（《中国藏医药》第1期），次仁南加贡桑的《常用植物藏药材的种子采集规范化研究》（《藏医药教育与研究》第2期），腕玛然旦的《浅谈常用藏药材的炮制方法及工艺》（《智慧健康》第16期），等等。

（六）藏药制剂分析

按研究对象可分为对单味药和成方制剂的研究。按研究内容可分为藏药制剂的质量标准、提取工艺研究和现状分析三个部分。

1. 质量标准研究

单味药的研究如：马志良、多杰的《藏药悬钩木的质量标准研究》（《中国药房》第2期），从性状特征、显微特征、薄层色谱方面对药材进行定性鉴别，测定药材水分、灰分、浸出物的含量，采用高效液相色谱法测定药材中芦丁和金丝桃苷的含量，建立藏药悬钩木的质量标准。对成方制剂的研究如：边巴扎西等的《藏药"流感丸"质量标准研究》（《中国民族民间医药》第5期），采用显微鉴别方法对处方中显微特征强、重重复性高的敏间那布印度獐牙菜、莪达夏进行显微特征的定性鉴别，藏菖蒲、角茴香、亚大黄、木香进行薄层色谱法定性鉴别，对榜嘎、榜那乌头碱进行限量鉴别，显示该方法简便、准确、重复性好，可用于流感丸的质量控制。其他还有：叶婷等的《基于多成分和总鞣质测定的藏药大三果及其鞣质部位质量研究》（《世界科学技术—中医药现代化》第9期），段广佩等的《藏药九味渣驯丸质量标准的建立》（《中国药师》第6期），陈星等的《藏药安神丸的质量标准提高》（《中南药学》第6期），等等。

2. 提取工艺研究

单味药的研究如：王敏等的《响应面法优化回流提取藏药甘青青兰总黄酮工艺》（《中国民族医药杂志》第11期），研究响应面法优化甘青青兰总黄酮提取工艺参数和条件，为甘青青兰总黄酮提取工艺、功效成分制备及产业化开发提供参考。对成方制剂的研究如：边巴顿珠等的《藏药列赤阿汤颗粒制剂工艺及质量标准研究》（《中国民族医药杂志》第4期），研究优选藏药列赤阿汤颗粒的最佳制剂工艺，确定为水煎提取3次，加水量为10倍，每次1h，认为这一制剂工艺参数及质量标准在实际生产和质控中可行。其他还有：胡春晖等的《藏药砂生槐子总生物碱生物黏附迷你肠溶片的制备与体内外评价》（《中医药导报》第9期），闵慧等的《基于多指标综合检测优选藏药砂生槐子总生物碱提取工艺及其抗肝纤维化机制研究》（《中医药导报》第10期），姚林才等的《藏药榜嘎生物碱成分分离及质量标准研究》（《重庆中草药研究》第2期），等等。

3. 现状分析

马应风等的《浅谈影响藏药材质量的因素》（《名医》第9期），从藏药的品种、采收、炮制、储藏方面论述了影响藏药质量的因素。

（七）藏药资源学研究

可分为藏药资源保护和藏药材资源学调查两类。本年度发表的论文数量较上年度有所减少。

1. 藏药资源保护

杨春蕾等的《西藏地区手掌参的生境条件及致危因素分析》（《西藏农业科技》第1期），结合已有文献资料和实地调查结果，对西藏地区手掌参的地理分布和生境特点进行研究，分析探讨西藏地区手掌参濒危的原因，结果表明，手掌参分布范围狭窄，种群规模小，多呈零星或零星小片分布于藏南和藏东南各县域的局部地区。手掌参濒危最主要的内在因素是其繁殖能力和繁殖效率低，市场需求的掠夺性、采集方式的致死性、采集时间过早、人为滥采滥挖等干扰因素和生境的破碎化是主要的外部致危因素，手掌参濒危是多种因素共同作用的结果。

2. 藏药材资源学调查

采用文献研究、实地调查、GIS技术等方法开展藏药材资源分布的调查。实地调查以甘南地区的研究较多，本年度发表了4篇文章，均由李彪等撰写：《青藏高原甘南地区茄科藏药植物资源调查研究》（《宁德师范学院学报》自然科学版第2期）、《甘南地区豆科藏药植物资源调查研究》（《牡丹江师范学院学报》自然科学版第3期）、《青藏高原甘南地区菊科藏药植物资源调查研究》（《宁夏师范学院学报》第7期）、《甘南地区蔷薇科藏药植物资源调查研究》（《高原科学研究》第2期）。1篇文章采用GIS技术进行调查：詹琳等的《基于GIS的藏药植物在全国分布的分析》（《科研信息化技术与应用》第5期），通过对中科院昆明植物所植物标本数据库进行藏药的相关资料收集并整理，得出 1086 种藏药植物，用拉丁文名与中国植物标本进行匹配，添加各藏药的分布地区及经纬度数据，得出藏药植物在中国有 110489 个分布点，再将对应的经纬度信息导入 ArcMap，系统直观地展现出藏药植物在中国的分布。

（八）药用植物栽培学研究

本年度有 2 篇论文发表，均为对藏药独一味的种植研究。

马令法等的《青稞根系不同浓度醇提液对藏药独一味种子的化感作用研究》（《种子》第 4 期），以独一味种子为试验材料，研究不同浸提时间的青稞根系水提液对独一味种子萌发的影响，旨在阐明青稞根系浸出液对独一味种子萌发促抑作用，为独一味与禾本科植物的轮作种植提供理论依据。研究结果表明：不同浓度青稞根系醇提液对独一味种子萌发影响不同，随着青稞根系醇提液浓度的增大，胚芽长度、发芽率均表现为先促后抑；40% 的青稞根系醇提液对独一味萌发具有促进作用。该结果将为独一味和青稞的间作、轮作提供理论依据。

何淑玲等的《全膜覆土穴播及配施坡缕石对藏药独一味生长、产量及品质的影响》（《中药材》第 7 期），研究甘南高原高海拔地区全膜覆土穴播下配施坡缕石对独一味生长、产量及品质的影响。实验结果表明：全膜覆土穴播及配施坡缕石有利于独一味植株地下根的快速生长，表现为主根长、粗生长加速，因此产量提高，同时，独一味素、独一味黄酮、槲皮素及木犀草素主要成分含量显著增加。

六、医学教育

藏医药教育方面的论文，主要是对藏医药学专业的人才培养、课程设置、教学内容和方法等问题的研究与思考。本年度发表的论文较多，研究的范围更广。

培养方式方面：泽翁拥忠等的《藏医本科人才高等院校教育与传统师承教育相结合模式研究》（《中国民族民间医药》第 18 期），认为探索构建合理的现代高校规模培养与传统师承教育优势互补的培养模式，有助于培养符合社会和行业发展需求的藏医人才，彰显藏医人才培养的优势特色。格桑旦增的《浅谈培养藏医药学生的引导方式》（《藏医药教育与研究》第 3 期）认为，对于底子薄的学生要重视巩固其基础知识，要耐心教育学生，细致认真地对待学生。林扎西卓玛的《论藏传佛教寺院曼巴扎仓传统师承关系对培养现代藏医药学人才的积极作用》(《青藏高原论坛》第3期)提出，以藏传佛教格鲁派著名寺院甘肃拉卜楞寺曼巴扎仓修习体制为例，针对甘肃藏医药学教育现状及存在问题，提出若干建议。

藏医课程教学方面：土旦卓玛等的《西藏大学医学院藏药炮制学实践教学探索》(《西藏医药》第3期)，根据该校藏药炮制学教学中遇到的师资力量薄弱、实验室及相关基础设施设备的欠缺、学生藏医基础单薄、藏药炮制学实践教学课时量少等实质性的问题，进行教学探索。俞佳等的《〈藏药学〉汉文教材编写思路与教学方法》(《成都中医药大学学报》教育科学版第4期)，介绍了《藏药学》汉文教材的编写思路和经验，提出教材应以充分整理《晶珠本草》藏药基本理论和各药味性效为核心，加强品种的本草考证与功效规范，补充藏药当代研究进展，辅之以藏药标本辨识实验课程和翻转教学、PBL教学等方法，使之适合现代藏药专业基础课需求。强巴卓嘎的《浅谈案例教学在藏医妇科护理教学中的应用》(《西藏科技》第9期)，介绍了将案例教学方法用于藏医妇产科护理的经验，认为该法强调学生为主体，教师为辅助，可提高学生动手动脑能力，在课堂教学中具有良好效果，并分析了案例教学方法与常规课程教学环节的区别。米久、刘春生的《藏药野外采药实践教学的历史发展与教学模式改革的新思路——以西藏藏医学院为例》(《中医药管理杂志》第18期)，以藏药学野外采药认药实践教学的历史发展、目前现状为出发点，探讨了藏药野外采药认药实践教学的重要性，分析目前实践教学过程中存在的问题，对教学改革提出新的思路。其他还有：次旦南卓的《现代虚拟仿真技术在藏医外伤学教学中的应用分析》(《藏医药教育与研究》第3期)，等等。

西医课程教学方面：王芝贞、马桂芬的《基于藏医院临床需求的藏医专业西医课程改革研究——以甘南州卫生学校为例》(《卫生职业教育》第19期)，通过了解甘南州4所藏医院临床需求，为甘南州藏医学校藏医专业西医课程设置提供依据，研究发现：藏医院门、急诊病人诊断及治疗以西医为主，该校藏医专业西医课程设置不合理，应增加西医课程，提高学生藏、西医诊疗水平，以适应临床工作需要。其他还有：热增才旦的《藏医药专业化学藏汉双语教学过程中培养学生自主学习能力的思考》(《藏医药教育与研究》第1期)，达娃扎巴的《如何上好藏医解剖实验课》(《现代医学与健康研究电子杂志》第1期)，等等。

七、现状和对策

（一）藏医药事业

本年度发表的论文从不同角度和层面探讨藏医药学的保护、传承和发展问题，介绍藏医药相关领域的现状，探讨促进发展的策略。例如，阴赵丹、魏莉的《国外传统医药保护实践对西藏自治区藏医药法律保护的启示》（《法制博览》第5期），介绍了印度、泰国的传统医药保护制度，提出设立藏医药科学研究基金、出台《西藏自治区保护发展藏医药条例》的建议。巴珠等的《藏医药学的现代化发展策略研究》（《生物技术通讯》第5期），从挖掘藏医药学“大数据”、利用现代生物学技术研究藏药的作用机制及作用靶点、拓宽藏医药学的临床应用范围三方面探讨和阐述了新时代藏医药发展的策略思路。其他还有：高路等的《当代中国藏医药领域研究热点和前沿趋势的可视化分析》（《中央民族大学学报》自然科学版第4期），魏莉的《西藏自治区藏医药相关知识产权法律保护研究》（《法制与社会》第33期），于效颖的《藏医藏药报道中的传播学原理研究——以〈西藏日报〉近三年的报道为例》（《新闻研究导刊》第8期），等等。

（二）藏药产业

本年度发表的文章较少，但研究的视角各异，涉及地区产业发展、行业发展、产业与扶贫等。例如：李磊等的《甘孜州中藏药产业发展新思考》（《中国中医药信息杂志》第3期），就甘孜州中藏药产业现状和存在的问题进行综述和分析，认为甘孜州中藏药发展面临生态环境保护与中藏药产业发展的矛盾，产业规模总量较小、程度低，专业人才不足和产品研发能力弱等问题，提出文化旅游与医疗多产业协同发展、建立高效的模式促进产学研合作发展、推进中藏药质量标准化、保证各环节质量传递的建议。董改改的《西藏藏药产业可持续发展研究》（《西部皮革》第13期），对西藏藏药产业的发展现状和存在的问题进行研究，提出保护珍稀藏药材、加强藏药标准化研究、提升藏药知名度的建议，并从政府、市场、企业的保障机制方面对促进藏药产业可持续发展进行探究。德吉达娃央宗的《大通县中藏药材种植产业扶贫研究》（《理论观察》第7期），以大通县特色产业中藏药材种植产业为切入点，分析扶贫开发过程中所面临的优势和不足，提出若干建议与措施，以产业化扶贫研究为重点，力求探索一条可持续发展的道路，以解决大通县的贫困问题。其他还有：彭迪、陈雪梅的《青海藏药产业竞争力实证研究》［《中国经贸导刊（中）》第23期］和《青海藏药产业竞争力与区域经济发展耦合关系实证研究》（《世界科学技术—中医药现代化》第10期），等等。

科技部分

藏学领域的科技论文，主要介绍藏族传统科学技术方面的研究进展。本年度所发表论文和出版专著的内容涵盖传统天文历算、数学、手工业、生产生活等。具体如下：

（一）传统数学和天文历算

天文历算属于藏族传统文化“小五明”之一，又称“历算明”。本年度发表的论文，既有传统的对天文历算和数学的文献研究，也有从现代角度的认识等。

现代研究如：夏吾才让的《论藏族历算中的数学思想》（《高原科学研究》第3期）认为，历算学中蕴含着丰富的现代数学思想和方法，通过分析藏历纪年法和农历干支纪年法之间的关系，指出藏历纪年法与现代数学的关系，并分析藏历中三种不同的五曜推算法（太阳日推算法、太阴日推算法和宫日推算法），提出藏族天文历算领域中数理运算的科学观点、定位和特色，以及其中呈现的现代数学的逻辑思维、基本思想、推算性质和应用方法等。边巴、拉穷的《藏族传统筹算的运演方法分析》（《高原科学研究》第3期）通过对藏族传统筹算本《八章算法》和《八章算法考释》的比较研究，从算法角度分析藏族传统筹算数学的运算符号的功能和藏族传统筹算的符号表现、运演方式和数学体系的构建，并介绍传统筹算数学的四则运算的具体算法、求解应用题的常用方法和特殊图形的面积算法。

传统研究如：才项多杰的《敦煌出土的藏文九九乘法表与西藏传统筹算中出现的九九乘法表对比研究》（《青藏高原论坛》第4期），介绍了敦煌藏文九九乘法表和西藏筹算中的九九乘法表的渊源关系及其发展演变。拉毛吉、旦增尼玛的《藏文史料与天文历算文献中的相关问题纠错举隅》（《青海民族大学学报》社会科学版第2期）认为，《青史》《拉卜楞寺志》《白史》为藏族历史文献中重要的三部著作，但在其藏文原文尤其是汉文译本中存在着年代、人名等或大或小的问题，《西藏的天文历算》是汉文书写的藏传天文历算方面的专著，存在着重要的公式和关键数据的错误。该文针对这些著作中涉及藏传天文历算的章节，进行举例纠正或指正翻译错误。

（二）传统手工业

本年度有3部著作出版，分别关注藏族传统服饰、木碗的制作与文化：李燕、王春霞主编的《藏服的发展与制作》（西南交通大学出版社），介绍了藏族服饰文化的发展概况以及传统藏服的设计、制作方法。格桑白玛措姆的《云南藏木碗考记》（云南民族出版社），介绍了藏木碗的起源、分类、文化内涵、制作工艺、装饰纹样和技巧以及云南迪庆藏木碗产业发展等。李志农、刘虹每的《云南藏族木碗文化》（云南美术出版社），则从非物质文化遗产的视角去认识云南藏族木碗的制作及其与民众生计、生活、信仰等的关系。

论文主要关注藏族传统科技、手工业的现代转型。例如：刘玉等的《文化资本可持续发展视域下西藏山南民族传统手工业的现代转型研究——以泽帖尔为例》（《西藏大学学报》社会科学版第4期），以历史上专供高僧及官员贵族使用的精品面料泽帖尔为例，分析藏族传统手工业的现代转型，认为泽帖尔成功实现了现代转型，既实现了文化价值，也实现了经济价值，为西藏其他类型手工业的发展提供了借鉴模式，提出传统民族手工业要实现现代转型，必须同时重视手工业本身的经济文化二重属性，两者不可偏废。冯雪红、向锦程的《传统的发明：和日村藏族石刻流程、工具与技艺》（《兰州大学学报》社会科学版第2期），介绍了青海泽库县和日村传统石刻手艺的流程、雕刻工具、技艺以及村民在移民搬迁后对石刻技艺的延续和发展。杨明芬的《浅谈西藏制陶技艺的历史与现状》（《西藏科技》第5期），介绍了西藏制陶技术在各个历史时期的发展过程，以及发展中面临的挑战和困境，分析了制约西藏制陶技艺发展的因素。其他还有：李国政的《从传统到现代：制度变迁视野下的西藏民族手工业发展》（《重庆文理学院学报》社会科学版第2期），刘英的《四川藏族传统金属手工艺的产业化探索》（《美术大观》第 4 期），等等。

（三）其他

李何春的《西藏芒康县和青海囊谦县两地传统晒盐技术的比较研究》（《云南社会科学》第 6 期）认为，盐是人类不可或缺的物质，制盐技术的分析对于掌握人类社会的文化变迁尤为重要，通过对青海省囊谦县境内的 8 个盐场和西藏自治区芒康县境内的盐井进行调查和比较发现，就二者取卤的方式而言，实为井盐，制盐技术采用晒盐法。土登多杰（བདུད་འདུལ་རྡོ་རྗེ།）的《萨迦时期安多地区藏文木刻版形成历史考究》（《西藏研究》第 4 期），考证了公元 13 世纪安多地区藏文木刻版的形成历史。

台湾、香港藏学研究

2018 年台湾和香港地区的藏学研究成果较往年而言，继续呈现减少趋势，时有内地的藏学研究者在港台地区的学术刊物上发表论文，如果再将这部分研究区分开来，则港台地区本土的研究成果更在少数。历来在港台地区多见宗教方面的研究，主要是对藏传佛教教义的理解和对相关释论的论述，其次是关于历史、文化的研究，也可见文学评论、艺术分析等。藏学研究人员、机构、刊物的不断减少，将使港台地区藏学研究的衰弱之势愈加明显。从 2018 年发表的论文、出版的图书分析，台湾和香港藏学研究主要涉及哲学、宗教、历史、社会、文学、医学等领域。

一、哲学、宗教

台湾政治大学宗教研究所博士林恕安的《从使用因明谈清辨是否继承龙树的精神》（《台大佛学研究》第 36 期），提出清辨（Bhāviveka，500—570）与龙树（Nāgārjuna，150—250）以及其他中观学家如佛护（Buddhapālita，470—540）、月称（Candrakīrt，600—650）等的最大差异在于其著作中大量采用因明（hetuvidyā）论式，然而论式的使用在某种程度上接受了一套既有的规则，而此有违龙树在《回净论》（Vigrahavyāvartanī）中遮破使用量（pramāṇa）的看法。文章讨论了清辨是否成功地以因明说明中观的内涵，如何解决使用量所产生的形上疑虑，以及胜义简别在其中所扮演的角色。一直以来，清辨虽被视为中观的继承者，但却抑于佛护、月称一系而在修证的判定上不受重视，作者主张清辨虽以不同的方式说明，但其内涵是具有其传承与说服力的。

台湾玄奘大学宗教与文化学系兼任助理教授暨佛教弘誓学院研究部教师释悟殷在《〈施设足论〉业报思想研究》（《法印学报》第9期）中讨论，说一切有部传有“一身六足”论，唐代玄奘译出《发智论》与《法蕴足论》等六论，独缺《施设足论》未翻。宋朝的施护等译出该论，但只是“因施设”而已。藏传佛教亦有《施设足论》，对照汉译及《大毗婆沙论》的引文，可知藏译本也不全。尚幸，汉译《大毗婆沙论》保留有非常丰富的《施设足论》资料，可以作些弥补。因此作者在印顺法师研究成果的基础上，从《大毗婆沙论》搜罗有关《施设足论》的记载，文章探讨的是“业与业报”部分，内容分为两条主线：首先罗列《施设足论》原文，再说明其思想特色及与《婆沙论》之异同。既呈现《施设足论》之原始资料，又可发掘阿毗达摩师在自由思考论究下形成的思想差异。

台湾法鼓文理学院佛教学系释觉心的硕士论文《〈般舟三昧经〉“除睡眠”之研究》，通过厘清“除睡眠”在《般舟三昧经》的整体修法中的定位，比对研究汉、藏文本及现代译本《般舟三昧经》，兼考察“除睡眠”在其他经论的定义，以明确“除睡眠”等词的含义，结合《般舟三昧经》与“头陀苦行”的关系，一一证明《般舟三昧经》之“除睡眠”，指的是“去除睡眠盖”，而非完全连中夜也“不睡眠”。

台湾政治大学宗教学博士吴品达的《论〈密勒日巴大师全集〉“物/悟境”之译相》（《外国语文研究》第29期），从“人非人、物非物”的母题出发，以《密勒日巴大师全集》为文本，论析密勒日巴如何透过噶举传承的大手印教法“止观”中“人无我、法无我”的修持，对应于其传记与道歌所共显“人非人、物非物”的所缘智观，不仅彻底将外显“物境”与内观“悟境”之相，如实通达且无二，更善巧方便且智慧地将万显二元之相，译解出心之究竟为本（自）然的胜义。“人非人、物非物”所缘起于“我”与“无我”、“相”与“非相”的物（悟）境中，在密勒日巴对上师虔敬的全然信念里，将修行外在所处的“自然”，焕发为自性之“本然”，智慧与方便皆等持、明证其（非）人、（非）物等诸境，同一且无二，成就与证悟之因、缘、果，无碍任运自然成。

拉谛仁波切著、Elizabeth Napper英译、廖本圣中译《心在西藏佛教：西藏佛教认知理论》（*Mind in Tibetan Buddhism*）（藏典出版社有限公司），译自拉谛仁波切口述，由 E. Napper 英译的 *Mind in Tibetan Buddhism*，主要介绍藏传佛教格鲁派蒋悲桑佩格西依据印度学者陈那的因明著作《集量论》、法称的因明著作《释量论》及无著的阿毗达摩著作《阿毗达摩集论》等，依循随理行经部宗的观点，所撰写的《认知理论要点总集：开新慧眼》。

中国社会科学院世界宗教研究所研究员尕藏加《略探宗喀巴大师寺院教育思想》（《宗教哲学》第 85 期），对宗喀巴大师寺院教育思想作了初步探讨，主要从《菩提道次第广论》《密宗道次第广论》和“五部大论”的角度，对宗喀巴大师寺院教育思想的理论信念、内涵对象和目的意义等进行了探索、分析和归纳，认为宗喀巴大师寺院教育思想不但是一个博大而深邃的思想宝库和教学实践，而且蕴含着传承性、次第性、显密相容性等与众不同的殊胜内涵和独特学风。

中国藏学研究中心宗教研究所研究员德吉卓玛的《略论度母的慈悲思想》（《宗教哲学》第 85 期），简略概括了度母的传说故事及其慈悲思想的表达和相关藏传佛教经典，认为度母在藏族的社会生活中，表现为履行一种合乎宇宙秩序的或体现神圣意志的慈悲济世、伦理行为的终极实体或人格力量，从而获得了信仰者的认同。

岭东科技大学通识教育中心助理教授简秀娥的《菩提树在佛教意象之研究——以印度菩提伽耶为中心》（《岭东通识教育研究学刊》第 7 卷第 3 期），从菩提树的定义、菩提树与佛陀因缘、菩提树实地情形的古今参照、菩提树的历代荣枯和象征艺术等方面展开论述，指出释迦牟尼佛在毕钵罗树下成道，因此该树被称为“菩提树”。菩提树的原始象征意义，主要缘起于佛陀成道事迹，由此发展为象征智慧、觉醒、开悟的觉性之树、神圣之树，且与金刚座相对应或联结。佛教在初期以佛教法物来象征“佛”，后代雕塑佛像兴起后，“菩提树”再也不能代表“佛”。作者强调，现今考察所见的现象，是经千余年后的意义展示，透过遗迹维护与后制艺术，以及仪式的诠释，除了追溯传统佛教意义，还可探索生生不息的新发展。

二、历史、政治、社会

林孝庭著、朱丽双译《西藏问题：民国政府的边疆与民族政治 1928—1949》（香港中文大学出版社），这部书通过深入探讨民国政府与西部边陲地方政治势力的互动关系，揭示了国民党政权在对日抗战前后与国共内战期间等不同历史阶段，把原本几乎不存在的中央政令与影响力，渗入包括西藏在内的中国西南与中亚内陆地区，逐步实现在这些地区的国家建构。在作者看来，国民党政府所谓的“边疆”议题，并非全然是传统上所认知的那种对一个中央政权不断带来侵扰的“边患”议题，亦非完全是国民革命意识形态驱使下民族主义式的“族群政治”议题。相反的，一个本质上属于地方性政权，政令与影响力皆有限，却宣称代表全中国的国民党政权，面对近代西藏和其他边疆地区的“主权”问题，靠的更多的是政治上与宣传上的修辞，然而此种政治修辞流布如此之广、影响如此之远，对 1949 年以后上至国家政策，下至普通民众的一般观念都产生了深刻的影响。这本书对今人理解过去和现在的汉藏关系，有着相当高的价值。

北京大学历史学系博士生各务诗乃《历史叙述的延续和转变——以吐谷浑起源传说为例》（《人文与社会》学报第 3 卷第 7 期），作者对比了《宋书》《梁书》《隋书》中记载的吐谷浑起源传说，初步探讨了这三种起源传说体现的不同现象和含义，认为《宋书》记载的传说内涵儒家思想的描述，《梁书》记载的传说内涵佛教思想的描述，而《隋书》记载的传说则内涵现实情况的描述，它们的叙述模式直接受到不同时期政治策略的影响，是当时政治策略的具体体现。

台湾成功大学中国文学研究所博士候选人陈淑萍的《敦煌写本〈大乘义章〉及其相关研究》（《敦煌学》第 34 期），发现历来论及净影慧远《大乘义章》古写本，主要以日本藏卷为讨论范畴，未曾涉及敦煌文献；而关于敦煌写本《大乘义章》之相关讯息，仅散见于中国、英国所藏敦煌遗书之叙录。文章就 BD. 07808V、BD. 09861、BD. 10364、BD. 10396、BD. 10991A、BD. 10991D、BD. 12106、S. 2742、ZSD045 等 9 件敦煌写本为研究范畴，依佛教文献学的方法重新校理、整合，以发掘其彼此的关联，并借此显现《大乘义章》在隋唐时期流传的样貌。

台湾政治大学中国文学系副教授杨明璋的《敦煌本〈唯识大师无著菩萨本生缘〉〈唯识论师世亲菩萨本生缘〉之文本属性与故事源流》（《中国学术年刊》第 40 期），校录了抄写于 10 世纪中叶 P. 2680、P. 3727 两份写本上的《唯识大师无著菩萨本生缘》《唯识论师世亲菩萨本生缘》，考究其文体名称——“本生缘”，认为应该是“本生”与“缘起”的合称，文体特色应当是叙述拔苦令安乐的菩萨行因缘。作者认为，《唯识大师无著菩萨本生缘》的主要情节——割肉代狗为虫蛆所食，可在清代乾隆年间云增·耶喜绛称《菩提道次第师师相承传》等书中找到；而《唯识论师世亲菩萨本生缘》则应是以南朝陈真谛译《婆薮槃豆法师传》为基础，参考唐代玄奘《大唐西域记》、敦煌本昙旷《大乘百法明门论开宗义决》改写而成。并提出曾获吐蕃赞普邀请入藏而终未成行的昙旷，极有可能就是《唯识论师世亲菩萨本生缘》《唯识大师无著菩萨本生缘》二文本的作者。

三、文化、文学

台湾屏东大学英语学系助理教授金大卫的《舍帝国就灵性：谈〈金姆〉小说中的灵性》（《台湾高雄师范大学学报》第45期），讨论吉卜林的小说《金姆》，小说故事以双线情节进行，一面描述主人翁金姆介入帝国主义的“大游戏”中，一面娓娓道来金姆随着西藏喇嘛寻求圣河的灵性之旅，两线交错重叠，彼此竞争书中的主线。论文作者认为，若是以“东方主义”的观点来看《金姆》这本小说，则西藏喇嘛寻求圣河的灵性之旅，主客易位，一变成为小说主人翁金姆的大游戏之旅。小说结尾采用开放式结论，并没有交代主角金姆的最后抉择。这篇论文尝试揭示小说的灵性面相，意在彰显小说作者吉卜林对印度文化的深刻理解，特别是对佛教观点的理解，同时也希望显示吉卜林的内心，即与其说吉卜林接受基督教的神学观，不如说是更认同佛教的圆融哲思。

琼那·诺布旺典著《神与英雄的故乡在西藏：图解唐卡神话传奇》（达观出版事业有限公司），内容主要包括雪域神话、英雄史诗、玄妙传奇、富丽民俗等四个部分，第一部分为西藏流传千年的创世神话和西藏诸神的情义故事，第二部分为格萨尔的诞生与称王、格萨尔征服四大魔国、格萨尔荣返天界，第三部分为高原至宝的故事、西藏著名护法神的故事、西藏著名寺庙的故事、三位上师的成道故事，第四部分为雪域高原独特的生活方式、与佛教紧密相连的节日习俗、丧葬民俗。

台湾导演林丽芳在《尊玛、尊玛：我和她们在喜马拉雅的夏天》（纪录片，牵猴子整合行销股份有限公司）中，与藏传佛教女性出家众共同度过了一个夏天。尊玛（Tsunma），藏语意为高贵纯洁的女性，同时为藏传佛教女性出家众“安尼”的尊称。林丽芳走访了喜马拉雅山区的斯皮提（Spiti）、拉达克（Ladakh）及达兰萨拉（Dharamshala）的三个寺院。透过林丽芳的镜头，看到的是藏传佛教女性出家众不畏艰辛贫困，努力学习，坚持信仰。

四、医学、自然科学

宇妥·元丹贡布著、王斌译《全图解四部医典1:养生与实作篇》(新文创文化事业有限公司),收录《四部医典》第一部《总则本》、第二部《论说本》和第四部《后续本》,从基础理论出发,延伸至病理分析、治疗和药物分析、物理疗方等,用现代科学的语言和观点重新阐释、图说这部医学名著,内容翔实,语言通俗易懂。全书有超过800幅精美图片和插画,以及40多幅珍贵古代医学挂图(曼唐图),配合正文说明,表达更加清楚,且更具逻辑性和系统性。

青海大学附属医院吴兆宇、李玉(音)、青海省疾病预防控制中心焦燕(音)的论文《青藏高原高原酒精性肝病患者血清NO,IL-6,TNF-α的变化及其临床意义》(Changes of Serum NO, IL-6 and TNF-α in the Qinghai-Tibet Plateau with High Altitude Alcoholic Liver Disease and Their Clinical Significances)[《适应医学》(*Adaptive Medicine*)10(2)],探讨高原酒精性肝病(ALD)患者血清一氧化氮(NO),白细胞介素6(IL-6)和肿瘤坏死因子-α(TNF-α)的变化及其临床意义。作者通过放射免疫测定和酶联免疫吸附测定(ELISA)测定ALD患者的血清NO,IL-6和TNF-α水平,得出结论认为,血清NO,IL-6和TNF-α的水平升高在从酒精性脂肪肝(AF)到酒精性肝炎(AH)和酒精性肝硬化(AC)的高原酒精性肝病(ALD)发生中具有重要作用,在确定酒精性肝病的发展和预后方面具有一定的临床意义。

中国科学院西北生态环境资源研究院冰冻圈科学国家重点实验室陈鹏飞、康世昌,中国科学院青藏高原地球科学卓越创新中心李潮流等11人的合作研究《中国西藏自治区拉萨市大气多环芳烃的来源分配及风险评估》(Source Apportionment and Risk Assessment of Atmospheric Polycyclic Aromatic Hydrocarbons in Lhasa, Tibet, China),[《气溶胶与空气质量研究》(*Aerosol and Air Quality Research*)(18)],从2013年4月至2014年3月,在拉萨市共收集了62个悬浮颗粒样品。应用正矩阵分解(PMF)来研究15种优先PAHs的来源分配,评估了其终生致癌风险(LCR)水平。PMF分析表明,生物质燃烧(48.4%)和车辆排放(27.9%)是两个主要来源,其次是煤炭燃烧和空地交换。这些结果与诊断分子比率一致。总多环芳烃的LCR(9.08×10-6)比颗粒相的LCR高一倍;但是,它略低于可接受的水平,表明拉萨的大气多环芳烃(PAH)对当地居民几乎没有致癌风险。

学界动态

学界动态

1 月

3 日

全国第一套以雪域高原为背景、融合西藏地区特有文化符号的系列绘本《洛桑和卓玛》正式出版，对推动民族原创绘本的发展具有积极意义。

《洛桑和卓玛》系列绘本已入选 2016 年国家新闻出版广电总局“原动力”中国原创动漫出版扶持计划及 2017 年度民族文字出版资金资助项目。由《卓玛的新曲子》《卓玛的新鞋子》《发脾气的棕熊》《转森林》《美丽的格桑花》等 5 本绘本组成。

10 日

上海交通大学举行中国西藏人文发展研究中心成立仪式。相关专家学者共计 60 余人参加。与会学者与企业界人士一致表示将继续从经济、社会、文化、金融、科技等全方位支持西藏的发展，助力西藏各族人民到 2020 年与全国同步全面建成小康社会。

17 日

由青海省委宣传部主管、青海社会科学院主办的《青海社会科学》藏文版创刊仪式暨“服务藏区经济社会发展论坛”在西宁举行。期刊内设有政治学、经济学、生态学、民族学、宗教学、文学艺术等特色学科栏目。

创刊仪式上还举办了“服务藏区经济社会发展论坛”，来自藏学界的专业研究人员和期刊出版界的相关代表围绕主题进行了主旨演讲。

17 日

国家新闻出版广电总局公布《关于第四届中国出版政府奖表彰决定》并揭晓第四届中国出版政府奖。中国藏学出版社出版的《西藏通史》荣获第四届中国出版政府图书奖。

中国藏学研究中心承担的国家重点科研课题《西藏通史》是国内首部完整、全面、系统介绍西藏地方历史的通史著作，由近百位藏学专家学者历经14 年完成。全书共 850 余万字，分为早期、吐蕃、宋代、元代、明代、清代、民国、当代等 8 卷 13 册。全书吸收了海内外藏学研究成果，全面总结历代西藏地方发展稳定和社会治理的基本规律与成败得失，发掘中国各民族相互交往交流交融的历史经验，在相对薄弱的研究领域填补了空白，在研究相对成熟的几个断代方面有所推进，集中体现了中国西藏历史研究的成就。

30 日

中央民族大学召开藏式建筑古籍文献研讨会。来自藏学界、建筑学界、出版界的专家学者出席会议。

研讨会以《明轮藏建 · 藏族建筑古籍文献抢救整理及研究出版项目》为主题，围绕相关古籍文献的可能来源、存在形式及抢救搜录方法、古籍文献的整理及研究方法、成果的学科整理、出版应用等一系列主题展开讨论。

2 月

6 日

由中宣部指导，中央电视台联合中国楹联学会、中国书法家协会、中华诗词学会、中国国家图书馆共同主办，央视网承办的“新时代 · 新春联——2018 春节春联征集书写活动”走进中国藏学研究中心。中国书法家协会主席苏士澍以及龙开胜、白景峰、封开许、沈一丹、尹祥君、卿建中、高国庆、翟鑫、丁子同等全国著名书法家现场书写福字写春联慰问藏族同胞。中国藏学研究中心总干事郑堆同志，中国藏学研究中心副总干事柳应华，中国藏学研究中心研究员、西藏收藏家协会会长、西藏博物馆名誉馆长叶星生，中央电视台网络传播中心书画频道总监张筱曼，援藏基金会北京办公室主任充旺尼玛等出席活动。

3 月

23 日

西南民族大学 2017 年五项国家社科基金重大项目集中开题报告会在成都举行。来自中国社会科学院、中国藏学研究中心等单位的 100 余位专家学者参加会议。报告会开幕式由西南民族大学西南民族研究院院长万果教授主持。

开幕式后，五个国家社科基金重大项目课题组分别举行报告会。

7 日

联合国人权理事会第 37 次会议正在日内瓦举行。会议期间，中国人权研究会于 7 日在日内瓦万国宫举办了“西藏文化的保护与发展”边会，介绍西藏在保护和发展传统文化方面所采取的努力和取得的成就。来自各国政府、国际组织和非政府组织的代表及专家学者、媒体记者等 60 余人与会。这是中国非政府组织首次在日内瓦万国宫举办涉藏主题边会。

会上，中国藏学研究中心总干事郑堆、西藏对外文化交流协会秘书长晋美旺措、中国社会科学院近代史研究所研究员扎洛、中国藏学研究中心社会经济所研究员格桑卓玛深入介绍了西藏保护和发展传统文化方面所采取的努力和取得的成就。

27 日

由中国藏学研究中心举办的《西藏通史》出版学术研讨会暨“活佛转世”专题片发布会在北京举行。中国藏学研究中心、中国社会科学院、中央民族大学、西藏社会科学院等研究机构的专家学者和参加《西藏通史》编撰工作的学者共 70 多位出席会议。会议由中国藏学研究中心总干事郑堆主持。

作为“藏传佛教活佛转世专题展”数字化项目组成部分，现场播放了由五洲传播中心和西藏文化博物馆出品，中国西藏文化保护与发展协会和中国藏学研究中心联合制作的“活佛转世”专题片。

《西藏通史》的出版和“活佛转世”专题片的发布，客观地展现了西藏各方面取得的伟大成就。

4月

2日

日本大谷大学真宗综合研究所三宅伸一郎教授和上野牧生讲师访问藏研中心。藏研中心总干事郑堆主持接待。社会经济研究所研究员万德卡尔、宗教研究所研究员李学竹等参加交流。

郑堆指出，藏研中心与大谷大学有有深厚的学术交流基础和长期友好合作关系，中心愿与大谷大学在更广泛的领域开展学术合作。三宅教授表示，此次前来主要与藏研中心商讨签署合作协议事宜，希望与藏研中心在学术交流、人才培养、师资交流等方面不断开展合作。双方还就大谷大学康噶·崔臣格桑（白馆戒云）教授向藏研中心捐书事宜进行商讨。

3日

国务院新闻办发布《中国保障宗教信仰自由的政策和实践》白皮书。白皮书约8000字，除前言和结束语外共包括五个部分，分别是保障宗教信仰自由的基本政策、宗教信仰自由权利的法律保障、宗教活动有序开展、宗教界的作用得到充分发挥、宗教关系积极健康。

10日

西藏自治区文物保护研究所与陕西省考古研究院联合考古队在对札达县象泉河支流桑达河谷台地格布赛鲁遗址、象泉河中游相关遗址开展考古发掘与调查时，发现迄今所知西藏境内最早墓葬。经放射性碳素检测，这一区域的墓葬年代有两个时间段：距今3560—3000年期间和距今2310—2127期间。

此次考古调查与发掘工作为了解象泉河流域古代遗存、早期文明的演进及其与周边考古学文化的关系提供了重要的实物资料与线索。

14日

由中央民族大学蒙古语言文学系、中国蒙古史学会、青海民族大学藏学院、辽宁省阜新市政协文史馆共同主办的“大漠遗风：首届海春生所藏民族古籍学术研讨会”在中央民族大学举办。来自日本东北大学、日本大谷大学、中国人民大学、北京大学、中国藏学研究中心等高校和研究机构的专家学者70余人参加。

会议就海春生所藏的部分藏文历史档案文献的价值、满文文献、藏文文献的分类及其价值、蒙古文学古籍、蒙古国发现成吉思汗唐卡的几点质疑、日本所藏蒙藏木刻本的概述等进行了讨论。

15 日

由中国驻墨西哥大使馆、西藏自治区人民政府及墨西哥中国文化中心等主办，作为第十届墨西哥城国际友好文化博览会（友博会）活动之一的“大美西藏”非遗、文创、服饰和图片展在墨西哥首都墨西哥城开幕。

展览集中展示了西藏特色非物质文化遗产、文创产品和民族服饰。此外，这次文化周还推出西藏民族文化艺术演出、西藏唐卡与歌舞系列讲座等活动。展览将持续至 6 月 25 日。中国作为本届友博会主宾国还将举办多场文化活动。

18—19 日

由西藏民族大学西藏高原相关疾病分子遗传机制与干预研究重点实验室主办的“第二届西藏高原医学论坛”在拉萨举办。来自区内外 20 余所高校、科研院所及医院的 60 余名学者参加。西藏自治区教育厅、科技厅、卫计委、科协有关专家领导出席。

本次论坛的主题为“特殊环境医学”，邀请国内高原医学及藏医药研究领域的知名专家，在高原多发病、神经发育、高原寄生虫病、高原适应、高原人群遗传多样性、藏医药现代化开发等方面作了学术报告。

20—22 日

第八届西藏唐卡艺术博览会在拉萨举办。本届唐博会开展了“等级画师年度作品考核”“《唐卡地方标准》专家技术审查会”“唐卡艺术发展交流研讨会”等系列活动。

21 日

由西藏民族大学民族研究院主办的“汉藏南传三系佛教修学对话高端论坛”在拉萨举办。

十多所高校和研究机构的专家学者围绕三系佛教文化交流、寺院教育、修学方法三个议题，展开对话与研讨。黄国清、林观潮等 20 余位专家学者先后发言，结合新时代我国社会发展的要求和佛教自身变革的需要展开交流，并就三系佛教进一步开展实质性对话与学术研究达成了共识。

22 日

由全国藏文图书出版发行协作领导小组主办，四川民族出版社承办的第二十届全国藏文图书出版发行协作会在成都举行。来自民族出版社、中国藏学出版社、西藏人民出版社、西藏藏文古籍出版社、青海民族出版社、甘肃民族出版社、云南民族出版社、中央民族大学出版社、四川民族出版社等 9 家国内藏文图书出版单位的22名代表参加。

本次会议主题为“在习近平新时代中国特色社会主义思想的指引下，如何做好藏文图书出版发行”。会议还达成了一致共识：确定了藏文图书字数的计算方法；通过了全国藏文图书出版发行协作会会标；确立全国藏文图书出版发行协作会章程；确定西藏藏文古籍出版社将在2020年承办第21届全国藏文图书出版发行协作会。

24—28日

以中国藏学研究中心社会经济研究所万德卡尔研究员为团长的交流访问团一行六人赴日交流访问。代表团先后访问了位于日本京都市的龙谷大学和大谷大学，拜访了旅日著名藏学家白馆戒云教授，接受白馆戒云教授向中国藏学研究中心捐赠的个人珍藏图书，27日在日本大谷真宗综合研究所签订了捐赠协议。并应邀在大谷大学进行讲座等学术活动。

27—28日

第四届全国藏语术语标准化工作委员会换届暨十八大以来审定的藏语新词术语发布会在中国藏学研究中心召开。中央西藏工作协调小组办公室副主任斯塔出席会议并发表重要讲话，中国藏学研究中心党组书记安七一、总干事郑堆、原总干事拉巴平措以及中央统战部七局、教育部语信司、中国藏学研究中心与西藏和涉藏工作重点省有关部委司局的领导及藏语言专家学者100余人参加会议。

会议总结回顾了第三届全国藏语术语标准化工委会有关工作，选举了第四届全国藏语术语标准化工作委员会，并发布了党十八大以来审定的藏语新词术语1500余条。

5月

7日

由西藏民族大学科研处和财经学院联合举办的西藏高原经济论坛在拉萨召开，并邀请中国藏学研究中心当代所研究员王小彬作以《习近平新时代西藏工作的指导思想与西藏高高原现代化经济体系的建立》为题的报告。

与会人员一致认为，关于构建西藏高高原现代化经济体系的设想，是对西藏经济发展理论的重要创新，符合新时代西藏经济由高速增长转入高质量发展阶段的现实。

会议正式启动西藏高高原经济论坛和成立西藏高高原经济研究所筹备小组。

16 日

西藏自治区藏医院举行“国家中医（藏医）临床研究基地”挂牌仪式。国家中医药管理局、中国中医药出版社、西藏自治区卫计委、西藏自治区财政厅等部门参加了挂牌仪式。国家中医（藏医）临床研究基地挂牌仪式由西藏自治区藏医院党委书记唐荣科主持。藏医院领导和部门负责人近50余人参加挂牌仪式。

西藏自治区藏医院国家中医（藏医）临床研究基地是由国家中医药管理局审定的全国唯一家民族医临床研究基地。

17 日

西藏大学党委委员、副校长杨丹教授率调研组赴中国藏学研究中心就藏学研究等问题进行交流。郑堆总干事、李德成主任和黄维忠社长参加座谈。

杨丹副校长就西藏大学科研和外事工作的素材、选题和资源优势，智库建设的基础、未来和数据库建设等相关事宜进行了交流。双方还就藏文期刊标准化和藏文核心期刊评价体系建设、国外藏学期刊和藏学研究情况、青藏高原社会科学考察等方面进行了深入的细节性商讨。

18 日

藏研中心举办捐赠仪式，西藏昌都丁青寺唯色金巴活佛向中国藏学研究中心图书馆捐赠《门库经典汇编》丛书一套，藏研中心副总干事廉湘民出席捐赠仪式并讲话，图书馆馆长桑丁才仁代表图书馆接受捐赠。

捐赠仪式上，唯色金巴活佛介绍了《门库经典汇编》的内容、特点，希望丛书能为藏研中心的科研工作提供帮助，促进藏学研究的发展。廉湘民副总干事在讲话中对伟色金巴活佛捐赠该套丛书，支持藏研中心文献建设工作表示感谢。

18 日

西黄寺博物馆举行开馆揭牌仪式，并正式面向公众开放。

中国西藏文化保护与发展协会副会长斯塔等领导出席。中央统战部七局有关领导、藏传佛教学衔工作指导委员会全体与会委员、香港新鸿基地产集团代表李家华、宗教界代表人士等百余人参加活动。中国藏语系高级佛学院党组书记、常务副院长王长鱼主持仪式。仪式结束后，领导和嘉宾及各界代表人士百余人参观西黄寺博物馆。

19 日

藏传佛教第十四届“拓然巴”高级学衔授予仪式在中国藏语系高级佛学院举行。来自藏传佛教格鲁派和萨迦派的20名学僧，经过3年刻苦学习，通过严格的课程考核、论文答辩、辩经考试和资格审查，喜获“拓然巴”高级学衔。

19 日

第四届中国藏学研究珠峰奖颁奖仪式在中国藏学研究中心举行。中国藏学研究中心副总干事柳应华主持颁奖仪式。

本次中国藏学研究珠峰奖共设汉文研究专著、藏文研究专著、汉文学术论文、藏文学术论文、英文研究成果和基础资料成果等六大类奖项，另设特别奖和荣誉奖。为发现、培养和凝聚青年藏学研究人才，本届珠峰奖还首次设立了青年成果奖。在颁奖仪式上，中央统战部七局副局长、中国西藏文化保护与发展协会秘书长徐志涛宣布本届中国藏学研究珠峰奖共有58个科研成果获奖，6位藏学专家获荣誉奖，并宣读了获奖人员名单。中央西藏工作协调小组办公室副主任斯塔、中国藏学研究中心党组书记安七一、中国藏学研究中心总干事郑堆等为拉巴平措、诺章·吴坚等获奖人员颁奖。

19—20 日

中国藏学研究中心主办的第五次全国藏学工作协调会在北京召开。全国80多家相关科研机构、高等院校及有关部门的负责人120多人参加会议。中国藏学研究中心副总干事柳应华主持会议。

中央西藏工作协调小组办公室副主任斯塔出席会议并讲话。中国藏学研究中心总干事郑堆作了题为《以习近平新时代中国特色社会主义思想为指引，全面开创中国藏学研究事业新局面》的工作报告。

20 日

中国藏学研究中心举行新版中国藏学网上线仪式。中心领导及全国80多家相关科研机构、高等院校及有关部门的负责人参加，藏研中心副总干事廉湘民主持。

中国藏学网是中国藏学研究中心主办的藏学专业网站。新版中国藏学网共设研究机构、专家学者、学术动态、学术专题、藏学论著索引、热文推送、中国藏学年鉴、《中华大典·藏文卷》、大众藏学、多媒体库、最新书刊及国外藏学等12个一级栏目。每个一级栏目下设若干子栏目。专家学者、藏学论著索引、中国藏学年鉴以数据库的形式呈现。

20 日

中国藏学研究中心举行《中华大藏经·藏文对勘本》电子版暨《东噶·洛桑赤列——从活佛到教授》画册首发式。

藏研中心副总干事华彦龙致辞。中国藏学出版社副总编辑贡保达吉编审、副总编辑冯良编审分别介绍了《中华大藏经·藏文对勘本》电子版及《东噶·洛桑赤列——从活佛到教授》的基本情况。东噶·洛桑赤列长子东噶·晋美先生作了简短发言，接受中国藏学出版社副总编辑冯良编审的赠书并合影。首发式上还举行了藏研版《中华大藏经》及《东噶·洛桑赤列——从活佛到教授》画册的赠送仪式。

21—30 日

中国藏学家交流团出访德国、荷兰、拉脱维亚三国。中国藏学研究中心历史所所长张云研究员任团长，由中国藏学研究中心及中国西藏文化保护与发展协会的专家学者共 6 人组成。

交流团先后访问了德国外交部、汉堡市议会、荷兰外交部、莱顿大学、拉脱维亚大学等政府及学术机构，与当地议员、政府官员、学者、学生、媒体记者等各界人士举行了多场交流活动，就西藏历史、文化、宗教、经济社会发展和当下国际关切的热点问题进行交流。

26—27 日

由故宫博物院藏传佛教文物研究所与香港中文大学禅与人类文明研究中心共同主办，亚洲协会香港中心参与协办的“青藏高原丝路与艺术论坛——波罗艺术与中国”研讨会在是香港金钟的洛克菲勒亚洲协会举办。此次研讨会以青藏高原地区的国家和地区的古代艺术史研究、文物和考古发现为主题，重点讨论中亚五国、阿富汗、巴基斯坦、印度、中国和尼泊尔等丝路核心地区的佛教遗迹、艺术风格和考古发现，深入理解作为经济、文化交通网络的丝绸之路所涉及的喜马拉雅一带国家和地区在多元文化及宗教传播、族群迁徙、商贸往来的过程中，艺术史发生发展的实际面貌和相互影响，从艺术史和考古学的角度，观察不同文明之间冲突、理解与融合的过程。

30 日

在联合国教科文组织世界记忆工程亚太委员会第八次全会上，藏医药学巨著《四部医典》成功入选世界记忆亚太地区名录。

《四部医典》入选《世界记忆名录》是被世界广泛认同的体现，表明源自“世界屋脊”的藏医药学已得到国际社会的重视与尊重，同时也为藏医药走向世界奠定了坚实的基础，为弘扬藏医药文化提供了国际化的交流平台。

6月

9日

青海省藏医药学会在日本大阪国际会馆举办《曼唐详解》日文版新书捐赠及发布会。发布会上，青海省藏医药学会副秘书长斗本加对《曼唐详解》日文版的出版表示肯定。青海省藏医药学会会长艾措千先生分别向日本庆应大学、金泽大学、国会图书馆、东邦大学代表捐赠《曼唐详解》日文版新书。

12日

四川藏语佛学院举办首届藏传佛教“智然巴”授予仪式，来自阿坝州的26位优秀僧才获此殊荣。授予仪式由四川藏语佛学院书记刘智勇主持，由藏传佛教学衔指导委员会委员、四川藏语佛学院院长甲登·洛绒向巴甲登院长一一给学员颁发学衔证书。四川藏语佛学院首届“智然巴”的授予，标志着《藏传佛教学衔授予办法（试行）》落地，开创了藏传佛教三级学衔制度新局面。

16—18日

首届中国西藏拉萨·阿里象雄文化国际学术研讨会在拉萨召开。来自北京、云南、四川、青海、甘肃、西藏及国外的专家学者参加了此次会议。

为期三天的会议中，专家学者从“一带一路”与社会经济发展、语言与文字、考古与艺术、历史与文献、宗教与文化、藏医药与历算等方面进行学术研讨交流。

20日

由中国唐卡文化艺术研究中心和中央民族大学藏学研究院共同主办的第三届高校唐卡文化艺术研讨会在中央民族大学举行，中国唐卡文化艺术研究中心主任德央、中央民族大学藏学研究院院长苏发祥等出席开幕式。

22日

“多元视角下的西藏史前文化”主题讲座在中央民族大学举行。

西藏自治区文物保护研究所副研究员、副所长夏格旺堆结合研究成果，用数百张精美的图片、图表、示意图和概括性文字，对西藏史前考古现状、当前考古材料展现的西藏史前文化面貌，以及西藏史前考古发现与周边地区，尤其是祖国内地相关考古发现之间的相互联系等作了详细讲解，对民族学研究、藏学研究领域深有启发。

7月

1—4日

由中国西部边疆安全与发展协同创新中心主办，四川大学西部边疆研究中心、西藏大学中国藏学研究所、西藏大学珠峰研究院共同承办的“第六届中国西部边疆安全与发展研讨会”在山南市举行。西藏大学党委副书记、校长纪建洲，副校长杨丹、张兴堂，国家民委民族理论政策研究室副主任张俊豪，四川大学西部边疆中心主任罗中枢，四川省社科院党委副书记陈井安等出席。来自四川大学、云南大学、西藏大学、新疆师范大学、四川省社科院等单位的近40名专家学者参加。

研讨会期间，专家学者还深入西藏民主改革第一村——山南市乃东区克松村等地进行了学术考察和学习交流。

3日

中国民族语文翻译局研发的藏文智能语音翻译软件（安多方言版）发布会在西宁召开。此次发布会集中展示的翻译软件共计12种，包括藏汉/汉藏智能翻译系统（网络版）、藏汉对话通（安卓版、苹果版和PC版）、藏汉语音转写通（安卓版、苹果版和PC版）、搜狗浏览器藏汉互译软件、藏文语音输入法（安卓版和苹果版）、Windows藏文语音输入法（PC版）、藏汉智能语音翻译软件（安卓版和苹果版）、藏文网络在线校对软件、藏文电子词典、藏文文本识别（OCR）软件、智能庭审语音系统和藏汉照相翻译系统。

这12款翻译软件将提高藏语文办公自动化、网页互译、实时语音翻译、查询校对、古籍整理等的效率和质量。特别是此次重点推出的“藏汉智能语音翻译软件”，实现了从语音到语音的实时对话，即说即翻、安装简便、准确率高，该软件的其他语种版本已应用于最高人民检察院及民族地区的“智慧检务”工程，在扶贫帮困、基层干部驻村工作及农牧区群众生产生活中发挥着重要作用。

3日

《甘南民族文化研究》（藏文）发行会暨重点作者培训研讨会在甘肃民族师范学院召开。来自北京、西藏、青海、四川、甘肃的50余位专家教授和期刊编辑、重点作者及甘肃民族师范学院师生代表等300余人参加了会议。校党委书记李维平主持会议。甘肃民族师范学院校长陈正武，甘南州委副书记、宣传部部长扎西草分别致辞。

5—6 日

由中国藏语系高级佛学院主办、青海省佛学院承办的第四届藏语系佛学院院际交流座谈会在青海省贵德县闭幕。中央统战部、国家宗教事务局、中国藏语系高级佛学院以及西藏、四川、云南、甘肃、青海等地藏语系佛学院等相关单位近 80 人参加。与会者讨论了《关于建设藏语系佛学院共享经师库的指导意见（讨论稿)》。通过讨论大家提高了对藏语系佛学院共享经师库建设的认识。

6 日

“‘治边稳藏’重要战略思想研究丛书”由西藏人民出版社正式出版发行。该丛书为 2017 年国家出版基金项目，由西藏自治区党委党校副校长孙向军组稿，共包括 5 本著作，分别为副校长孙向军的《强基固本、凝神聚气的基础工程——西藏培育和践行社会主义核心价值观研究》和《全面推进依法治藏若干重要问题研究》，李宏教授的《西藏文化发展战略研究》，副教授万金鹏的《“治边稳藏”战略思想研究》，副教授施俊伟的《传承弘扬“老西藏精神”》。本套丛书主题鲜明，学术性强，研究价值高，专业知识较深，具有较强的理论价值和实践价值。

14 日

中国藏学研究中心党组书记、副总干事安七一率领中央统战部、文化和旅游部、中国藏学研究中心相关人员组成的藏族地区旅游发展调研组，赴对口帮扶康定市的都江堰市调研旅游援藏等工作。省委常委、统战部部长田向利参加调研。

调研组一行先后前往都江堰市数字化信息网络管理中心、川西音乐林盘等地实地考察调研，详细了解当地通过应用大数据、物联网等科技实现旅游智慧管理，以乡村旅游发展带动群众增收致富的成功实践，以及开展旅游联动助力藏族地区精准脱贫的有益探索。

18 日

国务院新闻办公室发表《青藏高原生态文明建设状况白皮书》。白皮书着重围绕青藏高原生态文明建设相关政策与制度的完善、生态系统保育的成效、环境保护的成就、绿色经济的形成、科技支撑体系的建立、生态文化的培育等六大方面，以充分的事实和大量的数据，全面客观介绍了中国高度重视青藏高原生态文明建设，把青藏高原作为生态文明建设的重点区域，不断在政策和制度层面完善相关措施，加大资金投入，使青藏高原生态文明建设持续取得巨大成就，保持了青藏高原人与自然和谐发展良好局面。

22 日

第十届康巴艺术节之首届德钦弦子论坛在云南省德钦县行政中心举办。来自北京舞蹈学院、中央民族大学、康巴卫视以及四川甘孜州、阿坝州和西藏芒康县等毗邻藏族地区的民间文化专家学者，共同交流弦子文化的保护与传承。

24 日

由兰州大学历史文化学院主办，中国藏学研究中心与兰州大学战略合作框架协议签订仪式暨“梵文贝叶经研究与丝路藏学”学术讨论会在兰州举行。兰州大学校领导、中国藏学研究中心以及兰州大学历史文化学院等院系的专家学者、兰州大学硕博研究生共 40 余人参加会议。

中国藏学研究中心总干事郑堆研究员、兰州大学副校长安黎哲教授分别致辞，兰州大学历史文化学院院长、敦煌学研究所所长郑炳林教授主持协议签订仪式。郑堆总干事和安黎哲副校长代表双方签订了战略合作协议。

27 日

全国政协民族和宗教委员会驻会副主任杨小波带领调研组前往中国藏学研究中心就“藏传佛教人才培养”进行专题调研并召开座谈会。

全国政协部分在京委员、全国政协民宗委、中国宗教界和平委员会以及中央统战部七局、中国藏语系高级佛学院、中国佛教协会等单位的负责同志参加调研。中国藏学研究中心党组书记安七一，副总干事柳应华、华彦龙、廉湘民出席座谈会。

会后，调研组参观了西藏文化博物馆的藏传佛教活佛转世专题展。

27 日

以准确把握藏族服饰文化和藏族服饰文化产业链的发展状态为主题的 2018 年蕃巴秀藏族服饰文化论坛，在甘肃省甘南州合作市召开。兰州大学非物质文化遗产研究所所长、兰州大学博士生导师宗喀教授、四川省阿坝州原教育委员会主任噶尔泽先生、甘肃省佛学院副教授才让东知先生、西藏大学副教授其美卓嘎女士等 50 余人参加了此次论坛。论坛由青海安多卫视著名主持人才贡先生主持。

8 月

2 日

由中国藏学研究中心举办的“康藏轺征——国民政府代表刘曼卿史迹特展”讲解员培训班正式开班。

刘曼卿是南京国民政府时期的奇女子，她职务不高，年仅 36 岁离世。在其短暂的生命中，仍对维护国家统一、促进民族团结作出了巨大贡献。为了把刘曼卿的故事讲得准、讲得深、讲得生动，专门邀请民国史专家张云、王小彬等学者作专题学术报告，挖掘史实。发挥该展在政治、学术、社会教育等领域的作用，取得展览实效。

3—5 日

由世界中医药学会联合会藏医药专业委员会主办，西藏藏医学院、西藏自治区藏医院、中国藏学研究中心藏医药研究所、北京藏医院、北京中医药大学民族医药研究所等国内藏医药界主要医疗和研究单位联合协办的“继承传统、研究创新、彰显特色”为主题的世界中联藏医药专业委员会第四届学术年会暨 2018 年北京国际藏医药学术研讨会在北京召开。来自国内及美国、英国、蒙古国、不丹、澳大利亚、匈牙利等国家和地区的专家学者共 200 多人参加会议。

中国藏学研究中心总干事郑堆受邀参加开幕式并致开幕辞。世界中医药学会联合会、世界中联藏医药专业委员会、中国藏学研究中心等机构的领导和专家分别回顾了藏医药事业的发展，世界中联藏医药专业委员会成立以来取得的成绩等，并对下一步工作的开展提出建议。

6 日

《阿坝藏族羌族自治州藏语言文字条例》正式公布。此条例经四川省第十三届人民代表大会常务委员会第五次会议于 2018 年 7 月 26 日批准，自 2018 年 9 月 1 日起实施。

15 日

西藏乡村振兴战略研究所、西藏高高原经济研究所成立揭牌仪式在西藏民族大学西藏文化传承发展协同创新中心举行。学校党委副书记、校长刘凯分别与西藏文化传承发展协同创新中心副主任、科研处处长陈敦山、财经学院副院长陈爱东为两所揭牌。仪式由西藏民族大学党（校）办主任张宏伟主持。

15—16 日

由中国藏学研究中心和辽宁省阜新市政协联合主办，辽宁省阜新市政协文化和文史资料委员会，辽宁省阜新市政协文史馆、阜新市民族古籍文化研究会联合承办的第二届全国藏文古籍文献整理与研究高层论坛在辽宁阜新召开。来自北京、辽宁、西藏、四川、甘肃、内蒙古、青海等地高校、科研院所、古籍文献管理部门等 60 余名专家学者和 100 余名阜新市政协委员、社科人员、文化人士参加论坛。

此次论坛的主题是认真贯彻落实党的十九大精神，以实际行动把藏文古籍文献保护和研究事业不断推向前进，弘扬和发展少数民族优秀文化。

18 日

青海省博物馆文物研究专家在门源县岗龙沟石窟寺考察时，发现一处摩崖石刻藏经。这是目前青海省境内发现的面积最大、保存最完整的摩崖石刻藏经。

该摩崖石刻藏经的上部为藏文观音礼赞词，中间是梵文六字真言，下部为藏文六字真言、回向文（佛教语，意为法会结束时齐声朗诵的一种偈文）及功德无量赞文。专家推测，经文可能由雕刻造诣深厚的寺庙僧侣所刻，距今约 200—300 年。具有很高的历史、文化、艺术价值及文物研究保护价值。

22 日

由中国作家协会创作研究部、中国作家出版集团和西藏自治区作家协会共同举办的改革开放四十年西藏文学创作研讨会在京召开。中国作协党组成员书记处书记、中国作家出版集团党委书记吴义勤，西藏自治区政协副主席、西藏文联、作协主席、著名作家扎西达娃，来自西藏的作家及首都的评论家、媒体记者等参加了会议。

26 日

由西藏解剖学会主办、西藏大学医学院承办的西藏解剖学会第二届学术交流会召开，来自区内外的医学专家就细胞学、胚胎学、组织学、神经解剖学等研究领域进行交流。

此次交流会为期两天，与会专家就“长期高海拔暴露对移居者注意功能的影响”“从援藏教师角度对解剖学教学及科研的思考”“高原移居者和世居者低氧适应的遗传素质与表型的相关性”等内容进行讨论。

31 日

西藏大学理学院和复旦大学生命科学学院联合举办“青藏高原生物多样

性与环境变迁”学术研讨会。

会议期间，与会人员围绕会议主题进行深入研讨和野外科学考查；就生态学一流学科建设、人才培养、科学研究等方面进行座谈交流，提出意见建议，并在上述方面达成合作意向。

9 月

2—3 日

由中国藏学研究中心、中国佛教协会、中共青海省委统战部共同主办的“喜饶嘉措大师爱国思想研讨会”在西宁召开。来自北京、西藏、青海、四川、甘肃、内蒙古、新疆、重庆等地有关单位的领导、专家学者以及藏传佛教界人士出席会议。

此次研讨会旨在深入学习贯彻习近平新时代中国特色社会主义思想和党的十九大精神，贯彻落实习近平总书记视察青海时的重要讲话和中央第六次西藏工作座谈会精神，挖掘、宣传、弘扬藏传佛教爱国爱教传统，引导宗教更好地适应社会主义社会，进一步营造藏传佛教界坚定维护祖国统一、全面促进民族团结的良好氛围，为实现中华民族伟大复兴的中国梦作出新贡献。

6 日

藏文珍贵古籍文献《“菩日文献”精选本》出版发布会在西藏大学图书馆举行。中国藏学研究中心总干事郑堆、自治区党委宣传部副部长丁勇等领导和巴桑罗布、丹巴绕旦、诺章·吴坚、多贡·桑达多吉、康珠·索朗顿珠等专家参加。

“菩日文献”首次以影印本的形式出版。该文献是 2002 年出土于西藏聂拉木县的一批藏文古籍文献，共 150 多种、近 1.2 万叶（页），形成年代均在 14 世纪之前，其中部分文献形成于吐蕃时期（唐代）。是继“敦煌文献”后，在中国境内发现的年代最久远、藏量最多的藏文古籍文献。文献不仅记载了贡唐时期（吐蕃赞普后裔在下阿里建立的地方政权）菩日地区的自然景观和民风民俗，再现了贡唐时期的历史文化风貌，填补了贡唐地区古籍文献的空白，为研究西藏文化的起源、变化、发展提供了极其珍贵的第一手资料和原始的文献佐证。

8 日

由西藏自治区政府主办，自治区文化厅具体指导，西藏文化发展促进会、中国国际唐卡艺术节组委会承办，中国藏学研究中心协办的第四届中国国际唐卡艺术节开幕式在拉萨八廓街夏扎大院举行。西藏自治区区内外有关领导、唐卡大师、专家学者等各界嘉宾近 300 人出席开幕式。

本届艺术节唐卡精品展共收到唐卡艺术家、著名画师、传承人、收藏家、唐卡画院、寺庙等单位和个人推荐的作品共 1000 余幅。经过专家评审筛选，最终选出 200 幅作品。丹巴绕旦、嘎玛德勒荣获国家级非物质文化遗产唐卡艺术代表性传承人终身成就奖。

9 日

2018 年西藏高高原经济高峰论坛在拉萨举行。西藏自治区党委常委、宣传部部长边巴扎西，共青团中央书记处书记傅振邦，自治区人大常委会副主任纪国刚，自治区副主席坚参、汪海洲、罗梅分别出席主论坛或分论坛。

大家从藏学、新结构经济学、信息化建设、青年创新创业等视角阐述了高高原经济绿色产业发展的深刻内涵，探讨了新时代新发展理念下高高原经济绿色发展模式与路径，交流了学界和业界的意见建议。

10 日

首届环喜马拉雅“一带一路”合作论坛在鲁朗国际旅游小镇开幕。自治区人大常委会副主任、外事侨务办公室党组书记巨建华，尼泊尔众议院议长克里希纳·巴哈杜尔·马哈拉出席并致辞。

中外嘉宾围绕中国西藏自治区与尼泊尔等南亚国家在“一带一路”中的交流合作建言献策、深入研讨、增进理解和共识，助力西藏推进面向南亚开放重要通道和环喜马拉雅经济带建设，全面融入国家“一带一路”建设。

开幕式后，中尼双方还举行了《中华人民共和国西藏自治区人民对外友好协会与尼泊尔联邦共和国中国喜马拉雅友好协会建立友好关系备忘录》签订仪式。

12—20 日

由国务院新闻办公室派出的中国藏文化交流团对日本、蒙古及韩国进行访问。访问期间，中国藏文化交流团与当地的佛教界人士、媒体、专家学者等进行了深入交流，通过介绍西藏和云南省藏族地区经济社会发展、藏传佛教情况以及藏文化传承发展等，加深了这些国家对中国藏文化的理解。

此次中国藏文化交流团团长由中国社会科学院学部委员郝时远担任，成员包括国务院新闻办公室人权事务局官员、中国藏学研究中心学者、来自云南省迪庆藏族自治州的对外文化交流官员和活佛等。

15—16 日

由中国逻辑学会因明专业委员会、中山大学逻辑与认知研究所主办，中国藏学研究中心、杭州佛学院协办的第十四届全国因明学术研讨会在广州开幕。来自国内 40 余所高校、研究机构的 80 多位专家学者参加。

会议开幕式由中山大学逻辑与认知研究所曾昭式教授主持。中国逻辑学会因明专业委员会主任、中国藏学研究中心总干事郑堆研究员出席并致开幕词。

60 多位学者围绕汉传因明研究，藏传因明研究，蒙传因明研究，因明、逻辑与明辨比较研究等主题进行讨论。

20 日

由中国藏学研究中心主办、中国藏学研究中心青年藏学会承办的首届全国青年藏学研讨会在京召开。本次会议由中国藏学研究中心青年藏学会倡议，并以“新时代、新思考、新使命”为主题。中央西藏工作协调小组办公室副主任斯塔，中国藏学研究中心总干事郑堆，副总干事柳应华、华彦龙、廉湘民及来自藏研中心和全国各地的 70 余名青年藏学工作者参加。

研讨会由中国藏学研究中心副总干事柳应华主持，中央西藏工作协调小组办公室副主任斯塔、中国藏学研究中心总干事郑堆致辞。中国藏学研究中心青年藏学会会长拉先加介绍了首届全国青年藏学研讨会的筹备情况。

为期两天的会议中，参会学者围绕藏学基础研究、现实问题研究、语言文化研究、藏医药研究 4 个专题进行小组讨论。

20 日

由西藏自治区藏医院天文历算研究所主办的“西藏天文历算学会第五届一次会员代表大会暨学术研讨会”在拉萨成功举行。研讨会邀请了来自北京、区内外 50 多位专家学者出席会议。西藏自治区藏医院天文历算研究所副所长次旦多吉主持本次会议。

专家学者围绕藏族天文历算学的五大行星运动值的推算、闰月和重缺日的设置、日月食的预报、历法的编制等纯天文方面的内容及依据天文历算学原理推算各地适宜的农耕牧作时机、物候、节令、人体脉相变化周期、特别是中长短期天气预报等议题进行交流。

25—26 日

西藏大学召开“纪念改革开放 40 周年暨涉藏学术期刊建设与发展研讨会”。会议先后由西藏大学继续教育学院书记、西藏大学期刊中心执行主编拉巴次仁，西藏大学科研处副处长平措达吉主持。出席开幕式的有高校科技期刊研究会、中国科学引文数据库（CSCD）项目、西藏自治区新闻出版广电局，以及西藏自治区涉藏学术期刊界和西藏大学的部分领导和专家代表共30人。

会议期间，《西藏农业科技》《藏医药教育与研究》《西藏科技》《高原农业》《西藏教育》《西藏佛教》《新西藏》《雪域藏医药》等期刊负责人围绕改革开放40年来涉藏学术期刊建设与发展议题进行了深入交流和讨论。

25—26日

由兰州大学西北少数民族研究中心和中国藏学研究中心科研办联合主办，甘肃省藏学研究会、“一带一路”与藏传佛教发展研究国家社科基金重大项目协办的首届丝路藏学学术研讨会在兰州举行。本次学术研讨会主题为“丝绸之路与新时代藏学研究”。中国藏学研究中心、中国社会科学院、南开大学、复旦大学、西南民族大学、西北民族大学、西藏大学、兰州大学等50余所大学及科研机构的130多名专家学者参加会议。

会上，12位学者作大会主旨报告，93位发言人在13个专题的16场分论坛会议上作发言交流；同时举办了两场“丝路藏学”研究生论坛。

会议期间，甘肃文化出版社还举办了“藏学出版成果展”。

28日

首届西藏旅游发展与旅游教育高端论坛在西藏民族大学隆重举行。论坛主要围绕当前建设世界重要旅游目的地背景下西藏旅游发展与旅游教育建设中的一些关键议题展开深入探讨与交流。本次论坛由西藏民族大学主办，西藏民族大学管理学院、西藏旅游研究所共同承办。

在座谈中，专家们就当前西藏旅游产业发展中涉及的全域旅游体系构建、南亚旅游大通道建设、智慧旅游与文旅融合、旅游服务质量全面提升、旅游管理人才核心素质培养、旅游管理学科建设等重要议题进行了对话与交流。与会代表们各抒己见，经过充分的交流，达成西藏旅游发展与旅游研究、旅游高等教育建设上的多项共识。

29日

北京藏医院同美中经贸文化基金会签署了《合作框架协议》，双方计划在藏医药人才培训、建立藏医药文化宣传基地、在海外推广藏医养生保健、联合申报国际合作项目、共同出版翻译图书资料等方面开展合作。

10 月

9—16 日

由中国藏学研究中心副总干事华彦龙任团长、西藏文化博物馆副馆长扎呷任副团长，以及来自中国藏学出版社、中国藏学杂志社、藏医药研究所等部门组成的科研人员一行共 6 人赴德国参加了第 70 届法兰克福书展。

通过此次法兰克福书展，书展团成员积极与参展读者沟通交流，介绍西藏及涉藏工作重点省的发展变迁，与海外藏胞联络感情，结下深厚友谊。不仅向广大的海外世界传播了藏族文化、宣传了党的治藏方针和藏地日新月异的变化，也获取了一些建议和反馈。

书展结束后，中心将展出的部分代表性书籍如《西藏通史》及相关英文出版物等，捐赠给中国驻法兰克福总领馆。

11—12 日

历时两天的 2018 年首届中国藏族锅庄文化高峰论坛在云南迪庆州香格里拉德钦县召开。本次高峰论坛邀请近百位专家学者齐聚奔子栏，围绕非遗传承人、非遗保护与传承、人类学研究、舞蹈专业教学、环境保护等问题共同探讨和展望藏族锅庄的未来发展方向。

16 日

由中国藏语系高级佛学院与西藏、四川、云南、甘肃、青海藏语系佛学院共同主办的藏传佛教服务“一带一路”建设研讨会暨“知恩・报恩”教义阐释成果宣讲交流会在青海省藏语系佛学院隆重开幕。

会议以“藏传佛教服务‘一带一路’建设”为主题进行研讨交流，共 4 场大会发言和 1 场分组讨论，共有 49 名嘉宾在会上发言。来自青海省委统战部、西藏自治区统战部以及中国佛教协会、中国藏语系高级佛学院及西藏、四川、云南、甘肃、青海藏语系佛学院领导与全国各高校和研究机构的专家学者、藏传佛教界高僧大德以及来自香港地区的嘉宾、青海省藏语系佛学院师生等共计 200 余人参加会议。

16 日

由四川出版集团、喜马拉雅文库、四川民族出版社及四川美术出版社联合举办的“《格萨尔王全集》出版研讨会”在成都举行，来自全国各地的 40 多位专家学者就《格萨尔王全集》的策划、编辑、出版等工作进行研讨和交流。

本次策划出版的《格萨尔王全集》是《格萨尔王》文化工程的项目之一。项目规划总集370余卷（函）《格萨尔王》故事，共8000余万字，汇编成300册，包括古籍手抄本、木刻本、早期铅印本等版本，涵盖部分分部本、异文本，尤为可贵的是很多版本是首次亮相于世，是迄今最全的《格萨尔王》藏文文库。预计该书将于明年1月面市。

19—21日

由四川大学中国藏学研究所、故宫博物院藏传佛教文物研究所主办，西藏自治区文物保护研究所、浙江大学汉藏艺术研究中心协办的“第七届西藏考古与艺术国际学术讨论会”在成都举行。来自四川大学、故宫博物院、西藏自治区文物保护研究所及部分西藏文博机构、浙江大学、中国藏学研究中心、陕西省考古研究院、西北大学等国内各高校、考古文博机构，以及美国、英国、印度、瑞士、俄罗斯等10余个国家的100余位专家和学者参加。

会议进行了16场学术发言和讨论，50余位报告人分别就各自最新的研究成果进行了汇报，发言内容涵盖了青藏高原考古与艺术的诸多领域，时间跨度自史前至清代。报告人与在场学者们进行了热烈的交流。

19—21日

由中国藏学研究中心主办，藏研中心社会经济研究所、《中国藏学》杂志社、四川省民族研究所及甘孜州泸定县人民政府承办的“藏区精准脱贫案例研究学术研讨会”在四川省甘孜藏族自治州泸定县召开。来自北京、西藏、四川、甘肃、云南、陕西等地的高校、科研院所、研究学会、企业的40余位专家、学者及企业家参加了此次会议。本次研讨会旨在推进藏族地区精准脱贫学术研究，加强藏族地区脱贫攻坚领域的学术交流，为西藏及涉藏工作重点省的脱贫攻坚工作建言献策。

23—24日

由中国社会科学院西藏智库主办的第二届喜马拉雅区域研究国际研讨会在北京举行。来自中国、美国、英国、印度、尼泊尔、日本、挪威等国家的50多位学者出席了此次会议。

本次研讨会以“传统与变迁”主题，就中华民族共同体、人类命运共同体构建与喜马拉雅区域发展、喜马拉雅区域的传统社会与文化、“一带一路”倡议与南亚大通道建设，中国藏族地区的发展实践与经验、国际藏学研究前沿与动态等议题展开讨论。

25 日

全国首家“《格萨尔》资料中心”——喜马拉雅文库授牌仪式在成都举行。

喜马拉雅文库作为国内最具规模的藏文古籍搜集、保护、整理、编纂机构之一，承担了国家民委“十二五”“十三五”重点出版规划项目“藏族古籍经典系列丛书”的课题任务。

11 月

1 日

由中国藏学研究中心科研业务办公室、《中国藏学》杂志社联合主办的“改革开放 40 周年国内藏学研究回顾与展望研讨会”在中国藏学研究中心召开。中国藏学研究中心党组书记安七一，总干事郑堆研究员，副总干事华彦龙、廉湘民，以及中国社会科学院、中央民族大学、西藏社科院、西藏大学、青海社科院、西南民族大学等 20 多家相关科研机构、高等院校的 35 位知名学者参加了此次会议。开幕式由中国藏学研究中心科研业务办公室主任李德成研究员主持。在开幕式上，中国藏学研究中心党组书记安七一致辞，总干事郑堆研究员作了题为“改革开放 40 年以来国内藏学研究回顾和展望”的主旨发言。

本次研讨会围绕 1978 年以来我国高校和科研机构的藏学研究、1978 年以来藏学各领域专题研究两个主题展开讨论。与会专家还围绕“新时代藏学人的使命”进行了圆桌讨论。

3 日

由中国藏学研究中心、西藏自治区人民政府研究室、南京大学、西藏民族大学联合主办，西藏文化传承发展协同创新中心承办，主题为“边疆治理：西藏发展、稳定与生态建设”的第二届“藏秦·喜马拉雅”论坛在西藏民族大学举行。来自清华大学、中国人民大学、复旦大学、南京大学、中山大学等 24 所高等院校，以及来自中国社会科学院、中国藏学研究中心、陕西省社会科学院、云南省社会科学院、西藏自治区社会科学院等 12 家机构和科研院所近百名专家学者参加此次论坛。

与会专家学者紧扣党中央“治藏方略”，围绕西藏发展、稳定、生态三件大事，就西藏融入“一带一路”建设以及西藏社会治理、产业发展、精准扶贫等问题进行深入探讨，并提出对策建议。

6 日

由文化和旅游部全国公共文化发展中心指导、西藏自治区文化厅支持、西藏自治区群艺馆具体负责实施的西藏自治区首个“数字文化馆平台”在拉萨开通运行。该平台的建立，填补了西藏全区文化馆系统无数字化平台的空白。

西藏自治区群艺馆作为全国第三批数字文化馆建设试点单位，依托国家公共文化云，目前初步搭建了自治区数字文化馆平台，具备了全区网站集群、信息发布、网络培训、艺术资源点播、线上活动、辅导创作、志愿者服务等功能。

6—7 日

由中国藏语系高级佛学院、故宫博物院、北京雍和宫、承德普宁寺共同主办的第四届黄寺论坛在北京中国藏语系高级佛学院西黄寺举行。本次会议主题是“从黄寺与皇家寺院看佛教中国化”。来自中国社会科学院、中国藏学研究中心、中央民族大学、国内各大寺院、博物馆等 30 余家单位的专家学者、寺院代表及香港地区嘉宾约 50 人出席论坛。中国藏语系高级佛学院教职工、经师、第 14 届佛学大专班和第 15 届高级学衔班约 80 人列席旁听。

近 30 位与会代表围绕佛教传入中国后与中国本土文化积极融合、与社会主义新时代相适应进行交流研讨。

8—9 日

2018 年藏传佛教教义阐释工作研讨会在中国藏学研究中心隆重召开。本次研讨会以“藏传佛教与诚信思想”为主题。全国政协常委、中国佛教协会副会长班禅额尔德尼·确吉杰布，中国藏学研究中心党组书记安七一，中国藏语系高级佛学院院长嘉木样·洛桑久美·图丹却吉尼玛，中国藏学研究中心总干事郑堆，中央统战部七局副局长、巡视员徐志涛，中国藏学研究中心副总干事华彦龙、廉湘民及来自北京、西藏及涉藏工作重点省的宗教界人士和有关专家学者参加了此次开幕式。开幕式由中国藏学研究中心副总干事柳应华主持。

在为期两天的研讨会期间，与会的宗教界人士和专家学者还围绕“藏传佛教与诚信思想”这一主题进行了分组讨论。

9 日

由青海省科学技术协会和中华中医药学会主办，青海省藏医药学会承办的“藏医药传承创新与产业发展论坛”在青海藏文化博物院举行。

青海省委常委、常务副省长王予波，中国工程院吴天一院士、黄璐琦院士、南志标院士、中国科学院王光谦院士，青海省科协党组书记尤伟利、中华中医药学会副秘书长孙永章、青海省卫计委党组书记吴捷、青海省藏医药学会会长艾措千、江西中医药大学钟国跃教授，青海省各厅局负责人，来自西藏、北京、江西、四川、甘肃、云南、天津等各省市区专家学者、藏医药企业高管，省内藏医医疗、企业、科研、教育等领域专家和学者近160人参加论坛。

9日

历时5年建设，总建筑面积3万平方米的青海藏文化博物院二期馆揭牌开馆。青海藏文化博物院（又称青海藏医药文化博物馆）一期馆建成于2005年，曾设置藏医史、曼唐器械、古籍文献、藏药标本、天文历算、彩绘大观、藏族民俗、藏文书法、药师佛殿和藏书阁十大展馆。

二期馆内设丝绸之路与青藏高原文明厅及藏族建筑艺术厅、书法艺术厅、卡垫厅、服饰厅等，还将一期馆内“镇馆之宝”——曾获吉尼斯世界纪录的《中国藏族文化艺术彩绘大观》蜿蜒陈展在二期馆内，其长达608米，堪称“藏族文化的百科全书”。

10日

2018年青海宗喀巴文化艺术研究会年会在湟中县青海八瓣莲花非物质文化遗产传承体验中心举行。中国藏学研究中心原副总干事洛桑灵智多杰，青海省佛教协会副会长噶尔哇·阿旺桑波，青海师范大学副校长扎布，西北民族大学卡岗扎西才让教授，青海师范大学藏文系主任多旦教授，青海海南藏族自治州陀乐寺阿旺嘉措等来自北京、四川、甘肃、青海等地区的专家学者近60余人参加。与会专家学者举行了“宗喀巴文化艺术论坛”，就宗喀巴大师的学术思想和藏文化的推广应用阐述了各自的意见。

14日

中国藏学研究中心与西南民族大学共建博士点十五周年学术研讨会在京召开。来自中央统战部、中国藏学研究中心、西南民族大学的领导和嘉宾，以及西南民族大学民族学博士点共同培养的40多位博士代表参加了研讨会。

开幕式由中国藏学研究中心副总干事柳应华主持。中国藏学研究中心党组书记安七一、西南民族大学校长曾明、中国藏学研究中心总干事郑堆致辞。西南民族大学民族学博士点导师代表张建世教授和学生代表邢金良副教授发言。

会议期间，与会代表指点评议、追往溯今，回顾十五年建设发展的成就，为民族学博士点未来更好更快发展出谋划策，祝愿博士点为中国藏学研究人才培养作出新的更大的贡献。

15—16 日

由中国社会科学院民族学与人类学研究所主办、中国社会科学院特殊学科（绝学）纳西东巴文研究学科承办的多民族文献视野中的纳西族与藏族历史文化关系研讨会在云南省丽江市举办，来自北京、西藏、青海、四川、云南、甘肃等地的 40 多位专家学者参加研讨会。

在此次研讨会上，专家学者们围绕纳西族文化与藏族历史文化关系这个主题，从自己研究的领域角度阐释发言，内容包括丽江版《甘珠尔》大藏经的印刷、摩些蛮与吐蕃、南诏关系、纳西族与藏族友谊关系、藏文献中的纳西族记载、丽江壁画与藏族和纳西族政教关系表现、藏文史学文献的种类及其价值、纳西族“穆”氏与藏族象雄“穆”氏同源关系、唐代吐蕃文化对摩些文化的影响、《白狼歌》与藏语等 19 个方面。

17—20 日

西南民族大学与中国藏学研究中心博士点共建十五周年暨民族学一流学科建设研讨会等系列学术活动在成都举行。

本次研讨会及系列学术活动由北京、四川、青海、甘肃、贵州、广西、西藏、新疆、云南、湖北、重庆、江苏、广东等 13 个省市自治区的政府、高校和智库单位的领导和专家学者，中国藏学研究中心与西南民族大学共建民族学博士点历届博士生导师代表、博士校友代表、全体在读博士研究生等 200 多人参加。

藏研中心科研业务办公室李德成主任主持会议，郑堆总干事等出席会议。部分高校、政府和智库单位的领导和专家学者进行了主题发言，分别结合本单位实际情况，就如何开展一流学科建设、创新民族学学科建设、培育创新人才队伍、打造高水平学术平台分享了工作经验并提出具体可行的意见建议。

23 日

由中国藏学研究中心青年藏学会主办的第二届青年学术沙龙活动在中心举行。中国藏学研究中心党组书记安七一，总干事郑堆，副总干事柳应华、华彦龙、廉湘民以及各部门负责人和中心青年学者共 50 余人参加。

青年学术沙龙活动会期一天。来自中心社会经济所、历史所、宗教所、当代所、藏医药所、图书馆、杂志社、科研办、博物馆、北京藏医院等 10 个部门的 16 名青年学者围绕“历史文献”“藏医藏药”“现实关注”三个议题作了专题演讲。整场青年学术沙龙理论与实践并重，为今后中国藏学研究提供了新方法和新思路。

24 日

国内首家格萨尔文化传承人数据库在西宁正式开通。这是格萨尔文化传承保护工作中的一次突破性进展，将“活态”保护和传承格萨尔文化，更好地弘扬中国优秀民族传统文化。

格萨尔文化传承人数据库是青海省《格萨尔》史诗研究所副研究员巷欠才让主持完成的开放型、公益性格萨尔文化信息平台，作为青海省首批“高端创新人才千人计划”特殊支持经费项目之一，于 2017 年 2 月正式启动。课题组在原有资料的基础上，先后赴西藏、四川、甘肃、云南、青海等格萨尔文化集聚地进行了关于格萨尔文化传承人资料的收集和整理，并按照媒介进行了数字化处理，利用文本、图片、音频、视频等形式进行储存和展示传承人说唱技能、史诗部本、研究成果等，并对其进行永久性的保存。

开通仪式上，青海省《格萨尔》史诗研究所和青海圆成格萨尔藏汉文化交流中心还举办了以“传承非遗文化，弘扬民族艺术”为主题的格萨尔文化专题讲座。

24—25 日

由西藏自治区人民政府主办，西藏文化发展促进会、中国国际唐卡艺术节组委会承办，中国藏学研究中心科研业务办公室协办的“唐卡艺术高端论坛”在中国藏学研究中心举办。30 余位国内外专家、学者参加。

与会专家、学者深入研究一带一路沿线中外绘画交流史，梳理唐卡流派理论探索与实践，探讨唐卡艺术创新与发展趋势，开展对《齐吾岗巴画派调查与研究报告》专家论证，畅谈对唐卡齐吾岗巴画派的研究共识，进一步推动中华优秀传统文化创造性转化、创新性发展。

26 日—12 月 1 日

联合国教科文组织保护非物质文化遗产政府间委员会（以下简称“委员会”）第 13 届常会在毛里求斯首都路易港召开。当地时间 28 日下午，委员会经过评审，通过决议，将中国申报的“藏医药浴法——中国藏族有关生命健康和疾病防治的知识与实践”列入联合国教科文组织人类非物质文化遗产代表作名录。

27 日

由西藏社科院西藏藏文古籍出版社整理、编纂和出版的《历辈班禅大师全集》（藏文版）系列丛书发行推介会在拉萨雪域书香书店举办。这套系列丛书相关工作自 2013 年启动，截至目前，已出版 18 册 16 开精装本，共 1400 多万字。这套系列丛书以扎什伦布寺木刻版为主，收录了国内现存的历辈班禅额尔德尼著作，且大部分内容系首次面世，具有较高的史料价值和学术价值。

此外，西藏重大文化工程《格萨尔》史诗藏译汉项目《（格萨尔）艺人桑珠说唱本》汉译丛书也在当日一同亮相。

29 日

第二次青藏高原藏东南人类活动遗迹及生存环境综合科学考察队在西藏林芝立定村新发现早期人类活动遗迹点。据了解，科考队在林芝立定村通过清理3 个文化层剖面，采集到陶片、石制品、动物骨骼、炭屑及浮选、植硅体土样。此外在该地点东南部还发现两座被破坏的竖穴土坑墓，部分人骨风化严重且暴露在外。据介绍，该遗存的发现将填补藏东南区域人类早期活动史，可能对重建高原文明演化提供有效实证。

12 月

7—8 日

由中国藏学研究中心和西藏大学联合主办的第六届全国藏学期刊协调会在中国藏学研究中心举行。中国藏学研究中心党组书记安七一、总干事郑堆、副总干事华彦龙与廉湘民、南京大学中国社会科学研究评价中心主任王文军、北京大学《中文核心期刊要目总览》评价中心主任张俊娥、中国人民大学书报资料中心主任武宝瑞、《西藏大学学报》主编拉巴次仁及来自北京、西藏、青海等地 30 多家藏学期刊社的 58 位专家学者和中心各部门的相关人员参加了此次会议。

协调会期间，参会专家学者还就藏文学术期刊评价体系建设、学术规范、藏学期刊和民族学期刊的发展、作者队伍建设等问题举行了圆桌会议，并达成了一定的共识。

10 日

西藏自治区重大文化工程、世界最长英雄史诗《格萨尔》藏译汉工程进展顺利，包括《白热山羊宗》《丹玛青稞宗》《木雅黄金宗》《木岭之战》《天界篇》等 10 部藏译汉图书正式出版发行。这项由西藏社科院民族所承担的藏译汉项目目前已基本完成 30 部书的初译任务。

13—19 日

应台湾中华汉藏佛教文化融合促进会邀请，中国藏语系高级佛学院交流团一行于 13 日抵达台湾，开展为期一周的佛教文化交流。

交流团先后开展了参观台北故宫博物院观摩祈福法会、辩经展示及座谈交流等系列活动。

15 日

甘肃省藏学研究会 2018 年学术年会暨改革开放 40 年与甘肃藏学研讨会在兰州大学召开。会议由甘肃省藏学研究会主办，兰州大学西北少数民族研究中心藏学研究所承办。来自兰州大学、西北民族大学、西北师范大学、甘肃民族师范学院、甘肃省民族研究所、甘肃省藏学研究所等单位的专家学者近百人参加会议。会议围绕改革开放伟大决策对甘肃藏学发展的重要意义、1978 年以来甘肃藏学研究的回顾与展望展开学术研讨。

15 日

由甘肃省藏学研究会主办，兰州大学西北少数民族研究中心藏学研究所承办甘肃省藏学研究会 2018 年学术年会暨改革开放 40 年与甘肃藏学研讨会在兰州大学召开。此次会议是兰州大学 110 周年校庆年系列活动之一。来自兰州大学、西北民族大学、西北师范大学、甘肃省民族研究所、甘肃省藏学研究所等单位的专家学者近百人参加。会议围绕改革开放伟大决策对甘肃藏学发展的重要意义，1978 年以来甘肃藏学研究的回顾与展望展开学术研讨。

甘肃省藏学研究会副会长、兰州大学西北少数民族研究中心阿旺嘉措教授主持开幕式。16 位专家学者做了主题发言。

25 日

中国佛教协会西藏分会第三届藏传佛教教义阐释论坛在拉萨举行。西藏自治区政协副主席、中国佛协西藏分会会长、西藏佛学院院长珠康·土登克珠出席并致辞。

本次论坛共收到 79 名高僧大德撰写的藏传佛教教义阐释论文 84 篇，9 名高僧大德代表在论坛发表阐释演讲。

27 日

由兰州大学西北少数民族研究中心和中国藏学研究中心科研办主办的“丝路藏学论文选编”学术工作坊在兰州大学一分部衡山堂举办。本次学术工作坊是兰州大学建校 110 周年校庆年系列活动之一。中国藏学研究中心宗教研究所研究员李学竹、陈立健等相关学者参加。切排教授主持讨论。

在本次学术工作坊的第二个环节，与会专家以西北少数民族研究中心藏学研究所提供的编目成果为基础，根据讨论明确的主题、标准，以“一带一路”

与藏传佛教研究为编选范围，共同编选出了相关领域的百余篇论文。

28 日

由中国西藏文化保护与发展协会及中国藏学研究中心主办，西藏文化博物馆承办，中共江苏省委党校协办的“康藏轺征——国民政府代表刘曼卿史迹特展”暨学术研讨会在中国藏学研究中心西藏文化博物馆举行。西藏自治区政协副主席阿旺，中国藏学研究中心党组书记安七一、总干事郑堆，西藏文化保护与发展协会秘书长、中央统战部七局副局长徐志涛，江苏省委党校副校长钱学伟、中央民族大学副校长邹吉忠，以及来自北京、江苏等地的 43 位学者、西藏中学的 30 位同学及中心相关人员参加了此次特展开幕式。开幕式由西藏文化博物馆馆长姚茂臣主持。

在特展开幕式上，中国藏学研究中心党组书记安七一、西藏自治区政协副主席阿旺及中央民族大学教授喜饶尼玛分别致辞或发言。

西藏文化保护与发展协会秘书长、中央统战部七局局长徐志涛宣布康藏轺征——国民政府代表刘曼卿史迹特展正式开幕。

在学术研讨环节，中央民族大学喜饶尼玛教授、中央党校胡岩教授、中央民族大学苏发祥教授、中国社科院中国边疆研究所孙宏年教授、江苏省委党校丁小文教授、云南大学吕昭义教授、中央民族大学周润年教授、陕西师范大学徐百永教授、中国藏学研究中心历史研究所所长张云教授等围绕相关论题发言。

24 日

由青海省人民政府新闻办公室、青海省海西蒙古族藏族自治州主办的“感知中国·大美青海”民族文化艺术展 24 日在日本东京开幕。展会共展出 200 余幅摄影作品和 30 幅唐卡。向日本观众集中展示中国青海的自然风光、民族风情和历史文化。

中国“国家级非物质文化遗产”热贡艺术代表性传承人夏吾角现场讲解了唐卡的制作过程。

人物介绍

人物介绍

索朗旺堆

索朗旺堆（1942—2018.2）男，藏族，西藏拉萨人。西藏考古学家、西藏自治区文物管理委员会办公室原主任、西藏博物馆原副馆长。2018 年 2 月 5 日因病于拉萨逝世，享年 79 岁。

索朗旺堆先生是西藏考古学的奠基人之一，著名藏学家。1942 年，索朗旺堆出生在拉萨冲赛康附近，父亲是位还俗僧人，担任鞋匠行会的秘书职务。父母离异后，被伯父收养。作为陪读用人陪同堂弟堂妹去娘若夏——拉萨最大的私塾学校读书。1954 年，由于不堪忍受主人家的非人对待和来自学校的无故责打，他逃往乡下母亲那里。1955 年，他前往拉萨小学读书。1962 年，在拉萨中学初中毕业后被分配到西藏人民印刷厂当上了排字工人。1973 年，他进入四川大学学习考古。为日后献身考古事业打下扎实的基础。1976 年毕业后分配到罗布林卡文物管理委员会担任库房保管员。工作之余，索朗旺堆常到文管会编译室看书、求教，从当时在此工作的东嘎·洛桑赤列等著名藏族学者老前辈那里学到了很多有关藏族历史和古藏文的知识，使自己的知识结构得到了补充和完善。1978 年，索朗旺堆参加西藏自治区文管会和四川省博物馆联合对卡若遗址的试掘工作。1979 年，卡若遗址被国家确认为极具发掘价值的新石器时代遗址。国家文物局、中国社科院考古研究所等单位派来专家们指导，由西藏文管会和四川大学合作发掘。他被吸纳成为正式发掘卡若遗址工作的一员。1980 年，他参与撰写发掘报告；1985 年，作为向西藏自治区成立二十周年的献礼，《昌都卡若》正式出版发行。

索朗旺堆先生全程参与了昌都卡若新石器时代遗址及列山墓葬的发掘，主持完成了西藏第二次全国文物普查工作及多部地方文物志编写工作。由于他出色的工作和突出的成绩，成为享受国务院特殊津贴专家。1993 年荣获“文化部优秀专家”称号；1995 年获自治区“有突出贡献的优秀专家”称号并当选为自治区政协委员。他为西藏考古事业和文博事业的发展献出了毕生的精力。

耿　昇

耿昇（1944. 12—2018. 4）男，汉族，河北阜平人。中外关系史研究著名专家、翻译家、法国汉学研究专家。2018 年 4 月 10 日在北京去世，享年 73 岁。

耿昇 1944 年 12 月生于河北省阜平县，1968 年毕业于北京外国语大学法文系。1980 年调入中国社会科学院历史研究所，从事有关中法关系史、法国汉学诸方面的翻译与研究工作。曾任中国社会科学院历史研究所研究员，中国中外关系史学会会长、中国敦煌吐鲁番学会和中国蒙古史学会理事，中国敦煌研究院、北京外国语大学、中国海交史博物馆华东师大海外汉学中心兼职研究员，法国亚细亚学会的国外会员。1995 年获得法国政府文学艺术勋章。

耿昇毕生从事中外文化交流史的翻译与研究，治学广涉敦煌学、突厥学、藏学、蒙古学、中国与阿拉伯—波斯关系史、明清之际入华耶稣会士传教史等多个学科与领域，著译有 70 余部。耿昇先生在汉学，尤其是法国汉学领域成果斐然。他翻译了大量法国汉学经典名著，其中包括《法国中国学的历史与现状》（80. 5 万字）、《16—20 世纪入华天主教传教士列传》（130 万字）等。他对于明清之际来华耶稣会的中国研究，法国当代中国学的状况、法国汉学史等的译介和研究，推进了中法学术交流，极大拓展了中国海外汉学的研究视野。

赤烈曲扎

赤烈曲扎（1937—2018. 7）男，藏族，西藏拉萨人。藏族著名学者。享受国务院政府特殊津贴。2018 年 7 月 21 日晚因病去世，享年 81 岁。

1937 年，赤烈曲扎出生在拉萨一个藏汉结合家庭，他的爷爷是随清军入藏的汉人。1958 年，赤烈曲扎被分配到西藏自治区筹备委员会文教处工作。他还担任过西藏自治区第三、第四届政协委员，西藏自治区文联委员，西藏民间文艺家协会副主席，西藏翻译家协会副主席，西藏民俗学会会长、中国民间文艺家协会会员，退休后受聘西藏大学客座教授、硕士生导师。曾获得全国民族团结奖、全国汉藏翻译一等奖、全国优秀民间作品三等奖、西藏珠峰金质奖章等诸多荣誉。

赤烈曲扎所著的《西藏风土志》《我的家乡——西藏》深受读者喜爱，并被翻译成英文、德文、西班牙文等多种文字，出版发行到世界各地。《西藏的历史与文化》一书也被翻成日文。他还参与了《汉藏对照词典》、民间文学《三套集成》的编纂和审定，是第一个将中国四大名著之一《水浒传》完整翻译成藏文的翻译和主审。此外还编写了《藏族翻译史论概要》《西藏文化史话》《西藏传统民歌集》《藏毯工艺史》《中国民族文化大观》《传统八大藏戏全集》等。

赤烈曲扎先后担任过西藏人民出版社总编辑、社长，西藏博物馆馆长、文博研究员，他把毕生精力献给了西藏文化事业的继承和弘扬，特别是为西藏文博事业的开创、民俗文化的研究和汉藏翻译事业的蓬勃发展立下了不可磨灭的功勋。

赤烈曲扎先生是西藏博物馆事业的先驱者，是西藏博物馆的最初缔造者，是现代博物馆理念在西藏的传播者，是西藏博物馆第一任馆长，为西藏的博物馆体系建立、人才培养等方面做出了卓越贡献。

社会科学基金

2018年度国家社科基金项目

国家社会科学基金（简称国家社科基金）设立于1991年，由全国哲学社会科学规划办公室负责管理。

2018年国家社科基金年度项目和青年项目已完成受理申报、通讯初评、会议评审、网上公示等程序，经全国哲学社会科学工作领导小组批准，现将立项课题名单予以公布（见附件1和附件2）。今年公示的拟立项课题为4512项，有6项因需要核实相关情况暂不予立项，现公布立项课题为4506项。

今年国家社科基金年度项目和青年项目继续采取适度限额申报的办法，最后正式受理有效申报29677项，比去年增加237项。其中申报重点项目2481项，一般项目21401项，青年项目5795项。五大社科研究系统中，高校申报26583项，占申报总数的89.6%，社科院申报1173项，党校系统申报1022项，军队系统申报295项，各级党政机关及其他申报604项。

今年立项总数比去年增加217项，平均立项率为15.2%，比去年提高0.6个百分点。其中重点项目358项，每项资助35万元；一般项目3147项，青年项目1001项，资助强度均为20万元。全国各省区市和新疆生产建设兵团均有立项，立项数超过100项的包括教育部在京直属高校、江苏、上海、广东、浙江、湖北、湖南、山东、四川、河南、重庆、福建、陕西、吉林、辽宁、江西、云南等省份。五大系统中，高校系统4055项，占立项总数的90%；社科院系统210项，党校系统96项，军队系统47项，各级党政机关及其他98项。

以下为2018年国家社科基金年度项目立项名单（藏学相关）和2018年国家社科基金青年项目立项名单（藏学相关）。

2018年国家社科基金年度项目立项名单（藏学相关）

序号	项目名称	负责人	工作单位	项目类别	所在学科
1	西藏地区“产业—生态安全”关联演化分析及生态补偿机制研究	安玉琴	西藏大学	重点项目	应用经济
2	西部地区精准脱贫与乡村振兴融合的路径设计与政策协同研究	王志章	西南大学	重点项目	社会学
3	“一带一路”视野下的国外藏文文献研究	更藏	青海民族大学	重点项目	民族学
4	近四十年美国西藏政策研究	励轩	四川大学	重点项目	民族学
5	集中连片特困民族地区乡村振兴战略研究	陈灿平	西南民族大学	重点项目	民族学
6	偏远地区少数民族基础教育均衡发展的实证研究	王世忠	中南民族大学	重点项目	民族学
7	云南少数民族的传统知识与文化防灾研究	李永祥	云南省社会科学院	重点项目	民族学
8	藏传佛教宗派历史与教理研究	尕藏加	中国社会科学院	重点项目	宗教学
9	海外藏传佛教的历史、现状与发展趋势研究	杜永彬	中国藏学研究中心	重点项目	宗教学
10	汉藏文学交流史学研究	仁青多杰	青海民族大学	重点项目	中国文学
11	语言生态学视角下的西藏语言资源的保护与发展研究	格桑益西	西藏社会科学院	重点项目	语言学
12	习近平新时代中国特色社会主义思想的科学内涵和在西藏的实践意义研究	曾燕	西藏大学	一般项目	马列·科社
13	新时代社会主义现代化西藏区域软实力建设研究	卢少鹏	西藏民族大学	一般项目	马列·科社
14	西藏高校大学生国家安全教育与中华民族共同体意识培育相互促进关系及创新模式研究	强军锋	西藏农牧学院	一般项目	马列·科社
15	四川藏区乡村振兴战略的实施路径研究	郑涛	四川师范大学	一般项目	应用经济
16	西藏区域物流网络空间特征、形成机理及优化研究	刘妤	西藏民族大学	一般项目	应用经济
17	青藏高原牧区旅游可持续发展动态效应评价及动力机制研究	薛华菊	青海师范大学	一般项目	应用经济
18	习近平新时代治藏方略研究	史本林	西藏民族大学	一般项目	政治学
19	藏区公民法治认同因子量化指标研究	叶睿	四川省社会科学院	一般项目	法学

续表 1

序号	项目名称	负责人	工作单位	项目类别	所在学科
20	新时代西藏社会纠纷解决机制创新研究	张伟	西藏民族大学	一般项目	法学
21	民国西康省的边疆司法运行与民族法律治理研究	刘昕杰	四川大学	一般项目	法学
22	激发青海农牧区精准扶贫扶志的内生心理动力研究	马会军	青海大学	一般项目	社会学
23	新时代青藏高原东缘游牧生态文明建设中的弹韧性营造研究	汤芸	西南民族大学	一般项目	社会学
24	藏族朝圣人群出行组织与引导研究	程刚	西藏大学	一般项目	社会学
25	四川藏区乡村社会治理特殊性的人类学研究	郑少雄	中国社会科学院	一般项目	社会学
26	滇藏沿边村寨建设与守土固边研究	王国忠	云南省社会科学院	一般项目	民族学
27	改革开放四十年西藏民族工作研究	阴海燕	西藏自治区社会科学院	一般项目	民族学
28	3—13 世纪河西族群交往与宗教交流研究	董知珍	兰州城市学院	一般项目	民族学
29	16—17 世纪蒙藏关系藏文文献整理与研究	哈斯朝鲁	中央民族大学	一般项目	民族学
30	凉山“培米”藏族苯教古藏文文献搜集、整理研究	完德加	四川大学	一般项目	民族学
31	17—20 世纪藏传佛教在锡金、不丹、拉达克的传播与发展研究	许渊钦	四川大学	一般项目	民族学
32	藏传佛教名著《喻法论》汉译与注疏研究	公保才让	青海师范大学	一般项目	民族学
33	川滇甘青深度贫困藏区“双困”老人养老保障体系建设研究	刘金华	四川省社会科学院	一般项目	民族学
34	旅游影响下安多藏区社会文化变迁研究	欧阳正宇	西北师范大学	一般项目	民族学
35	热贡“隆务四寨子寺”佛教壁画艺术研究	丹增切盼	青海民族大学	一般项目	民族学
36	我国藏族地区孤儿救助问题研究	王景迁	鲁东大学	一般项目	民族学
37	以成本与绩效考量为中心的明清两朝藏区治理比较研究	曾现江	西南大学	一般项目	民族学
38	驻藏大臣制度研究	曾国庆	中央民族大学	一般项目	民族学

续表 2

序号	项目名称	负责人	工作单位	项目类别	所在学科
39	藏彝走廊汉彝藏杂居区民族关系现状及调适研究(1978—2018)	卢秀敏	西南民族大学	一般项目	民族学
40	多元文化视野下的青藏地区汉文化传播与接受研究	马志林	青海民族大学	一般项目	民族学
41	近代边疆民族地区司法改革中的特殊政策研究	李光和	广东财经大学	一般项目	民族学
42	少数民族地区命运共同体的建构研究	张曦	中央民族大学	一般项目	民族学
43	白马藏人古歌调查、整理与研究	王万平	大理大学	一般项目	民族学
44	甘青人口较少民族优秀传统文化当代传承与创新研究	陕锦风	青海民族大学	一般项目	民族学
45	乡村振兴战略视阈下川滇藏交界地带特色藏族村寨建设研究	甘娜	四川师范大学	一般项目	民族学
46	3—6 岁藏汉双语儿童的汉语发展水平测量与促进策略研究	蔡红梅	重庆师范大学	一般项目	民族学
47	教育扶贫促进“三区三州”深度贫困地区短期脱贫和长期发展的调查研究	刘苏荣	曲靖师范学院	一般项目	民族学
48	西藏中小学理科教育现状与对策研究	杨小峻	西藏民族大学	一般项目	民族学
49	滇藏交界独龙族可持续生计研究	张劲夫	云南民族大学	一般项目	民族学
50	西藏边境地区融入“一带一路”建设研究	图登克珠	西藏大学	一般项目	民族学
51	青海省草原生态治理对少数民族牧户生计影响研究	王丹	青海大学	一般项目	民族学
52	三江源地区藏族民俗事象中的传统生态文化研究	杨贞明	青海大学	一般项目	民族学
53	“三区三州”深度贫困地区贫困再生产及治理研究	肖攀	湖南文理学院	一般项目	民族学
54	基于战略管理核心能力理论之青藏地区精准扶贫路径研究	沈燕萍	青海民族大学	一般项目	民族学
55	四省藏区深度贫困人口内生动力的提升路径及机制保障研究	刘艳	四川农业大学	一般项目	民族学
56	援藏制度背景下西藏乡村旅游发展对农牧民可持续生计影响机理研究	陈娅玲	西藏民族大学	一般项目	民族学
57	“一带一路”背景下西南陆路边境口岸产业转型升级路径选择与实现机制研究	丘兆逸	广西师范学院	一般项目	民族学

续表 3

序号	项目名称	负责人	工作单位	项目类别	所在学科
58	甘青藏区深度贫困地区教育脱贫攻坚研究	吕晓娟	西北师范大学	一般项目	民族学
59	“西藏问题”国际化视阈下“援藏组织”对美国国会影响研究	韩磊	哈尔滨商业大学	一般项目	国际问题研究
60	清代“藏哲(锡金)边界”研究	张永攀	中国社会科学院	一般项目	中国历史
61	吐蕃统治时期的于阗研究	朱丽双	兰州大学	一般项目	中国历史
62	近代藏族社会生活史研究	央珍	中央民族大学	一般项目	中国历史
63	民国时期西部民族地区的治理与建省研究	何毅	四川师范大学	一般项目	中国历史
64	西南地区少数民族参观团研究(1949—1956)	王立桩	绵阳师范学院	一般项目	中国历史
65	西喜马拉雅地区 7 至 12 世纪涉藏文物遗存的考古学研究	夏吾卡先	西藏大学	一般项目	考古学
66	第四世班禅额尔德尼年谱编撰及爱国爱教事迹研究	达瓦	西藏大学	一般项目	宗教学
67	《法显传》汉译藏及研究	次仁顿珠	西藏自治区社会科学院	一般项目	宗教学
68	藏传佛教名著《宗义广论》的翻译与研究	牛宏	上海师范大学	一般项目	宗教学
69	藏传佛教判教文献整理与研究	更高才让	青海民族大学	一般项目	宗教学
70	藏传佛教中国化的历史和现状研究	孙悟湖	中央民族大学	一般项目	宗教学
71	吐鲁番藏传佛教遗存调查与研究	陈爱峰	吐鲁番学研究院	一般项目	宗教学
72	藏族堪舆文化研究	龙珠多杰	云南民族大学	一般项目	宗教学
73	国内外仓央嘉措文献整理与研究	巴微	西安工程大学	一般项目	宗教学
74	《格萨尔》史诗中的传统民俗文化研究	索加本	青海民族大学	一般项目	中国文学
75	藏族古典文艺美学思想的当代价值研究	旦增曲扎	西藏大学	一般项目	中国文学
76	新时期藏汉文学融合研究	白浩	四川师范大学	一般项目	中国文学
77	中国当代汉语小说中的西藏形象研究	郑靖茹	西南民族大学	一般项目	中国文学
78	藏族诗歌《米拉日巴道歌》英译研究	何正兵	山西师范大学	一般项目	外国文学
79	社会学视阈下的当代藏族文学英译研究	宋美华	西南交通大学	一般项目	语言学

续表 4

序号	项目名称	负责人	工作单位	项目类别	所在学科
80	国家语言服务视阈下黄河上游黄南地区语言生活调查研究	孔祥馥	青海民族大学	一般项目	语言学
81	基于吐蕃以来汉藏对音文献的藏语复辅音历史研究	朗杰扎西	西藏自治区社会科学院	一般项目	语言学
82	类型学视角下木雅语东西部方言的语法对比研究	高扬	重庆工商大学	一般项目	语言学
83	中国藏、彝英语学习者语法意识与语用意识互动机制研究	何周春	成都中医药大学	一般项目	语言学
84	融媒时代西藏电视媒体创新与影响力提升研究	脱慧洁	西藏民族大学	一般项目	新闻学与传播学
85	西部藏区地方媒体影响力调查研究	马敬芳	青海师范大学	一般项目	新闻学与传播学
86	小康社会视阈下西藏图书馆学前教育服务实现机制与功能研究	马凌云	西藏民族大学	一般项目	图书馆、情报与文献学
87	藏文古籍写本序跋辑录与文献学研究	史桂玲	中国民族图书馆	一般项目	图书馆、情报与文献学
88	清代写本《智观巴·贡却乎丹巴绕杰传之喜脱雷鸣》翻译与研究	贡保吉	兰州大学	一般项目	图书馆、情报与文献学
89	蒙元以来中央政府授予藏传佛教喇嘛的“遗留性史料”搜集与整理研究	额尔敦巴特尔	内蒙古自治区图书馆	一般项目	图书馆、情报与文献学
90	青海省蒙藏传统体育文化交互发展及变迁研究	金山	青海大学	一般项目	体育学
91	乡镇振兴战略理念下藏族工布响箭文化的可持续发展研究	张鹏海	西藏民族大学	一般项目	体育学
92	“一带一路”背景下“大香格里拉”藏族传统体育文化传播与提升策略研究	刘坚	云南师范大学	一般项目	体育学
93	实现“健康中国 2030”目标的西藏小学体育改革研究	强巴班旦	拉萨师范高等专科学校	一般项目	体育学
94	高原藏区旅游扶贫有效途径与贫困人口受益模式研究	陈颖	成都学院	一般项目	管理学
95	朝向美好生活的西藏边境地区公共服务共建共享研究	田旭	西藏民族大学	一般项目	管理学

2018 年国家社科基金青年项目立项名单(藏学相关)

序号	项目名称	负责人	工作单位	项目类别	所在学科
1	新时代边疆民族地区积极社会心态的形成机理与培育路径研究	刘将	云南师范大学	青年项目	社会学
2	藏族青少年双重认同的发展阶段及其影响因素研究	杨阳	西北师范大学	青年项目	社会学
3	民族地区精准扶贫与人口发展互动机制的实证研究	郑嘉	中央民族大学	青年项目	人口学
4	改革开放四十年民族区域自治制度建设经验研究	陈蒙	中南民族大学	青年项目	民族学
5	改革开放四十年中国马克思主义民族理论的发展研究	王淑兰	宁夏大学	青年项目	民族学
6	藏文史籍关于中国民族关系的历史书写及当代启示	罗宏	陕西师范大学	青年项目	民族学
7	大数据背景下藏区宗教文化安全问题与基层政权建设及趋于稳定发展关系研究	郭连云	青海师范大学	青年项目	民族学
8	近代英国建构的西藏形象的演变及其政治内涵研究	何文华	四川师范大学	青年项目	民族学
9	乡村振兴与青海藏区僧俗互动关系研究	切吉卓玛	西藏大学	青年项目	民族学
10	青海民族地区多元信仰文化互动与构建中华民族共同体意识研究	王默	青海大学	青年项目	民族学
11	高寒藏区深度贫困诊断与稳定脱贫对策研究	刘丽娜	湖北师范大学	青年项目	民族学
12	构建雅鲁藏布江流域跨境水争端管控机制的法律问题及对策研究	郑凡	四川大学	青年项目	国际问题研究
13	涉藏对外传播战略视野下中美印关系问题与对策研究	朱晶进	四川大学	青年项目	国际问题研究
14	敦煌西域古藏文书信文献整理与研究	完么才让	青海民族大学	青年项目	中国历史
15	唐蕃关系视野下的“陇右”边防体制研究	宋翔	浙江大学	青年项目	中国历史
16	雍正朝西藏治理与边疆稳定研究	张发贤	贵阳孔学堂文化传播中心	青年项目	中国历史
17	明清以来岷洲新发现藏传佛教寺院文书搜集整理与研究	李志明	甘肃民族师范学院	青年项目	中国历史

续表

序号	项目名称	负责人	工作单位	项目类别	所在学科
18	公元1—10世纪青藏高原与北方草原地带的文明联系研究	李帅	四川大学	青年项目	考古学
19	《首楞严三昧经》梵、藏、汉、于阗四语文本整理、翻译与研究	李灿	北京外国语大学	青年项目	宗教学
20	《中论佛护释》翻译与研究	羊毛措	西藏民族大学	青年项目	宗教学
21	西夏佛典选译和西夏佛教史研究	王龙	中国社会科学院	青年项目	宗教学
22	西夏文《大般若经》校勘与研究	许鹏	陕西师范大学	青年项目	宗教学
23	藏族传记文学发展史研究	才让加	甘肃民族师范学院	青年项目	中国文学
24	藏族书信文献整理与研究	南吉多杰	青海民族大学	青年项目	图书馆、情报与文献学
25	振兴西藏乡村旅游背景下的地方品牌化策略研究	桑森垚	西藏大学	青年项目	管理学

国家社科基金重大项目介绍

国家社会科学基金重大项目是现阶段国家社科基金中层次最高、资助力度最大、最具权威性的项目类别，包括应用对策研究、重大基础理论研究和跨学科研究三类，根据全国哲学社会科学规划办公室发布的《国家社科基金重大项目招标公告》确定数个研究方向，每个研究方向原则上确立1—2项中标课题，资助经费根据课题研究的实际需要确定，平均资助额度为60万—80万元。

应用对策类重大项目设立于2004年，主要资助研究我国政治、经济、文化和社会发展中具有全局性、战略性、前瞻性的重大理论和实际问题，为党和政府决策服务。基础理论类重大项目设立于2010年，重点支持一批弘扬民族精神、传承民族文化、对学术发展和学科建设起关键作用的重大基础理论和文化研究课题，着力推出具有原创性或开拓性、具有重要文化传承价值的经典之作。从2011年起设立跨学科研究重大项目，旨在鼓励通过不同学科的视角、知识、方法和人员的交叉融合，研究解决单一学科难以解决的复杂性、前沿性、综合性问题。

2018年度国家社会科学基金重大项目立项342项，其中藏学相关类立项4项。

2018 年度国家社科基金重大项目立项名单（藏学相关）

序号	中标选题研究方向	首席专家	责任单位
1	晚清以来中国西藏与周边国家边界问题文献整理与研究	张世均	西南民族大学
2	西藏历史地图集	孙宏年	中国社科院中国边疆研究所
3	美英涉藏档案文献整理与研究	赵艾东	四川大学
4	宗喀巴传记文献整理挖掘翻译及其精神研究	何峰	青海民族大学

2018 年度国家社科基金项目西部项目

经专家评审、社会公示并报全国哲学社会科学工作领导小组批准，现将 2018 度国家社科基金西部项目评审立项结果（名单附后）予以公布。今年西部项目共立项 490 项，每项资助强度为 20 万元。

今年立项的西部项目总体上有以下几个特点：一是课题负责人整体实力较强、研究重点比较突出。从课题负责人结构分布上看，具有高级专业职称的有 394 人（高级 151 人、副高级 243 人），占总数的 80%；具有博士学位的有 457 人，占 93%；担任博士生导师和硕士生导师的有 255 人，占 52%；曾经承担过国家社科基金项目并获得优良等级的负责人有 38 人。从课题研究内容上看，基础类课题突出了传承中华优秀传统文化、推动文化繁荣发展和学科建设等方面的研究，应用类课题突出了促进西部地区经济发展、创新民族地区社会治理、维护边疆社会和谐稳定等方面的研究。二是覆盖面和惠及面较广。涉及包括高校、社科院、党校、军队、党政机关等五大系统在内的近 200 家科研单位，基本上覆盖了西部地区具有一定科研能力的研究机构，个别单位今年第一次入选国家社科基金项目，实现“零的突破”。从项目负责人构成上看，少数民族学者有 114 人（涉及 19 个少数民族），约占总数的 23%；35 岁以下的青年学者有 58 人，约占总数的 12%。三是对基础研究和区域优势学科的扶持力度进一步加大。涵盖了国家社科基金 23 个学科，其中基础研究和综合研究占 74% 左右，特别是西部传统优势学科的立项数量较多。比如，民族学有 78 项，占总数的 16%，中国历史、中国文学、语言学、马列·科社和管理学等 5 个学科分别为 53、42、33、26 和 26 项，约占总数的 37%。同时，加大了对具有西部地域特色和科研资源优势的领域、对具有重要文化价值和传承意义的冷门绝学的扶持力度，围绕少数民族社会发展调查、生态环境治理、文化遗产抢救保护、历史文献挖掘整理、古代边疆社会治理、濒危语言整理和保护等方面的研究，都有课题立项。

2018 年国家社科基金西部项目立项名单（藏学相关）

序号	项目名称	负责人	工作单位
1	“一带一路”背景下西藏建设面向南亚重要通道研究	谭天明	西藏民族大学
2	国家审计推动美丽西藏建设的创新机制与实施路径研究	祝遵宏	西藏自治区审计厅
3	法国藏学发展史研究	王一	陕西师范大学外国语学院
4	甘青地区藏传佛教历史地理研究	丁柏峰	青海师范大学
5	明清时期川西藏区陕商研究	刘立云	陕西省社会科学院
6	吐蕃时期民众生计研究	彭措扎西	青海师范大学
7	晚清驻藏官员及其群体研究	康欣平	西藏民族大学
8	元明清时期的青海热贡区域社会研究	当增吉	青海民族大学
9	佛教艺术视域下的炳灵寺石窟研究	姜涛	兰州大学历史文化学院
10	甘肃藏族地区红色文化遗产传承、保护和利用研究	王晓云	甘肃民族师范学院
11	精准扶贫视角下青海藏区农牧民非农就业问题研究	赵海荣	青海大学财经学院经济学系
12	青藏地区历史遗留因子及现实凸显问题与区域基层社会精细化治理研究	方立江	青海师范大学马克思主义学院
13	青甘两省相邻藏区革命文化传承与发展研究	王永宏	青海大学马克思主义学院
14	青海藏区扶贫攻坚与后扶贫发展研究	苏薇	青海大学
15	萨班·贡嘎坚赞语言学学术思想研究	利格吉	西藏大学
16	四川藏区教育扶贫政策有效性研究	唐安奎	成都师范学院教育学院
17	西藏铸牢中华民族共同体意识的问题与对策研究	吴春宝	西藏大学
18	西南边疆少数民族农业文化遗产价值挖掘与利用研究	莫力	云南农业大学马克思主义学院
19	新时代甘青藏区社会治理与社会矛盾预防化解问题研究	张双喜	中共青海省委党校
20	信息贫困视角下青海藏区脱贫攻坚对策研究	陈农	青海大学
21	《七系付法传》译注	泽旺仁真	西藏自治区社会科学院
22	藏传佛教格鲁派在青海蒙古族集聚区的传播历史及现状研究	仁欠俄日	青海师范大学
23	藏传佛教学僧游学传统与现状研究	加羊卓玛	青海民族大学

续表

序号	项目名称	负责人	工作单位
24	藏族民间信仰与道教文化关系研究	多杰群智	青海民族大学
25	吐蕃时期藏地禅宗之研究	落桑东知	青海民族大学
26	邬坚巴传记：翻译与研究	扎西龙主	西藏民族大学
27	《格萨尔》史诗中的藏族生态文化研究	黄毛草	青海民族大学
28	自媒体环境下藏区网络舆情转变及其治理方略研究	陈航行	西藏民族大学

论著索引

藏学图书要目

汉文部分

一、哲学宗教

1. 藏传佛教极简史/德昆著．—北京：宗教文化出版社
   ISBN：978－7－5188－0553－2（精装）：CNY88.00
2. 道帏格西·喜饶嘉措大师传/格桑嘉措，屈焕嘉措著；扎西才旦,蒲文成译．—北京：中国藏学出版社
   ISBN：978－7－5211－0070－9：CNY30.00
3. 第四届黄寺论坛：寺院历史文化研究．第一集/王长鱼主编．—北京：宗教文化出版社
   ISBN：978－7－5188－0654－6：CNY78.00
4. 黄寺与紫禁城：第三届黄寺论坛论文集/王长鱼主编；第三届黄寺论坛论文集编委会编．—北京：开明出版社
   ISBN：978－7－5131－4258－8：CNY38.00
5. 菩提道次第略论/宗喀巴著；法尊译．—西宁：青海人民出版社
   ISBN：978－7－225－05563－3：CNY36.00
6. 时轮净土：拉卜楞寺堆阔尔扎仓研究/拉毛吉著．—拉萨：西藏人民出版社
   ISBN：978－7－223－05790－5：CNY40.00
7. 北京藏传佛教艺术：北京藏传佛教文物遗存研究，明/谢继胜，魏文，贾维

维主编．—北京：人民出版社

ISBN：978－7－5300－0336－7（精装）：CNY2980.00（全3册）

8. 北京藏传佛教艺术：北京藏传佛教文物遗存研究，清/谢继胜，魏文，贾维维主编．—北京：人民出版社

ISBN：978－7－5300－0336－7（精装）：CNY2980.00（全3册）

9. 北京藏传佛教艺术：北京藏传佛教文物遗存研究，元/谢继胜，魏文，贾维维主编．—北京：人民出版社

ISBN：978－7－5300－0336－7（精装）：CNY2980.00（全3册）

10. 藏汉佛教交流史研究/朱丽霞著．—北京：中国社会科学出版社

ISBN：978－7－5203－1334－6：CNY75.00

11. 东噶·洛桑赤列：从活佛到教授/东噶·晋美编著．—北京：中国藏学出版社

ISBN：978－7－5211－0010－50：CNY126.00

12. 佛智：藏传佛教的文化语境/周炜著．—北京：中国藏学出版社

ISBN：978－7－5211－0033－4：CNY55.00

13. 工布苯日神山崇拜研究/刘洁著．—西宁：青海民族出版社

ISBN：978－7－5420－3301－7：CNY68.00

14. 口传文学中的信仰文化研究：以河湟民族走廊为例/蒲生华，耿英春著．—北京：中国藏学出版社

ISBN：978－7－5211－0054－9：CNY72.00

15. 莲花生传/益西措嘉撰；丹增拉巴译．—西宁：青海人民出版社有限责任公司

ISBN：978－7－225－05565－7：CNY29.80

16. 西安广仁寺文史集/仁钦扎木苏主编．—北京：社会科学文献出版社

ISBN：978－7－5201－4004－1：CNY79.00

17. 西夏文藏传佛教史料："大手印"法经典研究/孙伯君，聂鸿音著．—北京：中国藏学出版社

ISBN：978－7－5211－0047－1（精装）：CNY68.00

18. 元代北京汉藏佛教研究/胡雪峰主编．—北京：宗教文化出版社

ISBN：978－7－5188－0529－7：CNY98.00

19. 智者入门论/麦彭仁波切著；索达吉堪布译．—拉萨：西藏藏文古籍出版社

ISBN：978－7－5700－0104－0：CNY46.00

20. 讲述西藏，宗教的故事/王丕君主编 . —北京：华文出版社
ISBN：978 -7 -5075 -4564 -7：CNY56.00
21. 梵天佛地，索引及译名对照表/［意］图齐著；魏正中，萨尔吉主编 . —上海：上海古籍出版社
ISBN：978 -7 -5325 -8713 -10（全8册）：CNY600.00（全8册）
22. 梵天佛地 . 第一卷至第四卷/［意］图齐著；魏正中，萨尔吉主编 . —上海：上海古籍出版社
ISBN：978 -7 -5325 -8713 -10（全8册）：CNY600.00（全8册）
23. 庄严神韵：藏传佛教造像艺术精粹/《庄严神韵——藏传佛教造像艺术精粹》编委会编 . —呼和浩特：远方出版社
ISBN：978 -7 -5555 -1098 -7（精装）：CNY980.00
24. 热振活佛/杨克林，倪慧康，王小彬编著 . —拉萨：西藏人民出版社
ISBN：978 -7 -223 -05982 -4：CNY98.00
25. 雪域高僧/索南才让，陈小刚编著 . —拉萨：西藏人民出版社
ISBN：978 -7 -223 -04906 -1：CNY30.00

二、梵文研究

1. 梵学与道学：中印哲学精神之会通/闻中 . —上海：上海人民出版社
ISBN：978 -7 -208 -15345 -5：CNY78.00
2. 基础梵文教程/余嘉惠著 . —北京：社会科学文献出版社
ISBN：978 -7 -5201 -3242 -8：CNY89.00
3. 梵之音：印度思想之旅/李华平著 . —北京：世界知识出版社
ISBN：978 -7 -5012 -5849 -9：CNY58.00
4. 梵汉本根本说一切有部律典词语研究/陈明著 . —北京：北京大学出版社
ISBN：978 -7 -301 -29173 -3（精装）：CNY88.00
5. 印度佛学源流略讲/吕澂著 . —上海：上海人民出版社
ISBN：978 -7 -208 -14744 -7（精装）：CNY85.00
6. 梵汉对勘妙法莲华经/黄宝生译注 . —北京：中国社会科学出版社
ISBN：978 -7 -5203 -1304 -9（精装）：CNY258.00

三、经济社会

1. 西藏自治区哲学社会科学研究年度报告.2016/蓝国华，邓亚净主编.—拉萨：西藏藏文古籍出版社
ISBN：978-7-5700-0048-7：CNY38.00
2. 社会记忆与社区建构：一个城市边缘藏族村落社区的人类学研究/彭毛卓玛著.—兰州：甘肃民族出版社
ISBN：978-7-5421-4488-1：CNY48.00
3. 西藏人口分布变动及人口功能区规划研究/黄祖宏，高向东著.—北京：社会科学文献出版社
ISBN：978-7-5201-1768-5：CNY89.00
4. 经堂与市场之间：青海黄南藏族自治州唐卡文化产业与民族社区发展研究/李元元著.—北京：民族出版社
ISBN：978-7-105-15298-8：CNY38.00
5. 青藏高原重点开发区国土空间利用与保护规划研究/李波等著.—北京：科学出版社
ISBN：978-7-03-058092-40：CNY128.00
6. 全国援藏背景下增强西藏自我发展能力研究/潘久艳著.—北京：经济科学出版社
ISBN：978-7-5141-9188-2：CNY49.00
7. 四川藏区史，经济卷/任新建，李明泉主编；李敬洵著.—成都：四川人民出版社
ISBN：978-7-220-10449-70（全2册）：CNY158.00（全2册）
8. 西藏地区科技精准扶贫模式研究/冯楚建著.—北京：中国农业科学技术出版社
ISBN：978-7-5116-3364-4：CNY60.00
9. 西藏国土资源/郭健斌主编.—成都：四川民族出版社
ISBN：978-7-5409-7996-6：CNY58.00
10. “一带一路”倡议与西藏经济社会发展研究/图登克珠，徐宁编著.—北京：社会科学文献出版社·人文分社
ISBN：978-7-5201-2901-5：CNY98.00

11. 多重维度视阈下藏族聚居区全面小康社会的实现路径/唐剑，张堙著．—北京：经济科学出版社
ISBN：978－7－5141－8968－1：CNY49.00
12. 格萨尔文化资源在旅游业中的有形化利用研究/世藏吉著．—北京：经济管理出版社
ISBN：978－7－5096－5912－0：CNY58.00
13. 共享式发展理论在拉萨的探索与实践/齐扎拉著．—北京：中国藏学出版社
ISBN：978－7－5211－0008－2：CNY48.00
14. 金融支持民族地区经济发展研究：以甘南藏族自治州为例/郭常民主编．—兰州：甘肃人民出版社
ISBN：978－7－226－05256－3：CNY68.00
15. 拉萨市非公有制经济发展研究/张志恒，赵莹著．—成都：四川大学出版社
ISBN：978－7－5690－1606－2：CNY29.00
16. 旅游开发视角下民族文化的传承与保护/陆向荣著．—成都：四川大学出版社
ISBN：978－7－5690－1654－3：CNY48.00
17. 青藏高原东缘牧区生态保护与经济发展耦合研究/杨丽雪．—北京：科学出版社
ISBN：978－7－03－056100－8：CNY90.00
18. 青藏高原社区畜牧业研究报告/泽柏主编．—北京：民族出版社
ISBN：978－7－105－15260－5：CNY35.00
19. 四省藏区多维贫困及其治理对策研究/庄天慧等著．—北京：科学出版社
ISBN：978－7－03－057218－9：CNY80.00
20. 西部特色农业发展规划研究：以西藏自治区为例/李强主编．—北京：华龄出版社
ISBN：978－7－5169－1179－20（全3册）：CNY168.00（全3册）
21. 西藏地区上市公司企业绩效研究/杨富著．—长春：吉林人民出版社
ISBN：978－7－206－15295－5：CNY48.00
22. 西藏基础设施投资与经济增长关系研究/韩亮著．—北京：中国金融出版社
ISBN：978－7－5049－9538－4：CNY40.00
23. 西藏经济社会发展十三对关系研究/刘凯主编．—拉萨：西藏人民出版社
ISBN：978－7－223－05891－9：CNY35.00

24. 西藏税务年鉴.2016/西藏自治区国家税务局编.—北京：中国税务出版社
ISBN：978－7－5678－0763－1（精装）：CNY200.00
25. 引导西藏非公有制企业健康发展的绿色财务体系研究/刘强，沈宏益，赵莹著.—成都：四川大学出版社
ISBN：978－7－5690－1708－3：CNY36.00
26. 走向繁荣：四川藏区经济社会发展若干问题研究/王建平著.—北京：经济科学出版社
ISBN：978－7－5141－9398－5：CNY39.00
27. 藏区新型城镇化与社会治理创新协同发展研究/何建兴著.—成都：四川民族出版社
ISBN：978－7－5409－7934－8：CNY45.00

四、政治、军事、法律

1. 把握新思想开启新征程：西藏自治区党校专家学者解读党的十九大精神/熊刚毅，孙向军主编.—拉萨：西藏人民出版社
ISBN：978－7－223－05977－0：CNY36.00
2. 奋进中的海东：2017/《奋进中的海东·2017》编委会编.—西宁：青海民族出版社
ISBN：978－7－5420－3288－1：CNY69.00
3. 国际关系与"西藏问题"：藏学前沿热点问题透视/朱晓明，程早霞，杜永彬等著.—哈尔滨：哈尔滨工程大学出版社
ISBN：978－7－5661－1876－9：28004
4. 国家马克思主义理论研究和建设工程2015年度重大实践经验总结课题西藏成果选编/中共西藏自治区委员会网络安全和信息化领导小组办公室编.—拉萨：西藏藏文古籍出版社
ISBN：978－7－5700－0153－8：CNY38.00
5. 青海藏区农牧民素质与生活水平关系研究/费胜章著.—西宁：青海民族出版社
ISBN：978－7－5420－3040－5：CNY42.00
6. 四川藏区史，政治卷/任新建，李明泉主编；任新建，何洁著.—成都：四川人民出版社

ISBN：978－7－220－10449－70（全2册）：CNY158.00（全2册）

7. 依法治藏论：以藏区应急治理为视角/段毅君著．—北京：中国政法大学出版社
ISBN：978－7－5620－7615－5（精装）：CNY79.00
8. 中国共产党西藏历史大事记：1949—2014/中共西藏自治区委员会党史研究室编著．—拉萨：西藏人民出版社
ISBN：978－7－223－05419－5：CNY350.00
9. “西藏问题”国际纷争的背景、流变及视域/（卢森堡）阿尔伯特·艾廷格著；周健，曾文卉，何妙生译．—北京：五洲传播出版社
ISBN：978－7－5085－3397－1：CNY88.00
10. 海西蒙古族藏族自治州民族团结史/铁建设，苏志强主编．—西宁：青海民族出版社
ISBN：978－7－5420－3037－5：CNY60.00
11. 拉萨市城镇化进程中的社区治理研究/赵君著．—拉萨：西藏人民出版社
ISBN：978－7－223－06005－9：CNY54.00
12. 拉萨市农牧区民生发展调查报告.2017/杨丹，杨铮，图登克珠著．—北京：人民出版社
ISBN：978－7－01－019090－70：CNY138.00
13. 民族团结进步示范州创建路径探索：以玉树藏族自治州实践为例/陈玮，张晓军等著．—北京：社会科学文献出版社
ISBN：978－7－5201－3682－2：CNY88.00
14. 全面推进依法治藏若干重要问题/孙向军著．—拉萨：西藏人民出版社
ISBN：978－7－223－05835－3：CNY28.00
15. 社会主义核心价值体系在边疆民族地区的认同及建设研究：以云南为例/马丽萍等著．—昆明：云南人民出版社
ISBN：978－7－5690－2435－7：CNY35.00
16. 西藏的语言与社会/周炜著．—北京：社会科学文献出版社
ISBN：978－7－5097－9403－6：CNY139.00
17. 西藏区域基本公共服务均等化研究/田旭著．—北京：中国藏学出版社
ISBN：978－7－5211－0095－2：CNY48.00
18. 西藏县级政权转型发展研究/王彦智著．—拉萨：西藏人民出版社
ISBN：978－7－223－05743－1：CNY28.00

19. 中国改革开放全景录，西藏卷/曲青山，黄书元主编；中共西藏自治区委员会党史研究室编著 .—北京：人民出版社
ISBN：978 -7 -01 -020131 -3（精装）：CNY3380.00（全33 册）

五、文化教育

1. “一对一数字化学习”探索与实践：记智慧课堂落户西藏自治区拉萨中学/周立军编著 .—北京：化学工业出版社
ISBN：978 -7 -122 -31892 -3：CNY28.00
2. 民族地区和谐文化建设研究：以青海省河湟地区为例/白安良 .—西宁：青海人民出版社
ISBN：978 -7 -225 -05641 -8：CNY46.00
3. 中国体育非物质文化遗产，西藏卷/陈小蓉主编；次旦晋美卷主编 .—兰州：甘肃教育出版社
ISBN：978 -7 -5423 -4364 -2：CNY48.00
4. 改革开放以来少数民族地区公共图书馆发展研究：1978—2018/冯云著 .—广州：中山大学出版社
ISBN：978 -7 -306 -06428 -8：CNY68.00
5. 民族地区藏汉学前双语教育模式有效实施研究/龙红芝著 .—北京：中国社会科学出版社
ISBN：978 -7 -5203 -2059 -7：CNY76.00
6. 全国首届藏文古籍文献整理与研究高层论坛论文集/郑堆主编 .—北京：中国藏学出版社
ISBN：978 -7 -5211 -0071 -6：CNY68.00
7. 西藏大学生职业规划与就业创业指导//陈进，李春雨主编 .—成都：电子科技大学出版社
ISBN：SBN978 -7 -5647 -4713 -8：CNY88.00
8. 西藏公共图书馆的设置与服务体系建设/旦增卓玛，尼玛格桑编著 .—上海：上海科学技术文献出版社
ISBN：978 -7 -5439 -7587 -3（精装）：CNY68.00

六、语言文字

1. 汉语与汉藏语前沿研究：丁邦新先生八秩寿庆论文集/何大安等主编.—北京：社会科学文献出版社
ISBN：978－7－5201－2113－2（精装）：CNY398.00
2. 河西走廊濒危藏语东纳话研究/邵明园著.—广州：中山大学出版社
ISBN：978－7－306－06497－4：CNY86.00
3. 西夏语言研究//孙宏开著.—兰州：甘肃文化出版社
ISBN：978－7－5490－1557－3（精装）：CNY66.00
4. 对外汉语教学与四川藏区少数民族汉语教学的比较研究/雷莉等著.—成都：四川大学出版社
ISBN：978－7－5690－2005－2：CNY30.00
5. 高华年汉藏语论稿/高华年著.—广州：中山大学出版社
ISBN：978－7－306－06496－7：CNY90.00
6. 唐蕃古道青海段民族语言调查研究/陈涛著.—西宁：青海人民出版社有限责任公司
ISBN：978－7－225－05562－6：CNY38.00

七、文学艺术

1. 3.28 我眼中的新西藏：网上征文大赛优秀作品汇编/中共西藏自治区委员会网络安全和信息化领导小组办公室编.—拉萨：西藏藏文古籍出版社
ISBN：978－7－5700－0152－1：CNY35.00
2. 藏族古典寓言小说研究/觉乃·云才让著.—成都：巴蜀书社
ISBN：978－7－5531－0679－3：CNY90.00
3. 从长安到拉萨（From Chang'an to Lasa）：唐蕃古道全程探行纪实/王蓬著.—西安：太白文艺出版社
ISBN：978－7－5513－1336－0：CNY80.00
4. 格萨尔文库/《格萨尔文库》编纂委员会编.—上海：上海古籍出版社
ISBN：978－7－5325－8589－2（精装）：CNY9800.00
5. 唐宋有关吐蕃边塞诗文研究/吴逢箴著.—拉萨：西藏人民出版社

ISBN：978－7－223－05972－5：CNY30.00

6. 文本·田野·文化：多重视阈下的藏族文学研究/丹珍草著.—北京：中国致公出版社

ISBN：978－7－5145－1242－7：CNY65.00

7.《格萨尔》史诗的传播学研究/于静，吴玥著.—济南：济南出版社

ISBN：978－7－5488－3169－3：CNY48.00

8. 百衲集/于乃昌著.—拉萨：西藏人民出版社

ISBN：978－7－223－05973－2：CNY25.00

9. 藏族古典寓言小说研究/觉乃·云才让著.—成都：巴蜀书社

ISBN：978－7－5531－0679－3：CNY90.00

10. 情落人间：第六世达赖喇嘛仓央嘉措诗歌演绎/赤贡·吾见才让.—拉萨：西藏人民出版社

ISBN：978－7－223－05574－1：CNY32.00

11. 情向西藏：刘曼卿的康藏轺征/丁小文著.—北京：中国藏学出版社

ISBN：978－7－5211－0102－7：CNY78.00

12. 诗性智慧与智态化叙事传统：格萨尔传承类型的再发现/诺布旺丹著.—西宁：青海民族出版社

ISBN：978－7－5420－3180－8：CNY38.00

13. 史诗肖像. 卷一/多杰坚措主编.—西宁：青海民族出版社

ISBN：978－7－5420－3134－1：CNY48.00

14. 史诗肖像. 卷二/多杰坚措主编.—西宁：青海民族出版社

ISBN：978－7－5420－3135－8：CNY48.00

15. 探秘玛域果洛格萨尔文化/角巴东主编著.—西宁：青海民族出版社

ISBN：978－7－5420－3205－8：CNY58.00

16. 西藏情：藏汉一家亲/廖嘉兴主编.—拉萨：西藏人民出版社

ISBN：978－7－223－05506－2：CNY45.00

174. 英雄格萨尔/降边嘉措编纂.—北京：作家出版社

ISBN：978－7－5063－9999－9（精装）：CNY480.00

18. 唐五代涉蕃小说整理与研究/严寅春，王守芝著.—北京：北京：民族出版社

ISBN：978－7－105－15045－8：04 CNY46.00

19. 康巴藏族民间表演艺术的精神内涵与文化功能/袁联波著.—北京：中国戏

剧出版社

ISBN：978－7－104－04625－7：CNY68.00

20. 西藏唐卡的传承与保护/王建民，刘冬梅，当增扎西著．—北京：社会科学文献出版社

ISBN：978－7－5201－1316－8：CNY98.00

21. 20世纪西藏美术史/次旺扎西著．—北京：中国藏学出版社

ISBN：978－7－5211－0040－2：CNY98.00

22. 霍尔古舞调查与研究/林俊华等著．—成都：四川民族出版社

ISBN：978－7－5409－8041－2：CNY30.00

23. 康巴藏族民间表演艺术的精神内涵与文化功能/袁联波著．—北京：中国戏剧出版社

ISBN：978－7－104－04625－7：CNY68.00

24. 塔尔寺艺术三绝/冶存荣著．—西宁：青海人民出版社

ISBN：978－7－225－05488－9：CNY68.00

25. 喜马拉雅西部早期佛教泥塑：10世纪末至13世纪初/（奥）克里斯汀·卢扎尼兹著；熊文彬，赵敏熙译．—北京：中国藏学出版社

ISBN：978－7－5211－0030－3（精装）：CNY398.00

26. 讲述西藏，传承的故事/王丕君主编．—北京：华文出版社

ISBN：978－7－5075－4563－0：CNY58.00

八、历史地理

1. 仓央嘉措的选择——阿拉善/G. 朝格图，魏然编著．—呼伦贝尔：内蒙古文化出版社

ISBN：978－7－5521－1522－2：CNY50.00

2.《李安宅自传》的整理与研究/王川著．—北京：中国藏学出版社

ISBN：978－7－5211－0098－3：CNY28.00

3. 阿坝州旧志集成/董常保编．—成都：四川大学出版社

ISBN：978－7－5690－2433－300（全6册）：CNY2398.00（全6册）

4. 百年甘南实录，合作市卷/中国人民政治协商会议合作市委员会编．—兰州：甘肃文化出版社

ISBN：978－7－5490－1579－50：CNY186.00

5. 藏羌彝文化走廊史话/王川主编.—成都：成都地图出版社
ISBN：978－7－5557－1052－3：CNY68.00
6. 陈践藏学文集/陈践著.—北京：中国藏学出版社
ISBN：978－7－5211－0037－20：CNY178.00
7. 法国国家图书馆藏敦煌藏文文献.22/金雅声，郭恩主编；西北民族大学，上海古籍出版社，法国国家图书馆编纂.—［影印本］.—上海：上海古籍出版社
ISBN：978－7－5325－8757－5（精装）：CNY2200.00
8. 法国国家图书馆藏敦煌藏文文献.23/金雅声，郭恩主编；西北民族大学，上海古籍出版社，法国国家图书馆编纂.—［影印本］.—上海：上海古籍出版社
ISBN：978－7－5325－8758－2（精装）：CNY2200.00
9. 甘南文史资料.第21辑/陈克仁主编；政协甘南藏族自治州委员会，文史资料和学习宣传委员会编.—北京：中国文史出版社
ISBN：978－7－5205－0700－4：CNY86.00
10. 甘肃藏敦煌藏文文献.第二卷，敦煌市博物馆卷/马德主编；甘肃省文物局，敦煌研究院编纂.—［影印本］.—上海：上海古籍出版社
ISBN：978－7－5325－8888－6（精装）：CNY2800.00
11. 甘肃藏敦煌藏文文献.第三卷，敦煌市博物馆卷/马德主编；甘肃省文物局，敦煌研究院编纂.—［影印本］.—上海：上海古籍出版社
ISBN：978－7－5325－8889－3（精装）：CNY2800.00
12. 康巴奇迹/根秋多吉主编.—成都：四川民族出版社
ISBN：978－7－5409－7725－2（精装）：CNY180.00
13. 康藏历史与文明/石硕著.—成都：四川人民出版社
ISBN：978－7－220－10810－5：CNY75.00
14. 喇嘛山风云：木里末代土司项培初扎巴的传奇人生/周国顺编著.—成都：四川大学出版社
ISBN：978－7－5690－1878－30：CNY168.00
15. 兰台珍档：阿坝州馆藏档案集萃/杨成立主编；阿坝州档案馆编.—成都：西南交通大学出版社
ISBN：978－7－5643－6281－2（精装）：CNY800.00
16. 菩日文献（Phurimanuscripts）：精选本/西藏大学藏文古籍研究所编.—影

印本．—拉萨：西藏藏文古籍出版社
ISBN：978－7－80589－996－1（精装）：CNY1200.00

17. 蒲文成藏学文集/拉巴平措主编，蒲文成著．—北京：中国藏学出版社
ISBN：978－7－5211－0061－70（全6册）：CNY316.00（全6册）

18. 青藏高原山水文化，阿尼玛卿志/才贝著．—北京：中国藏学出版社
ISBN：978－7－5211－0012－9（精装）：CNY43.00

19. 西夏学述论/聂鸿音著．—兰州：甘肃文化出版社
ISBN：978－7－5490－1648－8（精装）：CNY65.00

20. 玉树岩画考察/拉日·甲央尼玛著．—成都：四川民族出版社
ISBN：978－7－5409－7987－4（精装）：CNY98.00

21. 中国少数民族家谱通论/王鹤鸣，王洪治等著．—上海：上海古籍出版社
ISBN：978－7－5325－8717－9（精装）：CNY138.00

22. 19世纪中叶法国人在川滇藏区的活动研究：以巴黎外方会会士为主体的历史学考察/刘瑞云著．—成都：四川大学出版社
ISBN：978－7－5690－1692－5：CNY25.00

23. 阿坝州旧志集成/董常保编．—成都：四川大学出版社
ISBN：978－7－5690－2433－300（全6册）：CNY2398.00（全6册）

24. 巴颜喀拉的众生：藏地的果洛样本/古岳著．—西宁：青海人民出版社
ISBN：978－7－225－05608－1：CNY68.00

25. 王贵藏学论文及忆文选编/王贵著．—北京：中国藏学出版社
ISBN：978－7－80253－946－4：CNY68.00

26. 藏学史籍举要/曾国庆编撰．—西宁：青海民族出版社
ISBN：978－7－5420－3156－3：CNY71.00

27. 藏族百年实录/全国政协文化文史和学习委员会，西藏自治区政协文史和学习委员会编．—北京：社会科学文献出版社
ISBN：978－7－5201－3411－80：CNY598.00

28. 藏族历史文化论稿/周润年著．—西宁：青海人民出版社
ISBN：978－7－225－05579－4：CNY78.00

29. 藏族文化通论/吴引水，曲甘·完玛多杰著．—西宁：青海民族出版社
ISBN：978－7－5420－3094－80：CNY168.00

30. 茶马古道上的民族服饰/杨振生主编．—昆明：云南人民出版社
ISBN：978－7－222－15911－20：CNY280.00

31. 西藏自治区志·察隅县志/西藏自治区地方志编纂委员会总编；西藏自治区察隅县地方志编纂委员会编撰.—北京：中国藏学出版社
ISBN：978－7－5211－0016－7（精装）：CNY298.00
32. 甘南文史资料.第22辑，我的甘南/陈克仁著.—北京：中国文史出版社
ISBN：978－7－5205－0676－2：CNY66.00
33. 海北藏族自治州志：1991—2010/海北藏族自治州地方志编纂委员会编.—西宁：青海民族出版社
ISBN：978－7－5420－3179－2（精装）：CNY468.00
34. 吉祥理县藏羌文化走廊上的明珠/中共理县县委，理县人民政府编.—成都：四川民族出版社
ISBN：978－7－5409－7333－9（精装）：CNY567.00
35. 讲述西藏，变迁的故事/王丕君主编.—北京：华文出版社
ISBN：978－7－5075－4562－3：CNY46.00
36. 讲述西藏民大故事传播西藏民大声音：专家学者访谈录/张翠娟主编.—拉萨：西藏人民出版社
ISBN：978－7－223－05963－3：CNY45.00
37. 近现代藏族文化名人传/华热·索南才让著.—西宁：青海民族出版社
ISBN：978－7－5420－3295－90：CNY128.00
38. 康巴大地/沈阳著.—北京：中国藏学出版社
ISBN：978－7－5211－0069－3：CNY58.00
39. 康巴文化研究/周介铭主编.—北京：人民出版社
ISBN：978－7－01－018874－4：CNY45.00
40. 拉达克王国史：950－1842/［意］毕达克著；沈卫荣译.—上海：上海古籍出版社
ISBN：978－7－5325－8585－4：CNY48.00
41. 林芝山水文化/普布多吉主编.—北京：人民出版社
ISBN：978－7－01－019056－30：CNY340.00
42. 明清治藏史要/顾祖成编著.—拉萨：西藏人民出版社
ISBN：978－7－223－05974－9：CNY24.00
43. 青藏高原考古/四川大学中国藏学研究所，四川大学历史文化学院编.—成都：天地出版社
ISBN：978－7－5455－3795－6（精装）：CNY6800.00

44. 青藏高原山水文化，导论/洛桑灵智多杰主编．—北京：中国藏学出版社
ISBN：978－7－5211－0015－0（精装）：CNY52.00
45. 青海藏区新型城镇化进程中传统文化保护与利用研究/马桂芳著．—北京：国家行政学院出版社
ISBN：978－7－5150－2265－9：CNY48.00
46. 青海世居少数民族金石录/马小琴，马忠，桑杰加整理．—西宁：青海人民出版社
ISBN：978－7－225－05531－20：CNY198.00
47. 青海循化藏族文化荟萃/仁青加编著．—西宁：青海人民出版社
ISBN：978－7－225－05491－9：CNY30.00
48. 清代川边（康藏）史料辑注/任乃强，任新建主编．—成都：巴蜀书社
ISBN：978－7－5531－0916－9（精装）：CNY800.00
49. 清中叶至民国嘉绒地方：社会、文化与族群/曾现江著．—北京：人民出版社 2018
ISBN：978－7－01－019462－2：CNY79.00
50. 丝绸之路青海道志/青海省地方志编纂委员会编．—西宁：青海民族出版社
ISBN：978－7－5420－3090－0（精装）：CNY168.00
51. 四川藏族村寨调查简报/孙华主编．—成都：巴蜀书社
ISBN：978－7－5531－0906－0（精装）：CNY300.00
52. 唐蕃古道：西部八省区文物展/贾建威主编；甘肃省博物馆编．—兰州：甘肃人民出版社
ISBN：978－7－226－05314－00：CNY380.00
53. 唐蕃古道路网结构及沿线文物遗存考古调查与研究/余小洪，席琳主编．—广州：中山大学出版社
ISBN：978－7－306－06462－2：CNY56.00
54. 天路文华：西藏历史文化展/首都博物馆，西藏博物馆编．—北京：科学出版社
ISBN：978－7－03－057311－70：CNY280.00
55. 吐蕃历史文献研究论集/巴桑旺堆著．—上海：上海古籍出版社
ISBN：978－7－5325－8704－9：CNY88.00
56. 吐蕃统治河陇西域与汉藏文化交流研究：以敦煌、新疆出土汉藏文献为中心/陆离著．—北京：社会科学文献出版社

ISBN：978－7－5201－2950－30：CNY168.00

57. 西藏东部吐蕃佛教造像：芒康、察雅考古调查与研究报告/张建林［等］著.—北京：社会科学文献出版社
ISBN：978－7－5201－2016－6：CNY128.00

58. 西藏门隅地区的人文历史与现状/白玛朗杰主编.—北京：中国藏学出版社
ISBN：978－7－80253－949－5：CNY33.50

59. 西藏自治区志，政区建置志/西藏自治区地方志编纂委员会总编；《西藏自治区志·政区建置志》编纂委员会编撰.—北京：中国藏学出版社
ISBN：978－7－5211－0058－7（精装）：CNY132.00

60. 西藏宗谱：纪念古格·次仁加布藏学研究文集/（奥）恭特朗·哈佐德，沈卫荣主编.—北京：中国藏学出版社
ISBN：978－7－5211－0062－4（精装）：CNY198.00

61. 西夏文献论稿二编/聂鸿音著.—兰州：甘肃文化出版社
ISBN：978－7－5490－1647－1（精装）：CNY72.00

62. 香巴拉指南/六世班禅洛桑贝丹益希著；祁继先，祁文秀译注.—北京：民族出版社
ISBN：978－7－105－14043－5（精装）：CNY88.00

63. 英国收藏敦煌古藏文文书选译/杨铭，索南才让，贡保扎西编著.—北京：民族出版社
ISBN：978－7－105－15481－4：CNY45.00

64. 玉树岩画论文集/玉树州博物馆主编.—西宁：青海人民出版社
ISBN：978－7－225－05692－0：CNY48.00

65. 探秘藏地名寺古刹/索南才让，辛雷乾编著.—拉萨：西藏人民出版社
ISBN：978－7－223－04908－5：CNY32.00

九、科学技术、藏医藏药

1. 汉藏英化学对照词典/确生主编.—北京：民族出版社
ISBN：978－7－105－15644－3（精装）：CNY43.00

2. 从“5·12”到“8·8”：阿坝州重（特）大地质灾害应对启示/李小全，赵文辉主编；本书编撰委员会编著.—成都：四川大学出版社
ISBN：978－7－5690－2410－4：CNY98.00

3. 藏医护理规范/青海省卫生和计划生育委员会编. —西宁：青海民族出版社
ISBN：978 -7 -5420 -3185 -3：CNY56.00
4. 西藏与新疆地区慢性心肺疾病现状调查项目实施剪影/王增武主编. —北京：中国协和医科大学出版社
ISBN：978 -7 -5679 -1147 -5：CNY94.00
5. 西藏自治区卫生服务调查与体系建设研究报告/欧珠罗布主编. —上海：复旦大学出版社有限公司
ISBN：978 -7 -309 -13424 -7（精装）：CNY65.00
6. 藏药甘扎嘎日传统应用与现代研究/刘斌，热增才旦著. —北京：中国藏学出版社
ISBN：978 -7 -5211 -0032 -7：CNY58.00
7. 甘孜藏族自治州人民医院院志/甘孜藏族自治州人民医院编著. —北京：九州出版社
ISBN：978 -7 -5108 -7475 -8（精装）：CNY98.00
8. 青藏高原常见传染病及急危重症诊疗常规/张文元主编. —北京：人民卫生出版社
ISBN：978 -7 -117 -25688 -9：CNY70.00
9. 西藏鼠疫防控50年/刘振才，李景中编著. —拉萨：西藏人民出版社
ISBN：978 -7 -223 -05834 -6：CNY36.00
10. 西藏与新疆地区慢性心肺疾病现状调查项目数据册/王增武主编. —北京：中国协和医科大学出版社
ISBN：978 -7 -5679 -1123 -9：CNY56.00
11. 西藏自治区包虫病防治工作指南/西藏自治区包虫病综合防治工作指挥部办公室，西藏自治区疾病预防控制中心. —拉萨：西藏人民出版社
ISBN：978 -7 -223 -05836 -0：CNY25.00
12. 中藏医诊治歌诀/王智森，栗广林，索朗其美编著. —北京：中国科学技术出版社
ISBN：978 -7 -5046 -7967 -3：CNY85.00
13. 西藏察隅慈巴沟国家级自然保护区生物多样性/尹志坚，唐芳林，孙鸿雁主编. —昆明：云南人民出版社
ISBN：978 -7 -222 -16742 -1：CNY68.00
14. 藏文文本自动处理方法研究/珠杰著. —成都：西南交通大学出版社

ISBN：978 -7 -5643 -6153 -2：CNY48.00

15. 藏服的发展与制作/魏海英，李燕，王春霞主编.—成都：西南交通大学出版社
ISBN：978 -7 -5643 -6199 -0：CNY26.00
16. 华热藏族服饰：国家级非物质文化遗产/门源县文化馆编.—西宁：青海人民出版社
ISBN：978 -7 -225 -05642 -5（精装）：CNY268.00
17. 茶马古道与藏茶文化探源/窦存芳，陈书谦，张勇编著.—北京：中国农业出版社
ISBN：978 -7 -109 -25004 -8：CNY49.00
18. 西藏茶文化/赵国栋著.—拉萨：西藏人民出版社
ISBN：978 -7 -223 -05921 -3：CNY40.00
19. 云南藏木碗考记/格桑白玛措姆著.—昆明：云南民族出版社
ISBN：978 -7 -5367 -7803 -0（精装）：CNY48.00
20. 云南藏族木碗文化/李志农，刘虹海著.—昆明：云南美术出版社
ISBN：978 -7 -5489 -2666 -5（精装）：CNY98.00
21. 道孚崩科建筑/刘伟著.—北京：科学出版社
ISBN：978 -7 -03 -058431 -1：CNY95.00
22. 拉卜楞寺嘉木样寝宫：基于非物质文化遗产视野/黄跃昊著.—兰州：甘肃人民出版社
ISBN：978 -7 -226 -05382 -9：CNY50.00
23. 青藏高原东部草原生态建设补偿区域的优先级判别研究：以玛曲县、若尔盖县、红原县、阿坝县为例/宗鑫著.—北京：中国经济出版社
ISBN：978 -7 -5136 -5405 -0：CNY48.00

十、综合

1. 西藏自治区志，劳动和社会保障志/西藏自治区地方志编纂委员会总编；《西藏自治区志·劳动和社会保障志》编纂委员会编纂.—北京：方志出版社
ISBN：978 -7 -5144 -2403 -4（精装）：CNY460.00
2. 昂仁年鉴.2018（总第2卷）/中共昂仁县委办公室编.—北京：方志出

版社

ISBN：978 -7 -5144 -3219 -0（精装）：CNY350.00

3. 白朗年鉴.2018（总第2卷）/中共白朗县委办公室编.—北京：方志出版社

ISBN：978 -7 -5144 -3145 -2（精装）：CNY350.00

4. 茶马古道：雅安段文献索引掇英/李炳中主编.—成都：巴蜀书社

ISBN：978 -7 -5531 -0902 -20：CNY138.00

5. 察隅年鉴.2017/中共察隅县委办公室编.—郑州：中州古籍出版社

ISBN：978 -7 -5348 -7676 -9（精装）：CNY298.00

6. 德钦年鉴.2011～2015/德钦县地方志编纂委员会编.—昆明：云南科技出版社

ISBN：978 -7 -5587 -1070 -4（精装）：CNY186.00

7. 甘肃藏敦煌藏文文献. 第二卷，敦煌市博物馆卷/马德主编；甘肃省文物局，敦煌研究院编纂.—［影印本］.—上海：上海古籍出版社

ISBN：978 -7 -5325 -8888 -6（精装）：CNY2800.00

8. 果洛年鉴.2017/果洛藏族自治州地方志编纂委员会编.—西宁：青海民族出版社

ISBN：978 -7 -5420 -3118 -1（精装）：CNY216.00

9. 海北年鉴.2017/海北藏族自治州地方志编纂委员会编.—西宁：青海民族出版社

ISBN：978 -7 -5420 -3132 -7（精装）：CNY168.00

10. 海南年鉴.2016/海南藏族自治州地方志编纂委员会办公室编.—北京：九州出版社

ISBN：978 -7 -5108 -6424 -7（精装）：CNY268.00

11. 江孜年鉴.2018（总第2卷）/江孜县地方志办公室编.—郑州：中州古籍出版社

ISBN：978 -7 -5348 -8033 -9（精装）：CNY350.00

12. 久治年鉴.2018/久治县志编辑委员会办公室编.—西宁：青海民族出版社

ISBN：978 -7 -5420 -3285 -0（精装）：CNY168.00

13. 拉萨城关年鉴.2018（总第7卷）/拉萨市城关区地方志办公室编.—北京：方志出版社

ISBN：978 -7 -5144 -3120 -9（精装）：CNY350.00

14. 洛隆年鉴．2018（总第2卷）/洛隆县地方志办公室编．—郑州：中州古籍出版社

ISBN：978－7－5348－8116－9（精装）：CNY350.00

15. 乃东年鉴．2018（总第3卷）/乃东县地方志编纂委员会编．—郑州：中州古籍出版社

ISBN：978－7－5348－8267－8（精装）：CNY380.00

16. 尼木年鉴．2018（总第7卷）/尼木县人民政府办公室编．—北京：方志出版社

ISBN：978－7－5144－3136－0（精装）：CNY350.00

17. 琼结年鉴．2018（总第3卷）/琼结县地方志编纂委员会编．—郑州：中州古籍出版社

ISBN：978－7－5348－7903－6（精装）：CNY380.00

18. 山南年鉴．2018（总第7卷）/山南市地方志编纂委员会办公室编．—北京：方志出版社

ISBN：978－7－5144－3308－1（精装）：CNY398.00

19. 自贡年鉴．2018（总第24卷）/《自贡年鉴》编辑委员会编．—北京：方志出版社

ISBN：978－7－5144－3271－80：CNY218.00

20. 阿坝州年鉴．2017/阿坝州地方志办公室编．—北京：新华出版社

ISBN：978－7－5166－4133－0（精装）：CNY296.00

21. 阿里年鉴．2017（总第6卷）/阿里地委党史（地方志）办公室编．—拉萨：西藏人民出版社

ISBN：978－7－223－05802－5（精装）：CNY298.00

22. 达孜年鉴．2018（总第7卷）/达孜县地方志办公室编．—北京：方志出版社

ISBN：978－7－5144－3138－4（精装）：CNY350.00

23. 德令哈年鉴．2016－2017/德令哈市地方志编纂委员会编．—西宁：青海民族出版社

ISBN：978－7－5420－3128－0（精装）：CNY298.00

24. 德庆年鉴．2018/德庆县人民政府地方志办公室编．—郑州：中州古籍出版社

ISBN：978－7－5348－8306－4（精装）：CNY200.00

25. 迪庆年鉴. 2017/迪庆藏族自治州地方志编纂委员会办公室编. —昆明：云南民族出版社

ISBN：978 –7 –5367 –7817 –7（精装）：CNY300.00

26. 甘南藏族自治州年鉴. 2018/甘南藏族自治州地方史志办公室编. —兰州：甘肃文化出版社

ISBN：978 –7 –5490 –1719 –5（精装）：CNY268.00

27. 甘南藏族自治州年鉴. 2018/甘南藏族自治州地方史志办公室编. —兰州：甘肃文化出版社

ISBN：978 –7 –5490 –1719 –5（精装）：CNY268.00

28. 甘肃藏敦煌藏文文献. 第三卷，敦煌市博物馆卷/马德主编；甘肃省文物局，敦煌研究院编纂. —［影印本］. —上海：上海古籍出版社

ISBN：978 –7 –5325 –8889 –3（精装）：CNY2800.00

29. 甘孜州年鉴. 2017/甘孜州地方志办公室编. —北京：方志出版社

ISBN：978 –7 –5144 –2998 –5（精装）：CNY198.00

30. 工布江达年鉴. 2018（总第 3 卷）/中共工布江达县委办公室编. —郑州：中州古籍出版社

ISBN：978 –7 –5348 –8137 –4（精装）：CNY350.00

31. 贡嘎年鉴. 2018（总第 3 卷）/贡嘎县地方志办公室编. —郑州：中州古籍出版社

ISBN：978 –7 –5348 –7934 –0（精装）：CNY380.00

32. 贵德年鉴. 2017/贵德县地方志办公室编. —西宁：青海人民出版社有限责任公司

ISBN：978 –7 –225 –05618 –0（精装）：CNY188.00

33. 红原年鉴. 2017/嘉央罗萨总编；红原县党史地方志办公室编纂. —北京：开明出版社

ISBN：978 –7 –5131 –4069 –0（精装）：CNY180.00

34. 黄南年鉴. 2018/黄南藏族自治州年鉴编纂委员会编. —西宁：青海民族出版社

ISBN：978 –7 –5420 –3284 –3（精装）：CNY280.00

35. 吉隆年鉴. 2017/中共吉隆县委员会，吉隆县人民政府编. —郑州：中州古籍出版社

ISBN：978 –7 –5348 –7854 –1（精装）：CNY298.00

36. 拉萨堆龙德庆年鉴.2018(总第7卷)/拉萨市堆龙德庆区地方志办公室编.—北京：方志出版社
ISBN：978-7-5144-3119-3（精装）：CNY380.00
37. 拉孜年鉴.2018（总第1卷）/拉孜县地方志办公室编.—北京：方志出版社
ISBN：978-7-5144-3322-7（精装）：CNY350.00
38. 乐都年鉴.2017/海东市乐都区地方志编纂委员会编．-.—西宁：青海人民出版社
ISBN：978-7-225-05706-4（精装）：CNY180.00
39. 林芝巴宜年鉴.2018（总第3卷）/林芝市巴宜区地方志办公室编.—郑州：中州古籍出版社
ISBN：978-7-5348-7935-7（精装）：CNY350.00
40. 洛扎年鉴.2018（总第1卷）/洛扎县地方志编纂委员会编.—郑州：中州古籍出版社
ISBN：978-7-5348-8129-9（精装）：CNY380.00
41. 芒康县志/西藏自治区芒康县地方志编纂委员会编.—昆明：云南科技出版社
ISBN：978-7-5587-1658-40：CNY288.00
42. 墨脱年鉴.2018（总第2卷）/中共墨脱县委办公室编.—北京：方志出版社
ISBN：978-7-5144-3174-2（精装）：CNY350.00
43. 墨竹工卡年鉴.2018（总第8卷）/墨竹工卡县人民政府办公室编.—北京：方志出版社
ISBN：978-7-5144-3146-9（精装）：CNY350.00
44. 木里藏族自治县年鉴.2017/木里藏族自治县年鉴编纂委员会编.—成都：四川民族出版社
ISBN：978-7-5409-7662-0（精装）：CNY248.00
45. 那曲县年鉴.2016/那区县人民政府编.—北京：方志出版社
ISBN：978-7-5144-3351-7（精装）：CNY298.00
46. 若尔盖县年鉴.2017/若尔盖县地方志编纂委员会编纂.—北京：开明出版社
ISBN：978-7-5131-4030-0（精装）：CN180.00

47. 萨嘎年鉴．2018/萨嘎县地方志办公室编．—北京：方志出版社
ISBN：978－7－5144－3431－6（精装）：CNY298.00
48. 桑日年鉴．2017（总第2卷）/桑日县党史（地方志）办公室编．—郑州：中州古籍出版社
ISBN：978－7－5348－7675－2（精装）：CNY298.00
49. 桑日年鉴．2018（总第3卷）/桑日县地方志编纂委员会编．—郑州：中州古籍出版社
ISBN：978－7－5348－8274－6（精装）：CNY380.00
50. 天祝年鉴．2018/天祝县地方志编纂办公室编．—兰州：甘肃民族出版社
ISBN：978－7－5421－3386－1（精装）：CNY128.00
51. 乌兰年鉴．2015－2016/乌兰县地方志编纂委员会编．—西宁：青海民族出版社
ISBN：978－7－5420－3119－8（精装）：CNY288.00
52. 西藏统计年鉴．2018（总第30期）/西藏自治区统计局，国家统计局西藏调查总队编．—北京：中国统计出版社
ISBN：978－7－5037－8513－9（精装）：CNY280.00
53. 香格里拉年鉴．2018（总第16卷）/中国共产党香格里拉市委员会党史研究室，香格里拉市地方志编纂委员会办公室编．—昆明：云南科技出版社
ISBN：978－7－5587－1144－2（精装）：CNY198.00
54. 新龙年鉴．2017/新龙县地方志办公室编纂．—北京：开明出版社
ISBN：978－7－5131－4027－0（精装）：CNY180.00
55. 云南少数民族古籍珍本集成．第六十七卷，藏族/云南省少数民族古籍整理出版规划办公室编．—影印本．—昆明：云南人民出版社
ISBN：978－7－222－17140－4（精装）：CNY580.00
56. 云南少数民族古籍珍本集成．第六十八卷，藏族/云南省少数民族古籍整理出版规划办公室编．—影印本．—昆明：云南人民出版社
ISBN：978－7－222－17141－1（精装）：CNY580.00
57. 中国藏学年鉴．2016/《中国藏学年鉴》编辑委员会编．—北京：中国藏学出版社
ISBN：978－7－5211－0091－4（精装）：CNY108.00
58. 中国少数民族家谱总目/陈建华主编；上海图书馆编．—上海：上海古籍出版社

ISBN：978 -7 -5325 -8850 -3（精装）：CNY480.00

59. 安多县年鉴.2017（总第二卷）/安多县地方志办公室编.—郑州：中州古籍出版社

ISBN：978 -7 -5348 -7952 -4（精装）：CNY298.00

60. 中国唐卡年鉴.2018/主编：王雪瑞.—呼和浩特：远方出版社

ISBN：978 -7 -5555 -1142 -7（精装）：CNY280.00

藏文部分

ཆབ་སྲིད་དང་། དཔལ་འབྱོར། ཁྲིམས་ལུགས་ཀྱི་སྐོར།
（政治、经济、法律）

1. ཀྲུང་གོའི་གུང་ཁྲན་རིང་ལུགས་གཞོན་ནུ་ཚོགས་པའི་སྒྲིག་ཡིག/ཀྲུང་གོའི་མི་རིགས་ཡིག་སྒྱུར་ལྟེ་གནས། མི་རིགས་དཔེ་སྐྲུན་ཁང་།

ISBN:978 -7 -105 -15438 -8

2. ཀྲུང་ཧྭ་མི་དམངས་སྤྱི་མཐུན་རྒྱལ་ཁབ་ཀྱི་རྩ་ཁྲིམས།/རྒྱལ་སྲིད་སྤྱི་ཁྱབ་ཁང་གི་ཁྲིམས་ལུགས་གཞུང་ལས་ཁང་། ལིའུ་གཡུ་སྒྲོན་སོགས་ཀྱིས་བསྒྱུར། མི་རིགས་དཔེ་སྐྲུན་ཁང་།

ISBN:978 -7 -105 -15303 -9

3. ཀྲུང་ཧྭ་མི་དམངས་སྤྱི་མཐུན་རྒྱལ་ཁབ་ཀྱི་ཁྲིམས་འཛིན་འགྲེལ་བཤད་རྒྱས་པ། དེབ་བཞི་པ།/ཀྲུང་གོ་མི་རིགས་སྐད་ཡིག་ཡིག་སྒྱུར་ཅུས་ཀྱིས་བསྒྱུར། མི་རིགས་དཔེ་སྐྲུན་ཁང་།

ISBN:978 -7 -105 -15417 -3

4. རྒྱལ་ཡོངས་མི་དམངས་འཐུས་མི་ཚོགས་ཆེན་སྐབས་བཅུ་གསུམ་པའི་གྲོས་ཚོགས་ཐེངས་དང་པོའི་ཐོག་གི་གསུང་བཤད།/ཞི་ཅིན་ཕིང་། ཀྲུང་གོ་མི་རིགས་སྐད་ཡིག་ཡིག་སྒྱུར་ཅུས་ཀྱིས་བསྒྱུར། མི་རིགས་དཔེ་སྐྲུན་ཁང་།

ISBN:978 -7 -105 -15334 -3

5. སྲིད་གཞུང་གི་ལས་དོན་སྙན་ཞུ། ——2018ལོའི་ཟླ3ཚེས5ཉིན་རྒྱལ་ཡོངས་མི་དམངས་

འཐུས་མི་ཚོགས་ཆེན་སྐབས་བཅུ་གསུམ་པའི་ཐོག །/ལི་ཁེ་ཆང་། ཀྲུང་གོ་མི་རིགས་སྐད་ཡིག་ཡིག་སྒྱུར་ཞུས་ཀྱིས་བསྒྱུར། མི་རིགས་དཔེ་སྐྲུན་ཁང་།

ISBN:978 – 7 – 105 – 15327 – 5

6. ལྟ་ཞིབ་བྱེད་ཕྱོགས་སྐོར་གྱི་ཀྲུང་ཧྭ་མི་དམངས་སྤྱི་མཐུན་རྒྱལ་ཁབ་ཀྱི་བཅའ་ཁྲིམས།/ཀྲུང་གོ་མི་རིགས་སྐད་ཡིག་ཡིག་སྒྱུར་ཞུས་ཀྱིས་བསྒྱུར། མི་རིགས་དཔེ་སྐྲུན་ཁང་།

ISBN:978 – 7 – 105 – 15341 – 1

7. ཀྲུང་གོ་གུང་ཁྲན་ཏང་སྐབས་བཅུ་དགུ་པའི་ཀྲུང་དབྱང་ཨུ་ཡོན་ལྷན་ཁང་གི་ཚང་འཛོམས་གྲོས་ཚོགས་ཐེངས་གསུམ་པའི་ཡིག་ཆ་ཕྱོགས་བསྒྲིགས།/ཀྲུང་གོ་མི་རིགས་སྐད་ཡིག་ཡིག་སྒྱུར་ཞུས་ཀྱིས་བསྒྱུར། མི་རིགས་དཔེ་སྐྲུན་ཁང་།

ISBN：978 – 7 – 105 – 15348 – 0

8. ཀྲུང་གོའི་མི་དམངས་ཆབ་སྲིད་གྲོས་མོལ་ཚོགས་འདུའི་རྒྱལ་ཡོངས་ཨུ་ཡོན་ལྷན་ཁང་སྐབས་བཅུ་གསུམ་པའི་གྲོས་ཚོགས་ཐེངས་དང་པོའི་ཡིག་ཆ།/ཀྲུང་གོ་མི་རིགས་སྐད་ཡིག་ཡིག་སྒྱུར་ཞུས་ཀྱིས་བསྒྱུར། མི་རིགས་དཔེ་སྐྲུན་ཁང་།

ISBN：978 – 7 – 105 – 15374 – 9

9. སྲིད་ཁྲིམས་སྡེ་ཁག་གི་བོད་རྒྱ་སྐད་གཉིས་བཅའ་ཁྲིམས་ཤེས་ལྡན་མི་སྣ་ཟབ་སྦྱོང་བསླབ་དེབ་ཕྲེང་བསྟར་མ། སྲིད་འཛིན་བཅའ་ཁྲིམས་དང་སྲིད་འཛིན་གཏུག་བཤེར་བཅའ་ཁྲིམས་ཉམས་ལེན་བསླབ་དེབ།/རམས་ཚེ་རྡོས་བསྒྲིགས། མི་རིགས་དཔེ་སྐྲུན་ཁང་།

ISBN：978 – 7 – 105 – 15288 – 9

10. ཁྲིམས་འཛིན་སྲིད་འཛིན་ལས་དོན་ཉམས་ལེན་བསླབ་བྱ།/ཚེ་རིང་ཐར་གྱིས་བསྒྲིགས། ཕག་མོ་སྒྲོལ་མ་དང་ཕག་མོ་དོན་གྲུབ་ཀྱིས་བསྒྱུར། མི་རིགས་དཔེ་སྐྲུན་ཁང་།

ISBN：978 – 7 – 105 – 15280 – 3

11. གྱོད་གཞིའི་འདྲི་ཞིབ་ལས་རིམ་ཉམས་ལེན་བསླབ་དེབ།/བཀྲ་ཤིས་ཚེ་རིང་གིས་སྒྲིག་སྒྱུར་བྱས། མི་རིགས་དཔེ་སྐྲུན་ཁང་།

ISBN：978 – 7 – 105 – 15286 – 5

12. གཞུང་གཏུག་ལས་དོན་ཉམས་ལེན་བསླབ་དེབ།/ཚེ་རིང་ཐར་གྱིས་བསྒྲིགས། བསོད་ནམས་འཚོ་དང་ཚེ་རིང་བཀྲ་ཤིས་ཀྱིས་བསྒྱུར། མི་རིགས་དཔེ་སྐྲུན་ཁང་།

ISBN：978 – 7 – 105 – 15283 – 4

13. གཏུག་བཤེར་འདུམ་སྒྲིག་ཉམས་ལེན་བསླབ་དེབ།/བཀྲ་ཤིས་ཚེ་རིང་གིས་བསྒྲིགས། ལྷགས་མོ་འཚོ་དང་འཇམ་དབྱངས་ཀྱིས་བསྒྱུར། མི་རིགས་དཔེ་སྐྲུན་ཁང་།

ISBN：978 –7 –105 –15279 –7

14. མི་དམངས་འདུམ་སྒྲིག་ཉམས་ལེན་བསླབ་དེབ།/ལི་ཅན་ཁྲིང་དང་ལི་ཞི་མེས་བསྒྲིགས། ཚེ་རྡོ་དང་། ནམ་མཁའ་ཚེ་རིང་གིས་བསྒྱུར། མི་རིགས་དཔེ་སྐྲུན་ཁང་།

ISBN：978 –7 –105 –15281 –0

15. རྒྱུན་སྤྱོད་བཅའ་ཁྲིམས་ཡིག་ཁྲ་ཉམས་ལེན་བསླབ་དེབ།/ཚེ་རིང་ཐར་གྱིས་བསྒྲིགས། མཚོ་མོ་སྐྱིད་དང་། ཚེ་རྡོས་བསྒྱུར། མི་རིགས་དཔེ་སྐྲུན་ཁང་།

ISBN：978 –7 –105 –15284 –1

16. རྒྱལ་སྤྱིའི་དངུལ་རྩ།/ཡུ་གང་དང་ཀྲང་ལེ་ཡིས་བརྩམས། མགོན་པོ་སྐྱབས་ཀྱིས་བསྒྱུར། ཀན་སུའུ་མི་རིགས་དཔེ་སྐྲུན་ཁང་།

ISBN:978 –7 –5421 –4347 –1

17. ཁྲིམས་རའི་ཚོང་གཉེར་གྱི་དོ་དམ་གཞུང་ལུགས་དང་ཐབས་ཇུས།/ཧྲིན་ཧྲིན་ལིང་དང་ཞིའུ་ཧྲའོ་ལེས། ཀྲང་ཀིན་སོའུ་བཅས་ཀྱིས་བརྩམས། པདྨ་དབང་རྒྱལ་དང་ཧ་མགྲིན་འཚོས་བསྒྱུར། ཀན་སུའུ་མི་རིགས་དཔེ་སྐྲུན་ཁང་།

ISBN：978 –7 –5421 –4350 –1

18. སྤྱིའི་དཔལ་འབྱོར་རིག་པ།/ཨོའུ་དབྱང་མེན་དང་ཡོན་ཀྲི་ཀང་གིས་བརྩམས། པདྨ་དབང་ཆེན་གྱིས་བསྒྱུར། ཀན་སུའུ་མི་རིགས་དཔེ་སྐྲུན་ཁང་།

ISBN：978 –7 –5421 –4348 –8

19. གུང་ཁྲན་ཏང་གི་བསྒྲགས་གཏམ།/མར་ཁེ་སི་དང་ཨེན་གེ་སིས་བརྩམས། མི་རིགས་དཔེ་སྐྲུན་ཁང་།

ISBN：978 –7 –105 –15558 –3

20. དེང་རབས་དཔལ་འབྱོར་རིག་པ་དང་དོ་དམ་རིག་པའི་བོད་འགྱུར་སློབ་དེབ་དཔེ་ཚོགས། དངུལ་ལོར་དང་དངུལ་ཁང་གི་རིག་པ།/ཡུམ་སྐྱབས་ཀྱིས་བསྒྱུར། ཀན་སུའུ་མི་རིགས་དཔེ་སྐྲུན་ཁང་།

ISBN：978 –7 –5421 –4349 –5

21. རྒྱལ་སྲིད་སྐྱོང་ལུགས་སྐོར་གླེང་བ། པོད་གཉིས་པ།/ཞི་ཅིན་ཕིང་། ཀྲུང་གོ་མི་རིགས་སྐད་ཡིག་ཡིག་སྒྱུར་ཅུས་ཀྱིས་བསྒྱུར། མི་རིགས་དཔེ་སྐྲུན་ཁང་།

ISBN：978 –7 –105 –15547 –7

ལོ་རྒྱུས་དང་རིག་གནས་ཀྱི་སྐོར།
(历史、文化)

1. ཉིང་ཁྲིའི་ས་མིང་ལོ་རྒྱུས་རིག་གནས་བརྡ་འགྲེལ།/ཕུར་བུ་རྡོ་རྗེ། ཉི་མ་ཚེ་རིང་། བློ་བཟང་ཕུན་ཚོགས་བཅས་ཀྱིས་གཙོ་སྒྲིག་བྱས། ཀྲུང་གོའི་བོད་རིག་པ་དཔེ་སྐྲུན་ཁང་།
ISBN:978－7－5211－0076－1

2. རིག་གནས་ཀྱི་བརྡ་རྟགས། གཉིས་པ།/ཚང་བདག་གིས་བརྩམས། བོད་ལྗོངས་མི་དམངས་དཔེ་སྐྲུན་ཁང་།
ISBN:978－7－223－05447－8

3. རྨ་ཡུལ་མགར་རྫེའི་རྒྱལ་མོ་ཚོ་བའི་ནུས་མཛོད་བྱུང་བའི་གཤོག་སྒྲ།/རྒྱལ་མོ་སྟག་སྐྱབས་དང་རྒྱལ་མོ་གུ་རུ་རྒྱལ་མཚན་གྱིས་བརྩམས། མི་རིགས་དཔེ་སྐྲུན་ཁང་།
ISBN:978－7－105－15295－7

4. བོད་མི་བུ་གདོང་དྲུག་གི་ནུས་མཛོད།/ཁྱི་ལང་བཀྲ་ཤིས་རྒྱ་མཚོས་བརྩམས། མི་རིགས་དཔེ་སྐྲུན་ཁང་།
ISBN:978－7－5420－3057－3

5. ཀོང་སྤྲུལ་ཡོན་ཏན་རྒྱ་མཚོའི་རྣམ་ཐར།/ཀོང་སྤྲུལ་ཡོན་ཏན་རྒྱ་མཚོ་དང་ཀརྨ་བཀྲ་ཤིས་ཆོས་འཕེལ་གཉིས་ཀྱིས་བརྩམས། སི་ཁྲོན་མི་རིགས་དཔེ་སྐྲུན་ཁང་།
ISBN:978－7－5409－5919－7

6. བོད་རིག་པའི་དཔྱད་གླེང་ལྷུ་ཏིག་དཀར་པོའི་སྒྲོམ་ཆུང་།/འབལ་གཞུང་ཁྲུང་ཐར་རྒྱལ་གྱིས་བརྩམས། མི་རིགས་དཔེ་སྐྲུན་ཁང་།
ISBN:978－7－105－15264－3

7. བྲག་དཀར་སྤྲེལ་རྫོང་དགོན་པའི་གདན་རབས།/བསྐལ་བཟང་དོན་གྲུབ་ཀྱིས་བརྩམས། མི་རིགས་དཔེ་སྐྲུན་ཁང་།
ISBN:978－7－105－15294－0

8. ཧོར་ཁང་བསོད་ནམས་དཔལ་འབར་གྱི་གསུང་རྩོམ་ཕྱོགས་བསྒྲིགས།/ཧོར་ཁང་བསོད་ནམས་དཔལ་འབར་གྱིས་བརྩམས། ཀྲུང་གོའི་བོད་རིག་པ་དཔེ་སྐྲུན་ཁང་།
ISBN:978－7－5211－0060－0

9. ཁམས་སྡེ་དགེ་རྒྱལ་པོའི་སྲིད་དོན་ལོ་རྒྱུས་བཞུགས་སོ།/ལྷ་ལུང་འཆི་མེད་རྡོ་རྗེ་དང་བླ་གཡང་

གཉིས་ཀྱིས་བརྩམས། ཀྲུང་གོའི་བོད་རིག་པ་དཔེ་སྐྲུན་ཁང་།

ISBN:978 -7 -5211 -0094 -5

10. བོད་ཀྱི་རྗེལ་རྩིས་ཡིག་ཆ་རབ་གསལ་དོན་གྱི་མེ་ལོང་ཞེས་བྱ་བ་བཞུགས་སོ།/མཁར་བུ་ཚེ་དབང་རྡོ་རྗེས་སྒྲིག་རྩོམ་བྱས། ཀྲུང་གོའི་བོད་རིག་པ་དཔེ་སྐྲུན་ཁང་།

ISBN:978 -7 -5211 -0078 -5

11. གངས་ཅན་གཙུག་ལག་རིན་ཆེན་ཕྲེང་བ། དེབ་བཅོ་བརྒྱད་པ། བཀའ་གདམས་བླ་མ་རབས་རྣམ་ཐར་ཕྱོགས་སྒྲིགས་བཞུགས་སོ།/དགེ་སློང་ནམ་མཁའ་གྲགས་སོགས་ཀྱིས་བསྒྲིགས། བོད་ལྗོངས་མི་དམངས་དཔེ་སྐྲུན་ཁང་།

ISBN:978 -7 -223 -05687 -8

12. ཡུལ་ཤུལ་གྱི་རིག་གནས་པ་གྲགས་ཅན་རིམ་བྱོན།/དོན་གྲུབ་ནོར་བུ་དང་། ངག་དབང་དགེ་ལེགས་སོགས་ཀྱིས་བསྒྲིགས། ཀྲུང་གོའི་བོད་རིག་པ་དཔེ་སྐྲུན་ཁང་།

ISBN： 978 -7 -5211 -0021 -1

13. རྒྱལ་རོང་གི་ལོ་རྒྱུས་ཤེལ་དཀར་མེ་ལོང་།/རིག་འཛིན་བསྟན་སྲུང་དང་དགེ་འདུན་ཨ་ཚོགས་གཉིས་ཀྱིས་བརྩམས། ཀྲུང་གོའི་བོད་རིག་པ་དཔེ་སྐྲུན་ཁང་།

ISBN： 978 -7 -5211 -0027 -3

14. སྐྱབས་རྗེ་སྡེ་ཁྲི་རིན་པོ་ཆེ་སྐུ་འཕྲེང་རིམ་བྱོན་གྱི་རྣམ་ཐར་བཞུགས་སོ།/ཚ་རིས་སྐལ་བཟང་ཐོགས་མེད་ཀྱིས་སྒྲིག་རྩོམ་བྱས། ཀྲུང་གོའི་བོད་རིག་པ་དཔེ་སྐྲུན་ཁང་།

ISBN： 978 -7 -5211 -0023 -5

15. སྔེར་ཧོར་ཁང་གསར་མི་རྒྱུད་རིམ་བྱུང་གི་ལོ་རྒྱུས་རགས་བསྡུས་དང་ཧོར་ཁང་མི་ཐོག་བཅུ་གསུམ་པ་བྱམས་པ་བསྟན་དར་རང་ཉིད་ཀྱི་མི་ཚེའི་བྱུང་བ་དང་འབྲེལ་བའི་གཏམ་ཟློལ་མེད་ཡིད་ཀྱི་དྲན་སྐྱུ།/ཧོར་ཁང་བྱམས་པ་བསྟན་དར་གྱིས་བརྩམས། ཀྲུང་གོའི་བོད་རིག་པ་དཔེ་སྐྲུན་ཁང་།

ISBN： 978 -7 -5211 -0022 -8

16. རྗེ་ཤེས་རབ་རྒྱ་མཚོའི་རྣམ་ཐར།/སྐལ་བཟང་རྒྱ་མཚོ་དང་ཆོས་དཔལ་རྒྱ་མཚོས་བརྩམས། བཀྲ་ཤིས་ཚེ་བརྟན་དང་ཆོས་དཔལ་རྒྱ་མཚོས་རྒྱ་ཡིག་ཏུ་བསྒྱུར། ཀྲུང་གོའི་བོད་རིག་པ་དཔེ་སྐྲུན་ཁང་།

ISBN： 978 -7 -5211 -0070 -9

17. སྣེ་ཐང་བཀྲ་ཤིས་སྒང་དགོན་གྱི་ལོ་རྒྱུས་སྙིང་པོ་ཀུན་གསལ་ཞེས་བྱ་བ་བཞུགས་སོ།།/འཇམ་དབྱངས་བཤད་སྒྲུབ་ཀྱིས་བརྩམས། བོད་ལྗོངས་མི་དམངས་དཔེ་སྐྲུན་ཁང་།

ISBN:978 – 7 – 223 – 05886 – 5

18. ཉིང་ཁྲིའི་ས་མིང་ལོ་རྒྱུས་རིག་གནས་བརྡ་འགྲེལ།/ཕུར་བུ་རྡོ་རྗེ་དང་ཉི་མ་ཚེ་རིང་། བློ་བཟང་ཕུན་ཚོགས་བཅས་ཀྱིས་གཙོ་སྒྲིག་བྱས། ཀྲུང་གོའི་བོད་རིག་པ་དཔེ་སྐྲུན་ཁང་།

ISBN：978 – 7 – 5211 – 0075 – 4

19. རྒྱའི་ལོ་རྒྱུས་ལས་བྱུང་བའི་བོད་ཀྱི་རྒྱལ་རབས་ལོ་རྒྱུས་སྐོར།/དགེ་འདུན་ཆོས་འཕེལ་གྱིས་བསྒྱུར། མི་རིགས་དཔེ་སྐྲུན་ཁང་།

ISBN：978 – 7 – 105 – 15543 – 9

20. རྩེ་ཁོག་གི་སྲོལ་རྒྱུན་གཟུ་བཤད་རིག་གནས་ཞིབ་འཇུག/སྟག་རིང་ན་ལེས་བརྩམས། མཚོ་སྔོན་མི་རིགས་དཔེ་སྐྲུན་ཁང་།

ISBN：978 – 7 – 5420 – 3186 – 0

21. བོད་ཀྱི་ལོ་རྒྱུས་སྤྱི་དོན་རབ་གསལ་སྐལ་བཟང་འཇུག་ངོགས།/གཙོ་སྒྲིག་པ། རིན་ཆེན་ནོར་བུ། མི་རིགས་དཔེ་སྐྲུན་ཁང་།

ISBN：978 – 7 – 105 – 15622 – 1

22. དུས་རབས་རིམ་བྱུང་གི་གངས་ཅན་ལོ་ཙཱ་བ་དང་འཕགས་ཡུལ་པཎྜི་ཏའི་རྣམ་ཐར་ཕྱོགས་བསྒྲིགས།/ལྷ་མཆོག་རྒྱལ་དང་ཡུལ་ལྷ་ཐར་གྱིས་སྒྲིག་རྩོམ་བྱས། མི་རིགས་དཔེ་སྐྲུན་ཁང་།

ISBN：978 – 7 – 105 – 15604 – 7

23. རྒྱའི་ཡིག་ཚང་དུ་འཁོད་པའི་བོད་དང་འབྲེལ་བའི་ལོ་རྒྱུས། ༥：ཡིག་ཚང་མ་ཧྭ་ཐུས་སྦལ་དུ་འཁོད་པའི་བོད་ཀྱི་སྐོར། སྟོད་ཆ་དང་སྨད་ཆ།/འཇམ་དབྱངས་དར་རྒྱས་ཀྱིས་བསྒྱུར་ཞིང་མཆན་བཏབ། ཀྲུང་གོའི་བོད་རིག་པ་དཔེ་སྐྲུན་ཁང་།

ISBN：978 – 7 – 5211 – 0059 – 4

24. མཚོ་བོད་མཐོ་སྒང་གི་རི་ཆུའི་རིག་གནས། གཉན་པོ་གཡུ་རྩེའི་གནས་ཡིག/སྤྱི་ཁྱབ་གཙོ་སྒྲིག་པ། བློ་བཟང་ལྷུན་གྲུབ་རྡོ་རྗེ། ཀྲུང་གོའི་བོད་རིག་པ་དཔེ་སྐྲུན་ཁང་།

ISBN：978 – 7 – 5211 – 0014 – 3

25. བཙན་པོའི་དུས་ཀྱི་ཁྲིམས་ལུགས་ཡིག་ཆ་ཕྱོགས་བསྒྲིགས་དང་ཚིག་དོན་གསལ་འགྲེལ།/ཉི་མ་ཚེ་རིང་དང་འཇིགས་མེད་རྡོ་རྗེས་སྒྲིག་རྩོམ་བྱས། མི་རིགས་དཔེ་སྐྲུན་ཁང་།

ISBN：978 – 7 – 105 – 15597 – 2

26. བོད་ཀྱི་གནའ་རབས་ལོ་རྒྱུས་བདམས་བཏུས་གངས་ལྗོངས་འོད་འབུམ།/ཁང་དཀར་ཚུལ་ཁྲིམས་སྐལ་བཟང་གིས་རྩོམ་སྒྲིག་བྱས། ཀན་སུའུ་མི་རིགས་དཔེ་སྐྲུན་ཁང་།

ISBN：978 – 7 – 5421 – 4353 – 2

27. རོང་ཞི་གདོང་དྲུག་སྐེམས་སློའི་དེབ་ཕྲེང་ལས། དཔྱད་རྩོམ་ལྷུན་འཛོམས་ནོར་བུའི་ཕྲེང་བ།/རོང་ཞི་གདོང་དྲུག་སྐེམས་སློས་བརྩམས། ཀྲུང་གོའི་བོད་རིག་པ་དཔེ་སྐྲུན་ཁང་།
ISBN: 978 –7 –5211 –0086 –0

28. བོད་ཀྱི་ལོ་རྒྱུས་ཡིག་ཆ་དང་རིག་གནས་སྐོར་གྱི་དཔྱད་རྩོམ་ཕྱོགས་བསྒྲིགས།/རིན་ཆེན་སྒྲོལ་མས་བརྩམས། ཀྲུང་གོའི་བོད་རིག་པ་དཔེ་སྐྲུན་ཁང་།
ISBN: 978 –7 –5211 –0099 –0

29. མཚོ་བོད་མཐོ་སྒང་གི་རི་ཆུའི་རིག་གནས། མགོ་ལོག་གླིགས་བམ། སྟོད་ཆ་དང་སྨད་ཆ།/སྤྱི་ཁྱབ་གཙོ་སྒྲིག་པ། སློབ་བཟང་ལྷུན་གྲུབ་རྡོ་རྗེ། ཀྲུང་གོའི་བོད་རིག་པ་དཔེ་སྐྲུན་ཁང་།
ISBN: 978 –7 –5211 –0013 –6

30. དགེ་སློང་ཤེས་རབ་བསྟན་འཛིན་དཔལ་བཟང་པོའི་རྣམ་ཐར།/ཨ་དཔལ་བཟང་གིས་བརྩམས། སི་ཁྲོན་མི་རིགས་དཔེ་སྐྲུན་ཁང་།
ISBN:978 –7 –5409 –8348 –2

31. ཞང་ཞུང་ཤེས་རིག་སྐོར་གྱི་དཔྱད་བརྗོད་བྱ་དུའི་གཟི་བྱིན།/སྟོང་སྐོར་ཚེ་རིང་ཐར་གྱིས་བརྩམས། བླ་མ་བཀྲ་ཤིས་ཀྱིས་བསྒྱུར། མཚོ་སྔོན་མི་རིགས་དཔེ་སྐྲུན་ཁང་།
ISBN:978 –7 –5402 –3254 –6

32. རྒྱལ་མཁན་ཆེན་གྲགས་པ་རྒྱ་མཚོའི་གསུང་འབུམ།/རྒྱལ་མཁན་ཆེན་གྲགས་པ་རྒྱ་མཚོས་བརྩམས། སི་ཁྲོན་མི་རིགས་དཔེ་སྐྲུན་ཁང་།
ISBN:978 –7 –5421 –3858 –3

33. བོད་ཡིག་གནའ་དཔེའི་རྣམ་བཤད།/པདྨ་བཀྲ་ཤིས་ཀྱིས་བརྩམས། བོད་ལྗོངས་མི་དམངས་དཔེ་སྐྲུན་ཁང་།
ISBN:978 –7 –223 –03986 –4

34. མཉམ་མེད་ཤེས་རབ་རྒྱལ་མཚན་གྱི་མི་ཚེ་དང་ལྟ་གྲུབ་སྐོར་ལ་དཔྱད་པ།/སྐལ་བཟང་བཀྲ་ཤིས་ཀྱིས་བརྩམས། སི་ཁྲོན་མི་རིགས་དཔེ་སྐྲུན་ཁང་།
ISBN:978 –7 –5409 –8104 –4

35. ཇོ་བོ་རྗེ་དཔལ་ལྡན་ཨ་ཏི་ཤའི་རྣམ་ཐར་ཕྱོགས་བསྒྲིགས།/རྡོ་སྤྲིས་ཚེ་རིང་རྡོ་རྗེ་ཡིས་གཙོ་སྒྲིག་བྱས། བོད་ལྗོངས་མི་དམངས་དཔེ་སྐྲུན་ཁང་།
ISBN:978 –7 –223 –04566 –7

བརྡ་སྤྲོད་དང་རྩོམ་རིག་གི་སྐོར།

（文法、文学）

1. བོད་ལྗོངས་སློབ་གྲྭ་ཆེན་མོའི་རིག་དེབ་ཀྱི་བོད་ཀྱི་རྩོམ་རིག་དཔྱད་རྩོམ་གཅེས་བཏུས།/ལྷག་པ་ཚེ་རིང་གིས་གཙོ་སྒྲིག་བྱས། མི་རིགས་དཔེ་སྐྲུན་ཁང་།
ISBN:978 –7 –105 –15362 –6
2. མངོན་བརྗོད་རྒྱ་མཚོའི་ཆུ་ཐིགས་ཀྱི་རྩ་འགྲེལ།/རྡོ་རྗེ་རྒྱལ་གྱིས་རྩོམ་སྒྲིག་བྱས། མི་རིགས་དཔེ་སྐྲུན་ཁང་།
ISBN:978 –7 –105 –15312 –1
3. སྒྲ་གཞུང་རྒྱ་མཚོར་འཇུག་པའི་སྔོན་འགྲོ།/སྤྱིན་ཀོད་གྱིས་རྩོམ་སྒྲིག་བྱས། བོད་ལྗོངས་མི་དམངས་དཔེ་སྐྲུན་ཁང་།
ISBN:978 –7 –223 –04396 –0
3. བརྡ་སྤྲོད་ཚིགས་གསུམ་འགྲེལ་བ་བློ་གསར་མཛེས་རྒྱན།/ཡ་མ་མགོན་པོས་བརྩམས། མི་རིགས་དཔེ་སྐྲུན་ཁང་།
ISBN： 978 –7 –105 –15623 –8
4. རྡོར་ཞི་གདོང་དྲུག་སྙེམས་བློའི་དེབ་ཕྲེང་ལས། བརྡ་སྤྲོད་རིག་པའི་རྣམ་བཤད་གསར་སློབ་བདེ་ལམ།/རྡོར་ཞི་གདོང་དྲུག་སྙེམས་བློས་བརྩམས། ཀྲུང་གོའི་བོད་རིག་པ་དཔེ་སྐྲུན་ཁང་།
ISBN： 978 –7 –5211 –0088 –4
5. རྡོར་ཞི་གདོང་དྲུག་སྙེམས་བློའི་དེབ་ཕྲེང་ལས། སྙན་ཚིག་རིག་པའི་ཤེས་བྱ་གནད་བསྡུས།/རྡོར་ཞི་གདོང་དྲུག་སྙེམས་བློས་བརྩམས། ཀྲུང་གོའི་བོད་རིག་པ་དཔེ་སྐྲུན་ཁང་།
ISBN： 978 –7 –5211 –0088 –4
6. རྡོར་ཞི་གདོང་དྲུག་སྙེམས་བློའི་དེབ་ཕྲེང་ལས། ཐོར་རྩོམ་ཕྱོགས་བསྡུས་མ་ལི་ཀའི་ངོ་ཤལ།/རྡོར་ཞི་གདོང་དྲུག་སྙེམས་བློས་བརྩམས། ཀྲུང་གོའི་བོད་རིག་པ་དཔེ་སྐྲུན་ཁང་།
ISBN： 978 –7 –5211 –0085 –3
7. རྡོར་ཞི་གདོང་དྲུག་སྙེམས་བློའི་དེབ་ཕྲེང་ལས། གྲགས་རྩོམ་ཚིག་འགྲེལ་བློ་གསལ་དགའ་སྟོན།/རྡོར་ཞི་གདོང་དྲུག་སྙེམས་བློས་བརྩམས། ཀྲུང་གོའི་བོད་རིག་པ་དཔེ་སྐྲུན་ཁང་།
ISBN： 978 –7 –5211 –0087 –7
8. རྡོར་ཞི་གདོང་དྲུག་སྙེམས་བློའི་དེབ་ཕྲེང་ལས། སྙན་རྩོམ་སེང་གེ་དཀར་མོའི་བཞད་སྒྲ།/རྡོར་

ཞི་གནོང་དྲུག་སྐྱེམས་སློས་བརྩམས། ཀྲུང་གོའི་བོད་རིག་པ་དཔེ་སྐྲུན་ཁང་།

ISBN：978－7－5211－0081－5

9. ཧོར་ཞི་གནོང་དྲུག་སྐྱེམས་སློའི་དེབ་ཕྲེང་ལས། དག་ཡིག་ཤེས་བྱ་རབ་གསལ་གྱི་མཆན་འགྲེལ་རབ་གསལ་སྣང་བ།/ཧོར་ཞི་གནོང་དྲུག་སྐྱེམས་སློས་བརྩམས། ཀྲུང་གོའི་བོད་རིག་པ་དཔེ་སྐྲུན་ཁང་།

ISBN：978－7－5211－0090－7

10. གནའ་གྲོང་ས་སྐྱའི་དམངས་སྒྲུང་ཕྱོགས་བསྒྲིགས།/མཛོད་རྟགས་ཕུར་བུས་བསྒྲིགས། མི་རིགས་དཔེ་སྐྲུན་ཁང་།

ISBN：978－7－105－15505－7

11. ལེགས་སྦྱར་བང་མཛོད་ཕྱུག་བསྟར་མ།/དགེ་འདུན་ཆོས་འཕེལ་གྱིས་བརྩམས། མི་རིགས་དཔེ་སྐྲུན་ཁང་།

ISBN：978－7－105－15542－2

12. རྒྱལ་ཁམས་རིག་པས་བསྐོར་བའི་གཏམ་རྒྱུད་གསེར་གྱི་ཐང་མ་ཞེས་བྱ་བ་བཞུགས་སོ།།/དགེ་འདུན་ཆོས་འཕེལ་གྱིས་བརྩམས། མི་རིགས་དཔེ་སྐྲུན་ཁང་།

ISBN：978－7－105－15544－6

13. གནའ་བོའི་གཉའ་སླུའི་ཡིག་ཆ་ཕྱོགས་བསྒྲིགས།/ཚུལ་ཁྲིམས་ལྡན་ཚོགས་ཀྱི་གཙོ་སྒྲིག་བྱས། མཚོ་སྔོན་མི་རིགས་དཔེ་སྐྲུན་ཁང་།

ISBN：978－7－5420－3129－7

14. རྗེ་ཙོང་ཁ་པའི་བསྟོད་པ་ཕྱོགས་བཏུས་བསྡུགས་འོས་བསྡུགས་པ།/རྒྱ་ཡེ་བཀྲ་རྡོས་བསྒྲིགས། ཀྲུང་གོའི་བོད་རིག་པ་དཔེ་སྐྲུན་ཁང་།

ISBN：978－7－5211－0065－5

15. སྤྲིན་གྱི་ཕོ་ཉ།/སློབ་དཔོན་ནག་མོའི་ཞོལ་གྱིས་མཛད། རྒྱ་ཡེ་བཀྲ་རྡོ་དང་རྩ་བ་ཤེས་རབ་བཟང་། ཀྲུང་གོའི་བོད་རིག་པ་དཔེ་སྐྲུན་ཁང་།

ISBN：978－7－5211－0067－9

16. ཆབ་འགག་རྟ་འགྲིན་གྱི་ཆེད་རྩོམ་ཕྱོགས་བསྒྲིགས། སྟོད་ཆ་དང་སྨད་ཆ།/ཆབ་འགག་རྟ་འགྲིན་གྱིས་བརྩམས། ཀྲུང་གོའི་བོད་རིག་པ་དཔེ་སྐྲུན་ཁང་།

ISBN：978－7－5211－0067－9

17. གཡང་ལས་འཕྲོས་པའི་གཏམ།/གཡང་ཚང་རྟ་མགྲིན་རྒྱལ་གྱིས་བརྩམས། མི་རིགས་དཔེ་སྐྲུན་ཁང་།

ISBN：978 – 7 – 105 – 15594 – 1

18. བགྲོ་གླིང་ལྷུ་ཧྲིག་རྒྱན་པོ། ཨ་མདོ་བརྙན་འཕྲིན་ཁང་གི་གླིང་སྟེགས་ཆེད་བསྒྲིགས། དེབ་དང་པོ།/ལྷ་དཔལ་གྱིས་བསྒྲིགས། མི་རིགས་དཔེ་སྐྲུན་ཁང་།
ISBN：978 – 7 – 105 – 15257 – 5

19. རཱ་མ་ཎའི་རྟོགས་བརྗོད། སྡེ་ཚན་དང་པོ། གཞོན་ནུའི་སྡེ།/དྲང་སྲོང་གྲོག་མཁར་གྱིས་བརྩམས། ཨོ་རྒྱན་གྱིས་བསྒྱུར། བོད་ལྗོངས་མི་དམངས་དཔེ་སྐྲུན་ཁང་།
ISBN：978 – 7 – 223 – 05662 – 5

20. རཱ་མ་ཎའི་རྟོགས་བརྗོད། སྡེ་ཚན་གཉིས་པ། འཐབ་བྲལ་གྲོང་གི་སྡེ།/དྲང་སྲོང་གྲོག་མཁར་གྱིས་བརྩམས། ཨོ་རྒྱན་གྱིས་བསྒྱུར། བོད་ལྗོངས་མི་དམངས་དཔེ་སྐྲུན་ཁང་།
ISBN:978 – 7 – 223 – 05441 – 6

21. རཱ་མ་ཎའི་རྟོགས་བརྗོད། སྡེ་ཚན་གསུམ་པ། ནགས་ཀྱི་སྡེ།/དྲང་སྲོང་གྲོག་མཁར་གྱིས་བརྩམས། ཨོ་རྒྱན་གྱིས་བསྒྱུར། བོད་ལྗོངས་མི་དམངས་དཔེ་སྐྲུན་ཁང་།
ISBN：978 – 7 – 223 – 05569 – 7

22. རཱ་མ་ཎའི་རྟོགས་བརྗོད། སྡེ་ཚན་བཞི་པ། སྤྲེའུའི་སྡེ།/དྲང་སྲོང་གྲོག་མཁར་གྱིས་བརྩམས། ཨོ་རྒྱན་གྱིས་བསྒྱུར། བོད་ལྗོངས་མི་དམངས་དཔེ་སྐྲུན་ཁང་།
ISBN:978 – 7 – 223 – 05566 – 6

23. རཱ་མ་ཎའི་རྟོགས་བརྗོད། སྡེ་ཚན་ལྔ་པ། མཛེས་པའི་སྡེ།/དྲང་སྲོང་གྲོག་མཁར་གྱིས་བརྩམས། ཨོ་རྒྱན་གྱིས་བསྒྱུར། བོད་ལྗོངས་མི་དམངས་དཔེ་སྐྲུན་ཁང་།
ISBN：978 – 7 – 223 – 05889 – 6

24. རཱ་མ་ཎའི་རྟོགས་བརྗོད། སྡེ་ཚན་དྲུག་པ། གཡུལ་གྱི་སྡེ། སྟོད་ཆ།/དྲང་སྲོང་གྲོག་མཁར་གྱིས་བརྩམས། ཨོ་རྒྱན་གྱིས་བསྒྱུར། བོད་ལྗོངས་མི་དམངས་དཔེ་སྐྲུན་ཁང་།
ISBN:978 – 7 – 223 – 05533 – 8

25. རཱ་མ་ཎའི་རྟོགས་བརྗོད། སྡེ་ཚན་དྲུག་པ། གཡུལ་གྱི་སྡེ། སྨད་ཆ།/དྲང་སྲོང་གྲོག་མཁར་གྱིས་བརྩམས། ཨོ་རྒྱན་གྱིས་བསྒྱུར། བོད་ལྗོངས་མི་དམངས་དཔེ་སྐྲུན་ཁང་།
ISBN:978 – 7 – 223 – 05533 – 8

26. རཱ་མ་ཎའི་རྟོགས་བརྗོད། སྡེ་ཚན་བདུན་པ། མཇུག་གི་སྡེ།/དྲང་སྲོང་གྲོག་མཁར་གྱིས་བརྩམས། ཨོ་རྒྱན་གྱིས་བསྒྱུར། བོད་ལྗོངས་མི་དམངས་དཔེ་སྐྲུན་ཁང་།
ISBN：978 – 7 – 223 – 05445 – 4

27. ཚབ་ཤོག་ཞོ་ཤ་གཞོན་ནུ་དོན་གྲུབ་ཀྱི་སློབ་ཁྲིད་རིག་ཟིག/རབ་སྐྱིད་ལྷགས་བྱམས་རྒྱལ་གྱིས་

བརྩམས། སི་ཁྲོན་མི་རིགས་དཔེ་སྐྲུན་ཁང་།

ISBN:978 –75409 –8156 –3

28. རྗོ་ལས་བཞད་པའི་ལྷ་ས།/ཏུས་པས་བརྩམས། མཚོ་སྔོན་མི་རིགས་དཔེ་སྐྲུན་ཁང་།

ISBN:978 –7 –5420 –3265 –2

29. རྣམ་རྟོག་གི་མཁར་རྫོང་།/སྟོང་བུས་བརྩམས། མཚོ་སྔོན་མི་རིགས་དཔེ་སྐྲུན་ཁང་།

ISBN:978 –7 –5420 –3261 –4

30. ཨེ་ཤེ་ཡའི་རྒྱུ།/ཁ་བ་དཀར་པོས་བརྩམས། མཚོ་སྔོན་མི་རིགས་དཔེ་སྐྲུན་ཁང་།

ISBN:978 –7 –5420 –3260 –7

31. ཡུལ་ཤུལ་བོད་རིགས་དམངས་ཁྲོད་ཀྱི་གཞས་བྲོ་གཅེས་བསྡུས།/ཟླ་བ་སྒྲོལ་མས་རྩོམ་སྒྲིག་བྱས། མཚོ་སྔོན་མི་རིགས་དཔེ་སྐྲུན་ཁང་།

ISBN:978 –7 –5420 –2770 –2

32. དམངས་གླུ་སྙན་དབང་གསོ་བྱེད།/རྡོ་རྗེ་བྱམས་དང་སངས་རྒྱས་དོན་གྲུབ་ཀྱིས་བསྒྲིགས། མཚོ་སྔོན་མི་རིགས་དཔེ་སྐྲུན་ཁང་།

ISBN:978 –7 –5420 –2019 –2

33. གཡུ་ཚུང་དྲུག་དཀར་དཔེ་ཚོགས། ཕ་ནག་ལུང་བ།/ཚེ་རིང་དོན་གྲུབ་ཀྱིས་བརྩམས། མཚོ་སྔོན་མི་རིགས་དཔེ་སྐྲུན་ཁང་།

ISBN: 978 –7 –5420 –3348 –2

34. གཡུ་ཚུང་དྲུག་དཀར་དཔེ་ཚོགས། ཨ་ཕ་ཚང་།/ཚེ་དབང་རྣམ་རྒྱལ་གྱིས་བརྩམས། མཚོ་སྔོན་མི་རིགས་དཔེ་སྐྲུན་ཁང་།

ISBN:978 –7 –5420 –3349 –9

35. གཡུ་ཚུང་དྲུག་དཀར་དཔེ་ཚོགས། ཀླུང་།/བཀྲ་ཧྲས་བརྩམས། མཚོ་སྔོན་མི་རིགས་དཔེ་སྐྲུན་ཁང་།

ISBN: 978 –7 –5420 –3352 –9

36. ལམ་གྱི་སྐར་ཆེམ།/ཀུན་དགའ་ཡེ་ཤེས་ཀྱིས་བརྩམས། སི་ཁྲོན་མི་རིགས་དཔེ་སྐྲུན་ཁང་།

ISBN:978 –7 –5409 –8132 –7

37. འབྲི་མར་སེར་པོ།/སོག་ཏུ་ཀརྨ་ཀུན་ཁྱབ་ཀྱིས་བརྩམས། སི་ཁྲོན་མི་རིགས་དཔེ་སྐྲུན་ཁང་།

ISBN:978 –7 –5409 –8129 –7

38. ཕལ་པའི་རང་མདངས།/ར་ས་བསྟན་འཛིན་ཆོས་གྲགས་ཀྱིས་བརྩམས། སི་ཁྲོན་མི་རིགས་དཔེ་སྐྲུན་ཁང་།

ISBN:978 –7 –5409 –8129 –8

39. བོད་ཀྱི་རིག་གནས་རྒྱུན་ཤེས།/དཔའ་རིས་བསོད་ནམས་ཚེ་རིང་གིས་སྒྲིག་རྩོམ་བྱས། མཚོ་སྔོན་མི་རིགས་དཔེ་སྐྲུན་ཁང་།
ISBN:978 – 7 – 5420 – 3481 – 6

40. བོད་ཀྱི་བརྡ་སྦྱོར་རྒྱུན་ཤེས།/དཔའ་རིས་བསོད་ནམས་ཚེ་རིང་གིས་སྒྲིག་རྩོམ་བྱས། མཚོ་སྔོན་མི་རིགས་དཔེ་སྐྲུན་ཁང་།
ISBN:978 – 7 – 5420 – 3480 – 9

41. སློབ་དཔོན་སྐལ་བཟང་དར་རྒྱས་ཀྱི་གསུང་འབུམ།/སློབ་དཔོན་སྐལ་བཟང་དར་རྒྱས་ཀྱིས་བརྩམས། སི་ཁྲོན་མི་རིགས་དཔེ་སྐྲུན་ཁང་།
ISBN:978 – 7 – 5409 – 8349 – 9

42. སྙན་གཞུང་གི་འགྲེལ་བཤད་མཚོ་བྱུང་དགའ་བའི་འཛུམ་མདངས།/ཛ་བ་ཀུན་གྲོལ་རྒྱ་མཚོས་བརྩམས། སི་ཁྲོན་མི་རིགས་དཔེ་སྐྲུན་ཁང་།
ISBN:978 – 7 – 5409 – 7851 – 8

43. སྔོ་པ་དང་སྨོན་པའི་གཏམ་དཔེ།/ཅེའི་ལྷུང་ཀྲིང་གིས་རྩོམ་སྒྲིག་བྱས། སི་ཁྲོན་མི་རིགས་དཔེ་སྐྲུན་ཁང་།
ISBN:978 – 7 – 5647 – 3775 – 7

44. ཨ་མདོའི་ཁ་སྐད་ཚིག་མཛོད། བོད་རྒྱ་དབྱིན་གསུམ་ཤར་སྦྱར།/གེན་ཞན་ཚུང་དང་། ལི་ཙུན་ཡིང་། ལྷུན་གྲུབ་རྡོ་རྗེ་བཅས་ཀྱིས་སྒྲིག་རྩོམ་བྱས། མཚོ་སྔོན་མི་རིགས་དཔེ་སྐྲུན་ཁང་།
ISBN:978 – 7 – 5420 – 3107 – 5

45. ཚིག་མཛོད་བརྡ་དག་ཀུན་གསལ་མེ་ལོང་།/བསོད་ནམས་རྒྱལ་མཚན་གྱིས་རྩོམ་སྒྲིག་བྱས། བོད་ལྗོངས་མི་དམངས་དཔེ་སྐྲུན་ཁང་།
ISBN:978 – 7 – 223 – 00353 – 7

སྨན་རྩིས་དང་གྲངས་རིག་གི་སྐོར།
(藏医历算)

1. འབྱུང་རྩིས་ཉེར་མཁོ་བདུད་རྩིའི་ཆུ་རྒྱུན།/ཐུབ་བསྟན་ཕུན་ཚོགས་ཀྱིས་བརྩམས། སི་ཁྲོན་མི་རིགས་དཔེ་སྐྲུན་ཁང་།
ISBN:978 – 7 – 5409 – 6253 – 1

2. བོད་ལུགས་གསོ་རིག་གི་བསྒྱུར་སྦྱོང་རྩ་འཛིན་དང་དྲི་གཞི་ཕྱོགས་བསྡུས་གསང་མཛོད་ལྡེ་མིག །

སྨན་རྫས་རིག་པའི་སྐོར།/བོད་ལྗོངས་བོད་ལུགས་གསོ་རིག་སློབ་གྲྭ་ཆེན་མོའི་བསྐྱར་སྦྱོང་རྩ་འཛིན་དང་དྲི་གཞི་ཕྱོགས་བསྡུས་གསང་མཛོད་ལྡེ་མིག་རྩོམ་སྒྲིག་ཚོགས་ཆུང་གིས་བསྒྲིགས། ཀྲུང་གོའི་བོད་རིག་པ་དཔེ་སྐྲུན་ཁང་།

ISBN:978 – 7 – 5211 – 0057 – 0

3. བོད་ལུགས་གསོ་རིག་གི་བསྐྱར་སྦྱོང་རྩ་འཛིན་དང་དྲི་གཞི་ཕྱོགས་བསྡུས་གསང་མཛོད་ལྡེ་མིག ། རྨང་གཞིའི་རིག་གཞུང་སྐོར།/བོད་ལྗོངས་བོད་ལུགས་གསོ་རིག་སློབ་གྲྭ་ཆེན་མོའི་བསྐྱར་སྦྱོང་རྩ་འཛིན་དང་དྲི་གཞི་ཕྱོགས་བསྡུས་གསང་མཛོད་ལྡེ་མིག་རྩོམ་སྒྲིག་ཚོགས་ཆུང་གིས་བསྒྲིགས། ཀྲུང་གོའི་བོད་རིག་པ་དཔེ་སྐྲུན་ཁང་།

ISBN: 978 – 7 – 5211 – 0055 – 6

4. བོད་ལུགས་གསོ་རིག་གི་བསྐྱར་སྦྱོང་རྩ་འཛིན་དང་དྲི་གཞི་ཕྱོགས་བསྡུས་གསང་མཛོད་ལྡེ་མིག ། ནད་ཐོག་རིག་པའི་སྐོར།/བོད་ལྗོངས་བོད་ལུགས་གསོ་རིག་སློབ་གྲྭ་ཆེན་མོའི་བསྐྱར་སྦྱོང་རྩ་འཛིན་དང་དྲི་གཞི་ཕྱོགས་བསྡུས་གསང་མཛོད་ལྡེ་མིག་རྩོམ་སྒྲིག་ཚོགས་ཆུང་གིས་བསྒྲིགས། ཀྲུང་གོའི་བོད་རིག་པ་དཔེ་སྐྲུན་ཁང་།

ISBN: 978 – 7 – 5211 – 0056 – 3

5. ནད་རིགས་བརྟག་བཅོས་མན་ངག་དགོས་པ་ཀུན་འབྱུང་ཞེས་བྱ་བ་བཞུགས་སོ།/སྐལ་བཟང་འཇིགས་མེད་ཀྱིས་བརྩམས། མི་རིགས་དཔེ་སྐྲུན་ཁང་།

ISBN:978 – 7 – 105 – 15498 – 2

6. ཀན་སུའུ་ཞིང་ཆེན་བོད་སྨན་སྡེབ་སྦྱོར་ཚད་གཞི་ཕན་བདེ་ཀུན་འབྱུང་།/ཀན་ལྷོ་ཁུལ་བོད་ཀྱི་གསོ་རིག་སློབ་ཚོགས་ཀྱིས་བསྒྲིགས། མི་རིགས་དཔེ་སྐྲུན་ཁང་།

ISBN: 978 – 7 – 105 – 15670 – 2

7. སྐར་རྩིས་ལྷ་སྒྲ་གཟའ་ལྷའི་གྲངས་མཛོད་ཆེན་མོ་རེའུ་མིག་རྒྱ་མཚོ།(༡ – ༢༠)/ཡུམ་པས་བསྒྲིགས། ཀྲུང་གོའི་བོད་རིག་པ་དཔེ་སྐྲུན་ཁང་།

ISBN: 978 – 7 – 5211 – 0104 – 1

8. ལུས་སེམས་ཀྱི་རྣམ་བཞག མཚོ་སྔོན་སློབ་གྲྭ་ཆེན་མོའི་བོད་ཀྱི་གསོ་རིག་ཆེད་ལས་ཞིབ་འཇུག་སློབ་མའི་མུ་འབྲེལ་སློབ་དེབ།/བྱ་མདོ་ཀླུ་བྱམས་རྒྱལ་དང་དཀོན་མཆོག་རྒྱལ་མཚན་གྱིས་གཙོ་སྒྲིག་བྱས། མི་རིགས་དཔེ་སྐྲུན་ཁང་།

ISBN:978 – 7 – 105 – 15293 – 3

9. སྐྱེ་དངོས་རིག་པའི་ཆེད་རྩོམ་ཕོར་བཏུས་བློ་གསལ་དཔྱིད་ཀྱི་སྦྲུ་གུའི་རང་མདངས།/མིག་དམར་དབང་འདུས་ཀྱིས་བསྒྲིགས། མི་རིགས་དཔེ་སྐྲུན་ཁང་།

ISBN:978 –7 –105 –15473 –9

10. དམའ་རིམ་གྲངས་ཀྱི་རྣམ་བཤད་ཀྱི་སློབ་སྟོན་ལམ་ཁྲིད།/བཙུན་ཐར་རྒྱལ་གྱིས་གཙོ་སྒྲིག་བྱས། མཚོ་སྔོན་མི་རིགས་དཔེ་སྐྲུན་ཁང་།
ISBN:978 –7 –105 –15531 –6

11. རྩིས་ཀྱི་བསྟན་བཅོས་མཁས་པ་དགའ་བྱེད།/བུ་སྟོན་རིན་ཆེན་གྲུབ་ཀྱིས་བརྩམས། བོད་ལྗོངས་མི་དམངས་དཔེ་སྐྲུན་ཁང་།
ISBN:978 –7 –223 –05833 –9

12. བོད་ཀྱི་སྐར་རྩིས་རིག་པ་བྱུང་འཕེལ་གྱི་ལོ་རྒྱུས།/སྙིང་མོ་རྒྱལ་གྱིས་བརྩམས། མི་རིགས་དཔེ་སྐྲུན་ཁང་།
ISBN：978 –7 –105 –15586 –6

13. སྨན་ངོས་གསལ་བཤད་གློག་གི་སྒྲོན་མེ། སྟོད་ཆ།/དཔལ་བཟང་རྒྱ་མཚོས་བརྩམས། སི་ཁྲོན་མི་རིགས་དཔེ་སྐྲུན་ཁང་།
ISBN:978 –7 –5409 –6269 –2

ཆོས་ལུགས་དང་མཚན་ཉིད་རིག་པའི་སྐོར།
（宗教、哲学）

1. བཀའ་པོད་གཞུང་ལྔའི་གཞུང་དཔྱད་དེབ་ཕྲེང་། ཕར་ཕྱིན་གྱི་གཞུང་དཔྱད་གཅེས་བཏུས་བཞུགས་སོ།/སྐལ་བཟང་ཐོགས་མེད་ཀྱིས་བརྩམས། མི་རིགས་དཔེ་སྐྲུན་ཁང་།
ISBN:978 –7 –105 –15450 –0

2. བཀའ་པོད་གཞུང་ལྔའི་གཞུང་དཔྱད་དེབ་ཕྲེང་། འདུལ་བའི་གཞུང་བཤད་གཅེས་བཏུས་བཞུགས་སོ།/སྐལ་བཟང་ཐོགས་མེད་ཀྱིས་བརྩམས། མི་རིགས་དཔེ་སྐྲུན་ཁང་།
ISBN:978 –7 –105 –15456 –2

3. རྒྱལ་གཉེན་རིག་མཛོད། རྫོགས་པ་ཆེན་པོ་ཞང་ཞུང་སྙན་རྒྱུད་བཀའ་བརྒྱུད་སྐོར།/བསྟན་འཛིན་ཡེ་ཤེས་ཀྱིས་བསྒྲིགས། སི་ཁྲོན་མི་རིགས་དཔེ་སྐྲུན་ཁང་།
ISBN:978 –7 –5409 –6220 –3

4. རྒྱལ་གཉེན་རིག་མཛོད། མཉམ་རྒྱུད་རྒྱལ་བའི་ཕྱག་ཁྲིད་དང་ཨ་རིའི་སྟོང་ཐུན་སྐོར།/བསྟན་འཛིན་ཡེ་ཤེས་ཀྱིས་བསྒྲིགས། སི་ཁྲོན་མི་རིགས་དཔེ་སྐྲུན་ཁང་།
ISBN:978 –7 –5409 –6220 –3

5. རྒྱལ་གཤེན་རིག་མཛོད། ཞང་ཞུང་སྙན་རྒྱུད་ཀྱི་རྣམ་ཐར་རྒྱས་བཤད་ཆེན་མོ་དང་ལེའུ་ཐུན་ཐོར་བུའི་སྐོར།/བསྟན་འཛིན་ཡེ་ཤེས་ཀྱིས་བསྒྲིགས། སི་ཁྲོན་མི་རིགས་དཔེ་སྐྲུན་ཁང་།
ISBN:978 –7 –5409 –6220 –3

6. རྒྱལ་གཤེན་རིག་མཛོད། ཞང་ཞུང་སྙན་རྒྱུད་ཀྱི་ཉམས་རྒྱུད་རྒྱས་འབྲིང་བསྡུས་གསུམ་སྐོར།/བསྟན་འཛིན་ཡེ་ཤེས་ཀྱིས་བསྒྲིགས། སི་ཁྲོན་མི་རིགས་དཔེ་སྐྲུན་ཁང་།
ISBN:978 –7 –5409 –6220 –3

7. ཞང་བོད་ལོ་རྒྱུས་ཕྱོགས་བསྒྲིགས། སྟོད་ཆ་དང་སྨད་ཆ།/སྣང་མཐའ་བསྟན་འཛིན་ཉི་མས་བསྒྲིགས། སི་ཁྲོན་མི་རིགས་དཔེ་སྐྲུན་ཁང་།
ISBN:978 –7 –5409 –6488 –7dCN

8. བོན་གྱི་རྣམ་གྲངས་དང་ཞང་བོད་སྐད་གཉིས་ཤན་སྦྱར།/འགྲོ་བཙུན་ལེགས་བཤད་རྒྱ་མཚོས་བསྒྲིགས། སི་ཁྲོན་མི་རིགས་དཔེ་སྐྲུན་ཁང་།
ISBN:978 –7 –5409 –6215 –9

9. ཨོའུ་རྒྱ་ཚང་གི་ཆེད་རྩོམ་ཕྱོགས་བསྒྲིགས།/ཨོའི་རྒྱ་ཚང་གིས་བརྩམས། ཀྲུང་གོའི་བོད་རིག་པ་དཔེ་སྐྲུན་ཁང་།
ISBN:978 –7 –5211 –0028 –0

10. བཀའ་བོད་གཞུང་ལྷའི་གཞུང་དཔྱད་དེབ་ཕྲེང་། མཛོད་ཀྱི་གཞུང་བཤད་གཅེས་བཏུས་བཞུགས་སོ།། སྟོད་ཆ་དང་སྨད་ཆ།/སྐལ་བཟང་ཐོགས་མེད་ཀྱིས་བརྩམས། མི་རིགས་དཔེ་སྐྲུན་ཁང་།
ISBN:978 –7 –105 –15453 –1

11. བཀའ་བོད་གཞུང་ལྷའི་གཞུང་དཔྱད་དེབ་ཕྲེང་། དབུ་མའི་གཞུང་དཔྱད་གཅེས་བཏུས་བཞུགས་སོ།། སྟོད་ཆ་དང་སྨད་ཆ།/སྐལ་བཟང་ཐོགས་མེད་ཀྱིས་བརྩམས། མི་རིགས་དཔེ་སྐྲུན་ཁང་།
ISBN：978 –7 –105 –15451 –7

12. བཀའ་བོད་གཞུང་ལྷའི་གཞུང་དཔྱད་དེབ་ཕྲེང་། དབུ་མའི་གཞུང་དཔྱད་གཅེས་བཏུས་བཞུགས་སོ།། སྨད་ཆ།/སྐལ་བཟང་ཐོགས་མེད་ཀྱིས་བརྩམས། མི་རིགས་དཔེ་སྐྲུན་ཁང་།
ISBN：978 –7 –105 –15452 –4

13. བཀའ་བོད་གཞུང་ལྷའི་གཞུང་དཔྱད་དེབ་ཕྲེང་། ཕར་ཕྱིན་གྱི་གཞུང་དཔྱད་གཅེས་བཏུས་བཞུགས་སོ། སྟོད་ཆ།/སྐལ་བཟང་ཐོགས་མེད་ཀྱིས་བརྩམས། མི་རིགས་དཔེ་སྐྲུན་ཁང་།
ISBN：978 –7 –105 –15452 –4

14. བཀའ་ཡོད་གཞུང་ལྷའི་གཞུང་དཔྱད་དེབ་ཕྲེང་། འདུལ་བའི་གཞུང་བཤད་གཅེས་བཏུས་བཞུགས་སོ།། སྟོད་ཆ།/སྐལ་བཟང་ཐོགས་མེད་ཀྱིས་བརྩམས། མི་རིགས་དཔེ་སྐྲུན་ཁང་།
ISBN：978－7－105－15454－8

15. བཀའ་ཡོད་གཞུང་ལྷའི་གཞུང་དཔྱད་དེབ་ཕྲེང་། ཚད་མའི་གཞུང་བཤད་གཅེས་བཏུས་བཞུགས་སོ།། སྟོད་ཆ།/སྐལ་བཟང་ཐོགས་མེད་ཀྱིས་བརྩམས། མི་རིགས་དཔེ་སྐྲུན་ཁང་།
ISBN：978－7－105－15433－3

16. བཀའ་ཡོད་གཞུང་ལྷའི་གཞུང་དཔྱད་དེབ་ཕྲེང་། ཚད་མའི་གཞུང་བཤད་གཅེས་བཏུས་བཞུགས་སོ།། སྨད་ཆ།/སྐལ་བཟང་ཐོགས་མེད་ཀྱིས་བརྩམས། མི་རིགས་དཔེ་སྐྲུན་ཁང་།
ISBN：978－7－105－15433－3

17. རྒྱལ་སྲས་ལག་ལེན་དང་འབྲེལ་བའི་ནང་དོན་རིག་པའི་བསླབ་གཞི་གསར་བུ་འཇུག་བདེ་ཞེས་བྱ་བ་བཞུགས་སོ།།/ར་ཧོར་བློ་གྲོས་བཟང་པོས་བརྩམས། མི་རིགས་དཔེ་སྐྲུན་ཁང་།
ISBN:978－7－105－15530－9

18. ཚད་མ་རིག་པ་ལ་འཇུག་པའི་སྒོ།/མཁྱེན་རབ་བསོད་ནམས་ཚེ་བརྟན་གྱིས་བརྩམས། མི་རིགས་དཔེ་སྐྲུན་ཁང་།
ISBN:978－7－105－15559－0

19. མདོ་སྨད་དགེ་ལུགས་པའི་དགོན་སྡེའི་རིག་གནས་འགྱུར་ལྡོག་ལ་དཔྱད་པ་དལ་འགྲོའི་ཟེགས་མ།/ལྷུན་གྲུབ་རྡོ་རྗེས་བརྩམས། ཀྲུང་གོའི་བོད་རིག་པ་དཔེ་སྐྲུན་ཁང་།
ISBN：978－7－5211－0005－1

20. འབྲུག་ཆུའི་དམངས་ཁྲོད་གནའ་རབས་བོན་གྱི་དཔེ་རྙིང་ཕྱོགས་བསྒྲིགས།/གཙོ་སྒྲིག་པ། བློ་གསལ། ཡིའང་ཅི་ཞའོ། ཚེན་ཡུན་ཁང་། གཙོ་སྒྲིག་གཞོན་པ། བཀྲ་ཤིས་ཚེ་རིང་། གཙོད་པ་སྐྱབས། པདྨ་རྡོ་རྗེ། ཀན་སུའུ་རིག་གནས་དཔེ་སྐྲུན་ཁང་།
ISBN：978－7－5490－1584－9

21. བོད་བརྒྱུད་ནང་བསྟན་གྱི་དགོངས་དོན་དང་འདུལ་ཁྲིམས་སྐོར་འགྲེལ་བའི་གྲོས་ཚོགས་སྐབས་བདུན་པའི་རྩོམ་ཡིག་ཕྱོགས་བསྒྲིགས། དྲིན་ཤེས་པ་དང་དྲིན་བཟོ་བ། དེབ་གཉིས་པ།/ཀྲུང་གོ་བོད་བརྒྱུད་མཐོ་རིམ་ནང་བསྟན་སློབ་གླིང་གིས་བསྒྲིགས། ཀྲུང་གོའི་བོད་རིག་པ་དཔེ་སྐྲུན་ཁང་།
ISBN：978－7－5211－0073－0

22. བོད་བརྒྱུད་ནང་བསྟན་གྱི་དགོངས་དོན་དང་འདུལ་ཁྲིམས་སྐོར་འགྲེལ་བའི་གྲོས་ཚོགས་སྐབས་བདུན་པའི་རྩོམ་ཡིག་ཕྱོགས་བསྒྲིགས། དྲིན་ཤེས་པ་དང་དྲིན་བཟོ་བ། དེབ་གསུམ་

པ།/ཀྲུང་གོ་བོད་བརྒྱུད་མཐོ་རིམ་ནང་བསྟན་སློབ་གླིང་གིས་བསྒྲིགས། ཀྲུང་གོའི་བོད་རིག་པ་དཔེ་སྐྲུན་ཁང་།

ISBN：978－7－5211－0074－7

23. བསྡུས་གྲྭའི་སྤྱི་དོན་རིགས་པའི་མགུལ་རྒྱན།/ལྷུན་གྲུབ་རྡོ་རྗེས་བསྒྲིགས། མི་རིགས་དཔེ་སྐྲུན་ཁང་།

ISBN：978－7－105－15603－0

24. བོན་གྱི་རྣམ་གྲངས་དང་ཞང་བོད་སྐད་གཉིས་ཤན་སྦྱར།/འགྱུ་བཙུན་ལེགས་བཤད་རྒྱ་མཚོས་བསྒྲིགས། སི་ཁྲོན་མི་རིགས་དཔེ་སྐྲུན་ཁང་།

ISBN：978－7－5409－6215－9

25. ཧོར་ཞི་གདོང་དྲུག་སྙེམས་བློའི་དེབ་ཕྲེང་ལས། ནང་བསྟན་ཚིག་མཛོད་གསལ་དགེ་ལེགས་དཔལ་སྟེར།/ཧོར་ཞི་གདོང་དྲུག་སྙེམས་བློས་བརྩམས། ཀྲུང་གོའི་བོད་རིག་པ་དཔེ་སྐྲུན་ཁང་།

ISBN：978－7－5211－0089－1

26. ཧོར་ཞི་གདོང་དྲུག་སྙེམས་བློའི་དེབ་ཕྲེང་ལས། སངས་རྒྱས་ཆོས་ལུགས་ཀྱི་སྤྱི་བཤད་བློ་གསལ་འཇུག་ངོགས།/ཧོར་ཞི་གདོང་དྲུག་སྙེམས་བློས་བརྩམས། ཀྲུང་གོའི་བོད་རིག་པ་དཔེ་སྐྲུན་ཁང་།

ISBN：978－7－5211－0083－9

27. མར་པ་ལོ་ཙྪ་བ་ཆོས་ཀྱི་བློ་གྲོས་ཀྱི་གསུང་འབུམ་བཞུགས་སོ།། ཀ/མར་པ་ལོ་ཙྪ་བ་ཆོས་ཀྱི་བློ་གྲོས་ཀྱིས་བརྩམས། ཀྲུང་གོའི་བོད་རིག་པ་ཞིབ་འཇུག་ལྟེ་གནས་ཀྱི《ཀྲུང་ཧྭའི་བོད་ཡིག་རིག་མཛོད་ཆེན་མོ》རྩོམ་སྒྲིག་ལྷན་ཚོགས་ཀྱིས་རྩོམ་སྒྲིག་བྱས། མར་མི་དྭགས་གསུམ་གསུང་འབུམ་བསྡུ་སྒྲིག་ཚོ་ཆུང་ནས་ལེགས་སྒྲིག་བྱས། ཀྲུང་གོའི་བོད་རིག་པ་དཔེ་སྐྲུན་ཁང་།

ISBN：978－7－5211－0043－3

28. མར་པ་ལོ་ཙྪ་བ་ཆོས་ཀྱི་བློ་གྲོས་ཀྱི་གསུང་འབུམ་བཞུགས་སོ།། ཁ/མར་པ་ལོ་ཙྪ་བ་ཆོས་ཀྱི་བློ་གྲོས་ཀྱིས་བརྩམས། ཀྲུང་གོའི་བོད་རིག་པ་ཞིབ་འཇུག་ལྟེ་གནས་ཀྱི《ཀྲུང་ཧྭའི་བོད་ཡིག་རིག་མཛོད་ཆེན་མོ》རྩོམ་སྒྲིག་ལྷན་ཚོགས་ཀྱིས་རྩོམ་སྒྲིག་བྱས། མར་མི་དྭགས་གསུམ་གསུང་འབུམ་བསྡུ་སྒྲིག་ཚོ་ཆུང་ནས་ལེགས་སྒྲིག་བྱས། ཀྲུང་གོའི་བོད་རིག་པ་དཔེ་སྐྲུན་ཁང་།

ISBN：978－7－5211－0043－3

29. མར་པ་ལོ་ཙྪ་བ་ཆོས་ཀྱི་བློ་གྲོས་ཀྱི་གསུང་འབུམ་བཞུགས་སོ།། ག/མར་པ་ལོ་ཙྪ་བ་ཆོས་ཀྱི་བློ་གྲོས་ཀྱིས་བརྩམས། ཀྲུང་གོའི་བོད་རིག་པ་ཞིབ་འཇུག་ལྟེ་གནས་ཀྱི《ཀྲུང་ཧྭའི་བོད་ཡིག་རིག་

མཛོད་ཆེན་མོ་》རྩོམ་སྒྲིག་ལྷན་ཚོགས་ཀྱིས་རྩོམ་སྒྲིག་བྱས། མར་མི་དྭགས་གསུམ་གསུང་འབུམ་བསྐྲུ་སྒྲིག་ཚོ་ཆུང་ནས་ལེགས་སྒྲིག་བྱས། ཀྲུང་གོའི་བོད་རིག་པ་དཔེ་སྐྲུན་ཁང་།

ISBN：978 -7 -5211 -0043 -3

30. མར་པ་ལོ་ཙྪ་བ་ཆོས་ཀྱི་བློ་གྲོས་ཀྱི་གསུང་འབུམ་བཞུགས་སོ།། ང་།/མར་པ་ལོ་ཙྪ་བ་ཆོས་ཀྱི་བློ་གྲོས་ཀྱིས་བརྩམས། ཀྲུང་གོའི་བོད་རིག་པ་ཞིབ་འཇུག་ལྟེ་གནས་ཀྱི་《ཀྲུང་ཧྭའི་བོད་ཡིག་རིག་མཛོད་ཆེན་མོ་》རྩོམ་སྒྲིག་ལྷན་ཚོགས་ཀྱིས་རྩོམ་སྒྲིག་བྱས། མར་མི་དྭགས་གསུམ་གསུང་འབུམ་བསྐྲུ་སྒྲིག་ཚོ་ཆུང་ནས་ལེགས་སྒྲིག་བྱས། ཀྲུང་གོའི་བོད་རིག་པ་དཔེ་སྐྲུན་ཁང་།

ISBN：978 -7 -5211 -0043 -3

31. རྗེ་བཙུན་མི་ལ་རས་པའི་གསུང་འབུམ་བཞུགས་སོ།། ཀ/རྗེ་བཙུན་མི་ལ་རས་པས་བརྩམས། ཀྲུང་གོའི་བོད་རིག་པ་ཞིབ་འཇུག་ལྟེ་གནས་ཀྱི་《ཀྲུང་ཧྭའི་བོད་ཡིག་རིག་མཛོད་ཆེན་མོ་》རྩོམ་སྒྲིག་ལྷན་ཚོགས་ཀྱིས་རྩོམ་སྒྲིག་བྱས། མར་མི་དྭགས་གསུམ་གསུང་འབུམ་བསྐྲུ་སྒྲིག་ཚོ་ཆུང་ནས་ལེགས་སྒྲིག་བྱས། ཀྲུང་གོའི་བོད་རིག་པ་དཔེ་སྐྲུན་ཁང་།

ISBN：978 -7 -5211 -0044 -0

32. རྗེ་བཙུན་མི་ལ་རས་པའི་གསུང་འབུམ་བཞུགས་སོ།། ཁ/རྗེ་བཙུན་མི་ལ་རས་པས་བརྩམས། ཀྲུང་གོའི་བོད་རིག་པ་ཞིབ་འཇུག་ལྟེ་གནས་ཀྱི་《ཀྲུང་ཧྭའི་བོད་ཡིག་རིག་མཛོད་ཆེན་མོ་》རྩོམ་སྒྲིག་ལྷན་ཚོགས་ཀྱིས་རྩོམ་སྒྲིག་བྱས། མར་མི་དྭགས་གསུམ་གསུང་འབུམ་བསྐྲུ་སྒྲིག་ཚོ་ཆུང་ནས་ལེགས་སྒྲིག་བྱས། ཀྲུང་གོའི་བོད་རིག་པ་དཔེ་སྐྲུན་ཁང་།

ISBN：978 -7 -5211 -0044 -0

33. རྗེ་བཙུན་མི་ལ་རས་པའི་གསུང་འབུམ་བཞུགས་སོ།། ག/རྗེ་བཙུན་མི་ལ་རས་པས་བརྩམས། ཀྲུང་གོའི་བོད་རིག་པ་ཞིབ་འཇུག་ལྟེ་གནས་ཀྱི་《ཀྲུང་ཧྭའི་བོད་ཡིག་རིག་མཛོད་ཆེན་མོ་》རྩོམ་སྒྲིག་ལྷན་ཚོགས་ཀྱིས་རྩོམ་སྒྲིག་བྱས། མར་མི་དྭགས་གསུམ་གསུང་འབུམ་བསྐྲུ་སྒྲིག་ཚོ་ཆུང་ནས་ལེགས་སྒྲིག་བྱས། ཀྲུང་གོའི་བོད་རིག་པ་དཔེ་སྐྲུན་ཁང་།

ISBN：978 -7 -5211 -0044 -0

34. རྗེ་བཙུན་མི་ལ་རས་པའི་གསུང་འབུམ་བཞུགས་སོ།། ང་།/རྗེ་བཙུན་མི་ལ་རས་པས་བརྩམས། ཀྲུང་གོའི་བོད་རིག་པ་ཞིབ་འཇུག་ལྟེ་གནས་ཀྱི་《ཀྲུང་ཧྭའི་བོད་ཡིག་རིག་མཛོད་ཆེན་མོ་》རྩོམ་སྒྲིག་ལྷན་ཚོགས་ཀྱིས་རྩོམ་སྒྲིག་བྱས། མར་མི་དྭགས་གསུམ་གསུང་འབུམ་བསྐྲུ་སྒྲིག་ཚོ་ཆུང་ནས་ལེགས་སྒྲིག་བྱས། ཀྲུང་གོའི་བོད་རིག་པ་དཔེ་སྐྲུན་ཁང་།

ISBN：978 -7 -5211 -0044 -0

35. དྭགས་པོ་ལྷ་རྗེ་བསོད་ནམས་རིན་ཆེན་གྱི་གསུང་འབུམ་བཞུགས་སོ།། ཀ/དྭགས་པོ་ལྷ་རྗེ་

བསོད་ནམས་རིན་ཆེན་གྱིས་བརྩམས། ཀྲུང་གོའི་བོད་རིག་པ་ཞིབ་འཇུག་ལྟེ་གནས་ཀྱི་《ཀྲུང་ཧྭའི་བོད་ཡིག་རིག་མཛོད་ཆེན་མོ་》རྩོམ་སྒྲིག་ལྷན་ཚོགས་ཀྱིས་རྩོམ་སྒྲིག་བྱས། མར་མི་དྭགས་གསུམ་གསུང་འབུམ་བསྡུ་སྒྲིག་ཚོ་ཆུང་ནས་ལེགས་སྒྲིག་བྱས། ཀྲུང་གོའི་བོད་རིག་པ་དཔེ་སྐྲུན་ཁང་།

ISBN：978 –7 –5211 –0042 –6

36. དྭགས་པོ་ལྷ་རྗེ་བསོད་ནམས་རིན་ཆེན་གྱི་གསུང་འབུམ་བཞུགས་སོ།། ཁ/དྭགས་པོ་ལྷ་རྗེ་བསོད་ནམས་རིན་ཆེན་གྱིས་བརྩམས། ཀྲུང་གོའི་བོད་རིག་པ་ཞིབ་འཇུག་ལྟེ་གནས་ཀྱི་《ཀྲུང་ཧྭའི་བོད་ཡིག་རིག་མཛོད་ཆེན་མོ་》རྩོམ་སྒྲིག་ལྷན་ཚོགས་ཀྱིས་རྩོམ་སྒྲིག་བྱས། མར་མི་དྭགས་གསུམ་གསུང་འབུམ་བསྡུ་སྒྲིག་ཚོ་ཆུང་ནས་ལེགས་སྒྲིག་བྱས། ཀྲུང་གོའི་བོད་རིག་པ་དཔེ་སྐྲུན་ཁང་།

ISBN：978 –7 –5211 –0042 –6

37. དྭགས་པོ་ལྷ་རྗེ་བསོད་ནམས་རིན་ཆེན་གྱི་གསུང་འབུམ་བཞུགས་སོ།། ག/དྭགས་པོ་ལྷ་རྗེ་བསོད་ནམས་རིན་ཆེན་གྱིས་བརྩམས། ཀྲུང་གོའི་བོད་རིག་པ་ཞིབ་འཇུག་ལྟེ་གནས་ཀྱི་《ཀྲུང་ཧྭའི་བོད་ཡིག་རིག་མཛོད་ཆེན་མོ་》རྩོམ་སྒྲིག་ལྷན་ཚོགས་ཀྱིས་རྩོམ་སྒྲིག་བྱས། མར་མི་དྭགས་གསུམ་གསུང་འབུམ་བསྡུ་སྒྲིག་ཚོ་ཆུང་ནས་ལེགས་སྒྲིག་བྱས། ཀྲུང་གོའི་བོད་རིག་པ་དཔེ་སྐྲུན་ཁང་།

ISBN：978 –7 –5211 –0042 –6

38. དྭགས་པོ་ལྷ་རྗེ་བསོད་ནམས་རིན་ཆེན་གྱི་གསུང་འབུམ་བཞུགས་སོ།། ང་།/དྭགས་པོ་ལྷ་རྗེ་བསོད་ནམས་རིན་ཆེན་གྱིས་བརྩམས། ཀྲུང་གོའི་བོད་རིག་པ་ཞིབ་འཇུག་ལྟེ་གནས་ཀྱི་《ཀྲུང་ཧྭའི་བོད་ཡིག་རིག་མཛོད་ཆེན་མོ་》རྩོམ་སྒྲིག་ལྷན་ཚོགས་ཀྱིས་རྩོམ་སྒྲིག་བྱས། མར་མི་དྭགས་གསུམ་གསུང་འབུམ་བསྡུ་སྒྲིག་ཚོ་ཆུང་ནས་ལེགས་སྒྲིག་བྱས། ཀྲུང་གོའི་བོད་རིག་པ་དཔེ་སྐྲུན་ཁང་།

ISBN：978 –7 –5211 –0042 –6

39. འདུལ་བ་བསྡུས་པའི་པར་གཞི་ཞིབ་འཇུག/བྱ་གཞུང་གཡང་འབུམ་རྒྱལ་གྱིས་བརྩམས། མི་རིགས་དཔེ་སྐྲུན་ཁང་།

ISBN：978 –7 –105 –15596 –5

40. བཀའ་བསྟན་ལྷ་གྲུབ་དཀའ་གནད་བདམས་བཏུས། དེབ་ཐེར་ཚོན་ཁྲ།/ཁང་དཀར་ཚུལ་ཁྲིམས་སྐལ་བཟང་གིས་རྩོམ་སྒྲིག་བྱས། ཀན་སུའུ་མི་རིགས་དཔེ་སྐྲུན་ཁང་།

ISBN：978 –7 –5421 –4353 –2

41. བོད་བརྒྱུད་བཀའ་བསྟན་ཡུམ་ཆེན་མཆིམས་འཛམ་པའི་དབྱངས་ཀྱི་བཀའ་རྩོམ་མཆིམས་མཛོད་ལུང་ཁུངས་གསལ་བྱེད་ཉི་ཟླ།/ཁང་དཀར་ཚུལ་ཁྲིམས་སྐལ་བཟང་གིས་རྩོམ་སྒྲིག་བྱས། ཀན་སུའུ་མི་རིགས་དཔེ་སྐྲུན་ཁང་།
ISBN：978 –7 –5421 –4352 –5

42. རོར་ཞི་གདོང་དྲུག་སྙེམས་བློའི་དེབ་ཕྲེང་ལས། དབུ་ཚད་གསུང་བཏུས་རིན་ཆེན་སྒྲོམ་བུ།/རོར་ཞི་གདོང་དྲུག་སྙེམས་བློས་བརྩམས། ཀྲུང་གོའི་བོད་རིག་པ་དཔེ་སྐྲུན་ཁང་།
ISBN：978 –7 –5211 –0084 –6

43. རྒྱལ་དབང་ལྔ་པ་ངག་དབང་བློ་བཟང་རྒྱ་མཚོའི་གསུང་འབུམ། ༡ – ༢༥/རྒྱལ་དབང་ལྔ་པ་ངག་དབང་བློ་བཟང་རྒྱ་མཚོས་བརྩམས། དཔལ་བརྩེགས་བོད་ཡིག་དཔེ་རྙིང་ཞིབ་འཇུག་ལྟེ་གནས་ཀྱིས་བསྡུ་སྒྲིག་བྱས། ཀྲུང་གོའི་བོད་རིག་པ་དཔེ་སྐྲུན་ཁང་།
ISBN：978 –7 –5211 –0101 –0

44. ས་སྐྱ་གོང་མ་རྣམ་ལྔའི་བཀའ་འབུམ་གྱི་ཟུར་རྒྱན་བཞུགས་སོ།།(པོད་༥)/དཔལ་བརྩེགས་བོད་ཡིག་དཔེ་རྙིང་ཞིབ་འཇུག་ལྟེ་གནས་ཀྱིས་བསྡུ་སྒྲིག་བྱས། ཀྲུང་གོའི་བོད་རིག་པ་དཔེ་སྐྲུན་ཁང་།
ISBN：978 –7 –5211 –0045 –7

45. སྲིད་པའི་མཛོད་ཕུགས་ཀྱི་གཞུང་ཞེས་བྱ་བ་བཞུགས་སོ།།/རྣམ་མཁྱེན་སྟོན་པ་གཤེན་རབ་མི་བོའི་བཀའ། སི་ཁྲོན་མི་རིགས་དཔེ་སྐྲུན་ཁང་།
ISBN:978 –7 –5409 –7902 –7

46. འཇིགས་མེད་གླིང་པའི་གཏམ་ཚོགས།/རིག་འཛིན་འཇིགས་མེད་གླིང་པ། བསོད་ནམས་ཚེ་བརྟན་གྱིས་རྩོམ་སྒྲིག་བྱས། བོད་ལྗོངས་མི་དམངས་དཔེ་སྐྲུན་ཁང་།
ISBN:978 –7 –5700 –0070

སློབ་གསོའི་སྐོར།

（教育）

1. སློབ་གྲྭ་ཆུང་འབྲིང་གི་སློབ་མའི་ཟུར་ལྟའི་ཀློག་དེབ། གུང་གསེང་གི་དཔེ་ཀློག/སྐྱ་རེངས་གླུ་ཕྲུག་དང་སྟོབས་ལྡན་གླུ་འབུམ་རྒྱལ་གྱིས་སྒྲིག་རྩོམ་བྱས། སི་ཁྲོན་མི་རིགས་དཔེ་སྐྲུན་ཁང་།
ISBN:978 –7 –5409 –7199 –1

2. རྫས་འགྱུར་རིག་པའི་རྒྱ་བོད་དབྱིན་གསུམ་ཤན་སྦྱར་ཚིག་མཛོད།/མཆོག་གསུམ་གྱིས་བསྒྲིགས།

མི་རིགས་དཔེ་སྐྲུན་ཁང་།

ISBN：978 – 7 – 105 – 15644 – 3

3. མདོ་དབུས་མཐོ་སྒང་གི་འབྲོག་སྡེའི་ཕྱུགས་ལས་ལ་ཉེ་བར་མཁོ་བའི་ལག་རྩལ་སྟབས་བདེ།/ཚེ་ཧྲེས་བསྒྲིགས། མི་རིགས་དཔེ་སྐྲུན་ཁང་།

ISBN：978 – 7 – 105 – 15511 – 8

4. ཚན་རིག་བརྡ་ཆད་ཡིག་སྦྱོར་གྱི་གཞུང་ལུགས་དང་ལག་ལེན།/མགོན་པོ་རབ་བརྟན་དང་སྒྲོལ་མ་འཚོས་རྩོམ་སྒྲིག་བྱས། ཀྲུང་གོའི་བོད་རིག་པ་དཔེ་སྐྲུན་ཁང་།

ISBN：978 – 7 – 5211 – 0004 – 4

5. སྐོམ་སེལ་བདུད་རྩིའི་ཆུ་རྒྱུན། དེབ་བཞི་པ།/འཇམ་དབྱངས་བཀྲ་ཤིས་དང་སྐལ་ལོས་གཙོ་སྒྲིག་བྱས། ཀྲུང་གོའི་བོད་རིག་པ་དཔེ་སྐྲུན་ཁང་།

ISBN：978 – 7 – 5211 – 0048 – 8

6. སྐོམ་སེལ་བདུད་རྩིའི་ཆུ་རྒྱུན། དེབ་ལྔ་པ།/འཇམ་དབྱངས་བཀྲ་ཤིས་དང་སྐལ་ལོས་གཙོ་སྒྲིག་བྱས། ཀྲུང་གོའི་བོད་རིག་པ་དཔེ་སྐྲུན་ཁང་།

ISBN：978 – 7 – 5211 – 0049 – 5

7. སྐོམ་སེལ་བདུད་རྩིའི་ཆུ་རྒྱུན། དེབ་དྲུག་པ།/སྟག་ལྷ་དང་རིན་ཆེན་བཀྲ་ཤིས་ཀྱིས་གཙོ་སྒྲིག་བྱས། ཀྲུང་གོའི་བོད་རིག་པ་དཔེ་སྐྲུན་ཁང་།

ISBN：978 – 7 – 5211 – 0050 – 1

8. སྐོམ་སེལ་བདུད་རྩིའི་ཆུ་རྒྱུན། དེབ་བདུན་པ།/སྟག་ལྷ་དང་རིན་ཆེན་བཀྲ་ཤིས་ཀྱིས་གཙོ་སྒྲིག་བྱས། ཀྲུང་གོའི་བོད་རིག་པ་དཔེ་སྐྲུན་ཁང་།

ISBN：978 – 7 – 5211 – 0051 – 8

9. སྐོམ་སེལ་བདུད་རྩིའི་ཆུ་རྒྱུན། དེབ་བརྒྱད་པ།/རིན་ཆེན་བཀྲ་ཤིས་དང་སྟག་ལྷས་གཙོ་སྒྲིག་བྱས། ཀྲུང་གོའི་བོད་རིག་པ་དཔེ་སྐྲུན་ཁང་།

ISBN：978 – 7 – 5211 – 0052 – 5

10. སྐོམ་སེལ་བདུད་རྩིའི་ཆུ་རྒྱུན། དེབ་དགུ་པ།/རིན་ཆེན་བཀྲ་ཤིས་དང་སྟག་ལྷས་གཙོ་སྒྲིག་བྱས། ཀྲུང་གོའི་བོད་རིག་པ་དཔེ་སྐྲུན་ཁང་།

ISBN：978 – 7 – 5211 – 0053 – 2

11. མི་དམངས་ཉེན་རྟོག་ལས་དོན་ཉམས་ལེན་བསླབ་དེབ།/སྒྲིག་པ་པོ། མ་ཏི། སྒྱུར་པ་པོ། རམས་ཚེ་རྡོ། མཁའ་མཚོ་སྐྱིད། མི་རིགས་དཔེ་སྐྲུན་ཁང་།

ISBN：978 – 7 – 105 – 15282 – 7

ཡིག་རྙིང་གི་སྐོར།
(古籍)

1. བོད་ཀྱི་སྔ་རབས་དམ་པ་རྣམས་ཀྱི་གསུང་ཆོས་ཕྱག་བྲིས་མ་རིན་ཆེན་གསེར་ཕྲེང་། དེབ་ཕྲེང་གཉིས་པ། བམ་པོ་དང་པོ། འཇམ་དབྱངས་མགོན་པོའི་ཕྱིའི་རྣམ་ཐར་བཞུགས་ལགས་སོ།།/འབྲུག་ཐར་དང་ཀྨ་བདེ་ལེགས་གཉིས་ཀྱིས་གཙོ་སྒྲིག་བྱས། དཔལ་བརྩེགས་བོད་ཡིག་དཔེ་རྙིང་ཞིབ་འཇུག་ལྟེ་གནས་ཀྱིས་བསྡུ་སྒྲིག་བྱས། ཀན་སུའུ་རིག་གནས་དཔེ་སྐྲུན་ཁང་།
ISBN：978 – 7 – 5490 – 1363 – 0
2. བོད་ཀྱི་སྔ་རབས་དམ་པ་རྣམས་ཀྱི་གསུང་ཆོས་ཕྱག་བྲིས་མ་རིན་ཆེན་གསེར་ཕྲེང་། དེབ་ཕྲེང་གཉིས་པ། བམ་པོ་གཉིས་པ། མཚན་སྒྲོག་ཚོགས་སྡེ་བསྒྲུན་བྱེད་མཁན་ཆེན་འཇམ་དབྱངས་རིན་ཆེན་དཔལ་ཞེས་བསོད་སྙོམས་པ་ཆེན་པོའི་རྣམ་པར་ཐར་པ་ཐོས་པ་དོན་ཡོད་བཞུགས།/འབྲུག་ཐར་དང་ཀྨ་བདེ་ལེགས་གཉིས་ཀྱིས་གཙོ་སྒྲིག་བྱས། དཔལ་བརྩེགས་བོད་ཡིག་དཔེ་རྙིང་ཞིབ་འཇུག་ལྟེ་གནས་ཀྱིས་བསྡུ་སྒྲིག་བྱས། ཀན་སུའུ་རིག་གནས་དཔེ་སྐྲུན་ཁང་།
ISBN：978 – 7 – 5490 – 1363 – 0
3. བོད་ཀྱི་སྔ་རབས་དམ་པ་རྣམས་ཀྱི་གསུང་ཆོས་ཕྱག་བྲིས་མ་རིན་ཆེན་གསེར་ཕྲེང་། དེབ་ཕྲེང་གཉིས་པ། བམ་པོ་གསུམ་པ། དཔལ་ལྡན་བླ་མ་དམ་པའི་རྣམ་པར་ཐར་པ་ངོ་མཚར་མཐོང་ཐོས་དོན་ལྡན་ཞེས་བྱ་བའི་དབུ་ཕྱོགས་ལགསོ།/འབྲུག་ཐར་དང་ཀྨ་བདེ་ལེགས་གཉིས་ཀྱིས་གཙོ་སྒྲིག་བྱས། དཔལ་བརྩེགས་བོད་ཡིག་དཔེ་རྙིང་ཞིབ་འཇུག་ལྟེ་གནས་ཀྱིས་བསྡུ་སྒྲིག་བྱས། ཀན་སུའུ་རིག་གནས་དཔེ་སྐྲུན་ཁང་།
ISBN：978 – 7 – 5490 – 1363 – 0
4. བོད་ཀྱི་སྔ་རབས་དམ་པ་རྣམས་ཀྱི་གསུང་ཆོས་ཕྱག་བྲིས་མ་རིན་ཆེན་གསེར་ཕྲེང་། དེབ་ཕྲེང་གཉིས་པ། བམ་པོ་བཞི་པ། རྣམ་ཐར་མུ་ཏིག་འཕྲེང་བ་བཞུགས་པའི་དབུ་ཕྱོགསོ།/འབྲུག་ཐར་དང་ཀྨ་བདེ་ལེགས་གཉིས་ཀྱིས་གཙོ་སྒྲིག་བྱས། དཔལ་བརྩེགས་བོད་ཡིག་དཔེ་རྙིང་ཞིབ་འཇུག་ལྟེ་གནས་ཀྱིས་བསྡུ་སྒྲིག་བྱས། ཀན་སུའུ་རིག་གནས་དཔེ་སྐྲུན་ཁང་།
ISBN：978 – 7 – 5490 – 1363 – 0
5. བོད་ཀྱི་སྔ་རབས་དམ་པ་རྣམས་ཀྱི་གསུང་ཆོས་ཕྱག་བྲིས་མ་རིན་ཆེན་གསེར་ཕྲེང་། དེབ་ཕྲེང་གཉིས་པ། བམ་པོ་ལྔ་པ། རྗེ་བཙུན་རྣལ་འབྱོར་དབང་ཕྱུག་ཆོས་ཀྱི་རྒྱ་མཚོའི་རྣམ་པར་ཐར་པ་བྱིན་བརླབས་ཀྱི་གཏེར་མཛོད་འགྲོ་ཀུན་དགའ་བའི་སྙིང་པོ་འཕྲིན་ལས་ཀུན་ཁྱབ་ཞེས་བྱ་བ་

བཞུགས་སོ།/འབྲུག་ཐར་དང་ཀརྨ་བདེ་ལེགས་གཉིས་ཀྱིས་གཙོ་སྒྲིག་བྱས། དཔལ་བརྩེགས་བོད་ཡིག་དཔེ་རྙིང་ཞིབ་འཇུག་ལྟེ་གནས་ཀྱིས་བསྡུ་སྒྲིག་བྱས། ཀན་སུའུ་རིག་གནས་དཔེ་སྐྲུན་ཁང་།

ISBN：978 –7 –5490 –1363 –0

6. བོད་ཀྱི་སྤྱི་རབས་དམ་པ་རྣམས་ཀྱི་གསུང་ཆོས་ཕྱག་བྲིས་མ་རིན་ཆེན་གསེར་ཕྲེང་། དེབ་ཕྲེང་གཉིས་པ། བམ་པོ་དྲུག་པ། རྫོག་རབས་གསལ་བའི་མེ་ལོང་ཉི་ཟླའི་འོད་འཕྲོ་ནོར་བུ་རིན་ཆེན་བཞུགས་སོ།།/འབྲུག་ཐར་དང་ཀརྨ་བདེ་ལེགས་གཉིས་ཀྱིས་གཙོ་སྒྲིག་བྱས། དཔལ་བརྩེགས་བོད་ཡིག་དཔེ་རྙིང་ཞིབ་འཇུག་ལྟེ་གནས་ཀྱིས་བསྡུ་སྒྲིག་བྱས། ཀན་སུའུ་རིག་གནས་དཔེ་སྐྲུན་ཁང་།

ISBN：978 –7 –5490 –1363 –0

7. བོད་ཀྱི་སྤྱི་རབས་དམ་པ་རྣམས་ཀྱི་གསུང་ཆོས་ཕྱག་བྲིས་མ་རིན་ཆེན་གསེར་ཕྲེང་། དེབ་ཕྲེང་གཉིས་པ། བམ་པོ་བདུན་པ། དུས་གསུམ་རྒྱལ་བ་མ་ལུས་པ་བསྐྱེད་པའི་ཡུམ་ཆེན་ཀུན་ཏུ་བཟང་མོའི་རྣམ་པར་ཐར་བ་ཟབ་དོན་གཏེར་མཛོད་མཐོང་བ་དོན་ལྡན་ཞེས་བྱ་བ་བཞུགས་སོ།།/འབྲུག་ཐར་དང་ཀརྨ་བདེ་ལེགས་གཉིས་ཀྱིས་གཙོ་སྒྲིག་བྱས། དཔལ་བརྩེགས་བོད་ཡིག་དཔེ་རྙིང་ཞིབ་འཇུག་ལྟེ་གནས་ཀྱིས་བསྡུ་སྒྲིག་བྱས། ཀན་སུའུ་རིག་གནས་དཔེ་སྐྲུན་ཁང་།

ISBN：978 –7 –5490 –1363 –0

8. བོད་ཀྱི་སྤྱི་རབས་དམ་པ་རྣམས་ཀྱི་གསུང་ཆོས་ཕྱག་བྲིས་མ་རིན་ཆེན་གསེར་ཕྲེང་། དེབ་ཕྲེང་གཉིས་པ། བམ་པོ་བརྒྱད་པ། རྒྱལ་པོ་བཀའ་ཆེན་བཞུགས་སོ། སྲོང་བཙན་རྣམ་ཐར་གསུངས་འབུམ།/འབྲུག་ཐར་དང་ཀརྨ་བདེ་ལེགས་གཉིས་ཀྱིས་གཙོ་སྒྲིག་བྱས། དཔལ་བརྩེགས་བོད་ཡིག་དཔེ་རྙིང་ཞིབ་འཇུག་ལྟེ་གནས་ཀྱིས་བསྡུ་སྒྲིག་བྱས། ཀན་སུའུ་རིག་གནས་དཔེ་སྐྲུན་ཁང་།

ISBN：978 –7 –5490 –1363 –0

9. བོད་ཀྱི་སྤྱི་རབས་དམ་པ་རྣམས་ཀྱི་གསུང་ཆོས་ཕྱག་བྲིས་མ་རིན་ཆེན་གསེར་ཕྲེང་། དེབ་ཕྲེང་གཉིས་པ། བམ་པོ་དགུ་པ། རྗེ་བཙུན་གཡུ་ཐོག་ཡོན་ཏན་མགོན་པོ་རྙིང་མའི་རྣམ་པར་ཐར་པ་བཀའ་རྒྱ་མ་གཟི་བརྗིད་རིན་པོ་ཆེའི་གཏེར་མཛོད་ཅེས་བྱ་བ་བཞུགས་སོ།/འབྲུག་ཐར་དང་ཀརྨ་བདེ་ལེགས་གཉིས་ཀྱིས་གཙོ་སྒྲིག་བྱས། དཔལ་བརྩེགས་བོད་ཡིག་དཔེ་རྙིང་ཞིབ་འཇུག་ལྟེ་གནས་ཀྱིས་བསྡུ་སྒྲིག་བྱས། ཀན་སུའུ་རིག་གནས་དཔེ་སྐྲུན་ཁང་།

ISBN：978 –7 –5490 –1363 –0

10. བོད་ཀྱི་སྤྱི་རབས་དམ་པ་རྣམས་ཀྱི་གསུང་ཆོས་ཕྱག་བྲིས་མ་རིན་ཆེན་གསེར་ཕྲེང་། དེབ་ཕྲེང་གཉིས་པ། བམ་པོ་བཅུ་པ། མ་ཅིག་གི་རྣམས་བཤད་ཆེན་མོའི་དབུ་ཡི་གཟི་ཏ་ཕྱོགས་ལགས་སོ།།/འབྲུག་ཐར་དང་ཀརྨ་བདེ་ལེགས་གཉིས་ཀྱིས་གཙོ་སྒྲིག་བྱས། དཔལ་བརྩེགས་བོད་ཡིག

དཔེ་རྙིང་ཞིབ་འཇུག་ལྟེ་གནས་ཀྱིས་བསྡུ་སྒྲིག་བྱས། ཀན་སུའུ་རིག་གནས་དཔེ་སྐྲུན་ཁང་།
ISBN：978－7－5490－1363－0

11. བོད་ཀྱི་སྔ་རབས་དམ་པ་རྣམས་ཀྱི་གསུང་ཆོས་ཕྱག་བྲིས་མ་རིན་ཆེན་གསེར་ཕྲེང་། དེབ་ཕྲེང་གཉིས་པ། བམ་པོ་བཅུ་གཅིག་པ། ཁྱུང་པོ་རྣལ་འབྱོར་པའི་རྣམ་ཐར་དྲི་མ་མེད་པ་བཞུགས་སོ།།/འབྲུག་ཐར་དང་ཀུན་བདེ་ལེགས་གཉིས་ཀྱིས་གཙོ་སྒྲིག་བྱས། དཔལ་བརྩེགས་བོད་ཡིག་དཔེ་རྙིང་ཞིབ་འཇུག་ལྟེ་གནས་ཀྱིས་བསྡུ་སྒྲིག་བྱས། ཀན་སུའུ་རིག་གནས་དཔེ་སྐྲུན་ཁང་།
ISBN：978－7－5490－1363－0

12. བོད་ཀྱི་སྔ་རབས་དམ་པ་རྣམས་ཀྱི་གསུང་ཆོས་ཕྱག་བྲིས་མ་རིན་ཆེན་གསེར་ཕྲེང་། དེབ་ཕྲེང་གཉིས་པ། བམ་པོ་བཅུ་གཉིས་པ། སྤྲུལ་པའི་ཆོས་རྒྱལ་སྲོང་བཙན་སྒམ་པོའི་མཛད་པ་མདོ་ཙམ་གླིང་བ་རིན་ཆེན་ཕྲེང་བ་ཞེས་བྱ་བ་བཞུགས་སོ།/འབྲུག་ཐར་དང་ཀུན་བདེ་ལེགས་གཉིས་ཀྱིས་གཙོ་སྒྲིག་བྱས། དཔལ་བརྩེགས་བོད་ཡིག་དཔེ་རྙིང་ཞིབ་འཇུག་ལྟེ་གནས་ཀྱིས་བསྡུ་སྒྲིག་བྱས། ཀན་སུའུ་རིག་གནས་དཔེ་སྐྲུན་ཁང་།
ISBN：978－7－5490－1363－0

13. བོད་ཀྱི་སྔ་རབས་དམ་པ་རྣམས་ཀྱི་གསུང་ཆོས་ཕྱག་བྲིས་མ་རིན་ཆེན་གསེར་ཕྲེང་། དེབ་ཕྲེང་གཉིས་པ། བམ་པོ་བཅུ་གསུམ་པ། ཞང་རིན་པོ་ཆེས་མཛད་པའི་མལ་ཡེར་པ་བའི་རྣམ་ཐར་བཞུགས།/འབྲུག་ཐར་དང་ཀུན་བདེ་ལེགས་གཉིས་ཀྱིས་གཙོ་སྒྲིག་བྱས། དཔལ་བརྩེགས་བོད་ཡིག་དཔེ་རྙིང་ཞིབ་འཇུག་ལྟེ་གནས་ཀྱིས་བསྡུ་སྒྲིག་བྱས། ཀན་སུའུ་རིག་གནས་དཔེ་སྐྲུན་ཁང་།
ISBN：978－7－5490－1363－0

14. བོད་ཀྱི་སྔ་རབས་དམ་པ་རྣམས་ཀྱི་གསུང་ཆོས་ཕྱག་བྲིས་མ་རིན་ཆེན་གསེར་ཕྲེང་། དེབ་ཕྲེང་གཉིས་པ། བམ་པོ་བཅུ་བཞི་པ། བསྒྲུང་གནས་བླ་མ་བརྒྱུད་པའི་རྣམ་ཐར་དང་བཅས་པ་བཞུགས་ལགས་སྷོ།/འབྲུག་ཐར་དང་ཀུན་བདེ་ལེགས་གཉིས་ཀྱིས་གཙོ་སྒྲིག་བྱས། དཔལ་བརྩེགས་བོད་ཡིག་དཔེ་རྙིང་ཞིབ་འཇུག་ལྟེ་གནས་ཀྱིས་བསྡུ་སྒྲིག་བྱས། ཀན་སུའུ་རིག་གནས་དཔེ་སྐྲུན་ཁང་།
ISBN：978－7－5490－1363－0

15. བོད་ཀྱི་སྔ་རབས་དམ་པ་རྣམས་ཀྱི་གསུང་ཆོས་ཕྱག་བྲིས་མ་རིན་ཆེན་གསེར་ཕྲེང་། དེབ་ཕྲེང་གཉིས་པ། བམ་པོ་བཅོ་ལྔ་པ། བླ་མ་ཞང་གི་རྣམ་ཐར་ཟིན་བྲིས་བཞུགས་སོ།/འབྲུག་ཐར་དང་ཀུན་བདེ་ལེགས་གཉིས་ཀྱིས་གཙོ་སྒྲིག་བྱས། དཔལ་བརྩེགས་བོད་ཡིག་དཔེ་རྙིང་ཞིབ་འཇུག་ལྟེ་གནས་ཀྱིས་བསྡུ་སྒྲིག་བྱས། ཀན་སུའུ་རིག་གནས་དཔེ་སྐྲུན་ཁང་།

ISBN：978－7－5490－1363－0

16. བོད་ཀྱི་སྔ་རབས་དམ་པ་རྣམས་ཀྱི་གསུང་ཆོས་ཕྱག་བྲིས་མ་རིན་ཆེན་གསེར་ཕྲེང་། དེབ་ཕྲེང་གཉིས་པ། བམ་པོ་བཅུ་དྲུག་པ། པིཎྜ་པ་ལའི་རྣམ་ཐར་མ་རིག་མུན་སེལ་སྒྲོན་མེ་གཞན་དོན་ལྷུན་གྲུབ་ཞེས་བྱ་བ་བཞུགས།/འབྲུག་ཐར་དང་ཀརྨ་བདེ་ལེགས་གཉིས་ཀྱིས་གཙོ་སྒྲིག་བྱས། དཔལ་བརྩེགས་བོད་ཡིག་དཔེ་རྙིང་ཞིབ་འཇུག་ལྟེ་གནས་ཀྱིས་བསྡུ་སྒྲིག་བྱས། ཀན་སུའུ་རིག་གནས་དཔེ་སྐྲུན་ཁང་།

ISBN：978－7－5490－1363－0

17. བོད་ཀྱི་སྔ་རབས་དམ་པ་རྣམས་ཀྱི་གསུང་ཆོས་ཕྱག་བྲིས་མ་རིན་ཆེན་གསེར་ཕྲེང་། དེབ་ཕྲེང་གཉིས་པ། བམ་པོ་བཅུ་བདུན་པ། དཔལ་ལྷ་ཕྱུག་མཁར་པའི་རྣམ་པར་ཐར་པ་བཞུགས།/འབྲུག་ཐར་དང་ཀརྨ་བདེ་ལེགས་གཉིས་ཀྱིས་གཙོ་སྒྲིག་བྱས། དཔལ་བརྩེགས་བོད་ཡིག་དཔེ་རྙིང་ཞིབ་འཇུག་ལྟེ་གནས་ཀྱིས་བསྡུ་སྒྲིག་བྱས། ཀན་སུའུ་རིག་གནས་དཔེ་སྐྲུན་ཁང་།

ISBN：978－7－5490－1363－0

18. བོད་ཀྱི་སྔ་རབས་དམ་པ་རྣམས་ཀྱི་གསུང་ཆོས་ཕྱག་བྲིས་མ་རིན་ཆེན་གསེར་ཕྲེང་། དེབ་ཕྲེང་གཉིས་པ། བམ་པོ་བཅོ་བརྒྱད་པ། ཀུན་སྤངས་དཔལ་ལྡན་རྒྱལ་མཚན་གྱི་རྣམ་ཐར་དོན་ལྡན་ནོར་བུའི་འཕྲེང་བ་ཞེས་བྱ་བ་བཞུགས།/འབྲུག་ཐར་དང་ཀརྨ་བདེ་ལེགས་གཉིས་ཀྱིས་གཙོ་སྒྲིག་བྱས། དཔལ་བརྩེགས་བོད་ཡིག་དཔེ་རྙིང་ཞིབ་འཇུག་ལྟེ་གནས་ཀྱིས་བསྡུ་སྒྲིག་བྱས། ཀན་སུའུ་རིག་གནས་དཔེ་སྐྲུན་ཁང་།

ISBN：978－7－5490－1363－0

19. བོད་ཀྱི་སྔ་རབས་དམ་པ་རྣམས་ཀྱི་གསུང་ཆོས་ཕྱག་བྲིས་མ་རིན་ཆེན་གསེར་ཕྲེང་། དེབ་ཕྲེང་གཉིས་པ། བམ་པོ་བཅུ་དགུ་པ། ཀུན་སྤངས་དགེ་འདུན་དཔལ་ལྡན་པའི་རྣམ་ཐར་དད་པའི་ཟ་རླབས་ཞེས་བྱ་བ་བཞུགས།/འབྲུག་ཐར་དང་ཀརྨ་བདེ་ལེགས་གཉིས་ཀྱིས་གཙོ་སྒྲིག་བྱས། དཔལ་བརྩེགས་བོད་ཡིག་དཔེ་རྙིང་ཞིབ་འཇུག་ལྟེ་གནས་ཀྱིས་བསྡུ་སྒྲིག་བྱས། ཀན་སུའུ་རིག་གནས་དཔེ་སྐྲུན་ཁང་།

ISBN：978－7－5490－1363－0

20. བོད་ཀྱི་སྔ་རབས་དམ་པ་རྣམས་ཀྱི་གསུང་ཆོས་ཕྱག་བྲིས་མ་རིན་ཆེན་གསེར་ཕྲེང་། དེབ་ཕྲེང་གཉིས་པ། བམ་པོ་ཉི་ཤུ་པ། འཇམ་ཕུ་རྗེ་སྲས་ཀྱི་རྣམ་ཐར་རིན་ཆེན་ཐེམས་སྐས་དགོས་འབྱུང་ནོར་བུའི་ཕྲེང་བ་བཞུགས།/འབྲུག་ཐར་དང་ཀརྨ་བདེ་ལེགས་གཉིས་ཀྱིས་གཙོ་སྒྲིག་བྱས། དཔལ་བརྩེགས་བོད་ཡིག་དཔེ་རྙིང་ཞིབ་འཇུག་ལྟེ་གནས་ཀྱིས་བསྡུ་སྒྲིག་བྱས། ཀན་སུའུ་རིག་གནས་དཔེ་སྐྲུན་ཁང་།

ISBN：978 –7 –5490 –1363 –0

21. བོད་ཀྱི་སྔ་རབས་དམ་པ་རྣམས་ཀྱི་གསུང་ཆོས་ཕྱག་བྲིས་མ་རིན་ཆེན་གསེར་ཕྲེང་། དེབ་ཕྲེང་གཉིས་པ། བམ་པོ་ཉེར་གཅིག་པ། རིན་པོ་ཆེ་གྲགས་པ་བསོད་ནམས་རྒྱལ་མཚན་གྱི་རྣམ་ཐར་འོད་ཟེར་འཕྲེང་བ་ཞེས་བྱ་བ་བཞུགས།/འབྲུག་ཐར་དང་རྒྱ་བདེ་ལེགས་གཉིས་ཀྱིས་གཙོ་སྒྲིག་བྱས། དཔལ་བརྩེགས་བོད་ཡིག་དཔེ་རྙིང་ཞིབ་འཇུག་ལྟེ་གནས་ཀྱིས་བསྡུ་སྒྲིག་བྱས། ཀན་སུའུ་རིག་གནས་དཔེ་སྐྲུན་ཁང་།

ISBN：978 –7 –5490 –1363 –0

22. བོད་ཀྱི་སྔ་རབས་དམ་པ་རྣམས་ཀྱི་གསུང་ཆོས་ཕྱག་བྲིས་མ་རིན་ཆེན་གསེར་ཕྲེང་། དེབ་ཕྲེང་གཉིས་པ། བམ་པོ་ཉེར་གཉིས་པ། བླ་མ་གཤེན་རྡོ་རྗེ་སེང་གེའི་རྣམ་ཐར་བཞུགས།/འབྲུག་ཐར་དང་རྒྱ་བདེ་ལེགས་གཉིས་ཀྱིས་གཙོ་སྒྲིག་བྱས། དཔལ་བརྩེགས་བོད་ཡིག་དཔེ་རྙིང་ཞིབ་འཇུག་ལྟེ་གནས་ཀྱིས་བསྡུ་སྒྲིག་བྱས། ཀན་སུའུ་རིག་གནས་དཔེ་སྐྲུན་ཁང་།

ISBN：978 –7 –5490 –1363 –0

23. བོད་ཀྱི་སྔ་རབས་དམ་པ་རྣམས་ཀྱི་གསུང་ཆོས་ཕྱག་བྲིས་མ་རིན་ཆེན་གསེར་ཕྲེང་། དེབ་ཕྲེང་གཉིས་པ། བམ་པོ་ཉེར་གསུམ་པ། བླ་མའི་རྣམ་པར་ཐར་པ་བཞུགས་པའི་དབུའ་ཕྱོགས་སོ།/འབྲུག་ཐར་དང་རྒྱ་བདེ་ལེགས་གཉིས་ཀྱིས་གཙོ་སྒྲིག་བྱས། དཔལ་བརྩེགས་བོད་ཡིག་དཔེ་རྙིང་ཞིབ་འཇུག་ལྟེ་གནས་ཀྱིས་བསྡུ་སྒྲིག་བྱས། ཀན་སུའུ་རིག་གནས་དཔེ་སྐྲུན་ཁང་།

ISBN：978 –7 –5490 –1363 –0

24. བོད་ཀྱི་སྔ་རབས་དམ་པ་རྣམས་ཀྱི་གསུང་ཆོས་ཕྱག་བྲིས་མ་རིན་ཆེན་གསེར་ཕྲེང་། དེབ་ཕྲེང་གཉིས་པ། བམ་པོ་ཉེར་བཞི་པ། དགེ་སློང་ར་གྷཱ་ཨ་སྱེའི་རྣམ་ཐར་ལས། རིགས་ནུས་དང་འབྲེལ་ཞིང་སངས་རྒྱས་ཀྱི་བསྟན་པའི་འཇུག་སྒོ་དང་མཐུན་པ་ཕྱི་ཡི་རྣམ་ཐར་ཡོད།/འབྲུག་ཐར་དང་རྒྱ་བདེ་ལེགས་གཉིས་ཀྱིས་གཙོ་སྒྲིག་བྱས། དཔལ་བརྩེགས་བོད་ཡིག་དཔེ་རྙིང་ཞིབ་འཇུག་ལྟེ་གནས་ཀྱིས་བསྡུ་སྒྲིག་བྱས། ཀན་སུའུ་རིག་གནས་དཔེ་སྐྲུན་ཁང་།

ISBN：978 –7 –5490 –1363 –0

25. བོད་ཀྱི་སྔ་རབས་དམ་པ་རྣམས་ཀྱི་གསུང་ཆོས་ཕྱག་བྲིས་མ་རིན་ཆེན་གསེར་ཕྲེང་། དེབ་ཕྲེང་གཉིས་པ། བམ་པོ་ཉེར་ལྔ་པ། དགེ་བསློང་ནཱ་ག་ཨ་སྱེ་རང་ལོ་ང་དྲུག་ནས་རེ་གསུམ་བར་གྱི་ཕྱི་ཡི་རྣམ་ཐར་ཧྲག་བསྡུས་བསླེབ་ངག་བསྙོད་པ་དང་ཁེང་སྐྱོངས་མེད་པའི་དྲངས་གཏམ་གསལ་བ་ཡོད།/འབྲུག་ཐར་དང་རྒྱ་བདེ་ལེགས་གཉིས་ཀྱིས་གཙོ་སྒྲིག་བྱས། དཔལ་བརྩེགས་བོད་ཡིག་དཔེ་རྙིང་ཞིབ་འཇུག་ལྟེ་གནས་ཀྱིས་བསྡུ་སྒྲིག་བྱས། ཀན་སུའུ་རིག་གནས་དཔེ་སྐྲུན་ཁང་།

ISBN：978 -7 -5490 -1363 -0

26. བོད་ཀྱི་སྔ་རབས་དམ་པ་རྣམས་ཀྱི་གསུང་ཆོས་ཕྱག་བྲིས་མ་རིན་ཆེན་གསེར་ཕྲེང་། དེབ་ཕྲེང་གཉིས་པ། བམ་པོ་ཉེར་དྲུག་པ། རྒྱལ་སྲས་རིན་པོ་ཆེའི་རྣམ་ཐར་གཞན་ལ་ཕན་པའི་འོད་ཟེར་རྒྱལ་པོ་ལག་ལེན་གྱི་དོན་གྱི་འགྲེལ་པ་པད་མའི་ཚལ་ཞེས་བྱ་བ་བཞུགས་སོ།/འབྲུག་ཐར་དང་གཙྭ་བདེ་ལེགས་གཉིས་ཀྱིས་གཙོ་སྒྲིག་བྱས། དཔལ་བརྩེགས་བོད་ཡིག་དཔེ་རྙིང་ཞིབ་འཇུག་ལྟེ་གནས་ཀྱིས་བསྡུ་སྒྲིག་བྱས། ཀན་སུའུ་རིག་གནས་དཔེ་སྐྲུན་ཁང་།

ISBN：978 -7 -5490 -1363 -0

27. བོད་ཀྱི་སྔ་རབས་དམ་པ་རྣམས་ཀྱི་གསུང་ཆོས་ཕྱག་བྲིས་མ་རིན་ཆེན་གསེར་ཕྲེང་། དེབ་ཕྲེང་གཉིས་པ། བམ་པོ་ཉེར་བདུན་པ། དབུ་མ་བདེན་༢་ཀྱི་གཞུང་རྗེ་བོ་རྗེས་མཛད་པ་དེའི་ལོ་རྒྱུས་འགྲེལ་པ་མ་རིག་མིག་འབྱེད་གསལ་བའི་སྒྲོན་མ་ཞེས་བྱ་བ་བཞུགསོ།/འབྲུག་ཐར་དང་གཙྭ་བདེ་ལེགས་གཉིས་ཀྱིས་གཙོ་སྒྲིག་བྱས། དཔལ་བརྩེགས་བོད་ཡིག་དཔེ་རྙིང་ཞིབ་འཇུག་ལྟེ་གནས་ཀྱིས་བསྡུ་སྒྲིག་བྱས། ཀན་སུའུ་རིག་གནས་དཔེ་སྐྲུན་ཁང་།

ISBN：978 -7 -5490 -1363 -0

28. བོད་ཀྱི་སྔ་རབས་དམ་པ་རྣམས་ཀྱི་གསུང་ཆོས་ཕྱག་བྲིས་མ་རིན་ཆེན་གསེར་ཕྲེང་། དེབ་ཕྲེང་གཉིས་པ། བམ་པོ་ཉེར་བརྒྱད་པ། ཆོས་མངོན་པ་ཀུན་ལས་བཏུས་པའི་རྒྱ་ཆེར་འགྲེལ་པ་ཤེས་བྱ་གསལ་བྱེད་བཞུགས།/འབྲུག་ཐར་དང་གཙྭ་བདེ་ལེགས་གཉིས་ཀྱིས་གཙོ་སྒྲིག་བྱས། དཔལ་བརྩེགས་བོད་ཡིག་དཔེ་རྙིང་ཞིབ་འཇུག་ལྟེ་གནས་ཀྱིས་བསྡུ་སྒྲིག་བྱས། ཀན་སུའུ་རིག་གནས་དཔེ་སྐྲུན་ཁང་།

ISBN：978 -7 -5490 -1363 -0

29. བོད་ཀྱི་སྔ་རབས་དམ་པ་རྣམས་ཀྱི་གསུང་ཆོས་ཕྱག་བྲིས་མ་རིན་ཆེན་གསེར་ཕྲེང་། དེབ་ཕྲེང་གཉིས་པ། བམ་པོ་ཉེར་དགུ་པ། རྒྱན་སེ་སོང་གི་འགྲེལ་པ་གཞུང་དོན་གསལ་བ་བཞུགས་གདའ་ལགས།/འབྲུག་ཐར་དང་གཙྭ་བདེ་ལེགས་གཉིས་ཀྱིས་གཙོ་སྒྲིག་བྱས། དཔལ་བརྩེགས་བོད་ཡིག་དཔེ་རྙིང་ཞིབ་འཇུག་ལྟེ་གནས་ཀྱིས་བསྡུ་སྒྲིག་བྱས། ཀན་སུའུ་རིག་གནས་དཔེ་སྐྲུན་ཁང་།

ISBN：978 -7 -5490 -1363 -0

30. བོད་ཀྱི་སྔ་རབས་དམ་པ་རྣམས་ཀྱི་གསུང་ཆོས་ཕྱག་བྲིས་མ་རིན་ཆེན་གསེར་ཕྲེང་། དེབ་ཕྲེང་གཉིས་པ། བམ་པོ་སུམ་ཅུ་པ། བླ་འབུམ།/འབྲུག་ཐར་དང་གཙྭ་བདེ་ལེགས་གཉིས་ཀྱིས་གཙོ་སྒྲིག་བྱས། དཔལ་བརྩེགས་བོད་ཡིག་དཔེ་རྙིང་ཞིབ་འཇུག་ལྟེ་གནས་ཀྱིས་བསྡུ་སྒྲིག་བྱས། ཀན་སུའུ་རིག་གནས་དཔེ་སྐྲུན་ཁང་།

ISBN：978 –7 –5490 –1363 –0

31. བོད་ཀྱི་སྔ་རབས་དམ་པ་རྣམས་ཀྱི་གསུང་ཆོས་ཕྱག་བྲིས་མ་རིན་ཆེན་གསེར་ཕྲེང་། དེབ་ཕྲེང་གཉིས་པ། བམ་པོ་སོ་གཅིག་པ། དབུ་མའི་ཡིག་ཆ་ཕྱོ་བས་བྱས་པའོ།/འབྲུག་ཐར་དང་ཀུན་བདེ་ལེགས་གཉིས་ཀྱིས་གཙོ་སྒྲིག་བྱས། དཔལ་བརྩེགས་བོད་ཡིག་དཔེ་རྙིང་ཞིབ་འཇུག་ལྟེ་གནས་ཀྱིས་བསྡུ་སྒྲིག་བྱས། ཀན་སུའུ་རིག་གནས་དཔེ་སྐྲུན་ཁང་།

ISBN：978 –7 –5490 –1363 –0

32. བོད་ཀྱི་སྔ་རབས་དམ་པ་རྣམས་ཀྱི་གསུང་ཆོས་ཕྱག་བྲིས་མ་རིན་ཆེན་གསེར་ཕྲེང་། དེབ་ཕྲེང་གཉིས་པ། བམ་པོ་སོ་གཉིས་པ། མཆད་ཁ་བའི་གྲུབ་མཐའ་ཆེན་མོ།/འབྲུག་ཐར་དང་ཀུན་བདེ་ལེགས་གཉིས་ཀྱིས་གཙོ་སྒྲིག་བྱས། དཔལ་བརྩེགས་བོད་ཡིག་དཔེ་རྙིང་ཞིབ་འཇུག་ལྟེ་གནས་ཀྱིས་བསྡུ་སྒྲིག་བྱས། ཀན་སུའུ་རིག་གནས་དཔེ་སྐྲུན་ཁང་།

ISBN：978 –7 –5490 –1363 –0

33. བོད་ཀྱི་སྔ་རབས་དམ་པ་རྣམས་ཀྱི་གསུང་ཆོས་ཕྱག་བྲིས་མ་རིན་ཆེན་གསེར་ཕྲེང་། དེབ་ཕྲེང་གཉིས་པ། བམ་པོ་སོ་གསུམ་པ། ཆོས་འབྱུང་མཁས་པའི་དགའ་སྟོན་གྱི་ཡན་ལག་གསུམ་པ་བོད་ཀྱི་སྐབས་ལས་དགུ་པ་འབྲི་གུང་བཀའ་བརྒྱུད་ཀྱི་རྣམ་ཐར་སྙིང་པོ་བཞུགས་སོ།/འབྲུག་ཐར་དང་ཀུན་བདེ་ལེགས་གཉིས་ཀྱིས་གཙོ་སྒྲིག་བྱས། དཔལ་བརྩེགས་བོད་ཡིག་དཔེ་རྙིང་ཞིབ་འཇུག་ལྟེ་གནས་ཀྱིས་བསྡུ་སྒྲིག་བྱས། ཀན་སུའུ་རིག་གནས་དཔེ་སྐྲུན་ཁང་།

ISBN：978 –7 –5490 –1363 –0

34. བོད་ཀྱི་སྔ་རབས་དམ་པ་རྣམས་ཀྱི་གསུང་ཆོས་ཕྱག་བྲིས་མ་རིན་ཆེན་གསེར་ཕྲེང་། དེབ་ཕྲེང་གཉིས་པ། བམ་པོ་སོ་བཞི་པ། མན་ངག་རྒྱུད་ལེགས།/འབྲུག་ཐར་དང་ཀུན་བདེ་ལེགས་གཉིས་ཀྱིས་གཙོ་སྒྲིག་བྱས། དཔལ་བརྩེགས་བོད་ཡིག་དཔེ་རྙིང་ཞིབ་འཇུག་ལྟེ་གནས་ཀྱིས་བསྡུ་སྒྲིག་བྱས། ཀན་སུའུ་རིག་གནས་དཔེ་སྐྲུན་ཁང་།

ISBN：978 –7 –5490 –1363 –0

35. བོད་ཀྱི་སྔ་རབས་དམ་པ་རྣམས་ཀྱི་གསུང་ཆོས་ཕྱག་བྲིས་མ་རིན་ཆེན་གསེར་ཕྲེང་། དེབ་ཕྲེང་གཉིས་པ། བམ་པོ་སོ་ལྔ་པ། ལ་སྟོད་པ་དཀོན་མཆོག་འཕེན་དར་གྱིས་མཛད་པའི་མན་ངག་བརྒྱ་རྩ་ཁ་བསྐོངས་དང་བཅས་ཏེ་ཤིན་ཏུ་རྒྱས་པ་བཞུགས་སོ།/འབྲུག་ཐར་དང་ཀུན་བདེ་ལེགས་གཉིས་ཀྱིས་གཙོ་སྒྲིག་བྱས། དཔལ་བརྩེགས་བོད་ཡིག་དཔེ་རྙིང་ཞིབ་འཇུག་ལྟེ་གནས་ཀྱིས་བསྡུ་སྒྲིག་བྱས། ཀན་སུའུ་རིག་གནས་དཔེ་སྐྲུན་ཁང་།

ISBN：978 –7 –5490 –1363 –0

36. བོད་ཀྱི་སྔ་རབས་དམ་པ་རྣམས་ཀྱི་གསུང་ཆོས་ཕྱག་བྲིས་མ་རིན་ཆེན་གསེར་ཕྲེང་། དེབ་ཕྲེང་

གཉིས་པ། བམ་པོ་སོ་དྲུག་པ། བཅོམ་ལྡན་འདས་འཇམ་དཔལ་ཡེ་ཤེས་སེམས་དཔའི་དོན་དམ་པའི་མཚན་ཡང་དག་པར་བརྗོད་པ་བཞུགས།/འབྲུག་ཐར་དང་ཀརྨ་བདེ་ལེགས་གཉིས་ཀྱིས་གཙོ་སྒྲིག་བྱས། དཔལ་བརྩེགས་བོད་ཡིག་དཔེ་རྙིང་ཞིབ་འཇུག་ལྟེ་གནས་ཀྱིས་བསྡུ་སྒྲིག་བྱས། ཀན་སུའུ་རིག་གནས་དཔེ་སྐྲུན་ཁང་།

ISBN: 978 - 7 - 5490 - 1363 - 0

37. བོད་ཀྱི་སྔ་རབས་དམ་པ་རྣམས་ཀྱི་གསུང་ཆོས་ཕྱག་བྲིས་མ་རིན་ཆེན་གསེར་ཕྲེང་། དེབ་ཕྲེང་གཉིས་པ། བམ་པོ་སོ་བདུན་པ། དཔལ་ལྡན་བླ་མ་དམ་པ་རིགས་དང་དཀྱིལ་འཁོར་རྒྱ་མཚོའི་མངའ་བདག་བཀའ་དྲིན་གསུམ་ལྡན་ཡོངས་འཛིན་པཎྜི་ཏ་ཆེན་པོ་རྗེ་བཙུན་ཡེ་ཤེས་རྒྱལ་མཚན་དཔལ་བཟང་པོའི་སྐུ་གསུང་ཐུགས་ཀྱི་རྟོགས་པ་བརྗོད་པ་ཐུབ་བསྟན་པདྨོའི་ཉིན་བྱེད་ཅེས་བྱ་བ་བཞུགས་སོ།/འབྲུག་ཐར་དང་ཀརྨ་བདེ་ལེགས་གཉིས་ཀྱིས་གཙོ་སྒྲིག་བྱས། དཔལ་བརྩེགས་བོད་ཡིག་དཔེ་རྙིང་ཞིབ་འཇུག་ལྟེ་གནས་ཀྱིས་བསྡུ་སྒྲིག་བྱས། ཀན་སུའུ་རིག་གནས་དཔེ་སྐྲུན་ཁང་།

ISBN: 978 - 7 - 5490 - 1363 - 0

38. བོད་ཀྱི་སྔ་རབས་དམ་པ་རྣམས་ཀྱི་གསུང་ཆོས་ཕྱག་བྲིས་མ་རིན་ཆེན་གསེར་ཕྲེང་། དེབ་ཕྲེང་གཉིས་པ། བམ་པོ་སོ་བརྒྱད་པ། བཅོམ་ལྡན་འདས་དཔལ་རྒྱལ་བ་ཤཱཀྱ་ཐུབ་པ་ཤཱཀྱ་སེང་གེ་ཤཱཀྱའི་རྒྱལ་པོ་གང་དེའི་མཛད་པ་མདོ་ཙམ་བརྗོད་པ་ཞེས་བྱ་བ་བཞུགས་སོ།/འབྲུག་ཐར་དང་ཀརྨ་བདེ་ལེགས་གཉིས་ཀྱིས་གཙོ་སྒྲིག་བྱས། དཔལ་བརྩེགས་བོད་ཡིག་དཔེ་རྙིང་ཞིབ་འཇུག་ལྟེ་གནས་ཀྱིས་བསྡུ་སྒྲིག་བྱས། ཀན་སུའུ་རིག་གནས་དཔེ་སྐྲུན་ཁང་།

ISBN: 978 - 7 - 5490 - 1363 - 0

39. བོད་ཀྱི་སྔ་རབས་དམ་པ་རྣམས་ཀྱི་གསུང་ཆོས་ཕྱག་བྲིས་མ་རིན་ཆེན་གསེར་ཕྲེང་། དེབ་ཕྲེང་གཉིས་པ། བམ་པོ་སོ་དགུ་པ། འཇིག་རྟེན་ལུགས་ཀྱི་བསྟན་བཅོས་ལེགས་བཤད་ཨུཏྤ་ལའི་སྡོང་པོ་འདབ་མ་བཅུ་གསུམ་པ་བཞུགས་སོ།/འབྲུག་ཐར་དང་ཀརྨ་བདེ་ལེགས་གཉིས་ཀྱིས་གཙོ་སྒྲིག་བྱས། དཔལ་བརྩེགས་བོད་ཡིག་དཔེ་རྙིང་ཞིབ་འཇུག་ལྟེ་གནས་ཀྱིས་བསྡུ་སྒྲིག་བྱས། ཀན་སུའུ་རིག་གནས་དཔེ་སྐྲུན་ཁང་།

ISBN: 978 - 7 - 5490 - 1363 - 0

40. བོད་ཀྱི་སྔ་རབས་དམ་པ་རྣམས་ཀྱི་གསུང་ཆོས་ཕྱག་བྲིས་མ་རིན་ཆེན་གསེར་ཕྲེང་། དེབ་ཕྲེང་གཉིས་པ། བམ་པོ་བཞི་བཅུ་པ། ཐེ་ཚོམ་གྱི་མདུད་པ་གྲོལ་བར་བྱེད་པ་དྲིས་ལན་གྱི་སྙེར་བཞུགས་སོ།/འབྲུག་ཐར་དང་ཀརྨ་བདེ་ལེགས་གཉིས་ཀྱིས་གཙོ་སྒྲིག་བྱས། དཔལ་བརྩེགས་བོད་ཡིག་དཔེ་རྙིང་ཞིབ་འཇུག་ལྟེ་གནས་ཀྱིས་བསྡུ་སྒྲིག་བྱས། ཀན་སུའུ་རིག་གནས་དཔེ་སྐྲུན

ཁང་།
ISBN：978－7－5490－1363－0

英文部分

1. *Geological line selection for the Qinghai-Tibet railway engineering/* Jincheng Li, Wenwu Chen, Zhengping Liu. Lanzhou: Lanzhou University Press, 2018.
2. *Battleground Tibet: History, Background, and Perspectives of an International Conflict/* Albert Ettinger. Beijing: China Intercontinental Press, 2018.
3. *My Tibetan Daughter: Followed by Qinghai Children Are My Children/* Lisa Carducci. Beijing: China Intercontinental Press, 2018.
4. *FREE Tibet? Power, Society, and Ideology in Old Tibet/* Albert Ettinger. Beijing: China Intercontinental Press, 2018.

藏学论文资料要目

汉文部分

一、改革开放四十年专题

1. 改革开放40年国内藏戏研究综述/蒋建华《中国藏学》2018：3
2. 改革开放40年来国内西藏民间文学研究概述/刘波《中国藏学》2018：4
3. 从六百余篇藏文学术论文看藏学研究40年——以词汇计量为视角/扎西当知、多拉、冷本扎西《中国藏学》2018：4
4. 改革开放40年以来中国藏学研究的回顾和展望/郑堆《中国藏学》2018：S1
5. 1978年以来西藏历史研究的回顾与展望/张云《中国藏学》2018：S1
6. 不忘初心，知行合一——改革开放以来中央民族大学藏学人才培养与研究管窥/喜饶尼玛《中国藏学》2018：S1
7. 改革开放40年来西藏自治区社会科学院藏学研究概况/刘红娟《中国藏学》2018：S1
8. 西藏大学学术大事记（1978—2017）/蔡秀清整理《中国藏学》2018：S1
9. 西南民族大学藏学学院大事记（1978—2018）/孙晓青整理《中国藏学》2018：S1
10. 西北民族大学藏语言文化学院大事记（1979——2017）/万玛项欠整理《中国藏学》2018：S1

11. 甘肃省藏学研究所大事记（1984—2018）/甘肃省藏学研究所编《中国藏学》2018：S1
12. 1978年以来成立的部分涉藏科研机构介绍/姜航《中国藏学》2018：S1
13. 西藏改革开放40年——人类学视野下的西藏社会变迁/格勒《中国藏学》2018：S1
14. 改革开放以来西藏教育的发展历程/黄维忠《中国藏学》2018：S1
15. 改革开放初期的西藏采访日记摘抄/张小平《中国藏学》2018：S1
16. 1978年西藏歌舞团北欧诸国演出漫记/诸有韬《中国藏学》2018：S1
17. 改革开放40周年国内藏学研究回顾与展望研讨会会议综述/本刊记者《中国藏学》2018：S1
18. 从中央治藏方式的演进看西藏的改革开放/郑丽梅《西藏研究》2018：5
19. 西藏改革开放的成功实践与经验总结/王文令《西藏研究》2018：5
20. 改革开放40年与西藏在国家全局中战略地位的变化/王春焕《西藏研究》2018：5
21. 改革开放40年西藏民族工作回顾与思考/阴海燕《西藏研究》2018：5
22. 改革开放以来西藏民族工作取得的成效/格桑益西、旦增《西藏研究》2018：5
23. 改革开放40年西藏治理的价值取向与具体抓手/贺新元《西藏研究》2018：5
24. 改革开放40年来西藏地方立法的成就及新时代立法方向探讨/邹贤祥、包金运《西藏研究》2018：5
25. 改革开放40年来西藏宗教事务依法管理实践与经验/边巴拉姆、张静《西藏研究》2018：5
26. 改革开放40年党的宗教政策在西藏成功实践与经验/次仁德吉《西藏研究》2018：5
27. 改革开放与中国共产党的民族政策在西藏的成功实践/李鲲鹏、普布次仁《西藏研究》2018：5
28. 改革开放40年西藏农牧区发展回顾与展望/多庆、徐伍达、邓亚净、方晓玲《西藏研究》2018：5
29. 改革开放40年西藏城镇化发展的回顾与展望/王胡林《西藏研究》2018：5
30. 改革开放40年来西藏旅游业的发展历程、经验及展望/肖怡然、闫紫月

《西藏研究》2018：5

31. 改革开放以来西藏产业结构优化升级研究/陈朴《西藏研究》2018：5
32. “雪域印象”：改革开放40年来中国西藏作为重要的世界旅游目的地形象变迁/桑森篭《西藏研究》2018：5
33. 座谈会模式：不断推动西藏的改革开放/杨亚波《西藏研究》2018：5
34. 改革开放以来西藏自然保护区建设与成就/达瓦次仁、弓进梅、拉巴卓嘎《西藏研究》2018：5
35. 改革开放40年西藏高等教育改革的回顾与展望/廖治华《西藏研究》2018：5
36. 改革开放40年来西藏体育史研究回顾与展望/张济琛《西藏研究》2018：5
37. 改革开放以来教育援藏的创新及其成效/王晓霞、曾中秋、赵宝云《西藏研究》2018：5
38. 新变探索与积淀发展——改革开放40年来西藏文学扫描/刘雅君、蓝国华《西藏研究》2018：5
39. 改革开放以来西藏藏文信息化发展综述/头旦才让、尼玛扎西《西藏研究》2018：5
40. 改革开放四十年影响西藏民族文化变迁与转型的传媒机制分析与思考/王阳、袁爱中《西藏大学学报》（社科版）2018：3
41. 改革开放四十年我国援藏政策研究/李春梅、师晓娟、李青芮《西藏大学学报》（社科版）2018：3
42. 西藏改革开放40年的成就经验反思/陈敦山《西藏民族大学学报》（哲社版）2018：6
43. 改革开放以来西藏经济发展成就、特点与启示/廖冶寅《西藏民族大学学报》（哲社版）2018：6
44. 改革开放四十年民族地区社会变迁研究——以甘肃省甘南藏族自治州卓逊村为个案/杨士宏、杨隆《西北民族大学学报》（哲社版）2018：5
45. 改革开放40年我国内地民族班（校）政策的演变逻辑与时代走向/苏德、薛寒《民族教育研究》2018：6
46. 改革开放以来中国共产党发展西藏政策演变探析——以六次中央西藏工作座谈会为中心/魏少辉《贵州民族研究》2018：10
47. 西藏城乡居民收入差距及其原因分析——纪念改革开放四十周年/杨阿维、

张建伟、图登克珠《西藏发展论坛》2018：4

48. 改革开放40年：西藏社会治理概述/龚雪《西藏发展论坛》2018：5
49. 西藏改革开放的成功实践与经验研究/文令《西藏发展论坛》2018：5

二、政治、法律

1. 学习贯彻党的十九大精神，构建西藏现代文化产业，推进西藏生态文明建设/王志华《西藏研究》2018：1
2. 马克思主义在西藏的传播、普及和影响/王春焕《西藏研究》2018：2
3. 试论长征时期马克思主义在甘孜藏区的传播/代维《西藏研究》2018：2
4. 贯彻十九大法治精神　加速推进法治西藏建设/阴赵丹、张兴堂、熊坤新《西藏大学学报》（社科版）2018：1
5. 藏族爱国主义思想史初探/拉巴次仁、杨东林、强巴《西藏大学学报》（社科版）2018：2
6. 习近平精准扶贫思想西藏践行之思考/史本林《西藏大学学报》（社科版）2018：2
7. 新时代西藏高校践行习近平党建思想路径探析/刁海青《西藏大学学报》（社科版）2018：2
8. 治边稳藏战略思想底蕴的国家治理视角探讨——兼议西藏与相邻四省藏区治理/孙勇、边巴拉姆、郑丽梅《西藏大学学报》（社科版）2018：2
9. 西藏历代法律制度与环境保护研究/次仁片多《西藏大学学报》（社科版）2018：2
10. 新中国初期藏区基层治理的国家化——以青海为中心的考察/倪国良、张世定《西南民族大学学报》（人文社科版）2018：1
11. “内地化”：清季民国康藏地区的法律治理/杜文忠《西南民族大学学报》（人文社科版）2018：3
12. “一带一路”视域下西藏边境地带安全稳定问题探索/狄方耀、贾翠霞《西藏民族大学学报》（哲社版）2018：1
13. 《印度时报》涉藏新闻报道中的中国国家形象/王孟娟《西藏民族大学学报》（哲社版）2018：1
14. 深刻领会习近平新时代中国特色社会主义生态文明建设思想努力推进西藏生态文明建设/段刚辉《西藏民族大学学报》（哲社版）2018：1

15. 新时代背景下加快西藏边境乡村振兴的思考——学习十九大精神的体会/王彦《西藏民族大学学报》（哲社版）2018：1
16. 制度创新和高效执政：西藏社会稳定的治理机制/刘红旭《西藏民族大学学报》（哲社版）2018：1
17. 中国特色社会主义视野下西藏文化小康之路探索研究——学习十九大体会/王文令、汤伟《西藏民族大学学报》（哲社版）2018：1
18. 雪域高原上的出租汽车顶灯——西藏出租汽车经营权相关问题的法律分析/张林《西藏民族大学学报》（哲社版）2018：1
19. “西藏问题”国际化及应对策略分析/李学保、金飞雪《中南民族大学学报》（人文社科版）2018：2
20. 陆海统筹、边疆枢纽与当代西藏地缘战略价值论析/杜哲元《云南民族大学学报》（哲社版）2018：3
21. 四川木里藏族自治县社会治理调查/苏发祥、王妍、格桑翁姆《北方民族大学学报》2018：1
22. 基于人本管理的四省藏区社会治理研究/刘晓红《民族学刊》2018：1
23. 新时代西藏治理开启新征程/孙宏年《中国边疆史地研究》2018：2
24. 1987 年中印边界危机回顾与反思/姬文波《南亚研究》2018：1
25. 习近平新时代中国特色社会主义治藏思想研究/陈玮、鄂崇荣《青海社会科学》2018：1
26. 青海藏区民事纠纷解决实证分析/王立明《青海民族大学学报》（社科版）2018：1
27. 非诉讼纠纷解决机制嵌入国家社会治理问题探析——以青藏高原民间纠纷解决为例/王刚、苏静《青海民族大学学报》（社科版）2018：1
28. 试论党的治藏方略理论体系的科学性/赵君《攀登》2018：1
29. 青海藏区建立多元化纠纷解决机制的现实要求/来君《攀登》2018：1
30. 三江源地区牧民参与国家公园生态环境保护的法制构建/马芳《青藏高原论坛》2018：2
31. 肯尼迪政府联印制华与“藏独”活动的嬗变/温强《中山大学学报》（社科版）2018：4
32. 构建西藏基层纠纷多元化解决机制研究/唐小民《西藏发展论坛》2018：2
33. “治边稳藏”战略思想的基石：“长期建藏”思想的科学内涵及其时代意义/杨明洪《贵州民族研究》2018：3

34. 藏区非物质文化遗产法律保护主体研究/刘弘阳《贵州民族研究》2018：3
35. 论西南偏远民族地区乡村社会中的宗族治理——基于四川省阿坝藏族羌族自治州J村的调研分析/张露露《贵州民族研究》2018：5
36. 习近平新时代西藏工作思想探析/王小彬、杨力源《中国藏学》2018：3
37. 西藏民生2050：愿景与路径/杨丹、徐爱燕、杨帆《中国藏学》2018：3
38. 历世达赖喇嘛传记中的皇帝观念与政治认同/陈沛杉《中国藏学》2018：3
39. “组团式”医疗人才援藏：对口援藏机制创新及其实践效应的调查与分析/杨明洪《中国藏学》2018：4
40. 习近平新时代宗教工作重要论述探析/郑堆《中国藏学》2018：4
41. 马克思主义视野中的旧西藏政教合一制度/陈亚联《西藏研究》2018：4
42. 民国时期康区法律实践探析：以瞻化藏族抢劫案件的司法处理为中心/罗波《西藏研究》2018：4
43. 西藏牧区习惯法与国家法律的关系/边巴拉姆、王恒《西藏研究》2018：4
44. 边疆安全视角下民族地区军民融合发展战略思考/阴赵丹、于坤《西藏研究》2018：6
45. 深入贯彻习近平总书记生态文明思想　大力推进美丽西藏建设/陈凡《西藏研究》2018：6
46. 近现代藏族精英国家认同的演变与形成/刘永文、李玉宝《西藏大学学报》（社科版）2018：3
47. “治国必治边　治边先稳藏”重要战略思想探析/赵君《西藏大学学报》（社科版）2018：3
48. 青藏高原藏区社会治理的本土资源及其价值/牛丽云《西藏大学学报》（社科版）2018：3
49. 身份与意义——藏族精英贡觉仲尼国家认同论析/周晓艳《西藏大学学报》（社科版）2018：4
50. 审美视角下“老西藏精神”内涵新解/刘波、赵洪辉《西藏大学学报》（社科版）2018：4
51. 现阶段西藏农民主流意识形态认同教育面临的困境及应对/刘权政《西藏民族大学学报》（哲社版）2018：4
52. 西藏破坏野生动物资源犯罪的新问题研究——以阿里地区改则县为例/李森、达娃吨珠、陈烨《西藏民族大学学报》（哲社版）2018：4
53. 社会稳定视域下西藏社区矫正的实践意义/王亚妮《西藏民族大学学报》

（哲社版）2018：4

54. 试析清朝乾隆时期于西藏设僧官摄政制与法治治藏/李凤珍《西藏民族大学学报》（哲社版）2018：6
55. 陆海统筹、边疆枢纽与当代西藏地缘战略价值论析/杜哲元《云南民族大学学报》（哲社版）2018：3
56. 藏区基层社会治理体系的实践和探讨——青海省玉树藏族自治州“村寺并联治理”模式研究/贾伟、李臣玲《青海社会科学》2018：4
57. 边疆交通建设与政治空间生产——以川藏铁路为例/王浩宇、汤庆园《青海民族研究》2018：3
58. 西藏生态立法的基本特点、现实问题与发展走向/张立哲《青海民族研究》2018：3
59. 强疆固边与西藏边境城镇体系建设/何一民、李馨好《四川师范大学学报》（社科版）2018：6
60. 基于文化认同的民族团结进步创建研究——以拉萨市等六个示范区为例/洪盛志、孙明福《中南民族大学学报》（人文社科版）2018：6
61. 肯尼迪政府联印制华与“藏独”活动的嬗变/温强《中山大学学报》（社科版）2018：4
62. 维护国家统一与促进边疆发展：边疆危局下格桑泽仁康区治理思想再认识/周智生《思想战线》2018：5
63. 民族区域自治制度在西藏的成功实践及其完善的经验借鉴/井凯笛《贵州民族研究》2018：8
64. 试论西藏自治区生态旅游资源立法保护问题/施芳《西藏发展论坛》2018：4
65. 政府治理——西藏成熟的公共治理样本/才让东知《西藏发展论坛》2018：4
66. 西藏乡镇基层政权政府能力调查——以拉萨市娘热乡为例/刘文珍《西藏发展论坛》2018：6

三、经济

1. 新时代西藏的乡村建设/王文长《中国藏学》2018：1
2. 也谈新时代藏族文化产业的发展/罗莉《中国藏学》2018：1

3. 基于供给侧改革视角的甘南藏族自治州旅游产品结构性问题改革研究/王永强《西藏研究》2018：1
4. 精准扶贫背景下四川藏区农民合作社发展路径探索/钟太刚《西藏研究》2018：1
5. 西藏高新技术产业与区域特色产业发展现状及对策研究/高晓光、苟凌宾《西藏研究》2018：1
6. “互联网＋”背景下西藏电子商务发展研究/普布卓玛《西藏研究》2018：2
7. “一带一路”倡议下中国在尼泊尔开展工程建设的风险评估/薛莲《西藏研究》2018：2
8. 尼泊尔是西藏积极推进“一带一路”倡议走向南亚的重要选项/狄方耀、刘星君《西藏研究》2018：2
9. 西藏环保文化产业的总体定位与发展路径/赵国栋《西藏研究》2018：2
10. 西藏乡村旅游扶贫开发探讨/沈宏益《西藏研究》2018：2
11. 西藏融入“一带一路”建设中的开放发展研究/陈朴《西藏研究》2018：3
12. 交易成本对西藏青稞种植农户纵向协作选择行为的影响/朱桂丽、石徐《西藏研究》2018：3
13. 贫困村民视角下西藏精准扶贫满意度研究/刘天平、孙前路、张蒙蒙《西藏研究》2018：3
14. 西藏南亚大通道基础设施建设的金融支持研究/刘婷婷、杨斌《西藏大学学报》（社科版）2018：1
15. 西藏农牧区物流运作模式研究/程刚、赵淑芝《西藏大学学报》（社科版）2018：1
16. 基于能值生态足迹模型的藏东南生态旅游区可持续发展研究/张飞《西藏大学学报》（社科版）2018：1
17. 西藏交通运输与经济发展关系研究/卓嘎措姆、图登克珠、徐宁《西藏大学学报》（社科版）2018：2
18. 西藏特殊财政事权实证分析/吕翠苹、秦君玲、张洁《西藏大学学报》（社科版）2018：2
19. 地缘经济视角下西藏边境陆路口岸空间布局、发展效力及对策研究/刘妤《西藏大学学报》（社科版）2018：2
20. 对口援藏政策变迁研究/占堆、李梦珂、毛改玲《西藏大学学报》（社科版）2018：2

21. 对口支援政策的演进及运行特征研究——以对口支援西藏为例/王磊、黄云生《西南民族大学学报》（人文社科版）2018：5
22. 西藏打赢深度贫困地区脱贫攻坚战的路径选择/徐伍达《西南民族大学学报》（人文社科版）2018：5
23. 科技支撑西藏高原生态环境保护及农牧业可持续发展/张扬建、朱军涛等《中国科学院院刊》2018：3
24. 藏区旅游扶贫与农牧民增收问题研究——以甘孜藏族自治州为例/肖怡然、龚贤《云南民族大学学报》（哲社版）2018：3
25. 百味之首在澜沧江源头——青海囊谦泉盐产销调查/坚赞才旦、王霞《青海民族研究》2018：1
26. 秩序、流动与认同——西藏三口岸边民贸易调查记/张海云《北方民族大学学报》2018：3
27. 西南民族地区旅游城镇化发展问题研究——以阿坝藏族羌族自治州为例/许从付、刘晓鹰《贵州民族研究》2018：5
28. 西藏民族大学内地精准扶贫的“高校 + 农户”模式初探/杨西平、王慧一《西藏民族大学学报》（哲社版）2018：1
29. 西藏高校资金使用效果及其评价探究/唐静、付妍、王依然《西藏民族大学学报》（哲社版）2018：1
30. 西藏高原传统游牧业对新时代西藏新型牧业经营体系构建的启示/李继刚《西藏民族大学学报》（哲社版）2018：1
31. 西藏区域性图书馆联盟业务工作系统设计与实现策略研究/李子《西藏民族大学学报》（哲社版）2018：1
32. 西藏城乡居民收入差距影响发展型消费差异的实证研究/田旭《西藏民族大学学报》（哲社版）2018：3
33. “一带一路”背景下青藏国际陆港建设布局及对策研究/《“一带一路”青藏国际陆港建设研究报告》课题组《青海社会科学》2018：2
34. 旅游对民族杂居地区经济发展与民族交往交流交融的影响研究——以四川省阿坝藏族羌族自治州为例/徐海鑫、项志杰《青海社会科学》2018：3
35. “三江并流”地区乡村旅游业的发展及思考/李亚锋《青海民族大学学报》（社科版）2018：1
36. 基于包容性发展理念的青海藏区精准扶贫问题研究/尹秀娟《青海师范大学学报》（哲社版）2018：3

37. 西藏易地扶贫搬迁无土安置模式研究/安玉琴、徐爱燕、蒙媛《青藏高原论坛》2018：1
38. 日喀则定结县陈塘镇夏尔巴人特色文化产业发展研究/张丽丽、卓玛《西藏艺术研究》2018：1
39. 西藏“大众创业、万众创新”的调研报告/陈朴、陈进《西藏发展论坛》2018：1
40. 西藏公共服务支出结构的演进及其特征/田旭《西藏发展论坛》2018：2
41. “乡村振兴战略”擘画了西藏特色新型城镇化愿景——西藏城镇化动力机制研究/旦真罗布《西藏发展论坛》2018：2
42. 关于林芝市旅游品牌建设的思考/杨翠《西藏发展论坛》2018：3
43. 生态文明与西藏矿业开发/李国政《西藏发展论坛》2018：3
44. 西藏藏毯产业的本质与虚拟价值的构建/占堆、鞠效昆《西藏发展论坛》2018：3
45. 西藏大力实施乡村振兴战略的思考/贺路路《西藏发展论坛》2018：3
46. 西藏乡村旅游与扶贫开发融合性发展的对策分析/刘强、赵莹《西藏发展论坛》2018：3
47. 乡村振兴视域下的藏东城乡融合路径探索——以曲孜卡乡为例/李雅娟《西藏发展论坛》2018：3
48. 拉萨地区太阳能光伏电站的投资现状和发展趋势/万溧、王玉群等《西藏科技》2018：1
49. 西藏旅游发展与经济增长、第三产业增长动态关系研究——基于西藏1981—2015年数据的实证分析/徐阳《西藏科技》2018：4
50. 锅庄舞作为旅游资源的开发研究——以拉萨为例/官黎《西藏科技》2018：4
51. 十八大以来西藏扶贫攻坚的举措与经验/占堆、郭秋霞等《西藏科技》2018：4
52. 青海省民族自治地区精准扶贫问题研究——基于海北藏族自治州的调查/马斌毅、朱成青《攀登》2018：1
53. 生态补偿成本视角下政府间三江源水权交易价格研究/杨皓然《攀登》2018：3
54. 四川藏区精准扶贫与精细化治理对接机制研究/唐剑、李虹《贵州民族研究》2018：2

55. 四省藏区旅游业竞争力及空间格局实证研究——基于生态位理论/曹兴华、完得冷智、覃建雄《贵州民族研究》2018：5
56. 西藏藏族民营企业发展现状研究/王士勇、景芳、何淑英《中国藏学》2018：3
57. 甘南藏区精准脱贫模式案例调查研究——以迭部纳加村和合作日多玛村为例/杨勇《中国藏学》2018：4
58. 民族地区深度贫困的多维成因及治理对策——基于对德钦县羊拉乡的调查/高松、杜发春《中国藏学》2018：4
59. 西藏农牧业发展实证研究——以《西藏统计年鉴》为例/邢伯伦《中国藏学》2018：4
60. 当代西藏家庭住房变动分析——以人口普查数据为基础/杨成洲、杨帆《中国藏学》2018：4
61. 转移就业对西藏乡村巩固减贫成效的作用——以扎囊县羊嘎村为例/格桑卓玛《中国藏学》2018：4
62. 新时代西藏高原牧业县的现代化探索——来自阿里地区改则县“六统一”的实践经验/王延中、宁亚芳《中国藏学》2018：4
63. 西藏经济竞争力提升研究——以“文化软实力”为依托/吕明辉《西藏研究》2018：4
64. 西藏农牧业供给侧结构性改革研究/徐伍达《西藏研究》2018：5
65. 川西北藏区生态扶贫特征与持续运行探究——以国家扶贫工作重点县壤塘县为例/沈茂英、杨程《西藏研究》2018：6
66. “一带一路”倡议背景下跨文化广告传播的符号学阐释——以西藏5100水资源为例/李敏《西藏研究》2018：6
67. 西藏自治区参与“一带一路”开放合作的挑战与建议/王文雅《西藏研究》2018：6
68. 绿色发展视角下西藏农牧民收入增长研究——基于多元线性回归分析/龚贤、郑长德、肖怡然《西藏研究》2018：6
69. 物价变动对城乡居民消费水平的影响研究——以西藏为例/邵永同《西藏大学学报》（社科版）2018：3
70. 经济人类学视野下的珞巴族传统贸易——以西藏自治区米林县南伊乡为中心/高朋《西藏大学学报》（社科版）2018：3
71. 文化资本可持续发展视域下西藏山南民族传统手工业的现代转型研究——

以泽帖尔为例/刘玉、扎西、刘国《西藏大学学报》(社科版) 2018：4

72. 生态环境脆弱制约下西藏农牧区精准脱贫问题研究——基于65个行政村的分析/吴春宝、尼玛次仁《西藏大学学报》(社科版) 2018：4

73. 民族地区精准扶贫满意度研究——来自西藏的实地调研/杨阿维、图登克珠、张建伟《西藏大学学报》(社科版) 2018：4

74. 西部中小企业社会责任与财务绩效关系的实证研究/李瑜、李梦《西藏大学学报》(社科版) 2018：4

75. 西藏连片特困地区精准扶贫综合绩效评价研究/张超、王嘉薇、万光彩《西藏大学学报》(社科版) 2018：4

76. 西藏财政政策、金融支持与中小企业融资研究/唐亚军、旦增卓玛《西藏大学学报》(社科版) 2018：4

77. 西藏流动人口工资博弈能力分析/巩艳红、庞洪伟《西藏大学学报》(社科版) 2018：4

78. 西藏融入"一带一路"倡议的理论与现实问题/李玲艳《西藏大学学报》(社科版) 2018：4

79. 财政转移支付与西藏县级地方政府规模——来自西藏自治区72县面板数据的实证检验/谢伟民《西藏大学学报》(社科版) 2018：4

80. 精准扶贫背景下的西藏生态交通发展战略研究/李庆华、孙宇《西藏大学学报》(社科版) 2018：4

81. 西藏财政科技支出与经济增长的实证研究/许俐、游紫蕾《西藏民族大学学报》(哲社版) 2018：4

82. 西藏建设面向南亚重要通道的人力资本保障问题研究——以人力资本投资效率为视角/谭天明《西藏民族大学学报》(哲社版) 2018：4

83. 西藏特色产品文化营销策略分析/赵彩伟《西藏民族大学学报》(哲社版) 2018：4

84. 探究西藏特色产业体系构成与发展层次/高晓光《西藏民族大学学报》(哲社版) 2018：4

85. 新发展理念视域下促进西藏绿色扶贫的思考/王跃、张雷雷《西藏民族大学学报》(哲社版) 2018：4

86. 新媒体视阈下西藏冬虫夏草营销策略研究/陈刚、次仁桑姆《西藏民族大学学报》(哲社版) 2018：4

87. 精准扶贫背景下的珠峰自然保护区农民专业合作社发展研究/蔡葵、甘春

艳、拱子凌《西藏民族大学学报》（哲社版）2018：4

88. “一带一路”背景下环喜马拉雅体育产业发展战略研究——以西藏体育产业为例/王兴怀、朱亚成《西藏民族大学学报》（哲社版）2018：5
89. 乡村振兴战略视角下西藏新型农业经营主体建设探讨/陈爱东、李蕴《西藏民族大学学报》（哲社版）2018：5
90. 新时代西藏工商业管理在富民兴藏工作中的作用研究/史本林《西藏民族大学学报》（哲社版）2018：5
91. 西藏国有企业绿色会计路径选择/赵莹《西藏民族大学学报》（哲社版）2018：5
92. 西藏墨脱“直过民族”与精准扶贫/包路芳《中央民族大学学报》（哲社版）2018：6
93. 青海藏区农业资源传统可持续利用方式研究/才吉卓玛《中央民族大学学报》（自科版）2018：4
94. 新时代背景下四川藏区脱贫攻坚中的传媒角色、挑战及着力点/臧肖、郭潇嵋《西南民族大学学报》（人文社科版）2018：8
95. 川甘青结合部藏区经济发展空间特征及俱乐部趋同效应研究/王林梅、段龙龙《云南民族大学学报》（哲社版）2018：5
96. 青海藏区藏族民营企业发展现状研究/王士勇、景芳、何淑英《青海社会科学》2018：4
97. 青海藏区旅游业与文化产业深度融合发展研究——以玉树州文旅产业多元融合为例/杨军《青海社会科学》2018：5
98. 扶贫模式与援助方式的双重转换：“组团式”援藏的实践与启示/杨明洪《西北民族研究》2018：4
99. 基于金融生态视角的小额信贷与青海藏区经济可持续发展的实证研究/文湘《青海师范大学学报》（哲社版）2018：4
100. 民族地区乡村产业振兴实践研究——以西藏山南市滴新村为例/韩立达、史敦友《西北民族大学学报》（哲社版）2018：5
101. 人口较少民族精准扶贫须走特色经济之路——以西藏人口较少民族门巴族、珞巴族为例/朱玉福、伍淑花《广西民族研究》2018：5
102. 突破能力瓶颈和环境约束：深度贫困地区减贫路径探析——以中国“四省藏区”集中连片深度贫困地区为例/左停、赵梦媛等《贵州社会科学》2018：9

103. 补齐西藏特色优势产业发展短板的研究报告——兼论正确处理好发挥优势与补齐短板的关系/陈朴《西藏发展论坛》2018：5
104. 论“乡村振兴战略”背景下索县畜牧业发展面临的困难与机遇/黄清雄《西藏发展论坛》2018：6

四、社会

1. 一个藏族村落“男人节”的多层社会记忆——普兰县科迦村节庆“普堆羌”的传统及其变迁/任赟娟《中国藏学》2018：1
2. 西藏高校毕业生就业形势和应对措施研究/陈进、杨亚波《西藏研究》2018：1
3. 西藏农村劳动力转移意愿及影响因素分析/白建华、刘天平、宋连久《西藏研究》2018：1
4. 增进西藏高校藏汉大学生交往交流交融的文化逻辑向度研究/王巧《西藏研究》2018：2
5. 城市环境下的藏传佛教寺院空间资源研究——基于拉萨两座寺院的田野调查/廖云路、肖尧中《西藏研究》2018：2
6. 民族地区公共图书馆服务效能提升策略探讨——以西藏自治区为例/冯云《西藏研究》2018：2
7. 拉萨市智慧城市生态系统的管理研究/周蓉、胡洁《西藏研究》2018：3
8. 西藏农村社区协同治理研究/方晓玲、邓亚净《西藏研究》2018：3
9. 西藏传统环境意识及其时代新意/郭双节《西藏大学学报》（社科版）2018：1
10. 青藏高原牧区信仰礼仪中的“互惠”关系研究/白玛措《西藏大学学报》（社科版）2018：2
11. 西藏近代社会状况刍议/文厚泓、喜饶尼玛《西藏大学学报》（社科版）2018：2
12. 论天府文化的兼容特点——兼论成都在汉藏交流中的连接枢纽作用/石硕、王志《西南民族大学学报》（人文社科版）2018：2
13. 青海藏区移民生计转型意愿及其代际差异研究/崔冀娜、王健、张晓慧《西南民族大学学报》（人文社科版）2018：9
14. “联结”与“断裂”：藏族与撒拉族之间的“许乎”“达尼希”关系及其变

迁研究/旦正才旦《中央民族大学学报》（哲社版）2018：2

15. 藏区城市少数民族流动人口流入生计研究——基于甘南藏族自治州合作市的调查/马子量《云南民族大学学报》（哲社版）2018：2
16. 藏族聚居区回族寺坊及其裂变研究——以甘南临潭县为个案/马麒《北方民族大学学报》2018：2
17. 安多藏族的历史记忆与身份策略——以拉卜楞塔哇村落的田野调查为中心/朱雅雯、麻国庆《北方民族大学学报》2018：3
18. 道路、生计与国家认同——基于云南藏区奔子栏村的调查/李志农、胡倩《北方民族大学学报》2018：3
19. 从相遇到相离：一个多民族村落族际交往与分离的社会学考察/旦正才旦《中南民族大学学报》（人文社科版）2018：1
20. 西藏世居穆斯林及其文化变迁研究/马永龙《青海民族研究》2018：1
21. 民国时期西康地区政教合一社会管理模式下的社会管理机制研究/贾霄锋《青海民族研究》2018：1
22. 西藏丁青康沙热巴代际传承研究——艺人扎西曲珍的生活史/红星央宗《民族学刊》2018：1
23. 川西北松潘地区多族群的宗教信仰与民族关系研究/更登磋《西藏民族大学学报》（哲社版）2018：1
24. 珞巴族命名方式变迁研究——以西藏米林县南伊珞巴民族乡为考察对象/朱玉福、张学鹏《西藏民族大学学报》（哲社版）2018：1
25. 西藏居民主观幸福感的就业效应分析——以日喀则市为例/庞洪伟、巩艳红《西藏民族大学学报》（哲社版）2018：2
26. 新形势下西藏农牧民转移就业问题研究/赵燕《西藏民族大学学报》（哲社版）2018：2
27. 论族际通婚与身份认同的非对称性——基于藏彝走廊汉族移民的个案研究/李国太《西南边疆民族研究》2018：2
28. “华”原本是羌藏类游牧民族的自称/徐江伟《社会科学论坛》2018：3
29. 青海藏区公共文化产品和服务供给多元化模式探讨/关桂霞《青海社会科学》2018：1
30. 藏族部落姓氏与传统家族文化——基于青海省果洛藏族自治州达日县的社会调查/旦正加《青海社会科学》2018：2
31. 三江源生态保护：立法需求、问题分析与制度设计/乔军《青海社会科学》

2018：2
32. 青海藏区社会制度变迁之探讨——以三江源地区毛庄乡赛吾村为例/王妍《青海民族大学学报》（社科版）2018：1
33. 藏区社会工作组织发展类型及培育路径调查分析——以青海藏区为例/徐世栋、傅利平、杨虎得《青海民族大学学报》（社科版）2018：1
34. 加强涉藏互联网治理的必要性及实践路径/李许桂《西藏发展论坛》2018：1
35. 流动人口对西藏族际关系的影响刍议/赵君《西藏发展论坛》2018：1
36. 改革开放以来西藏乡村大众传播整合功能变迁/廖云路、张尚华《西藏发展论坛》2018：2
37. 西藏拉萨民族社区文化建设的问题及解决路径初探——以拉萨城关区社区文化建设为例/邹贤祥《西藏发展论坛》2018：2
38. 西藏公共数字文化建设现状与发展对策——以西藏图书馆为例/吉太加《西藏发展论坛》2018：3
39. 城镇化进程中香格里拉建塘镇民族关系研究/邵媛媛《青藏高原论坛》2018：1
40. 从三江源生态移民政策目标分析"飞地村"现状/黄慧婷《青藏高原论坛》2018：2
41. 政府公共管理职能视角下民族地区养老保障问题研究——基于对四川阿坝藏族羌族自治州的调查/匡敏《贵州民族研究》2018：4
42. 民族交融视域中的"藏回"——基于云南省德钦县升平镇的实地考察/刘琪《民族研究》2018：2
43. 大型嘛呢石经堆与观音坛城部落化——以18世纪以来北部康区为中心/王媛《民族研究》2018：5
44. 三江源地区民生保障状况调查报告/张兴年《西藏研究》2018：4
45. 突出需求导向扩大西藏公共服务有效供给——基于拉萨市城区公共服务满意度的调查分析/庄皓、王静《西藏研究》2018：4
46. 当代西藏家庭的变动趋势分析——以人口普查数据为基础/杨成洲、杨帆、刘金华《西藏研究》2018：6
47. 社会构建视野下西藏大学生就业创业探析/刘海飞、陈进、龚世军、乔振、徐高前《西藏研究》2018：6
48. 藏东农牧区家庭结构特征分析——以芒康县邦达乡加尼顶村为例/张雁军、

余志坤《西藏研究》2018：6

49. 西藏地区婚约财产纠纷解决实证分析/青措加、多杰措《西藏大学学报》（社科版）2018：3
50. 西藏民生事业发展现状、问题和措施研究/邹贤祥、王桂胜《西藏大学学报》（社科版）2018：3
51. 西藏农村部分地区“妻荒”现象的产生及原因分析——以南木林县苦确村为例/德吉央宗、张晓莉、普布卓玛《西藏大学学报》（社科版）2018：4
52. 西藏城乡体育公共服务现状调查分析/强巴班旦、宋海峰《西藏大学学报》（社科版）2018：4
53. 人类学视野下拉萨适老居住建筑空间需求分析/索朗白姆、屈正华《西藏大学学报》（社科版）2018：4
54. 文化扶贫——西藏精准扶贫工作的新思路/崔海亮、肖玲聪《西藏民族大学学报》（哲社版）2018：4
55. 藏区农牧民宗教消费中不同利益主体的博弈行为分析/杨明洪、涂开均《西藏民族大学学报》（哲社版）2018：5
56. 藏边社会的族群关系与夏尔巴人族属认同/王思亓《西藏民族大学学报》（哲社版）2018：5
57. 青海玉树《格萨尔》说唱艺人生存状况调查/辛雷乾、徐东明、李宜《西藏民族大学学报》（哲社版）2018：6
58. 社会组织参与藏区基本公共服务的调查分析——以青海藏区为例/徐世栋、傅利平、杨虎得《青海民族研究》2018：4
59. 信仰的投入：西藏中部地区农户宗教消费支出研究报告/罗绒战堆、邓梦静《青海社会科学》2018：5
60. 夕昌藏族与科哇撒拉族的交往与互惠/旦正才旦《西北民族研究》2018：4
61. 迭部藏族的家屋空间与文化表征——基于田野经验的人类学方法论探析/王含章《西北民族研究》2018：4
62. 川西藏区人口流动对非物质文化遗产保护的积极意义/陈东《广西民族大学学报》（哲社版）2018：6
63. 和合共生：藏文化场域里的伊斯兰——日喀则藏语穆斯林调查研究/马英杰《回族研究》2018：3
64. 藏彝走廊多民族交往的特点与启示/石硕《中华文化论坛》2018：10
65. 家庭的民族特征与藏族大学生的高中学业成就/陈彬莉、陈进《思想战线》

2018：5

66. 藏族家庭与藏传佛教影响关系初论/阿忠荣《青海师范大学学报》（哲社版）2018：4

67. 民族地区青少年宗教信仰与核心价值观认同践行研究——以甘肃 GN 藏族自治州的调查为例/王永智、李娜等《世界宗教文化》2018：4

68. 论西南偏远民族地区乡村社会中的宗族治理——基于四川省阿坝藏族羌族自治州 J 村的调研分析/张露露《贵州民族研究》2018：5

69. 巴塘不同社会群体对藏戏认知态度的调查与研究/蒋建华、刘燕等《贵州民族研究》2018：9

70. 比较视阈下我国藏族大学生的就业观及其调适——基于天津和青海两地的调查/杜海蓉《西藏发展论坛》2018：4

71. 昌都市江达县娘西乡帮达村一妻多夫制的现状与趋势分析/平措郎杰《西藏发展论坛》2018：5

五、历史、地理

1. “热振事件”与国民政府的因应/喜饶尼玛、冯翔《中国藏学》2018：1

2. 法王图道南杰（二、三）——《哲孟雄王统史》译注节选/图道南杰、扎洛、敖见《中国藏学》2018：1—2

3. 元顺帝召请觉囊巴上师朵波巴入朝叙事考述/石美《中国藏学》2018：1

4. 和蕃使崔汉衡考——以新出土《崔汉衡墓志》为中心/吴炯炯《中国藏学》2018：2

5. 西藏史前考古若干重大问题的思考/霍巍《中国藏学》2018：2

6. 明成祖遣使召请宗喀巴史事再考/安海燕《中国藏学》2018：2

7. 清朝前期藏文文书翻译实践、译员及译员培养/石岩刚《中国藏学》2018：2

8. 19 世纪中叶天主教西藏传教权的转移及纷争/刘瑞云《中国藏学》2018：2

9. 锡良与清末川边新政/潘崇《民族研究》2018：2

10. 清朝对甘青土司的治理及其影响/武沐、赵洁《民族研究》2018：2

11. 从“玉石之路”到“茶马古道”：论丝绸之路青海道的演变及其意义/刘立云《西藏研究》2018：1

12. 国民政府治藏文化宣传措施评析——以西藏电影为研究对象/李双《西藏

研究》2018：1
13. 民国政府处理涉藏事件的经验与教训/罗绍明、郎维伟《西藏研究》2018：1
14. 四世嘉木样协巴生平考略/夏吾李加《西藏研究》2018：1
15.《元史·赵阿哥潘传》笺证/齐德舜《西藏研究》2018：2
16. 拉卜楞周边几座“日朝”历史考述/华锐·东智《西藏研究》2018：2
17. 萨迦班智达与蒙古阔端王相关文献探析/尕藏加《西藏研究》2018：2
18. 山县初男《西藏通览》对近代西藏方志编纂的影响/杨学东《西藏研究》2018：2
19. 民国前期康区田赋和牲税征收/席蒙蒙、裴儒弟《西藏研究》2018：3
20. 明代藏族史学名著《后藏志》思辨三则/顿拉《西藏研究》2018：3
21.“不光彩”的起点——西藏和平解放前英国人福特在藏广播通讯传播活动刍议/郭锋、袁爱中《西藏研究》2018：3
22. 大吉岭历史归属问题研究——兼论锡金与中国西藏的关系/达瓦次仁《西藏研究》2018：3
23. 试论清末张荫棠藏事改革中的行政体制改革/陈鹏辉《西藏研究》2018：3
24. 民主改革与西藏历史巨变/白玛措《西藏研究》2018：3
25.“新”与“旧”：清末川边新政之再探/徐君《西藏大学学报》（社科版）2018：1
26. 19世纪末20世纪初英国媒体中的中国西藏形象——以《泰晤士报》为中心的视角/胡刚《西藏大学学报》（社科版）2018：2
27. 从第穆案处理看清廷治藏策略之变化/康欣平《西藏大学学报》（社科版）2018：1
28. 民国时期西康交通的近代化转型/杨春蓉、罗自强《西藏大学学报》（社科版）2018：1
29. 列山墓地性质刍议——兼论吐蕃族葬制/夏吾卡先、徐承炎《西藏大学学报》（社科版）2018：1
30. 明清时期陕藏茶叶贸易研究/刘立云《西藏大学学报》（社科版）2018：1
31. 清末张荫棠藏事改革中的“政教分离”思想及其实践/陈鹏辉《西藏大学学报》（社科版）2018：1
32. 清末德国探险家台飞在中国西部考察活动及其地理意义/杜轶伦《西藏大学学报》（社科版）2018：1

33. 清代西藏地方仪仗浅析——以布达拉宫馆藏仪仗为例/边巴琼达《西藏大学学报》（社科版）2018：1
34. 民国时期西藏盐茶局成立时间与官职考/王强、谢金勇《西藏大学学报》（社科版）2018：2
35. 民国时期拉萨城市生活初论/邹敏《西藏大学学报》（社科版）2018：2
36. 十三世达赖与九世班禅晚年关系的改善及影响/李双、泽仁翁姆《西藏大学学报》（社科版）2018：2
37. 论共和国时期西藏城市发展/王川、马正辉《西藏大学学报》（社科版）2018：2
38. 清代打箭炉关与川藏商品流通/许存健《西藏大学学报》（社科版）2018：2
39. 南京国民政府初期蒙藏教育的推进考察——以中央政治学校附设蒙藏学校创办为中心/喻永庆《西藏大学学报》（社科版）2018：2
40. 论藏羌彝走廊青铜文化区域的形成/段渝《西南民族大学学报》（人文社科版）2018：2
41. 康熙末年用兵西藏研究/张发贤《中央民族大学学报》（哲社版）2018：3
42. 民国驻藏官员蒋致余评述/喜饶尼玛、荣加林《云南民族大学学报》（哲社版）2018：1
43. 共生与制衡：清末民初云南藏区寺院与乡村社会关系的历史嬗变/周智生、张云培《民族学刊》2018：1
44. 金沙遗址出土文物太阳神鸟黄金面具青铜立人的藏文化解读/同美、益卓《民族学刊》2018：3
45. 民国时期南京蒙藏学校办学考释/喻永庆《贵州民族研究》2018：3
46. 试论元明清时期四川藏区汉族移民及影响/辛艳、苏东来《贵州民族研究》2018：3
47. 清代索伦部族群演变溯源/黄彦震《贵州民族研究》2018：4
48. 隋唐宋时期青藏高原的丝绸之路/何大勇《贵州民族研究》2018：5
49. 七世达赖喇嘛驻锡地惠远寺与康区地方土司及清廷的互动/玉珠措姆《中山大学学报》（社科版）2018：3
50. 清朝“驱准保藏”行动中对由打箭炉入藏道路的开拓/石硕、王丽娜《中山大学学报》（社科版）2018：3
51. 雍正时期清政府在川西高原设置土司的行动及特点/赵心愚《中山大学学

报》（社科版）2018：3

52. 1724—1768 年间拉达克、西藏与清廷间的欧亚情报网——以清代中国对莫卧儿帝国的认识起源为核心/孔令伟《清史研究》2018：2
53. 西藏神巫拉穆吹忠与乾隆宫廷往来史实——乾隆帝设立金瓶掣签制度内因研究/王家鹏《故宫博物院院刊》2018：1
54. 忒涅关于六世班禅朝觐的记述与乾隆治藏方略的调整和决策/吕昭义、宫珏《中国边疆史地研究》2018：1
55. 1949 年噶厦政府“驱逐国民政府驻藏官员事件”再研究/邹敏《中国边疆史地研究》2018：2
56. 清末川藏地区建设电报通讯之研究/秦和平《中国边疆史地研究》2018：2
57. 考察吐蕃时代社会文化“底色”的三个重要维度/霍巍《思想战线》2018：2
58. 边疆地理名称与晚清川藏边务——以“川边”、“西康”概念为考察中心/邹立波《中国历史地理论丛》2018：1
59. 金川天气对清军军需运输的制约及清廷的应对/王惠敏《西南边疆民族研究》2018：1
60. 契约文书与中世纪吐蕃习惯法研究的回顾与展望/韩树伟《西夏研究》2018：1
61. 唐宋与吐蕃间的西北茶叶之路/陆离《陕西师范大学学报》（哲社版）2018：3
62. 普洱茶与滇藏间茶马古道的兴盛/方铁、方悦萌《中国历史地理论丛》2018：1
63. 藏北尼阿木底遗址发现的似阿舍利石器——兼论晚更新世人类向青藏高原的扩张/王社江、张晓凌等《人类学学报》2018：2
64. 藏族古代史书编纂理论探析/刘凤强《史学史研究》2018：1
65.《西藏小识》成书考/马天祥《西藏民族大学学报》（哲社版）2018：1
66. 中印洞朗对峙事件的历史考察/朱昭华、杨三奇《西藏民族大学学报》（哲社版）2018：1
67. 以米珠索南班觉为中心探析 19 世纪初中央治藏政策/黄全毅《西藏民族大学学报》（哲社版）2018：1
68. 达旺调查记（一—三）/欧阳无畏、韩敬山《西藏民族大学学报》（哲社版）2018：1—3

69. 明实录所见洪武时期明朝中央政府与藏族地方交往中的使臣派遣/陈武强、杨洁《西藏民族大学学报》（哲社版）2018：1
70. 试论清末张荫棠藏事改革中的财政改革/陈鹏辉《西藏民族大学学报》（哲社版）2018：1
71. 藏地史前“十二小邦”续考/曾丽容《西藏民族大学学报》（哲社版）2018：1
72. 琼氏部落东迁的历史原因新探/德倩旺姆《青海社会科学》2018：2
73. 试论八世纪上半叶吐蕃、突骑施联姻的历史缘由/扎西、土登彭措《青海社会科学》2018：2
74. 乡老与晚清循化厅藏区部落纠纷的诉讼审判/李守良《青海社会科学》2018：2
75. 灭法与护法——论康熙末年准噶尔部入藏事件/王希隆、杨代成《青海民族研究》2018：1
76. 浅析唃厮啰政权基本国策对青唐城的影响/丁柏峰《青海民族大学学报》（社科版）2018：1
77. 中外藏族族源叙事比较研究/韩青玉、韩喜玉《青海民族大学学报》（社科版）2018：1
78. 1929—1938 年拉达克与中国新疆、西藏的贸易/朱卫《青海民族大学学报》（社科版）2018：1
79. 近代中尼关系中我国西藏因素之历史、影响与思考/梁忠翠《西北民族大学学报》（哲社版）2018：1
80. 元代桑哥的历史形象探析——基于《元史》和《汉藏史集》相关记载的比较研究/李红阳《西北民族大学学报》（哲社版）2018：1
81. 道路上的藏边、蒙边与汉边：河湟西部哈拉库图的变迁/关丙胜《青藏高原论坛》2018：1
82. 永乐皇帝诏请宗喀巴再探——宗喀巴的基本态度及其原因分析/何峰《青藏高原论坛》2018：2
83. 近百年来青海考古学研究文献综述/霍福《青藏高原论坛》2018：2
84. 九世班禅曲吉尼玛年谱（1883—1925 年）/蒲生华《青藏高原论坛》2018：1
85. 浅析藏族古代兵器的发展/王藏毛《西藏艺术研究》2018：1
86. 王妃没卢氏墀嘉姆赞对吐蕃禅宗的历史贡献探讨/罗央《西藏艺术研究》

2018：2

87. 从重西北到重西南：清朝围绕治藏的筹边方略/陈鹏辉《中国藏学》2018：3

88. 沙州的节儿与乞利本/林冠群《中国藏学》2018：3

89. 明代乌思藏别称“五藏”考——兼论满文 wargi dzang 的由来/李勤璞《中国藏学》2018：3

90. 孰为汉地（རྒྱ་ནག）：《世界广说》（འཛམ་གླིང་རྒྱས་བཤད）对于汉地的地理认知/魏毅《中国藏学》2018：3

91. 雍正时期藏区行政划界研究/黄辛建《中国藏学》2018：3

92. 民间与官府——蒙藏统一政治改良会论析/刘永文、周晓艳、李玉宝《中国藏学》2018：4

93. 论喜饶嘉措大师的爱国思想/陈庆英《中国藏学》2018：4

94. 喜饶嘉措大师爱国主义思想的基础及其表现/周炜《中国藏学》2018：4

95. 试论喜饶嘉措大师与黎丹先生交往的历史意义/程颐工《中国藏学》2018：4

96. 参政为抗战救国　弘法为团结固疆——喜饶嘉措大师 4 次重庆之旅及出席国民参政会述略/赵勇《中国藏学》2018：4

97. 朱元璋治藏茶禁政策考述/阴海燕《西藏研究》2018：4

98. 明朝对西藏地方政教首领的册封及其演变/陈沛杉《西藏研究》2018：4

99. 清末川边治理之一瞥——以锡良、刘廷恕关系演变为中心/潘崇《西藏研究》2018：4

100. 从“唐蕃古道”到“茶马古道”：论西藏与丝绸之路的关系及其意义/刘立云、保罗《西藏研究》2018：6

101. 两次中尼战争（1788—1792）原因探析/许肖阳《西藏研究》2018：6

102. 第五世达赖喇嘛授予三世察罕诺们汗之铁券文书考/仁青卓玛《西藏大学学报》（社科版）2018：3

103. 光绪石印本《西藏通览》研究/王丹《西藏大学学报》（社科版）2018：3

104. 文物视野下清朝中原文化向西藏传播条件研究/李军《西藏大学学报》（社科版）2018：4

105. 一带一路背景下玉树通天河流域车辆岩画研究/王永军《西藏大学学报》（社科版）2018：4

106. 明永乐年间的遣藏使/孙玲、陈武强《西藏大学学报》（社科版）2018：4
107. 雅砻地区历史沿革及其相关问题探析/拉巴次仁、石达顿珠、拉旺《西藏大学学报》（社科版）2018：4
108. 藏文史籍《亚桑宗派源流明鉴》解析/普布多吉、其美次仁《西藏大学学报》（社科版）2018：4
109. 凉州会谈与萨迦派在康区的发展/袁晓文、黄辛建《中央民族大学学报》（哲社版）2018：4
110. 从四川石渠洛须照阿拉姆石刻藏文题记看唐代吐蕃与党项的关系/陆离《西藏民族大学学报》（哲社版）2018：4
111. 清到民国时期玉树地区商业地理初探/朱普选、李瑞奎《西藏民族大学学报》（哲社版）2018：4
112. 乾隆刻本《西藏志》校勘举隅/杨学东《西藏民族大学学报》（哲社版）2018：4
113. 达旺调查记（四—六）/欧阳无畏、韩敬山《西藏民族大学学报》（哲社版）2018：4—6
114. 顾维钧档案资料中的西藏问题/周新、胡岩《西藏民族大学学报》（哲社版）2018：5
115. 民国刘赞廷西藏《昌都县志》的版本源流、编写特点与文献价值/刘波、赵琼《西藏民族大学学报》（哲社版）2018：5
116. 驻藏大臣有泰对藏传佛教文化的态度——以《有泰日记》为中心的考察/康欣平《西藏民族大学学报》（哲社版）2018：5
117. 川西北嘉绒藏族土司官寨遗址保护现状调查/彭陟焱、陈昱彤《西藏民族大学学报》（哲社版）2018：5
118. 和瑛与西藏体育/李英、徐文媛《西藏民族大学学报》（哲社版）2018：6
119. 唐朝入蕃副使论略/胡晓兵《西藏民族大学学报》（哲社版）2018：6
120. 《万历合约》：明末川西边茶贸易与汉藏关系的阐释/杨江林《青海民族研究》2018：3
121. 藏族部落边界冲突与权力博弈——以1940年代陌务与北山的草山纠纷为例/王志通《青海民族研究》2018：3
122. 汉藏蒙边缘地区家族文化流变探析——以青海大通安宁滩祁氏族源为视角/张海云《青海民族研究》2018：3
123. 在台“蒙藏委员会”涉藏事务述论/何杰峰《青海民族研究》2018：3

124. 当代少数民族文字历史文献整理与研究刍议/史金波《青海民族研究》2018：3
125. 近代中国民族国家构建视域下的《藏文白话报》/刘新利、蔡秀清《青海民族研究》2018：3
126. 晚清至民国时期英美涉藏档案之史学价值及编选/张皓《青海民族研究》2018：4
127. 南京国民政府时期康区民族新精英的形成与活动/王蓓《青海民族研究》2018：4
128. 1921 年陆兴祺《解决藏事说贴》与藏事会议/张双智《青海民族研究》2018：4
129. 川边镇守使陈遐龄治边研究/裴儒弟《青海民族研究》2018：4
130. 以噶锡家族为中心探析 18 世纪西藏贵族的婚姻与家庭/黄全毅《青海社会科学》2018：4
131. 透视与反思：敦煌文献所见吐蕃买卖契约研究——兼论唐蕃之间的文化交流/李秋梅《青海社会科学》2018：6
132. 卓尼藏语地名研究/宗喀·漾正冈布、蔡文君、何乃柱《青海社会科学》2018：6
133. 历辈达赖和班禅与塔尔寺的关系述论/白佩君《青海民族大学学报》（社科版）2018：3
134. 两次廓尔喀战争时期中英两国交往考释/黄全毅《青海师范大学学报》（哲社版）2018：4
135. 清乾隆以前川西北藏羌民族地区的方志编纂/曾现江《西南民族大学学报》（人文社科版）2018：7
136. 西康地方志纂修源流述略/吴会蓉、王庆《西南民族大学学报》（人文社科版）2018：7
137. 趋吉避凶：西藏历代地方权贵口传舆论——以甘丹颇章政权为考察中心/张超《西南民族大学学报》（人文社科版）2018：8
138. 试论西藏历史地理的圣地移植特点及影响/刘洁《西南民族大学学报》（人文社科版）2018：8
139. 近代甘青川边藏区的部落冲突与社会控制/杨红伟《北方民族大学学报》2018：4
140. 唐宋与吐蕃间的西北茶叶之路/陆离《陕西师范大学学报》（哲社版）

2018：3

141. 1896年中英“藏哲边界”交涉与勘界研究/张永攀《中国边疆史地研究》2018：4

142. 汤姆斯父子入藏：美国插手中国西藏问题的开始/张皓《中国边疆史地研究》2018：4

143. 边疆经营的“进”与“退”——以国民政府1941—1945年西藏政策为中心/王茂侠《中国边疆史地研究》2018：4

144. 民国时期政教合一制下的西藏社会研究/徐百永《中国边疆史地研究》2018：4

145. 四川藏元铸造历史及帝王像辨正/杨易《民族学刊》2018：5

146. 民国时期喜饶嘉措大师的僧俗教育实践——以创办青海喇嘛教义国文讲习所为例/尕藏扎西《法音》2018：10

147. 托林寺红殿的建造者及年代考/王瑞雷《世界宗教研究》2018：3

148. 吐蕃统治敦煌西域时期雇佣契约研究/徐秀玲《敦煌研究》2018：6

149. 唐蕃时期藏汉民族间音乐文化交流研究/沈雷强《贵州民族研究》2018：8

150. 浅谈《论西藏政教合一制度》关于西藏历史中五个问题的阐释/格藏才让《西藏发展论坛》2018：6

六、生态环保

1. 论三江源区生态畜牧业发展的制度设置问题/鲁顺元《青海社会科学》2018：6

2. 拉萨河下游秋季浮游植物群落多样性与水质评价/索南措、巴桑、王芸等《高原科学研究》2018：2

3. 拉萨河流域沉积物中金属元素含量及其潜在污染分析/白永飞、尼霞次仁等《高原科学研究》2018：2

4. 西藏旅游垃圾特性分析及处理处置建议/旦增、穷达卓玛等《高原科学研究》2018：3

5. 新时代推进阿里地区生态文明建设的问题及对策/李筝《西藏发展论坛》2018：5

6. 西藏朋曲河流域淡水生态系统服务价值评估/宋福强、李卓卿等《西南大学

学报》（自然科学版）2018：9

七、宗教

1. 谈我国宗教的中国化——兼谈藏传佛教的中国化方向/李德成《中国藏学》2018：2
2. 从敦煌藏文写卷看苯教徒的宗教功能/阿旺嘉措《中国藏学》2018：2
3. 格鲁派拉卡寺现状及其改革的几点思考/多吉措姆《中国藏学》2018：2
4. 由智、识之辨看米庞嘉措对“基位心”的阐释/杨杰《中国藏学》2018：2
5. 迭部藏族的民俗宗教“垛”（gto）及其文化内涵分析/王含章、阿旺嘉措《宗教学研究》2018：1
6. 安多藏区关公信仰研究/马清虎《宗教学研究》2018：1
7. 论藏传佛教实践哲学的“九重”特征/李元光《宗教学研究》2018：1
8. 论民国时期作为中国佛教教育中心的汉藏教理院/杨孝容《宗教学研究》2018：1
9. 松潘地区苯教大鹏鸟形象的多元化背景/郭萍《宗教学研究》2018：2
10. 巴黎外方传教会传教士罗勒拿藏区开教史实考/刘瑞云《宗教学研究》2018：2
11. 苯教《蝙蝠经》研究/仇任前《宗教学研究》2018：2
12. 拉卜楞上塔哇尼寺及其觉域教法仪轨建构/德吉卓玛《世界宗教文化》2018：2
13. “一带一路”倡议下青藏高原地区宗教文化对外传播的路径与对策——以西藏自治区藏传佛教与印度佛教交流为例/张世均《世界宗教文化》2018：2
14. 《上乐根本续》的文本形成及其藏译文的版本源流/魏文《世界宗教文化》2018：3
15. 新时代藏传佛教中国化的路径和实践/尕藏加《世界宗教文化》2018：3
16. 佛教密宗曼荼罗符号话语的谱系学考察/徐小霞、赵毅衡《民族学刊》2018：1
17. 论塔波噶举派创立者冈波巴的道德哲学思想/刘俊哲《民族学刊》2018：1
18. 工珠·元丹嘉措《量学》与《量学自释》之理论框架与思想特点初探/加央平措《西藏大学学报》（社科版）2018：1

19. 论清代藏传佛教高僧土观·洛桑确吉尼玛对儒学的判分/牛宏、傅拉宇《西藏大学学报》（社科版）2018：1
20. 纳西东巴文藏语音读苯教文献《吉祥经》译释/和继全《西藏大学学报》（社科版）2018：1
21. 宗喀巴在曾期寺活动研究/何峰《青海民族研究》2018：1
22. 明代藏僧驻京的三大寺院考述——兼论教派色彩与法脉传承/杜常顺《青海民族研究》2018：1
23. 从观音法门在吐蕃的传播看汉藏佛教的交流和互动/徐东明《西藏民族大学学报》（哲社版）2018：2
24. 藏传佛教菩提心思想及其现实意义/仁增才郎、达哇《青海社会科学》2018：1
25. 青海藏传佛教寺院经师培养管理研究/参看加《青海社会科学》2018：3
26. 睿哲文殊圣应化为人主——探析格鲁派尊称清朝皇帝为文殊的原因/李宏坤《法音》2018：4
27. 无畏生护与曼荼罗仪轨在西藏的译传：以《金刚鬘》与《究竟瑜伽鬘》文本为中心/杨清凡《故宫博物院院刊》2018：3
28. 青海贵德乜那寺及其乜那塔的历史与现状考述/卓泽加《青藏高原论坛》2018：1
29. 支扎上寺传统寺院教育调查报/仁青龙珠、卓尕措《青藏高原论坛》2018：1
30. 藏区现代化与藏传佛教世俗化——马克思·韦伯宗教社会学的启示/多杰昂秀、普华《青藏高原论坛》2018：1
31. 论佛苯斗争中的“佛”——以唐代传入吐蕃的汉、印佛教为例/万么项杰《青藏高原论坛》2018：1
32. 青海热贡隆务寺管理模式研究/当增吉《青藏高原论坛》2018：2
33. 《弟吴宗教源流》（印度佛教史）译注——首礼赞、誓词、导言、上篇前言及正文第一至二章的内容/弟吴贤者、阿贵、拉毛东智《青藏高原论坛》2018：2
34. 试论多罗那他大师《中观他空思想要论》对唯识学派的判释/何杰峰《青藏高原论坛》2018：2
35. 藏传佛教僧帽文化释义/柔金措毛《青藏高原论坛》2018：2
36. 藏族朝圣文献的解读与探析/卡提娅·布菲特里耶、央珍《青藏高原论坛》

2018：2

37. 贵德县藏传佛教寺院尕旦寺的历史与现状考察/羊真卓么《青藏高原论坛》2018：2
38. 藏传佛教寺院周边村落宗教信仰淡化的成因浅析——以大通县广惠寺衙门庄村为例/夏琼《青藏高原论坛》2018：2
39. 藏传佛教宁玛派俄巴的历史渊源及其在安多藏区的传播/看本加《西北民族大学学报》（哲社版）2018：1
40. 略论新时期藏传佛教寺院管理/更桑措毛《攀登》2018：4
41. 西藏宗教问题现状及其对策研究/次白、才多杰、旦增赤列《西藏发展论坛》2018：2
42. “菩提学会”与民国汉藏佛教文化交流研究/王海燕《中国藏学》2018：4
43.《六世班禅洛桑班丹益西传》的史料价值/米玛次仁《西藏研究》2018：4
44. 爱国高僧阿旺嘉措评述/卢本扎西、喜饶尼玛《西藏研究》2018：4
45. 敦煌吐蕃佛寺隆福寺及藏经洞之探究/德吉卓玛《西藏研究》2018：4
46. 从《宗喀巴大师传略十七颂》看道帷格西对宗喀巴精神的弘扬/何峰《西藏研究》2018：6
47. 古浪吴坚久智曲洋多杰生平事迹考究/完麻加、吉毛措《西藏研究》2018：6
48. 藏传密宗与“中华国族”的构建——民国时期汉地僧人的藏密观/朱丽霞《西南民族大学学报》（人文社科版）2018：8
49. 再论早期“藏式佛像”的相关问题/白日·洛桑扎西《西藏大学学报》（社科版）2018：3
50. 识的“他证”与“自证”——康德与萨迦班智达认识论的同与异/郑宏颖、阿旺嘉措《西藏大学学报》（社科版）2018：3
51. 弥底班钦在藏弘法事迹考述/江永巴松《西藏大学学报》（社科版）2018：3
52. 佛教在西藏本土化的思想历程及其特点——以莲花生、阿底峡、宗喀巴为主/索南才让《西藏民族大学学报》（哲社版）2018：5
53. 多民族杂居村落宗教信仰研究——以贵德河西镇瓦家村为例/周先吉《青海民族研究》2018：3
54. 藏传佛教在河西走廊的社会融入——宗教“在地化”的个案考察/王洲塔、姜馥蓉《青海民族研究》2018：4

55. 青海黄南隆务寺“毛兰姆”法会田野调查/索端智《青海民族研究》2018：4
56. 藏传佛教觉囊派学经系统传承研究/罡拉卓玛《青海社会科学》2018：4
57. 藏传佛教萨迦派的历史概况、讲修特点及深远影响/才项多杰《青海社会科学》2018：5
58. 藏传佛教般若中观论本土化的历史阐释/班班多杰《中国社会科学》2018：10
59. 藏密宁玛派内地居士传承考述/文厚泓、陈庆英《法音》2018：6
60. 发扬爱国主义传统　坚决拥党护国利民——在喜饶嘉措大师爱国思想研讨会上的讲话/公保扎西《法音》2018：9
61. 象征人类学视域下的安多藏族忒让信仰研究/刘军君《宗教学研究》2018：3
62. 吐蕃时期佛教哲学传入西藏的价值、特点与影响/刘俊哲《宗教学研究》2018：4
63. 萨迦派金刚萨埵忏悔法的精神分析初探/尹立《宗教学研究》2018：4
64. 藏族量理摄类学小因果略观/夏吾李加《世界宗教研究》2018：4
65. 试论密宗大圆满藏文文献《智慧杜鹃》及其版本/同美、益卓等《世界宗教研究》2018：6
66. 新时代藏传佛教教规教义阐释工作刍议/刘洁《中央社会主义学院学报》2018：4

八、民俗、文化

1. 关于西藏文化保护与现代化的几点战略思考/格勒《中国藏学》2018：1
2. 边缘理性的田野呈现：白马峪白马人池哥昼知玛角色的文化阐释/权新宇《西藏研究》2018：3
3. 四川平武白马藏族婚俗仪式中的音声元素探析/杨扬《西藏研究》2018：1
4. 仪式与文化记忆——以山南扎囊县扎塘村“望果”为例/万代吉《西藏艺术研究》2018：1
5. 试论阿里普兰妇女传统服饰及其文化特征/伍金加参《西藏大学学报》（社科版）2018：1
6. 藏族传统装饰图案中动物纹样的流变及其文化表现/格桑多吉《西藏大学学

报》（社科版）2018：1
7. 藏族传统纹样中几何纹样的类型及其文化解读/格桑多吉《西藏艺术研究》2018：1
8. 珞巴族的生活习俗/吉太加《西藏艺术研究》2018：1
9. 光辉的历程　丰硕的成果——改革开放40年来西藏文化综述/岗青《西藏艺术研究》2018：2
10. “古道游牧情，奔向新时代”——2018年“当吉仁”赛马节/嘎玛尊追桑布《西藏艺术研究》2018：2
11. 融合虚拟现实技术的布达拉宫文化遗产保护研究/张孝飞《西藏发展论坛》2018：3
12. 山崇拜与神山文化对生物多样性保护的贡献——以青海省藏区神山为例/赵海凤、张嘉馨等《青海民族大学学报》（社科版）2018：1
13. 新型城镇化背景下“非遗”的传承与重构——以青海省尖扎县藏族“神箭”文化为例/王淑琴《青藏高原论坛》2018：2
14. 论明清时期儒学在卓仓地区的传播及影响/祁文寿《青海师范大学学报》（哲社版）2018：2
15. 传统的发明：和日村藏族石刻流程、工具与技艺/冯雪红、向锦程《兰州大学学报》（社科版）2018：2
16. 藏族通婚禁忌与守护神信仰关联性研究——基于安多藏区田野调查的人类学思考/刘军君《西北民族研究》2018：2
17. 甘青藏区民间工艺的传承与创新——以玛尼石刻和敲铜工艺为例/王东《西北民族大学学报》（哲社版）2018：2
18. 民族地区文化产业发展影响因素及政策分析——基于甘南藏族自治州的探讨/李少惠、成广星《西南民族大学学报》2018：4
19. 论“雍仲”符号的形式与内涵/拉旺《云南民族大学学报》2018：2
20. 传统藏式家具审美特征及成因研究/吕荔、吕埴《民族学刊》2018：3
21. 藏族传统首饰艺术设计的影响因素及启示/祁璇《贵州民族研究》2018：2
22. 文化协从机制与青藏高原的生态系统——基于西藏斯布村与甲多村的研究/李静、王彬斐《贵州民族研究》2018：3
23. 白马藏族“池哥昼”及其文化层的金字塔型构造/权新宇《宁夏师范学院学报》2018：6
24. 藏族碉楼的“神性”——理性与遗产性/李春霞《民族艺术》2018：3

25. 西藏文化产业发展现状和模式分析/王桂胜《中国藏学》2018：3
26. 丧葬与宗教：少数民族丧俗信仰研究发凡——基于藏族丧葬文化研究综述的反思/叶远飘《西藏研究》2018：6
27. 白马藏族家庭祭祀仪式调查研究/拉先《西藏大学学报》（社科版）2018：3
28. 安多热贡地区的主要民族与文化形态研究/李加才让《西藏大学学报》（社科版）2018：3
29. 从饮食类谚语看藏、英文化异同/扎桑《西藏大学学报》（社科版）2018：4
30. 藏历特征及“节气”文化管窥——他者的角度/陈映婕、张虎生《西藏大学学报》（社科版）2018：4
31. 日喀则市藏族非物质文化遗产分类及保护研究/杨娅、原佳丽《西藏民族大学学报》（哲社版）2018：4
32. 新时代西藏文化传播的价值关怀和基本诉求探析/袁爱中、郭锋、李聿哲《西藏民族大学学报》（哲社版）2018：4
33. 青海江河文化的梳理思考与学理建构/赵宗福《青海社会科学》2018：4
34. 认同与重构：基于“热贡原生态文化建设试验区”的民族学思考/李加才让《青海社会科学》2018：5
35. 家屋的意义：嘉绒藏族的房名继承与亲属关系/李锦《西南民族大学学报》（人文社科版）2018：9
36. 藏族创新发展的文化模式探析/刘然《贵州民族研究》2018：12

九、教育、体育

1. 浅谈民族高校图书馆中藏族文献资源的利用与现状/马拉毛草《西藏研究》2018：2
2. 内地西藏班初中生“学会做事”能力调查与研究/贺能坤、江长州《西藏大学学报》（社科版）2018：1
3. “藏汉英”三语平衡输入与三语学业成绩相关性的实验研究/刘全国、曹永成、才让扎西《西藏大学学报》（社科版）2018：1
4. 西藏地区学前教育发展路径选择的困境与出路/姜盛祥《西藏大学学报》（社科版）2018：1

5. 西藏基础教育教学研究现状、问题及对策——基于西藏自治区首届基础教育教学成果奖的分析/陈婷、宋乃庆《西藏大学学报》（社科版）2018：1
6. 西藏寄宿制学校教师工作满意度实证研究/邢俊利、程东亚《西藏大学学报》（社科版）2018：2
7. 西藏武术历史与发展研究/杨景元、王慧玲《西藏大学学报》（社科版）2018：2
8. 高校图书馆重点学科文献资源建设优化策略——以西藏民族大学图书馆藏学文献资源建设为例/张淼《西藏民族大学学报》（哲社版）2018：1
9. 新时代西藏体育教育的发展对策/田志军《西藏教育》2018：2
10. 西藏民族大学的藏语研究：意义、内容与展望/陈荣泽《西藏教育》2018：3
11. 英语专业复语人才培养的调查研究——以西藏民族大学为例/郭彧斌、刘怡春《西藏教育》2018：3
12. 有关西藏高等教育发展的几点思考/许慧《西藏教育》2018：4
13. 西藏农牧区寄宿制中学学生管理现状、问题及对策研究——基于对山南市某寄宿制中学的调查分析/高八民《西藏教育》2018：5
14. 西藏高校大学生微信使用现状及其影响调查研究/孙晓铜、张春妹《西藏教育》2018：5
15. “双一流”建设背景下西藏高等教育内涵式发展的几点思考/韩利君、朱华鹏等《西藏教育》2018：6
16. 西藏民族大学民族文化课程传承民族文化的困境及对策/高见《贵州民族研究》2018：6
17. 从支援到共建：利益相关者理论视野下的援藏机制研究——以组团式教育人才援藏为例/阳妙艳《西北民族研究》2018：2
18. 关于藏区和新疆加强双语教育和提高整体教学质量的思考/马戎《中央社会主义学院学报》2018：1
19. 教育精准扶贫推进民族传统文化传承发展机制研究——以青海省热贡唐卡工艺传承为例/刘璐琳、乔枫《民族教育研究》2018：3
20. 民族地区理科教育滞后的原因、存在的问题及今后改革的出路——以甘肃省藏族地区为例/马启龙、董三主、王纬《民族教育研究》2018：1
21. 民族教育中的制度增能与文化增能：基于对藏族大学生学业成功的考察/阳妙艳《民族教育研究》2018：2

22. 内地西藏班初中生“学会认知”能力研究/贺能坤《民族教育研究》2018：2
23. 西藏地区高校多维因素高耦合人才培养模式研究/赵尔平、刘炜、党红恩《民族教育研究》2018：2
24. 校园欺凌行为的族际比较研究——以青海省藏汉两地小学生为例/狄文婧、陈振宁《民族教育研究》2018：2
25. 职业倦怠对青海藏区寄宿制中小学教师心理健康的影响/马存芳《民族教育研究》2018：2
26. 基于信息化的民族地区高校复合图书馆馆藏资源建设——以西藏地区高校复合图书馆为例/次仁普赤《青藏高原论坛》2018：2
27. 三江源藏族移民教育的教育行政管理体制改革/朱敏兰、陈化育《青海师范大学学报》（哲社版）2018：1
28. 藏区学校心理健康教育师资培养模式研究/邓尔玉《青海师范大学学报》（哲社版）2018：2
29. 论新时代青海藏区教育优先发展的政策转向/李子华《青海师范大学学报》（哲社版）2018：2
30. 青海藏区初三学生对职业教育的需求调查与分析/张效科、王士勇、瑜措珍嘎《青海师范大学学报》（哲社版）2018：2
31. 以藏族文化生活为例，开发藏区中学物理课程实验资源/李毛才让、张国恒、尕桑拉毛《西北民族大学学报》（自然科学版）2018：1
32. 藏族中学生认知闭合需要及其与学习成绩的关系/周鹏生《内蒙古师范大学学报》（教育科学版）2018：2
33. 高校图书馆特色馆藏的建设及其信息组织与描述——以西藏大学图书馆为例/王丽英、杨会玲《西藏发展论坛》2018：3
34. 西藏小学教师队伍发展现状、问题和对策研究/扎桑、王秀军《西藏科技》2018：1
35. 西藏高寒边境地区中小学教师专业成长现状调查研究——以 A 县为例/久米《西藏科技》2018：3
36. 西藏自治区高校学生就业意向与就业去向调查研究——以西藏大学为例/姜倩《西藏科技》2018：6
37. 新时期教育扶贫模式的重大创新：“组团式”教育人才援藏/徐姗姗、羌洲《中国藏学》2018：3

38. 西藏小学双语教学的衔接问题及对策——以拉萨市的调查为例/李永斌《中国藏学》2018：4
39. 民族地区义务教育质量的影响因素研究——基于西藏和四省藏区调查数据的实证分析/孙百才、邓峰、者卉、王远达《民族研究》2018：5
40. 西藏岩画上的原始体育/罗帅呈、丁玲辉《西藏大学学报》（社科版）2018：3
41. 社会主义核心价值观视阈下西藏高校学生就业创业观培养探究/王恒良《西藏大学学报》（社科版）2018：3
42. 民族团结教育活动助力西藏高校意识形态工作的成就与启示/罗布《西藏大学学报》（社科版）2018：4
43. 国内外三语教学研究对我国藏族地区三语教学研究的启示/范临燕《西藏大学学报》（社科版）2018：4
44. 民族高校“双符双适型”人才培养模式下的招生就业模式探讨——基于西南民族大学面向四川省甘孜藏族自治州实施订单定向招生的实证研究/三朗扎西《民族学刊》2018：5
45.《中华人民共和国公共图书馆法》与西藏学前教育事业发展研究/马凌云《西藏民族大学学报》（哲社版）2018：4
46. 西藏地区图书情报专业人才需求分析及培养建议/张孝飞《西藏民族大学学报》（哲社版）2018：4
47. 以本科质量工程建设为抓手　推进新时代高水平综合性西藏民族大学建设——纪念西藏民族大学建校60周年/相理锋《西藏民族大学学报》（哲社版）2018：5
48. 让崇高信仰融入西藏民族大学师生的血脉灵魂——西藏民族大学思想政治工作综述/欧珠《西藏民族大学学报》（哲社版）2018：5
49. 加强学科建设与研究生教育为西藏培养高层次研究人才/杨维周《西藏民族大学学报》（哲社版）2018：5
50. 西藏民族传统体育文化传承保护的对策研究/闫清伟、耿献伟、罗帅呈《西藏民族大学学报》（哲社版）2018：5
51. 西藏自治区师范类专业设置与招生问题研究——基于2018年公招考试和近年来普通高校招生计划的数据分析/许可峰、李甜、宋巧兰、刘珊《西藏民族大学学报》（哲社版）2018：6
52. 人类学视野下的藏区群众篮球运动研究——以云南、四川、青海、甘肃四

省藏区群众篮球运动为考察对象/周毓华、周莉蓉等《西藏民族大学学报》（哲社版）2018：6

53. 西藏县域义务教育均衡发展的现状、问题与对策/周军、黄秋霞等《民族教育研究》2018：6

54. 新时代青海藏区民族团结进步教育与铸牢中华民族共同体意识刍议/赵英《民族教育研究》2018：4

55. 藏区“9+3”学生就业中的问题与反思——基于社会融入视角的分析/郑涛、张洋、颜雪艺《四川师范大学学报》（社科版）2018：4

56. 四川藏区与西藏免费教育比较研究/李后卿、李仁君《中华文化论坛》2018：12

57. 三江源藏族生态移民教育研究/李宗远、王娜《青海师范大学学报》（哲社版）2018：5

58. 支援西藏高等教育政策60年的历史演进及其特征/张王勇《西北民族大学学报》（哲社版）2018：6

59. 西藏地区高校工科专业大学物理实验教学的优化探讨——以西藏农牧学院为例/李杨、李为虎、郭傲辉《西北民族大学学报》（自然科学版）2018：4

60. 变迁、认同与共生：拉卜楞地区藏族教育的文化选择/李静、路宏《西北师范大学学报》（社科版）2018：6

61. 西藏特殊教育师资队伍发展现状与对策/次仁拉姆、周朝坤《西藏教育》2018：9

62. 西藏职业教育通向农牧区路径探索/巴果、索朗欧珠、薛书浩《西藏教育》2018：11

63. 西藏双语教育政策绩效及其影响因素——基于拉萨、山南两市10所中小学的调查/甘永涛、胡甜等《民族高等教育研究》2018：4

64. “速度焦虑”下高校藏汉双语人才培养的实践思考/王莅《民族高等教育研究》2018：5

65. “一带一路”背景下藏区藏汉双语数学教育的现状、机遇和对策/范忠雄、徐永琳等《民族高等教育研究》2018：5

66. “供给侧”改革下民族高校大学生“双创”教育模式研究——以西藏民族大学为例/刘好《民族高等教育研究》2018：6

67. 新工科形势下西藏高校工科人才培养——以西藏大学为例/王鹰、王琼等

《高原科学研究》2018：3

68. 西藏工科学生就业适应性研究——以西藏大学工学院为例/丁翠翠、程刚等《高原科学研究》2018：4

69. 西藏大学生混合学习现状调查研究/吴卫峰、冯炎等《高原科学研究》2018：4

70. 西藏外来务工人员子女教育问题研究——以拉萨市城关区为例/王尧、王珊珊等《西藏科技》2018：7

71. 浅析《西藏自治区农牧区“双语”幼儿园幼儿用书》使用情况/次仁德吉、次仁卓嘎等《西藏科技》2018：9

72. 五大发展理念视野下西藏体育发展研究/杨海航《西藏民族大学学报》（哲社版）2018：5

十、文学

1. 试论藏族诗歌古尔（མགུར་）与鲁（གླུ）/谢后芳《中国藏学》2018：1

2. 论20世纪80年代西藏长篇小说创作/胡沛萍、于宏《西藏研究》2018：1

3. 青藏高原的文学地理世界——以次仁罗布、万玛才旦、格绒追美文学创作为例/栗军《西藏研究》2018：1

4. 试论《格萨尔·英雄诞生篇》情节结构的演变特点/李连荣《西藏研究》2018：1

5. 寓言or生活本真地呈现？——论电影《塔洛》与《比利·林恩的中场战事》的殊途同归/张涛《西藏研究》2018：1

6. 原初的宿命：人类起源神话比较视域下藏族始祖神话的性别想象/徐美恒《西藏研究》2018：1

7. 民族文化的传承、反思与重构——论藏族作家丹增《小沙弥》的文化内涵/王志华《西藏大学学报》（社科版）2018：1

8. 从“主流话语”到“性别觉醒”——关于西藏当代女性小说的文学转型与文化思考/马小燕《西藏大学学报》（社科版）2018：2

9. 区域·族群·国家认同——当代藏文学中的土司书写/彭超《西南民族大学学报》（人文社科版）2018：4

10.《藏族文学史》汉藏多种版本编写评述/岗措《中央民族大学学报》（哲社版）2018：2

11. 民族身份的自觉与地域诗性的探寻——梅卓小说论/贺仲明、李伟《民族文学研究》2018：1
12. 圈囿与挣脱——20 世纪 80 至 90 年代扎西达娃小说批评的反顾/顾广梅《民族文学研究》2018：1
13. 寻找“文学西藏”历史表述的新可能——从扎西达娃到次仁罗布/吴雪丽《民族文学研究》2018：1
14. 一个藏人的村庄史：格绒追美创作论/严英秀《民族文学研究》2018：1
15. 新世纪少数民族文学历史叙事的方式及其问题——以藏彝走廊作家为中心的讨论/刘大先《中国文学批评》2018：2
16. 英雄的意义——藏蒙《格萨（斯）尔》“霍尔”之篇汉译本的文本比较/姚慧《民间文化论坛》2018：4
17. 马原西藏系列小说中民族书写的先锋性探讨/刘海伦《贵州民族研究》2018：3
18. 藏族口传故事的现代文学创作应用研究/陈翠珠《贵州民族研究》2018：2
19. 康区的历史与可能性基于阿来四部长篇小说的历史人类学分析/郑少雄《社会》2018：2
20. 德格丹仲白马益西《格萨尔》说唱艺术探析/甲央齐珍《西藏民族大学学报》（哲社版）2018：3
21. 现代转型语境下藏族文学中的城市空间与认同表达——以 21 世纪藏语小说为中心/增宝当周《西北民族大学学报》（哲社版）2018：1
22. 论朗萨雯蚌女性自我意识的觉醒/王志华《西北民族大学学报》（哲社版）2018：3
23. 藏族传统文化的温情回眸与现代烛照——万玛才旦电影主题探析/孔占芳《青海师范大学学报》（哲社版）2018：3
24. 中国化下的形象变异——试论当代西藏文学中尼泊尔商人形象/卓玛《青藏高原论坛》2018：2
25. 喜马拉雅之声——《穆娜与马丹》中的西藏/李清《青藏高原论坛》2018：2
26. 40 年西藏《格萨尔》工作回顾/次仁平措《西藏艺术研究》2018：2
27.《格萨尔》史诗说唱与藏族文化传承方式/丹珍草《中国藏学》2018：3
28. 藏族湖泊来历传说“泉水成湖”母题研究——兼与汉族湖泊来历传说“地陷为湖”母题比较/王丹《中国藏学》2018：3

29. 藏族民间故事《斑竹姑娘》的生成及其与《竹取物语》关系谫论/李连荣、高木立子《民族文学研究》2018：5
30. 新时期“文学藏地”视阈下的“轻游记”书写——从《西藏，面冰十年》谈起/方亚男《民族文学研究》2018：5
31. 央珍小说创作心路历程论——以《无性别的神》的创作过程为考察中心/魏春春《民族文学研究》2018：5
32. 口头文学与书面作品之间——现代长篇叙事诗《天子·格萨尔》/丹珍草《西藏研究》2018：4
33. 圆光艺人阿旺加措生平及其作品浅析/四朗格来《西藏研究》2018：4
34. 藏族《尸语故事》类型研究/昂却本《西藏研究》2018：6
35. 万玛才旦的双语创作、后现代因素与民族文化的不同表述/增宝当周《西藏研究》2018：6
36. 汉藏文学人物形象审美意蕴研究——以李元吉和晁通的形象比较为例/于素《西藏大学学报》（社科版）2018：3
37. 当代藏语文学的汉语译介及其思考/增宝当周《西藏大学学报》（社科版）2018：3
38. 民族关系中的藏族书写——以阿来的“山珍三部”为例/樊义红《西藏大学学报》（社科版）2018：4
39. 原乡依恋与现代性认同——当代藏族女性散文的“故乡”书写/彭超《民族学刊》2018：5
40. 环喜马拉雅史诗比较研究现状与问题分析——以《格萨尔》《罗摩衍那》《摩诃婆罗多》为中心/多布旦、仁欠卓玛《西藏大学学报》（社科版）2018：4
41. 生态隐忧与诗性关怀——阿来《山珍三部》评述/魏春春《西藏民族大学学报》（哲社版）2018：4
42. 民族的隐忧——沈从文与阿来文学创作比较谈/卢颀《西藏民族大学学报》（哲社版）2018：4
43. 论阿来生态写作的审美特征——以《山珍三部曲》为例/周晓艳《西藏民族大学学报》（哲社版）2018：6
44. 英雄形象在当代文本中的现代性阐释——以藏族史诗《格萨尔王传》为例/栗军《西藏民族大学学报》（哲社版）2018：6
45. 传统形象与现代阐释——论当代藏族作家汉语小说创作中的人物类型/杨

柳《青海师范大学学报》（哲社版）2018：5

46. 马原西藏系列小说中民族书写的先锋性探讨/刘海伦《贵州民族研究》2018：3

47. 中国当代藏族女性文学中的生态女性意蕴解读——以梅卓的《太阳部落》为例/胡永近《贵州民族研究》2018：7

十一、艺术

1. 温巴顿……：浅析西藏中部地区阿吉拉姆的开场表演/伊莎贝拉·亨利安－多茜、桑吉东智《中国藏学》2018：1
2. 玉树通天河流域岩画中牦牛图像研究/王永军《中国藏学》2018：1
3. 继承与创新：18世纪藏族著名艺术家司徒班钦的艺术成就/熊文彬《中国藏学》2018：2
4. 托林寺红殿经堂壁画所据文本与图像传承关系/王瑞雷《中国藏学》2018：2
5. “香格里拉”神话与幻象——西方的“西藏印象”影像探源/张涛《西藏研究》2018：2
6. 托林寺红殿的建造者及年代考/王瑞雷《世界宗教研究》2018：3
7. 托林寺迦萨配殿药师图像重构——兼议13—15世纪西藏阿里地区药师如来信仰与图像配置/王瑞雷、任赟娟《敦煌研究》2018：2
8. 西藏甘丹寺藏明初十六罗汉刺绣唐卡相关问题初探/王瑞雷《故宫博物院院刊》2018：3
9. 江孜白居寺吉祥多门塔阿閦佛净土壁画初探/杨清凡《西藏大学学报》（社科版）2018：1
10. 轻安——透过藏族作曲家觉嘎的管弦乐协奏曲《净界》看西藏当代音乐语言的国际化/施子伟《西藏大学学报》（社科版）2018：1
11. 当代西藏阿吉拉姆戏剧表演的文化面向/次仁朗杰《西藏大学学报》（社科版）2018：2
12. 政论型涉藏纪录片的创作理念分析——以《天河》为例/何德民《西藏大学学报》（社科版）2018：2
13. 西夏语言的佐证——藏缅语民族音乐/戴光宇《西南民族大学学报》（人文社科版）2018：4

14. 西藏丁青康沙热巴代际传承研究——艺人扎西曲珍的生活史/红星央宗《民族学刊》2018：1
15. 白马藏族十二相面具舞的社会功能及启示/王朕思《贵州民族研究》2018：1
16. 试论海西出土吐蕃棺板画的艺术特征/岳燕、余小洪《西藏民族大学学报》（哲社版）2018：3
17. 文本里的枷锁与实践中的自由——论唐卡佛像量度理论与绘画实践的出入/夏吾端智《西北民族大学学报》（哲社版）2018：2
18. 玉树通天河流域岩画中鹿图像研究/王永军《西北民族大学学报》（哲社版）2018：2
19. 从佛堂到展厅：空间转换下唐卡观看机制的重构/葛俊芳《兰州大学学报》（社科版）2018：2
20. 纳木错的苯教岩画：藏北原始宗教掠影/John Vincent Bellezza、永保藏《青海民族大学学报》（社科版）2018：1
21. 四川博物院藏《金刚鬘四十五种三昧耶曼荼罗》唐卡研究/赖菲《法音》2018：3
22. 西藏博物馆藏恰鲁赏析/蒋家莉《法音》2018：4
23. 藏族传统戏剧历史文化源流考辨（上）/次仁朗杰《西藏艺术研究》2018：1
24. 唱响时代经典——解析西藏歌舞曲《洗衣歌》/郜一丹《西藏艺术研究》2018：1
25. 对西藏传统歌舞校本课程开发应用的几点思考/徐颖怡《西藏艺术研究》2018：1
26. 青海玉树扎勒摩崖石刻群初探/拉日·甲央尼玛《西藏艺术研究》2018：1
27. 《格萨尔》的音乐体系/扎西达杰《西藏艺术研究》2018：2
28. 西藏非遗传承与发展的困境和对策研究——以罗普村卓谐为例/高周礼、吞巴·索朗多吉《西藏艺术研究》2018：1
29. 西藏工艺美术在视觉传达设计中的运用/谢梦莹《西藏艺术研究》2018：2
30. 初探“德格卓且”的艺术文化特性/达瓦拉措《西藏艺术研究》2018：2
31. 藏族传统戏剧历史文化源流考辨（下）/次仁朗杰《西藏艺术研究》2018：2
32. 扎塘寺主殿造像配置及其意蕴——兼论11—13世纪西藏佛教与佛教艺术

的构成/谢继胜《中国藏学》2018：3
33. 20世纪90年代西藏美术的发展/次旺扎西《中国藏学》2018：3
34.《珠峰史诗》：登山悲剧、影像奇观及其余波/朱靖江《中国藏学》2018：4
35. 电化教育、民族国家与人类学电影的中国起源——以《西康》系列片为核心的研究/梁君健《中国藏学》2018：4
36. 汉藏文化交流影响下的清代西藏织毯艺术研究/王慧《中国藏学》2018：4
37. 田野寻踪：西藏“卓舞”初探/才旦卓玛《中国藏学》2018：4
38. 西藏岩画研究回顾/汤隆皓《中国藏学》2018：4
39.《格萨尔唐卡研究》中的吉美博物馆23081号与四川博物院SCMⅠ号唐卡之比较研究/新巴·达娃扎西《西藏研究》2018：4
40. 西藏藏语文传媒建设策略研究/金石、张先群《西藏研究》2018：5
41. 西藏塔康巴滑雪岩画和扎西岛彩绘岩画的时代问题/汤隆皓《西藏研究》2018：6
42. 阿尔寨石窟第31窟十一面千手千眼观音图像研究/董晓荣《西藏研究》2018：6
43. 黄金比例在藏族唐卡绘画构图中的应用探析/薛德军/夏世贵等《中央民族大学学报》（自然科学版）2018：3
44. 从苯教雍仲推测马家窑彩陶“卍”“卐”纹的本源问题/王晓云《中央民族大学学报》（哲社版）2018：5
45. 藏族音乐元素在无伴奏混声合唱《吉祥阳光》中的运用与发展——基于指挥视角的一个初步探讨/曾雅兰《中央民族大学学报》（哲社版）2018：4
46. 论《格萨尔王传》人物唱段音乐的多样性——以西藏那曲地区艺人的演唱为例/郑龙吟《西藏大学学报》（社科版）2018：3
47. 阿里普兰细德拉德寺侧殿壁画辨识与分析/梁云云《西藏大学学报》（社科版）2018：3
48. 西藏题材绘画中西藏传统图式的转换创作范式研究/边巴琼达《西藏大学学报》（社科版）2018：4
49. 探析戏师在藏戏中的核心地位/李宜《西藏民族大学学报》（哲社版）2018：4
50. 玉树通天河流域岩画中犬图像研究/王永军《西藏民族大学学报》（哲社版）2018：6
51. 论电影《冈仁波齐》对影像民族志手法的借用/刘新利《西藏民族大学学

报》(哲社版)2018：6

52. 基于拉斯韦尔“五W”模式的国内涉藏影视作品传播功能解析/李双、泽仁翁姆《西藏民族大学学报》(哲社版)2018：6
53. 门巴族“拔羌姆”神舞功能变迁考察/赵勇《西藏民族大学学报》(哲社版)2018：6
54. 西藏现代性视觉图景——德木·丹增嘉措影像意义生成/吕岩《西藏民族大学学报》(哲社版)2018：6
55. 市场产权的文化嵌入性：一项基于热贡唐卡产权构造的社会学阐释/刘生琰《青海社会科学》2018：6
56. 唐蕃时期藏汉民族间音乐文化交流研究/沈雷强《贵州民族研究》2018：8
57. 藏族面具舞的符号意义探究/张月龙、赵艳《贵州民族研究》2018：8
58. 浅析藏族“锅庄”的多元文化特征/易辛、唐艺井等《贵州民族研究》2018：9
59. 藏族唐卡艺术的创新与嬗变研究/辛琳琳《贵州民族研究》2018：11
60. 玉树佐青寺格萨尔诵经调特点分析/童学军、郭晓虹《青海师范大学学报》(哲社版)2018：5
61. 电影《塔洛》中的身份认同与文化焦虑——兼谈万玛才旦“藏地故乡三部曲”/周媛、王大桥《西北民族大学学报》(哲社版)2018：6
62. 西藏传统音乐的现状及发展对策/扎西平措《西藏科技》2018：12

十二、语言文字

1. 仓央嘉措“情歌”原作和汉语翻译问题初探/陈一兰《中国藏学》2018：1
2. 十八大以来审定的藏语新词术语/全国藏语术语标准工作委员会《中国藏学》2018：2
3. 藏文藻饰词汉译方法研究/仁增、傅利平、桑杰《中国藏学》2018：2
4. 藏语玉树话(拉布)音系概况/昂色拉加《西藏研究》2018：1
5.《萨迦格言》英译本比较研究——传播学视阈下文化负载词的翻译/黄信、颜晓英《西藏研究》2018：3
6.《同文韵统》所见清初藏语概貌/施向东《民族语文》2018：1
7. 藏缅语存在动词的类型及其演变特点/余成林《民族语文》2018：1
8. 藏语的清化鼻音/王双成、沈向荣、张梦翰《民族语文》2018：2

9. 汉藏语言的音节显赫及其词汇语法表征/刘丹青《民族语文》2018：2
10. 藏语拉萨话中焦点和疑问的韵律编码方式/张夏夏、王蓓《清华大学学报》（自然科学版）2018：4
11. 基于瓶颈特征的藏语拉萨话连续语音识别研究/周楠、赵悦等《北京大学学报》（自然科学版）2018：2
12. 拉萨店名的语言特征/李永斌《西藏大学学报》（社科版）2018：2
13. 论《罗密欧与朱丽叶》双关修辞的藏语翻译——以斋林·旺多译本为例/白玛德吉《西藏大学学报》（社科版）2018：2
14. 西藏时政外宣翻译存在的问题与对策/彭萍、郭彧斌、周江萌《西藏民族大学学报》（哲社版）2018：1
15. 藏语人名汉译规范化研究/仁增、傅利平、桑杰《青海社会科学》2018：1
16. 基于文献计量的藏语自然语言处理研究分析/肖维霖《青藏高原论坛》2018：1
17. 了解象雄语：最基本的途径/Dan Martin、巴德群珠《青海民族大学学报》（社科版）2018：1
18. 功用角色下藏缅语复合名词词义理据探析/张云峰《贵州民族研究》2018：4
19. 汉藏语和澳台语的核心谱系结构——基于考古文化的词聚有阶分析/陈保亚、余德江《贵州民族大学学报》（哲社版）2018：1
20. 基于语料库语言学的《藏族格言诗英译》语言特征研究/李蕾、舒静《民族翻译》2018：1
21. 西藏外宣翻译研究：问题与对策/李葆卫、彭萍《民族翻译》2018：2
22. 理塘县及其周边藏族语言现状调查与分析/铃木博之《民族学刊》2018：2
23. 现代藏语名词性短语结构规则研究/完么扎西、尼玛扎西《高原科学研究》2018：1
24.《象鼻高山译语》藏汉对译音义关系初步考查/朗杰扎西《西藏研究》2018：6
25. 试析现代藏语定中、主谓和述宾等结构歧义/完么扎西、尼玛扎西《西藏研究》2018：6
26. 目的论视角下西藏旅游文本翻译策略研究/陈华杰、肖铖《西藏大学学报》（社科版）2018：4
27.《御制五体清文鉴·汉藏文鉴专辑》中的藏语汉借词/王宝红《西藏民族大

学学报》（哲社版）2018：5

28. 藏语动词短语结构类型统计研究/仁青卓么《西北民族大学学报》（自然科学版）2018：4

29. 基于语言信息处理的藏语动词短语结构研究/仁青卓么《高原科学研究》2018：4

30. 汉藏语中的清鼻音/陈荣泽《中央民族大学学报》（哲社版）2018：4

31. 《松潘译语》（川一）语音现象初探/朗杰扎西《中央民族大学学报》（哲社版）2018：5

32. 藏语动词短语结构类型统计研究/仁青卓么《西北民族大学学报》（自然科学版）2018：2

33. 扎坝语趋向前缀的语法化/黄阳、吴福祥《民族语文》2018：4

34. 藏语多动词谓语句的认知基础和模块化/瞿霭堂、劲松《民族语文》2018：5

35. 论雅江倒话的格标记/王岩《民族语文》2018：6

36. 茶堡嘉戎语大藏方言的音系分析——兼论方言特殊元音比较/林幼菁《民族语文》2018：6

37. 德钦藏语的差比句/汪岚《语言研究》2018：3

38. 从几个数词的同源关系看汉藏语系语言的历史遗存/孙宏开《语言科学》2018：6

39. 探究汉藏音译的方法与技巧/诺尔基·普琼杰《民族翻译》2018：3

40. 深度学习在汉藏机器翻译中的应用研究/李博涵、刘汇丹、龙从军《民族翻译》2018：3

41. 《萨迦格言》外译史考察——以捷译史为例/赵春龙、李正栓《民族翻译》2018：4

42. 云南省迪庆州藏族语言使用现状调查研究/王富银、史文洁《现代语文》2018：9

十三、科技、藏医

1. 青藏高原地区包虫病综合防治的探索与实践/罗辉、仲格嘉《中国藏学》2018：2

2. 安多县近 30 年气候变化特征分析/卓玛拉姆、普布扎西等《西藏科技》

2018：3

3. 西藏牦牛酥油研究现状和展望/扎西、穷达、央拉等《西藏科技》2018：4
4. 2017年6月拉萨两次暴雨预报偏差分析/旦增卓嘎、卓玛《西藏科技》2018：5
5. 1980—2013年雅鲁藏布江流域气候要素时空特征/尼玛旦增《高原科学研究》2018：1
6. 2017年夏季西藏地区天气气候特征/尼玛吉、次珍《高原科学研究》2018：2
7. 基于统计的汉藏机器翻译系统关键技术研究与实现/群诺尼玛扎西、完么扎西、嘎玛扎西《高原科学研究》2018：2
8. 基于微信公众平台的藏汉双语移动学习平台设计研究/拥措、嘎玛达娃、仁增旺堆、次曲《高原科学研究》2018：2
9. 基于正则表达式的藏文“ལ”格助词的识别及其检错算法研究/拉毛措、安见才让《高原科学研究》2018：2
10. 基于条件随机场的藏文人名识别研究/兰义湧、龙从军、赵小兵《中央民族大学学报》（自然科学版）2018：1
11. 黄金比例在藏族唐卡绘画构图中的应用探析/薛德军、夏世贵、华青多杰《中央民族大学学报》（自然科学版）2018：3
12. 融合事件特征及语义角色标注的藏文信息抽取技术/万福成、马宁、何向真《广西师范大学学报》（自然科学版）2018：2
13. 如何开展藏医药特色药食两用植物的资源调查和研究/占堆《西藏科技》2018：1
14. 蓝花龙胆HPLC指纹图谱分析及藏药道地药材标准建立必要性探讨/马超、白玛央宗《西藏科技》2018：4
15. 藏药佐木阿汤散制剂的研究进展/巴桑德吉、索朗《西藏科技》2018：6
16. 藏药如意珍宝丸镇痛抗炎作用的实验研究/宋慧荣、罗亚敏、伍小巧、仁青加、陶晓华《高原科学研究》2018：2
17. 甘南地区蔷薇科藏药植物资源调查研究/李彪、罗永兰、李自林《高原科学研究》2018：2
18. 藏药绿萝花彗星试验（SCGE）研究/陈明、丁淑梅等《西南民族大学学报》（自然科学版）2018：5
19. 当代中国藏医药领域研究热点和前沿趋势的可视化分析/高路、高艳菊等

《中央民族大学学报》（自科版）2018：4

20. 基于 Web of Science 核心合集的西藏民族大学自然科学论文产出统计及分析/孔繁秀、赵艳萍/《西藏民族大学学报》（哲社版）2018：5
21. 基于虚词和句尾词特征的藏语句子抽取方法/扎西吉、罗巴《西北民族大学学报》（自然科学版）2018：4
22. 西藏芒康县和青海囊谦县两地传统晒盐技术的比较研究/李何春《云南社会科学》2018：6
23. 云南藏区基础医疗卫生服务非均等化调查研究/李志农、蓝文思、刘虹每《贵州民族研究》2018：8
24. 藏药绿萝花治疗糖尿病的研究进展/刘怡萱《高原科学研究》2018：3
25. 论元角色的藏语语义角色标注研究/珠杰、仁青诺布等《高原科学研究》2018：3
26. 藏语依存树库的构建技术研究/头旦才让、尼玛扎西等《高原科学研究》2018：3
27. 论藏族历算中的数学思想/夏吾才让《高原科学研究》2018：3
28. 藏族传统筹算的运演方法分析/边巴、拉穷《高原科学研究》2018：4
29. 1980—2012 科技援藏项目行业分类情况数据分析/邓雨杰《西藏科技》2018：6
30. 数字化技术在藏文化保护与传承中的应用研究/白立华、次仁罗布等《西藏科技》2018：7
31. 天然矿植物染料在藏毯染色工艺中的应用研究/占堆、郭秋霞等《西藏科技》2018：9
32. 浅析西藏自治区信息化建设——以西藏自治区科技厅为例/杨明芬《西藏科技》2018：12
33. 拉萨市城关区藏热社区卫生服务中心辖区居民肝包虫病筛查报告/盛艳红《西藏科技》2018：12
34. 浅析汉、藏、英三语中的性别语言/尼玛普赤《西藏发展论坛》2018：5

十四、藏学学术史

1. 新时代中国藏学人的光荣使命/中国藏学研究中心《中国藏学》2018：1
2. 西方藏学研究的新趋势：区域化、多学科化与多元化/彭文斌、韩腾《中国

藏学》2018：1

3. 近年来英文学界对元明清时期的康区研究述评/胡箫白《中国藏学》2018：1
4. 从张先生出川考察——任乃强《筱庄笔记·身世录》录注（三）/何洁、任新建校注《中国藏学》2018：1
5. “藏族抗战史”研究之回顾与前瞻/王川、马正辉《中国藏学》2018：1
6. 林冠群教授藏学研究访谈录/乔小河《中国藏学》2018：2
7. 在重庆、江安的教育生涯及教改意见——任乃强《筱庄笔记·身世录》录注（四）/何洁、任新建校注《中国藏学》2018：2
8. 雪域使者，译坛双英——陈观胜、李培茱生平事略及其藏学译著述评/汪雨、徐鲁亚《西藏研究》2018：3
9. 岁月如斯，情初如故——访藏族热巴艺术家欧米加参/欧米加参、红星央宗、泽吉《西藏艺术研究》2018：1
10. 学术研究的路径及其相关问题——访著名藏族学者恰嘎·旦正教授/阿贵、格朗《西藏大学学报》（社科版）2018：1
11. 区域文化架构下西藏传统音乐风格区——访著名藏族音乐学家格桑曲杰先生/拉旺、石达顿珠《西藏大学学报》（社科版）2018：2
12. 20世纪迎来汉藏佛典翻译又一高峰——追念汉藏佛学研究的三位大师/旺多《西藏大学学报》（社科版）2018：2
13. 民国民族学中的藏学——马长寿的嘉绒研究/朝告才让《西北民族研究》2018：1
14. 封建、等级与家屋：论林耀华的藏区研究与边政思想/张亚辉《西北民族研究》2018：2
15. 西方人的西藏观研究述评/杜永彬《西藏民族大学学报》（哲社版）2018：1
16. 藏学研究的历史和现实意义——访藏学研究者索南才让研究员/杨黎浩《西藏民族大学学报》（哲社版）2018：1
17. 我与西藏歌舞团——写在西藏自治区歌舞团成立60周年之际/丹增贡布《西藏艺术研究》2018：2
18. 香满人生——国家级非物质文化遗产直贡藏香传承人阿贡·次仁平措口述史/阿贡·次仁平措、努木《西藏艺术研究》2018：2
19. 蒲文成自述/蒲文成《中国藏学》2018：3

20. 21 世纪以来西藏文物考古事业的发展及研究回顾/杨清凡《中国藏学》2018：3
21. 更敦群培与印度学者罗睺罗的关系/杜永彬《中国藏学》2018：S1
22. 国家出版基金入选涉藏项目分析研究/张运珍《中国藏学》2018：S1
23. 放歌在在“世界屋脊”——访上海音乐学院常留柱教授/米雅央贞、谢力《中国藏学》2018：S1
24.《中国藏学》30 年（1988—2018）大事记/本刊编辑部《中国藏学》2018：S1
25. 藏传佛教的理论与研究方法——访著名藏学家班班多杰教授/扎西郎甲《西藏大学学报》（社科版）2018：3
26. 梵文与藏文化之关系——访梵文专家林温·白玛格桑先生/多杰扎西《西藏大学学报》（社科版）2018：4
27. 行走在喜马拉雅丛林深处的学者——陈立明教授访谈/赵海静《西藏民族大学学报》（哲社版）2018：4
28. 2016 年境外藏缅语研究前沿/黄成龙、饶敏、高扬《西藏民族大学学报》（哲社版）2018：5
29. 西藏民族大学十年科研工作的回顾和展望/赵国栋《西藏民族大学学报》（哲社版）2018：5
30. 山水寄魂观与青藏高原生态保护——访西藏民族大学藏学研究所专家丹曲教授/冯云《西藏民族大学学报》（哲社版）2018：6
31. 一位河湟之子的藏学研究之路——谢佐先生访谈录/苏发祥、丹珍央金等《青海民族研究》2018：3
32. 民国时期四种专门性藏学期刊作者群体研究/郭永虎、暴占杰《青海民族研究》2018：4
33. 戈尔斯坦与他的西藏现代史研究/励轩《北方民族大学学报》（哲社版）2018：4
34. 后殖民主义文化研究视野中的美国本土藏学批判/沈卫荣《北方民族大学学报》（哲社版）2018：6
35. 三十四载风雨路助力科技促发展——西藏自治区科技信息研究所 34 年发展回顾/陈莎莎、杨明芬等《西藏科技》2018：8

十五、文献

1.《能断金刚经》藏汉译本比较研究/李本加《中国藏学》2018：1
2. 藏蒙《云使》译本比较研究/萨其仁贵《中国藏学》2018：1
3. 若干典型古藏文语词疏译之四/陈践《中国藏学》2018：1
4. 敦煌藏文本《尚书》的研究现状及其文献来源问题/朱丽双《中国藏学》2018：1
5. 敦煌古藏文 P. T. 1286 号文书释读之勘正/曾丽容《西藏研究》2018：1
6. 法藏敦煌本 P. 3288 3555A V°藏文星占文书研究（其一）——吐蕃藏文堪舆图研究/刘英华、金雷、范习加《西藏研究》2018：1
7.《弟吴宗教源流》（吐蕃史）译注（一）/弟吴贤者、阿贵《西藏研究》2018：3
8. 英藏敦煌藏文 IOL Tib J 897 号吐谷浑纳粮文书研究/陆离《西藏研究》2018：2
9. 吐蕃契约文书之习惯法研究——以敦煌出土文书为中心/韩树伟《西藏大学学报》（社科版）2018：2
10. 若干典型古藏文语词疏译拾遗/陈践《民族翻译》2018：1
11. 汉藏佛经翻译理论比较研究/达哇才让《民族翻译》2018：1
12. 敦煌古藏文ཞུགས་སོང་དམར་པོ疏译/陈践《民族翻译》2018：2
13. P. T. 1292 古藏文音写回鹘语佛教教义简答手册研究/吐送江·依明《中国藏学》2018：3
14. 敦煌藏文文献 P. T. 149 号《普贤行愿王经》序言解读/索南《中国藏学》2018：3
15. 西藏自治区新方志的特点/永红《中国藏学》2018：3
16.《娘氏教法源流》译注（十）/娘·尼玛沃色、许渊钦《中国藏学》2018：4
17.《西进集》与在康定建省委员会的两年——任乃强《筱庄笔记》节录（五）/何洁、任新建校注《中国藏学》2018：S1
18. 法王图道南杰（四）——《哲孟雄王统史》译注节选/图道南杰著、扎洛、敖见译注《中国藏学》2018：S1
19. 民国时期有关黑水头人苏永和向来苏、松岗扩张及其与政府互动博弈的档案史料/田利军《中国藏学》2018：S1
20. 洮州《李氏世谱》校录与初步研究/李志明《中国藏学》2018：S1

21. 蒙古族藏文佛教历史著作及其特征/树林、海春生《中国藏学》2018：S1
22. 从《成就八十四师史》看古印度“八十四大成就者”/张宁《中国藏学》2018：S1
23. 冈底斯神山崇拜的神圣文本表述/央宗《中国藏学》2018：S1
24.《弟吴宗教源流》（吐蕃史）译注（二、三）/弟吴贤者、阿贵《西藏研究》2018：4.6
25. 一部鲜为人知的藏文历史文献：卫巴洛色《教法史》/米玛次仁《西藏大学学报》（社科版）2018：3
26. 敦煌大圆满心部藏文手稿 ITJ647 探微/落桑东知《西南民族大学学报》（人文社科版）2018：8
27. 吐蕃古藏文读译窥见/陈践《西藏民族大学学报》（哲社版）2018：6
28.《拔协》版本及相关问题考述/刘凤强《西藏民族大学学报》（哲社版）2018：6
29. 从哲蚌寺藏《蝲蛄经》谈敦煌藏文写经誊抄年代/勘措吉《敦煌研究》2018：4

十六、书评、书讯

1.《雍和宫满文档案译编》评介/阿音娜《中国藏学》2018：1
2.《西藏通史》奠定了中国藏学研究的国际领先地位/郝时远《中国藏学》2018：2
3. 编撰《西藏通史》中的几个问题/张云《中国藏学》2018：2
4. 区域性通史话语体系的经典之作——《西藏通史》读后/李大龙《中国藏学》2018：2
5. 研究西藏历史的重大成果——读《西藏通史》/方铁《中国藏学》2018：2
6. 勇于担当敢于创新用心编撰——读多卷本《西藏通史》/赵心愚《中国藏学》2018：2
7. 评《清代藏学历史文献研究》/陈庆英、杨洁《西藏研究》2018：1
8. 活形态史诗对外翻译传播的新拓展——《集体记忆的千年传唱：〈格萨尔〉翻译与传播研究》评介/臧学运《西藏研究》2018：3
9. 国内仓央嘉措相关书籍出版情况考察（2001—2016）/荣立、宇崔凯《西藏研究》2018：3

10. 顾浙秦副教授的专著《清代藏事诗研究》出版/《西藏民族大学学报》（哲社版）2018：1
11.《口头传统、民间表演与地方社会——基于甘肃中部地区一个“村—镇共同体”的小曲研究》介绍/陈慧慧《青藏高原论坛》2018：1
12. 新常态下农牧区社会发展治理的探索——杨虎得教授等主编《青海农牧区发展与治理研究》评介/高玉清《青海民族研究》2018：1
13. 书评——嘉绒藏族读书会之三任乃强论“民族”——以《四川第十六区民族之分布》为例/翟淑平《西北民族研究》2018：1
14. 著书不落窠臼　作史卓尔不群——评《西藏通史·元代卷》/李德成《中央民族大学学报》（哲社版）2018：3
15. 灾害民族学的重要成果——简评松冈正子《青藏高原东部的羌族和藏族——2008 年汶川地震后的重建与开发》/周星《云南民族大学学报》（哲社版）2018：1
16. 尊重历史，实事求是：组织撰写《西藏通史·民国卷》之体会/周伟洲《中国边疆史地研究》2018：2
17.《甘肃藏敦煌藏文文献》（敦煌研究院卷）出版/万玛项杰《敦煌研究》2018：1
18.《英国图书馆藏斯坦因所获新疆出土古藏文写本》读后/王培培《西夏研究》2018：12
19. 瞿霭堂和劲松教授新作《藏语卫藏方言研究》出版/胡鸿雁《民族语文》2018：3
20. 地方志传统与族别史研究的有机结合——《西藏通史》的新突破/苏发祥《中国藏学》2018：3
21. 具有里程碑意义的优秀科研成果——简评新近出版的《西藏通史》/喜饶尼玛《中国藏学》2018：3
22. 整体视野下的《西藏通史》写作/杜玉芳《中国藏学》2018：3
23.《西藏通史》的编撰与历史研究所青年学者的成长/邱熠华《中国藏学》2018：3
24. 书写西藏历史的一部巨著——读《西藏通史》的几点认识和体会/石硕《中国藏学》2018：4
25. 民国时期西藏地方史研究的扛鼎之作——《西藏通史·民国卷》读后/孙宏年《中国藏学》2018：4

26. 一部区域史与民族史研究的杰作：一位撰稿者与特邀编辑的心得/梁俊艳《中国藏学》2018：4
27. 万古兴衰一笔书：从开天辟地到走向一统——《西藏通史·早期卷》的创举与使命/班玛更珠《中国藏学》2018：4
28. 一部区域史与民族史研究的杰作：一位撰稿者与特邀编辑的心得/梁俊艳《中国藏学》2018：S1
29. 万古兴衰一笔书：从开天辟地到走向一统——《西藏通史·早期卷》的创举与使命/班玛更珠《中国藏学》2018：S1
30. 刘强等《西藏非公有制企业健康发展的绿色财务体系研究》出版/《西藏民族大学学报》（哲社版）2018：4
31. 彭陟焱教授《羌族异地安置区社会文化变迁研究——以邛崃南宝山安置区为例》出版/《西藏民族大学学报》（哲社版）2018：4
32.《西藏民族大学建校六十周年系列丛书》出版/《西藏民族大学学报》（哲社版）2018：5
33. 索南才让教授的多部译著出版/《西藏民族大学学报》（哲社版）2018：5
34.《西藏茶文化》出版/《西藏民族大学学报》（哲社版）2018：6
35.《旅游援藏与西藏旅游目的地发展研究》出版/《西藏民族大学学报》（哲社版）2018：6
36. 康欣平教授整理本《有泰日记》出版/《西藏民族大学学报》（哲社版）2018：6
37. 光绪《西藏图考》的“括总”之篇——读《西藏图考·西藏源流考》/赵心愚《西南民族大学学报》（人文社科版）2018：7
38.《汉藏语语音和词汇》出版/胡鸿雁《民族语文》2018：5
39. 给现代人讲清藏传佛教——评尕藏加的《中国藏传佛教》/尹邦志《法音》2018：7
40. 维雍州之西陲　壮矣哉河湟——《13—19 世纪河湟多民族走廊历史文化研究》一书评述/陈亮《中国边疆史地研究》2018：3

十七、综合、动态

1. 2015—2016 年国内藏学图书要目(藏文部分)/王建海《中国藏学》2018：1
2. 2017 年全国藏学研究论文资料要目索引（上、下）/拥巴《中国藏学》2018：

1—2
3.《西藏通史》荣获第四届中国出版政府图书奖/《中国藏学》2018：1
4. 第五届全国藏学期刊协调会在云南昆明召开/沈红宇《中国藏学》2018：1
5.《西藏通史》出版学术研讨会暨“活佛转世”专题片发布会综述/沈红宇《中国藏学》2018：2
6. 第三届中日藏学研讨会综述/高颖、李学竹《中国藏学》2018：2
7. 全国首届藏文古籍文献整理与研究高层论坛综述/索南多杰、丹增罗布《中国藏学》2018：2
8. 新时代我国涉藏智库建设的现状及路径分析/秦永章《西藏研究》2018：2
9. 西藏大学珠峰大讲坛正式启动/《西藏大学学报》（社科版）2018：2
10. 打造一流民族（藏学）类学术期刊/欧珠、刘凯《西藏民族大学学报》（哲社版）2018：1
11.《中国新闻传播教育年鉴》编委会暨少数民族新闻传播教育圆桌会议在我校举行《西藏民族大学学报》（哲社版）2018：3
12.《青海社会科学》（藏文版）创刊仪式暨“服务藏区经济社会发展论坛”在西宁举行/《青海社会科学》2018：1
13. 五十华诞再扬帆——“中国社会科学论坛”暨“第50届国际汉藏语言暨语言学会议”综述/王锋《民族语文》2018：1
14. 藏语文研究的新起点——写在“第50届国际汉藏语言暨语言学会议”之后/尹蔚彬《中国藏学》2018：4
15.“改革开放40周年国内藏学研究回顾与展望研讨会”会议/《中国藏学》2018：4
16.《西藏通史》荣获第四届中国出版政府奖图书奖/《中国藏学》2018：4
17. 首届丝路藏学学术研讨会综述/阿旺嘉措、罗脑仁草、冷周《中国藏学》2018：4
18. 新时期西藏学术期刊编辑素质提升的途径分析/蔡秀清《中国藏学》2018：4
19. 中国藏学研究中心与兰州大学战略合作框架协议签字仪式暨“梵文贝叶经研究与丝路藏学”学术讨论会会议综述/张莉文《中国藏学》2018：S1
20. 第二届全国藏文古籍文献整理与研究高层论坛综述/本刊记者丹增罗布《中国藏学》2018：S1
21. 第十四届全国因明学术研讨会综述/本刊记者姜航《中国藏学》2018：S1

22. 喜饶嘉措大师爱国思想研讨会综述/本刊记者央宗《中国藏学》2018：S1
23. 2001—2006 年国内藏学书目（汉文部分）/沈红宇整理《中国藏学》2018：S1
24. 2004—2014 年国内藏学图书要目（藏文部分）/王建海编《中国藏学》2018：S1
25.《藏学学刊》（1—15 辑）总目/赵靖《中国藏学》2018：S1
26.《安多研究》（汉、藏）总目/杨才让塔、石超琼《中国藏学》2018：S1
27.《藏学研究》总目（1—14）/张曦、桑杰卡编《中国藏学》2018：S1
28.《四川藏学研究》总目（1—13）/王川编《中国藏学》2018：S1
29.《藏学研究丛刊贤者新宴》（1—6）总目录/任小波编《中国藏学》2018：S1
30.《中国藏学》2018 年总目录（总第 132—136 期）/《中国藏学》2018：S1
31. 美国主要研究型图书馆西藏旧方志收藏概况/吉正芬《西藏研究》2018：4
32. 改革开放 40 年来国内藏学研究成果概述——基于 1978—2014 年国内藏文期刊论文资料的数据分析/阿贵、伍金坚参、胡志杰《西藏研究》2018：5
33. "新时代中国特色社会主义思想暨民族地区法治发展"论坛在我校举行/《西藏民族大学学报》（哲社版）2018：4
34. 西藏民族大学举行建校 60 周年学术交流月启动暨校庆系列丛书发行仪式/《西藏民族大学学报》（哲社版）2018：5
35. "纪念改革开放 40 周年暨涉藏学术期刊建设与发展研讨会"会议综述/《西藏大学学报》（社科版）2018：3
36. 纪念改革开放四十周年暨第六届全国藏学期刊协调会在北京召开/《西藏大学学报》（社科版）2018：4
37. 民族学在青藏高原——民族学博士点建设与青藏高原特色学科发展学术研讨会综述/肖明远《青海民族研究》2018：3
38. 喜饶嘉措大师圆寂五十周年纪念活动在青海西宁举行/金明《法音》2018：9
39. 2018 年藏传佛教教义阐释工作研讨会在中国藏学研究中心举行/本刊讯《法音》2018：11

藏文部分

མཚན་ཉིད་རིག་པ། ཆོས་ལུགས།

《ཚད་མ་ཀུན་བཏུས》དང་《ཚད་མ་རྣམ་འགྲེལ》གཉིས་ཀྱི་ལེའུའི་སྒྲིག་སྟངས་སྐོར་གྱི་དཔྱད་བསྡུར།

ཁ་སྐད་སྟག་འབུམ་རྒྱལ། 《ཀྲུང་གོའི་བོད་རིག་པ》2018ལོའི་དེབ་གཉིས་པ།

རྒྱ་བོད་ཚད་མ་རིག་པའི་ད་ལྟའི་གནས་བབ་ལ་དཔྱད་པ།

སྐལ་བཟང་པ་དགེ་འདུན། 《ཀྲུང་གོའི་བོད་རིག་པ》2018ལོའི་དེབ་བཞི་པ།

སྡེ་བསྟན་དང་བསྟན་འགྱུར་དཔེ་བསྡུར་མའི་ནང་གི་ཤཱཀྱ་བློའི་རྣམ་འགྲེལ་འགྲེལ་བཤད་ཀྱི་ལྷག་ཆད་འཁྲུགས་གསུམ།

བྲ་ཉ་བློ་བཟང་ཚུལ་ཁྲིམས། 《མཚོ་སྔོན་དགེ་འོས་སློབ་ཆེན་གྱི་རིག་དེབ》2018ལོའི་དེབ་དང་པོ།

ཡིད་དབང་དང་ཡིད་མངོན་ཚད་མ་འཇོག་སྟངས།

ཁྱུང་སྤྲུག་བློ་བཟང་དར་རྒྱས། 《མཚོ་སྔོན་དགེ་འོས་སློབ་ཆེན་གྱི་རིག་དེབ》2018ལོའི་དེབ་དང་པོ།

རྒྱ་གར་དུ་ནང་བསྟན་ཚད་མ་རིག་པ་དར་བའི་དུས་རིམ་དབྱེ་སྟངས་ལ་དཔྱད་པ།

བློ་བཟང་ཆོས་འཕེལ། 《མཚོ་སྔོན་དགེ་འོས་སློབ་ཆེན་གྱི་རིག་དེབ》2018ལོའི་དེབ་གཉིས་པ།

བསྡུས་གྲྭའི་ཁས་ལེན་སོང་ཚུལ་གྱི་རྣམ་གཞག་ལ་ཅུང་ཟད་དཔྱད་པ།

ཁོ་ཚེ་བློ་བཟང་འཕྲིན་ལས། 《མཚོ་སྔོན་དགེ་འོས་སློབ་ཆེན་གྱི་རིག་དེབ》2018ལོའི་དེབ་གཉིས་པ།

བོད་ཀྱི་ཚད་མ་རིག་པའི་འབྲས་རྟགས་ཡང་དག་གི་སྐོར་མདོ་ཙམ་གླེང་བ།

ཉི་མ་ཆུང་བ། ཚེ་བརྟན་སྒྲོལ་མ། 《བོད་ལྗོངས་སློབ་གྲྭ་ཆེན་མོའི་རིག་དེབ》2018ལོའི་དེབ་དང་པོ།

《ཚད་མའི་དེ་ཁོ་ན་ཉིད་བསྡུས་པའི》ཕྱོགས་སྔའི་འདོད་ཚུལ་དང་དེའི་རྩོམ་པ་པོ་སློང་ཆེན་རབ་འབྱམས་ཡིན་མིན་སྐོར་གྱི་དོགས་སློང་།

དོ་རྒྱ་དབང་དྲག་རྡོ་རྗེ། 《བོད་ལྗོངས་སློབ་གྲྭ་ཆེན་མོའི་རིག་དེབ》2018ལོའི་དེབ་དང་པོ།

སེམས་བྱུང་གཞན་འགྱུར་བཞིའི་སྐོར་ཆེ་ལོང་ཙམ་དཔྱད་པ།

བཀྲ་ཤིས་ཚེ་རིང་། 《བོད་ལྗོངས་སློབ་གྲྭ་ཆེན་མོའི་རིག་དེབ》2018ལོའི་དེབ་གཉིས་པ།

དམུ་དགེ་བསམ་གཏན་མཆོག་གིས་བསྡུས་གྲྭའི་དགོངས་དོན་བཀྲལ་ཚུལ་བརྗོད་པ།

ཤ་བོ་བླ་རྒྱལ། 《བོད་ལྗོངས་སློབ་གྲྭ་ཆེན་མོའི་རིག་དེབ》2018ལོའི་དེབ་གཉིས་པ།

གྲུབ་མཐའ་རྣམ་བཞིའི་སྒོ་ནས་ཚད་མའི་མཚན་ཉིད་ལ་གསར་དུ་དཔྱད་པ།

ཕག་མོ་མཁའ་འབུམ། 《རྩེར་སྙེག》2018ལོའི་དེབ་དང་པོ།

བསྡུས་གྲྭའི་སྐབས་ཀྱི་དོགས་གནད་འགའ་ལ་ཅུང་ཙམ་དཔྱད་པ།

ཨ་རྗེ། འབའ་འབྲུག་སྐྱེན། 《མི་རིགས》2018ལོའི་དེབ་གཉིས་པ།

"རང་ལས་ངེས་དང་གཞན་ལས་ངེས་ཀྱི་ཚད་མ་གཉིས" ཇི་ལྟར་ངོས་འཛིན་ཚུལ་སྐོར་གླེང་བ།

བསོད་ནམས་ཚེ་རིང་། 《བོད་ལྗོངས་སློབ་གསོ》2018ལོའི་དེབ་དང་པོ།

སྲོལ་རྒྱུན་ཚད་མའི་སྨུ་བཞི་བརྩེ་ཐབས་དང་དེང་གི་གཤིབ་བསྡུར་རིག་པའི་བསྡུར་ཐབས་ཀྱི་འབྲེལ་བའི་སྐོར་རགས་གླེང་།

པ་སངས། ཉི་མ་ཆོས་སྒྲོན། 《བོད་ལྗོངས་སློབ་གསོ》2018ལོའི་དེབ་དྲུག་པ།

ཚད་མའི་གཞུང་གི་གྲུབ་པ་དང་བདེ་བ་ཞེས་པའི་ཚིག་དོན་དང་འབྲེལ་ཏེ་སློབ་དཔོན་ཆོས་མཆོག་གི་འཐད་ལྡན་གྱི་ལུང་ཚིག་འགའ་ལ་ཅུང་ཟད་དཔྱད་པ།

བཀྲ་ཤིས། བསྟན་པ་ཚེ་རིང་། 《བོད་ལྗོངས་སློབ་གྲྭ་ཆེན་མོའི་རིག་དེབ》2018ལོའི་དེབ་གསུམ་པ།

བློ་རིག་རྣམ་གཞག་ཁྲིད་ཀྱི་གོལ་ས་ཆེ་བའི་ཐ་སྙད་འགའ་ཞིག་ལ་དཔྱད་པ།

རྣ་ར་ཚེ་རྡོར། ཉི་མ་ཚེ་རིང་། 《བོད་ལྗོངས་སློབ་གྲྭ་ཆེན་མོའི་རིག་དེབ》2018ལོའི་དེབ་གསུམ་པ།

རང་ལས་ངེས་དང་གཞན་ལས་ངེས་ཀྱི་ཚད་མའི་སྐོར་རགས་ཙམ་གླེང་བ།

ཀླུ་བ་འགྱུར་མེད། 《བོད་ལྗོངས་སློབ་གྲྭ་ཆེན་མོའི་རིག་དེབ》2018ལོའི་དེབ་བཞི་པ།

བསམ་ཡས་ཆོས་རྩོད་སྐབས་ཀྱི་རིམ་གྱིས་པ་དང་ཅིག་ཅར་པའི་ལྟ་བའི་ཁྱད་པར་སྐོར་གླེང་བ།

འབྲུག་ལྷ། 《ཀྲུང་གོའི་བོད་རིག་པ》2018ལོའི་དེབ་དང་པོ།

དུས་རབས11ནས12བར་གྱི་གསང་ཕུའི་གཞུང་ཆེན་སློབ་གཉེར་གྱི་ཁྱད་ཆོས་གླེང་བ།

ཚེ་དབང་རྣམ་རྒྱལ། 《ཀྲུང་གོའི་བོད་རིག་པ》2018ལོའི་དེབ་དང་པོ།

བོད་བརྒྱུད་ནང་བསྟན་གྱི་བཅའ་ཡིག་གི་དབྱེ་བར་དཔྱད་པ།

ཀ་རིང་རིན་ཆེན། 《ཀྲུང་གོའི་བོད་རིག་པ》2018ལོའི་དེབ་དང་པོ།

བསྟན་པའི་དག་ཐེར་དང་བཀའ་གདམས་གྲུབ་མཐའི་བྱུང་འཕེལ་གྱི་འབྲེལ་བ་ལ་དཔྱད་པ།

རྡོ་རྗེ་ཚེ་བརྟན། 《ཀྲུང་གོའི་བོད་རིག་པ》2018ལོའི་དེབ་གཉིས་པ།

མདོ་སྨེ་པའི་སྤྱི་བཤད་དང་ས་བོན་འབྲེལ་ཡོད་དང་བཅས་པའི་དཔྱད་ཞིབ་དབྱིག་གཉེན་དགོངས་རྒྱན།

ཁང་དཀར་ཚུལ་ཁྲིམས་སྐལ་བཟང་། 《ཀྲུང་གོའི་བོད་རིག་པ》 2018ལོའི་དེབ་གསུམ་པ།

ད་སྟེ་ཀུན་བཏུས་ཀྱི་སྐོར་གླེང་བ།

སླིང་པོ་ཐར། 《བོད་ལྗོངས་ནང་བསྟན》2018ལོའི་དེབ་གཉིས་པ།

བྱང་ཆུབ་སེམས་དཔའི་སྤྱོད་པ་ལ་འཇུག་པའི་ཤེས་རབ་ལེའུའི་འགྲེལ་པ་མཁས་པའི་གསུང་ལས་བཏུས་པ།

དགེ་བཤེས་བཀྲ་ཤིས་རྒྱལ་མཚན། 《བོད་ལྗོངས་ནང་བསྟན》 2018ལོའི་དེབ་གཉིས་པ།

རྗེ་བཙུན་ཙོང་ཁ་པ་ཆེན་པོ་ལ་བརྟེན་པའི་བསམ་པ་སྨྱུར་འགྲུབ་མ།

དགའ་ལྡན་གསེར་ཀོང་རྡོ་རྗེ་འཆང་། 《བོད་ལྗོངས་ནང་བསྟན》 2018ལོའི་དེབ་གསུམ་པ།

བྱང་ཆུབ་སེམས་དཔའི་སྤྱོད་པ་ལ་འཇུག་པའི་ཤེས་རབ་ལེའུའི་འགྲེལ་པ་མཁས་པའི་གསུང་ལས་བཏུས་པ།

དགེ་བཤེས་བཀྲ་ཤིས་རྒྱལ་མཚན། 《བོད་ལྗོངས་ནང་བསྟན》 2018ལོའི་དེབ་གསུམ་པ།

སྤྱོད་འཇུག་ཅེས་པའི་གཞུང་གི་མཚན་དོན་ལས་དེའི་བརྗོད་བྱ་བསྟན་ཚུལ་སྐོར་ལ་ཙུང་ཟད་ཙམ་གླེང་བ།

ཉི་མ་ཚེ་རིང་། བསོད་ནམས་ཚེ་རིང་། 《བོད་ལྗོངས་ནང་བསྟན》 2018ལོའི་དེབ་གསུམ་པ།

ལྷུང་བཤགས་ལས་བྱུང་བའི་སེམས་བྱུང་འཁྲོད་པ་སོགས་ཀྱི་སྐོར་གླེང་བ།

དཔལ་འབྱོར། 《བོད་ལྗོངས་ནང་བསྟན》2018ལོའི་དེབ་གསུམ་པ།

བདེན་བཞིའི་ནང་གསེས་ཀུན་འབྱུང་བདེན་པར་ཙུང་ཙམ་དཔྱད་པ།

རིན་ཆེན་སྒྲོལ་མ། 《གངས་ལྗོངས་རིག་གནས》2018ལོའི་དེབ་དང་པོ།

ལྷ་བྲང་སྟོགས་པ་གྲྭ་ཚང་གི་ཆོས་བཅུའི་དུས་ཆེན་སྐོར་ཅུང་ཙམ་གླེང་བ།

སངས་རྒྱས་སྐྱབས། 《བོད་ཀྱི་དམངས་སྲོལ་རིག་གནས》2018ལོའི་དེབ་དང་པོ།

མཆོད་པ་དང་མཆོད་པའི་ལྷ་མོའི་ངོས་འཛིན་གྱི་སྐོར་རགས་ཙམ་གླེང་བ།

དོན་གྲུབ་རྒྱ་མཚོ། 《བོད་ཀྱི་དམངས་སྲོལ་རིག་གནས》2018ལོའི་དེབ་གཉིས་པ།

བོད་ཀྱི་རོལ་མོའི་མཆོག་གྱུར་འབུད་དུང་གི་སྐོར་རགས་ཙམ་གླེང་བ།

བསོད་ནམས་ཚེ་རིང་། 《བོད་ཀྱི་དམངས་སྲོལ་རིག་གནས》2018ལོའི་དེབ་གཉིས་པ།

ཆོས་འདུལ་བ་ལས་བསྟན་པའི་དབྱར་གནས་ཀྱི་ཕྱག་ལེན་ཇི་ལྟར་བྱུང་ཚུལ་བཤད་པ།

དཔལ་ལྡན། 《མཚོ་སྔོན་མི་རིགས་སློབ་ཆེན་རིག་དེབ》2018ལོའི་དེབ་དང་པོ།

སློབ་དཔོན་ཀ་མ་ལ་ཤཱི་ལ་དང་། ཨ་ཏི་ཤ་གྲོ་ལུང་པ་བཅས་ཀྱི་ལམ་རིམ་དགོངས་པའི་བསྡུར་དཔྱད།

[ཁོ་རེ་ཡ]འཇམ་དབྱངས་ཡེ་ཤེས། 《མཚོ་སྔོན་མི་རིགས་སློབ་ཆེན་རིག་དེབ》2018ལོའི་དེབ་དང་པོ།

རྗེ་ཙོང་ཁ་པའི་གསུང་རྩོམ་གྲགས་ཅན་དབྱིན་འགྱུར་མའི་སྐོར་གླེང་བ། ——ཨ་རིའི་ཞིབ་འཇུག་པའི་འགྱུར་མ་གཙོར་བཟུང་བ།

རྡོ་རྗེ་ཚེ་བརྟན། 《མཚོ་སྔོན་མི་རིགས་སློབ་ཆེན་རིག་དེབ》2018ལོའི་དེབ་གཉིས་པ།

རྗེ་ཡབ་སྲས་གསུམ་གྱི་གསུང་འབུམ་དཔེ་བསྡུར་མ་ལས་ཤིང་པར་ཁག་གི་ཆོས་ཚན་ཆད་ལྷག་དང་གོ་རིམ་འཁྲུགས་པའི་སྐོར་ལ་དཔྱད་པ།

སྨན་བཟང་པ་མཁར་བྱམས་ཐར། ཤེས་རབ་རྒྱ་མཚོ། 《མཚོ་སྔོན་མི་རིགས་སློབ་ཆེན་རིག་དེབ》2018ལོའི་དེབ་གཉིས་པ།

བོད་བརྒྱུད་ནང་བསྟན་གྱི་པར་གྲྭའི་བཅའ་ཡིག་སྐོར་གྱི་ཐོག་མའི་དཔྱད་གླེང་། ——《སྡོན་པོ་ཐང་བཤད་སྒྲུབ་དར་རྒྱས་གླིང་གི་པར་གྲྭའི་འགྲིག་ཡིག》དཀྱུས་སུ་བཟུང་ནས་དཔྱད་པ།

ཀ་རིང་རིན་ཆེན། 《མཚོ་སྔོན་དགེ་འོས་སློབ་ཆེན་གྱི་རིག་གཞུང་དུས་དེབ》2018ལོའི་དེབ་དང་པོ།

ནང་པའི་བསྟན་སྲུང་ཇོ་བོ་ཕྱིང་དཀར་པའི་སྐོར་ཅུང་ཟད་གླེང་བ།

ཅག་པ་ཀུན་བཟང་རྡོ་རྗེ། 《མཚོ་སྔོན་དགེ་འོས་སློབ་ཆེན་གྱི་རིག་དེབ》2018ལོའི་དེབ་དང་པོ།

《གདམས་ངག་མཛོད》ཀྱི་སྐོར་མདོ་ཙམ་གླེང་བ།

སྙིང་པོ་ཐར། 《མཚོ་སྔོན་དགེ་འོས་སློབ་ཆེན་གྱི་རིག་དེབ》2018ལོའི་དེབ་དང་པོ།

བྱང་ཆུབ་ལམ་རིམ་ཆེན་མོའི་པར་གཞི་ལྔའི་བསྡུར་དཔྱོད།

ཀླུ་འབུམ་ཚེ་རིང་། 《མཚོ་སྔོན་དགེ་འོས་སློབ་ཆེན་གྱི་རིག་དེབ》2018ལོའི་དེབ་གཉིས་པ།

འཇིག་རྟེན་སྣོད་བཅུད་ཀྱི་རྣམ་བཞག་ཟླ་བ་ནོར་བུའི་དོ་ཤལ། （༡）

སྐྱུ་རེངས་དཔལ་མོ། 《མཚོ་སྔོན་དགེ་འོས་སློབ་ཆེན་གྱི་རིག་དེབ》2018ལོའི་དེབ་གཉིས་པ།

བོད་བཙན་པོའི་དུས་ཀྱི་རྒྱ་ཡིག་ཆོས་གཞུང་བོད་འགྱུར་མའི་རྩ་བའི་གྲངས་འབོར་དང་དཔར་མ་ལ་དཔྱད་པ།

དབང་སྟོབས། 《བོད་ལྗོངས་སློབ་གྲྭ་ཆེན་མོའི་རིག་དེབ》2018ལོའི་དེབ་དང་པོ།

འཛམ་པའི་དབྱངས་དང་གནས་ལུགས་རྟོགས་པའི་ཤེས་རབ། ——འཛམ་མགོན་ཙོང་ཁ་པ་དང་རྗེ་བཙུན་འཛམ་དབྱངས་གཉིས་ཀྱི་འབྲེལ་བ་ལས་འཕྲོས་ཏེ་དེང་གི་ལོག་རྟོག་འགའི་དེ་ཉིད་བཤད་པ།

ཁྱུང་སྨུག་བློ་བཟང་དར་རྒྱས། 《བོད་ལྗོངས་སློབ་གྲྭ་ཆེན་མོའི་རིག་དེབ》2018ལོའི་དེབ་དང་པོ།

འཕགས་པ་སཱ་ལུའི་ལྗང་པའི་མདོ་བོད་དུ་བསྒྱུར་ཚུལ་ལས་འཕྲོས་ཏེ་རྟེན་ཅིང་འབྲེལ་བར་འབྱུང་བའི་ལྟ་བ་བོད་དུ་དར་ཚུལ་སྐོར་ལ་དཔྱད་པ།

འབྲུག་ལྷ། 《བོད་ལྗོངས་སློབ་གྲྭ་ཆེན་མོའི་རིག་དེབ》2018ལོའི་དེབ་དང་པོ།

བོད་ཀྱི་སྔགས་པའི་ཐོག་མའི་འབྱུང་ཁུངས་སྐོར་རགས་ཙམ་གླེང་བ།

དཔལ་ལྡན་དགྲ་འདུལ། པདྨ། 《བོད་ལྗོངས་སློབ་གྲྭ་ཆེན་མོའི་རིག་དེབ》2018ལོའི་དེབ་དང་པོ།

དཔལ་མཉམ་མེད་རི་བོ་དགེ་ལུགས་པའི་ལྟ་སྒོམ་སྤྱོད་ལས་བཤེས་གཉེན་བསྟེན་ཚུལ་སྐོར་ལ་དཔྱད་པ་འཛམ་མགོན་དགྱེས་པའི་འཛུམ་མདངས།

ནོར་བཟང་ཨ་རྒྱན། 《བོད་ལྗོངས་སློབ་གྲྭ་ཆེན་མོའི་རིག་དེབ》2018ལོའི་དེབ་གཉིས་པ།

བན་བོན་རིས་མེད་ཀྱི་གཏེར་སྟོན་པའི་སྐོར་གླེང་བ།

དཔའ་མཁར་རྒྱལ། 《བོད་ལྗོངས་སློབ་གྲྭ་ཆེན་མོའི་རིག་དེབ》2018ལོའི་དེབ་གཉིས་པ།

རྗེ་ཙོང་ཁ་པའི་གསུང་འབུམ་གྱི་པར་ཞིང་སྐོར་ལ་རགས་ཙམ་དཔྱད་པ།

དཔལ་རྡོར། 《བོད་ལྗོངས་སློབ་གྲྭ་ཆེན་མོའི་རིག་དེབ》2018ལོའི་དེབ་གཉིས་པ།

ནང་པའི་གྲུབ་མཐའ་སྨྲ་བ་བཞིའི་དུས་གསུམ་གྱི་འདོད་ཚུལ་ལ་རགས་ཙམ་དཔྱད་པ།

གསེར་བཟང་། 《རྩེར་སྙེག》2018ལོའི་དེབ་གཉིས་པ།

ཕག་གྲུའི་དུས་སྐབས་སུ་དགེ་ལུགས་པ་བྱུང་བའི་རྒྱུ་རྐྱེན་ལ་དཔྱད་པ།

སེང་མགྱུལ་མ་ཏི་དོན་གྲུབ། 《ཀྲུང་གོའི་བོད་རིག་པ》2018ལོའི་དེབ་བཞི་པ།

འཇམ་ཀོང་རྣམ་གཉིས་ཀྱིས་སྡེ་ཁྲིད་པའི་གྲུབ་མཐའ་རིས་མེད་སྐོར་གྱི་རྩད་ཞིབ།

གཡུ་རྫོག་ཚེ་མགོན་སྐྱབས། དབང་ཕྱུག《ཀྲུང་གོའི་བོད་རིག་པ》2018ལོའི་དེབ་བཞི་པ།

བྱང་ཆུབ་སེམས་དཔའི་སྤྱོད་པ་ལ་འཇུག་པའི་ཤེས་རབ་ལེའུའི་འགྲེལ་པ་མཁས་པའི་གསུང་ལས་བཏུས་པ།

(གོང་འཕྲོས)(སེ་ར་དགོན་གྱི)དགེ་བཤེས་བཀྲ་ཤིས་རྒྱལ་མཚན།

《བོད་ལྗོངས་ནང་བསྟན》2018ལོའི་དེབ་བཞི་པ།

དཔལ་འབྲུག་པ་བཀའ་བརྒྱུད་གཙོ་བོར་གཞི་བཟུང་གསར་རྙིང་གི་ཉམས་ལེན་ཟབ་གནད་ཉེར་མཁོའི་བང་མཛོད་ཀྱི་དཀར་ཆག་ཉིན་བྱེད་འོད་འབར་ཞེས་བྱ་བ་བཞུགས་སོ།

འཇམ་དཔལ་ནོར་བུས་མཁོ་འདོན་བྱས། 《བོད་ལྗོངས་ནང་བསྟན》

2018ལོའི་དེབ་བཞི་པ།

ཕྱི་ནང་གི་གྲུབ་མཐའ་སྨྲ་བས་རང་བཞིན་གྱི་འདོད་ཚུལ་ལ་ཅུང་ཟད་བརྟག་པ།

བཀྲ་ཤིས་ཚེ་རིང་། 《བོད་ལྗོངས་ནང་བསྟན》2018ལོའི་དེབ་བཞི་པ།

ཕྱི་ནང་གྲུབ་མཐའི་ཁྱད་པར་ལས་འཕྲོས་ཏེ་ལུས་ཀྱི་དཀའ་ཐུབ་སྤྱོད་ཚུལ་སྐོར་ལ་དཔྱད་པ།

པདྨ་གཡུ་སྒྲོན། 《བོད་ལྗོངས་ནང་བསྟན》2018ལོའི་དེབ་བཞི་པ།

རྫེའི་ལམ་རིམ་ཆེན་མོ་དང་པོ་དོང་པཎ་ཆེན་གྱི་ལམ་རིམ་གཉིས་ཀྱི་རྩོམ་སྟངས་དང་སྡེ་ཕྱིའི་རིམ་པ་ལ་ཅུང་ཟད་བརྟག་པ།

ཁྱུང་ཕྲུག་བློ་བཟང་དར་རྒྱས། 《བོད་ཀྱི་སློབ་གསོ》2018ལོའི་དེབ་ལྔ་པ།

སངས་རྒྱས་ཆོས་ལུགས་རྒྱ་གར་རང་དུ་ཡོངས་སུ་ནུབ་པའི་རྒྱུ་རྐྱེན་གཙོ་བོ་ནི་གནའ་བོའི་རྒྱ་གར་གྱི་ཆབ་སྲིད་འཕོ་འགྱུར་ལ་རག་ལས་ཚུལ་གླེང་བ།

འཇིགས་མེད། 《མཚོ་སྔོན་མི་རིགས་སློབ་ཆེན་རིག་དེབ》2018ལོའི་དེབ་གསུམ་པ།

ལམ་རིམ་དང་བློ་སྦྱོང་གི་སློབ་གསོའི་འཕྲིན་ལས་དང་ཚིག་དོན་གྱི་སྒྱུ་འཕྲུལ་དཔྱད་གླེང་།

བསྟན་འཛིན་དོན་གྲུབ། 《བོད་ལྗོངས་སློབ་གྲྭ་ཆེན་མོའི་རིག་དེབ》

2018ལོའི་དེབ་གསུམ་པ།

དཔལ་མཉམ་མེད་རི་བོ་དགེ་ལུགས་པའི་ལྟ་སྒོམ་སྤྱོད་འབྲས་ལས་ཞི་གནས་དང་ལྷག་མཐོང་གི་སྐོར་ལ་དཔྱད་པ་འཇམ་མགོན་དགྱེས་པའི་འཛུམ་མདངས།

ནོར་བཟང་ཨོ་རྒྱན། 《བོད་ལྗོངས་སློབ་གྲྭ་ཆེན་མོའི་རིག་དེབ》2018ལོའི་དེབ་བཞི་པ།

བོད་བརྒྱུད་ནང་བསྟན་གྱི་བཅའ་ཡིག་དང་ཚོགས་གཏམ་བར་གྱི་འབྲེལ་བར་དཔྱད་པ།

བདེ་སྐྱིད། ཀ་རིང་རིན་ཆེན། 《རྩེ་ར་སྙེག》2018ལོའི་དེབ་གསུམ་པ།

བོད་བརྒྱུད་ནང་བསྟན་གྱི་ཇོ་ནང་པའི་གྲུབ་མཐའི་ད་ལྟའི་གནས་བབ་ལ་དཔྱད་པ།

གངས་ལྷ་སྒྲོལ་མ། 《རྩེར་སྙེག》2018ལོའི་དེབ་གསུམ་པ།

《འབྲུག་པ་ཀུན་ལེགས་ཀྱི་རང་རྣམ》དང་འབྲེལ་ནས་སྐབས་དེའི་ཆོས་ལོག་དར་ཚུལ་སྐོར་གླེང་བ།

ལྷ་མ་དོན་གྲུབ། 《རྩེར་སྙེག》2018ལོའི་དེབ་བཞི་པ།

《མངོན་རྟོགས་རྒྱན་གྱི་འགྲེལ་པ་དོན་གསལ》ཤེལ་དཀར་སྤར་མའི་ཁྱད་ཆོས་ལ་དཔྱད་པ།

པད་མ་བཀྲ་ཤིས། 《བོད་ལྗོངས་ཞིབ་འཇུག》2018ལོའི་དེབ་གསུམ་པ།

ཟླ་ལྔ་ཏུ་ཧར་ནག་པོས་ཇོ་བོ་རྗེ་ལ་གནང་བའི་ས་དཔྱད་སྐོར་གླེང་བ།

ཪོ་རྗེ་ཐར། 《མཚོ་སྔོན་མི་རིགས་སློབ་ཆེན་རིག་དེབ》2018ལོའི་དེབ་གསུམ་པ།

སྨད་འདུལ་གྱི་ཁུངས་ལ་དཔྱད་པ།

བསོད་ནམས་རྒྱལ་མཚན། 《བོད་ལྗོངས་ཞིབ་འཇུག》2018ལོའི་དེབ་གསུམ་པ།

《གུ་བཀྲའི་ཆོས་འབྱུང་》དང་《ཉིང་མའི་ཆོས་འབྱུང་》གཉིས་དེབ་ཐེར་གཅིག་ཡིན་མིན་སྐོར་གྱི་དོགས་དཔྱོད།

མཁའ་འབུམ་རྒྱལ། 《བོད་ལྗོངས་ཞིབ་འཇུག》2018ལོའི་དེབ་བཞི་པ།

《མཁར་ནག་ཆོས་འབྱུང་》ལས་འཕྲོས་པའི་གཏམ།

ཪོ་རྗེ་ཕུན་ཚོགས། 《བོད་ལྗོངས་ཞིབ་འཇུག》2018ལོའི་དེབ་བཞི་པ།

དཔལ་རྒྱལ་བ་ཇོ་ནང་པའི་ཆོས་འབྱུང་མདོར་བསྡུས་སུ་བཀོད་པ་རྣམ་གྲོལ་ལམ་བཟང་ཞེས་བྱ་བ།

རྗེ་ལྷ་མ་ཚུལ་ཁྲིམས་རྒྱལ་མཚན། 《བོད་ལྗོངས་ནང་བསྟན》2018ལོའི་དེབ་བཞི་པ།

གཉན་པོ་གསང་བ་དང་འབྲེལ་བའི་དོན་གནད་འགའ་ཞིག་ལ་བསྐྱར་དུ་དཔྱད་པ།

བསམ་གཏན་དོན་གྲུབ། 《རྩེར་སྙེག》2018ལོའི་དེབ་བཞི་པ།

ལོ་ཆེན་བཻ་རོ་ཙ་ནའི་འཁྲུངས་འདས་ལོ་ཚིགས་དང་ཁོང་གི་ཆོས་སྲིད་སྐོར་གྱི་མཛད་རྗེས་ལ་ཡང་བསྐྱར་དཔྱད་པ།

ཚེ་རིང་ཪོ་རྗེ། 《ཀྲུང་གོའི་བོད་རིག་པ》2018ལོའི་དེབ་དང་པོ།

དགེ་འདུན་ཆོས་འཕེལ་གྱི་རྩོམ་རིག་ལྟ་ཚུལ་དང་རྩོམ་རིག་ཉམས་ཞིབ།

བརྩོན་པ་དོན་འགྲུབ། 《ཀྲུང་གོའི་བོད་རིག་པ》2018ལོའི་དེབ་གཉིས་པ།

བཀའ་གདམས་པའི་མཁས་པ་ཆེན་པོ་བཅོམ་ལྡན་རིགས་པའི་རལ་གྲིས་ཚད་མའི་འཆད་ཉན་གྱི་རྒྱུན་ཇི་ལྟར་བསྐྱངས་ཚུལ་ལ་ཐོག་མར་དཔྱད་པ།

འབྲུག་ལྷ་མཁར། 《ཀྲུང་གོའི་བོད་རིག་པ》2018ལོའི་དེབ་དང་པོ།

བསྟན་པ་ཕྱི་དར་གྱི་དུས་སྐབས་སུ་བྱོན་པའི་བོད་ཀྱི་ལོ་ཙཱ་བའི་སྐོར་གྱི་དཔྱད་གླེང་།

སངས་རྒྱས་མཚོ《ཀྲུང་གོའི་བོད་རིག་པ》2018ལོའི་དེབ་གཉིས་པ།

གསང་སྔགས་ཀྱི་སློབ་དཔོན་སངས་རྒྱས་གསང་བའི་སྐོར་ལ་དཔྱད་པ།

བློ་བཟང་ཐབས་མཁས། 《ཀྲུང་གོའི་བོད་རིག་པ》2018ལོའི་དེབ་གསུམ་པ།

ཞང་ཡེ་ཤེས་སྡེ་ཁྲི་སྲོང་ལྡེ་བཙན་སྐབས་ཀྱི་ལོ་ཙཱ་བ་ཡིན་མིན་དང་འབྲེལ་བའི་དོགས་དཔྱོད།

སྒྲོལ་མ་ཚེ་རིང་། 《ཀྲུང་གོའི་བོད་རིག་པ》2018ལོའི་དེབ་གསུམ་པ།

ཚོས་རྗེ་དོན་གྲུབ་རིན་ཆེན་གྱི་འཁྲུངས་ཡུལ་ལ་བསྐྱར་དུ་དཔྱད་པ།

རྣམ་འཛོམས་དབང་རྒྱལ། 《ཀྲུང་གོའི་བོད་རིག་པ》2018ལོའི་དེབ་གསུམ་པ།

སྟོན་པ་ཤཱཀྱ་ཐུབ་པའི་དཀའ་སྤྱད་མཛད་པར་དཔྱད་པ་བླང་དོར་མིག་འབྱེད།

ཇོར་བྲང་ཨོ་རྒྱན། 《ཀྲུང་གོའི་བོད་རིག་པ》2018ལོའི་དེབ་གསུམ་པ།

མཁས་གྲུབ་དགེ་ལེགས་དཔལ་བཟང་པོའི་བོད་དར་ཚད་མའི་འཕེལ་རིམ་ཁྲིད་ཀྱི་མཛད་རྗེས་མདོ་ཙམ་གླེང་བ།

ཇོ་རྗེ་རིན་ཆེན། 《ཀྲུང་གོའི་བོད་རིག་པ》2018ལོའི་དེབ་གསུམ་པ།

རྗེ་ཙོང་ཁ་བའི་རྣམ་ཐར་ཡིག་ཆ་ལས་གྲུང་ཏུ་རྒྱལ་མཚན་བཟང་པོས་མཛད་པའི་རྗེའི་རྣམ་ཐར་ལ་གསར་དུ་དཔྱད་པ།

ཀུན་དགའ་དབང་ཕྱུག་ལྷ་ལྷུན་ཚེ་རིང་། 《ཀྲུང་གོའི་བོད་རིག་པ》2018ལོའི་དེབ་གསུམ་པ།

སློབ་དཔོན་བདག་པོ་འཕྲོག་བྱེད་དང་ཁོང་གི་ལེགས་སྦྱར་བརྩམས་ཆོས་ཀྱི་དཔྱད་ཞིབ།

བཀྲ་ཤིས་ཕུན་ཚོགས། 《ཀྲུང་གོའི་བོད་རིག་པ》2018ལོའི་དེབ་གསུམ་པ།

ཐུན་ཀ་དཔལ་གྱི་ཡོན་ཏན་གྱི་མཛད་རྗེས་རགས་གླེང་།

ཁམས་འཚོ་སྐྱིད། 《བོད་ལྗོངས་ཞིབ་འཇུག》2018ལོའི་དེབ་དང་པོ།

བཀའ་གདམས་བཤེས་གཉེན་གྱེར་སྒོམ་པ་ཆེན་པོའི་རྣམ་ཐར།

ཚེས་དཔོས་ཀྱིས་ལམ་རིམ་བླ་བརྒྱུད་ལས་བཏུས། 《བོད་ལྗོངས་ནང་བསྟན》2018ལོའི་དེབ་གཉིས་པ།

རྗེ་རྗེ་འཆང་ཆེན་པོ་ཞིག་དོན་ཡོད་མཁས་གྲུབ་དཔལ་བཟང་པོའི་རྣམ་ཐར་བདེ་གཤེགས་གཞུང་ལམ་ཞེས་བྱ་བ།

ཕུར་ལྕོག་ངག་དབང་བྱམས་པ། 《བོད་ལྗོངས་ནང་བསྟན》2018ལོའི་དེབ་གཉིས་པ།

ཁྲི་ཕྱུ་ལོ་ཙཱ་བ་བྱམས་པའི་དཔལ་གྱི་མཛད་རྣམ་མདོར་བསྡུས།

བཀྲ་ཤིས་དབང་ཕྱུག《བོད་ལྗོངས་ནང་བསྟན》2018ལོའི་དེབ་གཉིས་པ།

བཀའ་གདམས་དགེ་བཤེས་སངས་རྒྱས་དཔོན་གྱི་རྣམ་ཐར།

དཀོན་ཇོར་གྱིས་ལམ་རིམ་བླ་བརྒྱུད་ལས་བཏུས། 《བོད་ལྗོངས་ནང་བསྟན》

2018ལོའི་དེབ་གསུམ་པ།

རོང་ཟློམ་ཆོས་ཀྱི་བཟང་པོའི་རྣམ་ཐར།

མཁན་པོ་ཚེ་དབང་དོན་གྲུབ། 《བོད་ལྗོངས་ནང་བསྟན》2018ལོའི་དེབ་གསུམ་པ།

དགེ་བའི་བཤེས་གཉེན་ཆེན་མོ་༧རྗེ་བསམ་འགྲུབ་རྒྱ་མཚོ་མཆོག་གི་མི་ཚེའི་བཞུད་ལམ་མདོ་ཙམ་བརྗོད་པ།

ཁ་བོ་ཚེ་རིང་། 《ནུབ་བྱང་མི་རིགས་སློབ་གྲྭ་ཆེན་མོའི་རིག་དེབ》2018ལོའི་དེབ་གཉིས་པ།

དབུས་བཟའ་མཁའ་འགྲོ་མའི་རང་རྣམ་སྐལ་ལྡན་དད་པའི་མཆོད་སྡོང་ལ་དཔྱད་པ།

ཆས་པ་བཀྲ་ཤིས་རྒྱ་མཚོ། 《ནུབ་བྱང་མི་རིགས་སློབ་གྲྭ་ཆེན་མོའི་རིག་དེབ》2018ལོའི་དེབ་གཉིས་པ།

ཉེ་བའི་ལོ་ངོ་ཉི་ཤུའི་རིང་གི་རྒྱལ་དབང་ལྔ་པར་ཞིབ་འཇུག་བྱས་པའི་བོད་ཡིག་གི་དཔྱད་འབྲས་སྐོར་གླེང་བ།

འབྲུག་སེང་རྒྱལ། གཙོད་པ་འཚོ། 《ནུབ་བྱང་མི་རིགས་སློབ་གྲྭ་ཆེན་མོའི་རིག་དེབ》2018ལོའི་དེབ་གཉིས་པ།

སྟོང་འཁོར་སྐུ་ཕྲེང་རིམ་བྱོན་གྱི་མཛད་རྗེས་ལ་རགས་ཙམ་དཔྱད་པ།

ཚེ་རིང་འོད་ལྡན། 《མཚོ་སྔོན་མི་རིགས་སློབ་ཆེན་རིག་དེབ》2018ལོའི་དེབ་དང་པོ།

རྗེ་ཙོང་ཁ་པའི་རྣམ་ཐར་ཡིག་ཆའི་རིགས་དབྱེའི་སྐོར་ལ་གསར་དུ་དཔྱད་པ།

བསོད་ནམས་རྩེ་མོ། ཀུན་དགའ་དབང་ཕྱུག《མཚོ་སྔོན་མི་རིགས་སློབ་ཆེན་རིག་དེབ》2018ལོའི་དེབ་གཉིས་པ།

རྗེ་ཙོང་ཁ་པ་ཆེན་པོས་དྭ་མིང་རྒྱལ་པོར་ཕུལ་བའི་ཆབ་ཤོག་ལ་དཔྱད་པ།

ཚེ་བརྟན་རྡོ་རྗེ། 《མཚོ་སྔོན་མི་རིགས་སློབ་ཆེན་རིག་དེབ》2018ལོའི་དེབ་གཉིས་པ།

མཁས་དབང་སྨོན་ལམ་རྒྱ་མཚོའི་མཛད་རྣམ་མདོར་བསྡུས།

ཐུ་དེའུ་སྒོམ་པ་བཀྲ་ཤིས། 《མཚོ་སྔོན་མི་རིགས་སློབ་ཆེན་རིག་དེབ》2018ལོའི་དེབ་གཉིས་པ།

རྒྱལ་དབང་གསུམ་པས་དགེ་ལུགས་པའི་བསྟན་པ་སོག་ཡུལ་དུ་སྤེལ་ཚུལ།

རིན་ཆེན་ནོར་བུ། 《མཚོ་སྔོན་དགེ་འོས་སློབ་ཆེན་གྱི་རིག་གཞུང་དུས་དེབ》2018ལོའི་དེབ་དང་པོ།

རྔ་ལོ་ཙཱ་བ་དགེ་བའི་བློ་གྲོས་དང་ཁོང་གི་ཚད་མའི་མཛད་རྗེས་ལ་རགས་ཙམ་དཔྱད་པ།

མགོན་པོ་བཀྲ་ཤིས། 《བོད་ལྗོངས་སློབ་གྲྭ་ཆེན་མོའི་རིག་དེབ》2018ལོའི་དེབ་གཉིས་པ།

མིན་གོའི་དུས་ཀྱི་ཅིང་སྲོད་བོད་ཀྱི་སྐུ་ཚབ་དཀོན་མཆོག་འབྱུང་གནས་ཀྱི་མཛད་རྗེས་རགས་བསྡུས། (༡) ཤེས་རབ་ཉི་མས་བརྩམས། ཚེ་རིང་དབང་མོས་བསྒྱུར། 《རྩེར་སྙེག》 2018ལོའི་དེབ་དང་པོ།

པུ་ཙང་སྟག་ལུང་དར་རྒྱས་དགོན་དང་སྟག་ལུང་ཆེ་བ་ཚང་གི་སྐུ་ཕྲེང་རིམ་བྱོན།

སྒྲོལ་མ་སྐྱིད། 《རྩེར་སྙེག》2018ལོའི་དེབ་གཉིས་པ།

མིན་གོའི་དུས་ཀྱི་ཅིང་སྲོད་བོད་ཀྱི་སྐུ་ཚབ་དཀོན་མཆོག་འབྱུང་གནས་ཀྱི་མཛད་རྗེས་རགས་བསྡུས། (༢) ཤེས་རབ་ཉི་མས་བརྩམས། ཚེ་རིང་དབང་མོས་བསྒྱུར། 《རྩེར་སྙེག》 2018ལོའི་དེབ་གཉིས་པ།

སོག་པོའི་དགེ་བཤེས་སུམ་པ་ཡེ་ཤེས་དཔལ་འབྱོར་གྱི་སྐོར་རགས་ཙམ་གླེང་བ།

སྐལ་བཟང་དར་རྒྱས། 《བོད་ལྗོངས་ཞིབ་འཇུག》2018ལོའི་དེབ་གསུམ་པ།

ཙ་ནེ་དགེ་བཤེས་བློ་བཟང་རྒྱ་མཚོའི་ཕྱིན་གྱི་གདུང་རྟེན་ལས་འཕྲོས་ཏེ་ཁོང་གི་མཛད་རྣམ་རོབ་ཙམ་གླེང་བ། པ་པན། 《བོད་ལྗོངས་ཞིབ་འཇུག》2018ལོའི་དེབ་གསུམ་པ།

བཀའ་གདམས་གཞུང་པའི་མན་ངག་བརྒྱུད་པའི་བླ་མ་མཁན་ཆེན་ནམ་མཁའ་རྒྱལ་པོ་སོགས་ཀྱི་རྣམ་ཐར།

དཀོན་ནོར་གྱིས་ལམ་རིམ་བླ་བརྒྱུད་ལས་བཏུས། 《བོད་ལྗོངས་ནང་བསྟན》 2018ལོའི་དེབ་བཞི་པ།

གྲུབ་ཆེན་ཐང་སྟོང་རྒྱལ་པོའི་མཛད་རྣམ་དང་འབྲུངས་རབས་སྐོར་མདོ་ཙམ་གླེང་བ།

ཚེ་དབང་། 《གངས་ལྗོངས་རིག་གནས》2018ལོའི་དེབ་གསུམ་པ།

བཀའ་གདམས་ཆོས་འབྱུང་གསལ་བའི་སྒྲོན་མེ་ལས་རྗེ་ཙོང་ཁ་པ་དང་དགེ་ལུགས་པའི་དགེ་བཤེས་རྣམས་ཀྱི་རྣམ་ཐར་སྐོར་གླེང་བ།

ཡིའུ་ཆི་མ་ཧྥ། 《མཚོ་སྔོན་མི་རིགས་སློབ་ཆེན་རིག་དེབ》2018ལོའི་དེབ་གསུམ་པ།

ལོ་ཙྪ་བ་ར་ཆོས་རབ་ཀྱིས་རྒྱུད་སྡེ་ལོ་ཙྪའི་ཐད་བཞག་པའི་མཛད་རྗེས་ལ་དཔྱད་པ།

དབང་མོ་སྐྱིད། 《མཚོ་སྔོན་མི་རིགས་སློབ་ཆེན་རིག་དེབ》2018ལོའི་དེབ་གསུམ་པ།

གསང་སྔགས་ཀྱི་སློབ་དཔོན་ཆེན་པོ་དང་སྒྲ་སྒྱུར་ལོ་ཙྪ་བ་འགོས་ཁུག་པ་ལྷས་བཙས་སྐོར་གྱི་དཔྱད་བརྗོད།

ཉི་བསྟན། 《བོད་ལྗོངས་སློབ་གྲྭ་ཆེན་མོའི་རིག་དེབ》2018ལོའི་དེབ་བཞི་པ།

བཙན་པོའི་སྐབས་ཀྱི་དགེ་སློང་ཡེ་ཤེས་དབྱངས་དང་རྣམ་སྣང་ཐུག་བཀྲེས་མའི་རིག་གནས་སྣང་ཚུལ་ལ་དཔྱད་པ།

རྫོག་རུ་མཁར་རྒྱལ་བྱམས། 《རྩེར་སྙེག》2018ལོའི་དེབ་གསུམ་པ།

ཆག་ལོ་ཙྪ་བ་ཆོས་རྗེ་དཔལ་གྱི་མཛད་རྗེས་ལ་དཔྱད་པ།

སྣང་ར་སངས་རྒྱས་དོན་འགྲུབ། 《**རྩེར་སྣེག**》2018**ལོའི་དེབ་བཞི་པ།**

བོད་ཀྱི་རིག་གནས་འཛིན་སྐྱོང་སྤེལ་གསུམ་ལ་སྐུ་དྲིན་ཆེ་བའི་སློབ་དཔོན་ཆེན་སྨ་གསུང་རབ་རྒྱ་མཚོ་གླེང་བ།

བསོད་ནམས་ཚེ་རིང་གིས་བརྩམས། པདྨ་ཚེ་འཛོམས་ཀྱིས་བསྒྱུར། 《**རྩེར་སྣེག**》
2018ལོའི་དེབ་བཞི་པ།

དུས་རབས་བཅུ་པ་ནས་བཅུ་གཉིས་པའི་བར་གྱི་ཐུགས་ཡིག་སྲུན་འབྲིན་གྱི་སྐོར་རགས་ཙམ་གླེང་བ།

ཀླུ་འབུམ་བཀྲ་ཤིས། 《**མཚོ་སྔོན་དགེ་འོས་སློབ་ཆེན་གྱི་རིག་དེབ**》
2018ལོའི་དེབ་དང་པོ།

བསྒྱུར་བཅོས་སྒོ་དབྱེ་བྱས་རྗེས་བོད་ཀྱི་ལོ་རྒྱུས་ཞིབ་འཇུག་གི་གྲུབ་འབྲས་སྐོར་གླེང་བ། ——《མདོ་སྨད་ཆོས་འབྱུང》གི་ཞིབ་འཇུག་གནས་བབ་མཚོན་དཔེར་བཟུང་ནས་དཔྱད་པ།

མགོན་པོ་སྐྱིད། 《**བོད་ལྗོངས་སློབ་གྲྭ་ཆེན་མོའི་རིག་དེབ**》2018**ལོའི་དེབ་གཉིས་པ།**

མདོ་ཁམས་མགར་ཐར་དགོན་པའི་སྤྱི་ཚོགས་རིག་གནས་ཀྱི་རིན་ཐང་སྐོར་རགས་ཙམ་གླེང་བ།

ཟླ་བ་སྒྲོན་མ། 《**ཀྲུང་གོའི་བོད་རིག་པ**》2018**ལོའི་དེབ་དང་པོ།**

བསམ་ཡས་སྒྲ་སྒྱུར་གླིང་གིས་བོད་སྤྱི་ཚོགས་ལ་ཐེབས་པའི་ཤུགས་རྐྱེན་སྐོར་ལ་རགས་ཙམ་དཔྱད་པ།

ཚེ་དབང་ལྷུན་གྲུབ། འབྲུག་ལོ་ཐར། 《**ཀྲུང་གོའི་བོད་རིག་པ**》2018**ལོའི་དེབ་གཉིས་པ།**

ཁ་ཆེ་པཎ་ཆེན་ཤཱཀྱ་ཤྲཱིའི་སྡོམ་རྒྱུན་འཛིན་པ་བོད་ཀྱི་ཚོགས་སྡེ་བཞི་ལས་གཙང་ཆོས་ལུང་ཚོགས་པའམ་གནྱབས་ཆོས་ལུང་དགོན་ལ་ཐོག་མར་དཔྱད་པ།

རིན་སྤུངས་ཉི་མ་དོན་གྲུབ། 《**ཀྲུང་གོའི་བོད་རིག་པ**》2018**ལོའི་དེབ་བཞི་པ།**

པེ་ཅིང་གི་དགེ་བ་དར་རྒྱས་གླིང་རྒྱལ་ཁམས་སྐྱོབས་པའི་སྡེ་ཆེན་གཙུག་ལག་ཁང་གི་ལོ་རྒྱུས་དང་ད་ལྟའི་གནས་བབ་ལ་དཔྱད་པ།

པད་མ་རྒྱལ། 《**ཀྲུང་གོའི་བོད་རིག་པ**》2018**ལོའི་དེབ་བཞི་པ།**

ཞིག་གསུར་སྣོན་དགོན་གྱི་ལོ་རྒྱུས་རགས་བསྡུས།

བཙན་པ་བློ་བཟང་བཟོད་པ། 《**བོད་ལྗོངས་ནང་བསྟན**》2018**ལོའི་དེབ་གཉིས་པ།**

གྲུབ་པའི་གནས་མཆོག་ དྭགས་པོ་ཐར་དར་དགོན་པའི་ལོ་རྒྱུས་མྱེས་པོའི་ཞལ་བཟང་།

ར་སེ་དཀོན་མཆོག་རྒྱ་མཚོ། 《**བོད་ལྗོངས་ནང་བསྟན**》2018**ལོའི་དེབ་གསུམ་པ།**

ཤངས་ཁྲུལ་ཕུག་རྫོང་དགོན་པའི་ངོ་སྤྲོད་མདོར་བསྡུས་བཞུགས་སོ།

བློ་བཟང་འཇིགས་མེད་དང་ཕུན་ཚོགས་དཔལ་འབྱོར། 《སྦྲང་ཆར་མེ་ཏོག》2018ལོའི་དེབ་དང་པོ།

སྨན་གླིང་སྲིན་མཁར་བཀྲ་ཤིས་རབ་བརྟན་དགོན་ངོ་སྤྲོད།

འཇིགས་མེད། 《སྦྲང་ཆར་མེ་ཏོག》2018ལོའི་དེབ་གཉིས་པ།

ཤངས་ཁྲུལ་ཕུག་རྫོང་དགོན་པའི་ངོ་སྤྲོད་མདོར་བསྡུས་བཞུགས་སོ།

བློ་བཟང་འཇིགས་མེད་དང་ཕུན་ཚོགས་དཔལ་འབྱོར། 《སྦྲང་ཆར་མེ་ཏོག》2018ལོའི་དེབ་གཉིས་པ།

འཕན་ཡུལ་གྱི་གནས་རི་རྩ་ཆེན་རྒྱལ་པོ་བླ་རི་དང་དབེན་གནས་མཚོ་མོ་བྲག་གི་བྱུང་བ་བརྗོད་པ་སྔོན་བྱུང་གསལ་བའི་གཏམ།

འཕན་པོ་བ་བསོད་ནམས་ཆོས་དར། 《བོད་ལྗོངས་ནང་བསྟན》2018ལོའི་དེབ་གསུམ་པ།

ལྷོ་བྲག་ལྷ་ལུང་དགོན་གྱི་ལོ་རྒྱུས་མདོ་ཙམ་བརྗོད་པ།

ལྷ་ལུང་ཚེ་རིང་དོན་གྲུབ། 《བོད་ལྗོངས་ནང་བསྟན》2018ལོའི་དེབ་བཞི་པ།

མདོ་སྨད་གཙང་དགོན་པའི་མཚན་ཉིད་གྲྭ་ཚང་སྐོར་གྱི་ཡུལ་དངོས་ཉམས་ཞིབ།

མ་ཕྱིག་སྐྱབས། 《མཚོ་སྔོན་མི་རིགས་སློབ་ཆེན་རིག་དེབ》2018ལོའི་དེབ་གསུམ་པ།

ནག་ཆུ་དཔལ་མགོན་རྫོང་དོ་སྐྱ་དགོན་གྱི་ངོ་སྤྲོད་མདོར་བསྡུས།

ཚང་བདག《སྦྲང་ཆར་མེ་ཏོག》2018ལོའི་དེབ་གསུམ་པ།

སྲིད་པའི་བོན་གྱི་ལེའུའི་ཡི་གེ་ལ་ཉུང་ཙམ་དཔྱད་པ། ——ལེའུའི་ཡི་གེ་བཅུ་གསུམ་གསེད་དཀྲོལ།

རྡོ་རྗེ་ཚེ་རིང་། 《ཀྲུང་གོའི་བོད་རིག་པ》2018ལོའི་དེབ་དང་པོ།

དེང་རབས་རྒྱལ་ཁབ་ཕྱི་ནང་གི་ཞང་ཞུང་རིག་གནས་ཀྱི་ཞིབ་འཇུག

གསང་བདག་རྒྱལ། ཚེ་རིང་ཐར། 《ཀྲུང་གོའི་བོད་རིག་པ》2018ལོའི་དེབ་དང་པོ།

ཕྲུམ་མིའི་ཤེད་བྱེད་དང་འབྲེལ་ཏེ་གནའ་བོའི་བོན་གྱི་འཆི་བའི་ངོས་འཛིན་སྐོར་ལ་ཐོག་མར་དཔྱད་པ།

བན་དེ་སྐྱབས། 《ཀྲུང་གོའི་བོད་རིག་པ》2018ལོའི་དེབ་གཉིས་པ།

རྒྱལ་རོང་གཡུང་དྲུང་ལྷ་སྟེ་དགོན་པའི་རྗེ་རིང་ཡི་གེར་དཔྱད་པ།

ལྷགས་མོ་མཚོ། 《ཀྲུང་གོའི་བོད་རིག་པ》2018ལོའི་དེབ་གསུམ་པ།

《གཏམ་ཤུལ་དགའ་ཐང་འབུམ་པ་ཆེ་ནས་གསར་རྙེད་བྱུང་བའི་བོན་གྱི་གནའ་དཔེའི་》ཁྲིད་ཀྱི་གེ་གཞུལ་གྱི་རབས་ལ་དཔྱད་པ།

དབང་མཆོག་འབུམ། 《ཀྲུང་གོའི་བོད་རིག་པ》2018ལོའི་དེབ་བཞི་པ།

《ཟབ་དང་རྒྱ་ཆེ་གཡུང་དྲུང་བོན་གྱི་བཀའ་འགྱུར་གྱི་དཀར་ཆག་ཉི་མ་འབུམ་གྱི་འོད་ཟེར》ལ་ཐོག་

མར་དཔྱད་པ།

བཙུན་ཐར་རྒྱལ། 《**ཀྲུང་གོའི་བོད་རིག་པ**》2018**ལོའི་དེབ་བཞི་པ།**

ཀློང་ཆེན་རབ་འབྱམས་པ་དང་འབྲེལ་བའི་ཆོས་འབྱུང་གཉིས་ཐད་ཀྱི་བསྐྱར་ཞིབ།

རྟ་མགྲིན་རྒྱལ། 《**ཀྲུང་གོའི་བོད་རིག་པ**》2018**ལོའི་དེབ་བཞི་པ།**

འཇར་མན་སྤྲོ་ལེན་དཔེ་མཛོད་ཁང་དུ་གཉེར་བའི་《མདོ་གཟེར་མིག》བྲིས་མར་རགས་ཙམ་དཔྱད་པ།

སྟོང་སྐོར་བསོད་ནམས་གཡུང་དྲུང་། 《**བོད་ལྗོངས་ཞིབ་འཇུག**》2018**ལོའི་དེབ་གཉིས་པ།**

བོན་གྱི་ཡིག་ཚང་རྙིང་གྲས《སྲིད་པ་རྒྱུད་ཀྱི་ཁ་བྱང》གི་ལོ་རྒྱུས་དཔྱད་གཞིའི་རིན་ཐང་དང་མཛད་པ་པོའི་ཐད་ཀྱི་དོགས་གནད་འགའ།

ལ་ཁ་གནམ་ལྷ་ཚེ་རིང་། 《**བོད་ལྗོངས་ཞིབ་འཇུག**》2018**ལོའི་དེབ་གཉིས་པ།**

《མདོ་གཟེར་མིག》གི་པར་གཞི་མི་འདྲ་བ་འགའི་དཔྱད་པ།

བསོད་ནམས་གཡུང་དྲུང་། 《**གངས་ལྗོངས་རིག་གནས**》2018**ལོའི་དེབ་གཉིས་པ།**

རྒྱལ་རོང་གཡུང་དྲུང་ལྷ་སྟེང་དགོན་པའི་ཞིབ་འཇུག་གི་གནས་ཚུལ་གླེང་བ།

ལྷགས་མོ་མཚོ། 《**མཚོ་སྔོན་མི་རིགས་སློབ་ཆེན་རིག་དེབ**》2018**ལོའི་དེབ་གཉིས་པ།**

མདོ་སྨད་དཔའ་ལུང་སྐྱ་ཡེ་སྡེ་བདུན་གྱི་སྟོང་ཁྱུང་བོན་དགོན་ལ་རྟོག་དཔྱོད་བྱས་པའི་གནས་ཚུལ་མདོར་བསྡུས།

སྟོབས་རྒྱས། མཁའ་འབུམ་བཀྲ་ཤིས། 《**མཚོ་སྔོན་མི་རིགས་སློབ་ཆེན་རིག་དེབ**》2018**ལོའི་དེབ་གཉིས་པ།**

སོག་གཡུང་དྲུང་གླིང་གི་སྐོར་རགས་ཙམ་གླེང་བ།

བྲ་ལགས། 《**བོད་ལྗོངས་ནང་བསྟན**》2018**ལོའི་དེབ་བཞི་པ།**

གཡུང་དྲུང་བོན་གྱི་གདན་ས་སྒོང་འོག་པར་གསུམ།

རྣམ་གླིང་རིན་ཆེན། 《**ཐང་རྒྱན་མེ་ཏོག**》2018**ལོའི་དེབ་གསུམ་པ།**

བོད་ཀྱི་ལབ་ཙེ་རིག་གནས་ཀྱི་འཕེལ་འགྱུར་སྐོར་ལ་དཔྱད་པ།

སེ་ཀུ་དཀོན་མཆོག་བཀྲ་ཤིས། 《**ཀྲུང་གོའི་བོད་རིག་པ**》2018**ལོའི་དེབ་གཉིས་པ།**

སྐྱིད་ཤོད་ཞོགས་ལྷ་ཕྱུག་པོ་དང་འབྲེལ་བའི་རིག་གནས་ཀྱི་སྣང་ཚུལ་མདོ་ཙམ་གླེང་བ།

པ་སངས་སྒྲོལ་དཀར། 《**ཀྲུང་གོའི་བོད་རིག་པ**》2018**ལོའི་དེབ་གཉིས་པ།**

ལྷ་ཞེས་པའི་མིང་གི་འཇུག་ཡུལ་ལ་དཔྱད་པ།

འཁོན་མགོན་པོ་སྐྱབས། 《**རྩེར་སྙེག**》2018**ལོའི་དེབ་དང་པོ།**

མདོ་སྨད་བྱ་མདོ་བོན་སྐོར་སྡེ་བའི་སྒོ་རི་ལབ་ཙེའི་བྱུང་བ་སྐོར་ཙུང་ཙམ་གླེང་བ།

ཙོན་སྐྱོར་པདྨ་རྒྱལ། 《བོད་ཀྱི་དམངས་སྲོལ་རིག་གནས》2018ལོའི་དེབ་དང་པོ།

མདོ་སྨད་ཛ་ཡུལ་གྱི་ཡུལ་ལྷ་གསོལ་མཆོད་དང་དེའི་མཚོན་དོན་ལ་དཔྱད་པ།

གསེར་བཟང་སྒྲོན་སོགས། 《བོད་ཀྱི་དམངས་སྲོལ་རིག་གནས》2018ལོའི་དེབ་དང་པོ།

ཞང་ཞུང་ཤེས་རིག་ལས་བྱུང་བའི་ཁྱུང་གི་མིང་བརྡ་གླེང་བ།

ཁ་བོ་རབ་རྒྱས། 《བོད་ཀྱི་སློབ་གསོ》2018ལོའི་དེབ་གཉིས་པ།

དཔལ་ཛོ་བོ་གཟི་རྒྱལ་གྱི་གནས་ཀྱི་རྟོགས་པ་བརྗོད་པ་ཡིད་འཕྲོག་དྲི་ཟའི་རོལ་མོ་ཞེས་བྱ་བ།

པན་ཟླ་འཆི་མེད་དབང་འདུས། 《བོད་ལྗོངས་ནང་བསྟན》2018ལོའི་དེབ་བཞི་པ།

གནས་རི་པདྨ་གསང་རྫོང་གི་ངོ་སྤྲོད།

གཡུལ་རྒྱལ་གྱིས་བསྡུས། 《སྤང་རྒྱན་མེ་ཏོག》2018ལོའི་དེབ་བཞི་པ།

ཆབ་སྲིད། ཁྲིམས་ལུགས།

དུས་རབས་གསར་པའི་ཀྲུང་གོའི་བོད་རིག་པ་བའི་གཟི་བརྗིད་ལྡན་པའི་འགན་འཁྲི།

ཀྲུང་གོའི་བོད་རིག་པ་ཞིབ་འཇུག་ལྟེ་གནས། 《ཀྲུང་གོའི་བོད་རིག་པ》 2018ལོའི་དེབ་གཉིས་པ།

བཅོས་བསྒྱུར་སྒོ་དབྱེ་བྱས་ཚུན་གྱི་བགྲང་བྱ40རིང་གི་ཀྲུང་གོའི་བོད་རིག་པ་ཞིབ་འཇུག་གི་ཕྱི་མིག་དང་རྒྱང་ལྟ།

དགྲ་འདུལ། 《ཀྲུང་གོའི་བོད་རིག་པ》2018ལོའི་དེབ་བཞི་པ།

ཏང་གི་ཚོགས་ཆེན་བཅུ་དགུ་པའི་དགོངས་དོན་སློབ་སྦྱོང་དང་ལག་བསྟར་མཐར་ཕྱིན་བྱས་ནས་ཀྲུང་ཧྭའི་ཕུལ་བྱུང་སྲོལ་རྒྱུན་རིག་གནས་ཀྱི་ལྷག་བསམ་རྣམ་དག་གི་རྒྱུན་འཛིན་པ་ཞིག་དང་དར་སྤེལ་མཁན་ཞིག་བྱེད་དགོས།

རྒྱང་འཕོར་ཚེ་ཕུན། 《བོད་ལྗོངས་ཞིབ་འཇུག》2018ལོའི་དེབ་དང་པོ།

དུས་རབས་གསར་པར་ཧུར་བརྩོན་སྒོས་ཆོས་ལུགས་དང་སྤྱི་ཚོགས་རིང་ལུགས་ཀྱི་སྤྱི་ཚོགས་འོས་མཐུན་འབྱུང་བར་སྣེ་ཁྲིད་བྱེད་དགོས།

བསོད་ནམས་དབང་རྒྱལ། 《རྩེར་སྙེག》2018ལོའི་དེབ་དང་པོ།

བཅོས་བསྒྱུར་སྒོ་འབྱེད་བྱས་པའི་ལོ་ངོ་བཞི་བཅུའི་རིང་སི་ཁྲོན་བོད་ཁུལ་གྱིས་བླངས་པའི་རྒྱལ་ཁའི་གྲུབ་འབྲས་ལ་ཀུན་གྱིས་ཡིད་སྨོན་བྱེད། ཕུན་ཚོགས་བཀྲ་ཤིས་ཀྱིས་བསྡུས་སྒྲིག་བྱས།

ཡུའེ་ཅན་ཀྲང་དང་ཚེ་བརྟན་གྱིས་པར་བླངས། 《མི་རིགས》2018ལོའི་དེབ་གསུམ་པ།

བསྒྱུར་བཅོས་སྒོ་དབྱེ་བྱས་ཚུན་དུ་བོད་ལྗོངས་ཀྱི་མི་རིགས་ལས་དོན་ལ་ཐོབ་པའི་གྲུབ་འབྲས་སྐོར་

གླེང་བ།

སྐལ་བཟང་ཡེ་ཤེས། པ་ཚེ། 《བོད་ལྗོངས་ཞིབ་འཇུག》2018ལོའི་དེབ་གསུམ་པ།

《བོད་ཀྱི་ཆོས་སྲིད་ཟུང་འབྲེལ་སྐོར་བཤད་པ》ཞེས་པའི་དཔེ་དེབ་དང་འབྲེལ་བའི་དཔྱད་གླེང་།

ལྷག་པ། 《གངས་ལྗོངས་རིག་གནས》2018ལོའི་དེབ་གསུམ་པ།

བོད་ལྗོངས་ཀྱི་སྤྱི་ཚོགས་དྲུང་གཞུག་གི་ནང་དོན་སྐོར་རགས་ཙམ་གླེང་བ། ལིའུ་ཀྲི་ཨན་དང་ཀྲོའུ་ཙུན་ཉན་གཉིས་ཀྱིས་བརྩམས།

ཚེ་རྡོར་བསྒྱུར། 《རྩེར་སྙེག》2018ལོའི་དེབ་བཞི་པ།

དམག་ཁྲིམས་ཡིག་རྙིང་ཡིག་ཆ་ལས་བུ་དོན་གཞོམ་དུ་མི་གནང་བའི་ཁྲིམས་ཐྲན་ལ་དཔྱད་པ།

པད་གཞུང་བླ་བ་ཚང་བདག《བོད་ལྗོངས་སློབ་གྲྭ་ཆེན་མོའི་རིག་དེབ》
2018ལོའི་དེབ་གཉིས་པ།

ཐེམ་ཐོ་ལ་ཁྲིམ་ཐོ་ཞེས་འབོད་པའི་སྐྱོན་གླེང་བ།

བསོད་ནམས་དར་རྒྱས། 《མཚོ་སྔོན་མི་རིགས་སློབ་ཆེན་རིག་དེབ》
2018ལོའི་དེབ་གཉིས་པ།

“རྒྱུད་གཅིག་ལམ་གཅིག” གི་རྒྱབ་ལྗོངས་འོག་མཚོ་སྔོན་སྐྱེ་ཁམས་ཁོར་ཡུག་སྲུང་སྐྱོབ་ཐད་ཀྱི་ཁྲིམས་སྐྱོང་བཤུལ་ལམ་ལ་ཞིབ་འཇུག་བྱེད་པ།

སྣ་ཞན་ཧྲུའེ། སྐལ་ལྡན་དོན་གྲུབ། 《རྩེར་སྙེག》2018ལོའི་དེབ་གསུམ་པ།

ཕག་གྲུའི་དུས་སྐབས་སུ་གཏན་འབེབས་བྱུང་བའི་ཁྲིམས་ཡིག་ཞལ་ལྕེ་བཅོ་ལྔའི་སྐོར་རྩུང་ཟད་གླེང་བ།

ལྷག་པ། 《རྩེར་སྙེག》2018ལོའི་དེབ་བཞི་པ།

ཡིག་སྙིར་ངོ་གཏུག་ལམ་ལུགས་ཀྱིས་སྤྱི་ཚོགས་ཕྱོགས་བསྡུས་བཅོས་སྐྱོང་ལ་ཕན་པའི་ཕན་ནུས་དང་ལེགས་བཅོས་ཐད་ཀྱི་བསམ་གཞིགབསོད་ནམས་དར་རྒྱས།

《རྩེར་སྙེག》2018ལོའི་དེབ་བཞི་པ།

དཔལ་འབྱོར།

རིག་གནས་སྒྱུ་རྩལ་ཐོན་རྫས་ཐོན་ལས་ཅན་དུ་འགྱུར་བའི་ཐད་ཀྱི་བསམ་གཞིག་འགའ། བག་རྡོ་ཡིས་བརྩམས།

གཡང་མཚོ་སྒྲོལ་མས་བསྒྱུར། 《གངས་ལྗོངས་རིག་གནས》2018ལོའི་དེབ་གསུམ་པ།

མཚོ་སྔོན་བོད་ཁུལ་གྱི་གྲོང་གསེབ་དར་སྤེལ་གཏོང་བའི་འཐབ་ཇུས་ལག་བསྟར་སྐོར་གྱི་བསམ་གཞིག

སྒྲུང་མ། ཀྲང་ལེ་ཏུང་། 《རྩེར་སྙེག》2018ལོའི་དེབ་གསུམ་པ།

ལོ་རྒྱུས།

འ་ཞ་ནི་ཨཏྲའི་སྒྲ་དོན་དང་མཚུངས་པའི་མིང་ཡིན་པ་ནས་འ་ཞའི་རིགས་རྒྱུད་དེ་ཡང་ཨཏྲ་མི་རིགས་སུ་འབྲེལ་ཡོད་ཚུལ་དཔྱད་པ།

ཁ་སྐད་བཀྲ་ཤིས་ཚེ་རིང་། 《ཀྲུང་གོའི་བོད་རིག་པ》2018ལོའི་དེབ་དང་པོ།

བོད་དུ་ཇ་དར་བའི་ལོ་རྒྱུས་ཀྱི་སྟོན་དཔྱད།

ཛོ་ཛེ། 《ཀྲུང་གོའི་བོད་རིག་པ》2018ལོའི་དེབ་དང་པོ།

མདོ་སྨད་སྣང་རའི་སྟོང་དཔོན་གྱི་སྲིད་སྐྱོང་སྒྲིག་གཞི་ལས"ཐུའུ་མོ"ཞེས་པར་དཔྱད་པ།

བཀྲ་གོ《ཀྲུང་གོའི་བོད་རིག་པ》2018ལོའི་དེབ་དང་པོ།

འ་ཞ་ནི་ཨཏྲའི་སྒྲ་དོན་དང་མཚུངས་པའི་མིང་ཡིན་པ་ནས་འ་ཞའི་རིགས་རྒྱུད་དེ་ཡང་ཨཏྲ་མི་རིགས་སུ་འབྲེལ་ཡོད་ཚུལ་དཔྱད་པ།

ཁ་སྐད་བཀྲ་ཤིས་ཚེ་རིང་། 《ཀྲུང་གོའི་བོད་རིག་པ》2018ལོའི་དེབ་དང་པོ།

བོད་དུ་ཇ་དར་བའི་ལོ་རྒྱུས་ཀྱི་སྟོན་དཔྱད།

ཛོ་ཛེ། 《ཀྲུང་གོའི་བོད་རིག་པ》2018ལོའི་དེབ་དང་པོ།

མདོ་སྨད་སྣང་རའི་སྟོང་དཔོན་གྱི་སྲིད་སྐྱོང་སྒྲིག་གཞི་ལས"ཐུའུ་མོ"ཞེས་པར་དཔྱད་པ།

བཀྲ་གོ 《ཀྲུང་གོའི་བོད་རིག་པ》2018ལོའི་དེབ་དང་པོ།

སྟོད་མངའ་རིས་སྐོར་གསུམ་ཞེས་པའི་ས་མིང་ཁུངས་འདེད།

སྨན་ཞབས་རིན་ཆེན་རྡོ་རྗེ། 《ཀྲུང་གོའི་བོད་རིག་པ》2018ལོའི་དེབ་གཉིས་པ།

དོལ་པོའི་ལོ་རྒྱུས་དང་རིག་གནས་སྐོར་ལ་ཅུང་ཟད་དཔྱད་པ།

ཟླ་བ་ཚེ་རིང་། 《ཀྲུང་གོའི་བོད་རིག་པ》2018ལོའི་དེབ་གཉིས་པ།

དུས་རབས་བཅུ་བདུན་པའི་དུས་དཀྱིལ་དུ་བོད་སོག་ས་གནས་མཉམ་འབྲེལ་སྲིད་དབང་བཙུགས་ཚུལ་སྐོར་ལ་དཔྱད་པ།

ནོར་བུ་བསམ་འཕེལ། 《ཀྲུང་གོའི་བོད་རིག་པ》2018ལོའི་དེབ་གཉིས་པ།

སྟོད་མངའ་རིས་སྐོར་གསུམ་ཞེས་པའི་ས་མིང་ཁུངས་འདེད།

སྨན་ཞབས་རིན་ཆེན་རྡོ་རྗེ། 《ཀྲུང་གོའི་བོད་རིག་པ》2018ལོའི་དེབ་གཉིས་པ།

དོལ་པོའི་ལོ་རྒྱུས་དང་རིག་གནས་སྐོར་ལ་ཅུང་ཟད་དཔྱད་པ།

ཟླ་བ་ཚེ་རིང་། 《ཀྲུང་གོའི་བོད་རིག་པ》2018ལོའི་དེབ་གཉིས་པ།

དུས་རབས་བཅུ་བདུན་པའི་དུས་དཀྱིལ་དུ་བོད་སོག་ས་གནས་མཉམ་འབྲེལ་སྲིད་དབང་བཙུགས་ཚུལ་སྐོར་ལ་དཔྱད་པ།

ནོར་བུ་བསམ་འཕེལ། 《ཀྲུང་གོའི་བོད་རིག་པ》2018ལོའི་དེབ་གཉིས་པ།

བཙན་པོའི་དུས་ཀྱི་དཔའ་སྟར་གོ་འབྱེད་ཀྱི་དམག་ཁྲིམས་དང་དེའི་སྤྱི་ཚོགས་ཕན་ནུས་སྐོར་གླེང་བ། ——གསར་དུ་རྙེད་པའི་ཐུན་ཧོང་བོད་ཀྱི་དམག་ཡིག་དཔེ་མཚོན་དུ་བྲངས་པ།

ཕུན་ཚོགས་བཀྲ་ཤིས། 《ཀྲུང་གོའི་བོད་རིག་པ》2018ལོའི་དེབ་གསུམ་པ།

ཆོས་སྲིད་མཐའ་འབྲེལ་གྱི་ལམ་ལུགས་ལ་རགས་ཙམ་དཔྱད་པ། ——ཁམས་ཕྱོགས་དཀར་མཛེས་ཁུལ་དཔེར་བླངས་པ།

ཀུན་དགའ་དབང་མོ། 《ཀྲུང་གོའི་བོད་རིག་པ》2018ལོའི་དེབ་གསུམ་པ།

དགེ་བཤེས་ཤེས་རབ་རྒྱ་མཚོས1941ལོར་མཚོ་སྔོན་ནང་བསྟན་པའི་གཞུང་ལུགས་དང་རྒྱ་ཡིག་ཁྲིད་སྦྱོང་ཁང་བཙུགས་པའི་སྐོར་ལ་དཔྱད་པ།

སྐལ་བཟང་བཀྲ་ཤིས། 《ཀྲུང་གོའི་བོད་རིག་པ》2018ལོའི་དེབ་བཞི་པ།

ལོ་རྒྱུས་བྱ་བའི་བརྗོད་དོན་དང་འབྲེལ་བའི་ཐ་སྙད་འགའི་རགས་འགྲེལ།

རྨེ་རུ་ཡུལ་ལྷ་ཐར། 《བོད་ལྗོངས་ཞིབ་འཇུག》2018ལོའི་དེབ་དང་པོ།

ཤིང་སྟག་ལོའི་སྡེ་གཟར་དང་བོད་སོག་མཉམ་འབྲེལ་སྲིད་དབང་ནང་ཁུལ་གྱི་འབྲེལ་བའི་འགྱུར་ཕྱོགས་སྐོར་གླེང་བ།

ནོར་བུ་བསམ་འཕེལ། 《བོད་ལྗོངས་ཞིབ་འཇུག》2018ལོའི་དེབ་གཉིས་པ།

བཙན་པོའི་རྒྱལ་རབས་ལོ་རྒྱུས་ཀྱི་དུས་རིམ་གསུམ་གྱི་རིགས་དབྱེ་ལ་དཔྱད་པ།

བསོད་ནམས་ཚེ་བརྟན། 《གངས་ལྗོངས་རིག་གནས》2018ལོའི་དེབ་གཉིས་པ།

སྔར་ཁྲི་ཐོ་ལོའི་ཡུལ་སྐོར་ཟིན་ཐོའི་ཁྲིད་ཀྱི་ཐུ་རྫོང་ཀྲུག་ཅེས་པའི་ལེའུ་གཉིས་ལ་ཞུང་ཟད་དཔྱད་པ།

རིན་ཆེན་སྒྲོལ་མ། 《བོད་ཀྱི་དམངས་སྲོལ་རིག་གནས》2018ལོའི་དེབ་དང་པོ།

ངམ་སྟག་ར་གླུ་གོང་གི་ལོ་རྒྱུས་དང་འབྲེལ་ནས་བློན་ཚོགས་བར་གྱི་འཐབ་རྩོད་ལ་དཔྱད་པ།

གངས་འཚོ། 《མཚོ་སྔོན་མི་རིགས་སློབ་ཆེན་རིག་དེབ》2018ལོའི་དེབ་དང་པོ།

《ཆླངས་ཀྱི་པོ་ཏི་བསེ་རུ་རྒྱས་པ》ཡི་ལོ་རྒྱུས་དཔྱད་གཞིའི་རིན་ཐང་སྐོར་གླེང་བ།

ལྷག་པ། 《མཚོ་སྔོན་མི་རིགས་སློབ་ཆེན་རིག་དེབ》2018ལོའི་དེབ་དང་པོ།

བཙན་པོ་གནམ་རི་སྲོང་བཙན་གྱི་དུས་སུ་བློན་འབངས་དག་གིས་ངོ་ལོག་བྱས་ཚུལ།

ཕུན་ཚོགས་བཀྲ་ཤིས། 《མཚོ་སྔོན་དགེ་འོས་སློབ་ཆེན་གྱི་རིག་དེབ》 2018ལོའི་དེབ་དང་པོ།

ཁྲི་ལྡེ་སྲོང་གཙུག་བཙན (ལྷ་བླ་མ་ཡེ་ཤེས་འོད) གྱི་བཀའ་ག་ཤོགས་ལ་ཞུང་ཟད་དཔྱད་པ།

ལྷག་པ་བཀྲ་ཤིས། ལྷག་པ་བུ་ཁྲིད། 《བོད་ལྗོངས་སློབ་གྲྭ་ཆེན་མོའི་རིག་དེབ》2018ལོའི་དེབ་གཉིས་པ།

སྤུ་རྒྱལ་བཙན་པོའི་སྐབས་ཀྱི་ཁྲིམས་ཆེན་པོའི་ཐམ་ཀར་དཔྱད་པ།

གཏུགས་དཀར་ཚེ་རིང་། 《རྩེར་སྙེག》2018ལོའི་དེབ་དང་པོ།

བཀག་བཅད་དང་སྐད་གསར་བཅད་ཀྱི་ཁྱད་པར་རགས་ཙམ་གླེང་བ།

འཇམ་དབྱངས་ཚེ་རིང་། 《རྩེར་སྙེག》2018ལོའི་དེབ་གཉིས་པ།

བོད་ཀྱི་ཨར་ལས་རིག་གནས་ཀྱི་འཕེལ་རིམ་དང་རིགས་དབྱེའི་སྐོར་གླེང་བ།

ཐུབ་བསྟན་ཚེ་རྙམ། 《བོད་ལྗོངས་སྤྱི་ཚལ་ཞིབ་འཇུག》2018ལོའི་དེབ་དང་པོ།

བཙན་པོའི་རྒྱལ་རབས་དུས་ཀྱི་ཁྲལ་རིགས་ལ་དཔྱད་པ།

མདོ་རྗེ་སྐལ་བཟང་ཚེ་རིང་། 《བོད་ལྗོངས་ཞིབ་འཇུག》2018ལོའི་དེབ་གསུམ་པ།

བོད་སོག་མཛལ་འཛོམས་ཐོག་མ། ——རིག་གནས་ཤུལ་དངོས་ལས་ས་པཎ་དཔོན་ཞང་གསུམ་གྱིས་རྒྱ་བོད་ས་གནས་གཉིས་ཀྱི་འབྲེལ་བའི་ལེའུ་གསར་པའི་སྒོ་ཕྱེ་བ་མཐོང་བ།

སྣ་ཞན། 《ཀྲུང་གོའི་བོད་ལྗོངས》2018ལོའི་དེབ་དང་པོ།

བོད་ཀྱི་ས་གནས་ལོ་རྒྱུས་ཐོག་གི་རྒྱལ་ཚབ་འོས་མི། གཡང་སྒྲོན་གྱིས་བརྩམས།

འཇམ་དཔལ་གྱིས་བསྒྱུར། 《བོད་ཀྱི་སློབ་གསོ》2018ལོའི་དེབ་ལྔ་པ།

བོད་ཀྱི་སྐུ་གཤེན་བྱུང་འཕེལ་སྐོར་ལ་རགས་ཙམ་དཔྱད་པ།

ཚེ་རིང་སྒྲོལ་མ། 《ནུབ་བྱང་མི་རིགས་སློབ་གྲྭ་ཆེན་མོའི་རིག་དེབ》2018ལོའི་དེབ་གཉིས་པ།

ཡུལ་དངོས་རྟོག་དཔྱོད་བརྒྱུད་ནས་དཔའ་ལུང་བུ་རྒྱུད་བཅོ་བརྒྱད་ལ་དཔྱད་པ།

བསོད་ནམས་རྒྱལ་མཚན། མ་ཊི་འབུམ། 《མཚོ་སྔོན་མི་རིགས་སློབ་ཆེན་རིག་དེབ》2018ལོའི་དེབ་གསུམ་པ།

ཏཱ་ལའི་བླ་མ་སྐུ་ཕྲེང་ལྔ་པ་དང་ཕུ་སན་ཀུན་གྱི་འབྲེལ་བ་ལས་འཕྲོས་ཏེ་ཆིང་རྒྱལ་རབས་ཀྱི་དབང་ཤུགས་བོད་དུ་ཁྱབ་ཚུལ་སྐོར་རགས་ཙམ་གླེང་བ།

ནོར་བུ་བསམ་འཕེལ། 《བོད་ལྗོངས་སློབ་གྲྭ་ཆེན་མོའི་རིག་དེབ》2018ལོའི་དེབ་གསུམ་པ།

སྡེ་སྲིད་ཕག་མོ་གྲུ་པའི་སྐབས་ཀྱི་རྫོང་དང་རྫོང་དཔོན་ལམ་ལུགས་ལ་ཐོག་མར་དཔྱད་པ།

སྒྲོལ་མ་མཚོ། 《རྩེར་སྙེག》2018ལོའི་དེབ་བཞི་པ།

བོད་བཙན་པོའི་སྐབས་ཀྱི་བདེ་བློན་སྐོར་ལ་རགས་ཙམ་དཔྱད་པ།

ཁྱུང་ལྷ། 《རྩེར་སྙེག》2018ལོའི་དེབ་བཞི་པ།

བྱང་ཐང་གི་མེས་པོའི་དུས་རྒྱུད་དང་དེའི་གཉེན་ཅེས་སྐོར།

བཀའ་བརྒྱུད་བསྟན་རྒྱལ། 《ཐང་རྒྱན་མེ་ཏོག》2018ལོའི་དེབ་བཞི་པ།

གནའ་ཡིག་ལས་ཕོལ་བའི་ཡུལ་མིང་ཀླུམ་རོའམ་ཀླུང་རོ་ཞེས་པའི་ཡུལ་གྱི་མགོ་ཇ་ངོས་འཛིན་པ་དང་མཐའ་དཔྱོད།

བསྟན་འཛིན་ལྷུན་གྲུབ། སྐལ་བཟང་གསལ་སྒྲོན། 《བོད་ལྗོངས་ཞིབ་འཇུག》2018ལོའི་དེབ་གཉིས་པ།

ཟློ་ཁ་གྲ་ནང་ཁུལ་གྱི་གྲོང་སྡེ་རྙིང་པའི་ས་མིང་ལོ་རྒྱུས་མདོ་ཙམ་གླེང་བ།

ཆོས་ལྡན། 《མཚོ་སྔོན་མི་རིགས་སློབ་ཆེན་རིག་དེབ》2018ལོའི་དེབ་དང་པོ།

འོན་ནམ་འོན་མོ་ཀླུང་རིངས་ཞེས་པའི་ས་མིང་ལས་འཕྲོས་པའི་གཏམ།

ཁྲི་ཐར་དོན་གྲུབ། 《བོད་ལྗོངས་སློབ་གྲྭ་ཆེན་མོའི་རིག་དེབ》2018ལོའི་དེབ་དང་པོ།

གནའ་གྲོང་རྒྱལ་རྩེའི་ས་མིང་རྙིང་པ་འགའ་ཞིག་གི་སྐོར་རུང་ཟད་བཤད་པ།

སྐལ་བཟང་རྡོར་བྱེ། 《ཐང་རྒྱན་མེ་ཏོག》2018ལོའི་དེབ་དང་པོ།

ཁམས་་ཀྱི་ཕོ་བྲང་དང་པོ། སྟག་ལུས་རྒྱལ་པོའི་ལྷ་ཁང་།

ཐོང་སྨིན་དྲུག 《ཐང་རྒྱན་མེ་ཏོག》2018ལོའི་དེབ་གཉིས་པ།

མཁར་ལ་སྦྱ་བ་ཡུམ་བུ་བླ་མཁར་ཞེས་པའི་ཚིག་དང་འབྲེལ་ཏེ་བོད་གནའ་རབས་ཀྱི་མཁར་ལ་སྦྱ་བའི་དུས་ལ་དཔྱད་པ།

ལ་ལི་ཏ། 《བོད་ལྗོངས་སློབ་གྲྭ་ཆེན་མོའི་རིག་དེབ》2018ལོའི་དེབ་གསུམ་པ།

ཆོས་མངོན་པ་མཛོད་ལས་འཕྲོས་ཏེ་འཛམ་གླིང་སོག་ཁ་དང་ཡར་ལུང་སོག་ཁའི་སྐོར་གླེང་བ།

ཀུན་དཔལ་ཚེ་རིང་། 《བོད་ལྗོངས་སློབ་གྲྭ་ཆེན་མོའི་རིག་དེབ》2018ལོའི་དེབ་བཞི་པ།

ཡུལ་ཤུལ་ཞེས་པའི་མིང་གི་བྱུང་ཚུལ་སྐོར་རགས་ཙམ་གླེང་བ།

རྟ་མགྲིན་བཀྲ་ཤིས། 《ཐང་རྒྱན་མེ་ཏོག》2018ལོའི་དེབ་གསུམ་པ།

ཀོང་པོ་སྣང་མཁར་རྫོང་རིང་གི་ག་ཙོགས་ཡིག་བཀབ་བཤུ་དང་འབྲེལ་ཡོད་གནས་ཚུལ་སྐོར་གླེང་བ།

ཤ་བོ་མཁའ་འབུམ། 《བོད་ལྗོངས་ཞིབ་འཇུག》2018ལོའི་དེབ་བཞི་པ།

གསར་དུ་རྙེད་པའི་ཡུལ་ཤུལ་འདམ་པ་སྡེ་བའི་གནའ་བོའི་བྲག་བརྐོས་ཡི་གེ་དང་སྐུ་གཟུགས་སོགས་ལ་ཐོག་མར་དཔྱད་པ།

རྫོག་རུ་མཁར་རྒྱལ་འབུམ། 《བོད་ཀྱི་དམངས་སྲོལ་རིག་གནས》2018ལོའི་དེབ་གཉིས་པ།

བོད་ལྗོངས་རྟེན་རྫས་བཤམས་མཛོད་ཁང་གི་གནའ་དཔྱད་མཁས་ཅན་གཏན་དགེ་འདུན་ལགས་ལ་བཅར་འདྲི་ཞུས་པའི་ཟིན་ཐོ། བཅར་འདྲི་ཞུ་མཁན་ཤར་གཏན་དབང་འདུས།

བོད་ཡིག་ལ་སྦྱར་མཁན་མིག་དམར་རྒྱལ་པོ། 《བོད་ལྗོངས་སློབ་གྲྭ་ཆེན་

མོའི་རིག་དེབ》2018ལོའི་དེབ་གཉིས་པ།

དམངས་ཁྲོད་ཤོད་སྲོལ་ལས་འཕྲོས་ཏེ་ཕ་ཡུལ་གྱི་རིག་དངོས་སྐོར་ཅུང་ཟད་གླེང་བ།

ཕུན་ཚོགས་དཔལ་འབྱོར། 《**སྦྲང་རྒྱན་མེ་ཏོག**》2018ལོའི་དེབ་གཉིས་པ།

བོད་ཀྱི་གསེར་དངུལ་ཡོ་བྱད་ངོས་ཀྱི་སྲོག་ཆགས་གཉོག་པ་ཅན།

ཏོ་ལེ། 《**ཀྲུང་གོའི་བོད་ལྗོངས**》2018ལོའི་དེབ་གཉིས་པ།

བཙན་པོ་ཁྲི་ལྡེ་སྲོང་སྲོང་བཙན་གྱི་བང་སོའི་རྡོ་རིང་ཐོག་གི་བརྐོས་རིས།

ཏོ་ལེ། 《**ཀྲུང་གོའི་བོད་ལྗོངས**》2018ལོའི་དེབ་གསུམ་པ།

ཐང་བོད་ལོ་རྒྱུས་ཀྱི་དངོས་དཔང་གསར་པ་སྟེ་ཨ་ཧྥུ་ག་ནི་སི་ཐན་ཕ་ཁན་ས་ཆའི་ལྷ་ཁང་དམར་པོའི་ལམ་ཁ་བསྐྱར་དུ་འགྲིམས་པ།

ལྡང · སོ་ཁེ་ནས་བརྩམས། ཤ་བོ་མཁའ་འབུམ་གྱིས་བསྒྱུར། 《**མཚོ་སྔོན་མི་རིགས་སློབ་ཆེན་རིག་དེབ**》2018ལོའི་དེབ་གསུམ་པ།

ཤན་རྩའི་གནའ་ཤུལ་རིག་གནས་རྟོག་ཞིབ་ཀྱི་ཟིན་ཐོ།

ལྷ་གཡང་ནོར་བུ། 《**སྦྲང་རྒྱན་མེ་ཏོག**》2018ལོའི་དེབ་བཞི་པ།

གོ་འཇོ་རྫོང་གི་གནའ་བོའི་རྒྱལ་ཁང་།

དབྱངས་ཅན་ཆོས་སྒྲོན། 《**ཀྲུང་གོའི་བོད་ལྗོངས**》2018ལོའི་དེབ་ལྔ་པ།

བོད་ཀྱི་དེང་རབས་ལོ་ཟླ་བ་འཇམ་དབྱངས་དར་རྒྱས་དང་ཁོང་གི《ཡིག་ཚང་མ་ཧཱ་ཏུས་སྤེལ》གྱི་འགྱུར་ཡིག་སྐོར་གླེང་བ།

ནོར་བུ་ཚེ་རིང་། 《**ཀྲུང་གོའི་བོད་རིག་པ**》2018ལོའི་དེབ་གསུམ་པ།

ཐོན་མིའི་གདུང་རྒྱུད་ལས་བྱུང་བའི་སྡེ་པ་ཡར་གོང་གཉིས་དང་འབྲེལ་བའི་དཔྱད་གླེང་།

ལྷག་པ། 《**བོད་ལྗོངས་ཞིབ་འཇུག**》2018ལོའི་དེབ་དང་པོ།

བོད་ཀྱི་ལོ་རྒྱུས་སྟེང་མ་ཉེས་ཁ་གཡོག་ཐེབས་པའི་བློན་ཆེན་བཞི།

ཟླ་ནག་པ་ཡེ་ཤེས་བཟང་པོ། 《**བོད་ལྗོངས་ཞིབ་འཇུག**》 2018ལོའི་དེབ་བཞི་པ།

དགེ་བའི་བཤེས་གཉེན་ཆེན་མོ་༧རྗེ་བསམ་འགྲུབ་རྒྱ་མཚོ་མཆོག་གི་མི་ཚེའི་བཞུད་ལམ་མདོ་ཙམ་བརྗོད་པ།

ཤ་བོ་ཚེ་རིང་། 《**ནུབ་བྱང་མི་རིགས་སློབ་གྲྭ་ཆེན་མོའི་རིག་དེབ**》2018ལོའི་དེབ་གཉིས་པ།

བོད་ཀྱི་སྲོལ་རྒྱུན་ཟློས་གར་ཨ་ལྕེ་ལྷ་མོའི་ཞིབ་འཇུག་པའམ་མིའི་རིགས་རིག་པའི་དགེ་རྒན་ཆེན་མོ་དབྱི་བཟའ་འཕེལ་ལགས་ལ་བཅར་འདྲི་ཞུས་པའི་ཟིན་ཐོ།

སངས་རྒྱས་དོན་གྲུབ། 《**བོད་ལྗོངས་སྒྱུ་རྩལ་ཞིབ་འཇུག**》2018ལོའི་དེབ་དང་པོ།

བོད་རང་སྐྱོང་ལྗོངས་གནའ་དཔེ་སྲུང་སྐྱོབ་ལྟེ་གནས་ཀྱི་ཞིབ་འཇུག་པ་ཆེན་མོ་པད་མ་བཀྲ་ཤིས་ཀྱི་ངོ་སྤྲོད་མདོར་བསྡུས།

པད་མ་བཀྲ་ཤིས། 《གངས་ལྗོངས་རིག་གནས》2018ལོའི་དེབ་གཉིས་པ།

འོད་སྟོང་འགྲོ་བའི་འཁྲབ་སྟོན་སྒྱུ་རྩལ་གྱི་ལམ་བུ། ——བོད་ཀྱི་འཁྲབ་སྟོན་པ་གྲགས་ཅན་སྟོབས་རྒྱལ་ལགས་ཀྱི་སྐོར་བགོད་པ།

རྣམ་གླིང་རིན་ཆེན། 《མི་རིགས》2018ལོའི་དེབ་གསུམ་པ།

རྒྱལ་སྲས་འཇང་ཚ་ལྷ་དབོན་དང་འབྲེལ་བའི་ལོ་རྒྱུས་ཀྱི་དོགས་གནད་འགའ་ལ་དཔྱད་པ།

ཕུན་ཚོགས་བཀྲ་ཤིས། 《བོད་ལྗོངས་ཞིབ་འཇུག》2018ལོའི་དེབ་གསུམ་པ།

ཡིག་སྒྱུར་ནི་འཛིག་རྟེན་མིག་འབྱེད་ཡིན། ——ཨོ་ཡོ་ཚེ་རིང་གི་བོད་ཡིག་ལས་དབང་།

བསོད་ཆུང་། 《ཀྲུང་གོའི་བོད་ལྗོངས》2018ལོའི་དེབ་དང་པོ།

རི་འགོག་དམག་འཁྲུག་དོན་དུ་གནམ་གྲུ་སུམ་ཅུ་ཞལ་འདེབས་ཕུལ་མཁན་གྱི་དམག་དཔོན་ཆེན་མོ་ཨ་ཕ་ཨ་གློ།

དཀོན་མཆོག་རྡོ་རྗེ། 《ཀྲུང་གོའི་བོད་ལྗོངས》2018ལོའི་དེབ་གཉིས་པ།

གནའ་བོའི་ཡིག་རྙིང་གི་ཁྱད་ཆོས་ལས་འཕྲོས་ཏེ་ཁྲི་གུམ་བཙན་པོའི་མཚན་འདོགས་ཚུལ་སྐོར་ལ་བསྐྱར་དུ་དཔྱད་པ།

ཚེ་བརྟན་རྡོ་རྗེ། 《གངས་ལྗོངས་རིག་གནས》2018ལོའི་དེབ་གསུམ་པ།

ཐང་གའི་དགེ་རྒན་ཆེན་མོ་བ་ཞ་ལུ་དབང་འདུས་ལགས་ཀྱི་བརྩམས་ཆོས་གསལ་འགྲེལ།

ཚེ་རིང་རྣམ་རྒྱལ། 《གངས་ལྗོངས་རིག་གནས》2018ལོའི་དེབ་གསུམ་པ།

སྒྱུ་རྩལ་པ་སྤྱིན་པའི་ངོ་སྤྲོད་དང་དེའི་རི་མོའི་བརྩམས་ཆོས་བདམས་བཀོད།

བཀྲ་ཤིས་ནོར་བུ། 《གངས་ལྗོངས་རིག་གནས》2018ལོའི་དེབ་གསུམ་པ།

"ཁོར་སྲུང་དཔའ་བོ" རྒྱས་བཟང་བསོད་ནམས་དར་རྒྱས་བསྐྱར་དུ་དྲན་པ།

དོན་གྲུབ་རྣམ་རྒྱལ། 《རྩེར་སྙེག》2018ལོའི་དེབ་གསུམ་པ།

ཀྲུང་གོ་གསར་པ་དབུ་བརྙེས་ལ་ཉེ་དུས་བོད་ཡུལ་དུ་སླེབས་པའི་ཨ་རི་བ་གཉིས། ——ལོ་ལྷེར་ཐོམ་སི་ཕ་བུ་གཉིས།

ཏུའུ་ཡན། ཀྲུའུ་ཞིན། 《ཀྲུང་གོའི་བོད་ལྗོངས》2018ལོའི་དེབ་དང་པོ།

ས་མཐོའི་གསང་བརྙན། ——ཨ་རི་ཀྲུང་དབྱང་གསང་འཕྲིན་ལས་ཁུངས་ཀྱི་སྣ་མི་མར་ཁེ་ནན་བོད་ཡུལ་དུ་སོང་བ།

ཏུའུ་ཡན། 《ཀྲུང་གོའི་བོད་ལྗོངས》2018ལོའི་དེབ་གཉིས་པ།

ལྷ་སར་ཡོང་བའི་འཛར་མན་པ་ཐོག་མ་ཨེན་སི་ཐེ་ཧྲེར་དང་ཁོང་གི་ཚན་རིག་རྟོག་ཞིབ་ཚོགས་པ།

ཀྲའོ་ཀྲུང་ཏུའེ། 《ཀྲུང་གོའི་བོད་ལྗོངས》2018ལོའི་དེབ་གསུམ་པ།

དུས་རབས20པའི་འགོར་ཁམས་སུ་ཡོད་པའི་ཨ་རིའི་ཆོས་སྤེལ་མཁན་ཧྲི་ཏེང་ཤུན།

ཧྥུའུ་ཡན། ཀྲོའུ་ཞིན། 《ཀྲུང་གོའི་བོད་ལྗོངས》2018ལོའི་དེབ་བཞི་པ།

བོད་ལྗོངས་སུ་ཡོད་པའི་ལྷུར་པན་པ་ཐོག་མ་ཧོ་ཁོའུ་ཧྥུའེ་ཧྥའེ།

ཆིན་ཤུང་ཀྲང། 《ཀྲུང་གོའི་བོད་ལྗོངས》2018ལོའི་དེབ་ལྔ་པ།

བོད་ཀྱི་དབུས་ཁུལ་དུ་ཡོད་པའི་འཛར་མན་པ་ཐོག་མ་ལྷེ་ལེན་ཧྲེ་ཨེར་ཞི་ན།

ཀྲའོ་ཁང་ཏུའེ། 《ཀྲུང་གོའི་བོད་ལྗོངས》2018ལོའི་དེབ་དྲུག་པ།

ཧྥ་རན་སིའི་སྐད་བརྡ་རིག་པ་བ་གྲགས་ཅན་བདེ་ཆེན་རབ་བརྟན་ལགས་ཀྱི་མི་ཚེའི་མཛད་རྣམ་མདོར་བསྡུས།

ཨ་རི་གཡང་དཀར་སྐྱང་གསལ། 《མཚོ་སྔོན་མི་རིགས་སློབ་ཆེན་རིག་དེབ》2018ལོའི་དེབ་གསུམ་པ།

ལོ་བརྒྱའི་རིང་གི་ཉི་ཧོང་བོད་རིག་པའི་ཞིབ་འཇུག་གི་གནས་ཚུལ་མདོར་བསྡུས།

ས་ཁྲིའུ་ར་ཡིས་ཐ་ཙུ་ཧི་ཁོ་དང་དཔལ་རིས་བསྟན་འགྱུས་རྒྱ་མཚོས་བསྒྱུར།

མཆོག་ལྡན་ཐར་ཕྱིས་བསྒྱུར། 《བོད་ལྗོངས་སློབ་གྲྭ་ཆེན་མོའི་རིག་དེབ》2018ལོའི་དེབ་གསུམ་པ།

ཏུན་ཧོང་ཡིག་རྙིང་།

ཏུན་ཧོང་ནས་ཐོན་པའི་བོད་ཀྱི་ལོ་རྒྱུས་ཡིག་ཆP. T. 1288ལས་གསེར་ཁྲུང་ཞེས་པའི་ས་མིང་དང་འབྲེལ་ཡོད་ཀྱི་ལོ་རྒྱུས་གནད་དོན་སྐོར་མདོ་ཙམ་གླེང་བ།

ཚ་བར་ཁ་ངག་དཀོན། 《ཀྲུང་གོའི་བོད་རིག་པ》2018ལོའི་དེབ་དང་པོ།

ཏུན་ཧོང་གཏེར་ཡིག་དང་ཨ་མདོའི་ཡུལ་སྐད་གཉིས་ལས་འདྲི་ཚིག་གི་སྐོར་ཙུང་ཟད་གླེང་བ།

རྡོ་རྗེ་དོན་འགྲུབ། 《བོད་ལྗོངས་ཞིབ་འཇུག》2018ལོའི་དེབ་དང་པོ།

ཏུན་ཧོང་བོད་ཡིག་ཡིག་རྙིང་ཁྲོད་བཞུགས་པའི་ངན་སོང་སྦྱོང་བའི་ཆོག་ཁྲིལ་སྐོར་ལ་རགས་ཙམ་དཔྱད་པ།

མགོན་པོ་ཚེ་རིང་། 《བོད་ལྗོངས་ཞིབ་འཇུག》2018ལོའི་དེབ་གཉིས་པ།

ཏུན་ཧོང་ཡིག་རྙིང་ལས་བྱུང་བའི་བོད་བཙན་པོའི་སྐབས་ཀྱི་མགུར་གླུའི་ཞིབ་འཇུག་གནས་བབས་དང་དེ་དག་གི་དཔྱད་པ། ——བོད་ཡིག་གི་ཞིབ་འཇུག་གནས་ཚུལ་གཙོ་བོར་འཛིན་པ།

པད་མ་ཚེ་རིང་། 《བོད་ལྗོངས་ཞིབ་འཇུག》2018ལོའི་དེབ་གཉིས་པ།

ཏུན་ཧོང་ཡིག་རྙིང་ཁྲིད་ཀྱི་གྲོས་ཀྱི་རྣམ་གཞག་ལ་དཔྱད་པ།

རྡོ་རྗེ་རིན་ཆེན། 《རྒྱབ་བྱང་མི་རིགས་སློབ་གྲྭ་ཆེན་མོའི་རིག་དེབ》2018ལོའི་དེབ་གཉིས་པ།

ཏུན་ཧོང་ཤོག་དྲིལP. T. 1287ལས་བཙན་མོ་སད་མར་ཀར་གྱི་མགུར་གླུའི་གོ་དོན་དཔྱད་པ།

ཚེ་མགོན་སྐྱབས། 《རྒྱབ་བྱང་མི་རིགས་སློབ་གྲྭ་ཆེན་མོའི་རིག་དེབ》2018ལོའི་དེབ་གཉིས་པ།

ཏུན་ཧོང་བོད་ཡིག་ཡིག་རྙིང་ལས་མགུར་གླུའི་ཐུན་མིན་གྱི་ཚིག་རྒྱན་སྤེལ་སྟངས་མདོ་ཙམ་གླེང་བ།

རིག་འཛིན། 《གངས་ལྗོངས་རིག་གནས》2018ལོའི་དེབ་གཉིས་པ།

ཉི་བའི་ལོ་ངོ་བརྒྱའི་རིང་གི་ཏུན་ཧོང་ཡིག་རྙིང《ཚེ་དཔག་ཏུ་མེད་པ་ཞེས་བྱ་བ་ཐེག་པ་ཆེན་པོའི་མདོ》ཡི་ཞིབ་འཇུག་གི་གནས་ཚུལ་སྙི་བཤད།

བསེ་ཆང་སངས་རྒྱས་དོན་གྲུབ། 《མཚོ་སྔོན་མི་རིགས་སློབ་ཆེན་རིག་དེབ》2018ལོའི་དེབ་དང་པོ།

《ཀན་སུའུ་ས་ཁུལ་དུ་ཉར་བའི་ཏུན་ཧོང་བོད་ཡིག་ཡིག་རྙིང》གི་དཔེ་སྐྲུན་སྙི་བཤད།

ཁམས་འཚོ་སྐྱིད། གཡུ་རྗེག་པདྨདབང་རྒྱལ། 《མཚོ་སྔོན་མི་རིགས་སློབ་ཆེན་རིག་དེབ》2018ལོའི་དེབ་དང་པོ།

ཏུན་ཧོང་ནས་ཐོན་པའི་བོད་ཀྱི་ལོ་རྒྱུས་ཡིག་ཆP. T. 1288ལས་ཐོན་ཞེས་པའི་ལོ་རྒྱུས་ཀྱི་ས་མིང་ལ་རགས་ཙམ་དཔྱད་པ།

ཆ་བར་ཁ་ངག་དཀོན། 《བོད་ལྗོངས་སློབ་གྲྭ་ཆེན་མོའི་རིག་དེབ》2018ལོའི་དེབ་དང་པོ།

《ཕུ་བོས་ནུ་བོར་བཏམས་ཤིང་བསྟན་པའི་མདོ》ཡི་རྩོམ་ལུས་དང་གཏམ་གྱི་མདོའི་ལུས་ཀྱི་ཁྱད་ཆོས་ལ་དཔྱད་པ།

མང་མཁར་བློ་ཕུན། 《བོད་ལྗོངས་སློབ་གསོ》2018ལོའི་དེབ་ལྔ་པ།

ཏུན་ཧོང་ཤོག་དྲིལP. T. 1288ལས་བྱུང་བའི་མཁྱུད་དང་མཁྲིད་ཅེས་པའི་ཐ་སྙད་ཀྱི་གོ་དོན་ལ་གསར་དུ་དཔྱད་པ།

ཨ་རིན་ལྷུགས་རྒྱལ་འབུམ། ཀུན་བཟང་སྒྲོལ་མ། 《རྩེ་ར་སྙེག》2018ལོའི་དེབ་གསུམ་པ།

《བོད་བཙན་པོའི་སྐབས་ཀྱི་ལོ་རྒྱུས་དོན་ཆེན་གནད་བསྡུས》ཀྱི་རྩོམ་དུས་དང་སྒྲིག་སྟངས་ལ་དཔྱད་པ།

སྐལ་བཟང་སྐྱིད། 《རྩེ་ར་སྙེག》2018ལོའི་དེབ་གསུམ་པ།

བོད་བཙན་པོའི་དུས་ཀྱི་ཡིག་རྙིང་གཤའ་མ་ལས་སྐབས་དེའི་ཕྲད་ཀྱི་སྦྱོར་སྟངས་ལ་དཔྱད་པ།

ཤ་བོ་ཀུན་བཟང་ཏ་མགྲིན། 《མཚོ་སྔོན་མི་རིགས་སློབ་ཆེན་རིག་དེབ》

2018ལོའི་དེབ་དང་པོ།

དམངས་སྲོལ།

བོད་ཀྱི་བྱང་འབྲོག་ཁུལ་གྱི་གྱོན་གོས་སྐོར་རགས་ཙམ་གླེང་བ།

ཡ་རྩེ་བསྟན་འཛིན་ཐབས་མཁས། རྡོར་དཀར་ནོ་མོ། 《བོད་ལྗོངས་སྒྱུ་རྩལ་ཞིབ་འཇུག》2018ལོའི་དེབ་དང་པོ།

རྣམ་གླིང་གྲོང་རྡལ་ཁུལ་གྱི་སྐར་མ་རི་ཁྲི་ཡི་ཡུལ་ལུགས་ཁྲུས་རྒྱག་གོམས་སྲོལ།

ས་ལྷ་ཉི་མ་རྡོ་རྗེ། 《གངས་ལྗོངས་རིག་གནས》2018ལོའི་དེབ་དང་པོ།

སྦྲ་ནག་གི་གྲུབ་ཆ་འགའ་དང་དེའི་མཚོན་དོན་རིག་གནས་སྐོར་གླེང་བ།

སངས་རྒྱས་དོན་གྲུབ། 《གངས་ལྗོངས་རིག་གནས》2018ལོའི་དེབ་དང་པོ།

ཀན་ལྷོ་ མཛོད་ དགེ་ ཡུལ་ གྱི་ འཛོམ་ སྤྱང་ རིག་ གནས་ དང་ དེའི་ སྤྱི་ ཚོགས་ རིན་ ཐང་ རགས་ ཙམ་ གླེང་བ།

ཀླུ་འབུམ་རྒྱལ། 《གངས་ལྗོངས་རིག་གནས》2018ལོའི་དེབ་དང་པོ།

བོད་པའི་ལྷས་ལ་བརྟག་ཚུལ་སྐོར་རོབ་ཙམ་གླེང་བ།

ཡུལ་ལྷ་ཐར། 《གངས་ལྗོངས་རིག་གནས》2018ལོའི་དེབ་གཉིས་པ།

ཨ་མདོ་རེབ་གོང་ཞོ་འོང་ས་ཁུལ་གྱི་བྱིས་པའི་སྐྱེ་བསུའི་ཚོ་གའི་སྐོར་གླེང་བ།

སངས་རྒྱས་སྐྱིད། 《བོད་ཀྱི་དམངས་སྲོལ་རིག་གནས》2018ལོའི་དེབ་དང་པོ།

མདོ་སྨད་བྲག་དཀར་ཛོང་སྟུགས་ས་ཚོ་བའི་བུད་མེད་སྐྲ་གདན་གྱི་སྐོར་གླེང་བ།

འཆི་མེད་རྡོ་རྗེ། 《བོད་ཀྱི་དམངས་སྲོལ་རིག་གནས》2018ལོའི་དེབ་དང་པོ།

བོད་ཀྱི་གཤིན་དུར་ལས་བྱ་གཡེང་གི་སྐོར་རགས་ཙམ་གླེང་བ།

སྒྲོལ་མ། 《བོད་ཀྱི་དམངས་སྲོལ་རིག་གནས》2018ལོའི་དེབ་དང་པོ།

སྣ་སྐྱེ་རྒྱ་མདོའི་རྟ་རྒྱུག་དང་འབྲེལ་ཏེ་འབྲོག་ལས་ཤེས་རིག་ལ་ཅུང་ཟད་དཔྱད་པ།

ཐུབ་བསྟན་དགེ་ལེགས། 《བོད་ཀྱི་དམངས་སྲོལ་རིག་གནས》2018ལོའི་དེབ་དང་པོ།

བོད་ དམངས་ སྲོལ་ རིག་ གནས་ ཞིབ་ འཇུག་ གི་ གནས་ བབ་ དང་ འཕེལ་ འགྱུར་ གླེང་ བ། ——《བོད་ཀྱི་དམངས་སྲོལ་རིག་གནས》དུས་དེབ་གཞིར་བཟུང་སྟེ་བརྗོད་པ།

བསོད་ནམས་སྒྲོལ་མ། 《བོད་ཀྱི་དམངས་སྲོལ་རིག་གནས》2018ལོའི་དེབ་གཉིས་པ།

བོད་ བཙན་ པོའི་ སྐབས་ ཀྱི་ རིགས་ རུས་ དང་ འབྲེལ་ ཏེ་ སྐྱེས་ མའི་ མིང་ ཁྲིད་ ཀྱི་ བཟའ་ ཡིག་ ལ་ དཔྱད་པ།

སྐལ་བཟང་སྐྱིད། 《བོད་ཀྱི་དམངས་སྲོལ་རིག་གནས》2018ལོའི་དེབ་གཉིས་པ།

བོད་ཀྱི་སྟོད་ཆས་སྒྲོ་བའི་ཁྱད་ཆོས་གླེང་བ།

མ་ཅིག་སྐྱབས། 《བོད་ཀྱི་དམངས་སྲོལ་རིག་གནས》2018ལོའི་དེབ་གཉིས་པ།

མཚོ་སྔོའི་གཡོ་རུ་ཞོལ་མའི་ལུག་ཤའི་གསིལ་སྟངས་སྐོར་ཅིང་ཙམ་གླེང་བ།

དཔལ་མཁར་རྒྱལ། 《བོད་ཀྱི་དམངས་སྲོལ་རིག་གནས》2018ལོའི་དེབ་གཉིས་པ།

བོད་ཀྱི་མོ་ཕྱའི་རིག་གནས་ལས་མཆེར་མོ་བརྟག་ཐབས་སྐོར་གྱི་དཔྱད་པ།

དཔལ་ལྡན་རྒྱ་མཚོ། སྐལ་བཟང་སྐྱིད། 《རྒྱབ་བྱང་མི་རིགས་སློབ་གྲྭ་ཆེན་མོའི་རིག་དེབ》2018ལོའི་དེབ་དང་པོ།

ཕྲམ་མིའི་སྲོལ་རྒྱུན་གྱི་ནང་ཁྲིམ་རིག་གནས་ལ་ཐོག་མར་དཔྱད་པ།

བན་དེ་སྐྱབས། ཤ་བོ་རྡོ་རྗེ། 《མཚོ་སྔོན་མི་རིགས་སློབ་ཆེན་རིག་དེབ》2018ལོའི་དེབ་དང་པོ།

བོད་ཀྱི་དམངས་སྲོལ་དང་འབྲེལ་བའི་ཁོར་ཡུག་བདག་སྐྱོང་སྐོར་ལ་དཔྱད་པ།

སྐེའུ་ཚ་བསྟན་འཛིན་རྣམ་རྒྱལ། 《བོད་ལྗོངས་སློབ་གྲྭ་ཆེན་མོའི་རིག་དེབ》2018ལོའི་དེབ་དང་པོ།

སྔོ་ཁའི་པང་གདན་རིག་གནས་ལ་དཔྱད་པ། (གོང་འཕྲོས)

འཇམ་སྐད་བསོད་ནམས་མཚོ་མོ། 《སྔོ་ཁའི་རྩོམ་རིག་སྒྱུ་རྩལ》2018ལོའི་དེབ་གཉིས་པ།

སྔོ་ཁའི་པང་གདན་རིག་གནས་ལ་དཔྱད་པ། (གོང་འཕྲོས)

འཇམ་སྐད་བསོད་ནམས་མཚོ་མོ། 《སྔོ་ཁའི་རྩོམ་རིག་སྒྱུ་རྩལ》2018ལོའི་དེབ་གསུམ་པ།

བོད་ལུགས་ཀྱི་བཀྲ་ཤིས་རྟགས་བརྒྱད་དང་བཀྲ་ཤིས་རྫས་བརྒྱད་ཀྱི་དོན་བཤད་པ།

ར་སེ་དཀོན་མཆོག་རྒྱ་མཚོ། 《ཐང་རྒྱན་མེ་ཏོག》2018ལོའི་དེབ་དང་པོ།

བོད་ཤར་ཆབ་མདོ་ཁུལ་གྱི་སྟོད་ཁང་བཟོ་སྐྲུན་གྱི་ཁྱད་ཆོས་སྐོར་ཙུང་གླེང་བ།

སྤོང་སྨིན་དྲུག《ཐང་རྒྱན་མེ་ཏོག》2018ལོའི་དེབ་དང་པོ།

བོད་བཙན་པོའི་གདུང་རྒྱུད་ཨེ་ལྷ་རྒྱ་རིའི་དམངས་སྲོལ་བྱེད་སྒོའི་སྐོར་ལ་མདོ་ཙམ་གླེང་བ།

བསྟན་འཛིན་ཆོས་སྒྲོན། 《གངས་ལྗོངས་རིག་གནས》2018ལོའི་དེབ་གསུམ་པ།

རེབ་གོང་བོན་མང་གི་ཆས་ལུགས་སྐོར་གླེང་བ།

རེབ་སྐྱིད་ལྷུགས་བྱམས་རྒྱལ། 《གངས་ལྗོངས་རིག་གནས》2018ལོའི་དེབ་གསུམ་པ།

སྔོ་ཁའི་པང་གདན་རིག་གནས་ལ་དཔྱད་པ། (གོང་འཕྲོས)

འཇམ་སྐད་བསོད་ནམས་མཚོ་མོ། 《སྔོ་ཁའི་རྩོམ་རིག་སྒྱུ་རྩལ》2018ལོའི་དེབ་བཞི་པ།

ཕུན་སུམ་ཚོགས་པའི་བོད་འབྱུང་གི་དམངས་ཁྲིད་རིག་གནས།

མཁས་གྲུབ། 《སྤྲང་རྒྱན་མེ་ཏོག》2018ལོའི་དེབ་གསུམ་པ།

མདོ་སྨད་ཡུལ་གྱི་བྱིས་པའི་རྩེད་མོ་ཁེད་རྡོའི་སྐོར་གླེང་བ།

བློ་བཟང་སྒྲོལ་མ། 《སྤྲང་རྒྱན་མེ་ཏོག》2018ལོའི་དེབ་གསུམ་པ།

ཤངས་ཁུལ་གྱི་བྱིས་པའི་རྩེད་མོ་རྟ་གའི་སྐོར་གླེང་བ།

སྒྲུག་པ་བ། 《སྤྲང་རྒྱན་མེ་ཏོག》2018ལོའི་དེབ་གསུམ་པ།

བསྒྱུར་བཅོས་སྒོ་དབྱེ་བྱས་ཚུན་གྱི་རང་ལྗོངས་ཀྱི་དམངས་སྲོལ་བསྡུ་སྒྲིག་དང་ཞིབ་འཇུག་བྱ་གཞག་ལ་ཐོབ་པའི་གྲུབ་འབྲས་སྐོར་རགས་གླེང་། ——བོད་ཡིག་སྐོར་གྱི་བརྩམས་ཆོས་དཔེ་རུ་བཞག་ནས་གླེང་བ།

མིག་དམར་ལྷ་མོ། དབྱངས་བཞི། 《བོད་ལྗོངས་ཞིབ་འཇུག》2018ལོའི་དེབ་བཞི་པ།

རིག་གནས།

བསྟན་འགྱུར་སྣར་ཐང་པར་མ་དང་ལྷ་སའི་པར་གསར་གཉིས་ཀྱི་ཁྱད་པར་རགས་ཙམ་བཤད་པ།

དཔལ་རྡོར། 《ཀྲུང་གོའི་བོད་རིག་པ》2018ལོའི་དེབ་གསུམ་པ།

རྒྱལ་ཡོངས་ཀྱི་ཐེངས་གཉིས་པའི་བོད་ཡིག་དཔེ་རྙིང་ལེགས་སྒྲིག་དང་ཞིབ་འཇུག་སྐོར་གྱི་མཐོ་རིམ་བགྲོ་གླེང་ཚོགས་འདུའི་སྤྱི་བཤད།

བསྟན་འཛིན་ནོར་བུ། 《ཀྲུང་གོའི་བོད་རིག་པ》2018ལོའི་དེབ་བཞི་པ།

རྫོ་ནང་རྟག་བརྟན་དམ་ཆོས་གླིང་གི་དཔར་ཤིང་དར་ཁྱབ་སྐོར་རགས་ཙམ་གླེང་བ།

དཔལ་རྡོར། 《བོད་ལྗོངས་ཞིབ་འཇུག》2018ལོའི་དེབ་དང་པོ།

ངོར་དགོན་ནས་རྙེད་པའི་ཏ་ལའི་ལོ་མའི་《ཆོས་ཀྱི་ཚིགས་སུ་བཅད་པ》ཡི་རྒྱ་དཔེར་དཔྱད་པ།

བཀྲ་ཤིས་ཕུན་ཚོགས། 《བོད་ལྗོངས་ཞིབ་འཇུག》2018ལོའི་དེབ་གཉིས་པ།

དཔལ་ས་སྐྱའི་དུས་སུ་མདོ་སྨད་དུ་བོད་ཡིག་ཤིང་དཔར་བྱུང་བའི་ཚུལ་ལ་དཔྱད་པ།

བདུད་འདུལ་རྡོ་རྗེ། 《བོད་ལྗོངས་ཞིབ་འཇུག》2018ལོའི་དེབ་བཞི་པ།

མདོ་སྨད་རེབ་གོང་གི་ཁྲི་རྩེ་སྡེ་བཞིའི་ཡ་གྱལ་ཀ་སར་དགོན་པའི་ཤིང་དཔར་སྐོར་གྱི་ཡུལ་དངོས་རྟོག་ཞིབ།

ཉི་མ་ཚེ་རིང་། ལྷུགས་ཐར། 《མཚོ་སྔོན་མི་རིགས་སློབ་ཆེན་རིག་དེབ》
2018ལོའི་དེབ་དང་པོ།

བཙན་པོའི་དུས་སྐབས་ཀྱི་ཡིག་ཚང་ཉར་ཚགས་དང་ཁྲབ་ཡུལ་སྐོར་གླེང་བ།

མདོ་དགེ་བསོད་ནམས་ལྷུན་གྲུབ། 《མཚོ་སྔོན་མི་རིགས་སློབ་ཆེན་རིག་དེབ》

2018ལོའི་དེབ་གཉིས་པ།

བོད་ལྗོངས་ཀྱི་དཔེ་རྙིང་ཉམས་གསོའི་སྐོར་ཙུང་ཟད་བཤད་པ།

བདེ་སྐྱིད་ཆོས་སྒྲོན། 《མཚོ་སྔོན་མི་རིགས་སློབ་ཆེན་རིག་དེབ》2018ལོའི་དེབ་གཉིས་པ།

ཕྱུ་རིའི་ཡིག་ཚངས་ཀྱི་ངོ་སྤྲོད་མཛུབ་མོས་རི་སྟོན།

སྐ་བ་ཤེས་རབ་བཟང་པོ། 《བོད་ལྗོངས་སློབ་གྲྭ་ཆེན་མོའི་རིག་དེབ》2018ལོའི་དེབ་དང་པོ།

བོད་ལྗོངས་གསར་འགྱུར་བརྒྱུད་བསྒྲགས་ཞིབ་འཇུག་གི་ལོ་རྒྱུས་དང་། ད་ལྟའི་གནས་ཚུལ། འབྱུང་འགྱུར་བཅས་ཀྱི་སྐོར། ——དགེ་རྒན་ཆེ་མོ་བ་ཀློའུ་ཧྲེ་ཚང་ལ་བཅར་འདྲི་ཞུས་པའི་ཟིན་ཐོ།

བཅར་འདྲི་ཨུ་མཁན་ཀྲའུ་ཞའོ་ཡན། བོད་ཡིག་ལ་སྒྱུར་མཁན་ཁྲ་དོན། 《བོད་ལྗོངས་སློབ་གྲྭ་ཆེན་མོའི་རིག་དེབ》2018ལོའི་དེབ་དང་པོ།

དཔེ་དེབ་ཞུ་དག་སྐབས་མཉམ་འཛོག་བྱེད་དགོས་པ་འགའ་གླེང་བ།

འཇམ་དབྱངས་མཁའ་འགྲོ་ཚེ་རིང་། 《རྩེར་སྙེག》2018ལོའི་དེབ་གཉིས་པ།

བོད་ཡིག་རྩོམ་སྒྲིག་སྐོར་གྱི་ཤེས་བྱ་འགའ་རགས་ཙམ་གླེང་བ།

སྒྲོལ་མ་ཆོས་མཚོ། 《མི་རིགས》2018ལོའི་དེབ་གསུམ་པ།

དཔེ་མཛོད་ཁང་དུ་སྤྱི་པའི་རིག་གནས་ཞབས་ཞུ་གསར་སྤེལ་བེད་སྤྱོད་བྱེད་ཐབས་སྐོར་རགས་ཙམ་གླེང་བ།

རྣམ་རྒྱལ་སྒྲོལ་མ། 《བོད་ལྗོངས་སྒྱུ་རྩལ་ཞིབ་འཇུག》2018ལོའི་དེབ་དང་པོ།

བོད་ཡིག་དཔེ་དེབ་རྩོམ་སྒྲིག་དང་དཔེ་སྐྲུན་ལས་རིམ་རགས་གླེང་།

དཔལ་འཛོམས། 《བོད་ལྗོངས་སློབ་གྲྭ་ཆེན་མོའི་རིག་དེབ》2018ལོའི་དེབ་བཞི་པ།

མི་རིགས་ས་ཁུལ་གྱི་སློབ་སྦྱོང་ལ་སྤྲོ་བའི་གསར་འགྱུར་རྩོམ་སྒྲིག་པའི་དཔུང་སྡེ་སྐྱེད་སྲིང་བྱེད་པའི་སྐོར་གྱི་བསམ་གཞིག

ཚེ་རིང་རྡོ་རྗེ། 《རྩེར་སྙེག》2018ལོའི་དེབ་བཞི་པ།

མི་རིགས་ས་ཁུལ་གྱི་གསར་འགྱུར་བྱ་བའི་ཁྲིད་སྟོན་རང་བཞིན་སྐོར་རགས་ཙམ་གླེང་བ།

ཚེ་རིང་བཀྲ་ཤིས། 《རྩེར་སྙེག》2018ལོའི་དེབ་བཞི་པ།

སྨྱན་བྱེད་གསར་བའི་ཁོར་ཡུག་འོག་མི་རིགས་ས་ཁུལ་གྱི་གསར་འགྱུར་བརྒྱུད་བསྒྲགས་ཀྱི་གནས་བབ་དང་ཐབས་ཇུས།

རྒྱན་ཡུན་ཞང་གིས་བརྩམས། ལས་རབ་ཀྱིས་བསྒྱུར། 《རྩེར་སྙེག》2018ལོའི་དེབ་བཞི་པ།

རྩོམ་སྒྲིག་ལས་ཀའི་ཁྲོད་དུ་གཟབ་ནན་བྱེད་དགོས་པའི་ཡུལ་སྲོལ་དང་ཆོས་ལུགས་ཀྱི་གནད་

དོན་འགའ།

སྒྲོལ་མ་ཆོས་མཚོ། 《ཟླ་ཟེར》2018ལོའི་དེབ་བཞི་པ།

བོད་ཡིག་གནའ་དཔེའི་རྒྱ་རིམ་པ་བདུན་ལས་ཚིག་རྐང་མི་འགྲུག་པ་ཤད་ཀྱི་རྒྱ་ཞེས་པའི་སྐོར་ཅུང་ཟད་གླེང་བ།

ཟླ་བ་དུ་ཁྲིད། 《གངས་ལྗོངས་རིག་གནས》2018ལོའི་དེབ་གསུམ་པ།

སློབ་གསོ།

མཚོ་སྔོན་ཡུལ་ཤུལ་བོད་རིགས་རང་སྐྱོང་ཁུལ་གྱི་བོད་སྐད་ཡིག་གི་སློབ་གསོར་བརྟག་དཔྱད་བགྱིས་པའི་གནས་ཚུལ།

ཀུང་སྲོང་། 《བོད་ལྗོངས་ཞིབ་འཇུག》2018ལོའི་དེབ་དང་པོ།

མི་རིགས་སློབ་ཆེན་གྱི་བོད་རྒྱ་སྐད་གཉིས་སློབ་གསོ་དང་ཆེད་ལས་གསར་འཛུགས་ལས་འཕྲོས་པའི་གཏམ། ——ཀན་སུའུ་མི་རིགས་དགེ་འོས་སློབ་ཆེན་ལ་དཔེར་བྱས་ནས་བརྗོད་པ།

གཙང་བ་རབ་རྒྱས་པ་སངས། 《ཀྲུང་དབྱང་མི་རིགས་སློབ་གྲྭ་ཆེན་མོའི་རིག་གཞུང་དུས་དེབ》2018ལོའི་དེབ་གཉིས་པ།

མཐོ་རིམ་སྒྱུ་རྩལ་སློབ་གྲྭ་དང་སློབ་གླིང་གི་བལྟ་ལེན་ཉན་སྦྱོང་སློབ་ཚན་བཀོད་སྒྲིག་ཁྲོད་ཀྱི་གནད་དོན་འགའ་ཞིག་སྐོར་གླེང་བ།

སྲིན་པ་ཟླ་བ། 《བོད་ལྗོངས་སྒྱུ་རྩལ་ཞིབ་འཇུག》2018ལོའི་དེབ་དང་པོ།

འབྲོག་ཁུལ་དགེ་རྒན་གནས་བརྗེ་ཉམས་སྤེལ་ཐད་ཀྱི་གནད་དོན་དང་ཐབས་ཇུས་ཞིབ་འཇུག ——དཔལ་མགོན་རྫོང་གི་སློབ་ཆུང་ཁག་གཞིར་བཟུང་ནས་ཞིབ་འཇུག་བྱས།

སངས་རྒྱས་རྒྱལ་སོགས། 《གངས་ལྗོངས་རིག་གནས》2018ལོའི་དེབ་གཉིས་པ།

སློབ་འཁྲིད་སློབ་མར་སློབ་གསོ་གཏོང་ཐབས་སྐོར་གྱི་ལྟ་ཚུལ་རགས་ཙམ་གླེང་བ།

དོན་ཧྲེ། 《བོད་ལྗོངས་སློབ་གསོ》2018ལོའི་དེབ་དང་པོ།

རང་ལྗོངས་ཀྱི་མཐོ་རིམ་སློབ་གྲྭའི་ཆབ་སྲིད་མཛུབ་སྟོན་པར་ལྡན་དགོས་པའི་རྨང་གཞིའི་ནུས་རྩལ་སྐོར་གླེང་བ།

འཆི་མེད། 《བོད་ལྗོངས་སློབ་གསོ》2018ལོའི་དེབ་དང་པོ།

རྒྱུ་འབྲས་ཀྱི་རྣམ་གཞག་ལ་བརྟེན་ནས་སློབ་མར་ཀུན་སྤྱོད་སློབ་གསོ་ཇི་ལྟར་གཏོང་ཐབས་སྐོར།

ཕུར་བུ་བཀྲ་ཤིས། 《བོད་ལྗོངས་སློབ་གསོ》2018ལོའི་དེབ་དང་པོ།

འཛིན་གྲྭའི་ཀྲུའུ་རེན་གྱི་ལས་དོན་ཁྲོད་སྣང་ཆུང་བྱ་མི་རུང་བའི་གནད་དོན་འགའ་གླེང་བ།

པ་སངས་སྐྱིད་ལགས། 《བོད་ལྗོངས་སློབ་གསོ》2018ལོའི་དེབ་དང་པོ།

འཛིན་གྲྭའི་ཀྲུའུ་རེན་གྱིས་ངེས་པར་ཡིད་གཟབ་བྱ་དགོས་པའི་གནད་དོན་བཞི་གླེང་བ།

བསོད་ནམས་དོན་གྲུབ། 《བོད་ལྗོངས་སློབ་གསོ》2018ལོའི་དེབ་དང་པོ།

སློབ་གྲྭ་འབྲིང་ཆུང་གི་དགེ་བའི་བཤེས་གཉེན་གྱི་ལས་རིགས་ཀུན་སྤྱོད་སྐོར་ཟུར་ཙམ་གླེང་བ།

བསྟན་འཛིན་ཆོས་ཉིད། 《བོད་ལྗོངས་སློབ་གསོ》2018ལོའི་དེབ་གཉིས་པ།

ཀུན་སྤྱོད་སློབ་གསོས་སློབ་འབྲིང་སློབ་མར་ཐེབས་པའི་ཤུགས་རྐྱེན་སྐོར་རགས་ཙམ་གླེང་བ།

ཚེ་བརྟན་དངོས་གྲུབ། 《བོད་ལྗོངས་སློབ་གསོ》2018ལོའི་དེབ་གཉིས་པ།

དུས་རབས་བཅུ་གཅིག་པའི་བོད་ཀྱི་ཁྲིམ་ཚང་སློབ་གསོའི་ཁྱད་ཆོས་དང་དོན་སྙིང་ལ་རགས་ཙམ་དཔྱད་པ།

གཙོད་པ་འཚོ། 《བོད་ལྗོངས་སློབ་གསོ》2018ལོའི་དེབ་གཉིས་པ།

གཞི་རིམ་སློབ་གྲྭའི་དོ་དམ་ཚད་ལྡན་ཅན་དུ་བསྒྱུར་ཏེ་སློབ་གསོའི་སྤུས་ཚད་མཐོར་འདེགས་གཏོང་རྒྱུའི་སྐོར་ཕྲན་ཙམ་གླེང་བ།

སྐལ་བཟང་དབྱངས་ཅན། 《བོད་ལྗོངས་སློབ་གསོ》2018ལོའི་དེབ་གཉིས་པ།

སློབ་གྲྭ་འབྲིང་ཆུང་གི་སློབ་མས་ལག་ཐོགས་ཁ་པར་སྤྱོད་པའི་ཕན་གནོད་སྐོར་རགས་ཙམ་གླེང་བ།

ཀླུ་བ་ཚེ་རིང་། 《བོད་ལྗོངས་སློབ་གསོ》2018ལོའི་དེབ་གཉིས་པ།

བྱིས་པའི་དུས་ཀྱི་སློབ་གསོའི་གལ་ཆེན་རང་བཞིན་སྐོར་གླེང་བ།

སྙིང་དཔལ་རྒྱལ། 《བོད་ལྗོངས་སློབ་གསོ》2018ལོའི་དེབ་གསུམ་པ།

འཛིན་གྲྭའི་དོ་དམ་ལས་ཀའི་ཁྲིད་གཙོ་གནད་དམ་འཛིན་བྱེད་དགོས་པ་གསུམ་གླེང་བ།

ཀརྨ་ཀླུ་བ། 《བོད་ལྗོངས་སློབ་གསོ》2018ལོའི་དེབ་གསུམ་པ།

ཁྲིམ་ཚང་སློབ་གསོ་དང་འབྲེལ་ཏེ་བྱིས་པའི་ཀུན་སྤྱོད་སྐོར་རགས་ཙམ་གླེང་བ།

སྒྲོལ་མ་རྒྱལ། 《བོད་ལྗོངས་སློབ་གསོ》2018ལོའི་དེབ་བཞི་པ།

སློབ་ཆུང་སློབ་མའི་ལུས་སེམས་གཉིས་ལ་རྒྱུས་ལོན་བྱེད་ཐབས་མདོར་ཙམ་གླེང་བ།

ཚེ་རིང་སྐྱིད། 《བོད་ལྗོངས་སློབ་གསོ》2018ལོའི་དེབ་བཞི་པ།

འགྲུལ་རིས་སྒློག་བརྙན་གྱིས་ལོ་ཆུང་བྱིས་པར་ཐེབས་པའི་གནོད་འཚེའི་སྐོར་ཅུང་ཙམ་གླེང་བ།

ཐུན་ཚོགས་རྣམ་རྒྱལ། 《བོད་ལྗོངས་སློབ་གསོ》2018ལོའི་དེབ་བཞི་པ།

རང་ལྗོངས་ཀྱི་མཐོ་རིམ་སློབ་གསོ་འཕེལ་རྒྱས་གཏོང་ཕྱོགས་ཐད་ཀྱི་བསམ་གཞིག

བདེ་ལེགས། བསོད་བསྟན། 《བོད་ལྗོངས་སློབ་གསོ》2018ལོའི་དེབ་བཞི་པ།

བོད་ཁུལ་གྱི་སྐད་གཉིས་འཕེལ་རྒྱས་ཀྱི་སྣ་མང་རང་བཞིན་དང་རྟོག་འཛིན་རང་བཞིན་གླེང་བ།
——སྐད་གཉིས་མི་སྣ་ཟླ་བ་དང་ལྷ་མཚོ་གཉིས་ཀྱི་དཔེ་མཚོན་དབྱེ་ཞིབ།

ཡེ་ཤེས་ལྷ་མོ་མཚོ། 《བོད་ཀྱི་སློབ་གསོ》2018ལོའི་དེབ་དང་པོ།

ལོ་ཙཱ་དང་སྐད་གཉིས་སློབ་གསོའི་ཐད་ཀྱི་དྲན་ཚུལ་ཐོར་བུ།
ལྷུན་རིན་ཆེན། 《བོད་ཀྱི་སློབ་གསོ》2018ལོའི་དེབ་དང་པོ།

མཚོ་སྔོ་ཁུལ་མི་རིགས་སློབ་འབྲིང་དང་པོ་མཚམས་སྦྱོར་མདོར་བསྡུས།
《བོད་ཀྱི་སློབ་གསོ》2018ལོའི་དེབ་གཉིས་པ།

དུས་རབས་གསར་པའི་བོད་ཀྱི་སློབ་གསོའི་གནས་བབ་ལ་དཔྱད་ཞིབ་དང་བསམ་གཞིག་མདོ་ཙམ་བྱེད་པ། དཔལ་ལྡན་ཉི་མ། འདབ་པ་བློ་བཟང་ཆོས་འཕེལ། 《བོད་ཀྱི་སློབ་གསོ》
2018ལོའི་དེབ་གཉིས་པ།

ཀྲུང་གོའི་བོད་རིག་པའི་ཞིབ་འཇུག་མི་སྣ་གསོ་སྐྱོང་སྐོར་རགས་ཙམ་གླེང་བ།
ཤེས་རབ་ཉི་མ། ཚེ་རིང་དབང་མོ། 《བོད་ཀྱི་སློབ་གསོ》2018ལོའི་དེབ་གཉིས་པ།

གཙན་ཚ་རྫོང་མི་རིགས་སློབ་འབྲིང་དང་པོ་མཚམས་སྦྱོར་མདོར་བསྡུས།
《བོད་ཀྱི་སློབ་གསོ》2018ལོའི་དེབ་གསུམ་པ།

རྗེ་ཙོང་ཁ་པ་ཆེན་པོས་བསྟན་པའི་སློབ་མའི་མཚན་ཉིད་དང་དེང་རབས་སློབ་གསོ།
ཕྲུམ་ལོ། 《བོད་ཀྱི་སློབ་གསོ》2018ལོའི་དེབ་གསུམ་པ།

ཞབས་བྲོ་སློབ་གསོ་དང་བྱང་ཚད་སློབ་གསོའི་བར་གྱི་འབྲེལ་བ་རགས་ཙམ་གླེང་བ།
རྡོ་རྗེ་མཚོ། 《བོད་ཀྱི་སློབ་གསོ》2018ལོའི་དེབ་གསུམ་པ།

ཨེན་དབྱིན་སི་ཐེན་གྱི་སློབ་གསོའི་ལྟ་བ་ལས་འཕྲོས་ཏེ་དེང་རབས་བོད་ཀྱི་སློབ་གསོ་སྐོར་གླེང་བ།
ཆ་རིས་ཚེ་ཁོ། 《རྩེར་སྙེག》2018ལོའི་དེབ་དང་པོ།

《བོད་ལྗོངས་ཀྱི་སློབ་གསོ་དམིགས་བསལ་གྱིས་སྦྱོན་ལ་སྤེལ་བ་སྐོར་གྱི་ཞིབ་འཇུག》ཅེས་པར་དཔྱད་པ།
ཀྲང་ཁྲེང་ཁྲེང་དང་ཀྲོའུ་ཧྭན་ཉན་གྱིས་བརྩམས། ཚྭང་ལྷས་བསྒྱུར། 《རྩེར་སྙེག》
2018ལོའི་དེབ་དང་པོ།

སློབ་ཆེན་སློབ་མར་རྩོམ་རིག་བརྩམས་ཆོས་ཁྲིད་ཐབས་ཐད་ཀྱི་བསམ་ཚུལ།
ར་ས་བསྟན་འཛིན་ཆོས་གྲགས། 《བོད་ལྗོངས་སློབ་གསོ》2018ལོའི་དེབ་དང་པོ།

སྒྱུན་སྦྱོར་གསར་པའི་དུས་རབས་འོག་བོད་སྐད་སྟན་སྒྲོན་དང་ལེ་ཚན་གཙོ་སྐྱོང་ཆེད་ལས་ཀྱི་སློབ་གསོ་སློབ་ཁྲིད་སྐོར་ཙུང་གླེང་བ།
ཚེ་སྒྲོན། 《བོད་ལྗོངས་སློབ་གསོ》2018ལོའི་དེབ་དང་པོ།

མཐོ་འབྲིང་དུ་སློབ་ཁྲིད་བྱེད་ཐབས་སྣ་ཚོགས་ལ་དོ་སྣང་བྱ་དགོས་པའི་སྐོར་གླེང་བ།
བཀྲ་ཤིས་རྡོ་རྗེ། 《བོད་ལྗོངས་སློབ་གསོ》2018ལོའི་དེབ་དང་པོ།

སློབ་ཆུང་ལོ་རིམ་དང་པོའི་སློབ་མར་བོད་ཡིག་འབྲི་ཤྲིག་སློབ་ཁྲིད་ཇི་ལྟར་བྱེད་ཐབས་སྐོར་གླེང་བ།

བསོད་ནམས་རྒྱ་མཚོ། 《བོད་ལྗོངས་སློབ་གསོ》2018ལོའི་དེབ་དང་པོ།

《དཔལ་མིའི་དབང་པོའི་རྟོགས་པ་བརྗོད་པ》ཞེས་པའི་སློབ་ཚན་གྱི་བྲུར་ལྟའི་དཔྱད་གཞི་ངོ་སྤྲོད།

ཚེ་དབང་དོན་གྲུབ། 《བོད་ལྗོངས་སློབ་གསོ》2018ལོའི་དེབ་དང་པོ།

དམའ་འབྲིང་སློབ་མའི་རྩོམ་འབྲིའི་ཉུས་པ་མཐོར་འདེགས་སྐོར་ཙུང་ཟད་གླེང་བ།

པ་སངས། 《བོད་ལྗོངས་སློབ་གསོ》2018ལོའི་དེབ་དང་པོ།

ཚིགས་བཅད་ཤྲིག་འགྲེལ་ཇི་ལྟར་བྱེད་ཐབས་སྐོར་ཙུང་ཟད་གླེང་བ།

ལྷ་མོ་དོན་གྲུབ། 《བོད་ལྗོངས་སློབ་གསོ》2018ལོའི་དེབ་གཉིས་པ།

སྐད་ཡིག་སློབ་དཔྱོད་བྱེད་སྒོ་སྤེལ་བའི་གལ་ཆེའི་རང་བཞིན་སྐོར་རགས་ཙམ་གླེང་བ།

ཟླ་བ་སྒྲོལ་མ། 《བོད་ལྗོངས་སློབ་གསོ》2018ལོའི་དེབ་གཉིས་པ།

《རི་མགོ་མཐོན་པོའི་ཉི་མ》ཞེས་པའི་སློབ་ཚན་གྱི་མཚན་བྱང་འདེམས་ཚུལ་དང་སྒྱུ་རྩལ་མཚོན་ཐབས་སྐོར་གྱི་བསམ་གཞིག་ཕྲན་བུ།

ཚེ་བརྟན། 《བོད་ལྗོངས་སློབ་གསོ》2018ལོའི་དེབ་གཉིས་པ།

མཐོ་འབྲིང་བོད་སྐད་ཡིག་སློབ་ཁྲིད་ཁྲོད་དུ་ཐོག་ཐོན་ཁྲུངས་ཀྱི་དགོས་གལ་དང་དེ་ཇི་ལྟར་སྤོག་སྤེལ་བྱེད་ཐབས་སྐོར་གྱི་བསམ་གཞིག

ཐར་བྱ། 《བོད་ལྗོངས་སློབ་གསོ》2018ལོའི་དེབ་གཉིས་པ།

《སློབ་མ་སྟོད་ཊུང་དུ་བྱ་བའི་གདམས་ངག》ཅེས་པའི་ཁྲིད་ཟིན་ངོ་སྤྲོད། དགྲ་འདུལ་དངོས་གྲུབ།

འཆི་མེད་གསལ་སྒྲོན། 《བོད་ལྗོངས་སློབ་གསོ》2018ལོའི་དེབ་གཉིས་པ།

སློབ་ཆུང་བོད་ཡིག་བསླབ་གཞིའི་འགྱུར་རྩོམ་སྐོར་གྱི་གནད་དོན་དང་བསམ་གཞིག

བཀྲ་ཤིས་ཆུང་བ། 《བོད་ལྗོངས་སློབ་གསོ》2018ལོའི་དེབ་གཉིས་པ།

སློབ་ཆེན་གྱི་བོད་སྐད་ཡིག་རྩོམ་རིག་ཆེད་ལས་སློབ་མར་སྐད་བརྡ་རིག་པ་སློབ་ཁྲིད་བྱེད་ཐབས་ཀྱི་གནད་འགག་གླེང་བ།

ཐར་བྱ་ཡན་ཐོགས། 《བོད་ལྗོངས་སློབ་གསོ》2018ལོའི་དེབ་གསུམ་པ།

ནང་སའི་བོད་ལྗོངས་སློབ་གྲྭའི་མཐོ་འབྲིང་སློབ་མའི་བོད་སྐད་ཡིག་གི་ཆུ་ཚད་གོང་མཐོར་གཏོང་ཐབས་སྐོར་གླེང་བ།

བྱ་ཆུང་། 《བོད་ལྗོངས་སློབ་གསོ》2018ལོའི་དེབ་གསུམ་པ།

མཐོ་འབྲིང་སྐད་ཡིག་སློབ་ཁྲིད་ཁྲོད་རགས་ཤྲིག་སློབ་ཚན་ཁྲིད་ཐབས་སྐོར་མདོ་ཙམ་གླེང་བ།

བསོད་ནམས་ཆོས་འཕེལ། 《བོད་ལྗོངས་སློབ་གསོ》2018ལོའི་དེབ་གསུམ་པ།

མིག་སྔར་ཞིང་འབྲོག་ཁུལ་གྱི་སློབ་འབྲིང་རྗེས་འགྱུར་ཚོད་ལྟའི་སློབ་ཁྲིད་ཀྱི་གནས་བབས་དང་དེའི་

བསམ་གཞིག

ཀུན་དགའ། 《**བོད་ལྗོངས་སློབ་གསོ**》2018**ལོའི་དེབ་གསུམ་པ།**
དམའ་འབྲིང་བོད་སྐད་ཡིག་སློབ་ཁྲིད་བྱེད་ཐབས་སྐོར་རགས་ཙམ་གླེང་བ།

བྲག་རྐང་བརྩེགས། 《**བོད་ལྗོངས་སློབ་གསོ**》2018**ལོའི་དེབ་གསུམ་པ།**
སློབ་གསོའི་ལག་ལེན་ཁྲིད་དགེ་རྒན་གྱི་སྐད་ཆའི་སྒྱུ་རྩལ་ལས་ཐོན་པའི་ནུས་པའི་སྐོར་གྱི་བསམ་གཞིག

བསྟན་འཛིན་བཀྲ་ཤིས། 《**བོད་ལྗོངས་སློབ་གསོ**》2018**ལོའི་དེབ་གསུམ་པ།**
སློབ་ཆུང་སློབ་མའི་ཡིག་གཟུགས་འབྲི་སྦྱོང་དེ་ལོ་རིམ་བཞིན་འགྱུར་ལྡོག་གཏོང་དགོས་ལུགས་སྐོར་གྱི་བསམ་གཞིག

བཀྲ་ཤིས་དོན་གྲུབ། ཚེ་བརྟན་གཡུ་སྒྲོལ། 《**བོད་ལྗོངས་སློབ་གསོ**》2018**ལོའི་དེབ་གསུམ་པ།**
སློབ་འབྲིང་སློབ་མའི་ཤེས་བྱ་སྦྱོང་སེམས་སྐྱེད་སྲིང་ཇི་ལྟར་བྱེད་ཐབས་ཀྱི་མྱོང་བ་ཐུན་བུ་གླེང་བ།

ཚེ་རིང་ལྷ་མོ། 《**བོད་ལྗོངས་སློབ་གསོ**》2018**ལོའི་དེབ་གསུམ་པ།**
དཔལ་དོན་གྲུབ་རྒྱལ་གྱི་ལྷུག་རྩོམ་གྱི་འཐུས་ཚབ་བརྩམས་ཆོས《ཁང་ལམ་ཕྲ་མོ》ཞེས་པའི་སློབ་ཚན་ལ་བསྐྱར་དུ་དཔྱད་པ།

སྒྲོལ་ནག་པ་རིག་འཛིན་གྲགས་ལྡན། 《**བོད་ལྗོངས་སློབ་གསོ**》2018**ལོའི་དེབ་གསུམ་པ།**
དམའ་འབྲིང་སློབ་དེབ་ལས་བདག་སྒྲ་དང་འབྲེལ་བའི་དོགས་གནད་འགའ་ཞིབ་ཏུ་གླེང་བ།

རྒྱ་བཟང་རྡོ་རྗེ་རིན་ཆེན། 《**བོད་ལྗོངས་སློབ་གསོ**》2018**ལོའི་དེབ་གསུམ་པ།**
བསླབ་གཞིའི་ནང་གི་འཕོད་སྒྲའི་འཇུག་ཚུལ་སྐོར་རང་གི་ལྟ་ཚུལ་འགའ་ཞིག་གླེང་བ།

སྤེན་པ་ཚེ་རིང་། 《**བོད་ལྗོངས་སློབ་གསོ**》2018**ལོའི་དེབ་གསུམ་པ།**
མཐོ་འབྲིང་སློབ་ཐོན་སློབ་མའི་མཐའ་མཇུག་གི་སློབ་ཁྲིད་ལས་ཀ་དམ་འཛིན་བྱེད་ཐབས་སྐོར་གླེང་བ།

བསྟན་འཛིན་ཚེ་རིང་། 《**བོད་ལྗོངས་སློབ་གསོ**》2018**ལོའི་དེབ་བཞི་པ།**
སློབ་གྲྭ་ཆུང་འབྲིང་གི་སློབ་མར་བོད་ཡིག་ཡིག་གཟུགས་སློབ་ཁྲིད་ཚགས་ཚུད་ཡོང་ཐབས་སྐོར་གླེང་བ།

ཉི་མ་རྒྱ་མཚོ། 《**བོད་ལྗོངས་སློབ་གསོ**》2018**ལོའི་དེབ་བཞི་པ།**
སློབ་ཆུང་སློབ་མའི་དབྱིན་ཡིག་ཁྲིད་ཐབས་སྐོར་རོབ་ཙམ་གླེང་བ།

གཡོན་ཏུ་འབྲུག་མོ་རྒྱལ། 《**བོད་ལྗོངས་སློབ་གསོ**》2018**ལོའི་དེབ་བཞི་པ།**
སློབ་ཚན་ཁྲིད་ཐབས་བསྒྱུར་བཅོས་བྱེད་དགོས་པའི་སྐོར་གྱི་ལྟ་ཚུལ་རེ་གཉིས།

བསོད་ནམས་དར་རྒྱས། 《**བོད་ལྗོངས་སློབ་གསོ**》2018**ལོའི་དེབ་བཞི་པ།**

《རྟོར་གླིང་གཡུལ་འགྱེད》སློབ་ཁྲིད་བྱས་པའི་མྱོང་བ་ཙུང་ཙམ་གླེང་བ།

ཉི་མ་ཚེ་རིང་། 《བོད་ལྗོངས་སློབ་གསོ》2018ལོའི་དེབ་བཞི་པ།

སློབ་འབྲིང་སློབ་མར《མི་ཆོས་གནད་ཀྱི་ཕྲེང་བ》ཇི་ལྟར་རོལ་སྦྱོང་བྱ་དགོས་ལུགས་སྐོར་ཙུང་ཟད་གླེང་བ།

བསྟན་འཛིན། 《བོད་ལྗོངས་སློབ་གསོ》2018ལོའི་དེབ་བཞི་པ།

དཔེ་ཁྲིད་ཀྱི་སྦྱོར་བཤད་དཔྱད་གསུམ་གླེང་བ།

སྟོབས་ལྡན། 《བོད་ཀྱི་སློབ་གསོ》2018ལོའི་དེབ་དང་པོ།

 རྨང་གཞི་སློབ་གསོའི་སྐབས་ཀྱི་སྐད་ཡིག་བསླབ་ཚན་གྱི་འཁྲིད་བཤད་ལ་དཔྱད་པ།

བཙུན་པ་ཚེ་རིང་། 《བོད་ཀྱི་སློབ་གསོ》2018ལོའི་དེབ་དང་པོ།

འཁྲིད་གཞིའི་རྣམ་གཞག་བཤད་པ། རྡོ་རྒྱ་བསོད་ནམས་ཚེ་རིང་།

གཙན་ལུང་བསོད་ནམས་རྒྱ་མཚོ། 《བོད་ཀྱི་སློབ་གསོ》2018ལོའི་དེབ་དང་པོ།

ཐབས་གཅིག་དང་གཉིས་ཅན་གྱི་འཆད་ཐབས་ལ་དཔྱད་པ།

སྟོབས་ལྡན། 《བོད་ཀྱི་སློབ་གསོ》2018ལོའི་དེབ་གཉིས་པ།

བོད་ཁུལ་གྱི་སྐད་གཉིས་སློབ་གསོའི་གནས་བབ་སྐོར་གྱི་བསམ་གཞིག་ཐོར་བུ།

དཔལ་ཆེན་རྡོ་རྗེ། 《བོད་ཀྱི་སློབ་གསོ》2018ལོའི་དེབ་གཉིས་པ།

བོད་ཀྱི་སྲོལ་རྒྱུན་སློབ་གསོ་བྱུང་འཕེལ་ལས་དགེ་ལུགས་པའི་བསྟན་པ་སོག་ཡུལ་དུ་དར་སྤེལ་བཏང་བའི་ལོ་རྒྱུས་གནས་བབ་སྐོར་རགས་ཙམ་གླེང་བ།

རིན་ཆེན་ནོར་བུ། 《བོད་ཀྱི་སློབ་གསོ》2018ལོའི་དེབ་གཉིས་པ།

ཐབས་གསུམ་ཅན་གྱི་འཆད་ཐབས་ལ་དཔྱད་པ།

སྟོབས་ལྡན། 《བོད་ཀྱི་སློབ་གསོ》2018ལོའི་དེབ་གསུམ་པ།

ཐེ་བོ་རྫོང་གི་བོད་ཀྱི་སྐད་ཡིག་སློབ་ཁྲིད་ཁྲོད་ཀྱི་གནད་དོན་དང་དེ་ཐག་གཅོད་ཀྱི་ཐབས་ལམ།

ཨ་བསྟན། 《བོད་ཀྱི་སློབ་གསོ》2018ལོའི་དེབ་གསུམ་པ།

ཚད་མཁས་པས་སྤྱོངས་ཞིང་ལྷའི་མཉམ་བསྒྲིགས་སློབ་གཞི་མཐོ་འབྲིང་དེབ་ལས་བྱུང་བའི་ཡིག་རྙིང་གི་སྐོར་འགྲེལ་བ།

སྟོབས་རྒྱས་ཀྱིས་བསྒྲིགས། 《བོད་ཀྱི་སློབ་གསོ》2018ལོའི་དེབ་གསུམ་པ།

བཙན་པོའི་རྒྱལ་རབས་དུས་ཀྱི་ཕྱི་འགྲེམ་སློབ་གསོའི་ལམ་ལུགས་སྐོར་ལ་རགས་ཙམ་དཔྱད་པ།

བླ་མ་ཚེ་བརྟན། 《མཚོ་སྔོན་མི་རིགས་སློབ་ཆེན་རིག་དེབ》2018ལོའི་དེབ་གསུམ་པ།

སློབ་ཆུང་བོད་སྐད་ཡིག་སློབ་ཁྲིད་ཁྲོད་མིང་ཚིག་གསར་པ་སློབ་ཐབས་ཀྱི་བསམ་གཞིག

འགྱུར་མེད་ཆོས་འཕེལ། 《བོད་ལྗོངས་སློབ་གསོ》2018ལོའི་དེབ་ལྔ་པ།

སློབ་ཆུང་སློབ་མའི་རྩོམ་ཡིག་གྲེར་འདོན་གྱི་ནུས་པ་གསོ་སྐྱོང་བྱེད་ཐབས་སྐོར་གླེང་བ།

དབྱངས་སྒྲོན། 《བོད་ལྗོངས་སློབ་གསོ》2018ལོའི་དེབ་ལྔ་པ།

སློབ་མའི་བོད་སྐད་ཡིག་སྦྱོང་འདོད་ཀྱི་དགའ་མོས་གསོ་སྐྱོང་བྱེད་ཐབས་སྐོར་གྱི་བསམ་ཚུལ།

བློ་བཟང་ཚེ་རིང་། 《བོད་ལྗོངས་སློབ་གསོ》2018ལོའི་དེབ་ལྔ་པ།

སློབ་འབྲིང་སློབ་མར་བོད་སྐད་ཡིག་སློབ་ཁྲིད་བྱེད་ཐབས་སྐོར་རགས་ཙམ་གླེང་བ།

བསོད་ནམས་དོན་གྲུབ། 《བོད་ལྗོངས་སློབ་གསོ》2018ལོའི་དེབ་ལྔ་པ།

རྒྱ་བོད་ལོ་ཙཱའི་སློབ་ཁྲིད་ཁྲིད་གཞུང་ལུགས་དང་ལག་ལེན་ཟུང་འབྲེལ་གྱིས་ཁྲིད་ཐབས་སྐོར་རགས་ཙམ་གླེང་བ།

ཚེ་བརྟན་རྡོ་རྗེ། 《བོད་ལྗོངས་སློབ་གསོ》2018ལོའི་དེབ་ལྔ་པ།

སློབ་མའི་འཆད་རྩལ་གྱི་ནུས་པ་གསོ་སྐྱོང་བྱེད་དགོས་པའི་སྐོར་གྱི་བསམ་གཞིག་ཐོར་བུ།

ཟླ་དགོས། 《བོད་ལྗོངས་སློབ་གསོ》2018ལོའི་དེབ་ལྔ་པ།

སློབ་འབྲིང་སློབ་མས་རྩོམ་ལ་འཇུག་པའི་ཐོག་མའི་ཆ་རྐྱེན་འགའ་གླེང་བ།

མགར་གཞུང་རིག་འཛིན་སྒྲུབས། 《བོད་ལྗོངས་སློབ་གསོ》2018ལོའི་དེབ་ལྔ་པ།

《ཧ》ཞེས་པའི་སློབ་ཚན་བཀྲོལ་གློག་སྐོར་རགས་ཙམ་གླེང་བ།

སངས་རྒྱས་བཀྲ་ཤིས། 《བོད་ལྗོངས་སློབ་གསོ》2018ལོའི་དེབ་ལྔ་པ།

《མི་ཆོས་གནད་ཀྱི་ཕྲེང་བའི》སློབ་གསོའི་བསྟན་དོན་དང་རིན་ཐང་སྐོར་ཅུང་ཟད་བརྗོད་པ།

བཀྲ་ཤིས། 《བོད་ལྗོངས་སློབ་གསོ》2018ལོའི་དེབ་ལྔ་པ།

དགེ་རྒན་གྱི་བྱང་ཚད་གོང་མཐོར་གཏོང་ཐབས་སྐོར་གྱི་སྦྱོང་བ་ཕྲན་བུ།

དོན་རྡོར། 《བོད་ལྗོངས་སློབ་གསོ》2018ལོའི་དེབ་ལྔ་པ།

བོད་ལྗོངས་ཉེན་རྟོགས་ལས་རིགས་སློབ་གསོའི་འཕེལ་ཕྱོགས་ཐད་ཀྱི་བསམ་གཞིག་ཕྲན་བུ།

ཉི་མ། 《བོད་ལྗོངས་སློབ་གསོ》2018ལོའི་དེབ་ལྔ་པ།

ལས་རིགས་ལག་རྩལ་སློབ་གྲྭའི་སློབ་མར་ལས་རིགས་ཀུན་སྤྱོད་སློབ་གསོ་ཇི་ལྟར་གཏོང་ཐབས་སྐོར་གྱི་བསམ་ཚུལ་འགའ།

བསོད་ནམས་ནོར་བུ། 《བོད་ལྗོངས་སློབ་གསོ》2018ལོའི་དེབ་ལྔ་པ།

ཞིང་འབྲོག་ཁུལ་གྱི་དམའ་འབྲིང་སློབ་མར་དོ་དམ་བྱེད་ཐབས་ཁག་བཞི་གླེང་བ།

སྐལ་བཟང་རིག་འཛིན། 《བོད་ལྗོངས་སློབ་གསོ》2018ལོའི་དེབ་ལྔ་པ།

སློབ་མར་དངོས་པོའི་སྐུལ་ལྕུག་བྱེད་ཕྱོགས་ཐད་སྟངས་འཛིན་ནན་པོ་བྱེད་དགོས་པའི་སྐོར་རོབ་ཙམ་གླེང་བ།

ཚེ་རིང་ལྷ་མོ། 《བོད་ལྗོངས་སློབ་གསོ》2018ལོའི་དེབ་ལྔ་པ།

སློབ་འབྲིང་སློབ་མའི་སློབ་ཕྲིའི་སྐད་ཡིག་ལྟ་ཀློག་ནུས་པ་སྐྱེད་སྲིང་བྱེད་ཐབས་སྐོར་གྱི་བསམ་གཞིག

ཚེ་བརྟན་གཡང་སྐྱིད། 《བོད་ལྗོངས་སློབ་གསོ》2018ལོའི་དེབ་དྲུག་པ།

ཇི་ལྟར་བྱས་ཏེ་རྗེས་ལུས་སློབ་མའི་ཏུར་བརྩོན་རང་བཞིན་ཁྲིད་སྟོན་བྱ་ཐབས་སྐོར་ཅུང་ཟད་གླེང་བ།

སྐལ་བཟང་བག་ཕྲོ། 《བོད་ལྗོངས་སློབ་གསོ》2018ལོའི་དེབ་དྲུག་པ།

དུས་རབས་གསར་པའི་སློབ་གསོ་སློབ་ཁྲིད་ཁྲོད་དགེ་རྒན་ལ་ལྡན་དགོས་པའི་ཆ་རྐྱེན་འགའ་གླེང་བ།

བློ་བརྟན་མཆོག་སྒྲུབ། 《བོད་ལྗོངས་སློབ་གསོ》2018ལོའི་དེབ་དྲུག་པ།

སློབ་མའི་སློབ་སྦྱོང་གི་དཀའ་སྣང་ཇི་ལྟར་སྐྱེད་སྲིང་བྱེད་པའི་སྐོར་རགས་ཙམ་གླེང་བ།

དཔལ་བཟང་འབུམ་སོགས། 《བོད་ལྗོངས་སློབ་གསོ》2018ལོའི་དེབ་དྲུག་པ།

"བསྐྱོད་པ"བརྒྱུགས་པའི་འཆར་སྣང་ཞེས་པའི་སློབ་ཚན་ཁྲོད་ཀྱི་གནད་དོན་འགའི་ཐོག་མའི་དོགས་དཔྱོད།

སྤྱིལ་ནག་པ་རིག་འཛིན་གྲགས་ལྡན། 《བོད་ལྗོངས་སློབ་གསོ》2018ལོའི་དེབ་དྲུག་པ།

སྟག་ཚང་ལོ་ཙྪའི་མཛོད་པ་ལས་ཕྱི་རབས་སློབ་གཉེར་བས་བླང་བྱའི་དོན་གནད་འགའ་གླེང་བ།

ཚེ་རིང་བདེ་སྐྱིད། 《བོད་ལྗོངས་སློབ་གསོ》2018ལོའི་དེབ་དྲུག་པ།

གཞི་རིམ་དགེ་རྒན་གྱི་སློབ་གསོའི་ལྟ་བའི་ཁྲོད་གནས་པའི་གནད་དོན་ཕྲན་བུ་འགའ། ——མཚོ་སྔོན་བོད་ཁུལ་གྱི་གཞི་རིམ་དགེ་རྒན་ལ་འདྲི་ཤོག་བརྟག་དཔྱད་བྱས་པ་དཔེ་མཚོན་དུ་བཀོད་པ།

བདེ་སྐྱིད་འཚོ། 《བོད་ཀྱི་སློབ་གསོ》2018ལོའི་དེབ་བཞི་པ།

བོད་ཡིག་སྨྱུན་བྱེད་ཀྱི་ལོ་ཙྪའི་ཚུ་ཚད་མཐོར་འདེགས་བཏང་ནས་བོད་ཁུལ་གྱི་འཆམ་མཐུན་འཛུགས་སྐྲུན་ལ་ཞབས་འདེགས་ཞུ་དགོས།

རྡོར་བ་དཀོན་རྡོ། 《བོད་ཀྱི་སློབ་གསོ》2018ལོའི་དེབ་བཞི་པ།

ལས་རིགས་ལག་རྩལ་གྱི་དགོས་གལ་རང་བཞིན་སྐོར་གླེང་བ།

འཇམ་དབྱངས་མཚོ་མོ། 《བོད་ཀྱི་སློབ་གསོ》2018ལོའི་དེབ་བཞི་པ།

ཀུན་སྤྱོད་ནི་སློབ་གསོའི་གཞི་རྩ་ཡིན།

དཀར་མོ་མཚོ། 《བོད་ཀྱི་སློབ་གསོ》2018ལོའི་དེབ་བཞི་པ།

སློབ་མའི་སློབ་གཉིས་སྐྱོང་ཐབས་ཀྱི་བསམ་ཚུལ་ཐོར་བུ།

མགོན་པོ་སྐྱབས། 《བོད་ཀྱི་སློབ་གསོ》2018ལོའི་དེབ་བཞི་པ།

དུས་རབས་དང་འཚམ་པའི་དགེ་རྒན་གྱི་ཕྱུས་ཚད་སྐོར་རོབ་ཙམ་གླེང་བ།

གནམ་ལྷ་རྒྱལ། 《བོད་ཀྱི་སློབ་གསོ》2018ལོའི་དེབ་བཞི་པ།

སྐད་གཉིས་སློབ་ཁྲིད་ཐད་ཀྱི་བསམ་ཚུལ་འགའ།

བསོད་ནམས་དར་རྒྱས། 《བོད་ཀྱི་སློབ་གསོ》2018ལོའི་དེབ་བཞི་པ།

དམིགས་ཚད་སློབ་ཁྲིད་དང་འབྲས་ལེགས་སློབ་ཁྲིད་གཉིས་བར་གྱི་ཁྱད་པར།

བཀྲ་ཤིས་སྐྱིད། 《བོད་ཀྱི་སློབ་གསོ》2018ལོའི་དེབ་བཞི་པ།

འགྲུལ་རིས་བརྙན་འཕྲིན་གྱིས་ན་ཆུང་བྱིས་པར་ཐེབས་པའི་ཤུགས་རྐྱེན་དང་དེའི་གལ་ཆེན་རང་བཞིན།

མཁའ་འགྲོ་ཚེ་རིང་། རྡོ་རྗེ་རྣམ་རྒྱལ། 《བོད་ཀྱི་སློབ་གསོ》2018ལོའི་དེབ་བཞི་པ།

བོད་ཀྱི་སྲོལ་རྒྱུན་སློབ་གསོའི་ཁྲོད་ཀྱི་ཐུན་མོང་མ་ཡིན་པའི་སློབ་གསོའི་ཐབས་ལམ་འགའ་གླེང་བ།

དཀོན་མཆོག་ཚེས་དར། 《བོད་ཀྱི་སློབ་གསོ》2018ལོའི་དེབ་བཞི་པ།

སློབ་མ་ལ་གཟིངས་བསྐྱོད་དང་སྐྱོན་བརྗོད་བྱེད་ཐབས།

མཚོ་མོ་རྒྱལ། 《བོད་ཀྱི་སློབ་གསོ》2018ལོའི་དེབ་བཞི་པ།

འཛིན་གྲྭའི་སྒྲུང་ས་འབྲས་ཞན་པའི་སློབ་མ་དམིགས་བསལ་གྱིས་སྐྱོང་ཐབས།

ཡུལ་ལྷ་སྐྱབས། 《བོད་ཀྱི་སློབ་གསོ》2018ལོའི་དེབ་བཞི་པ།

ང་ཚོས་རྗེས་ལུས་སློབ་མར་ཇི་ལྟར་ཐུགས་ཁུར་གནང་འོས།

རིན་ཆེན་དོན་འགྲུབ། 《བོད་ཀྱི་སློབ་གསོ》2018ལོའི་དེབ་བཞི་པ།

དགེ་རྒན་གྱི་སློབ་ཁྲིད་གྲ་སྒྲིག་གི་གལ་ཆེན་རང་བཞིན་གླེང་བ།

གཡང་མོ་མཚོ། 《བོད་ཀྱི་སློབ་གསོ》2018ལོའི་དེབ་བཞི་པ།

དགེ་སློབ་བར་གྱི་མཐུན་ལམ།

ཡུམ་ལོ། 《བོད་ཀྱི་སློབ་གསོ》2018ལོའི་དེབ་བཞི་པ།

སློབ་རྗེས་འཁྲིད་སྟོན་དང་ཐུན་ཐོག་སྦྱོང་སེལ་གྱི་སློབ་ཁྲིད་གྲ་སྒྲིག་གི་འགྲོས་གཏམ།

ཀུ་ཧྲ། 《བོད་ཀྱི་སློབ་གསོ》2018ལོའི་དེབ་བཞི་པ།

དཀར་ཆག་ལྷན་དཀར་མའི་བྱུང་བ་མདོ་ཙམ་བརྗོད་པ།

ལྷུགས་མོ་མཚོ། 《བོད་ཀྱི་སློབ་གསོ》2018ལོའི་དེབ་བཞི་པ།

ཉམས་སྦྱོང་ཀུན་པོའི་འབེལ་གཏམ་ཡིད་འབྱུང་དམར་ཁྲིད་ལ་ཙུང་ཟད་དཔྱད་པ།

བན་དེ་ཚེ་རིང་། 《བོད་ཀྱི་སློབ་གསོ》2018ལོའི་དེབ་བཞི་པ།

མཁས་དབང་སློན་ལམ་རྒྱ་མཚོའི་མཛད་རྣམ་མདོར་བསྡུས།

རྡོར་ཧྲ། 《བོད་ཀྱི་སློབ་གསོ》2018ལོའི་དེབ་བཞི་པ།

ཁོང་ཁྲོ་ཚོད་འཛིན་ལས་འཆམ་མཐུན་སྒྲིག་ཚོགས་ལ་ཕན་པའི་དགེ་མཚན་གླེང་བ།

མ་ཅིག་སྐྱབས། 《བོད་ཀྱི་སློབ་གསོ》2018ལོའི་དེབ་བཞི་པ།

དམའ་འབྲིང་སློབ་རིམ་གཉིས་པའི་སྐད་ཡིག་འཁྲིད་ཐབས་ལ་ཕྲན་ཙམ་དཔྱད་པ།

གནམ་མཚོ་ཡག《བོད་ཀྱི་སློབ་གསོ》2018ལོའི་དེབ་བཞི་པ།

སློབ་ཆུང་སློབ་མའི་རྩོམ་འབྲིའི་ནུས་པ་སྐྱེད་སྲིང་བྱ་ཐབས།

ཤ་བོ་བཀྲ་ཤིས། 《བོད་ཀྱི་སློབ་གསོ》2018ལོའི་དེབ་བཞི་པ།

སློབ་ཆུང་སློབ་མའི་རྩོམ་འབྲིའི་ནུས་པ་སྐྱེད་སྲིང་བྱ་ཐབས་སྐོར་གྱི་བསམ་ཚུལ།

མ་ཅིག་ཚེ་རིང་། 《བོད་ཀྱི་སློབ་གསོ》2018ལོའི་དེབ་བཞི་པ།

དམའ་རིམ་གྲངས་རིག་ཁྲིད་སྟུར་མཐའི་བེད་སྤྱོད་ལ་རགས་ཙམ་དཔྱད་པ།

རྣམ་རྒྱལ་མཚོ། 《བོད་ཀྱི་སློབ་གསོ》2018ལོའི་དེབ་བཞི་པ།

ཐབས་མང་རྗེས་རྒྱུག་གིས་སློབ་མའི་སློབ་སྦྱོང་གི་སྤྲོ་སེམས་སྤེལ་ཐབས།

བཀྲ་ཤིས་ཚེ་རིང་། 《བོད་ཀྱི་སློབ་གསོ》2018ལོའི་དེབ་བཞི་པ།

རང་སྟོབས་སློབ་སྦྱོང་ཐབས་ལམ་ཁྲིད་མཐོ་འབྲིང་རྗེས་འཁོར་སློབ་ཁྲིད་བྱེད་ཐབས་ཞིབ་འཇུག

སེང་གེ་རྒྱལ། 《བོད་ཀྱི་སློབ་གསོ》2018ལོའི་དེབ་བཞི་པ།

བོད་ཁུལ་ གྱི་ སློབ་ སྟོན་ སློབ་ གསོས་ ངེས་ པར་ དུ་ གསལ་ པོར་ བྱེད་ དགོས་ པའི་ འབྲེལ་ བ་ འགའི་ གནད་དོན།

ཁྲི་རྒྱལ། 《བོད་ཀྱི་སློབ་གསོ》2018ལོའི་དེབ་ལྔ་པ།

མཐོ་འབྲིང་བསླབ་ཚན་གསར་བཅོས་ཀྱི་གཞི་རྩའི་ལྟ་བ་དང་སློབ་ཁྲིད་བླང་བྱ།

དཔལ་འབུམ་རྒྱལ། 《བོད་ཀྱི་སློབ་གསོ》2018ལོའི་དེབ་ལྔ་པ།

ཀན་སུའུ་བོད་ཁུལ་གྱི་བོད་རྒྱ་སྐད་གཉིས་སློབ་གསོའི་གནས་བབ་དང་དེར་གནས་པའི་གནད་དོན།

གཙང་བ་རབ་རྒྱས་པ་སངས། 《བོད་ཀྱི་སློབ་གསོ》2018ལོའི་དེབ་ལྔ་པ།

ལྗོངས་ཞིང་ལྷའི་མཉམ་བསྒྲིགས་བསླབ་གཞི་ལས་འགྲོས་པའི་གཏམ།

ཐང་སྨུག་ཚེ་རིང་། སངས་རྒྱས་བཀྲ་ཤིས། 《བོད་ཀྱི་སློབ་གསོ》2018ལོའི་དེབ་ལྔ་པ།

ལུས་རྩལ།

བོད་ཀྱི་སྲོལ་རྒྱུན་ལུས་རྩལ་སྐོར་གླེང་བ།

གཡུ་སྒྲོན། ཟླ་རྒྱལ་དོན་གྲུབ། 《མཚོ་སྔོན་དགེ་འོས་སློབ་ཆེན་གྱི་རིག་གཞུང་དུས་དེབ》2018ལོའི་དེབ་གཉིས་པ།

སྐྱེས་མའི་ལུས་རྩལ་སྦྱོང་བརྡར་དང་འཕྲོད་བསྟེན་བྱ་ཚུལ་བརྗོད་པ།

ཨ་ཁྲོལ། 《མཚོ་སྔོན་དགེ་འོས་སློབ་ཆེན་གྱི་རིག་གཞུང་དུས་དེབ》

2018ལོའི་དེབ་གཉིས་པ།
བྲིས་པའི་རོལ་རྩེད་ལས་ད་རྗེའུ་རིག་གནས་སྐོར་གླེང་བ།
བཀྲ་གོ། 《རྩེར་སྙེག》2018ལོའི་དེབ་དང་པོ།

སྐད་ཡིག

བོད་ཀྱི་ཡི་གེའི་སྐྱུང་ཡིག་གི་རྣམ་གཞག་ལས་སྐྱུང་ཡིག་གི་དགེ་སྐྱོན་དང་། རྒྱུན་འཛིན། དེང་དུས་བོད་ཡིག་གི་སྐྱུང་ཡིག་སྐོར་བཤད་པ།
ཧུད་ལྷ་བྲ་ཚང་། 《བོད་ལྗོངས་ཞིབ་འཇུག》2018ལོའི་དེབ་དང་པོ།
མངའ་རིས་ནས་རྙེད་པའི་མངའ་བདག་རྩེ་ལྡེའི་བཀའ་ཤོག་ལས་མཚོན་པའི་བོད་ཡིག་འཕེལ་འགྱུར་ལ་དཔྱད་པ།
ཁ་སྣང་བཀྲ་ཤིས་ཚེ་རིང་། ཏའེ་ཁྲུན་ཧྲེང་། 《བོད་ལྗོངས་ཞིབ་འཇུག》2018ལོའི་དེབ་གཉིས་པ།
དུས་རབས་བཅུ་གཉིས་པ་ཡས་མས་ཀྱི་བོད་ཡིག་ཀློག་སྟངས་ལ་དཔྱད་པ།
རྟ་མགྲིན་སྐྱབས། 《བོད་ཀྱི་སློབ་གསོ》2018ལོའི་དེབ་གཉིས་པ།
བོད་སྐད་ཀྱི་ལག་བརྡའི་ཁྱད་ཆོས་དང་གྲུབ་ཚུལ་ལ་ཐོག་མར་དཔྱད་པ།
ལྷ་རྒྱ་སྐྱིད། 《བོད་ལྗོངས་སློབ་གྲྭ་ཆེན་མོའི་རིག་དེབ》2018ལོའི་དེབ་གཉིས་པ།
དཔང་ལོ་ཙཱ་བ་བློ་གྲོས་བརྟན་པས་བརྩམས་པའི་《ཚིགས་གསུམ་གསལ་བ》ལས་འཕྲོས་པའི་མིང་གི་གོ་དོན་དང་དབྱེ་བ་སོགས་ཀྱི་སྐོར་ལ་རགས་ཙམ་དཔྱད་པ།
ཁྲུ་ཐུག 《ཀྲུང་གོའི་བོད་རིག་པ》2018ལོའི་དེབ་གཉིས་པ།
ཚིགས་ཆེན་བཅོ་བརྒྱད་པ་ཚུན་དུ་བཀས་བཅད་པའི་བརྡ་གསར་བཞུགས་སོ། །རྒྱལ་ཡོངས་བོད་སྐད་བརྡ་ཆད་ཚད་ལྡན་ཅན་གྱི་ལས་དོན་ཨུ་ཡོན་ལྷན་ཚོགས།
《ཀྲུང་གོའི་བོད་རིག་པ》2018ལོའི་དེབ་གཉིས་པ།
གློག་རྡུལ་ཡིག་མཛོད་ལ་བརྟེན་ནས་བོད་སྐད་ཀྱི་སྐད་ཆའི་བརྗོད་རིམ་ལ་ཅུང་ཙམ་དཔྱད་པ།
ཁྲི་ཤར་བསོད་ནམས་ཚེ་རིང་། 《ཀྲུང་གོའི་བོད་རིག་པ》2018ལོའི་དེབ་གཉིས་པ།
རྒྱལ་པོ་སྲོང་བཙན་སྒམ་པོའི་ཡར་སྔོན་གྱི་ཡི་གེ་དང་ལོ་ཙཱའི་གནས་བབ་སྐོར་གླེང་བ།
ཐོ་ཀླུ་པདྨ་རྒྱལ། 《གངས་ལྗོངས་རིག་གནས》2018ལོའི་དེབ་གསུམ་པ།
བོད་བཙན་པོ་དུས་ཀྱི་རྡོ་རིང་ཡི་གེ་ལས་དབུ་ཚེག་ཤད་གསུམ་གྱི་སྦྱོར་ཚུལ་དང་འཕོ་འགྱུར་གླེང་བ།
ཀུན་བདེ་བསོད་ནམས་དར་རྒྱས། 《མཚོ་སྔོན་མི་རིགས་སློབ་ཆེན་རིག་དེབ》

2018ལོའི་དེབ་གསུམ་པ།

བཟ་སྦྲོད་སྐྱེ་ཁམས་རིག་པའི་འབྱུང་འཕེལ་དང་ཞིབ་འཇུག་གནས་བབས།

སྐལ་བཟང་ཡེ་ཤེས། 《**བོད་ལྗོངས་སློབ་གྲྭ་ཆེན་མོའི་རིག་དེབ**》2018**ལོའི་དེབ་བཞི་པ།**

དཔྱད་རྩོམ་གྱི་རྣམ་གཞག་མཚོན་མོ་རི་སྟོན།

འཇུན་སངས། 《**བོད་ལྗོངས་སློབ་གྲྭ་ཆེན་མོའི་རིག་དེབ**》2018**ལོའི་དེབ་བཞི་པ།**

རྟགས་འཇུག་གི་དགོངས་པ་དང་བསྟུན་དགོས་ཀྱི་ཤུང་མཉམ་བསྲེ་མ་བྱེད།

དཔའ་རིས་སངས་རྒྱས། 《**ཀྲུང་གོའི་བོད་རིག་པ**》2018**ལོའི་དེབ་གཉིས་པ།**

སཾ་ཐོད་བཟ་སྦྲོད་གཞུང་གི་རྣམ་དབྱེའི་རྒྱུན་དང་ཕྲད་ཀྱི་འཇུག་ཚུལ་དབར་གྱི་འབྲེལ་བའི་སྐོར་རགས་ཙམ་གླེང་བ།

སྨིན་པ་ཚེ་རིང་། 《**བོད་ལྗོངས་ཞིབ་འཇུག**》2018**ལོའི་དེབ་དང་པོ།**

འདོགས་ཅན་ཕ་ཡིག་དང་འབྲེལ་བའི་གནད་དོན་འགའ་ཞིག་གི་དཔྱད་གླེང་།

བསོད་ཆོས། 《**བོད་ལྗོངས་ཞིབ་འཇུག**》2018**ལོའི་དེབ་གཉིས་པ།**

བཀྲལ་ལན་ཐོན་མི་བཞེད་པའི་སྒྲ་དབྱངས། ——《དབྱངས་ཡིག་གི་གྲངས་ངེས་སྐོར་ལ་བསྐྱར་དུ་དཔྱད་པ》ཞེས་པའི་རྩོམ་ཡིག་གི་འཁྲུལ་བ་འགར་དཔྱད་པ།

ལྷ་ནག་པ་ཡེ་ཤེས་བཟང་པོ། 《**བོད་ལྗོངས་ཞིབ་འཇུག**》2018**ལོའི་དེབ་གཉིས་པ།**

བདག་སྒྲ་པ་བ་གཉིས་ཀྱི་ཕྲད་སྦྱོར་ལ་དཔྱད་པ།

སྐྱན་བཟང་པ་ཀུན་བཟང་རྒྱལ། 《**བོད་ལྗོངས་ཞིབ་འཇུག**》2018**ལོའི་དེབ་བཞི་པ།**

རྣམ་དབྱེའི་ངོ་བོ་དང་འབྲེལ་བའི་གནད་དོན་ཐད་རང་གི་ལྟ་ཚུལ་རགས་ཙམ་གླེང་བ།

ཚེ་དཔལ། དངོས་གྲུབ། 《**བོད་ལྗོངས་སློབ་གསོ**》2018**ལོའི་དེབ་དང་པོ།**

ད་དྲག་ཅེས་པའི་བརྗ་ཆད་དེའི་བྱུང་བ་དང་དེ་བསྟུས་པའི་དུས་ལ་རགས་ཙམ་དཔྱད་པ།

ཚེ་མོ་སྐྱིད། 《**བོད་ལྗོངས་སློབ་གསོ**》2018**ལོའི་དེབ་གཉིས་པ།**

རི་མདའ་ལྡན་མའི་བྲག་བརྐོས་ཡི་གེའི་བརྡ་སྤྲོད་ཀྱི་ཁྱད་ཆོས་སྐོར་རགས་ཙམ་གླེང་བ།

འབྲུག་མོ་སྐྱིད། 《**བོད་ལྗོངས་སློབ་གསོ**》2018**ལོའི་དེབ་གཉིས་པ།**

བོད་ཀྱི་ཡིག་རྙིང་ལས་དབྱངས་ཡིག་ཕན་ཚུན་བར་གྱི་འགྱུར་བ་ལ་རགས་ཙམ་དཔྱད་པ།

ཡུམ་སྐྱབས་ཚེ་རིང་། 《**བོད་ལྗོངས་སློབ་གསོ**》2018**ལོའི་དེབ་གཉིས་པ།**

སུམ་རྟགས་རྣམ་བཤད་སི་ཏུའི་ཞལ་ལུང་ལ་འཇུག་པའི་སྒོ།

སྒྲུ་རིངས་དཔལ་མོ། 《**བོད་ཀྱི་སློབ་གསོ**》2018**ལོའི་དེབ་གཉིས་པ།**

བོད་ཀྱི་སྐད་བརྡ་གསར་རྙིང་དག་གི་བརྡ་སྤྲོད་ཀྱི་འཕེལ་འགྱུར་དང་དེའི་ཁྱད་ཆོས་སྐོར་བརྗོད་པ།

སུམ་ལྷ་དོན་གྲུབ་ཚེ་རིང་། 《**བོད་ཀྱི་སློབ་གསོ**》2018**ལོའི་དེབ་གསུམ་པ།**

སུམ་ཅུ་པའི་རྣམ་བཤད་གཟུར་གནས་དགྱེས་པའི་གཏམ་ལས་བྱུང་བའི་དོགས་པ་ཆེ་ཡོང་ཙམ་བརྗོད་པ།

པད་མ་བསམ་གྲུབ། 《**བོད་ཀྱི་སློབ་གསོ**》2018**ལོའི་དེབ་གསུམ་པ།**

རྟགས་འཇུག་གི་དགོངས་དོན་ལ་ཁ་གཡར་ནས་ཉ་ཉུང་མཉམ་བསྡེ་མ་བྱེད། ——པ་བ་གཉིས་ཀྱི་འཇུག་ཚུལ་ཟུར་ཙམ་གླེང་བ།

དཔའ་རིས་སངས་རྒྱས། 《**ནུབ་བྱང་མི་རིགས་སློབ་གྲྭ་ཆེན་མོའི་རིག་གཞུང་དུས་དེབ**》**2018ལོའི་དེབ་དང་པོ།**

བོད་སྐད་དང་ཅིན་ཕའོ་སྐད་གཉིས་ཀྱི་འཇལ་བྱེད་མིང་གི་གྲུབ་ཚུལ་ལ་རགས་ཙམ་དཔྱད་པ།

ཚེ་དབང་ནོར་བུ། 《**ནུབ་བྱང་མི་རིགས་སློབ་གྲྭ་ཆེན་མོའི་རིག་དེབ**》**2018ལོའི་དེབ་དང་པོ།**

བཙན་པོ་ཁྲི་སྲོང་ལྡེ་བཙན་སྐབས་ཀྱི་ཅོང་ཡིག་ལས་བྱུང་བའི་ཨོ་ལྡན་གྱི་རྣམ་དབྱེའི་དཔྱད་ཞིབ།

སྒོག་རུ་གནམ་ལྷ་ཚེ་རིང་། 《**ནུབ་བྱང་མི་རིགས་སློབ་གྲྭ་ཆེན་མོའི་རིག་དེབ**》**2018ལོའི་དེབ་དང་པོ།**

བོད་ཡིག་ལ་སྦྱོར་བའི་ཚིག་གི་བྱུང་བའི་སྐོར་གྱི་ཐོག་མའི་དཔྱད་གླེང་།

སྣ་མེ་ཚེ་དབང་རྣམ་རྒྱལ། 《**ནུབ་བྱང་མི་རིགས་སློབ་གྲྭ་ཆེན་མོའི་རིག་དེབ**》**2018ལོའི་དེབ་གཉིས་པ།**

བོད་སྐད་ཀྱི་བྱ་བའི་མིང་གི་འདས་དང་སྐུལ་ཚིག་ལས་རྗེས་འཇུག་ན་ར་ལ་གསུམ་ཅན་རྣམས་ལ་དཔྱད་ཐབ་མིན་བཤད་པ།

པད་མ་ཚེ་རིང་། 《**ནུབ་བྱང་མི་རིགས་སློབ་གྲྭ་ཆེན་མོའི་རིག་དེབ**》**2018ལོའི་དེབ་གཉིས་པ།**

བོད་སྐད་ཀྱི་མིང་མཐའི་ནུས་པ་དང་མིང་མཐའ་སྦྱོར་ཚུལ་གཅིག་གྱུར་བྱེད་ཐབས་གླེང་བ།

ཧ་མགྲིན་སྐྱབས། 《**ནུབ་བྱང་མི་རིགས་སློབ་གྲྭ་ཆེན་མོའི་རིག་དེབ**》**2018ལོའི་དེབ་གཉིས་པ།**

བྱེད་འབྲེལ་ལས་ཚིག་དང་དེའི་ཁྱད་ཆོས་གླེང་བ།

པདྨ་དོན་གྲུབ། 《**མཚོ་སྔོན་དགེ་འོས་སློབ་ཆེན་གྱི་རིག་དེབ**》**2018ལོའི་དེབ་གཉིས་པ།**

སྤྲུལ་རྒྱན་བརྡ་སྤྲོད་གཞུང་གི་སྤྲོག་དང་རྒྱན་གྱི་ཡི་གེ་ལས་དབུ་ཚིག་ཤད་གསུམ་གྱི་སྐོར་ལ་རགས་ཙམ་དཔྱད་པ།

ཚེ་བརྟན་སྒྲོལ་དཀར། 《**བོད་ལྗོངས་སློབ་གྲྭ་ཆེན་མོའི་རིག་དེབ**》**2018ལོའི་དེབ་དང་པོ།**

ལས་ཚིག་གི་དཀའ་གནད་དཀྲོལ་བྱེད་རྡོ་རྗེའི་ཐ་ཚིག

ཐུབ་བསྟན་ཕུན་ཚོགས། 《བོད་ལྗོངས་སློབ་གྲྭ་ཆེན་མོའི་རིག་དེབ》2018ལོའི་དེབ་གཉིས་པ།

ཡི་གེའི་ལག་ལེན་ལས་ལ་དོན་འཇུག་ཡུལ་གྱི་དོགས་གཞི་ཁ་ཤས་ལ་དཔྱད་པ།

མཁར་རྒྱ་ཐར། 《བོད་ལྗོངས་ཞིབ་འཇུག》2018ལོའི་དེབ་གསུམ་པ།

བོད་ཀྱི་བརྡ་སྤྲོད་གཞུང་ལས་འབོད་སྒྲའི་ཐ་སྙད་དང་འབྲེལ་བའི་བསམ་གཞིག་ཕྲན་བུ།

སྤེན་པ་ཚེ་རིང་། 《བོད་ཀྱི་སློབ་གསོ》2018ལོའི་དེབ་བཞི་པ།

བོད་ཀྱི་བརྡ་སྤྲོད་པའི་གཞུང་ལས་ནས་སྒྲའི་འཇུག་ཚུལ་གཞན་ལ་གསར་དུ་དཔྱད་པ།

མགོན་པོ་ཚེ་བརྟན། 《བོད་ཀྱི་སློབ་གསོ》2018ལོའི་དེབ་བཞི་པ།

རྣམ་དབྱེ་དང་པོ་དང་དྲུག་པ་གཉིས་ཀྱང་བྱེད་པ་ཅན་དུ་འདོད་དགོས་པར་སྒྲུབ་བྱེད་འགའ་འགོད་པ།

ཚེ་དཔལ། 《བོད་ཀྱི་སློབ་གསོ》2018ལོའི་དེབ་ལྔ་པ།

བརྡ་སྤྲོད་པའི་ཚིག་རྣམ་དབྱེ་རྗོད་པ་གསུམ་གྱི་འབྲེལ་བ་ལ་རོབ་ཙམ་དཔྱད་པ།

ཚེ་དཔལ། དངོས་གྲུབ། 《མཚོ་སྔོན་མི་རིགས་སློབ་ཆེན་རིག་དེབ》2018ལོའི་དེབ་གསུམ་པ།

ཚིག་གྲུབ་དབྱེ་ཞིབ་ཀྱི་ངོས་ནས་བོད་ཡིག་གི་བྱ་བའི་མིང་གི་ཚོགས་པའི་གྲུབ་ཚུལ་སྐོར་ལ་ཆེ་ལོང་ཙམ་དཔྱད་པ།

རིན་ཆེན་སྒྲོལ་མ། 《མཚོ་སྔོན་མི་རིགས་སློབ་ཆེན་རིག་དེབ》2018ལོའི་དེབ་གསུམ་པ།

བོད་ཀྱི་གནའ་སྐད་ལས་ད་དྲག་གི་འཇུག་པ་དང་དེའི་འཕེལ་འགྱུར་སྐོར་བརྟག་པ།

གཙུག་དཀར་བཀྲ་ཤིས། 《བོད་ལྗོངས་སློབ་གྲྭ་ཆེན་མོའི་རིག་དེབ》2018ལོའི་དེབ་བཞི་པ།

རྩིས་འཁོར་སྐད་བརྡ་རིག་པ་དང་འབྲེལ་ཏེ་པ་བ་གཉིས་ཀྱི་བརྡ་སྤྲོད་པའི་ངོ་བོར་རོབ་ཙམ་དཔྱད་པ།

ཚེ་དཔལ། དངོས་གྲུབ། 《བོད་ལྗོངས་སློབ་གྲྭ་ཆེན་མོའི་རིག་དེབ》2018ལོའི་དེབ་བཞི་པ།

ཡིག་མཛོད་བསྡོམས་རྩིས་ལ་བརྟེན་ནས་བྱ་བ་བརྗོད་པའི་མིང་གི་ཚོགས་པའི་སྒྲིག་གཞི་དང་བརྡ་སྤྲོད་བྱེད་ནུས་ལ་རགས་ཙམ་དཔྱད་པ།

པདྨ་བཀྲ་ཤིས། ཉི་མ་བཀྲ་ཤིས། 《བོད་ལྗོངས་སློབ་གྲྭ་ཆེན་མོའི་རིག་དེབ》2018ལོའི་དེབ་བཞི་པ།

བརྡ་སྤྲོད་ལ་ཐོག་པའི་བཙའ་སད་ཐན་གསུམ།

འགྱུན་སངས། 《བོད་ཀྱི་རྩོམ་རིག་སྒྱུ་རྩལ》2018ལོའི་དེབ་དང་པོ།

དབྱངས་ཅན་སྒྲ་མདོའི་མཚམས་སྦྱོར་ལྔ་ལས་ཕ་བ་གཉིས་ཀྱི་དོགས་དཔྱོད།

སྨིན་པ་ཚེ་རིང་། 《**བོད་ལྗོངས་སློབ་གྲྭ་ཆེན་མོའི་རིག་དེབ**》2018**ལོའི་དེབ་གསུམ་པ།**

《མདོན་བརྗོད་ཁུངས་བཙུན་རྒྱ་མཚོ་གླིང་བ》ཞེས་པ་དང་འབྲེལ་བའི་གཏམ། ——དགེ་རྒན་ཆེ་མོ་བ་དཔའ་རིས་སངས་རྒྱས་མཆོག་ལ་བཅར་འདྲི་ཞུས་པ།

གཏུགས་དཀར་ཚེ་རིང་། 《**བོད་ལྗོངས་ཞིབ་འཇུག**》2018**ལོའི་དེབ་གཉིས་པ།**

བོད་ཡིག་ཆ་འཕྲིན་ལག་རྩལ་ལ་བཞུགས་ནས་བོད་སྐད་ཀྱི་མིང་གི་དབྱེ་བ་ལ་གསར་དུ་དཔྱད་པ།

ཁྲི་ཤར་བསོད་ནམས་ཚེ་རིང་། 《**བོད་ལྗོངས་ཞིབ་འཇུག**》2018**ལོའི་དེབ་གསུམ་པ།**

བོད་སྐད་ཐ་སྙད་ལས་ཚེ་དང་ཚེན་གཉིས་ཀྱི་འབྲི་ཚུལ་བཤད་པ།

བཀྲ་ཤིས་ཟླ་བ། 《**བོད་ལྗོངས་སློབ་གྲྭ་ཆེན་མོའི་རིག་དེབ**》2018**ལོའི་དེབ་བཞི་པ།**

བོད་ཀྱི་ཡུལ་སྐད་དང་རིག་གནས་ལོ་རྒྱུས་ཀྱི་འབྲེལ་བའི་སྐོར་རགས་ཙམ་བརྗོད་པ།(དུས་དེབ་གོང་མའི་འཕྲོས།)

སུམ་ཧྲ་དོན་གྲུབ་ཚེ་རིང་། 《**བོད་ལྗོངས་ཞིབ་འཇུག**》2018**ལོའི་དེབ་བཞི་པ།**

ནུབ་བོད་སྒྱུར་སྐད་ཀྱི་སྒྲ་ཚན་དཔྱད་ཞིབ་དང་སྤྱགས་རྒྱལ་རོང་གི་ཡིག་ཀློག་སྐོར་ཅུང་ཟད་གླེང་བ།

རྣམ་རྒྱལ་བཀྲ་ཤིས། སྨིན་པ་ཚེ་རིང་། 《**བོད་ལྗོངས་ཞིབ་འཇུག**》2018**ལོའི་དེབ་བཞི་པ།**

ཨ་མདོའི་ཡུལ་སྐད་ལས་རོང་སྐད་ཀྱི་ཁྱབ་ཡུལ་ངོས་འཛིན་དང་དེའི་ཚིག་ཕྲད་སྦྱོར་ལུགས་སྐོར་རགས་ཙམ་གླེང་བ།

ཚེ་དབང་འཚོ། 《**གངས་ལྗོངས་རིག་གནས**》2018**ལོའི་དེབ་དང་པོ།**

ཨམ་སྐད་ཁྲོད་ཀྱི་ཡི་གེ་ཁག་ཅིག་གི་སྒྲ་གདངས་འགྱུར་ཚུལ་སྐོར་གླེང་བ།

བཙན་ཐར་སྐྱིད། 《**བོད་ཀྱི་སློབ་གསོ**》2018**ལོའི་དེབ་གཉིས་པ།**

ཨ་མདོའི་ལྷ་བྲང་ལྷོ་རྒྱུད་ཀྱི་རོང་མ་འབྲོག་གི་སྐད་དུ་བཏ་སྦྱོད་རིམ་འགྱུར་བྱུང་ཚུལ་ལ་རགས་ཙམ་དཔྱད་པ།

འབྲུག་པ་མཁར། 《**རྔ་བ་དབྱང་མི་རིགས་སློབ་གྲྭ་ཆེན་མོའི་རིག་དེབ**》2018**ལོའི་དེབ་དང་པོ།**

ཅོ་ནེའི་རྔ་བ་བྱང་རྒྱུད་ཀྱི་ལུང་སྐད་ཀྱི་སྐད་གདངས།

བཀྲ་ཤིས་ཚེ་རིང་། བསྟན་མགོ། 《**རྔ་བ་དབྱང་མི་རིགས་སློབ་གྲྭ་ཆེན་མོའི་རིག་དེབ**》2018**ལོའི་དེབ་དང་པོ།**

མདོ་སྨད་རྔ་ཆུའི་འབྲོག་སྐད་ཀྱི་སྒྲ་གདངས་ཁྱད་ཆོས་ལ་དཔྱད་པ།

ཁྲོ་ཁོ་སངས་རྒྱས་སྐྱབས། 《**རྔ་བ་དབྱང་མི་རིགས་སློབ་གྲྭ་ཆེན་མོའི་རིག་དེབ**》2018**ལོའི་དེབ་དང་པོ།**

བོད་ཀྱི་ཡུལ་སྐད་དང་རིག་གནས་ལོ་རྒྱུས་ཀྱི་འབྲེལ་བའི་སྐོར་རགས་ཙམ་བརྗོད་པ།

སུམ་ལྷ་དོན་གྲུབ་ཚེ་རིང་། 《**བོད་ལྗོངས་ཞིབ་འཇུག**》2018**ལོའི་དེབ་གསུམ་པ།**

བོད་ཀྱི་ཡུལ་སྐད་ཆེན་པོ་གསུམ་གྱི་མིང་གཞིའི་ཕྱོག་སྒྲའི་ཁྱད་ཆོས་སྐོར་ཅུང་ཟད་གླེང་བ།

ཕུར་བུ་ཕན་ཐོགས། 《**བོད་ལྗོངས་སློབ་གྲྭ་ཆེན་མོའི་རིག་དེབ**》2018**ལོའི་དེབ་བཞི་པ།**

ཡིག་སྒྱུར།

“སྒྲ” ཡིག་ཅན་གྱི་དྲ་བའི་ཐ་སྙད་ཁ་ཤས་ཀྱི་མིང་གི་སྒྱུར་ཚུལ་ལ་དཔྱད་པ།

ཚེ་དབང་ནོར་བུ། 《**ཀྲུང་གོའི་བོད་རིག་པ**》2018**ལོའི་དེབ་གཉིས་པ།**

རྒྱ་བོད་ཡིག་སྒྱུར་ཁྲོད་ཀྱི་སྒྱུར་དུ་མི་རུང་བའི་གནད་དོན་སྐོར་ཅུང་ཟད་གླེང་བ།

སྐལ་རྣམ། 《**བོད་ལྗོངས་ཞིབ་འཇུག**》2018**ལོའི་དེབ་དང་པོ།**

རྒྱ་བོད་ཚིག་རྒྱན་གྱི་མཐུན་པའི་རང་བཞིན་ལས་སྣན་ངག་གི་ལོ་རྟ་ལ་རགས་ཙམ་དཔྱད་པ།

གཡང་ཕྱུག་མཚོ་མོ། 《**གངས་ལྗོངས་རིག་གནས**》2018**ལོའི་དེབ་དང་པོ།**

མངའ་བདག་ཁྲི་ རལ་ སྐབས་ ནས་ བརྒྱུད་ པའི་ བོད་ ཀྱི་ ལོ་ རྟའི་ གནས་ བབ་ དང་ འཕེལ་ རིམ་ ལ་ དཔྱད་པ།

པདྨདབྱངས་ཅན། 《**གངས་ལྗོངས་རིག་གནས**》2018**ལོའི་དེབ་དང་པོ།**

རྩོམ་འགྱུར་རིག་པའི་བརྡ་ཆད་ལོ་རྟའི་རྩ་དོན་སྐོར་ལ་ཅུང་ཟད་དཔྱད་པ།

སྤྱེན་བསོད། 《**གངས་ལྗོངས་རིག་གནས**》2018**ལོའི་དེབ་དང་པོ།**

ཀླུང་འཕྲིན་གསར་འགྱུར་ཡིག་སྒྱུར་ལག་ལེན་ཁྲོད་འཕྲད་པའི་གནད་དོན་འགའ་གླེང་བ།

ཕུར་བུ་སྒྲོལ་མ། 《**གངས་ལྗོངས་རིག་གནས**》2018**ལོའི་དེབ་གཉིས་པ།**

སློབ་དཔོན་བློ་བཟང་ཆོས་འཕགས་ཀྱིས་བསྒྱུར་པའི་དེབ་དཀར་རྒྱ་འགྱུར་མར་དཔྱད་པ།

སྐལ་བཟང་ལྷ་མོ། 《**མི་རིགས**》2018**ལོའི་དེབ་གཉིས་པ།**

རྒྱ་བོད་གསར་འགྱུར་ཡིག་སྒྱུར་ཁྲོད་ཆེད་སྤྱོད་ཐ་སྙད་གཅིག་གྱུར་ཡོང་ཐབས་སྐོར་གླེང་བ།

ཚེ་རིང་གཡུ་སྒྲོན། 《**བོད་ལྗོངས་སློབ་གསོ**》2018**ལོའི་དེབ་དང་པོ།**

ཁྲིམས་འཛིན་བོད་ཡིག་རྒྱུགས་གཞི་སྒྱུར་ཐབས་ཀྱི་གནད་དོན་དང་དེ་སེལ་ཐབས་གླེང་བ།

མཁའ་འགྲོ་ཚེ་བརྟན། 《**བོད་ལྗོངས་སློབ་གསོ**》2018**ལོའི་དེབ་དང་པོ།**

ལོ་རྒྱ་བར་ལྡན་དགོས་པའི་ཡོན་ཚད་དང་དེ་འབྲེལ་གྱི་དོན་འགའ་རེབ་ཙམ་གླེང་བ།

དཔལ་མཚོ་སྐྱིད། 《**བོད་ལྗོངས་སློབ་གསོ**》2018**ལོའི་དེབ་དང་པོ།**

《གཞོན་ནུ་འོད་ཐར་གྱི་སེམས་གཏོང》བོད་འགྱུར་མའི་ཁྲོད་ཀྱི་མིང་རེ་འགའི་སྒྱུར་སྐྱོན་ཐད་རང་

ཉིད་ཀྱི་ལྟ་ཚུལ་ཙམ་བརྗོད་པ།
ཁོན་ཐར་སྐྱིད། 《བོད་ལྗོངས་སློབ་གསོ》2018ལོའི་དེབ་གཉིས་པ།

རྒྱ་བོད་ཡིག་སྒྱུར་ལས་འཕྲི་སྒྱུར་གྱི་ཐབས་ལ་རགས་ཙམ་དཔྱད་པ།
སྒྲོལ་མ་སྐྱབས། 《བོད་ལྗོངས་སློབ་གསོ》2018ལོའི་དེབ་གསུམ་པ།

བྲིས་པའི་སློག་དེབ་སྒྱུར་སྒྲིག་བྱེད་སྐབས་རྗོད་བྱེད་ཐད་ལ་དང་དོན་བྱེད་དགོས་ཚུལ་སྐོར་རགས་ཙམ་གླེང་བ།
ལྷགས་མོ་འཚོ། 《བོད་ལྗོངས་སློབ་གསོ》2018ལོའི་དེབ་གསུམ་པ།

སྒོ་བྱང་གི་མིང་གི་འགྱུར་སྐྱོན་དང་དེའི་སྒྱུར་ཐབས་སྐོར་ལ་གླེང་བ།
ཧྲ་མཁྲིན་མཚོ། 《བོད་ལྗོངས་སློབ་གསོ》2018ལོའི་དེབ་བཞི་པ།

རྒྱ་བོད་ལོ་ཙཱའི་ཁྲིད་ཐ་སྙད་བེད་སྤྱོད་ཐད་དོ་སྣང་དགོས་པའི་གནད་རེ་གཉིས།
སླུ་ཚེ། 《བོད་ལྗོངས་སློབ་གསོ》2018ལོའི་དེབ་བཞི་པ།

སྐྱི་ལ་ཁྱབ་པའི་ལོ་ཙཱ་དང་སྣན་ཇོམ་ལོ་ཙཱའི་བར་གྱི་འབྲེལ་བའི་སྐོར་གླེང་བ།
ཟོ་ཤིས་ཟླ་རྒྱལ་དོན་གྲུབ། 《ནུབ་བྱང་མི་རིགས་སློབ་གྲྭ་ཆེན་མོའི་རིག་གཞུང་དུས་དེབ》2018ལོའི་དེབ་དང་པོ།

བོད་རྒྱ་དབྱིན་གསུམ་གྱི་ནུས་མིང་གི་རིག་གནས་དང་སྒྱུར་ཐབས་ལ་རགས་ཙམ་དཔྱད་པ།
གཡང་ལྷུག་མཚོ་མོ། 《ནུབ་བྱང་མི་རིགས་སློབ་གྲྭ་ཆེན་མོའི་རིག་གཞུང་དུས་དེབ》2018ལོའི་དེབ་དང་པོ།

གསར་འགྱུར་རྩོམ་ལུས་ཀྱི་ལོ་ཙཱའི་སྐོར་བཤད་པ།
འབའ་སྟོད་ཚེ་དབང་རྡོ་རྗེ། 《མཚོ་སྔོན་མི་རིགས་སློབ་ཆེན་རིག་དེབ》2018ལོའི་དེབ་གཉིས་པ།

གོ་གནས་ཆེ་ལོའི་མིང་འགག་བོད་སྐད་དུ་ཇི་ལྟར་བསྒྱུར་ཚུལ།
ཀ་དམ་པ་ཚེ་སྐྱོང་། 《མཚོ་སྔོན་དགེ་འོས་སློབ་ཆེན་གྱི་རིག་གཞུང་དུས་དེབ》2018ལོའི་དེབ་དང་པོ།

བོད་ཡིག་ཁྲིམས་འཛིན་རྒྱུགས་གཞིའི་ཡིག་སྒྱུར་ཐད་ཀྱི་གནད་དོན་དང་བཅོས་ཐབས་གླེང་བ།
མཁའ་འགྲོ་ཚེ་བརྟན། 《རྩེར་སྣེག》2018ལོའི་དེབ་དང་པོ།

རྒྱ་བོད་ལོ་ཙཱའི་ཁྲིད་ཀྱི་བརྡ་རྟགས་ཚེག་ཤད་སྒྱུར་ཐབས།
དབང་ཆེན་ཚེ་རིང་། 《རྩེར་སྣེག》2018ལོའི་དེབ་དང་པོ།

《ཞི་ཅིང་ཕིང་གིས་རྒྱལ་སྲིད་སྐྱོང་ལུགས་སྐོར་གླེང་བའི》རྗོད་བྱེད་ཁྱད་ཆོས་དང་དེའི་ལོ་ཙཱ་ཉམས་ཞིབ།

ཀུན་བཟང་སྒྲོལ་མ། 《རྩེར་སྙེག》2018ལོའི་དེབ་དང་པོ།

སྔ་རབས་བོད་ཀྱི་སྨན་རྩིས་ལོ་ཙཱའི་གྲུབ་འབྲས་དཔྱད་འཇོག

ཉི་མ་ཚེ་རིང་། ཕུན་གྲུབ་རྡོ་རྗེ། སྐལ་བཟང་བཀྲ་ཤིས། 《རྩེར་སྙེག》2018ལོའི་དེབ་གཉིས་པ།

ཁྲིམས་རའི་ལོ་ཙཱ་ལས་རྒྱ་བོད་ངག་སྒྱུར་སྐོར་རགས་ཙམ་གླེང་བ།

ཀུན་བཟང་རྡོ་རྗེ། 《རྩེར་སྙེག》2018ལོའི་དེབ་གཉིས་པ།

རྒྱ་བོད་ལོ་ཙཱ་ལས་ཞེ་ཚིག་གི་སྒྱུར་ཚུལ་ལ་རགས་ཙམ་དཔྱད་པ།

ཚེ་སྒོ་སྐྱིད། 《རྩེར་སྙེག》2018ལོའི་དེབ་གཉིས་པ།

བོད་ཀྱི་རྩོམ་རིག་ལོ་ཙཱའི་ཐད་ཀྱི་བསམ་གཞིག

རྡོ་རིང་པདྨ་དབང་ཆེན། 《རྩེར་སྙེག》2018ལོའི་དེབ་གཉིས་པ།

བོད་རྒྱ་ཡིག་སྒྱུར་གྱི་ལས་དོན་སྐོར་གླེང་བ།

བློ་བཟང་རྒྱ་མཚོ། 《ཞོ་ཁའི་རྩོམ་རིག་སྒྱུ་རྩལ》2018ལོའི་དེབ་གཉིས་པ།

གསར་བྱུང་ཐ་སྙད་སྒྱུར་སྟངས་ཀྱི་གནད་དོན་དང་སྒྱུར་ཐབས་སྐོར་ཅུང་ཟད་གླེང་བ།

ཚེ་དབང་རྡོ་རྗེ། 《བོད་ལྗོངས་སློབ་གསོ》2018ལོའི་དེབ་ལྔ་པ།

རྒྱ་བོད་ཁ་དོག་རིག་གནས་ཀྱི་མཚོན་དོན་དང་སྒྱུར་སྟངས་སྐོར་ལ་དཔྱད་པ།

ཟླ་འཛུམ་རྒྱལ། 《བོད་ལྗོངས་སློབ་གསོ》2018ལོའི་དེབ་དྲུག་པ།

རྒྱ་བོད་ཡིག་སྒྱུར་ཁྲིད་དོ་སྣང་བྱ་དགོས་པའི་གནད་དོན་འགའ་གླེང་བ།

ཚེ་རིང་བཀྲ་ཤིས། 《བོད་ཀྱི་སློབ་གསོ》2018ལོའི་དེབ་བཞི་པ།

འགོས་ཆོས་གྲུབ་ཀྱི་ལོ་ཙཱའི་བསམ་བློ་སྐོར་རགས་ཙམ་གླེང་བ།

ཚེ་དབང་རྡོ་རྗེ། 《བོད་ཀྱི་སློབ་གསོ》2018ལོའི་དེབ་བཞི་པ།

ལོ་ཙཱའི་སྐབས་མིང་ཚིག་བརྗོད་པ་ཀུན་གྱི་གོ་དོན་ཡང་དག་པར་རྟོགས་དགོས་ཚུལ་བཤད་པ།

དབྱངས་ཅན་འཚོ། 《བོད་ཀྱི་སློབ་གསོ》2018ལོའི་དེབ་བཞི་པ།

ལོ་ཙཱའི་བྱུང་ཚད་སྐོར་གྱི་བསམ་གཞིག་འགའ།

དཔལ་མཚོ་སྐྱིད། 《བོད་ཀྱི་སློབ་གསོ》2018ལོའི་དེབ་བཞི་པ།

རྩོམ་རིག་ལོ་ཙཱ་ལས་སྨན་ངག་སྒྱུར་སྟངས་ཐད་ཀྱི་གནད་དོན་ཁ་ཤས།

སྲུང་མ། 《བོད་ཀྱི་སློབ་གསོ》2018ལོའི་དེབ་བཞི་པ།

སྒྲ་སྦྱོར་བམ་གཉིས་ཞེས་པའི་ཐ་སྙད་ཀྱི་གོ་དོན་དང་འབྲེལ་བའི་དོགས་གནད་ལ་ཅུང་ཟད་དཔྱད་པ།

ཕྲུག་པ་ཚེ་རིང་། 《བོད་ལྗོངས་སློབ་གྲྭ་ཆེན་མོའི་རིག་དེབ》2018ལོའི་དེབ་གསུམ་པ།

རྒྱ་བོད་ཆོས་གཞུང་སྒྲ་སྒྱུར་ཞིབ་འཇུག་གི་བསམ་གཞིགས་ཐོར་བུ་གླེང་བ།

དབང་སྟོབས། 《**བོད་ལྗོངས་སློབ་གྲྭ་ཆེན་མོའི་རིག་དེབ**》2018**ལོའི་དེབ་བཞི་པ།**

བོད་རྒྱ་མིང་གི་རིག་གནས་ཀྱི་ཁྱད་པར་དང་བསྒྱུར་ཐབས་སྐོར་བརྐྱུར་དུ་གླེང་བ།

ཨཱུ་ཧྲི་ཟླ་བ་། 《**རྩེར་སྙེག**》2018**ལོའི་དེབ་གསུམ་པ།**

རིག་གནས་ཀྱིས་ལོ་ཙཱ་ར་ཐེབས་པའི་གེགས་རྐྱེན་སྐོར་མདོ་ཙམ་གླེང་བ།

རིག་འཛིན་སྒྲིད། 《**རྩེར་སྙེག**》2018**ལོའི་དེབ་གསུམ་པ།**

རྒྱ་བོད་ལོ་ཙཱ་ལས་སོར་བཞག་གི་སྒྱུར་ཐབས་སྐོར་ལ་མདོ་ཙམ་དཔྱད་པ།

འཇིགས་བྲེད་མཚོ། 《**རྩེར་སྙེག**》2018**ལོའི་དེབ་བཞི་པ།**

རྩོམ་རིག

བོད་ཀྱི་རྩོམ་རིག་དཔྱད་བརྗོད་ཀྱི་གནས་བབ་ལས་འཕྲོས་ཏེ་དཔྱད་བརྗོད་པའི་དཔུང་སྡེ་སྐྱེད་སྲིང་སྐོར་ཙུང་གླེང་བ།

སྐལ་རྒྱམ། 《**གངས་ལྗོངས་རིག་གནས**》2018**ལོའི་དེབ་དང་པོ།**

བོད་ཀྱི་ཡུལ་སྐོར་རྩོམ་རིག་གི་ཁྱད་ཆོས་རགས་ཙམ་གླེང་བ།

ཕུམ་ཆེན་སྐྱབས། 《**གངས་ལྗོངས་རིག་གནས**》2018**ལོའི་དེབ་དང་པོ།**

ཁྲི་ལོར་བོད་ཁྲིའི་སྐོར་གླེང་བ། ——བོད་ཁྲི་དང་དེའི་སྐོར་གྱི་བརྩམས་ཆོས་ངོ་སྤྲོད་མདོར་བསྡུས།

རྒྱང་འཁོར་ཚེ་ཕུན། 《**གངས་ལྗོངས་རིག་གནས**》2018**ལོའི་དེབ་གཉིས་པ།**

བཙན་པོའི་དུས་ཀྱི་རྩོམ་རིག་བྱུང་འཕེལ་དང་དེའི་ཤུགས་རྐྱེན་སྐོར་རོབ་ཙམ་གླེང་བ།

ལྷུང་བྲན་རྡོ་རྗེ། 《**བོད་ལྗོངས་སློབ་གསོ**》2018**ལོའི་དེབ་དང་པོ།**

སྲོལ་རྒྱུན་རྩོམ་རིག་གི་འཕེལ་རིམ་ལ་ཆེ་ཡོང་ཙམ་དཔྱད་པ།

ཁ་བྱའི་བདེ་ལེགས་རྡོ་རྗེ། གནམ་འབྲུམ་རྒྱལ། 《**བོད་ལྗོངས་སློབ་གསོ**》
2018ལོའི་དེབ་བཞི་པ།

བོད་ཀྱི་སྲོལ་རྒྱུན་རྩོམ་རིག་མཛེས་རྟོག་གི་བསམ་བློའི་རིན་ཐང་འཚོལ་ཞིབ། ——《གཏམ་པད་མའི་ཚལ་གྱི་ཟློས་གར》གཞིར་བཟུང་བ།

ར་ས་བསྟན་འཛིན་ཆོས་གྲགས། 《**བོད་ལྗོངས་སློབ་གྲྭ་ཆེན་མོའི་རིག་དེབ**》
2018ལོའི་དེབ་གཉིས་པ།

བོད་ཀྱི་རྩོམ་རིག་ངོས་འཛིན་སྐོར་གྱི་བསམ་གཞིག

རྡོ་རྗེ་ཚེ་བརྟན། 《**རྩེར་སྙེག**》2018**ལོའི་དེབ་གཉིས་པ།**

སྒྲ་དོན་གཉིས་ཀྱི་སྦྲེལ་མཚམས། ——རྩོམ་རིག་སྣང་བརྙན་རགས་གླེང་།

ཐ་གཞུང་དབྱངས་ལྷ། 《**མཚོ་སྔོན་མི་རིགས་སློབ་ཆེན་རིག་དེབ**》2018**ལོའི་དེབ་གསུམ་པ།**

དེང་རབས་བོད་ཀྱི་རྩོམ་རིག་གི་བརྗོད་བྱའི་བསམ་བློའི་སྐོར་རགས་ཙམ་གླེང་བ།

ཚེས་སེང་། ཐར་ཆེན། 《**བོད་ལྗོངས་སློབ་གྲྭ་ཆེན་མོའི་རིག་དེབ**》2018**ལོའི་དེབ་གསུམ་པ།**

གནའ་རྩོམ་དང་དམངས་རྩོམ་ཁྲིད་གསལ་བྱེད་"ར་ལ་ས"གསུམ་དང་འབྲེལ་བའི་རྒྱན་ཐོན་མང་བའི་རྒྱུ་རྐྱེན་དོགས་སློང་།

འཕྲིངས་དཀར་བཀྲ་ཕུན། 《**བོད་ལྗོངས་སློབ་གྲྭ་ཆེན་མོའི་རིག་དེབ**》2018**ལོའི་དེབ་གསུམ་པ།**

ལག་གདང་སྦྲེལ་ནས་བོད་ཀྱི་རྩོམ་རིག་གི་ངོ་མཚར་གསར་པ་གཏོད། （1987ལོའི་སྨྲུག་ཚོགས་འཚོགས་ནས་ལོ30འཁོར་བའི་བཞུགས་མོལ་ཚོགས་འདུའི་ཐོག་གི་གཏམ་བཤད།）

བཀྲ་ཤིས་དཔལ་ལྡན། 《**བོད་ཀྱི་རྩོམ་རིག་སྒྱུ་རྩལ**》2018**ལོའི་དེབ་གཉིས་པ།**

བོད་ཀྱི་མ་འོངས་པའི་རྩོམ་རིག་འཕེལ་རྒྱས་གཏོང་ཕྱོགས་ཀྱི་བསམ་ཚུལ་ཁག་བརྒྱད།

ལྷག་པ་ཚེས་འཕེལ། 《**བོད་ཀྱི་རྩོམ་རིག་སྒྱུ་རྩལ**》2018**ལོའི་དེབ་གཉིས་པ།**

བོད་ཀྱི་ རྩོམ་ རིག་ མཐའ་ དཔྱོད་ ཀྱི་ གནས་ བབ་ དང་ མ་ འོངས་ འཚོལ་ ཞིབ། ——སྒྲུང་ རིང《གཙུག་གཡུ》ཡི་མཐའ་དཔྱོད་འགའ་དང་འབྲེལ་ཏེ་དཔྱད་པ།

ར་ས་བསྟན་འཛིན་ཆོས་གྲགས། 《**སྦྲང་ཆར**》2018**ལོའི་དེབ་དང་པོ།**

རིག་བྱེད་གཏམ་རྒྱུད་ཀྱིས་བོད་ཀྱི་རྩོམ་རིག་ལ་ཤན་ཤུགས་ཐེབས་ཚུལ་སྐོར་གླེང་བ།

པདྨ་རྡོ་རྗེ། 《**ཟླ་ཟེར**》2018**ལོའི་དེབ་གསུམ་པ།**

རྩོམ་གྱི་རིགས་གང་ཞིག་བྲིས་ཀྱང་ཀུན་སློང་གཙང་མ་ཞིག་ཡོད་དགོས། ——རྒྱལ་ཁབ་ཀྱི་རིམ་པ་དང་པོའི་འཁྲབ་གཞུང་རྩོམ་པ་པོ་འབྲོང་རྩེ་ཉི་མ་དོན་གྲུབ་ལགས་ལ་བཅར་འདྲི་ཞུས་པའི་ཟིན་ཐོ།

འབའ་སྨད་རྒྱལ་མོ་ཚེ་རིང་། 《**བོད་ལྗོངས་སློབ་གྲྭ་ཆེན་མོའི་རིག་དེབ**》2018**ལོའི་དེབ་གསུམ་པ།**

འཇིགས་མེད་ཕུན་རྒྱལ་ལགས་ལ་བཅར་འདྲི་ཞུས་པའི་ཟིན་ཐོ། ཏུའུ་ཕེ་ཕེང་གིས་བཅར་འདྲི་ཞུས།

འབྲུག་རྩེ་རྒྱལ་གྱིས་བསྒྱུར། 《**བོད་ཀྱི་རྩོམ་རིག་སྒྱུ་རྩལ**》2018**ལོའི་དེབ་དྲུག་པ།**

བོད་ཀྱི་དེང་རབས་སྒྲུང་གཏམ་གྱི་འཕེལ་རིམ་དང་ཁྱད་ཆོས་ལ་དཔྱད་པ།

བཀྲ་ལྷ། 《**ཀྲུང་གོའི་བོད་རིག་པ**》2018**ལོའི་དེབ་བཞི་པ།**

སྒྲུང་རིང་《བཀྲས་ཟུར་ཚང་གི་གསང་བའི་གཏམ་རྒྱུད་》ཀྱི་ཚིག་རྒྱན་གྱི་ཐབས་རྩལ་ལ་དཔྱད་པ།

བསེ་ཚང་ཤ་བོ་ཆེ་བརྟན། 《བོད་ལྗོངས་ཞིབ་འཇུག》2018ལོའི་དེབ་བཞི་པ།

དམངས་ཁྲོད་གཏམ་རྒྱུད་གཞིར་བཅས་ཏེ་བསྡུས་བརྗོད་བརྩམས་སྒྲུང་གི་ཁྱད་ཆོས་གླེང་བ།

འཇམ་དཔལ་རྒྱལ། 《གངས་ལྗོངས་རིག་གནས》2018ལོའི་དེབ་དང་པོ།

《ཉིན་གཅིག་གི་ཚེ་འཕྲུལ》གྱི་སྒྱུ་འཕྲུལ་གྱི་མཚོན་ཐབས་ལ་དཔྱད་པ།

རིན་ཆེན་དཔའ་རྒྱལ། 《གངས་ལྗོངས་རིག་གནས》2018ལོའི་དེབ་དང་པོ།

བོད་ཀྱི་བརྩམས་སྒྲུང་གསར་རྙིང་གི་འགྱུར་ལྡོག་སྐོར་རགས་ཙམ་གླེང་བ།

ཕུང་བན་རྡོ་རྗེ། 《གངས་ལྗོངས་རིག་གནས》2018ལོའི་དེབ་དང་པོ།

བོད་ཀྱི་དེང་རབས་བརྩམས་སྒྲུང་གི་སྒྲིག་གཞིའི་སྐོར་ལ་དཔྱད་པ།

བདེ་ལེགས། 《གངས་ལྗོངས་རིག་གནས》2018ལོའི་དེབ་གཉིས་པ།

ཚེ་རིང་དོན་གྲུབ་ཀྱི་སྒྲུང་གཏམ་ཁྲོད་ཀྱི་ཆོས་ལུགས་མི་སྣའི་སྣང་བརྙན་ལ་དཔྱད་པ།

བཀྲ་ཤིས་དབང་རྒྱལ། 《མི་རིགས》2018ལོའི་དེབ་དང་པོ།

མི་ལ་རས་པའི་རྣམ་ཐར་གྱི་བསམ་བློའི་དགོངས་དོན་སྐོར་རགས་ཙམ་གླེང་བ།

དངོས་གྲུབ་སྒྲོལ་མ། ལྷ་སྐྱུག《མི་རིགས》2018ལོའི་དེབ་གསུམ་པ།

ཚེ་དབང་རྣམ་རྒྱལ་གྱི་སྒྲུང་གཏམ《གད་སྙིགས》ཞེས་པར་ཙུང་ཟད་དཔྱད་པ།

དགྲ་ལྷ་བཀྲ་ཤིས། 《བོད་ལྗོངས་སློབ་གསོ》2018ལོའི་དེབ་དང་པོ།

བོད་ཀྱི་རོ་སྒྲུང་དུ་བསྡུས་པའི་སྒྲུང་གི་རིགས་ལ་དཔྱད་པ།

ཚ་ཀླུ་དབང་མཆོག་འབུམ། 《བོད་ལྗོངས་སློབ་གསོ》2018ལོའི་དེབ་བཞི་པ།

བོད་ཀྱི་ཟློས་གར་རྩོམ་རིག་ལས《འགྲོ་བ་བཟང་མོ》དང་དེའི་སྒྱུ་རྩལ་གྱི་ཁྱད་ཆོས་མདོ་ཙམ་བརྗོད་པ།

ལྷ་རྒྱལ་ཚེ་རིང་། 《བོད་ཀྱི་སློབ་གསོ》2018ལོའི་དེབ་དང་པོ།

ཀླུང་དང་དུས་ཚོད། ད་དུང་ལམ་གྱི་ཉི་འོད། ——ལྷ་བྱམས་རྒྱལ་གྱི་གསར་རྩོམ་དང་འབྲེལ་ཏེ་སྒྲུང་གཏམ་གྱི་རྒྱུན་ཤེས་འགའ་གླེང་བ།

ཨ་བྲ། 《མཚོ་སྔོན་མི་རིགས་སློབ་ཆེན་རིག་དེབ》2018ལོའི་དེབ་དང་པོ།

པདྨ་ཚེ་བརྟན་གྱི་བརྩམས་སྒྲུང་གི་སྒྱུ་རྩལ་མཚོན་ཐབས་གླེང་བ།

གཙན་ལོ་འཇམ་དབྱངས་སྐྱིད། 《མཚོ་སྔོན་མི་རིགས་སློབ་ཆེན་རིག་དེབ》2018ལོའི་དེབ་དང་པོ།

《སྙན་ངག་སྤྱི་དོན》གྱི་ཁྱད་ཆོས་རོབ་ཙམ་གླེང་བ།

ཟླ་འབུམ་ཚེ་རིང་། 《མཚོ་སྔོན་མི་རིགས་སློབ་ཆེན་རིག་དེབ》2018ལོའི་དེབ་དང་པོ།

བོད་ཀྱི་དེང་རབས་བརྩམས་སྒྲུང་ལས་དོན་བརྗོད་ཀྱི་མཐོང་སྣེ་སྐོར་ལ་དཔྱད་པ།

བདེ་ལེགས། 《མཚོ་སྔོན་མི་རིགས་སློབ་ཆེན་རིག་དེབ》2018ལོའི་དེབ་གཉིས་པ།
བོད་ཀྱི་དེང་རབས་བརྩམས་སྒྲུང་གི་དོན་བརྗོད་དུས་ཚོད་ཀྱི་འཕེལ་འགྱུར་སྐོར་ལ་དཔྱད་པ།

བདེ་ལེགས། 《བོད་ལྗོངས་སློབ་གྲྭ་ཆེན་མོའི་རིག་དེབ》2018ལོའི་དེབ་གཉིས་པ།
དོན་གྲུབ་རྒྱལ་གྱི་བརྩམས་སྒྲུང་གི་བསམ་བློའི་སྐོར་ལ་ཅུང་ཟད་དཔྱད་པ།

དངོས་གྲུབ་ཚེ་རིང་། 《རྩེར་སྙེག》2018ལོའི་དེབ་དང་པོ།
《གཞོན་ནུ་ཟླ་མེད་ཀྱི་གཏམ་རྒྱུད》ཀྱི་རྩོམ་རྩལ་ལ་ཅུང་ཙམ་དཔྱད་པ།

ཚེ་རིང་སྒྲོལ་མ། 《གངས་ལྗོངས་རིག་གནས》2018ལོའི་དེབ་གསུམ་པ།
པད་མ་ཚེ་བརྟན་གྱི་སྒྲུང་ཐུང་《གངས》ཞེས་བྱ་བའི་དགོངས་དོན་དང་ཚིག་རྒྱན་གྱི་ཐབས་རྩལ་ལ་དཔྱད་པ།

བསེ་ཚང་ཁ་བོ་ཚེ་བརྟན། 《བོད་ལྗོངས་སློབ་གྲྭ་ཆེན་མོའི་རིག་དེབ》2018ལོའི་དེབ་བཞི་པ།
དེང་རབས་བོད་ཡིག་སྒྲུང་གཏམ་ལས་མངོན་པའི་གྲོང་ཁྱེར་གྱི་སྣང་བརྙན་ལ་དཔྱད་པ།

བརྩོན་པོ་དོན་འགྲུབ། 《རྩེར་སྙེག》2018ལོའི་དེབ་གསུམ་པ།
སྒྲུང་ཐུང《བསླུ་བྲིད》ཅེས་པར་རགས་ཙམ་དཔྱད་པ།

འཇམ་དབྱངས། 《བོད་ཀྱི་རྩོམ་རིག་སྒྱུ་རྩལ》2018ལོའི་དེབ་དང་པོ།
བརྩམས་སྒྲུང《ལུག་ཚེ་ཐར》གྱི་སྒྱུ་རྩལ་རིན་ཐང་ལ་དཔྱད་པ།

རིག་འཛིན་བུ་ཆུང་། 《བོད་ཀྱི་རྩོམ་རིག་སྒྱུ་རྩལ》2018ལོའི་དེབ་དང་པོ།
མཛེས་རྩོམ་དེང་རབས་རང་བཞིན་གྱི་མཐོང་ས་འོག་གི་མི་རིགས་རིག་གནས་ཀྱི་རྩོམ་འབྲིའི་མཐའ་དཔྱོད། ——སྒྲུང་རིང《ཕྱུར་བ》ཡི་དོན་བརྗོད་བྱེད་སྟངས་ལ་དཔྱད་པ།

བདུད་ལྷ་རྒྱལ། 《བོད་ཀྱི་རྩོམ་རིག་སྒྱུ་རྩལ》2018ལོའི་དེབ་བཞི་པ།
སྒྲུང་ཐུང《ཉིན་གཅིག་གི་ཚེ་འཕྲུལ》ལ་དཔྱད་པ།

བསོད་ནམས་རྒྱ་མཚོ། 《བོད་ཀྱི་རྩོམ་རིག་སྒྱུ་རྩལ》2018ལོའི་དེབ་བཞི་པ།
ལོ་རྒྱུས་རིང་ལུགས་གསར་མའི་མཐོང་སྣེ་འོག་གི་རྩོམ་རིག་སྦྱོར་བརྗོད། ——རིག་ལྡན་རྒྱ་མཚོའི་སྒྲུང་རིང《བློས་བསླངས་དཀྱིལ་འཁོར》གླེང་བ།

འབྲོང་བུ་རྡོ་རྗེ་རིན་ཆེན། 《བོད་ཀྱི་རྩོམ་རིག་སྒྱུ་རྩལ》2018ལོའི་དེབ་ལྔ་པ།
པད་མ་ཚེ་བརྟན་གྱི་བརྩམས་སྒྲུང་ལས་མངོན་པའི་སྐྱོ་གར་གླེང་བ།

ཚོས་སྒྲོན་སྐྱབས། 《བོད་ཀྱི་རྩོམ་རིག་སྒྱུ་རྩལ》2018ལོའི་དེབ་ལྔ་པ།
རྩོམ་རིག་རང་རྣམ་གྱི་བདེན་པ་དང་རྩོམ་བཟོ། ——སྟག་འབུམ་རྒྱལ་གྱི་བརྩམས་སྒྲུང་ཁྲོད་ཀྱི་བཟའ་ཟླའི་འབྲེལ་བར་དཔྱད་པ།

འཁྲམ་རྡོ་གནམ་ལྷ་རྒྱལ། 《བོད་ཀྱི་རྩོམ་རིག་སྒྱུ་རྩལ》2018ལོའི་དེབ་དྲུག་པ།
ལྷ་བྲམས་རྒྱལ་གྱི་བརྩམས་སྒྲུང་ལས་ཁ་བྱང་གི་ཁྱད་ཆོས་ཅུང་ཟད་གླེང་བ།

བོན་སྐྱར་དོན་གྲུབ་ཚེ་རིང་། 《བོད་ཀྱི་རྩོམ་རིག་སྒྱུ་རྩལ》2018ལོའི་དེབ་དྲུག་པ།
དེང་རབས་བརྩམས་སྒྲུང་ལས་མི་གཤིས་ཀུན་སྤྱོད་ཀྱི་ཉམས་ཉེས་མཚོན་ལུགས་གླེང་བ། ——ལྷ་བྲམས་རྒྱལ་གྱི《ལམ་གྱི་ཉི་འོད》དང《ང་ནི་ཡར་འགྲོག་གཡུ་མཚོའི་ནང་གི་ཉ་ཞིག་ཡིན》དཔེར་བཀོད་ནས་དཔྱད་པ།

ཚེས་སྐྱ། 《བོད་ཀྱི་རྩོམ་རིག་སྒྱུ་རྩལ》2018ལོའི་དེབ་དྲུག་པ།
ལྷ་བྲམས་རྒྱལ་གྱི་བརྩམས་སྒྲུང《གཉིད་དུ་ཡུར་བའི་ཆུ》ཡི་དཔྱད་པ་ཕྲན་བུ།

ཕུན་ཚོགས་དཔལ་འབྱོར། 《བོད་ཀྱི་རྩོམ་རིག་སྒྱུ་རྩལ》2018ལོའི་དེབ་དྲུག་པ།
《ཀློས་བསྒྲངས་དཀྱིལ་འཁོར》གྱི་གྲུབ་ཚུལ།

རིག་ལྡན་རྒྱ་མཚོ། 《སྦྲང་ཆར》2018ལོའི་དེབ་དང་པོ།
སྤགས་པ་ཞིག་གིས《ཀློས་བསྒྲངས་དཀྱིལ་འཁོར》གླེང་བའི་ཟིན་བྲིས།

དོ་རྒྱ་བསོད་ནམས་ཚེ་རིང་། 《སྦྲང་ཆར》2018ལོའི་དེབ་དང་པོ།
སྒྲུང་རིང《ཀློས་བསྒྲངས་དཀྱིལ་འཁོར》བཀླགས་པའི་མྱོང་ཚོར།

རང་སྒྲོ། 《སྦྲང་ཆར》2018ལོའི་དེབ་དང་པོ།
《ཟམ་ཐར་བཙན་པོ་མ》སོགས་སྒྲུང་གཏམ་ལ་བཀླགས་པའི་མྱོང་ཚོར།

ལྷ་རྒྱལ་ཚེ་རིང་། 《སྦྲང་ཆར》2018ལོའི་དེབ་གསུམ་པ།
《རྩྭ་ཐང་གི་ཉིན་མོ》ལས་མངོན་པའི་བོད་རིགས་བུད་མེད་ཀྱི་སྐྱོ་གར་གླེང་བ།

བདུད་ལྷ་རྒྱལ། 《སྦྲང་ཆར》2018ལོའི་དེབ་བཞི་པ།
《སྡོམ་པ་སྲུང་བ》དང་འགལ་འདུའི་སེམས་གཙོང་།

དུག་རྒྱལ་བསོད་ནམས་ཆོས་དར། 《གངས་དཀར་རི་བོ》2018ལོའི་དེབ་གསུམ་པ།
ཨ་སྐྱབས་དར་རྒྱས་ཀྱི་བརྩམས་སྒྲུང《སྙི་གྲོང》བཀླགས་པ།

དུག་རྒྱལ་བསོད་ནམས་ཆོས་དར། 《གངས་དཀར་རི་བོ》2018ལོའི་དེབ་བཞི་པ།
རྩོམ་རིག་བྱ་བ་རྩོམ་རིག་ཉིད་དུ་བལྟ་དགོས། ——《གཙུག་གཡུ》ཡི་ཀློག་སྟངས་གཞན་ཞིག་བརྗོད་པ།

བསོད་ནམས་རྒྱལ། 《གངས་དཀར་རི་བོ》2018ལོའི་དེབ་དྲུག་པ།
ཉིན་མོ་དང་མཚན་མོ་སྐྱ་འཐབ་པའི་ཆ་ནས་འཚོ་བ་ལ་བལྟ་བ། ——སྒྲུང་ཐུང《ལམ་གྱི་ཉི་འོད》ཀྱི་ཀློག་སྟངས་ཤིག

འཕགས་སྐྱེས། 《གངས་དཀར་རི་བོ》2018ལོའི་དེབ་དྲུག་པ།

《སྣང་ས་འོད་འབུམ་གྱི་རྣམ་ཐར》ལས་འཕྲོད་པའི་གནད་དོན་སྐོར་ཞིག

ཀླུ་བཟང་ནོར་བུ། 《ཐང་རྒྱན་མེ་ཏོག》2018ལོའི་དེབ་གསུམ་པ།

《མི་ལ་རས་པའི་རྣམ་ཐར》གྱི་རྩོམ་རིག་ཁྱད་ཆོས་ལ་དཔྱད་པ།

བཀྲ་ཤིས་ལྷ་རྒྱལ། 《རྩེར་སྙེག》2018ལོའི་དེབ་གསུམ་པ།

རྗེ་ཙོང་ཁ་པ་ཆེན་པོའི་སྙན་རྩོམ་གྱི་རྗོད་བྱེད་ཚིག་གི་དབྱངས་ཀྱི་མཛེས་ཉམས་བརྗོད་པ།

རྣམ་ཐོས། 《གྲུང་གོའི་བོད་རིག་པ》2018ལོའི་དེབ་གཉིས་པ།

དགེ་བཤེས་ཤེས་རབ་རྒྱ་མཚོའི་སྙན་རྩོམ་གྱི་སྒྱུ་རྩལ་ཁྱད་ཆོས།

རིན་ཆེན་བཀྲ་ཤིས། 《གྲུང་གོའི་བོད་རིག་པ》2018ལོའི་དེབ་བཞི་པ།

ཟུར་མཁར་བས《སྙན་ངག་མེ་ལོང་》ནང་"སྲོག"གི་རྣམ་གཞག་བཞེད་ཚུལ་ཐད་གསར་དུ་དཔྱད་པ།

སྐྱིད་ཚ་བསྟན་འཛིན་ཉི་མ། 《བོད་ལྗོངས་ཞིབ་འཇུག》2018ལོའི་དེབ་བཞི་པ།

《སྙན་ངག་མེ་ལོང》ལས་ལུས་སྲོག་གི་སྐོར་ལ་གསར་དུ་དཔྱད་པ།

དཀོན་མཆོག་བཀྲ་ཤིས། 《བོད་ལྗོངས་སློབ་གསོ》2018ལོའི་དེབ་གསུམ་པ།

མངོན་བརྗོད་ཀྱིས་སྲོལ་རྒྱུན་སྙན་ངག་གི་སྒྱུ་རྩལ་ཐད་ཐོན་པའི་ནུས་པ་ཅུང་ཟད་གླེང་བ།

བློ་བཟང་། 《བོད་ལྗོངས་སློབ་གསོ》2018ལོའི་དེབ་བཞི་པ།

སྙན་ངག་དང་ཚོར་སྣང་། ——ན་རོའི་སྙན་ངག《སྐྱིད་ཆུའི་ཁ་ནས》ཞེས་པར་དཔྱད་པ།

ཟླ་གཞུང་དབྱངས་ལྷ། 《ནུབ་བྱང་མི་རིགས་སློབ་གྲྭ་ཆེན་མོའི་རིག་གཞུང་དུས་དེབ》2018ལོའི་དེབ་དང་པོ།

རྒྱུན་ཆགས་ལུས་གང་ལ་སྟུད་ཚུལ་བཤད་པ།

གླིང་ཚ་སྐྱིད་རྒྱལ་འབུམ། 《མཚོ་སྔོན་མི་རིགས་སློབ་ཆེན་རིག་དེབ》2018ལོའི་དེབ་གཉིས་པ།

སྟག་ས་དགེ་བཤེས་ཀྱི་བཀའ་རྩོམ་གྱི་ཁྱད་ཆོས།

ཁ་སྐད་སངས་རྒྱས་རྒྱ་མཚོ། 《མཚོ་སྔོན་དགེ་འོས་སློབ་ཆེན་གྱི་རིག་གཞུང་དུས་དེབ》2018ལོའི་དེབ་དང་པོ།

རྗེ་བཙུན་མི་ལ་བཞད་པའི་རྡོ་རྗེ་ལ་བསྟོད་པའི་ཚིགས་སུ་བཅད་པ་ཀ་ལ་པིངྐའི་སྒྲ་དབྱངས་ཀྱི་འགྲེལ་པ། བརྩོན་ཐར་སྐྱིད། 《མཚོ་སྔོན་དགེ་འོས་སློབ་ཆེན་གྱི་རིག་གཞུང་དུས་དེབ》2018ལོའི་དེབ་དང་པོ།

གསུང་མགུར་ཤར་གངས་རི་མ་ལ་དཔྱད་པ།

ཁ་ཕུག་པག་མོ་ཚེ་བརྟན། 《མཚོ་སྔོན་དགེ་འོས་སློབ་ཆེན་གྱི་རིག་གཞུང་དུས་དེབ》

2018ལོའི་དེབ་གཉིས་པ།

སྙན་ངག་མེ་ལོང་ཞེས་པའི་གཞུང་བོད་ཡིག་ཏུ་བསྒྱུར་ནས་འགྱུར་བཅོས་མཛད་པའི་ལོ་རྒྱུས་མདོར་བསྡུས་གླེང་བ།

ཁ་ཐུག《བོད་ལྗོངས་སློབ་གྲྭ་ཆེན་མོའི་རིག་དེབ》2018ལོའི་དེབ་གཉིས་པ།

《ཕོ་ཉ་གཞོན་ནུ་དོན་གྲུབ》ཀྱི་སྒྱུ་རྩལ་ཁྱད་ཆོས་ལ་མདོ་ཙམ་དཔྱད་པ།

དོན་གྲུབ་ཚེ་བརྟན།《རྩེར་སྙེག》2018ལོའི་དེབ་གཉིས་པ།

འབྲོམ་སྟོན་པའི་རྩོམ་རིག་བརྩམས་ཆོས་ཀྱི་སྒྱུ་རྩལ་སྐོར་ལ་དཔྱད་པ།

གླུ་འབུམ་ཚེ་རིང་།《གངས་ལྗོངས་རིག་གནས》2018ལོའི་དེབ་གསུམ་པ།

བོད་ཀྱི་སྲོལ་རྒྱུན་བསྟོད་རྩོམ་གྱི་རྣམ་པའི་སྐོར་ལ་ཅུང་ཟད་དཔྱད་པ།

སྐལ་བཟང་བསྟན་འཛིན།《གངས་ལྗོངས་རིག་གནས》2018ལོའི་དེབ་གསུམ་པ།

ཛ་ཕོ་རྗེའི་བསྟོད་པ་སུམ་ཅུ་ལ་ཅུང་ཟད་དཔྱད་པ།

སྐ་ཕྲུག་ཕག་མོ་ཚེ་བརྟན།《བོད་ཀྱི་སློབ་གསོ》2018ལོའི་དེབ་ལྔ་པ།

ཞིང་ཁན་འཛད་ཀྱིན་པའི་སློ་བོ། ——གཞོན་སྐྱེས་སྙན་ངག་པ་ན་རོ་ལགས་ཀྱི《ཨ་མ་དང་མོའི་འཚོ་བའི་ཤེས་རབ》བརླགས་པ།

འཆི་མེད།《སྦྲང་ཆར》2018ལོའི་དེབ་བཞི་པ།

ཤར་ཕྱོགས་པ་རིགས་པའི་དཔའ་བོ་ཆོས་རྗེ་དོན་གྲུབ་རིན་ཆེན་གྱིས་རྗེ་ཙོང་ཁ་པ་ལ་གནང་བའི་ཞལ་གདམས་ལས་འཕྲོས་ཏེ་དཔྱད་པ།

ཐྭང་སྨྲུག་བློ་བཟང་དར་རྒྱས།《བོད་ཀྱི་སློབ་གསོ》2018ལོའི་དེབ་དང་པོ།

《ཚངས་དབྱངས་རྒྱ་མཚོའི་མགུར་གླུའི》མཚོན་ཐབས་ལ་མཛའ་གཞས་ཀྱི་ཤན་ཞུགས་ཚུལ་གླེང་བ།

བུ་ཆུང་།《སྦྲང་རྒྱན་མེ་ཏོག》2018ལོའི་དེབ་གཉིས་པ།

རྒྱལ་ཁམས་རིག་པས་བསྐོར་བའི་གཏམ་རྒྱུད་གསེར་གྱི་ཐང་མར་བྱུང་བའི་རྩོམ་པ་པོའི་དད་གདུང་སྐྱོ་ཉམས་དང་དེའི་འབྱུང་རྐྱེན་སྐོར་གླེང་བ།

བུ་མདོ་དོན་གྲུབ་ཚེ་རིང་།《བོད་ལྗོངས་སློབ་གྲྭ་ཆེན་མོའི་རིག་དེབ》2018ལོའི་དེབ་དང་པོ།

ལེགས་བཤད་ནམ་མཁའི་བསྟན་བཅོས་ཀྱི་སྒྱུ་རྩལ་གྱི་རྣམ་པར་ཅུང་ཟད་དཔྱད་པ།

བཀྲ་ཤིས་ཚེ་རིང་།《གངས་ལྗོངས་རིག་གནས》2018ལོའི་དེབ་གསུམ་པ།

གསར་འགྱུར་མི་སྣའི་འཕྲིན་རྩོམ་འབྲི་ཕྱོགས་སྐོར་རགས་ཙམ་གླེང་བ།

བསོད་ནམས།《བོད་ལྗོངས་ཞིབ་འཇུག》2018ལོའི་དེབ་གསུམ་པ།

སྙིང་ཞིང་འཇགས་པའི་ལོ་ཟླ། ——《སྦྲང་ཆར》གཞིར་བཞག་སྟེ་དུས་རབས་གསར་བའི་ལྕུག

རྩོམ་སྒྲར་གླེང་བ།　ཨ་བྲུ། 《སྦྲང་ཆར》2018ལོའི་དེབ་གཉིས་པ།

གནས་མཇལ་ལྷུག་རྩོམ་སྒྲར་གྱི་དཔྱད་པ་ཚིག་གསུམ། ——ཨ་རྫོར་གྱི《མདོ་ཁམས་ཀྱི་དགོན་སྡེ་དང་ཡུལ་གྲུ་ཁག་གཅིག་ལ་བསྐྱོད་པའི་ཟིན་ཐོ》དཔེར་བཀོད་པ།

ཨ་ཉི་རྫོར་ལྷ། 《ལྷ་ཟེར》2018ལོའི་དེབ་གསུམ་པ།

《སྤོ་བ་འགྱུར་མེད་རྡོ་རྗེའི་ལྷུག་རྩོམ་བསྡུས་དེབ》ཐད་ཀྱི་དཔྱད་བརྗོད།

ཨུའེ་ཡེན་གྱིས་བརྩམས། རྡོ་རྗེ་རབ་བརྟན་གྱིས་བསྒྱུར། 《ལྷ་ཟེར》2018ལོའི་དེབ་བཞི་པ།

མཚོ་སྔོ་ས་ཆའི་བཤད་པའི་སྒྱུ་རྩལ་སྒྲར་གྱི་བསམ་གཞིགས།

རྡོ་རྗེ་མཚོ། 《བོད་ཀྱི་དམངས་སྲོལ་རིག་གནས》2018ལོའི་དེབ་དང་པོ།

བོད་གངས་ཅན་གྱི་གླུ་ནི་ལས་དགེ་བ་སྐྱེད་པའི་བསླབ་བྱ་ཡིན།

དཔལ་རིས་སངས་རྒྱས། 《བོད་ཀྱི་སློབ་གསོ》2018ལོའི་དེབ་དང་པོ།

བཙུན་མོ་བཀའི་ཐང་ཡིག་ལས་བྱུང་བའི་གླུ་ལ་དཔྱད་པ།

ཕུལ་ལྷ་ཐར། 《མཚོ་སྔོན་མི་རིགས་སློབ་ཆེན་རིག་དེབ》2018ལོའི་དེབ་གཉིས་པ།

དབུས་གཙང་ཁུལ་གྱི་དམངས་ཁྲོད་ཚིག་རྒྱག་གླུ་གཞས་ཀྱི་རིག་གནས་སྣང་ཚུལ།

བྱ་མདོ་དོན་གྲུབ་ཚེ་རིང་། 《བོད་ཀྱི་དམངས་སྲོལ་རིག་གནས》2018ལོའི་དེབ་གཉིས་པ།

བོད་ཀྱི་དམངས་ཁྲོད་བསང་གསོལ་མཆོད་ཚིག་སྒྲར་རགས་ཙམ་གླེང་བ།

པད་མ། 《གངས་ལྗོངས་རིག་གནས》2018ལོའི་དེབ་གཉིས་པ།

“བུད་མེད་གཉིས་ཀྱིས་བུ་གཅིག་ལ་རྩོད་པ” ཞེས་པའི་གཏམ་རྒྱུད་དམངས་ཁྲོད་དུ་ཇི་ལྟར་བྱུང་ཚུལ།

རིན་ཆེན་ཚེ་རིང་། 《བོད་ཀྱི་དམངས་སྲོལ་རིག་གནས》2018ལོའི་དེབ་གཉིས་པ།

བོད་ཀྱི་ལྷ་སྲུང་དང་དམངས་སྲུང་དབར་གྱི་འབྲེལ་བ་དང་ཁྱད་པར་རགས་ཙམ་གླེང་བ།

ཤེས་རབ་ལྷ་མོ། 《བོད་ལྗོངས་སློབ་གསོ》2018ལོའི་དེབ་དང་པོ།

སྤྱི་རབས་ཀྱི་དོན་རྗོད་པའི་བསམ་བློ་ལས་འཕྲོས་ནས་རབས་དང་སྲུང་གཉིས་རགས་ཙམ་གླེང་བ།

ལྷུགས་རྫོར་རྒྱལ། 《བོད་ཀྱི་སློབ་གསོ》2018ལོའི་དེབ་དང་པོ།

བོད་ཀྱི་དམངས་ཁྲོད་རྩོམ་རིག་གི་འཚོལ་སྡུད་དང་ཞིབ་འཇུག་གི་གནས་བབ།

ལྷ་ཁྱུང་ཚེ་རིང་། 《རྩེ་ར་སྙེག》2018ལོའི་དེབ་གཉིས་པ།

བོད་ཀྱི་དམངས་ཁྲོད་གཡག་དང་འབྲེལ་བའི་གཏམ་དཔེའི་སྒྲར་ཅུང་ཟད་གླེང་བ།

ཤེས་རབ། 《ཐང་རྒྱན་མེ་ཏོག》2018ལོའི་དེབ་དང་པོ།

བོད་ཀྱི་དམངས་གླུའི་རིགས་ལམ་རྒྱུན་འཛིན་དང་དར་སྤེལ་གཏོང་བའི་སྒྲར་རོབ་ཙམ་གླེང་བ།

འཇམ་དཔལ་རྒྱལ། 《གངས་ལྗོངས་རིག་གནས》2018ལོའི་དེབ་གསུམ་པ།

བོད་ཀྱི་གནམ་དཔེའི་སློབ་གསོས་སྐྱོད་ཁྲིམས་འདུམ་པའི་ནུས་པའི་སྐོར་ལ་རགས་ཙམ་དཔྱད་པ།

ལྷ་མཆོག་རྒྱལ། 《བོད་ཀྱི་སློབ་གསོ》2018ལོའི་དེབ་བཞི་པ།

ཨ་མདོའི་དམངས་གཞས་སྐོར་གླེང་བ།

ལྷ་མོ་མཁར། 《བོད་ཀྱི་སློབ་གསོ》2018ལོའི་དེབ་བཞི་པ།

བོད་ཀྱི་དམངས་རྩོམ་ལ་གཞས་དང་དེའི་རྫོད་བྱེད་ཚིག་གི་སྒྱུ་རྩལ་མཚོན་ཐབས་སྐོར་གླེང་བ།

ལྷ་ལུང་ཚེ་རིང་། 《མཚོ་སྔོན་མི་རིགས་སློབ་ཆེན་རིག་དེབ》2018ལོའི་དེབ་གསུམ་པ།

མགུར་དང་དམངས་གླུ་གཉིས་ཀྱི་ཐུན་མོང་གི་ཁྱད་ཆོས་ལ་དཔྱད་པ།

ཚེ་རིང་ལྷ་མོ། 《ཟླ་ཟེར》2018ལོའི་དེབ་བཞི་པ།

བྱང་འབྲོག་གི་ཚ་གླུའི་སྐོར་རགས་ཙམ་གླེང་བ།

མིག་དམར་སྒྲོལ་མ། 《ཐང་རྒྱན་མེ་ཏོག》2018ལོའི་དེབ་གསུམ་པ།

བྱང་འབྲོག་ཁུལ་གྱི་ལ་གླུའི་སྐོར་རགས་ཙམ་གླེང་བ།

འཇིགས་མེད། 《ཐང་རྒྱན་མེ་ཏོག》2018ལོའི་དེབ་བཞི་པ།

སྒྱུ་རྩལ།

བོད་ཀྱི་དཀར་རྒྱན་སྒྱུ་རྩལ་སྐོར་མདོ་ཙམ་བརྗོད་པ།

ཚེ་རིང་གཡུ་སྒྲོལ། 《ཀྲུང་གོའི་བོད་རིག་པ》2018ལོའི་དེབ་བཞི་པ།

གསར་རྙེད་བྱུང་བའི་སྨན་བླ་དོན་གྲུབ་ཀྱི་ཕྱག་བྲིས་བསྟར་མའི་ཞལ་ཐང་ལ་དཔྱད་པ།

དགེ་བཤེས་པ་སངས་རྒྱས་ནོར་བུ། མཁར་བསྐལ་དབང་། 《བོད་ལྗོངས་ཞིབ་འཇུག》
2018ལོའི་དེབ་དང་པོ།

མཆོད་རྟེན་གྱི་བཟོ་དབྱིབས་དང་ཚད་ཀྱི་སྐོར།

མི་ཉག་ཆོས་ཀྱི་རྒྱལ་མཚན། 《བོད་ལྗོངས་ནང་བསྟན》2018ལོའི་དེབ་གཉིས་པ།

གསེར་བསྒྱུར་ལས་ཚོགས་ཀྱི་སྐོར། ཆོས་དཀོན་གྱིས་བཟོ་རིག་ཉེར་མཁོ་ལས་བཏུས།

《བོད་ལྗོངས་ནང་བསྟན》2018ལོའི་དེབ་གསུམ་པ།

བོད་ཀྱི་ཐང་ཀའི་སྒྱུ་རྩལ་གྱི་ཁྱད་ཆོས་སྐོར་རགས་ཙམ་གླེང་བ།

གོང་དཀར་རྒྱ་མཚོ། 《བོད་ལྗོངས་སྒྱུ་རྩལ་ཞིབ་འཇུག》2018ལོའི་དེབ་དང་པོ།

སྔོ་དམར་དགའ་ལྡན་ཕུན་ཚོགས་གླིང་གི་བྱམས་ཁང་རྙིང་པའི་ལྡེབས་རིས་སྐོར་ལ་དཔྱད་པ།

ཀུན་བཟང་རྒྱལ་མཚན། 《བོད་ལྗོངས་སྒྱུ་རྩལ་ཞིབ་འཇུག》2018ལོའི་དེབ་དང་པོ།

ཡིད་སྤྲུལ་གྱི་གཞོག་པ་སྤུར་བའི་མཆོད་བྱེད་སྒྱུ་རྩལ།

ལྷག་ཡོ་རྒྱན་ཆོས་འཕེལ་གྱིས་མཛེས་རིས་བྲིས། རྣམ་རྒྱལ་གྱིས་རྩོམ་ཡིག་བྲིས། 《མི་རིགས》2018ལོའི་དེབ་དང་པོ།

སོར་མོའི་རྩེ་ནས་ཐང་གའི་མེ་ཏོག་རྣམ་པར་བཞད། ——རྗེ་མཁར་ལྷ་བཟོ་ཆོས་སྐྱོང་གི་ཐང་གའི་མཛེས་ཆོས་སྐོར་གྱི་མཚམས་སྦྱོར།

ཡ་མ་རྒྱལ་མཚན་གྱིས་བརྩམས། ཆེན་མོ་ཆོས་སྐྱོང་གིས་པར་མཁོ་འདོན་བྱས། 《མི་རིགས》2018ལོའི་དེབ་གཉིས་པ།

ཡིག་འབྲུའི་ཉམས་བརྒྱ་སྣ་ཤོག་བར་ལ་རྟེན། ——སྒོ་ཁའི་ཡིག་མཁན་རིག་འཛིན་ནོར་བུ།

རིག་འཛིན་ནོར་བུའི་པར་རིས།

རྣམ་རྒྱལ་གྱིས་བྲིས། 《མི་རིགས》2018ལོའི་དེབ་གསུམ་པ།

དུས་རབས་བཅོ་ལྔའི་སྐབས་ཀྱི་རི་མོའི་འབྲི་ཐབས་ལ་ཐོག་མར་དཔྱད་པ།

བརྩེ་བྱང་སྒྲོན་པ་དབང་འདུས། 《བོད་ལྗོངས་སློབ་གྲྭ་ཆེན་མོའི་རིག་དེབ》2018ལོའི་དེབ་དང་པོ།

གནའ་རབས་བོད་ཡིག་གི་བྲིས་གཞུང་དར་འཕེལ་བྱུང་རབས།

བསྟན་གོ། 《བོད་ལྗོངས་སློབ་གྲྭ་ཆེན་མོའི་རིག་དེབ》2018ལོའི་དེབ་གཉིས་པ།

རྒྱུད་སྡེ་བཞིའི་དཀྱིལ་འཁོར་སོགས་ཀྱི་ཐིགས་རྩ་བཞུགས་སོ།

འབྲས་ངག་དབང་བསམ་འཕེལ་གྱིས་མཁོ་འདོན་གནང་། 《བོད་ལྗོངས་ནང་བསྟན》2018ལོའི་དེབ་བཞི་པ།

བོད་ཀྱི་རབ་བཏགས་རི་མོ་དང་འགྱུལ་རིས་ཀྱི་གནས་བབས་དང་འཕེལ་རྒྱས་སྐོར་ཅུང་ཟད་གླེང་བ།

སྟག་ལྷ་ཚེ་བརྟན། 《བོད་ལྗོངས་སློབ་གྲྭ་ཆེན་མོའི་རིག་དེབ》2018ལོའི་དེབ་གསུམ་པ།

བལ་རིས་བོད་ལ་དར་ཚུལ་གྱི་ལོ་རྒྱུས་དང་འབྲེལ་ཏེ་བལ་བྲིས་དང་མཁྱེན་ལུགས་བར་གྱི་འབྲེལ་བའི་སྐོར་གླེང་བ།

ཤ་བོ་རྡོ་རྗེ། བན་དེ་ཚེ་རིང་། 《རྩེར་སྙེག》2018ལོའི་དེབ་གསུམ་པ།

བོད་གཡུའི་རིགས་དབྱེའི་དང་ཕན་ནུས། བཟོ་རྩལ་སྐོར་ལ་མདོ་ཙམ་གླེང་བ།

བསོད་ནམས་བཀྲ་ཤིས། 《བོད་ལྗོངས་སྒྱུ་རྩལ་ཞིབ་འཇུག》2018ལོའི་དེབ་དང་པོ།

ཟོ་བྲང་པོ་ཏ་ལའི་དར་གོས་ལས་འགྲོས་ཏེ་མེ་ཏོག་པདྨའི་སྐོར་མདོ་ཙམ་དཔྱད་པ།

བསོད་ནམས་མཚོ། 《གངས་ལྗོངས་རིག་གནས》2018ལོའི་དེབ་གཉིས་པ།

དཔལ་ལྡན་བཀའ་བརྒྱུད་མགུར་མཚོ་ལས་འགྲོས་ཏེ་སྐྱབ་པའི་མགུར་ཆེན་སྐོར་རགས་ཙམ་གླེང་བ།

ཕུན་ཚོགས་ཡོན་ཏན། 《བོད་ལྗོངས་སྒྱུ་རྩལ་ཞིབ་འཇུག》2018ལོའི་དེབ་དང་པོ།

གླིང་བྲོ་བདེ་ཆེན་རོལ་མོའི་བྱུང་འཕེལ་གྱི་ལོ་རྒྱུས་དང་ད་ལྟའི་གནས་བབ། ——ལྷ་ས་གྲོང་ཁྱེར་འདམ་གཞུང་རྫོང་ལུང་རིང་ཤང་རག་ཆུང་གྲོང་ཚོའི་གླིང་བྲོ་གཞིར་བྱས་པ།

ཀློ་བཟང་བཟོད་པ། ཀརྨ་བརྟན་འགྲུས་བཟང་པོ། 《བོད་ལྗོངས་སྒྱུ་རྩལ་ཞིབ་འཇུག》2018ལོའི་དེབ་དང་པོ།

ཕྱེང་མགོའི་བྲོ་ཡི་བྱུང་འཕེལ་དང་དེའི་སྒྱུ་རྩལ་ཁྱད་ཆོས་སྐོར་གླེང་བ།

རྒྱལ་མཚན། 《བོད་ལྗོངས་སྒྱུ་རྩལ་ཞིབ་འཇུག》2018ལོའི་དེབ་དང་པོ།

ཧེ་པོ་གནའ་བྲོའི་སྒྱུ་རྩལ་ཁྱད་ཆོས་སྐོར་ཙུང་ཟད་གླེང་བ།

ཡ་མ་རྒྱལ་མཚན། ཀློ་བཟང་གཡང་མཚོ། 《བོད་ཀྱི་དམངས་སྲོལ་རིག་གནས》2018ལོའི་དེབ་དང་པོ།

ཐླ་བྲང་དགོན་པའི་མདོ་དར་གླེང་བ།

དཀའ་ཐུབ་རྒྱལ། 《བོད་ཀྱི་དམངས་སྲོལ་རིག་གནས》2018ལོའི་དེབ་དང་པོ།

ཐླ་བྲང་སྟོན་ཆགས་སྟེ་བའི་རྣམ་ཐར་སྐོར་ཙུང་ཙམ་གླེང་བ།

ཟིན་ཐར་སྐྱིད། 《བོད་ཀྱི་དམངས་སྲོལ་རིག་གནས》2018ལོའི་དེབ་དང་པོ།

མདོ་སྨད་གཙན་ཚའི་ཚོ་དྲུག་བཀྲ་ཤིས་དགའ་ལྡན་གླིང་གི་སྟགས་འཆམ་ངོ་སྤྲོད།

ཀློ་བཟང། 《བོད་ཀྱི་དམངས་སྲོལ་རིག་གནས》2018ལོའི་དེབ་གཉིས་པ།

ཀན་ལྷོའི་གཙོད་དགའ་ལྡན་ཆོས་གླིང་གི་འཆམ་ལ་རགས་ཙམ་དཔྱད་པ།

བན་དེ་མཚོ། 《བོད་ཀྱི་དམངས་སྲོལ་རིག་གནས》2018ལོའི་དེབ་གཉིས་པ།

གཞས་ལམ་ཁྲ་མོ་ནས་མཆེད་པའི་རོལ་དབྱངས་ཀྱི་ཕྱུགས་འདུན། ——ཨ་ཁུ་དུང་བརྩེ་བརྒྱུད་ནས་བོད་མིའི་དབྱངས་ཁྱབ་སྤེལ་ལ་རྒྱུས་ལོན་བྱས་པ།

རྣམ་རྒྱལ་གྱིས་བརྩམས། བོད་མིའི་དབྱངས་ཁྱབ་སྤེལ་གྱིས་པར་བཏོན། 《མི་རིགས》2018ལོའི་དེབ་གཉིས་པ།

ཙ་ནེ་ས་དམར་ཡུལ་དུ《དྲི་མེད་ཀུན་ལྡན་གྱི་རྣམ་ཐར་ཟློས་གར》བྱུང་ཚུལ་དང་དེའི་ཁྱད་ཆོས་མདོ་ཙམ་གླེང་བ།

སངས་རྒྱས་རྒྱ་མཚོ། 《སྤྲང་རྒྱན་མེ་ཏོག》2018ལོའི་དེབ་དང་པོ།

གཙང་གཡས་རུའི་ཕོངས་གྱེར་ཕུའི་དམངས་ཁྲིད་གར་གྱི་བྱུང་འཕེལ་དང་སྒྱུ་རྩལ་ཁྱད་ཆོས་སྐོར་རགས་ཙམ་གླེང་བ།

རྡོ་རྗེ་ཚེ་དབང་། 《སྤྲང་རྒྱན་མེ་ཏོག》2018ལོའི་དེབ་གཉིས་པ།

བོད་ཁང་གི་རྒྱན་སྤྲས་རིག་གནས་ཀྱི་འཕོ་འགྱུར།

ཤར་རྣ་དབང་འདུས། 《ཀྲུང་གོའི་བོད་ལྗོངས》2018ལོའི་དེབ་དྲུག་པ།

བྱང་རྩྭ་ཐང་ཁུལ་གྱི་ཞོལ་རལ་པའི་སྒྱུ་རྩལ་སྐོར་རགས་ཙམ་གླེང་བ།

བསམ་དཀར་སྒྲོལ་མ། 《བོད་ལྗོངས་སློབ་གྲྭ་ཆེན་མོའི་རིག་དེབ》2018ལོའི་དེབ་གསུམ་པ།

ས་ཁོངས་རིག་གནས་སྒྲིག་ཁོངས་འོག་གི་བོད་ལྗོངས་ཀྱི་སྲོལ་རྒྱུན་རོལ་དབྱངས་ཉམས་འགྱུར་ཁུལ།——བོད་རིགས་རོལ་དབྱངས་མཁས་ཅན་རྒན་སྐལ་བཟང་ཆོས་རྒྱལ་མཆོག་ལ་བཅར་འདྲི་ཞུས་པའི་ཟིན་ཐོ།

ལྷ་དབང་། སྲི་ཐར་དོན་གྲུབ། 《བོད་ལྗོངས་སློབ་གྲྭ་ཆེན་མོའི་རིག་དེབ》2018ལོའི་དེབ་བཞི་པ།

ཁམས་ཏྲེ་ཧོར་ཡུལ་གྱི་གནའ་བྲིའི་སྐོར་རགས་ཙམ་གླེང་བ།

ངག་དབང་སྒྲོལ་མ། 《བོད་ལྗོངས་སློབ་གྲྭ་ཆེན་མོའི་རིག་དེབ》2018ལོའི་དེབ་བཞི་པ།

གནའ་བོའི་རྣམ་ཐར་རིག་གནས་ཞེས་པའི་བརྗོད་དོན་དང་དེའི་འཁྲབ་ལུགས།

ཚེ་རིང་ལྷ་མོ། 《ཟླ་ཟེར》2018ལོའི་དེབ་གསུམ་པ།

ཀུན་སྣོའི་རྣམ་ཐར་ཟློས་གར་ཐད་གནས་པའི་གནད་དོན་དང་འཕེལ་རྒྱས་གཏོང་ཐབས་སྐོར་གྱི་བསམ་གཞིགས།

ཆོས་རྒྱལ་འཚོ། 《ཟླ་ཟེར》2018ལོའི་དེབ་བཞི་པ།

《གངས་འདབས་ཀྱི་ཤུག་སྡོང་ཁེར་སྐྱེས》ཞེས་པའི་བརྙན་ཐྲན་ལས་མཚོན་པའི་རིག་གནས་འགལ་འདུ་དང་སྒྱུ་རྩལ་མཚོན་ཐབས་སྐོར་རགས་ཙམ་གླེང་བ།

རིན་ཆེན་སྒྲོལ་མ། 《བོད་ལྗོངས་སློབ་གསོ》2018ལོའི་དེབ་གཉིས་པ།

བོད་སྐད་གློག་བརྙན་སྒྱུར་སྐྲུན་ལས་སྐད་སྒྱུར་སྒྱུ་རྩལ་སྐོར་རོབ་ཙམ་གླེང་བ།

ཡང་ལྷ། 《མཚོ་སྔོན་མི་རིགས་སློབ་ཆེན་རིག་དེབ》2018ལོའི་དེབ་དང་པོ།

ཟློས་གར་གློག་བརྙན་གྱི་མི་སྣ་དྲི་མེད་ཀུན་ལྡན་གྱི་རིན་ཐང་ལྟ་ཚུལ་སྐོར་གླེང་བ།

ལྷ་དཔལ། ཟློ་རྒྱལ། 《རྩེར་སྙེག》2018ལོའི་དེབ་གཉིས་པ།

《བོད་ལྗོངས་སྒྱུ་རྩལ་ཞིབ་འཇུག》བོད་ཡིག་པར་མའི་རིག་གཞུང་ཞིབ་འཇུག་གི་གྲུབ་འབྲས་སྐོར་གླེང་བ།

འདི་ག་རྩོམ་སྒྲིག་ཁང་ནས། 《བོད་ལྗོངས་སྒྱུ་རྩལ་ཞིབ་འཇུག》2018ལོའི་དེབ་དང་པོ།

གླིང་སྒྲུང་གི་སྐོར།

ཨ་སྟག་ལྷ་མོ་དང་འབྲེལ་བའི་དད་མོས་དང་ངག་རྒྱུན་ཤུལ་རྟེན་ལ་དཔྱད་པ།

བསོད་རྒྱལ་འབུམ། 《བོད་ལྗོངས་ཞིབ་འཇུག》2018ལོའི་དེབ་དང་པོ།

མགོ་ལོག་གི་གེ་སར་རིག་གནས་དང་དམངས་ཁྲོད་དད་མོས་དབར་གྱི་འབྲེལ་བར་ཐོག་མར་དཔྱད་པ།

གཙང་པ་དོན་གྲུབ། 《བོད་ལྗོངས་ཞིབ་འཇུག》2018ལོའི་དེབ་གཉིས་པ།

རྨ་ཡུལ་མགོ་ལོག་གེ་སར་རིག་གནས་སྐྱེ་ཁམས་སྐོར་གྱི་རྟོག་དཔྱོད་དང་ཞིབ་འཇུག

གཙང་པ་དོང་གྲུབ། 《བོད་ལྗོངས་སྒྱུ་རྩལ་ཞིབ་འཇུག》2018ལོའི་དེབ་དང་པོ།

ཉལ་འགྲོའི་རྒྱུན་བཞིན་ཆད་པ་མེད་པའི་འཛམ་གླིང་ཐོག་གི་སྒྲུང་རིང་གླིང་རྗེ་གེ་སར་རྒྱལ་པོའི་སྒྲུང་གི་ངོ་མཚར། ——རང་སྐྱོང་ལྗོངས་རིམ་པའི་གླིང་སྒྲུང་གི་དཔེ་མཚོན་རྒྱུད་འཛིན་པ་སྲི་ཐར་རྡོ་རྗེའི་ལོ་རྒྱུས་མདོར་བསྡུས།

ཡོན་ཏན་སྒྲོལ་མ། 《གངས་ལྗོངས་རིག་གནས》2018ལོའི་དེབ་དང་པོ།

སྟོད་མངའ་རིས་ཡུལ་གྱི་གེ་སར་རྒྱལ་པོའི་ངག་རྒྱུན་དང་ཤུལ་རྟེན་སྐོར་གླེང་བ།

ཚེ་རིང་དོན་གྲུབ། 《བོད་ཀྱི་དམངས་སྲོལ་རིག་གནས》2018ལོའི་དེབ་གཉིས་པ།

ལྷངས་ཨ་མྱེས་བྱང་ཆུབ་འདྲེ་བཀོལ་དང་གླིང་རྗེ་གེ་སར་རྒྱལ་པོ་གཉིས་ཀྱི་མཆོད་ཡོན་གྱི་འབྲེལ་བའི་སྐོར་གླེང་བ།

རྡོ་རྗེ་འབུམ། 《མི་རིགས》2018ལོའི་དེབ་དང་པོ།

འདས་པའི་བོད་མིའི་སྣང་བརྙན་གསལ་པོར་སྟོན་བྱེད་ཀྱི་མེ་ལོང་གླིང་གེ་སར་རྒྱལ་པོའི་སྒྲུང་།

ཚེ་རིང་འགྱུར་མེད། 《མི་རིགས》2018ལོའི་དེབ་གསུམ་པ།

བོད་ཀྱི་གསོལ་མཆོད་རིག་གནས་ཀྱི་བྱུང་ཚུལ་དང་འབྲེལ་ནས་གེ་སར་གསོལ་སྐྱབ་ཀྱི་འབྱུང་རྐྱེན་བཤད་པ།

བསོད་རྒྱལ་འབུམ། 《ནུབ་བྱང་མི་རིགས་སློབ་གྲྭ་ཆེན་མོའི་རིག་གཞུང་དུས་དེབ》2018ལོའི་དེབ་དང་པོ།

སེར་ཤུལ་རྫོང་བ་རོང་གྲོང་ཚོའི་གེ་སར་རིག་གནས་ཐོན་ཁུངས་སྐོར་ལ་གླེང་བ།

འཇམ་དབྱངས་ཆོས་སྒྲོན། 《ནུབ་བྱང་མི་རིགས་སློབ་གྲྭ་ཆེན་མོའི་རིག་གཞུང་དུས་དེབ》2018ལོའི་དེབ་གཉིས་པ།

གེ་སར་སྒྲུང་ལས《གྲུ་གུ་གོ་རྫོང》ལ་ཅུང་ཟད་དཔྱད་པ།

བོན་སྐོར་པད་མ་རྒྱལ། 《ནུབ་བྱང་མི་རིགས་སློབ་གྲྭ་ཆེན་མོའི་རིག་གཞུང་

དུས་དེབ》2018ལོའི་དེབ་གཉིས་པ།

གླིང་སྒྲུང་གི་གཏམ་དཔེའི་སྒྱུ་རྩལ་རང་བཞིན་དང་སློབ་གསོའི་དོན་སྙིང་སྐོར་རགས་ཙམ་གླེང་བ།

འཇམ་དབྱངས་ཆོས་སྒྲོན། 《བོད་ལྗོངས་སློབ་གྲྭ་ཆེན་མོའི་རིག་དེབ》2018ལོའི་དེབ་དང་པོ།

གླིང་སྒྲུང་དང་འབྲེལ་བའི་གཉན་ཞེས་པའི་ཐ་སྙད་ལ་དཔྱད་པ།

འཆི་མེད་རྡོ་རྗེ། 《བོད་ལྗོངས་སློབ་གྲྭ་ཆེན་མོའི་རིག་དེབ》2018ལོའི་དེབ་གཉིས་པ།

གླིང་སྒྲུང་ལས་འབྲུ་སྣ་སྦེ་ཆོས་སྐྱོང་བེར་ནག་གི་སྐོར་རགས་ཙམ་གླེང་བ།

ལི་པ་འཇམ་དབྱངས་དཔལ་བཟང་། 《རྩེར་སྙེག》2018ལོའི་དེབ་དང་པོ།

གླིང་སྒྲུང་ལས་རྟ་དང་འབྲེལ་བའི་ཆོས་ལུགས་རིག་གནས་སྐོར་གྱི་རགས་དཔྱད།

བཀྲ་ཤིས་རྡོ་རྗེ། 《རྩེར་སྙེག》2018ལོའི་དེབ་དང་པོ།

འཛམ་གླིང་གེ་སར་རྒྱལ་པོའི་སྒྲུང་རྒྱུད་འཛིན་དང་དར་སྤེལ་བྱེད་པའི་ཐབས་ལམ་སྐོར་གླེང་བ།

ཚེ་རིང་དོན་གྲུབ། 《མཚོ་སྔོན་མི་རིགས་སློབ་ཆེན་རིག་དེབ》2018ལོའི་དེབ་གསུམ་པ།

གནའ་དེང་གཉིས་ཀྱི་གླིང་སྒྲུང་འཛིན་སྐྱོང་དཀའ་ཞེན་ཚོགས་པའི་འཕེལ་འགྱུར་དང་ཕྱིས་འབྱུང་དར་སྤེལ་གཏོང་ཐབས་སྐོར་གླེང་བ།

འབྲི་གུང་རྣམ་རྒྱལ། 《བོད་ལྗོངས་སློབ་གྲྭ་ཆེན་མོའི་རིག་དེབ》2018ལོའི་དེབ་གསུམ་པ།

གླིང་སྒྲུང་ལས་བྱུང་བའི་གྲི་དང་གྲི་རྩལ་གྱི་སྐོར་གླེང་བ།

རྡོ་རྗེ་མཚོ། 《རྩེར་སྙེག》2018ལོའི་དེབ་གསུམ་པ།

གླིང་སྒྲུང་ལས་མངོན་པའི་ཆབ་སྲིད་དང་དམག་དོན་གྱི་གནས་བབ་བཤད་པ།

སྙིང་བོ་ཚེ་རིང་། 《རྩེར་སྙེག》2018ལོའི་དེབ་གསུམ་པ།

གེ་སར་རྒྱལ་པོའི་ཕོ་བྲང་སེང་འབྲུག་སྟག་རྩེ་ཡི་བཟོ་བཀོད་ཁྱད་ཆོས་ལ་དཔྱད་པ།

ཉིང་འཛིན་འཚོ། 《ཟླ་ཟེར》2018ལོའི་དེབ་གསུམ་པ།

གསོ་རིག སྐར་རྩིས།

རྒྱུན་སྤྱོད་སྨན་སྦྱོར་ཁག་ཅིག་ལས་ཅོང་ཞིའི་སྙོས་ཀྱི་འདུལ་ཚུལ་ལག་ལེན་སྐོར་ལ་ཐོག་མར་དཔྱད་པ།

སྟང་ར་དབང་གྲགས། བྱ་མདོ་སྒྲ་བྱམས་རྒྱལ། 《ཀྲུང་གོའི་བོད་རིག་པ》2018ལོའི་དེབ་དང་པོ།

བོད་ལུགས་གསོ་རིག་གི་ལུས་ཆགས་པའི་རྒྱུ་གསུམ་གྱི་རྣམ་གཞག་རིགས་སྒྲུབ།

གཙོད་པ་རྒྱལ། 《ཀྲུང་གོའི་བོད་རིག་པ》2018ལོའི་དེབ་བཞི་པ།

གནའ་རབས་བོད་ཀྱི་མཚོན་རྨ་གསོ་བའི་ལག་ལེན་དང་རིག་གཞུང་གི་ཆེ་བ་བརྗོད་པ།

ཀ་རིང་སྐལ་བཟང་རྡོ་རྗེ། ཚེ་རིང་ལྷ་མོ། 《ཀྲུང་གོའི་བོད་རིག་པ》2018ལོའི་དེབ་བཞི་པ།

བི་ཛི་པོ་ཏི་ཁ་སེར་ཞེས་པའི་གཞུང་གི་བྱུང་འཕེལ་གླེང་བ།

བསོད་ནམས་ཚེ་རིང་། དོན་གྲུབ་རྒྱལ། 《ཀྲུང་གོའི་བོད་ཀྱི་གསོ་རིག》2018ལོའི་དེབ་དང་པོ།

《གསོ་དཔྱད་རིན་པོ་ཆེའི་འཁྲུངས་དཔེ》ཡིས་བོད་ཀྱི་གསོ་རིག་གི་གཞུང་གཞན་ལ་ཐེབས་པའི་ཤུགས་རྐྱེན།

ཚེ་རིང་རྣམ་རྒྱལ། སྨིན་ཞན་ལི། 《ཀྲུང་གོའི་བོད་ཀྱི་གསོ་རིག》2018ལོའི་དེབ་དང་པོ།

ཉེས་པ་འཕེལ་ཟད་ཀྱི་རྒྱུའི་སྐོར་ལ་ཐུང་ཙམ་དཔྱད་པ།

མགོན་པོ་སྐྱབས། ཕྱུམ་འཚོ། 《ཀྲུང་གོའི་བོད་ཀྱི་གསོ་རིག》2018ལོའི་དེབ་དང་པོ།

བོད་ལུགས་གསོ་རིག་ལས་བཏུང་བ་ཆུའི་བཟང་ངན་འབྱེད་ཚུལ་ལ་དཔྱད་པ།

པདྨ་ཚེ་བརྟན། 《ཀྲུང་གོའི་བོད་ཀྱི་གསོ་རིག》2018ལོའི་དེབ་དང་པོ།

སྨན་སྤོགས་ཟུང་འབྲེལ་གྱི་དགེ་མཚན་རགས་ཙམ་གླེང་བ།

རིན་ཆེན་དར་རྒྱས། དབང་ཆེན་ཚེ་བརྟན། 《ཀྲུང་གོའི་བོད་ཀྱི་གསོ་རིག》2018ལོའི་དེབ་དང་པོ།

གནས་དང་བརྟེན་གྱི་སྒོ་ནས་ཟ་འཕྲུག་ནད་ཀྱི་དབྱེ་བའི་སྐོར་གླེང་བ།

ཟླ་བ་ཚེ་རིང་། ཨ་རྒྱན་སྐྱབས། 《ཀྲུང་གོའི་བོད་ཀྱི་གསོ་རིག》2018ལོའི་དེབ་དང་པོ།

འདུས་ནད་བད་ཀན་སྨུག་པོའི་རིགས་དབྱེ་བཞིའི་ངོ་བོ་དང་རྒྱུ་རྐྱེན་རགས་ཙམ་གླེང་བ།

བློ་བཟང་དོན་གྲུབ། ཟླ་བྱམས་རྒྱལ། 《ཀྲུང་གོའི་བོད་ཀྱི་གསོ་རིག》2018ལོའི་དེབ་དང་པོ།

གཉན་སློ་རིམས་ཁྲག་འབྱམས་ནད་ཀྱི་ངོས་འཛིན་དང་བརྟག་བཅོས་ལ་ཐུང་ཟད་དཔྱད་པ།

རིག་འཛིན་རྒྱལ། ཆོས་དབྱིངས་རང་གྲོལ། 《ཀྲུང་གོའི་བོད་ཀྱི་གསོ་རིག》2018ལོའི་དེབ་དང་པོ།

སྐྱུགས་པ་ལ་བརྟག་ནས་ནད་གཞི་ངོས་འཛིན་སྐོར་རོབ་ཙམ་གླེང་བ།

སྙིང་འབྲུམ་མཁར། 《ཀྲུང་གོའི་བོད་ཀྱི་གསོ་རིག》2018ལོའི་དེབ་དང་པོ།

གསེར་གྱི་བྱེ་མའི་ངོས་འཛིན་ལ་དཔྱད་པ།

མགོན་པོ་དོན་གྲུབ། རིག་འཛིན་དབང་རྒྱལ། 《ཀྲུང་གོའི་བོད་ཀྱི་གསོ་རིག》2018ལོའི་དེབ་དང་པོ།

བོད་བཙན་པོའི་སྐབས་ཀྱི་སྨན་རྒྱུད་གསུམ་གྱིས་གསར་གཏོད་གནང་བའི་ཁྲག་གཅོད་སྨན་སྦྱོར་གསུམ་ལ་དཔྱད་པ།

སྟོང་སྐོར་མགོན་པོ་དོན་གྲུབ། རོང་པ་མིག་དམར། 《ཀྲུང་གོའི་བོད་ཀྱི་གསོ་རིག》2018ལོའི་དེབ་དང་པོ།

འཆིང་བྱེད་ལྷུགས་བརྒྱད་ལས་ཞ་ཉེའི་ཐལ་བཟོའི་ལག་ལེན་སྐོར་རགས་ཙམ་གླེང་བ།

རྒྱལ་ལོ། 《ཀྲུང་གོའི་བོད་ཀྱི་གསོ་རིག》2018ལོའི་དེབ་དང་པོ།

བོད་ལུགས་གསོ་བ་རིག་པའི་ཁ་ཚར་གྱི་སྐོར་ལ་ཅུང་ཟད་དཔྱད་པ།

དཀར་སྒྲོགས། 《ཀྲུང་གོའི་བོད་ཀྱི་གསོ་རིག》2018ལོའི་དེབ་དང་པོ།

དུད་བདུག་གི་བཅོས་ཐབས་ལག་ལེན་གཅེས་བསྡུས།

མཁའ་འགྲོ་སྐྱབས། 《ཀྲུང་གོའི་བོད་ཀྱི་གསོ་རིག》2018ལོའི་དེབ་དང་པོ།

མན་ངག་རིན་ཆེན་གཏེར་མཛོད་ཀྱི་རྩོམ་པ་པོའི་འབྱུང་འདས་ལོ་ཚུགས་ལ་དཔྱད་པ།

སྨོན་པ་རྒྱལ། རྡོ་རྗེ་རིན་ཆེན། 《ཀྲུང་གོའི་བོད་ཀྱི་གསོ་རིག》2018ལོའི་དེབ་གཉིས་པ།

ཁྲི་མ་རྒྱུད་དང་སྨན་དཔྱད་ཟླ་རྒྱལ་གཉིས་ལས་བསྟན་པའི་དྲི་ཆུའི་བརྟག་ཞིབ།

འབྲུག་མོ་མཚོ། བསམ་གྲུབ་རྒྱལ། 《ཀྲུང་གོའི་བོད་ཀྱི་གསོ་རིག》2018ལོའི་དེབ་གཉིས་པ།

ནྭགས་པོ་ཐོར་འབུམ་ལས་བྱུང་བའི་སྨན་རྫས་གཞུང་ལུགས་ཀྱི་ཞིབ་འཇུག

ཚེ་རིང་རྣམ་རྒྱལ། ཟིན་ཞན་ཡི། 《ཀྲུང་གོའི་བོད་ཀྱི་གསོ་རིག》2018ལོའི་དེབ་གཉིས་པ།

པགས་ནད་ཤ་བཀྲའི་རྒྱུ་ལ་དཔྱད་པ།

ཕག་མོ་སྒྲོལ་མ། སྐལ་བཟང་རྡོ་རྗེ། 《ཀྲུང་གོའི་བོད་ཀྱི་གསོ་རིག》2018ལོའི་དེབ་གཉིས་པ།

རུས་པའི་གྱུར་ཚུལ་དང་འབྲེལ་ཏེ་སོ་ཡི་གནས་ལུགས་ལ་དཔྱད་པ།

དོན་འགྲུབ་སྒྲོལ་མ། དཀོན་མཆོག་རྒྱལ་མཚན། 《ཀྲུང་གོའི་བོད་ཀྱི་གསོ་རིག》2018ལོའི་དེབ་གཉིས་པ།

ལུས་ཆགས་གནས་འཛིག་གསུམ་གྱི་གནས་སྐབས་སོ་སོར་རླུང་གི་བྱེད་ལས་ཐོན་ཚུལ་ལ་དཔྱད་པ།

ཕུན་ཚོགས་ལྷ་རྫས། དཀོན་མཆོག་རྒྱལ་མཚན། 《ཀྲུང་གོའི་བོད་ཀྱི་གསོ་རིག》2018ལོའི་དེབ་གཉིས་པ།

དེའུ་དམར་ལུགས་ཀྱི་བྱིས་པའི་རྣ་རྩ་བརྟག་ཐབས་སྐོར་རོབ་ཙམ་གླེང་བ།

མཁའ་འགྲོ་ཚེ་རིང་། གཡང་མེར། 《ཀྲུང་གོའི་བོད་ཀྱི་གསོ་རིག》2018ལོའི་དེབ་གཉིས་པ།

ལུད་པའི་བརྟག་ཐབས་བཅུ་གཅིག་ལ་བརྟེན་ནས་དོན་ལྷའི་ནད་ཀྱི་ངོས་འཛིན་ལ་དཔྱད་པ།

མགོན་པོ་སྐྱབས། ཕྲུམ་མཚོ། 《ཀྲུང་གོའི་བོད་ཀྱི་གསོ་རིག》2018ལོའི་དེབ་གཉིས་པ།

སྐྲ་དཀར་ནད་ཀྱི་རྒྱུ་རྐྱེན་རྟགས་བཅོས་སྐོར་ལ་ཐུང་ཙམ་དཔྱད་པ།

རིན་ཆེན་མཚོ། སངས་རྒྱས་ཚེ་རིང་། 《ཀྲུང་གོའི་བོད་ཀྱི་གསོ་རིག》2018ལོའི་དེབ་གཉིས་པ།

གྲུམ་བུའི་ནད་ཀྱི་རྒྱུ་རྐྱེན་རྟགས་བཅོས་སྐོར་ལ་རགས་ཙམ་དཔྱད་པ།

གྲགས་པ། སྒྲོལ་མ་སྐྱབས། 《ཀྲུང་གོའི་བོད་ཀྱི་གསོ་རིག》2018ལོའི་དེབ་གཉིས་པ།

བོད་ཕྱི་ཟུང་འབྲེལ་སྨོས་སྦྱོ་བྱེད་ནད་ཀྱི་གསོ་བཅོས་ལ་རགས་ཙམ་དཔྱད་པ།

བསོད་ནམས་སྒྲོལ་མ། དཀོན་མཆོག་རྒྱལ་མཚན། 《ཀྲུང་གོའི་བོད་ཀྱི་གསོ་རིག》2018ལོའི་དེབ་གཉིས་པ།

ཐུར་སེལ་རླུང་གིས་མངལ་སྒོ་བཀག་སྐྱེ་བྱིས་པ་དུས་ལྟར་བཙའ་མི་ཐུབ་པའི་སྐོར་རགས་ཙམ་གླེང་བ།

བོད་གཞུག་སྐྱིད། སྙིང་མོ་བྱམས། 《ཀྲུང་གོའི་བོད་ཀྱི་གསོ་རིག》2018ལོའི་དེབ་གཉིས་པ།

སྒ་སྐྱུ་ཚིག་ཐང་གི་ཕན་ནུས་སྐོར་ལ་ཐུང་ཙམ་དཔྱད་པ།

སྟོབས་ལྡན་སྐྱིད། དབང་ལྡན་དོན་འགྲུབ། 《ཀྲུང་གོའི་བོད་ཀྱི་གསོ་རིག》2018ལོའི་དེབ་གཉིས་པ།

ཏྲལ་དབྱུང་གི་ཆོ་གའི་སྐོར་རགས་ཙམ་གླེང་བ།

རྫོ་ཁོ། 《ཀྲུང་གོའི་བོད་ཀྱི་གསོ་རིག》2018ལོའི་དེབ་གཉིས་པ།

ཏྲད་དུགས་རིགས་གསུམ་གྱི་ཕན་ནུས་སྐོར་རོབ་ཙམ་གླེང་བ།

ཟླ་སྒྲོན། བསམ་གྲུབ་རྒྱལ། 《ཀྲུང་གོའི་བོད་ཀྱི་གསོ་རིག》2018ལོའི་དེབ་གཉིས་པ།

ཏྲེག་ནད་ཀྱི་བརྟག་བཅོས་མྱོང་བྱང་།

བསོད་ནམས་དར་རྒྱས། 《ཀྲུང་གོའི་བོད་ཀྱི་གསོ་རིག》2018ལོའི་དེབ་གཉིས་པ།

སྡེ་སྲིད་སངས་རྒྱས་རྒྱ་མཚོས་བོད་ཀྱི་གསོ་རིག་གོང་འཕེལ་ཐད་མཛད་འཕྲིན་ཇི་ལྟར་བསྐྱངས་ཚུལ།

མི་འགྱུར། 《ཀྲུང་གོའི་བོད་ཀྱི་གསོ་རིག》2018ལོའི་དེབ་གསུམ་པ།

ཁྲི་དར་མ་འུ་དུམ་བཙན་དང་འབྲེལ་བའི་བོད་ཀྱི་གསོ་རིག་གི་དར་རྒྱུད།

ཚེ་རིང་། དགེ་དར། 《ཀྲུང་གོའི་བོད་ཀྱི་གསོ་རིག》2018ལོའི་དེབ་གསུམ་པ།

དཔལ་ལྡན་རྒྱུད་བཞི་ལས་བསྟན་པའི་སྨན་པ་མཆོག་གི་རྐྱེན་གསུམ་གླེང་བ།

དཀོན་མཆོག་རྒྱལ་མཚན། 《ཀྲུང་གོའི་བོད་ཀྱི་གསོ་རིག》2018ལོའི་དེབ་གསུམ་པ།

ཐང་སྦྱོར་ལག་ལེན་གྱི་སྐོར་ལ་ཅུང་ཙམ་དཔྱད་པ།

སྟོབས་ལྡན་སྐྱིད། དབང་ལྡན་དོན་གྲུབ། 《ཀྲུང་གོའི་བོད་ཀྱི་གསོ་རིག》2018ལོའི་དེབ་གསུམ་པ།

ཁང་པའི་སྤྱོད་ཆའི་ནད་ཀྱི་ངོས་འཛིན་དང་རིག་གཞུང་འཕེལ་རིམ།

བཀྲ་ཤིས་ཕུན་ཚོགས། བསོད་ནམས་ཚེ་རིང་། 《ཀྲུང་གོའི་བོད་ཀྱི་གསོ་རིག》2018ལོའི་དེབ་གསུམ་པ།

མང་ལ་གནས་ཀྱི་ཕོ་མོ་འགྱུར་ཚུལ་ལ་ཅུང་ཙམ་དཔྱད་པ།

བསོད་ནམས་ཚེ་རིང་། རིན་ཆེན་མཚོ། 《ཀྲུང་གོའི་བོད་ཀྱི་གསོ་རིག》2018ལོའི་དེབ་གསུམ་པ།

གློ་ནད་སྐྱུགས་བཅོས་ཀྱི་ལག་ལེན།

རིན་ཆེན་དོན་གྲུབ། ཉིང་འཛིན་ཚེ་རིང་། 《ཀྲུང་གོའི་བོད་ཀྱི་གསོ་རིག》2018ལོའི་དེབ་གསུམ་པ།

བཤང་འགགས་ནད་ཀྱི་བརྟག་བཅོས།

མཁའ་མོ་རྒྱལ། བཀྲ་ཤིས་ཚེ་རིང་། 《ཀྲུང་གོའི་བོད་ཀྱི་གསོ་རིག》2018ལོའི་དེབ་གསུམ་པ།

ཆའི་བརྟག་ཐབས་ལས་དོན་སྤྱོད་འབྲེལ་འཁོར་གྱི་དོགས་སློང་ཞིབ་འཇུག

ལྷ་བྲམས་ཚེ་རིང་། ཉི་མ་ཚེ་རིང་། 《ཀྲུང་གོའི་བོད་ཀྱི་གསོ་རིག》2018ལོའི་དེབ་གསུམ་པ།

འབྲི་གུང་གསོ་རིག་གི་དམུ་ཆུའི་ནད་ཀྱི་བརྟག་བཅོས་དང་གསང་སྨན་ཞིབ་འཇུག

མགོན་པོ་དོན་གྲུབ། 《ཀྲུང་གོའི་བོད་ཀྱི་གསོ་རིག》2018ལོའི་དེབ་གསུམ་པ།

ཚབ་སྨན་གྱི་གལ་ཆེན་རང་བཞིན། ཆོས་དབྱངས།

མགོན་པོ་བཀྲ་ཤིས། 《ཀྲུང་གོའི་བོད་ཀྱི་གསོ་རིག》2018ལོའི་དེབ་གསུམ་པ།

ཐལ་ཚྭའི་བཟོ་ཐབས་དང་ཕན་ནུས།

ཨ་སྒྲོན་མཚོ། དོན་གྲུབ། 《ཀྲུང་གོའི་བོད་ཀྱི་གསོ་རིག》2018ལོའི་དེབ་གསུམ་པ།

ཀྲེ་ཕོཾ་དང་ཀྲེ་ཕོཾ་གི་ཚབ་སྨན་ཞིབ་འཇུག

པད་མ་མཚོ། རྡོ་རྗེ། 《ཀྲུང་གོའི་བོད་ཀྱི་གསོ་རིག》2018ལོའི་དེབ་གསུམ་པ།

དངུལ་ཆུ་དྲག་འདུལ་རྡོ་རྗེ་ཐིགས་པའི་ལག་ལེན་གསལ་པོར་བཤད་པ་འཚོ་བྱེད་དགྱེས་པའི་དགའ་སྟོན།

སྐལ་བཟང་རྒྱ་མཚོ། 《ཀྲུང་གོའི་བོད་ཀྱི་གསོ་རིག》2018ལོའི་དེབ་གསུམ་པ།

སྨན་སྦྱོར་ནུས་པ་ཕྱོགས་བསྡུས་ཕན་བདེའི་ལེགས་བཤད་ལས་གྲུམ་བུའི་ནད་ཀྱི་སྨན་སྦྱོར་དབྱེ་ཞིབ།

རིན་ཆེན་སྐྱིད། རོང་པ་མིག་དམར། 《ཀྲུང་གོའི་བོད་ཀྱི་གསོ་རིག》2018ལོའི་དེབ་གསུམ་པ།

ཁྲི་བརྟག་རིན་ཆེན་ལྡེ་མིག

ཀརྨ་ཚོགས་གཉིས། 《ཀྲུང་གོའི་བོད་ཀྱི་གསོ་རིག》2018ལོའི་དེབ་གསུམ་པ།

འབྲས་སྤུངས་དགོན་དགའ་ལྡན་ཕོ་བྲང་ཉུབ་མའི་གསོ་རིག་འགྲོ་ཕན་གླིང་གི་བྱུང་རབས་བརྗོད་པ།

སངས་རྒྱས་བྱམས། ཡུམ་པ། 《ཀྲུང་གོའི་བོད་ཀྱི་གསོ་རིག》2018ལོའི་དེབ་བཞི་པ།

ལོ་ཆེན་རིན་བཟང་གི་འགྱུར་དང་འབྲེལ་ནས་སྐབས་དེའི་གསེར་གྱི་རིན་ཐང་གླེང་བ།

སྐལ་བཟང་བསམ་གྲུབ། 《ཀྲུང་གོའི་བོད་ཀྱི་གསོ་རིག》2018ལོའི་དེབ་བཞི་པ།

དྭགས་པོའི་འཁོར་འབུམ་གྱི་བྱུང་འཕེལ་སྐོར་གླེང་བ།

བདེ་སྐྱིད་སྒྲོལ་མ། 《ཀྲུང་གོའི་བོད་ཀྱི་གསོ་རིག》2018ལོའི་དེབ་བཞི་པ།

རྒྱུད་བཞི་དང་སྨན་དཔྱད་ཟླ་རྒྱལ་གཉིས་ལས་བསྟན་པའི་ནད་རིགས་བྱེ་བྲག་པའི་དྲི་ཆུའི་བསྡུར་དཔྱོད།

འབྲུག་མོ་མཚོ། བསམ་གྲུབ་རྒྱལ། 《ཀྲུང་གོའི་བོད་ཀྱི་གསོ་རིག》2018ལོའི་དེབ་བཞི་པ།

ཞང་ཞུང་བོན་ལུགས་ཀྱི་གཞི་བརྟག་གསོ་གསུམ་ལ་རོབ་ཙམ་དཔྱད་པ།

བསོད་ནམས་འཚོ། སངས་རྒྱས་རྒྱལ། 《ཀྲུང་གོའི་བོད་ཀྱི་གསོ་རིག》2018ལོའི་དེབ་བཞི་པ།

མིག་གི་འཁོར་ལོ་ལྔའི་གནས་ལུགས་སྐོར་རགས་ཙམ་གླེང་བ།

འཇིགས་བྱེད་འཚོ། 《ཀྲུང་གོའི་བོད་ཀྱི་གསོ་རིག》2018ལོའི་དེབ་བཞི་པ།

དབང་པོ་ལྔ་ལས་སྣ་ཡི་འབྲེལ་འགྱུར་སྐོར་གླེང་བ།

བསོད་ནམས་ཚེ་བརྟན་རྡོ་རྗེ། སྐལ་བཟང་རྡོ་རྗེ། 《ཀྲུང་གོའི་བོད་ཀྱི་གསོ་རིག》2018ལོའི་དེབ་བཞི་པ།

རླུང་མཁྲིས་བད་ཀན་གསུམ་གྱི་རྣམ་གཞག

བཀྲ་ཤིས་དོན་གྲུབ་དང་དོ་རྒྱ་བསོད་ནམས་རྡོ་རྗེ་གཉིས་ཀྱིས་ཡི་གེར་ཕབ། 《ཀྲུང་གོའི་བོད་ཀྱི་གསོ་རིག》2018ལོའི་དེབ་བཞི་པ།

ལག་ལེན་ཉེར་མཁོའི་སྨན་གྱི་སྦྱོར་དཔེ་བདུད་རྩི་བུམ་བཟང་གི་ཟིན་བྲིས།

འབྲུག་མོ་སྐྱིད། 《཈ང་གོའི་བོད་ཀྱི་གསོ་རིག》2018ལོའི་དེབ་བཞི་པ།

ཟ་འཕྲུག་ནད་ཀྱི་ངོ་བོའི་དབྱེ་བ་དཀར་ལུགས་ལ་དཔྱད་པ།

ཨོ་རྒྱན་སྐྱབས། དཀོན་མཆོག་རྒྱལ་མཚན། 《ཀྲུང་གོའི་བོད་ཀྱི་གསོ་རིག》

2018ལོའི་དེབ་བཞི་པ།

གཞང་འབྲུམ་དང་གཞུག་སྲིན་གཉིས་ཀྱི་རྒྱུ་རྐྱེན་བརྟག་བཅོས་རྩུང་ཙམ་གླེང་བ།

རྡོ་རིགས་ངག་དབང་འཕྲིན་ལས། 《ཀྲུང་གོའི་བོད་ཀྱི་གསོ་རིག》

2018ལོའི་དེབ་བཞི་པ།

པགས་ནད་ཤ་བཀྲ་གཟི་གུའི་རྒྱུ་རྐྱེན་བརྟག་བཅོས་སྐོར་གྱི་ཞིབ་འཇུག

རིན་ཆེན་དར་རྒྱས། དབང་ཆེན་ཚེ་བརྟན། 《ཀྲུང་གོའི་བོད་ཀྱི་གསོ་རིག》

2018ལོའི་དེབ་བཞི་པ།

སོ་སྲིན་ནད་ཀྱི་ངོས་འཛིན་དང་གསོ་ཚུལ་སྐོར་ལ་དཔྱད་པ།

དོན་འགྲུབ་སྒྲོལ་མ། དཀོན་མཆོག་རྒྱལ་མཚན། 《ཀྲུང་གོའི་བོད་ཀྱི་གསོ་རིག》

2018ལོའི་དེབ་བཞི་པ།

དངུལ་ཆུ་སྦྱོར་བས་རིག་དུག་ནད་བཅོས་ཚུལ་སྐོར་ཆེ་ལོང་ཙམ་བརྗོད་པ།

རྡོང་བོ་ཚེ་མབརྟན་རྒྱལ། 《ཀྲུང་གོའི་བོད་ཀྱི་གསོ་རིག》2018ལོའི་དེབ་བཞི་པ།

གྲང་མཁྲིས་འཛོམས་པའི་སྨན་མཆོག་གར་ནག་བཅུ་བར་རགས་ཙམ་དཔྱད་པ།

མཁའ་མོ་རྒྱལ། ཤ་བོ་བཀྲ་ཤིས། 《ཀྲུང་གོའི་བོད་ཀྱི་གསོ་རིག》

2018ལོའི་དེབ་བཞི་པ།

མོ་ནད་རླུང་ཚབས་ལ་ཕན་པའི་སྨན་སྦྱོར་འགའི་སྦྱོར་སྡེ་དང་ཕན་ནུས་དབྱེ་ཞིབ།

གཡང་མོ་སྐྱིད། རྡོ་རྗེ། 《ཀྲུང་གོའི་བོད་ཀྱི་གསོ་རིག》2018ལོའི་དེབ་བཞི་པ།

རོ་ཙ་གསོ་བའི་སྐོར་གྱི་བསམ་གཞིག་གསར་བ་འགའ།

ཚེ་རིང་སྟོབས་ལྡན། རྡོ་རྗེ། 《ཀྲུང་གོའི་བོད་ཀྱི་གསོ་རིག》2018ལོའི་དེབ་བཞི་པ།

དྭགས་པོ་ལྷ་རྗེ་དང་ཁོང་གིས་མཛད་པའི་དྭགས་སྨན་བཅོ་ལྔའི་སྐོར་ལ་དཔྱད་པ་དཔྱོད་ལྡན་བྱུང་བ་དགྱེས་པའི་དགའ་ཚལ།

བློ་བཟང་དར་རྒྱས། དོན་གྲུབ། པ་སངས། 《བོད་སྨན་སློབ་གསོ་དང་ཞིབ་འཇུག》

2018ལོའི་དེབ་དང་པོ།

བོད་ལུགས་སྨན་སྦྱོར་ཆེད་ལས་སློབ་མར་བོད་རྒྱ་སྐད་གཉིས་ཟུང་འབྲེལ་གྱིས་སློབ་ཁྲིད་ཁྲིད་སློབ་མའི་རང་ཚུགས་སློབ་སྦྱོང་ནུས་པ་གསོ་སྐྱོང་བྱེད་པའི་ཐད་ཀྱི་བསམ་གཞིགས།

རིག་འཛིན་ཚེ་བརྟན། ཟླ་མོ་ཚེ་རིང་། 《བོད་སྨན་སློབ་གསོ་དང་ཞིབ་འཇུག》
2018ལོའི་དེབ་དང་པོ།

བུད་མེད་ལུས་ཁམས་ཀྱི་གནས་ལུགས་ལས་འགྲོད་ཏེ་ཟླ་མཚན་གྱི་རྣམ་བཞག་ལ་དཔྱད་པ་ཐོས་ཆུང་རྣ་བའི་བུ་རམ།

ཚེ་དབྱངས། 《བོད་སྨན་སློབ་གསོ་དང་ཞིབ་འཇུག》2018ལོའི་དེབ་དང་པོ།

ཆོས་བཅུ་དང་སྦྱར་ནས་ནད་གཞི་བརྟག་བཅོས་བྱེད་པའི་ཚུལ་རོབ་ཙམ་གླེང་བ།

གཡང་འཛིན་སྒྲོལ་མ། 《བོད་སྨན་སློབ་གསོ་དང་ཞིབ་འཇུག》2018ལོའི་དེབ་དང་པོ།

བོད་ལུགས་གསོ་རིག་གཞུང་ལས་དྲི་ཆུའི་དུས་གསུམ་བརྟག་ཚུལ་དགུ་ལ་མདོ་ཙམ་གླེང་བ།

དབང་རྒྱལ། 《བོད་སྨན་སློབ་གསོ་དང་ཞིབ་འཇུག》2018ལོའི་དེབ་དང་པོ།

བྱིས་ནད་བསེན་གདོན་ནད་ཀྱི་བརྟག་བཅོས་སྐོར་ལ་ཉུང་ཟད་གླེང་བ།

གཏུགས་དཀར་སྐྱབས། 《བོད་སྨན་སློབ་གསོ་དང་ཞིབ་འཇུག》2018ལོའི་དེབ་དང་པོ།

ཚང་རག་འཐུང་དྲགས་པ་ལས་བྱུང་བའི་མཆིན་ནད་དུག་ཐབས་ཀྱི་བརྟག་བཅོས་སྐོར་ལ་ཉུང་ཟད་གླེང་བ།

ཟེ་རྗེ་དགྲ་འདུལ། 《བོད་སྨན་སློབ་གསོ་དང་ཞིབ་འཇུག》2018ལོའི་དེབ་དང་པོ།

མཁལ་མ་ཆུ་སེར་ནད་ཀྱི་བརྟག་བཅོས་སྐོར་མདོ་ཙམ་བཤད་པ།

ནོར་བུ་དོན་གྲུབ། 《བོད་སྨན་སློབ་གསོ་དང་ཞིབ་འཇུག》2018ལོའི་དེབ་དང་པོ།

བོད་ལུགས་གསོ་བ་རིག་པ་ལས་སྤྲ་ལྡན་གསེར་ཁབ་ཀྱི་སྐོར་ལ་མདོ་ཙམ་བརྗོད་པ།

ཡེ་ཤེས་སྒྲོལ་མ། བསོད་ནམས་དངོས་གྲུབ། 《བོད་སྨན་སློབ་གསོ་དང་ཞིབ་འཇུག》
2018ལོའི་དེབ་དང་པོ།

ཆུ་ཧེམ་ནད་ཀྱི་བརྟག་བཅོས་སྐོར་གླེང་བ་གསར་བུའི་འཇུག་སྒོ།

ལྷག་པ་ཚེ་རིང་། 《བོད་སྨན་སློབ་གསོ་དང་ཞིབ་འཇུག》2018ལོའི་དེབ་དང་པོ།

རིན་སྤུངས་རྫོང་གི་ཡུལ་ཁམས་ཀྱི་ཁྱད་ཆོས་དང་མི་མཐུན་པའི་ཟས་སྤྱོད་ཀྱིས་གྲུམ་བུའི་ནད་ཀྱི་སྐྱོང་ཚུལ་ལ་ཐོག་མར་དཔྱད་པ།

བུ་དགུ་ཚེ་བརྟན་དོན་གྲུབ། 《བོད་སྨན་སློབ་གསོ་དང་ཞིབ་འཇུག》
2018ལོའི་དེབ་དང་པོ།

བོད་ཀྱི་གསོ་བ་རིག་པ་ལས་སྨན་སྦྱོར་འགའ་ཡི་མིང་གི་རྣམ་གྲངས་དང་འབྲེལ་བའི་གསལ་འདེབས་བློ་གསར་དགྱེས་པའི་སྒྲ་དབྱངས།

འབོ་ར་བ་ཕྱུག་ཀློ། 《བོད་སྨན་སློབ་གསོ་དང་ཞིབ་འཇུག》2018ལོའི་དེབ་དང་པོ།

སྨན་སྦྱོར་ཞུས་པ་ཕྱོགས་བསྡུས་ཕན་བདེའི་ལེགས་བཤད་ནང་བསྟན་པའི་སྨན་རྟར་དཔྱད་པ།

རྣམ་རྒྱལ་དོན་གྲུབ། བསོད་ནམས་དངོས་གྲུབ། 《བོད་སྨན་སློབ་གསོ་དང་ཞིབ་འཇུག》2018ལོའི་དེབ་དང་པོ།

བོད་ལུགས་གསོ་རིག་གཞུང་དང་དེང་དུས་སྐྱེ་དངོས་རིག་པའི་ལམ་ནས་སྨན་རྫས་ཀོ་བྱི་ལའི་མིང་དང་དངོས་འཛིན་སྐོར་ལ་ཕྲན་ཙམ་དཔྱད་པ།

ཐུབ་བསྟན་ཀུན་དགའ། བསྟན་སྐྱོང་གྲགས་པ། 《བོད་སྨན་སློབ་གསོ་དང་ཞིབ་འཇུག》2018ལོའི་དེབ་དང་པོ།

རི་སྐྱེས་དག་ཅི་འདེབས་གསོ་བྱེད་ཐབས་སྐོར་གྱི་ཞིབ་འཇུགམིག་དམར་ཕན་ཐོགས།

《བོད་སྨན་སློབ་གསོ་དང་ཞིབ་འཇུག》2018ལོའི་དེབ་དང་པོ།

བི་ཛིའི་པོ་ཏི་ཁ་སེར་ཞེས་པའི་གཞུང་འདིའི་ཁྱད་ཆོས་ལ་དཔྱད་པ།

དོན་གྲུབ་རྒྱལ། 《བོད་སྨན་སློབ་གསོ་དང་ཞིབ་འཇུག》2018ལོའི་དེབ་གཉིས་པ།

བོད་ལུགས་གསོ་རིག་ལས་ཐ་མལ་ནད་མེད་ཀྱི་དྲི་ཆུའི་གྱུར་ཚུལ་དང་ཁྱད་ཆོས་ལ་ཅུང་ཙམ་དཔྱད་པ།

འབྲུག་མོ་མཚོ། བསམ་གྲུབ་རྒྱལ། 《བོད་སྨན་སློབ་གསོ་དང་ཞིབ་འཇུག》2018ལོའི་དེབ་གཉིས་པ།

ཚེ་བརྒྱུད་སྤྱོད་ལམ་དང་འབྲེལ་ཏེ་ལུས་སེམས་ཐ་མལ་གནས་ཐབས་སྐོར་གྱི་བསམ་གཞིགས་ཐོར་བུ།

མིག་དམར། 《བོད་སྨན་སློབ་གསོ་དང་ཞིབ་འཇུག》2018ལོའི་དེབ་གཉིས་པ།

མཁལ་མས་ནུས་པ་རྒྱས་པར་བྱེད་པའི་ཚུལ་ལ་རོབ་ཙམ་དཔྱད་པ།

གཡང་དཔལ་རྒྱལ། རིན་ཆེན་རྒྱལ། 《བོད་སྨན་སློབ་གསོ་དང་ཞིབ་འཇུག》2018ལོའི་དེབ་གཉིས་པ།

དོན་ལྔའི་ཡ་གྱལ་མཁལ་མའི་སྐོར་ལ་ཅུང་ཙམ་དཔྱད་པ།

སྒྲོན་པ་རྒྱ་མཚོ། 《བོད་སྨན་སློབ་གསོ་དང་ཞིབ་འཇུག》2018ལོའི་དེབ་གཉིས་པ།

བོད་ལུགས་སྨན་དོན་མི་སྣས་དེང་རབས་མྱུར་སྐྱོབ་སྨན་བཅོས་ཀྱི་ཉེར་མཁོའི་ཤེས་བྱ་རྣམས་ཁོང་དུ་ཆུད་དགོས་པའི་གལ་ཆེའི་དོན་གནད་སྐོར་གྱི་དཔྱད་གླེང་།

ཐུབ་བསྟན་བཟང་པོ། 《བོད་སྨན་སློབ་གསོ་དང་ཞིབ་འཇུག》2018ལོའི་དེབ་གཉིས་པ།

བོད་ལུགས་གསོ་རིག་ལས་རེག་པ་རྩ་ལ་བརྟག་པའི་སྔོན་འགྲོ་ཟས་སྤྱོད་སྤང་བླང་སྐོར་གྱི་བསམ་གཞིགས།

བསོད་ནམས་ཕུན་ཚོགས། ཚེ་རིང་རྒྱན་པ། 《བོད་སྨན་སློབ་གསོ་དང་ཞིབ་འཇུག》2018ལོའི་དེབ་གཉིས་པ།

གཅིན་སྙི་ཟ་ཁུ་དང་ནད་གཞན་བར་གྱི་འབྲེལ་བར་རགས་ཙམ་དཔྱད་པ།

སྐལ་བཟང་ཕྱོགས་སྣང་། 《བོད་སྨན་སློབ་གསོ་དང་ཞིབ་འཇུག》2018ལོའི་དེབ་གཉིས་པ།

སྨན་བཟི་ཐོག་པའི་ནད་ལ་ཅུང་ཟད་དཔྱད་པ།

བཀྲ་ཤིས་བཟང་པོ། 《བོད་སྨན་སློབ་གསོ་དང་ཞིབ་འཇུག》2018ལོའི་དེབ་གཉིས་པ།

བྱིས་པའི་མཆིན་བབས་ནད་ཀྱི་བརྟག་བཅོས་སྐོར་ལ་རགས་ཙམ་གླེང་བ།

སྒྲོལ་དཀར། ཞེན་པ། 《བོད་སྨན་སློབ་གསོ་དང་ཞིབ་འཇུག》2018ལོའི་དེབ་གཉིས་པ།

ནད་དེབ་དབྱེ་ཞིབ་ཀྱི་ཐབས་ལམ་བརྒྱུད་དེ་རུས་ཚིམ་ནད་ཀྱི་གསོ་ཚུལ་གླེང་བ།

རིན་ཆེན་སྐྱིད། རོང་པ་མིག་དམར། 《བོད་སྨན་སློབ་གསོ་དང་ཞིབ་འཇུག》
2018ལོའི་དེབ་གཉིས་པ།

བོད་ལུགས་གསོ་རིག་ལས་ཆུ་སེར་ལྷུགས་གྲུམ་ནད་ཀྱི་བརྟག་བཅོས་སྐོར་ལ་ཐུང་ཟད་གླེང་བ།

ཉི་སྒྲོན། 《བོད་སྨན་སློབ་གསོ་དང་ཞིབ་འཇུག》2018ལོའི་དེབ་གཉིས་པ།

བོད་ལུགས་གསོ་རིག་ལས་དམུ་ཆུའི་ནད་ཀྱི་གསོ་དཀའ་སླའི་ཁྱད་ཆོས་སྐོར་གྱི་དཔྱད་གླེང་།

ཚེ་རིང་དབང་རྒྱལ། མཚོ་སྐྱིད། 《བོད་སྨན་སློབ་གསོ་དང་ཞིབ་འཇུག》
2018ལོའི་དེབ་གཉིས་པ།

བོད་ཀྱི་གསོ་བ་རིག་པ་ལས་སྨན་སྦྱོར་མིང་གི་ཐ་སྙད་དང་འབྲེལ་བའི་དཔྱད་པ་ཐོར་བུ།

འབོ་ར་བ་ཕྱུག་བློ། 《བོད་སྨན་སློབ་གསོ་དང་ཞིབ་འཇུག》2018ལོའི་དེབ་གཉིས་པ།

སྐྱེ་དངོས་སྨན་རྫས་ཀྱི་ས་བོན་འཕྲུ་སྐྱུབ་དང་འབྲེལ་བའི་ཐོག་མའི་དྲན་འཆར།

ཚེ་རིང་རྣམ་རྒྱལ། ཀུན་བཟང་། 《བོད་སྨན་སློབ་གསོ་དང་ཞིབ་འཇུག》
2018ལོའི་དེབ་གཉིས་པ།

མ་ཧཱ་ཙིནའི་རྩིས་ཀྱི་བསྟན་བཅོས་བརྗེད་ཐོ་གཡང་ཏེའི་ཟ་མ་ཏོག་གི་བོད་འགྱུར་མའི་སྐོར་རགས་ཙམ་གླེང་བ།

འཇམ་དབྱངས་ཐུབ་བསྟན། ཕུམ་པ། 《བོད་སྨན་སློབ་གསོ་དང་ཞིབ་འཇུག》
2018ལོའི་དེབ་གསུམ་པ།

བོད་ལུགས་གསོ་རིག་གི་མཚོན་རྩའི་སློབ་ཁྲིད་ཁྲོད་དེང་རབས་དངོས་མིན་འདྲ་དཔེའི་ལག་རྩལ་བེད་སྤྱོད་བྱ་ཐབས་སྐོར་གྱི་བསམ་གཞིག

ཚེ་བརྟན་རྣམ་གྲོལ། རིག་འཛིན། 《བོད་སྨན་སློབ་གསོ་དང་ཞིབ་འཇུག》
2018ལོའི་དེབ་གསུམ་པ།

རྒྱང་གཞི་ཞན་པའི་བོད་ལུགས་གསོ་རིག་སློབ་མར་སློབ་སྦྱོང་དང་སེམས་ཁམས་ཀྱི་སྣེ་ཁྲིད་སློབ་གསོ་ཇི་ལྟར་བྱ་ཚུལ་སྐོར་གླེང་བ།

སྐལ་བཟང་བསྟན་འཛིན། 《བོད་སྨན་སློབ་གསོ་དང་ཞིབ་འཇུག》2018ལོའི་དེབ་གསུམ་པ།

མི་ན་བ་གནས་པར་བྱེད་པའི་ཐབས་གཉིད་ཀྱི་རིན་ཐང་སྐོར་ལ་ཐུང་ཟད་གླེང་བ།

མིག་དམར། 《བོད་སྨན་སློབ་གསོ་དང་ཞིབ་འཇུག》2018ལོའི་དེབ་གསུམ་པ།

རྒྱུད་བཞི་ལས་ནད་ཀྱི་རྐྱེན་སྐོར་ལ་དཔྱད་པ།

དཔལ་ལྡན་རྒྱ་མཚོ། རིན་ཆེན་རྒྱལ། 《བོད་སྨན་སློབ་གསོ་དང་ཞིབ་འཇུག》2018ལོའི་དེབ་གསུམ་པ།

བོད་ལུགས་གསོ་རིག་ལས་མི་རྫོད་ཀྱི་རྣམ་བཞག་དང་འབྲེལ་ཏེ་ལུས་མཁམས་བདེ་སྲུང་གི་དོན་གནད་ལ་དཔྱད་པ།

ལྷ་མོ་ཚེ་རིང་། རིན་ཆེན་རྒྱལ། 《བོད་སྨན་སློབ་གསོ་དང་ཞིབ་འཇུག》2018ལོའི་དེབ་གསུམ་པ།

བོད་ལུགས་གསོ་རིག་ལས་སྨུམ་ཆེན་ཞུན་གྱི་རུས་ལུམས་དང་དེའི་དམིགས་བསལ་ཕན་ནུས་སྐོར་ལ་རགས་ཙམ་དཔྱད་པ།

ལྷག་པ་ཕུན་ཚོགས། པད་མ་ནོར་བུ། འཇིགས་མེད། 《བོད་སྨན་སློབ་གསོ་དང་ཞིབ་འཇུག》2018ལོའི་དེབ་གསུམ་པ།

བོད་ལུགས་གསོ་རིག་ལས་ཁྲག་རླུང་སྟོད་འཚངས་ཀྱི་རྒྱུ་ལ་དཔྱད་པ།

སྒོམ་པ་རྒྱལ། རྡོ་རྗེ་རིན་ཆེན། 《བོད་སྨན་སློབ་གསོ་དང་ཞིབ་འཇུག》2018ལོའི་དེབ་གསུམ་པ།

བོད་ལུགས་གསོ་རིག་ལས་མཁལ་འགྲམས་ནད་ཀྱི་གསོ་ཐབས་སྐོར་ལ་དཔྱད་པ་ཧང་དྲུག་དགྲེས་པའི་ཟིར་སྨྲ།

ཕྲིན་པ་རྒྱལ་མཚན། ཚེ་རིང་། བསྟན་འཛིན་རྣམ་རྒྱལ། 《བོད་སྨན་སློབ་གསོ་དང་ཞིབ་འཇུག》2018ལོའི་དེབ་གསུམ་པ།

བོད་ལུགས་གསོ་རིག་ལས་རྒྱ་ཕྲུག་རྩ་ཡི་རྫོ་སྐྲན་ནད་ཀྱི་བརྟག་བཅོས་བྱ་ཐབས་སྐོར་གླེང་བ།

པ་སངས་དབང་འདུས། 《བོད་སྨན་སློབ་གསོ་དང་ཞིབ་འཇུག》2018ལོའི་དེབ་གསུམ་པ།

གཞང་འབྲུམ་ནད་ཀྱི་ངོས་འཛིན་དང་གསོ་ཐབས་སྐོར་ལ་རགས་ཙམ་དཔྱད་པ།

པ་སངས་ཚེ་རིང་། 《བོད་སྨན་སློབ་གསོ་དང་ཞིབ་འཇུག》2018ལོའི་དེབ་གསུམ་པ།

བོད་ལུགས་སྨན་སྦྱོར་ཁྲིད་ཀྱི་སྨན་མཆོག་ཨ་རུ་རའི་བཀོལ་སྤྱོད་དང་དགེ་མཚན་སྐོར་ཅུང་ཙམ་གླེང་བ།

འབྲུག་འདུམ་རྒྱལ། བྱ་མདོ་སླུ་བྱམས་རྒྱལ། 《བོད་སྨན་སློབ་གསོ་དང་ཞིབ་འཇུག》2018ལོའི་དེབ་གསུམ་པ།

དེང་དུས་སྐྱེ་དངོས་རིག་པའི་རིགས་དབྱེ་དང་བསྟུར་བའི་ཚུལ་གྱིས་བོད་ལུགས་གསོ་རིག་སྐྱེ་དངོས་སྨན་གྱི་རིགས་དབྱེའི་རིག་པའི་སྐོར་ལ་དཔྱད་པ།

རྟ་མགྲིན་སྒྲོལ་དཀར། ཟླ་བ་བསམ་གྲུབ། 《བོད་སྨན་སློབ་གསོ་དང་ཞིབ་འཇུག》2018ལོའི་དེབ་གསུམ་པ།

སྲོན་རྒྱུན་བོད་སྨན་སྨན་ངོ་འབྱེད་ཐབས་སྐོར་གྱི་གཏམ་གསར་བུ་དཀའ་བྱེད།
བསོད་ནམས་ཚེ་རིང་། དོན་གྲུབ། 《བོད་སྨན་སློབ་གསོ་དང་ཞིབ་འཇུག》2018ལོའི་དེབ་གསུམ་པ།

བོད་ལུགས་སྨན་རྫས་རིག་པ་ལས་སྨན་རྒྱུ་གེ་སར་གསུམ་གྱི་ངོས་འཛིན་སྐོར་གྱི་དཔྱད་གླེང་།
བསྟན་འཛིན་ཆོས་འཕེལ། མཚམས་གཅོད། 《བོད་སྨན་སློབ་གསོ་དང་ཞིབ་འཇུག》2018ལོའི་དེབ་གསུམ་པ།

དྭགས་པོ་ལྷ་རྗེའི་འཁྲུངས་དཔེ་དཔག་བསམ་ལྗོན་ཤིང་སྐོར་ལ་དཔྱད་པ།
བློ་བཟང་དར་རྒྱས། དོན་གྲུབ། 《བོད་སྨན་སློབ་གསོ་དང་ཞིབ་འཇུག》2018ལོའི་དེབ་བཞི་པ།

དུས་འཁོར་གྱི་སྦྱོར་བ་ཡན་ལག་དྲུག་དང་རྣལ་འབྱོར་གྱི་མདོའི་ཡན་ལག་བརྒྱད་ཀྱི་བསྡུར་དཔྱོད།
འཇམ་དབྱངས་ཐུབ་བསྟན། ཕུམ་པ། རིག་འཛིན། 《བོད་སྨན་སློབ་གསོ་དང་ཞིབ་འཇུག》2018ལོའི་དེབ་བཞི་པ།

སྨན་གྱི་བསྟན་བཅོས་སྨན་མིང་རྒྱ་མཚོའི་སྐོར་ལ་དཔྱད་པ་བྱིས་བློའི་ཚོལ་ཆུང་།
ཚེ་རིང་རྣམ་རྒྱལ། ཚེ་རིང་ཆུང་བ། 《བོད་སྨན་སློབ་གསོ་དང་ཞིབ་འཇུག》2018ལོའི་དེབ་བཞི་པ།

བོད་ཀྱི་སྨུ་གུའི་རྒྱུ། བཅོས་ཐབས་དང་བེད་སྤྱོད་བྱེད་ཚུལ་ལ་རགས་ཙམ་དཔྱད་པ།
སྨིན་ནོར། 《བོད་སྨན་སློབ་གསོ་དང་ཞིབ་འཇུག》2018ལོའི་དེབ་བཞི་པ།

གཉན་ནད་ལྟོག་པའི་ནད་གཞུར་ངོ་བོ་ལ་རགས་ཙམ་དཔྱད་པ།
ཆོས་སྐྱོང་འཚོ། 《བོད་སྨན་སློབ་གསོ་དང་ཞིབ་འཇུག》2018ལོའི་དེབ་བཞི་པ།

བོད་ལུགས་གསོ་རིག་གི་གསོ་ཐབས་ཡོད་ཀྱང་སྤྱང་བར་བཤད་པའི་དགོངས་དོན་ལ་དཔྱད་པ།
སྒྲོལ་མ་ལྷ་མཚོ། བླ་བ་ལྷ་མོ། 《བོད་སྨན་སློབ་གསོ་དང་ཞིབ་འཇུག》2018ལོའི་དེབ་བཞི་པ།

བོད་ལུགས་གསོ་བ་རིག་པ་ལས་ཉིང་མཚམས་སྦྱོར་ཚུལ་ལ་དཔྱད་པ།
ཤེས་རབ་ཕུན་ཚོགས། བསོད་ནམས་ཚེ་རིང་། 《བོད་སྨན་སློབ་གསོ་དང་ཞིབ་འཇུག》2018ལོའི་དེབ་བཞི་པ།

བོད་ལུགས་གསོ་རིག་ལས་སྲིད་པའི་རྩ་བོ་ཆེ་བཞིའི་ངོས་འཛིན་ཚུལ་ལ་དཔྱད་པ་གབ་པ་མངོན་ཕྱུང་།
བསོད་ནམས་རྡོ་རྗེ། རིན་ཆེན་རྒྱལ། 《བོད་སྨན་སློབ་གསོ་དང་ཞིབ་འཇུག》2018ལོའི་དེབ་བཞི་པ།

ལུས་ཟུངས་འཕེལ་ཟད་དང་ནད་ཀྱི་འཕེལ་འགྲིབ་ཀྱི་འབྲེལ་བའི་སྐོར་ལ་ཅུང་ཟད་དཔྱད་པ།

མཚམས་གཅོད་རྒྱལ་པོ། ཡུམ་པ། 《བོད་སྨན་སློབ་གསོ་དང་ཞིབ་འཇུག》2018ལོའི་དེབ་བཞི་པ།

བོད་ཀྱི་གསོ་བ་རིག་པ་ལས་སྙིང་ནད་ཀྱི་བརྟག་བཅོས་སྐོར་རགས་ཙམ་གླེང་བ།

པ་སངས་ལྷ་མོ། 《བོད་སྨན་སློབ་གསོ་དང་ཞིབ་འཇུག》2018ལོའི་དེབ་བཞི་པ།

མཁན་ཆེན་ཚེ་རྣམ་མཆོག་གིས་ཉུབ་ཕྱོགས་གསོ་རིག་ལས་བསྟན་པའི་ཡི་ཀན（乙肝）ནམ་མཆིན་ནད་ཁ་པའི་བཅོས་ཐབས་སྐོར་གྱི་བསམ་བློའི་དགོངས་དོན་ལ་དཔྱད་པ།

རྡོ་རྗེ་རིན་ཆེན། ཀུན་བཟང་། 《བོད་སྨན་སློབ་གསོ་དང་ཞིབ་འཇུག》2018ལོའི་དེབ་བཞི་པ།

བོད་ལུགས་གསོ་རིག་ལས་མས་བཏང་གི་ལག་ལེན་རགས་ཙམ་གླེང་བ།

རྡོ་རྗེ་བཀྲ་ཤིས། དབང་ཆེན་ཚེ་བརྟན། 《བོད་སྨན་སློབ་གསོ་དང་ཞིབ་འཇུག》2018ལོའི་དེབ་བཞི་པ།

བོད་ཕྱི་གསོ་བ་རིག་པའི་ལུགས་གཉིས་ཟུང་འཇུག་གི་ཕོ་རྦུབ་ནད་ཀྱི་ངོས་འཛིན་ཚད་གཞི།

རིན་ཆེན་དོན་གྲུབ། སྟག་འབྲུག་ཚེ་རིང་། རྡོ་རྗེ་འཚོ་སོགས། 《བོད་སྨན་སློབ་གསོ་དང་ཞིབ་འཇུག》2018ལོའི་དེབ་བཞི་པ།

སྐྱི་ཤཾ་དང་འབྲེལ་ནས་སྐྱི་ཤཾ་སྐྱི་བཟོ་བྱེད་ཐབས་ལ་དཔྱད་པ་བྱིས་པའི་ངག་གི་རོལ་མོ།

པད་མ་མཚོ། རྡོ་རྗེ། 《བོད་སྨན་སློབ་གསོ་དང་ཞིབ་འཇུག》2018ལོའི་དེབ་བཞི་པ།

ཟིན་ཏིག་ལས་བསྟན་པའི་ཙན་དན་མར་ཁུའི་ལག་ལེན་སྐོར་ལ་ཅུང་ཙམ་གླེང་བ།

བསོད་ནམས་དབང་འདུས། ཚེ་རིང་། 《བོད་སྨན་སློབ་གསོ་དང་ཞིབ་འཇུག》2018ལོའི་དེབ་བཞི་པ།

བོད་ལུགས་གསོ་རིག་ལས་བྱིས་ནད་ཀྱི་བརྟག་ཐབས་སྐོར་བཤད་པ།

ལྷ་མོ་སྒྲོལ་མ། 《མི་རིགས》2018ལོའི་དེབ་དང་པོ།

ཨུཏྤ་ལ་སྟོན་པོའི་ངོས་འཛིན་སྐོར་ལ་དཔྱད་པ།

ལྷུན་གྲུབ་རྡོ་རྗེ། 《མཚོ་སྔོན་དགེ་འོས་སློབ་ཆེན་གྱི་རིག་གཞུང་དུས་དེབ》2018ལོའི་དེབ་གཉིས་པ།

སོ་ཁུར་མང་གི་མིང་གི་ཐོགས་ཚུལ་དང་ཕན་ནུས་སྐོར་གླེང་བ།

ཉི་མ་ཚེ་རིང་། 《མཚོ་སྔོན་དགེ་འོས་སློབ་ཆེན་གྱི་རིག་གཞུང་དུས་དེབ》2018ལོའི་དེབ་གཉིས་པ།

བོད་ལུགས་གསོ་བ་རིག་པའི་སྨན་གྱི་སྦྱོར་བ་ལས་འཕྲོས་པའི་བསམ་གཞིག་ཐོར་བུ།

པདྨ་མཚོ། 《རྩེ་ར་སྙེག》2018ལོའི་དེབ་གསུམ་པ།

བོད་ཀྱི་སྐར་རྩིས་རིག་པ་དེང་རབས་ཅན་དུ་གཏོང་ཐབས་སྐོར་གླེང་བ།

དཔལ་ཆེན་རྒྱལ། 《ཀྲུང་གོའི་བོད་རིག་པ》2018ལོའི་དེབ་དང་པོ།

བོད་ཀྱི་སྲོལ་རྒྱུན་རྩེད་རྩེས་ཁྲོད་དེང་རབས་རྩེས་རིག་གི་རིག་གཞུང་ཤེས་བྱ་ལྡན་ཚུལ་སྐོར་རགས་ཙམ་གླེང་བ།

ཕྲེན་པ་དགའ་བློ། 《བོད་ལྗོངས་ཞིབ་འཇུག》2018ལོའི་དེབ་དང་པོ།

དགའ་ལྡན་ཕོ་བྲང་གི་སྐབས་སུ་བོད་ཀྱི་སྐར་རྩིས་རིག་པར་དར་རྒྱས་བྱུང་ཚུལ་རགས་གླེང་།

སྙིང་མོ་རྒྱལ། 《བོད་ལྗོངས་ཞིབ་འཇུག》2018ལོའི་དེབ་གསུམ་པ།

སྣ་ཚོགས།

2018ལོར་རྒྱལ་ཡོངས་བོད་ཡིག་དུས་དེབ་ཏུ་སྤེལ་བའི་བོད་རིག་པའི་སྐོར་གྱི་དཔྱད་རྩོམ་དང་རྒྱུ་ཆའི་དཀར་ཆག་ཕྱོགས་སྒྲིག(སྟོད་ཆ། སྨད་ཆ།)

སྒྲོལ་མས་སྤུད་སྒྲིག་བྱས། 《ཀྲུང་གོའི་བོད་རིག་པ》
2018ལོའི་དེབ་དང་པོ། དེབ་གཉིས་པ།

ང་དང《ཀྲུང་གོའི་བོད་རིག་པ》——ཀྲུང་གོའི་བོད་རིག་པ་ཞིབ་འཇུག་གི་ཇོ་མོ་གླང་མའི་བྱ་དགའ་ཐོབ་མཁན་གྱི་རྩོམ་པ་པོས《ཀྲུང་གོའི་བོད་རིག་པ》དུས་དེབ་གསར་སྤེལ་བྱས་ནས་ལོ་ངོ་སུམ་ཅུ་འཁོར་བར་དྲན་རྟེན་གྱི་ཚུལ་དུ་སྤེལ་བའི་གླེང་བརྗོད།

《ཀྲུང་གོའི་བོད་རིག་པ》2018ལོའི་དེབ་གསུམ་པ།

ཞིབ་འཇུག་གི་སྨྱོང་ཚོར་ཕྲན་བུ།

ངག་དབང་རྒྱ་མཚོ། 《ཀྲུང་གོའི་བོད་རིག་པ》2018ལོའི་དེབ་གསུམ་པ།

རིག་གཞུང་དཔྱད་རྩོམ་ཞིག་གི་ཕག་ཏུ་ཡིབ་པའི་དགྱོད་ཤེས་དང་དུང་བ། ——《དགའ་ལྡན་ཕོ་བྲང་སྲིད་དབང་སྐབས་ཀྱི་བོད་ཀྱི་ལོ་རྒྱུས་ཡིག་ཚགས་ཆ་ལུགས་ཞིབ་གཞུང་གི་ནང་དོན་དང་ཁྱད་ཆོས་རིན་ཐང་བཅས་ཀྱི་སྐོར་ལ་ཐོག་མར་དཔྱད་པ》ཞེས་པའི་དཔྱད་རྩོམ་བྲིས་པའི་སྔ་ཕྱིའི་བརྒྱུད་རིམ་སྐོར་བརྗོད་པ།

ཟག་གཡབ་བློ་བཟང་བུ་ཁྲིད། 《ཀྲུང་གོའི་བོད་རིག་པ》2018ལོའི་དེབ་གསུམ་པ།

རྒྱ་བོད་ཆོས་གཞུང་སྒྲ་སྒྱུར་ཞིབ་འཇུག་གི་རིན་ཐང་དང་དོན་སྙིང་གླེང་བ།

དབང་སྟོབས། 《ཀྲུང་གོའི་བོད་རིག་པ》2018ལོའི་དེབ་གསུམ་པ།

ངའི་རིག་གཞུང་ཞིབ་འཇུག་གི་ལམ་བུ་དང《ཀྲུང་གོའི་བོད་རིག་པ》

འབྲུག་ལྷ། 《ཀྲུང་གོའི་བོད་རིག་པ》2018ལོའི་དེབ་གསུམ་པ།

ལྷ་རིས་རྟེན་ཐང་དེ་མཆོད་ཆས་ནས་ཚོང་ཟོས་སུ་འགྱུར་བའི་རིན་ཐང་འཕེལ་ཕྱོགས་ཀྱི་བསམ་

གཞིགས།

འབྲུག་མོ། 《ཀྲུང་གོའི་བོད་རིག་པ》2018ལོའི་དེབ་གསུམ་པ།

བུད་མེད་ཀྱིས་ཕྱིའི་རྣམ་པར་དང་དོད་བྱེད་པའི་སྣང་ཚུལ་རགས་ཙམ་གླེང་བ།

ཚེ་དབང་སྒྲོལ་མ། 《བོད་ལྗོངས་སློབ་གསོ》2018ལོའི་དེབ་གཉིས་པ།

བོད་ཀྱི་སྲོལ་རྒྱུན་འཇལ་བྱེད་སྐོར་གྱི་ངོ་སྤྲོད་རགས་བསྡུས།

ཚང་བདག 《གངས་ལྗོངས་རིག་གནས》2018ལོའི་དེབ་དང་པོ།

བོད་ཀྱི་སྲོལ་རྒྱུན་རིག་གནས་ཁྲོད་ཀྱི་གྲངས་ཕྲེང་ལ་དཔྱད་པ།

འབྲུག་མོ་སྐྱིད། 《མཚོ་སྔོན་དགེ་འོས་སློབ་ཆེན་གྱི་རིག་གཞུང་དུས་དེབ》2018ལོའི་དེབ་གཉིས་པ།

བོད་ཀྱི་དུས་ཀྱི་འཇལ་བྱེད་དག་རྒྱལ་སྤྱིའི་འཇལ་བྱེད་དང་བསྡུར་ཏེ་དཔྱད་པ།

འབྲུག་མོ་འཚོ། 《མཚོ་སྔོན་དགེ་འོས་སློབ་ཆེན་གྱི་རིག་གཞུང་དུས་དེབ》2018ལོའི་དེབ་གཉིས་པ།

འཇལ་གཞོར་འདེགས་གསུམ་དང་འབྲེལ་ནས་བོད་ཀྱི་འཇལ་བྱེད་སྐོར་གླེང་བ།

འབྲུག་མོ་མཚོ། 《རྩེར་སྙེག》2018ལོའི་དེབ་གཉིས་པ།

ཕོ་བྲང་པོ་ཏ་ལའི་ཉམས་གསོ་ལས་འཕྲོས་ཏེ་ཨར་ཀའི་ལག་རྩལ་སྐོར་ལ་ཅུང་ཟད་དཔྱད་པ།

ཚེ་རིང་དགྲ་འདུལ། 《རྩེར་སྙེག》2018ལོའི་དེབ་གཉིས་པ།

“གཡག” ཅེས་པའི་བརྡ་དོན་ལ་ཅུང་ཟད་དཔྱད་པ།

བསྟན་འཛིན་མཚུངས་མེད། 《བོད་ལྗོངས་སློབ་གསོ》2018ལོའི་དེབ་བཞི་པ།

བོད་ཡུལ་གྱི་གད་སྙིགས་གནད་དོན་དེ་ཐག་གཅོད་བྱེད་ཐབས་སྐོར་གྱི་བསམ་གཞིགས་འགའ།

ཡེ་ཤེས་རབ་གསལ། 《མི་རིགས》2018ལོའི་དེབ་གསུམ་པ།

བསྒྱུར་བཅོས་སྒོ་དབྱེ་བྱས་ཚུན་གྱི་བོད་ཡིག་ཆ་འཕྲིན་ལག་རྩལ་གྱི་འདས་སོང་དང་དུས་རབས་གསར་པའི་འགན་འཁྲི་རགས་ཙམ་གླེང་བ།

ཐུབ་བསྟན་ཚེ་རིང་། 《བོད་ལྗོངས་ཞིབ་འཇུག》2018ལོའི་དེབ་གསུམ་པ།

རྟའི་འབྱུང་ཁུངས་དང་རིགས་ཀྱི་དབྱེ་བའི་སྐོར་རགས་ཙམ་གླེང་བ།

ཚེ་རིང་དོན་གྲུབ། 《ཐང་རྒྱན་མེ་ཏོག》2018ལོའི་དེབ་བཞི་པ།

བོད་ལྗོངས་ཀྱི་གློག་འཕྲིན་བརྒྱུད་ཁ་བསླུས་རྒྱག་པའི་གྱོད་དོན་གྱི་གནས་ཚུལ་དང་དེར་ཁ་གཏད་གཅོག་ཐབས་སྐོར་མདོ་ཙམ་གླེང་བ།

ཉི་མ། 《བོད་ལྗོངས་ཞིབ་འཇུག》2018ལོའི་དེབ་བཞི་པ།

英文部分

1. Understanding the Historical Trends and the Laws of Development: on the Three Highs and Two Lows in the History of Tibet（把握历史趋势、探寻发展规律——也谈西藏地方历史发展的三个高潮和两个低谷）/Lhagpa Phuntshogs. *China Tibetology* 2018,(01),3-15.
2. Some Issues on the Compilation of A General History of Tibet（编撰《西藏通史》中的几个问题）/Zhang Yun. *China Tibetology* 2018,(01),16-28.
3. On the 1449 Xylograph of Rgyal tshab Dar ma rinchen's (1364-1432) Pramānavārttika Commentary（贾曹杰·达玛仁钦所造《释量论》注疏（《能显解脱道论》）的一部 1449 年刻本）/Leonard W. J. van der Kuijp. *China Tibetology* 2018,(01),29-39.
4. A Diplomatic Edition of Yamāri's Pramānavārttikālankāratīkā Suparisśuddhā Folios 14b2—20a5（阎摩敌《释量论庄严疏·极善清净释》摹写本——叶 14b2-20a）/Li Xuezhu, Chu Junjie, Eli Franco. *China Tibetology* 2018,(01),40-52.
5. Saroruha's Hevajrastotra（萨如儒诃之《喜金刚赞颂》）/Luo Hong. *China Tibetology* 2018,(01),53-71.
6. The Relationship between Red mdav ba and the Jo nang School（仁达瓦与觉囊派之间的关系）/rDo rjes Nyinglcags. *China Tibetology* 2018,(01),72-88.
7. Spiritual Capital and Economy: A Case of Gra-li-zi-dgon (Chali) Monastery of rNga-ba County, Sichuan, China（精神资本与经济——基于四川省阿坝县查理寺的个案分析）/Yang Minghong, Krishna Prasad Oli. *China Tibetology* 2018,(01),89-103.
8. Index of Selected Articles from the Chinese Version and Tibetan Version of China Tibetology (2016-2017)[《中国藏学》汉文版、藏文版要目选载(2016—2017)]. *China Tibetology* 2018,(01),104-120.

9. Tibetan Buddhism and Tibetan Buddhist Studies in the Context of Globalization（全球化背景下的藏传佛教与藏传佛教研究）/Shen Weirong, Hans Jinhuan Shen. *China Tibetology* 2018, (02), 3-14.

10. The Opening and Concluding Verses of Abhayākaragupta's Madhyamakamāñ-jarī（无畏藏护《中观花蕾》开篇与结尾偈颂）/Luo Hong. *China Tibetology* 2018, (02), 15-23.

11. The Establishment of Tibetan Translator Positions in Sichuan and Tibet during the Qing Dynasty（清朝川藏地方藏语文译员职缺设置考）/Shi Yangang. *China Tibetology* 2018, (02), 24-36.

12. The Tour of the Tibetan Trade Mission to the United States of America and the Changes of the United States Tibetan Policy（西藏商务代表团的美国之行与美国对西藏政策的转变）/Hu Yan. *China Tibetology* 2018, (02), 37-57.

13. Traditional Knowledge of Ecology and Environment from Tibetans in the Holy Area of Kailash of TAR（西藏阿里地区藏族对生态和环境的传统意识）/ Lhorong Dradul, Peng Heng, Krishna Oli. *China Tibetology* 2018, (02), 58-92.

14. Spiritual Implication and Modern Value of Tibetan Environmental Protection Cultural Traditions in the Sight of Ecological Civilization（生态文明视域下藏族环保文化传统的精神意蕴及现代价值）/Wei Renzhong. *China Tibetology* 2018, (02), 93-102.

15. Introduction to the Phuri Manuscripts（《菩日文献》简介）/Kawa Sherab Sangpo. *China Tibetology* 2018, (02), 103-110.

16. Research on Two Documents of Rdel rtsis(རྡེལ་རྩིས) from the 17th Century（十七世纪中期出现的两本筹算文献）/Tsewang Dorje. *China Tibetology* 2018, (02), 111-120.

17. The Discussion of Tibet's Paintings in Dunhuang During A. D. 786-907 And the Mural Painting on the North Side of the No. 14 Cave of the Mogao Caves/Zhang Ya-sha. *Journal of Literature and Art Studies*, 2018, 004.

集刊类涉藏论文目录

汉文部分

1. 卫藏与康区的界线形成演变过程探讨/黄辛建《西南边疆民族研究》第25辑
2. 滇藏怒江通道之历史演变考察/李亚锋《西南边疆民族研究》第25辑
3. 国家转型下的边疆整合困境——以民国时期解决土司问题的实践与论争为中心/李沛容《西南边疆民族研究》第26辑
4. 战争与乾隆朝两金川地区的人口变迁——以清代档案文献为基础/王惠敏《西南边疆民族研究》第26辑
5. 漂泊到融合——从巴塘关帝庙看汉藏互动下的身份认同/翟淑平《西南边疆民族研究》第26辑
6. 试析汉藏语语言存在表达的类型特征——基于“语言类型特征对比研究”的研究方法/张麟声《汉藏语学报》第10期
7. 藏缅语因果复句的关联标记及演变/范丽君《汉藏语学报》第10期
8. 田野调查是语言研究发展之根——李方桂先生学术思想访谈录/田阡子《汉藏语学报》第10期
9. 清代喜马拉雅宗藩体制的解体及其原因分析/崔海亮《华西边疆评论》第五辑
10. 近代中国西藏与印度的贸易/王相伟、狄方耀《华西边疆评论》第五辑
11. 藏戏在川西北藏族地区/李祥林《民族美学》第五辑

12. 民族地区地方普通话语音偏误考察——以壮族、藏族、维吾尔族、蒙古族为例/顾倩，冉启斌《南开语言学刊》2018 年第 1 期
13. 禁地拉萨/瓦代尔（Laurence Austine Waddell）著，梁俊艳译，张云校《欧亚译丛》第四辑
14. 吐蕃归义军时期敦煌僧尼的劳作活动/王祥伟《丝路文化研究》第三辑
15. “风情节”下的多面风情：三个嘉绒人群的文化展演与地方表述/高丽《文化遗产研究》第十辑
16. 新出唐徐履冰墓志所见入唐吐蕃后裔论氏史事考述/王庆昱《西北民族论丛》第十六辑
17. “存教易政”：清末西藏地方政治制度改革研究/徐百永《西北民族论丛》第十六辑
18. 大小金川土司婚姻问题探究——基于清代档案文献的考察/王惠敏《西北民族论丛》第十七辑
19. 从保甲制度在寺院的实施看国民政府在甘南藏区的施政——以档案资料为讨论基点/尹亮、尹伟先《西北民族论丛》第十七辑
20. 安多藏族少女成人礼“嘉朴巴”与藏文化的传承发凡——基于甘肃拉卜楞藏族的人类学考察/刘军君《西北民族论丛》第十七辑
21. 一件敦煌吐蕃文《寺院施入疏》考释/杨铭《西北民族论丛》第十八辑
22. 清代锡勒图库伦札萨克喇嘛旗若干问题再探/双宝《西北民族论丛》第十八辑
23. 清代西藏噶伦丹津班珠尔的内地之旅/谢光典《西北民族论丛》第十八辑
24. 西藏穆斯林行迹和伊斯兰教遗存补正与存疑/马强、马生福《西北民族论丛》第十八辑
25. 汉藏交界地带藏族部落组织研究——基于迭部县卡坝乡、达拉乡的人类学考察/王含章《西北民族论丛》第十八辑
26. 20 世纪前期西方建构“神秘”西藏形象的背景和经过述评/何文华《西北民族论丛》第十八辑
27. 川滇藏区生态扶贫面临的主要问题/沈茂英《西部发展研究》2018 年第 1 期
28. 云南藏区社会组织发展现状及特点研究/张云熙《西部发展研究》2018 年第 1 期
29. 边疆研究应发挥接近性与超越性优势/朱晓明《西部发展研究》2018 年第

2 期

30. 西藏全面建成小康社会的路径选择分析/徐伍达《西部发展研究》2018 年第 2 期
31. 经济变迁与文化张力：《一个喜马拉雅部落》评析/李静玮《西部发展研究》2018 年第 2 期
32. 西藏服饰的地区性差异及其影响因素探析/周裕兰《西部发展研究》2018 年第 2 期
33. 马步芳与西藏地方关系述论/郝亚平《西部发展研究》2018 年第 2 期
34. 甘南碌曲道格尔题名碑和莽揑剿虏/王科社《西部考古》第 15 辑
35. 《善说集》（Subhitasagraha）文本概述——以 Bendall 编校本与新见尼泊尔梵文写本为中心/陆辰叶《西域历史语言研究集刊》第十辑
36. 从《心经》音译本及其他文献看梵文 ja 的发音/李建强《西域历史语言研究集刊》第十辑
37. 一个成功的误解？——西藏博物馆所藏《噶玛巴为明太祖荐福图》再考/姚霜《西域历史语言研究集刊》第十辑
38. 后藏地区金刚界曼荼罗的传播路径之重构——以后弘初期为中心/阮丽《西域历史语言研究集刊》第十辑
39. “和尚之教”在西藏——以宁玛派对摩诃衍及其教法的诠释、辩护与批判为例/杨杰《西域历史语言研究集刊》第十辑
40. “他空见”诠释的出发点——论朵波巴摄啰监灿班藏布之二谛见/石美《西域历史语言研究集刊》第十辑
41. 新见三封明廷赐封西番剌麻勅谕及其考释/沈卫荣《西域历史语言研究集刊》第十辑
42. 论陈那逻辑的纯演绎与非纯演绎逻辑性质——对因明“九句因”理论的实证性分析/达哇、更登《因明》第十一辑
43. 自利利他：陈那比量理论的两个面向/甘伟《因明》第十一辑
44. 法称量论中的“自相”概念/程瑜《因明》第十一辑
45. 宗之构成及其称谓辨析/董志铁《因明》第十一辑
46. 对因明定义的思考/宗峰《因明》第十一辑
47. 试论“意想”在因明中的作用/陈又新《因明》第十一辑
48. 普遍命题的检证与否证/沈剑英《因明》第十一辑
49. 《方便心论》之如法论/刚晓《因明》第十一辑

50. 有关《正理门论》的几点问题再析/项智多杰《因明》第十一辑
51. “《集量论》破数论‘为他比量’说”译解/剧宗林《因明》第十一辑
52. 关于《因明入正理论》题名的讨论——基于几种中文翻译的对读/郭桥、刘定一《因明》第十一辑
53. 因理论·智慧蜂之喜蜜/居·弥庞著，贡保扎西译注《因明》第十一辑
54. 百年藏族量理摄类学研究/夏吾李加《因明》第十一辑
55. 2016年度中国边疆学视野下西藏历史研究综述——以象雄与吐蕃时期为中心/刘洁《中国边疆学》第七辑
56. 史料所见西藏穆斯林和伊斯兰教遗迹述略与补正/马强、马生福《中国边疆学》第九辑
57. 解放军“英雄连”对西藏的特殊贡献/秦和平《中国边疆学》第九辑
58. 清代光绪朝藏廓冲突与交涉探微/张永攀《中国边疆学》第九辑
59. 20世纪40年代西康文学管窥——以《康导月刊》为窗口/赵伟《中国边疆学》第十辑
60. 明代汉藏两地佛教戒律改革探析——以宗喀巴改革与晚明汉地丛林改革为例/祁桂娟《中国佛学》2018年总第42期
61. 试论札勒那措朗大师修行实践思想/何杰锋《中国佛学》2018年总第42期
62. 藏族塌鼻兽图像形成初探/徐畅冬《中国民族文博》第七辑
63. 青藏高原丝路缺环研究——以考古发现为基础/仝涛《中国民族文博》第七辑
64. 丝路芳华——邮票上的西藏地区少数民族文化/谢昊伊《中国民族文博》第七辑
65. 多元与共荣：热贡隆务河流域“蔡孜德裕”人之山神信仰研究/周毛先《中国民族学》2018年第1期
66. 青海藏族聚居区寄宿制中学学生人格特征、应对方式与心理健康的关系研究——以海北州寄宿制中学为例/赵慧莉、史学莉《中国民族学》2018年第1期
67. 金属类药物在藏蒙与汉传医药中之分类——以金、银两种金属类药物为中心/宗喀·漾正冈布赵书苑《中国民族学》2018年第1期
68. 一篇摄生伏藏文献的藏汉对勘研究/谢光典《中国民族学》2018年第1期
69. 17世纪直贡藏医学派传承机构——哉瓦多吉颇章/贡保东知《中国民族学》2018年第1期

70. “象征主义”视域下的安多藏族抢婚及生命力释源/刘军君《中国民族学》2018 年第 1 期
71. 改革开放以后甘青藏传佛教寺院与社区共生关系研究/王秋花《中国民族学》2018 年第 1 期
72. 国内学界关于“巴尔蒂斯坦”研究综述/阿旺嘉措、润泽《中国民族学》2018 年第 1 期
73. 拉卜楞寺成名原因浅析/华锐·东智《宗教信仰与民族文化》第十辑
74. 简述藏医火灸疗法——以艾灸为例/林扎西卓玛《宗教信仰与民族文化》第十辑
75. 壳与核：空间与权力互动视域下的城镇化 ——以夏河拉卜楞为例/郭志合《宗教信仰与民族文化》第十辑
76. 甘肃民族地区的脱贫攻坚与全面小康社会/马亚美《宗教信仰与民族文化》第十辑
77. 西藏民族关系研究述略/王耀《宗教信仰与民族文化》第十辑
78. 疯狂的虫草，疯狂的松茸和疯狂的岷江柏——专访作家阿来/朱又可、阿来《阿来研究》第 8 辑
79. 作为边界现象的当代藏族汉语诗歌——以多康地区为例/祁发慧《阿来研究》第 8 辑
80.《尘埃落定》与 20 世纪 90 年代中国文学的三种关系/周燕芬、慕江伟《阿来研究》第 8 辑
81. 生命空间中游走的鱼——论阿来诗歌的审美精神维度/余国秀《阿来研究》第 8 辑
82. 阿来诗歌中的藏地书写及其审美建构/韩惠欢、李继凯《阿来研究》第 8 辑
83. 民俗写作对少数民族作家创作的意义——重读阿来的《尘埃落定》/田晓箐、赵学勇《阿来研究》第 8 辑
84.《西藏文学》与先锋文学的相遇/王本朝《阿来研究》第 8 辑
85. 借鉴与探索：当代藏族作家汉语小说四十年/郑靖茹《阿来研究》第 8 辑
86. 主编文化认同的文学探索——兼论《西藏文学》（1977—2012）的地方性想象的嬗变/魏春春《阿来研究》第 8 辑
87.《无性别的神》的女性意识书写及其启示/王泉《阿来研究》第 8 辑
88. 不灭的现代之光——《无性别的神》对现代西藏道路的探寻/李美萍《阿

来研究》第 8 辑

89. 神的意味——也谈央珍长篇小说《无性别的神》的寓意与主题/陈思广《阿来研究》第 8 辑
90. 如何以文学的方式进入西藏历史？——论央珍《无性别的神》的叙事艺术/郭景华《阿来研究》第 8 辑
91. 历史的忧伤——央珍小说《无性别的神》研究/彭超《阿来研究》第 8 辑
92. 边缘叙事视角下追求平等、自由、人性的赞歌——读央珍的长篇小说《无性别的神》/孔占芳《阿来研究》第 8 辑
93. 评央珍的小说《无性别的神》——兼谈 20 世纪 90 年代以来藏族长篇小说的写作趋向/赵丽《阿来研究》第 8 辑
94. 论央珍《无性别的神》中的成长叙事/梁小娟《阿来研究》第 8 辑
95. 藏族女性的启蒙之歌——评央珍的长篇小说《无性别的神》/梁爽、李继凯《阿来研究》第 8 辑
96.《无性别的神》：神国没落与西藏新生的历史叙事/黄梦婷、陈思国《阿来研究》第 8 辑
97. 现代性的压抑与生长——从藏族“娜拉”到人类“围城”看央珍的艺术自觉/李斌、刘侠《阿来研究》第 8 辑
98. 当代中国少数民族文学与宗教研究史述评/翟崇光《阿来研究》第 8 辑
99. 当代少数民族文学神话学理论研究史述评/王植、周欣瑞《阿来研究》第 8 辑
100. 论阿来“山珍三部曲”的生态思想/何梦洁《阿来研究》第 8 辑
101. 纪念《西藏文学》创刊四十周年暨第三届阿来与藏区文学研讨会综述/魏春春《阿来研究》第 8 辑
102. 当代小说创作影响力报告（1949. 10—2017. 10）——兼及四川、西藏小说创作影响力报告/《阿来研究》第 9 辑
103. 20 世纪 90 年代以来藏族女作家的西藏言说/《阿来研究》第 9 辑
104.“新时代藏族文学高端论坛”会议综述/《阿来研究》第 9 辑
105.“藏羌彝走廊”文化特征简论/王川《藏羌彝走廊研究》第二辑
106. 桃坪—甘堡藏羌村寨旅游文化产业集群化发展研究/喇明英《藏羌彝走廊研究》第二辑
107. 川滇连片特困藏区生态供给服务内涵与价值提升制度设计研究/沈茂英、徐知之《藏羌彝走廊研究》第二辑

108. 藏羌彝文化产业走廊阿坝区域觉囊文化中心旅游目的地的打造潜力及建设路径/庄春辉《藏羌彝走廊研究》第二辑
109. 西藏文化产业发展的成就和作用/杨军财《藏羌彝走廊研究》第二辑
110. 交通巨变下的甘孜州发展思路研究/陶勇《藏羌彝走廊研究》第二辑
111. “SWOT”视角下对甘孜州开发红色文化资源的思考/八足林青《藏羌彝走廊研究》第二辑
112. 川西南之民族关系变局及其木里土司先人起源之关系/成飞《藏羌彝走廊研究》第二辑
113. 家庭与社会的力量支持——当代四川藏区青少年入寺学经的家庭与社会原因实证研究/林开强《藏羌彝走廊研究》第二辑
114. 放生与救济——对亚青寺牦牛放生大法会的人类学考察/王春《藏羌彝走廊研究》第二辑
115. 瓜州榆林窟第 15 窟吐蕃装唐装组合供养伎乐考/沙武田《藏学学刊》第 18 辑
116. 新发现的《班丹扎释偈挽碑》及相关问题研究/董华锋《藏学学刊》第 18 辑
117. 转译中的五台山：一个出现于蒙元时期的汉藏并存之地/丁一《藏学学刊》第 18 辑
118. 宣文辅治：元朝统一西藏前后阿里地区的政教关系研究/黄博《藏学学刊》第 18 辑
119. 从北京木刻本《十方圣主格斯尔可汗传》插图看蒙古族关公信仰/董晓荣《藏学学刊》第 18 辑
120. 从“རྒྱ་ནག”（汉）一词看清代藏文文献中的“满”、“汉”观念/罗宏《藏学学刊》第 18 辑
121. 清朝川藏地方藏语文译员职缺设置考/石岩刚《藏学学刊》第 18 辑
122. 民国时期绰斯甲地区的隶属之争/阎翠《藏学学刊》第 18 辑
123. 青藏高原牧区“鼠灾”的藏文化诠释——鼠类动物的妖魔化和神圣化/唐邵宇、嘎尔让、叶亭《藏学学刊》第 18 辑
124. 新见西藏江达朗贡巴草场确权文告的释读与研究/余小洪、于丽萍《藏学学刊》第 18 辑
125. “人、物、神”：巴塘藏戏的地方性与超地方性/翟淑平《藏学学刊》第 18 辑

126. 白马藏族音乐研究述评：1980—2015/杨扬《藏学学刊》第18辑
127. 西藏墨竹工卡县孜孜荣岩画调查简报/何伟《藏学学刊》第19辑
128. 从出土动物遗存看岷江上游战国秦汉时期生业方式的变化/何锟宇《藏学学刊》第19辑
129. 造型与技法——笈多艺术对中土佛像的影响/李崇峰《藏学学刊》第19辑
130. 青海省文物考古研究所收藏吐蕃石刻的释读与研究/夏吾卡先，肖永明，李骥源《藏学学刊》第19辑
131. 从敦煌藏文文书P. T. 1189《肃州府主司徒致河西节度天大王书状》看晚唐五代肃州地区的部族及其与周边关系/陆离《藏学学刊》第19辑
132. 两金川土司军事力量初探（1771—1776）/张闶《藏学学刊》第19辑
133. 还俗活佛的传记书写：以康区东谷寺第八世东科夏仲活佛为中心/谢光典《藏学学刊》第19辑
134. 施拉君特怀特兄弟的喜马拉雅之行：德国第一次西藏考察及其影响/赵光锐《藏学学刊》第19辑
135.《续部总集》的编纂及其曼荼罗/张雅静《藏学学刊》第19辑
136. 英文档案所见“西藏友好代表团”史实新考——兼论二战结束前后英印政府的对藏策略/李沛容《藏学学刊》第19辑
137. 上古汉语别 * brjat/别 * prjat 在藏缅语族语言裹的同源词：缅文 prat/phrat 和嘉绒 mbrat/prat 等/梅祖麟《历史语言学研究》第十二辑
138. 瓷质僧帽壶产生背景初探/周玉州《民族史研究》第十四辑
139. 清代前后藏地方政权之比较研究/泽仁翁姆《民族史研究》第十四辑
140. 民国时期蒙藏事务管理机构名称的演变/马睿《民族史研究》第十四辑
141. 民国时期戴新三在藏工作研究/钟宇海《民族史研究》第十四辑
142. 从瞻对总管看现代中国的初步构建/冯翔、喜饶尼玛《民族史研究》第十四辑
143. 西藏驻京僧人贡觉仲尼赴藏宣慰原因探析/杨扬、喜饶尼玛《民族史研究》第十四辑
144. 民国驻藏官员蒋致余评述/荣加林、喜饶尼玛《民族史研究》第十四辑
145. 1934年黎丹及其西藏巡礼团述评/许月、喜饶尼玛《民族史研究》第十四辑
146. 安多迭部地区民间口述经文《司巴掩亦》初探/吉西次力《民族史研究》

第十四辑

147. 云南噶玛噶举派历史研究综述/熊燕《民族史研究》第十四辑

148. 民族地区旅游业发展对民族关系的影响——以甘南州夏河县为例/谢文莉《民族问题研究》第六辑

149. 可持续发展视域下民族地区生态旅游探究——以香格里拉市生态旅游为例/江巴齐林，黄丽娜《民族问题研究》第六辑

150. 交往与交融：甘南卓尼县勺哇乡土、藏、汉民族关系研究/梁庆芬《民族问题研究》第六辑

藏文部分

1. གཅོ་འཛིན་ཞི་ཅིན་ཕིང་མཆོག་གི་མི་རིགས་ཀྱི་བྱ་བའི་ལྟ་གྲུབ་སྐོར་ལ་ཅུང་ཙམ་དཔྱད་པ།/ཐང་སྐོར་དབུས་སྐྱབས། མདོ་སྨད་ཞིབ་འཇུག གླེགས་བམ་བཞི་པ།

   习近平的民族观/欧加《安多研究》第 4 期

2. བོད་དུ་དར་བའི་རྒྱ་གར་ནང་བསྟན་གྱི་རྩ་བའི་གྲུབ་རྐྱེན་སྙིང་པ། —ཉི་ཧོང་ནང་བསྟན་དང་བསྡུར་ནས་དཔྱད་པ།/ཡཱ་མཱ་ཀོ་ཆི་ཟུའི་ཧྥོ་ཡིས་བརྩམས། བཀྲ་ཤིས་ལྷུན་གྲུབ་ཀྱིས་བསྒྱུར། མདོ་སྨད་ཞིབ་འཇུག གླེགས་བམ་བཞི་པ།

   传入西藏的印度佛教的核心因素——与日本佛教的对比/山口瑞凤著、扎西龙主译《安多研究》第 4 期

3. འ་ཞ་དང་ཐུའུ་ཡུའུ་ཧུན་གྱི་འབྲེལ་བར་རགས་ཙམ་དཔྱད་པ།/པདྨ་རྡོ་རྗེ། མདོ་སྨད་ཞིབ་འཇུག གླེགས་བམ་བཞི་པ།

   浅析阿夏与吐谷浑的关系/完玛刀吉《安多研究》第 4 期

4. སྣར་ཐང་དགོན་པ་དང་སྣར་ཐང་བསྟན་འགྱུར་གྱི་པར་གཞི་ལ་དཔྱད་པ།/ངག་དབང་སྒྲོལ་མ། མདོ་སྨད་ཞིབ་འཇུག གླེགས་བམ་བཞི་པ།

   那塘寺与那塘版《甘珠尔》研究/昂翁卓玛《安多研究》第 4 期

5. བོད་བརྒྱུད་ནང་བསྟན་གྱི་ནུབ་ཕྱོགས་བདེ་བ་ཅན་གྱི་སྨོན་ལམ་ཡིག་ཆ་སྤྱི་བཤད།/བསེ་ཚང་སངས་རྒྱས་དོན་གྲུབ། མདོ་སྨད་ཞིབ་འཇུག གླེགས་བམ་བཞི་པ།

藏传佛教西方净土祈愿文综述/桑吉东知《安多研究》第 4 期

6. དག་ཡིག་མཁས་པ་དགའ་སྐྱེད་ཀྱི་ཁུངས་དང་སྒྲིག་སྟངས་རོབ་ཙམ་གླེང་བ།/དགའ་རྡོ་རྗེ་ཐར། མདོ་སྨད་ཞིབ་འཇུག གླེགས་བམ་བཞི་པ།

浅析《藏文正字智者生喜》的来源及其结构/道吉塔《安多研究》第 4 期

7. འཕགས་པ་བཟང་པོ་སྤྱོད་པའི་སྨོན་ལམ་དང་དེ་ལས་བསྟན་པའི་བསམ་བློར་དཔྱད་པ།/ཁ་སྣང་དབང་ཕྱུག མདོ་སྨད་ཞིབ་འཇུག གླེགས་བམ་བཞི་པ།

《普贤行愿品》的起源发展与思想价值探析/卡岗项秀《安多研究》第 4 期

8. ཆག་ལོ་ཙཱ་བ་ཆོས་རྗེ་དཔལ་གྱི་རྣམ་ཐར་ལས་པར་གཞིའི་སྐོར་རགས་ཙམ་གླེང་བ།/ཀ་ཤུལ་འཇམ་དབྱངས། མདོ་སྨད་ཞིབ་འཇུག གླེགས་བམ་བཞི་པ།

曲吉贝传记之版本研究/嘉央坚措《安多研究》第 4 期

9. བླ་བྲང་དགོན་པའི་བོད་བརྒྱུད་ནང་བསྟན་ཐང་གའི་སྒྱུ་རྩལ་རགས་ཙམ་གླེང་བ།/ལྷ་མོ་དོན་གྲུབ། མདོ་སྨད་ཞིབ་འཇུག གླེགས་བམ་བཞི་པ།

探析拉卜楞寺的唐卡艺术特色/拉毛东知《安多研究》第 4 期

10. ནང་པ་སངས་རྒྱས་པའི་གྲུབ་མཐའ་སྨྲ་བ་བཞིའི་བདག་དང་རྣམ་ཤེས་འདོད་ལུགས་ལ་རགས་ཙམ་དཔྱད་པ།/ཁ་ཚ་འཇམ་དཔལ་ཚེ་བརྟན། མདོ་སྨད་ཞིབ་འཇུག གླེགས་བམ་བཞི་པ།

浅谈佛教四派中的“自我”与“无我”之别/甲花泽尔旦《安多研究》第 4 期

11. ཡིག་སྒྱུར་ཁྲོད་བོད་ཡིག་བརྡ་གསར་གཏན་འབེབས་བྱེད་ཐབས་སྐོར་རགས་ཙམ་གླེང་བ།/ཚ་རིས་སྐལ་བཟང་ཐོགས་མེད། མདོ་སྨད་ཞིབ་འཇུག གླེགས་བམ་བཞི་པ།

浅谈翻译过程中藏文新词的统/嘎藏陀美《安多研究》第 4 期

12. མིང་གཅིག་བླ་ཐབས་སུ་བསྟན་ནས་སྐད་སོར་བཞག་བྱ་བའི་སྒྱུར་ཐབས་ལ་དཔྱད་པ།/ཀླུ་འབུམ་རྒྱལ། མདོ་སྨད་ཞིབ་འཇུག གླེགས་བམ་བཞི་པ།

加冠词的词语保留译法研究/龙布杰《安多研究》第 4 期

13. ཤིང་བྱིས་ཕུ་ནུའོ་ཚོའི་རྟོགས་བརྗོད་བོད་འགྱུར་མའི་ལོ་ཙཱའི་ཐབས་ལམ་ལ་དཔྱད་པ།/ཚེ་རིང་སྐྱིད། མདོ་སྨད་ཞིབ་འཇུག གླེགས་བམ་བཞི་པ།

《木偶奇遇记》藏译本之翻译技巧研究/才让吉《安多研究》第 4 期

14. རྒྱལ་བུ་ཀུ་ན་ལ་དང་ས་ནུ་བརྗོད་བྱ་བྱས་པའི་ལོ་རྒྱུས་སྙན་སྙིང་ཞིག་ལ་གསར་དུ་དཔྱད་པ།/དབང་མཆོག་འབུམ། མདོ་སྨད་ཞིབ་འཇུག གླེགས་བམ་བཞི་པ།

阿育王两王子的史诗新考/昂却本《安多研究》第 4 期

15. པདྨ་ཚེ་བརྟན་གྱི་བརྩམས་སྒྲུང་གི་བསམ་བློའི་ནང་དོན་ལ་དཔྱད་པ།/འཇམ་དབྱངས་སྐྱིད། མདོ་སྨད་ཞིབ་འཇུག གླེགས་བམ་བཞི་པ།

评万玛才旦小说的思想内涵/加央吉《安多研究》第 4 期

16. བྱང་ཆུབ་ལམ་རིམ་ཆེན་མོའི་རྩོམ་འབྲིའི་གནས་ཚུལ་སྐོར་ལ་ཅུང་ཟད་དཔྱད་པ།/སྟག་ལྷ་ཐར། མདོ་སྨད་ཞིབ་འཇུག གླེགས་བམ་བཞི་པ།
浅谈宗喀巴大师的《菩提道次第广论》之缘起/德拉塔《安多研究》第4期

17. སྒྲུང་ཐུང་ཡིག་བརྒྱ་མ་བོད་དུ་དར་ཚུལ་དང་དེའི་གནས་བབ་ཀྱི་ཐོག་མའི་བསམ་གཞིགས།/རྡོ་རྗེ་ཚེ་རིང་། མདོ་སྨད་ཞིབ་འཇུག གླེགས་བམ་བཞི་པ།
微信小说在藏族文学中的发展及现状初探/道吉才让《安多研究》第4期

18. དཔལ་ལྡན་རྒྱུད་བཞིའི་ཐ་སྙད་ཡུལ་དུས་ཀྱི་ངོས་འཛིན་དང་ཟས་སྤྱོད་བསྟེན་ཚུལ་སྐོར་ལ་དཔྱད་པ།/དཀོན་མཆོག་རྒྱལ་མཚན། རོང་པོ་སྐལ་བཟང་བཀྲ་ཤིས། མདོ་སྨད་ཞིབ་འཇུག གླེགས་བམ་བཞི་པ།
《四部医典》中天文地理的认知和饮食起居理念/贡却坚赞 尕藏扎西《安多研究》第4期

19. བོད་ཀྱི་གསོ་བ་རིག་པ་ལས་ཕྲ་བ་སེམས་ནད་དང་རིག་པ་ལུས་ནད་གཉིས་ཀྱི་ཁྱད་པར་ལ་དཔྱད་པ།/ཚུལ་ཁྲིམས་དར་རྒྱས།/བྱ་མདོ་ལྷ་བྱམས་རྒྱལ། མདོ་སྨད་ཞིབ་འཇུག གླེགས་བམ་བཞི་པ།
藏医心理疾病与生理疾病的比较研究/次成达杰 李先加《安多研究》第4期

20. དམའ་འབྲིང་གི་སློབ་ཁྲིད་ཐབས་ཇོ་སྒྲོད་མདོ་ཙམ་བྱེད་པ།/ར་ཁོ་བསྟན་འཛིན་ལྷུན་གྲུབ། མདོ་སྨད་ཞིབ་འཇུག གླེགས་བམ་བཞི་པ།
浅谈初中教学的几个教学方法/旦真能周《安多研究》第4期

21. མཚོ་སྔོན་པོ་བོད་སྟག་ཡུལ་གྱི་གེ་སར་རིག་གནས་སྐོར་ལ་ཐོག་མར་དཔྱད་པ།/དབང་ཆེན་ཚེ་རིང་། མདོ་སྨད་ཞིབ་འཇུག གླེགས་བམ་བཞི་པ།
青海湖旺什代海格萨尔文化的考察与研究/巷欠才让《安多研究》第4期

22. གེ་སར་སྒྲུང་གི་ཐོག་མའི་སྣང་བརྙན་སྐོར་ལ་དཔྱད་པ།/རྡོ་རྗེ་རབ་བརྟན། རྡོ་རྗེ་སྐྱིད། མདོ་སྨད་ཞིབ་འཇུག གླེགས་བམ་བཞི་པ།
试论《格萨尔》史诗的原型/多杰拉旦 道杰吉《安多研究》第4期

23. མཚོ་ལྷོ་བདུད་ཤུལ་ས་ཆའི་དཔའ་ཐུལ་ཛ་ཏན་ལབ་ཙེའི་མིང་གི་བྱུང་བར་དཔྱད་པ།/དུང་སྐྱབས་རྒྱལ། མདོ་སྨད་ཞིབ་འཇུག གླེགས་བམ་བཞི་པ།
海南都秀杂干拉则名称来由探析/东杰加《安多研究》第4期

24. མདོ་སྨད་སྐྱང་ཚང་དགོན་པའི་དམག་བསྐུལ་གྱི་ཆོ་གར་རགས་ཙམ་དཔྱད་པ།/གཡང་སྐྱབས་འབུམ། མདོ་སྨད་ཞིབ་འཇུག གླེགས་བམ་བཞི་པ།
浅析多麦藩曲荷象寺将士出征仪轨/杨加宝《安多研究》第4期

25. བྱམས་སྙིང་རྗེ་ནི་བོད་བརྒྱུད་ནང་བསྟན་ཆོས་ལུགས་ཀྱི་རྩ་བའི་རིན་ཐང་ལྟ་བ་ཡིན་པ་གླེང་བ།/སྒྲ་བླ་བ་ཚེ་རིང་། བོད་བརྒྱུད་ནང་བསྟན་གྱི་དགོངས་འགྲེལ་སྐོར་གྱི་དཔྱད་རྩོམ་ཕྱོགས་བསྒྲིགས། དེབ་བདུན་པ།

26. ཞང་ཞུང་གི་ལོ་རྒྱུས་དང་རིག་གནས། བོན་གཞུང་སྐོར་ལ་དཔྱད་པ།/སྐྱུང་སྤྲུལ་དྲི་མེད་འོད་ཟེར། ཞང་ཞུང་ཤེས་རིག་ཞིབ་འཇུག གཡུང་དྲུང་བོན་མཐུན་འབྲེལ་ལྷན་ཚོགས་ཀྱིས་གཙོ་གཉེར་བྱས་པའི་དཔྱད་རྩོམ་བདམས་བསྒྲིགས།

27. ཞང་ཞུང་གི་ཤེས་རིག་སྐོར་རགས་ཙམ་གླེང་བ།/དགེ་བཤེས་འཕྲིན་ལས་ཉི་མ། ཞང་ཞུང་ཤེས་རིག་ཞིབ་འཇུག གཡུང་དྲུང་བོན་མཐུན་འབྲེལ་ལྷན་ཚོགས་ཀྱིས་གཙོ་གཉེར་བྱས་པའི་དཔྱད་རྩོམ་བདམས་བསྒྲིགས།

28. བོན་ལུགས་དང་འབྲེལ་ནས་བོད་ཀྱི་རིག་གནས་ཀྱི་ཁུངས་ལ་དཔྱད་པ།/བོན་བརྒྱ་དགེ་ལེགས་ལྷུན་གྲུབ་རྒྱ་མཚོ། ཞང་ཞུང་ཤེས་རིག་ཞིབ་འཇུག གཡུང་དྲུང་བོན་མཐུན་འབྲེལ་ལྷན་ཚོགས་ཀྱིས་གཙོ་གཉེར་བྱས་པའི་དཔྱད་རྩོམ་བདམས་བསྒྲིགས།

29. ཞང་ཞུང་གི་ཤེས་རིག་སྐོར་ལ་དཔྱད་པ།/སེང་སྤྲུལ་རིག་འཛིན་ཉི་མ། ཞང་ཞུང་ཤེས་རིག་ཞིབ་འཇུག གཡུང་དྲུང་བོན་མཐུན་འབྲེལ་ལྷན་ཚོགས་ཀྱིས་གཙོ་གཉེར་བྱས་པའི་དཔྱད་རྩོམ་བདམས་བསྒྲིགས།

30. གཡུང་དྲུང་བོན་དར་ནུབ་སྐོར་ཅུང་ཙམ་གླེང་བ།/རིན་སྤུངས་ཚུལ་བསྟན། ཞང་ཞུང་ཤེས་རིག་ཞིབ་འཇུག ། གཡུང་དྲུང་བོན་མཐུན་འབྲེལ་ལྷན་ཚོགས་ཀྱིས་གཙོ་གཉེར་བྱས་པའི་དཔྱད་རྩོམ་བདམས་བསྒྲིགས།

31. བླ་ཡིད་སེམས་གསུམ་གྱི་སྐོར་ངོ་སྤྲོད།/ཚུལ་ཁྲིམས་འཆི་མེད་རྣམ་རྒྱལ། ཞང་ཞུང་ཤེས་རིག་ཞིབ་འཇུག གཡུང་དྲུང་བོན་མཐུན་འབྲེལ་ལྷན་ཚོགས་ཀྱིས་གཙོ་གཉེར་བྱས་པའི་དཔྱད་རྩོམ་བདམས་བསྒྲིགས།

32. སྙན་ངག་མེ་ལོང་མའི་སྟོན་གྱི་བོད་རང་གི་སྙན་ངག་གི་གཞུང་ལུགས་གླེང་བ།/ཤེས་རབ་དགེ་ལེགས། ཞང་ཞུང་ཤེས་རིག་ཞིབ་འཇུག གཡུང་དྲུང་བོན་མཐུན་འབྲེལ་ལྷན་ཚོགས་ཀྱིས་གཙོ་གཉེར་བྱས་པའི་དཔྱད་རྩོམ་བདམས་བསྒྲིགས།

33. འབྱུང་ལྔའི་ལས་དང་རྣམ་འགྱུར། མཚན་གྲངས་སོགས་གླེང་བ།/རྒྱ་ཤོད་གཡུང་དྲུང་བཀྲ་ཤིས། ཞང་ཞུང་ཤེས་རིག་ཞིབ་འཇུག གཡུང་དྲུང་བོན་མཐུན་འབྲེལ་ལྷན་ཚོགས་ཀྱིས་གཙོ་གཉེར་བྱས་པའི་དཔྱད་རྩོམ་བདམས་བསྒྲིགས།

34. ཏུན་ཧོང་ཡིག་རྙིང་ལས་གསལ་བའི་སད་མར་ཀར་གྱི་སྐོར་གླེང་བ།/ཆོས་འཁོར་ཚང་ཉི་མ་འོད་ཟེར། ཞང་ཞུང་ཤེས་རིག་ཞིབ་འཇུག གཡུང་དྲུང་བོན་མཐུན་འབྲེལ་ལྷན་ཚོགས་ཀྱིས་གཙོ་གཉེར་བྱས་པའི་དཔྱད་རྩོམ་བདམས་བསྒྲིགས།

35. ཞུང་ངམ་ཁྱུང་གི་ཐ་སྙད་དང་དེའི་གོ་དོན་སྐོར་གླེང་བ།/སློབ་དཔོན་བསྟན་འཛིན་རྣམ་རོལ། ཞང་ཞུང་ཤེས་རིག་ཞིབ་འཇུག གཡུང་དྲུང་བོན་མཐུན་འབྲེལ་ལྷན་ཚོགས་ཀྱིས་གཙོ་གཉེར་བྱས་པའི་དཔྱད་རྩོམ་བདམས་བསྒྲིགས།

36. སྲོང་བཙན་སྔོན་དུ་བོད་ཡིག་ཡོད་པར་འདོད་པའི་སྐོར་ཅུང་གླེང་བ།/ཁྱུང་སྤྲུག་མཛེས། ཞང་ཞུང་ཤེས་རིག་ཞིབ་འཇུག གཡུང་དྲུང་བོན་མཐུན་འབྲེལ་ལྷན་ཚོགས་ཀྱིས་གཙོ་གཉེར་བྱས་པའི་དཔྱད་རྩོམ་བདམས་བསྒྲིགས།

37. བན་བོན་གྱི་གཞུང་སོ་སོར་བཀོད་པའི་སྟོན་པ་གཤེན་རབ་ཀྱི་སྐོར་གླེང་བ།/བན་ཤུལ་དཔལ་ལ་མཁར་རྒྱལ། ཞང་ཞུང་ཤེས་རིག་ཞིབ་འཇུག གཡུང་དྲུང་བོན་མཐུན་འབྲེལ་ལྷན་ཚོགས་ཀྱིས་གཙོ་གཉེར་བྱས་པའི་དཔྱད་རྩོམ་བདམས་བསྒྲིགས།

38. གཤེན་ཆེན་ཀླུ་དགའི་གཏེར་ལོའི་སྐོར་ཅུང་གླེང་བ།/མཁན་པོ་ཚུལ་ཁྲིམས་བསྟན་འཛིན། ཞང་ཞུང་ཤེས་རིག

ཞིབ་འཇུག གཡུང་དྲུང་བོན་མཉམ་འབྲེལ་ལྷན་ཚོགས་ཀྱིས་གཙོ་གཉེར་བྱས་པའི་དཔྱད་རྩོམ་བདམས་བསྒྲིགས།

39. གཏེར་སྟོན་བརྒྱ་རྩའི་སྐོར་ཙུང་ཟད་གླེང་བ།/སྤྲུ་རྒྱལ་བ་ཙང་པ་ཉི་མ་རྒྱལ་མཚན། ཞང་ཞུང་ཤེས་རིག་ཞིབ་འཇུག གཡུང་དྲུང་བོན་མཉམ་འབྲེལ་ལྷན་ཚོགས་ཀྱིས་གཙོ་གཉེར་བྱས་པའི་དཔྱད་རྩོམ་བདམས་བསྒྲིགས།

40. རྒྱལ་རིགས་སྦྲུ་ཡི་རིང་ལུགས་འཛིན་པ་གཡས་རུའི་སྟོན་པ་བཅོ་བརྒྱད་ཀྱི་སྐོར་གླེང་བ།/རྨ་རོང་ལུང་རིག་རྒྱལ། ཞང་ཞུང་ཤེས་རིག་ཞིབ་འཇུག གཡུང་དྲུང་བོན་མཉམ་འབྲེལ་ལྷན་ཚོགས་ཀྱིས་གཙོ་གཉེར་བྱས་པའི་དཔྱད་རྩོམ་བདམས་བསྒྲིགས།

41. ཀུན་མཁྱེན་ཉི་མ་བསྟན་འཛིན་གྱི་མཛད་རྣམ་ལས་འདས་ལོའི་སྐོར་གླེང་བ།/ལྷ་བུ་བློ་བཟང་། ཞང་ཞུང་ཤེས་རིག་ཞིབ་འཇུག གཡུང་དྲུང་བོན་མཉམ་འབྲེལ་ལྷན་ཚོགས་ཀྱིས་གཙོ་གཉེར་བྱས་པའི་དཔྱད་རྩོམ་བདམས་བསྒྲིགས།

42. ཞང་ཞུང་གི་རྒྱལ་པོ་ལིག་མི་རྒྱའི་སྐོར་ལ་དཔྱད་པ།/གཡུང་དྲུང་སྐྱབས། ཞང་ཞུང་ཤེས་རིག་ཞིབ་འཇུག གཡུང་དྲུང་བོན་མཉམ་འབྲེལ་ལྷན་ཚོགས་ཀྱིས་གཙོ་གཉེར་བྱས་པའི་དཔྱད་རྩོམ་བདམས་བསྒྲིགས།

43. གཉའ་ཁྲི་བཙན་པོའི་སྐོར་གྱི་དཔྱད་གཏམ་ཀླུ་མ་ར་ཡི་གླུ་དབྱངས།/འགོ་བ་བསྟན་འཛིན་འབྲུག་གྲགས། ཞང་ཞུང་ཤེས་རིག་ཞིབ་འཇུག གཡུང་དྲུང་བོན་མཉམ་འབྲེལ་ལྷན་ཚོགས་ཀྱིས་གཙོ་གཉེར་བྱས་པའི་དཔྱད་རྩོམ་བདམས་བསྒྲིགས།

44. གྲི་གུམ་བཙན་པོ་ལས་འཕྲོས་པའི་གཏམ་སྐྱ་རེངས་གསར་པ།/ཨྠཙྭ་གཟི་གཡང་། ཞང་ཞུང་ཤེས་རིག་ཞིབ་འཇུག གཡུང་དྲུང་བོན་མཉམ་འབྲེལ་ལྷན་ཚོགས་ཀྱིས་གཙོ་གཉེར་བྱས་པའི་དཔྱད་རྩོམ་བདམས་བསྒྲིགས།

45. བོན་སྐྱོང་བེ་རི་རྒྱལ་པོའི་སྐོར་གྱི་དཔྱད་གླེང་གནད་བསྡུས།/ཁྲི་གཡུང་དྲུང་། ཞང་ཞུང་ཤེས་རིག་ཞིབ་འཇུག གཡུང་དྲུང་བོན་མཉམ་འབྲེལ་ལྷན་ཚོགས་ཀྱིས་གཙོ་གཉེར་བྱས་པའི་དཔྱད་རྩོམ་བདམས་བསྒྲིགས།

46. སོ་ངམ་གྱིས་བསྐྱུན་པའི་ཟིན་ཐོའི་སྐོར་ལ་གསར་དུ་དཔྱད་པའི་གཏམ།/གཤེན་སྐྱུག ཞང་ཞུང་ཤེས་རིག་ཞིབ་འཇུག གཡུང་དྲུང་བོན་མཉམ་འབྲེལ་ལྷན་ཚོགས་ཀྱིས་གཙོ་གཉེར་བྱས་པའི་དཔྱད་རྩོམ་བདམས་བསྒྲིགས།

47. གཡུང་དྲུང་བོན་གྱི་བཀའ་དང་བཀའ་བརྟེན་ལ་དཔྱད་པ།/སྟོང་སྐོར་ཚེ་རིང་ཐར། ཞང་ཞུང་ཤེས་རིག་ཞིབ་འཇུག གཡུང་དྲུང་བོན་མཉམ་འབྲེལ་ལྷན་ཚོགས་ཀྱིས་གཙོ་གཉེར་བྱས་པའི་དཔྱད་རྩོམ་བདམས་བསྒྲིགས།

48. མདོ་སྔགས་སེམས་གསུམ་གྱི་ལྟ་བའི་བསྡུས་དོན་དཔོན་གསས་བླ་མའི་ཞལ་ལུང་།/གཙང་ཚ་དགེ་བཤེས་གཡུང་དྲུང་གཙུག་ཕུད། ཞང་ཞུང་ཤེས་རིག་ཞིབ་འཇུག གཡུང་དྲུང་བོན་མཉམ་འབྲེལ་ལྷན་ཚོགས་ཀྱིས་གཙོ་གཉེར་བྱས་པའི་དཔྱད་རྩོམ་བདམས་བསྒྲིགས།

49. གཉའ་ཁྲིའི་སྐབས་བོད་ཡིག་དང་འབྲེལ་ཏེ་མདོ་སྔགས་སེམས་གསུམ་གྱི་བསྟན་པ་དར་ཚུལ་གླེང་བ།/དགེ་བཤེས་བསྟན་འཛིན་སྨོན་ལམ། ཞང་ཞུང་ཤེས་རིག་ཞིབ་འཇུག གཡུང་དྲུང་བོན་མཉམ་འབྲེལ་ལྷན་ཚོགས་ཀྱིས་གཙོ་གཉེར་བྱས་པའི་དཔྱད་རྩོམ་བདམས་བསྒྲིགས།

50. གཡུང་དྲུང་བོན་གྱི་བསྟན་པ་ཕྱི་ནང་གི་གྲུབ་མཐའ་གང་ཡིན་པར་དཔྱད་པ།/སྨན་བཟང་པ་ཀུན་བཟང་རྒྱལ། ཞང་ཞུང་ཤེས་རིག་ཞིབ་འཇུག གཡུང་དྲུང་བོན་མཉམ་འབྲེལ་ལྷན་ཚོགས་ཀྱིས་གཙོ་གཉེར་བྱས་པའི་དཔྱད་རྩོམ་བདམས་བསྒྲིགས།

51. སྐྱབས་འགྲོའི་ཚོགས་ཞིང་གི་སྒོམ་རིམ་གསལ་འདེབས་ཀྱི་སྐོར།/སྤྲ་སར་ཀུན་བཟང་བསྟན་པའི་རྒྱལ་མཚན།

ཞང་ཞུང་ཤེས་རིག་ཞིབ་འཇུག གཡུང་དྲུང་བོན་མཐུན་འབྲེལ་ལྷན་ཚོགས་ཀྱིས་གཙོ་གཉེར་བྱས་པའི་དཔྱད་རྩོམ་བདམས་བསྒྲིགས།

52. ཕྱྭ་གཤེན་ཐེག་པའི་བོན་སྒོའི་སྐོར་རགས་ཙམ་གླེང་བ།/སྡེ་དགེ་དགེ་བཤེས་སྦྱིན་པ་ཚེ་བརྟན། ཞང་ཞུང་ཤེས་རིག་ཞིབ་འཇུག གཡུང་དྲུང་བོན་མཐུན་འབྲེལ་ལྷན་ཚོགས་ཀྱིས་གཙོ་གཉེར་བྱས་པའི་དཔྱད་རྩོམ་བདམས་བསྒྲིགས།

53. གསོ་རིག་འབུམ་བཞི་དང་རྒྱུད་བཞིའི་སྐོར།/ཐུབ་བསྟན་ཕུན་ཚོགས། ཞང་ཞུང་ཤེས་རིག་ཞིབ་འཇུག གཡུང་དྲུང་བོན་མཐུན་འབྲེལ་ལྷན་ཚོགས་ཀྱིས་གཙོ་གཉེར་བྱས་པའི་དཔྱད་རྩོམ་བདམས་བསྒྲིགས།

54. རྒྱུད་བཞིའི་བཀའ་བསྟན་གྱི་འདོད་ཚུལ་ལས་འཕྲོས་ཏེ་བྱུང་ཁུངས་གླེང་བ།/གླིང་སྨན་གཡུང་དྲུང་བཀྲ་ཤིས། ཞང་ཞུང་ཤེས་རིག་ཞིབ་འཇུག གཡུང་དྲུང་བོན་མཐུན་འབྲེལ་ལྷན་ཚོགས་ཀྱིས་གཙོ་གཉེར་བྱས་པའི་དཔྱད་རྩོམ་བདམས་བསྒྲིགས།

55. བོན་རིའི་ལོ་རྒྱུས་ཀྱི་སྐོར་ཙུང་ཟད་གླེང་བ།/བཟོད་པ་འགྱུར་མེད། ཞང་ཞུང་ཤེས་རིག་ཞིབ་འཇུག གཡུང་དྲུང་བོན་མཐུན་འབྲེལ་ལྷན་ཚོགས་ཀྱིས་གཙོ་གཉེར་བྱས་པའི་དཔྱད་རྩོམ་བདམས་བསྒྲིགས།

56. ཚངས་ཆེན་གནས་ཀྱི་བར་ཆད་གླེང་བ།/མཁར་ནག་བསྐལ་བཟང་རྒྱ་མཚོ། ཞང་ཞུང་ཤེས་རིག་ཞིབ་འཇུག གཡུང་དྲུང་བོན་མཐུན་འབྲེལ་ལྷན་ཚོགས་ཀྱིས་གཙོ་གཉེར་བྱས་པའི་དཔྱད་རྩོམ་བདམས་བསྒྲིགས།

57. འོལ་མོ་ལུང་རིང་གི་གནས་ཡུལ་མདོ་ཙམ་གླེང་བ།/མཁར་དཔའ་ཚུལ་ཁྲིམས་རྒྱལ་མཚན། ཞང་ཞུང་ཤེས་རིག་ཞིབ་འཇུག གཡུང་དྲུང་བོན་མཐུན་འབྲེལ་ལྷན་ཚོགས་ཀྱིས་གཙོ་གཉེར་བྱས་པའི་དཔྱད་རྩོམ་བདམས་བསྒྲིགས།

58. གནམ་སྐར་སྐོར་གྱི་ཤེས་བྱ་ཞུང་བསྡུས་བློ་གསར་ཡིད་ཀྱི་མཛེས་རྒྱན།/འབྲི་རུ་ཚུལ་ཁྲིམས་རྒྱལ་མཚན། ཞང་ཞུང་ཤེས་རིག་ཞིབ་འཇུག གཡུང་དྲུང་བོན་མཐུན་འབྲེལ་ལྷན་ཚོགས་ཀྱིས་གཙོ་གཉེར་བྱས་པའི་དཔྱད་རྩོམ་བདམས་བསྒྲིགས།

59. གཡུང་དྲུང་བོན་དང་འབྲེལ་བའི་བོད་ཀྱི་རི་མོའི་བྱུང་བ་མདོ་ཙམ་བརྗོད་པ།/དམུ་རའི་དགེ་བཤེས་བསྟན་འཛིན་ཡེ་ཤེས། ཞང་ཞུང་ཤེས་རིག་ཞིབ་འཇུག གཡུང་དྲུང་བོན་མཐུན་འབྲེལ་ལྷན་ཚོགས་ཀྱིས་གཙོ་གཉེར་བྱས་པའི་དཔྱད་རྩོམ་བདམས་བསྒྲིགས།

英文部分

1. “Translating” Wutai Shan into Ri bo rtse lnga (Five-Peak Mountain)——The Inception of a Sino-Tibetan Site in the Mongal-Yuan Era (1206-1368)/Ding Yi. 藏学学刊. 第18辑

2. The Bird-faced Monk and the Beginnings of the New Tantric Tradition: Part

Two /Leonard W. J. van der Kuijp. 藏学学刊. 第19辑

3. The Sectarian Formation of Tibetan Vegetarianism: Identifying the First Polemic on Meat-eating in Tibetan Literature/Yangxian Jia (Nyangshem Gyal). 藏学学刊. 第19辑

4. The Role of Tibetan Monastic Organizations in Conservation and Development: A Case Study of Shar 'od Monastery in Golok, China. /Palden Tsering. 藏学学刊. 第19辑

台湾、香港藏学研究论著要目

一、哲学、宗教

1.《从使用因明谈清辨是否继承龙树的精神》/林恕安《台大佛学研究》第36期
2.《〈施设足论〉业报思想研究》/释悟殷《法印学报》第9期
3.《〈般舟三昧经〉"除睡眠"之研究》/释觉心.—台湾法鼓文理学院佛教学系硕士论文
4.《论〈密勒日巴大师全集〉"物/悟境"之译相》/吴品达《外国语文研究》第29期
5.《心在西藏佛教：西藏佛教认知理论》（Mind in Tibetan Buddhism）/拉谛仁波切著、Elizabeth Napper英译、廖本圣中译.—藏典出版社有限公司
6.《略探宗喀巴大师寺院教育思想》/尕藏加《宗教哲学》第85期
7.《略论度母的慈悲思想》/德吉卓玛《宗教哲学》第85期
8.《菩提树在佛教意象之研究——以印度菩提伽耶为中心》/简秀娥《岭东通识教育研究学刊》第7卷第3期

二、历史、政治、社会

1.《平措林寺六体六字真言碑与蒙元真言碑源流》/谢继胜《中央研究院历史语言研究所集刊》第89本第4分
2.《西藏问题：民国政府的边疆与民族政治 1928—1949》/林孝庭著，朱丽双译.—香港中文大学出版社
3.《历史叙述的延续和转变——以吐谷浑起源传说为例》/各务诗乃《人文与

社会》学报第3卷第7期
4.《敦煌写本〈大乘义章〉及其相关研究》/陈淑萍《敦煌学》第34期
5.《敦煌本〈唯识大师无着菩萨本生缘〉〈唯识论师世亲菩萨本生缘〉之文本属性与故事源流》/杨明璋《中国学术年刊》第40期

三、文化、文学

1.《舍帝国就灵性：谈〈金姆〉小说中的灵性》/金大卫《台湾高雄师范大学学报》第45期
2.《神与英雄的故乡在西藏：图解唐卡神话传奇》/琼那·诺布旺典．—达观出版事业有限公司
3.《尊玛、尊玛：我和她们在喜马拉雅的夏天》（纪录片）/林丽芳．—牵猴子整合行销股份有限公司

四、医学、自然科学

1.《全图解四部医典1：养生与实作篇》/宇妥·元丹贡布著，王斌译．—新文创文化事业有限公司
2.《青藏高原高原酒精性肝病患者血清NO，IL-6，TNF-α的变化及其临床意义》（Changes of Serum NO, IL-6 and TNF-α in the Qinghai-Tibet Plateau with High Altitude Alcoholic Liver Disease and Their Clinical Significances）/青海大学附属医院吴兆宇、李玉（音）、青海省疾病预防控制中心焦燕（音）．《适应医学》（Adaptive Medicine）10（2）
3.《中国西藏自治区拉萨市大气多环芳烃的来源分配及风险评估》（Source Apportionment and Risk Assessment of Atmospheric Polycyclic Aromatic Hydrocarbons in Lhasa, Tibet, China）/中国科学院西北生态环境资源研究院冰冻圈科学国家重点实验室陈鹏飞、康世昌，中国科学院青藏高原地球科学卓越创新中心李潮流等11人．《气溶胶与空气质量研究》（Aerosol and Air Quality Research）（18）

后　记

经过《中国藏学年鉴》编辑部和中国藏学出版社的通力合作，《中国藏学年鉴·2018》终于和广大读者见面了。这是《中国藏学年鉴》项目启动以来正式出版的第 10 本年鉴，各部分编撰情况如下：

一、前言、后记（编辑部）

二、研究综述：

哲学宗教（顿珠次仁）

梵文研究（录目草）

政治法律（肖杰）

经济（秦婷）

社会（杨晓纯）

生态环境（杨涛）

文化教育（杜冰梅汉文部分、南加才让藏文部分）

语言文字（尹蔚彬汉文部分、丹增罗布藏文部分）

文学（李连荣汉文部分、南加才让藏文部分）

艺术（张中亚）

历史考古地理文献（班玛更珠）

藏医药与科技研究（仲格嘉、罗辉）

台湾、香港藏学研究（张宁）

三、学界动态、人物介绍（王茜、沈红宇）

四、社会科学基金（谷泓、文果）

五、藏学图书要目（周卫红、李慧汉英文部分，索南多杰藏文部分）

六、藏学论文资料要目（永青巴姆汉文部分、卓玛藏文部分、周卫红英文部分）

七、集刊类藏学论文要目（李慧汉英文部分、索南多杰藏文部分）

八、台湾、香港藏学研究论著要目（张宁）

九、图片（姜航）

科研办协调处负责协调联系工作。

编撰出版《中国藏学年鉴》工作是一项学科跨度大、牵涉面广、要求高、难度大的工作，尽管编辑部的全体同志尽了最大努力，但依然存在诸多不足，敬请各位学界同仁和各位读者悉心指正，我们定当在日后工作中不断完善。

《中国藏学年鉴》编辑部

2020 年 11 月